制度经济学

第2版

洪名勇◎主编

中国社会科学出版社

图书在版编目（CIP）数据

制度经济学/洪名勇主编．—2 版．—北京：中国社会科学出版社，2022.8

ISBN 978-7-5227-0591-0

Ⅰ.①制…　Ⅱ.①洪…　Ⅲ.①制度经济学　Ⅳ.①F019.8

中国版本图书馆 CIP 数据核字(2022)第 133543 号

出 版 人	赵剑英
责任编辑	戴玉龙
责任校对	周晓东
责任印制	王　超
出　　版	中国社会科学出版社
社　　址	北京鼓楼西大街甲 158 号
邮　　编	100720
网　　址	http://www.csspw.cn
发 行 部	010-84083685
门 市 部	010-84029450
经　　销	新华书店及其他书店
印　　刷	北京明恒达印务有限公司
装　　订	廊坊市广阳区广增装订厂
版　　次	2022 年 8 月第 1 版
印　　次	2022 年 8 月第 1 次印刷
开　　本	710×1000　1/16
印　　张	35.75
插　　页	2
字　　数	588 千字
定　　价	98.00 元

凡购买中国社会科学出版社图书，如有质量问题请与本社营销中心联系调换

电话：010-84083683

前　言

在经济发展过程中，仅有土地、劳动、资本和技术等天赋要素是不够的，经济发展还必须加上另外一块极为重要的柱石：制度。制度经济学研究的成果已经表明，对于经济增长或者经济发展来讲，制度不是外生的，制度是经济发展的重要变量。正因为如此，科斯、诺斯、威廉姆森、奥斯特罗姆等研究制度经济学的大家才不断获得诺贝尔经济学奖。而中国正处于一个制度改革或者制度变迁的时代，1978 年从农村开始的制度改革，不仅推进了中国经济的快速发展，而且还推进了整个社会的不断进步。可以说，在中国已经取得的成就中，制度创新立下了汗马功劳！但改革又是花成本的，改革的时间、改革的内容、改革的方式等都是比较复杂的，因为改革涉及每个人，涉及有关企业、有关单位、有关部门，涉及中央政府与地方政府等的切身利益。因此，邓小平说：改革是中国的第二次革命。按照我的理解，改革就是一场深刻的制度变迁。如何推进改革是一项复杂的系统工程，我们不仅要理解改革，还应该研究改革。作为高等学校的大学生，在学习期间应该多学一些改革的知识、多了解改革、多理解改革，这样才能更好地理解社会、认识社会，为毕业后投身改革、投身社会建设更好地贡献自己的力量。要做到这一点，必须对改革的“学问”有所了解。了解改革的“学问”，一条有益途径就是学习制度经济学。基于这一想法，我从 1999 年开始就积极建议在本科生中开设“产权经济学”这门课程，并得到当时系领导的赞同。2004 年，贵州大学与贵州工业大学合并，组建新的经济学院，学院在进行教学改革和课程改革过程中，又在经济学、国际贸易等相关专业开设制度经济学和比较制度分析。随后，又在农业经济管理、区域经济学、政治经济学、国际贸易、人口资源与环境经济学及林业经济管理等专业的硕士研究生中开设“（新）制度经济学”这门课程。从教学效果看，不仅教师觉得这门课程对于提升学生经济理论素养，对于学生理性思考、中国改革和创新大有裨益，就学生来讲，在学习完这门课后，更能理解中国经济和社会的运行，更能够适应经济社会发展的需求。提升学生素质，增加学生适应能力，正是我们编写这本教材的原动力。

在编写过程中，我们力图将西方制度经济学与马克思制度经济学结合起来，力图将制度理论与制度改革、创新及变迁的实践结合起来，力图将作者的研究成果与众多经济学者的研究成果结合起来，并将制度经济学最新研究成果编入教材之中。这本教材既可以作为经济学、管理学类本科生和硕士研究的教材，还可以作相关专业参考教材；同时，还可作为机关、企业、事业单位的有关培训教材和及有关人士的参考读物。

本教材 2012 年在国家特色专业“农林经济管理”建设项目的资助下由中国经济出版社出版发行，这次进行了修订，增加了契约经济学内容，即第二十章和第二十一章，之所以增加这两章，一方面，从实践中看，市场经济就是契约经济，市场主体之间主要通过契约联系起来；另一方面，在制度经济学研究中，契约是制度经济学研究的前沿课题。因此，这次修订，增加了这一章。修订教材的出版得到教育部新农科研究与改革实践项目“农林学科创新创业人才培养三维实践模式”、国家一流专业“行政管理”建设项目的资助。同时，贵州大学有关部门、贵州大学公共管理学院对于教材修订出版提供了良好的条件和支持，中国社会科学出版社的戴玉龙先生为教材的出版付出了大量劳动，在此，一并致谢。

洪名勇

2021 年 7 月

目　录

第一章　制度经济学的产生与假设

作为主流经济学的新古典经济学是在若干假设基础上建立起来的，随着经济学学科的发展，不少假设由于与经济运行的实际有较大差距而不能很好地解释经济现象，制度经济学就是在对新古典经济学批判的基础上建立和发展起来的。

第一节　新古典经济学的假设

新古典经济学作为一个科学研究纲领，有经济人行为假定、理性人行为和稀缺性假设三个核心假设和一系列辅助性假设。

一　经济人行为假定

所谓经济人，用卡尔·布鲁内的话来说，就是“会计算，有创造性，能获取最大利益的人”①。亚当·斯密在《国富论》中把追求利润最大化的个人确立为经济分析的出发点，为新古典经济学和现代主流经济学奠定了分析生产者行为的基本范式。19 世纪 50—70 年代的边际革命把追求效用最大化的个人确立为经济分析的另一个出发点，这为新古典经济学和现代主流经济学奠定了分析消费者行为的基本范式。这两个范式内在地统一于追求自身利益最大化，因此帕累托把具有这种行为倾向的人概括为“经济人”，并认为其是全部经济分析的前提假设。

二　理性人行为

理性人行为也称最大化行为，指人们的行为目标是追求个人利益的最大化，或者说在各种可能的选择中，人们总是选择能够为他们带来最

① 转引自张曙光《制度、主体、行为——传统社会主义经济学反思》，中国财政经济出版社 1999 年版，第 51 页。

大利益的那一个。因此，经济人也就是理性人，经济人的行为也就是理性行为。作为一种人性特征的概括，经济人假定只是把人看作经济人，而不是社会人。作为一种行为特征的概括，理性行为假定或利益最大化假定只是强调人们行为的目标或选择标准是自身利益的最大化。这里的利益可以是经济利益，也可以是政治利益、社会利益等；可以是单方面利益，也可以是多方面的综合利益。但是只有把利益理解为人们自身的经济利益的时候，经济人理性行为假定内含的人性特征假定和行为特征假定才是一致的，即经济人追求经济利益最大化；在将利益理解为人们自身的政治利益或一般利益的场合，经济人理性行为假定或者有悖于经济人的人性特征假定，即经济人不能追求经济利益以外的其他方面利益的最大化，或者有悖于政治利益最大化或社会利益最大化、一般利益最大化的行为特征假定，即经济人无法追求经济利益以外的其他方面利益的最大化，从而在两者之间产生不一致、不协调。因此，经济人理性行为假定更多地被人们理解为经济人追求自身经济利益最大化的理性行为假定。这样做虽然保持了内涵上的一致，但却使这一假定带有更加严格、更加狭隘的条件限制，因而既拉大了与现实之间的距离，也深刻地表现出这一假定的空间相对性。

经济理性行为作为一种行为方式假设，其基本含义是指行为人对其所处环境的各种状态及不同状态对自己行为的意义都具有完全信息，并且在既定条件下每个行为人都具有选择使自己获得最大效用或利润的意愿和能力。一般地，经济理性行为有三方面的基本含义：一是利己性。利己性是生存竞争和社会进化的结果。换言之，经济学家观察到竞争的幸存者似乎都是按照“利己原则”行事的人，而不按“利己原则”行事的人则在竞争和进化中消亡。二是一致性假设。一致性假设的含义是指每一个人的利己行为与群体内其他人的利己行为之间可以保持一致。这一假设为存在于群体中的每一个人的利己行为提供了合理的存在空间，回避了“利己”与“损人”可能的冲突。三是极大化原则。极大化原则起源于马歇尔《经济学原理》的研究，也是奥地利学派发起的“边际革命”的结果。个体对最大幸福的追求，或者等价追求最小化痛苦，导致形成逻辑上的“极大化原则”。这一原则要求经济理性将幸福扩大到“边际”平衡的程度，即个体为使幸福增进一个边际量所必须付出的努力，等于这一努力所带来的痛苦。经济理性行为假设中的“利己性假设”和

“一致性假设”实际上是“极大化原则”的铺垫，前者为极大化的动机提供了解释，为极大化的客体划定了明确的范围；而后者为极大化的存在假定了合理的空间①。

三　稀缺性假设

稀缺性是指这样一个基本事实：不论人们如何努力，所能获取的资源总不能完全满足他们的需要。稀缺性一般是与人类需求相对应而言的，如果没有人类的需求，也就没有稀缺性这个概念。正是由于资源稀缺性的存在，节约才成为必要，才有如何有效配置资源和利用资源这个基本经济问题，也才有经济学存在和发展的依据。在经济学视野里，资源一般都是稀缺的，如土地是稀缺的、资本是稀缺的、信息是稀缺的、人力资源是稀缺的，制度作为一种资源也是稀缺的。经济学就是研究稀缺资源的利用和配置问题，不稀缺的东西不在经济学的研究范围之内。没有稀缺性假设，也就不存在资源的有效利用和配置问题，也就无所谓人们的选择问题。需要说明的是，稀缺性是动态的，是否稀缺以及稀缺程度如何，是由客观存在的资源数量及其变动与人口数量及其变动的相对状况决定的，而这种状况是随着自然状态的变化和人类社会的发展而变动的。有些资源过去不稀缺，但随着人口的增加和需求的增加，变得越来越稀缺；有些原来可再生的资源，由于经济社会发展所导致的一些因素破坏了其再生的条件，从而也会变得稀缺。例如，环境污染、生态平衡遭到破坏会使一些资源变得越来越稀缺②。

资源的稀缺性具有绝对性和相对性。资源的稀缺是绝对的，因为它是人类社会普遍存在的现象。从纵向看，在人类社会历史上任何一个时期都存在稀缺性，无论是早期原始社会还是当今社会，都是如此。从横向看，现实中每个社会与国家都存在稀缺性，无论是贫穷的非洲还是富裕的欧洲和北美洲，也是如此。所以稀缺性与人类并存，是人类社会永恒的主题。只要有人类，就有稀缺性，只不过不同国家、不同时期资源的稀缺程度不同、表现形式有所不同。稀缺性又是相对的，即相对于人类欲望的无限性而言，再多的资源也是不足的，因为资源再多也是既定或有限的量，任何一个既定的量与无限性相比总是不足的，也就是具有

---

① 袁艺、茅宁：《从经济理性到有限理性：经济学研究理性假设的演变》，《经济学家》2007年第2期。

② 贺卫、伍山林：《制度经济学》，机械工业出版社2003年版，第8—9页。

稀缺性。另外，价格对资源的稀缺性有较大影响，如果价格过低，对资源的需求就会增加，资源的稀缺性程度就会上升；相反，价格越高，需求就可能会下降，资源的稀缺性会有所降低。

四　经济自由[①]

经济自由是一国民富国强的根本保证。这个所谓的"一只看不见的手"的假定，可追溯至伯纳德·曼德维尔和亚当·斯密。伯纳德·曼德维尔的著作《蜜蜂的寓言》的副标题即为"私人的恶德，公众的利益"，而亚当·斯密的著作《国富论》所要努力说明的，正是使一国民富国强的根本途径和方法。在亚当·斯密看来，政治经济学的根本目的是富国裕民[②]，而根本的途径和方法是经济自由。因为，国家尽量少地干预经济，充分保障每个经济主体能够自由地从其私利出发，进行经济决策和采取行动，这样市场的发育和扩张，必然会促进社会分工的加深和扩大，而这必然会提高整个制造业的生产率，从而创造出更多的国民财富。亚当·斯密努力揭示了一种同人们的常识相反的辩证法：利己行动可以产生利他的结果。很明显，这基本上是伯纳德·曼德维尔的"私人的恶德，公众的利益"这一思想的翻版。他指出："用不着法律干涉，个人的利害关系和情欲，自然会引导人们把社会的资本，尽可能按照最适合于全社会利害关系的比例，分配到国内一切不同的用途"[③]。因为，自利的个人"受着一只看不见的手的指导，去尽力达到一个并非他本意想要达到的目的"[④]。不仅如此，"各个人为改善自己的境遇自然而然地、不断地所做的努力，就是一种保卫力量，能在许多方面预防并纠正在一定程度上是不公平和压抑的政治经济的不良后果……但如果一国没有享受完全自由及完全正义，就无繁荣的可能"[⑤]。显然，这里的所谓经济自由实际上是，人们为追求自身利益而展开的自由竞争。而且，竞争越自由，越普遍，一种事业就越有利于社会[⑥]。在一生推崇所谓"自生自发秩序"的哈耶克看来，竞争之所以是优越的，不仅是因为"它在大多数情况下是已知的

---

① 孙鳌、陈雪梅：《新古典经济学的假设与演变》，《江苏社会科学》2005 年第 5 期。

② 亚当·斯密：《国民财富的性质和原因的研究》（下卷），商务印书馆 1981 年版，第 1 页。

③ 亚当·斯密：《国民财富的性质和原因的研究》（下卷），商务印书馆 1981 年版，第 199 页。

④ 亚当·斯密：《国民财富的性质和原因的研究》（下卷），商务印书馆 1981 年版，第 27 页。

⑤ 亚当·斯密：《国民财富的性质和原因的研究》（下卷），商务印书馆 1981 年版，第 38 页。

⑥ 亚当·斯密：《国民财富的性质和原因的研究》（下卷），商务印书馆 1981 年版，第 140 页。

最有效的方法，而且更由于它是我们的活动得以相互调节适应而用不着当局的强制干涉的唯一的方法"①。或者说，"竞争制度就是旨在用分散权力的办法来把人用来控制人的权力减少到最低限度的唯一的制度"②。我们容易发现的是，从亚当·斯密到哈耶克，从旨在论证"竞争优于垄断"的标准微观经济学到弗里德曼的货币主义、卢卡斯的理性预期、布坎南的公共选择和新古典宏观经济学，一以贯之的正是对政府实现公众利益的意愿和能力的深刻的怀疑主义传统和对市场竞争力量的坚定信念。然而，经济自由主义并不排斥政府的经济作用，只是强调要正确地界定和限制政府的经济作用，也就是要把政府的经济作用界定和限制在提供国防、法律、环保、对经济的宏观调控和弥补市场失灵等公共物品上。因为，正如布坎南所说："没有合适的法律和制度，市场就不会产生体现任何价值最大化意义上的'效率'"③。

五　完全信息

完全信息假定，此即假定经济主体具有进行最优决策所需的一切相关信息，或者说，决策者获取信息的成本为零。

六　正确的市场价格

正确的市场价格假定，此即假定市场价格能够反映供、需双方所有的相关信息。这意味着，供给方的一切变化，如生产成本、生产技术、供给量等的变化，或需求方的一切变化，如消费者的收入、偏好、预期等的变化和替代品、互补品的价格的变化等，都会反映在市场价格的变化中。这实际上已接近有效市场假定，或市场价格的非刚性、非黏性假定。与正确的价格相对应的错误的价格，指的是那些未正确反映供需双方的某些重要信息的价格，如垄断价格、通货膨胀条件下的价格、计划经济条件下的计划价格和存在着生产或消费的外部性条件下的价格。新古典经济学家的许多主张，如反对垄断、反对通货膨胀、反对政府对经济的过度干预的主张和清晰界定产权的主张等，实际上旨在形成所谓正确的价格。因为，垄断、通货膨胀、政府对经济的过度干预和产权的不完全界定，都会降低价格作为决策信息的价值④。

---

① 哈耶克：《通向奴役的道路》，商务印书馆 1962 年版，第 38 页。

② 哈耶克：《通向奴役的道路》，商务印书馆 1962 年版，第 140 页。

③ 布坎南：《自由市场和国家》，北京经济学院出版社 1989 年版，第 89 页。

④ 孙鳌、陈雪梅：《新古典经济学的假设与演变》，《江苏社会科学》2005 年第 5 期。

七 零交易成本

交易成本可忽略性假定，此即假定企业的全部成本就是其在生产中使用生产要素的成本，可以忽略企业发现相对价格的成本，或企业制定和执行交易合同的成本。

八 制度外生

对于经济发展来讲，制度可忽略性假定，此即假定无须考察社会制度对消费者或企业行为的影响。因为，消费者和企业所遵循的是目标函数最大化的边际均衡条件。清晰界定的私人产权可以完全消除生产或消费的外部性，因而是最有效率的制度，从而不存在研究制度效率的必要性。

第二节 新古典经济学面临的挑战

在新古典经济学的发展和完善过程中，经济学家对其挑战主要包括对“经济人”假设的挑战、制度外生的挑战、对个体主义方法论的批评和经济模型的机械性和静态性等。

一 对“经济人”假设的挑战

对“经济人”假设的挑战至少有以下五个方面：

第一，来自马斯洛的挑战。1934 年美国心理学家马斯洛提出著名的需要层次论，把人的需要分为基本的生理需要，即衣食住行，繁衍后代；安全需要，即免予天灾人祸，未来保障；社交需要，即信任、友情、归属感与相爱；尊重需要，即自尊与受人尊重；以及自我实现的需要，即实现个人理想与抱负 5 个层次。马斯洛认为这些需要逐次产生，前一种需要一旦得到基本满足，就会产生后一种需要，从而否定了传统的经济人假设，把经济利益作为人的唯一需要的观点，使经济人向现实迈出了一大步，提高了对现实的解释能力。

第二，来自行为科学的挑战。行为科学的有关研究以及行为科学的发展更能说明经济人假设是需要完善和发展的。行为科学研究对象是特定环境条件中人的行为方式，从自利人假设、社会人假设、成就人假设到复杂人假设，以及一些其他的人性假设，基于不同的人性假设，便产生一套与之相应的人类行为管理理论与方法。行为科学中的人性假设只是经济学中人性假设的某种具体化，相对来说，经济学中关于人性的假设更具有概括性。尽管各种人性假设看上去差别很大，但有一点是共同的，即人们追求满足，用经济学的术语来讲就是追求效用。无论是对金钱的追求，对友谊、信任和爱的追求，还是对尊重、对自我完善和个人价值实现的追求，都是为了获得某种满足或效用。人作为一种高等动物，其欲望体系比动物更加复杂多样，因而人追求的“利益”目标是一个多元的效用函数。问题不在于什么是满足，而在于通过什么来获得满足。这一点对不同的人来讲是不一样的，它取决于人的偏好体系，而不同的偏好来源于不同的价值观和道德观。值得注意的是，经济人的理性行为不一定都是自私自利的，例如，一个人捐赠一笔钱给慈善机构，或者捐资修建一所希望小学，或者不计报酬帮助别人，都是合乎理性的。这样，个人利益这个词在经济学上的应用就比通常的用法要广泛得多，人们不仅仅考虑自己的物质利益，而且通过做一件好事，从心理上获得满足。正如中国一句古话所言：“助人为快乐之本”，帮助别人虽然费力又花钱，却使自己感到快慰。因此，满足不仅仅是物质利益的满足，还包括精神上的满足。例如，对于一个舍身报国的人来讲，他把国家利益看得比自己的宝贵生命更重要，在他这样做的时候，就会获得一种满足感。

第三，来自西蒙的挑战。经济人假设遇到来自西蒙有限理性学说的强力挑战。经济人最大化行为假设是以完全理性为条件的，这种理性假设决策者总是用敏锐的眼光，对面前的一切都深思熟虑。他不仅明白自己当前面临的选择范围，而且对未来的选择余地也了如指掌，他知道可能选择的策略所导致的后果，起码也能给未来的可能状态确定一个联合概率分布。他协调了或者说权衡了一切互有冲突的局部价值，并把它们综合到单一的效用函数中，按照对它们的偏好来排列所有未来可能状态的优劣次序。由于具备了完全理性，经济人才能够找到实现目标的备选方案，预见这些方案的复杂性，信息的不完全性，以及人类认识能力的限制，不可能把所有的价值都考虑到效用函数中。了解所有备选方案及其实施后果实际上是办不到的，因此，在决策过程中人们寻求的并非最优解，而是满意解。有限理性学说特别强调人自身理性能力的限制，这种限制表现在个人准确无误地接受、储存、检索、传递和处理信息的能力在水平和储量上所受到的限制，对此，西蒙提出，可以把那类考虑到活动者信息处理能力限度的理论称为有限理性论。正因为是这样，在亚当·斯密看是最优的选择，在有限理性视野下就有可能为得不偿失。

第四，来自威廉姆森的挑战。在经济人假设前提下，人追求自我利益最大化动机是强烈的，并且是光明正大的，一个人没有损人之心，因而不说谎，不欺骗，并信守诺言。这样，经济人之间的竞争便只需要由惯例、伦理来调节，而不是由契约和法律来控制。威廉姆森接受了西蒙的有限理性假设，他认为“经济人”的自利行为，常常走到机会主义上去，由于信息的不对称，一些人就可能利用某种有利的信息条件向对方说谎和欺骗，只要是“经济人”，就必然会不择手段地追求个人利益。也就是说，只要有“经济人”假设，就包含了或承认了机会主义的行为假设。机会主义者的投机活动增加了交易费用，但是由于有限理性和信息的不对称，机会主义倾向才现实化为机会主义行为，否则，无论在何种情况下，都不会实施机会主义行为。显然，机会主义倾向假设实际上是对追求自身利益最大化假设的重要补充，使其更加接近现实。

第五，来自诺斯的挑战。新制度经济学的另一位著名代表人物诺斯，也对新古典经济学中关于“经济人”的假设提出了自己的看法，“人类行为比经济学家模型中的个人效用函数所包含的内容更为复杂。有许多情况不仅是一种财富最大化行为，而是利他的和自我施加的约束，它们会根本改变人们实际做出选择的结果”①。他认为新古典经济学不能解释人的利他行为，为了解释制度的稳定与变迁，需要超越个人主义的成本—收益计算原则，他把诸如利他主义、意识形态和自愿负担约束等其他非财富最大化行为引入个人预期效用函数，从而建立了更加复杂的、更接近现实的人性假设。诺斯强调意识形态对“经济人”的约束作用，可见他是承认有限理性假设的，即“经济人”只能在特定的制度环境约束中最大化自己的效用，“好”的意识形态能降低社会运行的费用。诺斯从意识形态的角度上发展了“经济人”假设，在他的论证中，似乎将意识形态因素包含进去后，人们的行为就非理性了。实际上加入意识形态的因素只不过改变了“经济人”选择的目标函数，意识形态成为经济人进行选择的前提之一②。

二　制度外生

资源配置是新古典经济学中的一个中心问题，当然这一问题对所有

---

① 诺斯：《制度、制度变迁与经济绩效》，上海三联书店 1994 年版，第 27 页。

② 徐传谌、张万成：《“经济人”假设的发展》，《当代经济研究》2004 年第 2 期。

的经济学派都非常重要。但是新古典主义假定技术、制度是外生变量，制度安排和市场交易无成本，从而得出由市场来组织和引导经济的观点，遭到新制度经济学的反对。诺斯在其诺贝尔奖演讲中说："一旦交易变得昂贵时，制度便至关重要了。并且，交易又的确是昂贵的"。新制度经济学认为，在任何社会中，资源配置的实际决定因素是那个社会有组织的结构，即其制度。充其量，市场仅仅对现行制度会产生影响而已。新制度经济学更关心的是另一个不同的中心问题，即一个比市场更为广泛地把经济作为一种体制的组织和控制的问题。于是他们研究企业的性质、组织结构，企业与市场的替代关系、交易成本，企业和社会组织的权力分配、社会契约关系，个人和集体心理的形成原因及其后果、知识的形成、资源配置、收入分配、组织和控制的决定因素、制度变迁等广泛的制度问题①。

三　对个体主义方法论的不足

在研究方法上，新古典主义是个体主义的，并具有个体主义的效率观，它将个人视作独立且自我存在，拥有给定的偏好，效率被定义为资源配置到"最高的"即金钱上最合算的用途之上，社会效率是累加的，或者说是个人效率的总和。而新制度经济学则认为个人和文化是相互关联的，效率既要包括私人和个体主义者的标准，又要包括社会的和公共的标准。他们把可行性效率包括公平和系统效率看成是个人福利和社会福利的基本要求，坚持制度性个人本位主义，这显然不同于个体主义。其最主要特征是结构个人主义，即一方面，当事人在决策时依赖其嵌入的社会关系，受现有的制度制约；另一方面，其又不可能是完全被动的纯粹的社会人，而是按自己的偏好来改变这种结构，这一点甚至可以追溯到哈耶克的自发秩序，这种秩序建立在当事人在社会关系背景中的自主决策前提下②。

四　经济模型的机械性和静态性

新制度经济学还指出新古典经济学的一个最大不足在于经济模型的机械性和静态性。在新古典经济学中，经济调整被假定为是瞬间完成的，

---

①　王仪祥、张文：《新制度经济学的发展、范式和启示》，《福建农林大学学报》（哲学社会科学版）2002 年第 2 期。

②　王仪祥、张文：《新制度经济学的发展、范式和启示》，《福建农林大学学报》（哲学社会科学版）2002 年第 2 期。

这是因为他们坚信只要市场充分发挥调节作用，经济无论如何变动最终将趋向均衡，因此，经济过程无足轻重。为保证注意力集中到对均衡本身以及如何消除市场失灵的研究，调整被假定为瞬时完成，从而使其问题和模型具有机械和静态性质。而在新制度经济学看来，“市场”是在制度中形成、构成和运作的，制度是动态的、演进的。在现实经济中，由于受有限理性、信息不完备性和交易费用的制约，每一个决策主体包括个人、企业、政府和其他社会组织都不可能准确地知道未来并采取最佳行为，而只能依据自己对未来发展趋势以及竞争对手可能采取的对策的预测独立地进行决策。这种决策是一种适应性的“试错”过程，即以过去的经验为基础并根据未来的预测进行调整确定当前的策略。这样，制度（包括市场本身）的变迁就不可避免的是一个“路径依赖”的动态演进过程。

第三节　旧制度经济学的产生及发展

旧制度经济学是在继承前人研究成果的基础上，从对经济现象的大量观察过程中，逐渐形成旧制度经济学的学术思想。

一　旧制度经济学的先驱、起源和哲学基础

（一）制度主义的先驱

制度经济学的先驱可以追溯到苏格兰启蒙思想家，包括大卫·休谟、亚当·弗格森和亚当·斯密①。他们揭示出了运行中的经济，或者在更广泛的意义上说，人类文明的制度基础及其演化的性质。而涂尔干和孔德的社会学传统也是制度学的重要起源②。特别是涂尔干在《社会学方法的通则》中将社会学定义为关于制度、制度发生和制度职能的科学，并给出了制度学的研究方法。孔德则保持了与经济学的密切联系，并通过英格拉姆等人对英国历史主义者产生了重要影响③。

---

① 柯武刚、史漫飞：《制度经济学》，商务印书馆 2002 年版，第 39—40 页。

② 汪丁丁：《制度分析基础——一个面向宽带网时代的讲义》，社会科学文献出版社 2002 年版，第 200—201 页。

③ 埃瑞克·G. 菲吕博顿、鲁道夫·瑞切特：《新制度经济学》，上海财经大学出版社 1998 年版，第 343—344 页。

理查德·琼斯1833年的一篇演讲被霍奇森认为是制度主义方法论的源头①。琼斯认为，如果经济学家认为可以从一个很小的一般假设集合出发，推导出具有广泛应用性的原理，他们就是自欺欺人，而以这种方式得出的一般原理也缺乏一般性。因此，经济学家不应通过抽象和演绎获得结论，他们必须“看和观察”（Look and See），把他们的研究建立在最广泛的历史和统计研究上。

对以李嘉图为代表的古典经济学的全面批判始于德国历史学派。老的历史学派的代表人物威廉·罗雪尔反对将经济学作为狭隘定义和抽象演绎的政治经济学，而应与其他社会科学尤其是法理学紧密联系，但其原理并不具有广泛的普遍性，而仅仅适用于特定的时期和地点。作为青年德国历史学派的领袖，施莫勒用历史和人类文化学的方法处理各种主题，拒绝推理的作用，仅仅坚持在无限的历史变动中的客观和记录下来的东西。熊彼特将施莫勒视为美国制度主义之父。尽管与德国历史学派存在方法论上的著名争论，但在对制度研究的推动方面，奥地利学派功不可没。奥地利学派的贡献在于将制度的分析置于人类的有限知识和方法论上的个人主义和主观主义语境。奥地利学派将经济视为一个复杂的演化系统，强调发生于历史性时间里和不确定环境中的无止境的试错过程。制度因素在奥地利范式中是至关重要的。在科尔奈对制度范式进行的简单历史回顾中，作为资本主义的病理学家和最有影响的批评家，马克思被认为是制度范式的鼻祖。马克思不把自己限于去检验资本主义的特定领域（政治领域或者经济的、社会的或意识形态领域），他将所有的领域放在一起来考察，并分析它们之间的互动关系，观察作为总体的制度，从而提供了一个系统性的观点。诺斯也对马克思的分析框架给予了高度评价，指出在详细描述长期变迁的各种现存理论中，马克思的分析框架是最有说服力的，这恰恰是因为它包括了新古典分析框架所遗漏的所有因素：制度、产权、国家和意识形态②。平乔维奇认为，“尽管产权的重要性已为马克思之前的社会主义者所承认，但是马克思第一次提出了产权理论”③，为更好地理解经济过程做出了贡献。

---

① Hutchison, T. W., “Institutional Economics Old and New”, *Journal of Institutional and Theoretical Economics*, 1984, 140 (3): 20-29.

② 诺斯：《经济史中的结构和变迁》，上海三联书店1994年版，第68页。

③ 平乔维奇：《产权经济学》，经济科学出版社，1999年版，第23页。

柯武刚和史漫飞将弗赖堡学派也作为制度经济学的先驱之一[①]。弗赖堡学派的构造性原则包括私人产权、缔约自由、个人对其承诺和行动负责、开放的市场、稳定的货币和经济政策，这些原则应当以同样的程度应用于所有相互依赖的市场，从而保证政策之间的协调性[②]。

（二）旧制度经济学的起源[③]

关于旧制度经济学的起源，可以借助瑞士心理学家和哲学家皮亚杰的发生认识论加以分析。皮亚杰认为，人类对自然和社会的认识是一个不断建构的过程，所谓建构是指主体与客体在相互作用过程中逐步建立起自己的认知结构。主体对外部客体的认识过程包括两种相互对立又相互依存的认知机制，一种机制是同化机制，即当外部刺激对人的感觉和思维发生作用时，主体无须对自己原有的认知结构予以内部调整和改变，就能在思维中对此加以吸收、同化和包容，完成对客体对象的认知。另一种机制称作结构改组机制，即当主体的认知结构对某种特异的外部刺激不足以同化时，主体必须对自身的认知结构进行内部调节、补充和改组[④]。从皮亚杰的发生认识论出发，以旧制度经济学奠基者凡勃伦为代表，从主客体两方面对此加以考察。

从外部环境来看，凡勃伦的思想形成于美国内战结束后的工业化时期。这一时期美国社会经历着剧烈的制度变迁，无疑对旧制度经济学的诞生产生了巨大的影响。一些学者注意到凡勃伦和康芒斯出生并成长于美国中西部，从而具有“边疆”之“根”，简单地把旧制度经济学看作是“边疆运动”在经济学思潮中的反映，这是不全面的。实际上，无论是在美国中西部还是东部，19 世纪后 30 年迅速的工业化过程都充满着混乱和动荡，农民的抗议与工人运动不断发生，阶级和阶层利益冲突剧烈。这对凡勃伦的思想形成产生了重大影响。第一，凡勃伦最初对社会主义学说的极大兴趣，使其方法与马克思具有强烈的亲缘关系，但那种否认凡勃伦的独创性，并认为其思想只不过是披上美国的和技术的外衣的马克思主义的看法是不正确的，相反那种把旧制度经济学看作是“为资本主

---

① 柯武刚、史漫飞：《制度经济学》，商务印书馆 2002 年版，第 43 页。

② 欧阳日辉、徐光东：《新制度经济学：发展历程、方法论和研究纲领》，《南开经济研究》2004 年第 6 期。

③ 贾根良：《重新认识旧制度学派的理论价值》，《天津社会科学》1999 年第 4 期。

④ 这里不是对皮亚杰学说的意义和不足进行评价，只是借用了其基本思想。

义辩护的新方法和新形式”也是简单和片面的。第二，政治经济冲突的两极分化“在很大程度上说明了凡勃伦为什么倾向于用对立的两极这一概念来思考”①，从而形成了金钱就业与工业就业、既得利益与工艺操作的划分，这是旧制度经济学关于制度与技术两分法的起源，这一两分法对旧制度经济学的发展产生了不良影响。第三，这一时期也是美国历史上所谓的“镀金时代”。凡勃伦在其代表作《有闲阶级论》中，对资产阶级暴发户的精明强干和粗俗不堪，进行了辛辣的讽刺和抨击，这说明凡勃伦虽然深深植根于美国的土壤之中，但却与当时社会“流行的思想习惯”格格不入，也许正是这种“气质类型”导致凡勃伦对传统经济学进行了激烈抨击，成为主流经济学的叛逆者。

从认知心理学角度来说，虽然理论家的思维过程与普通人并无差异，但其思维所使用的概念首先来自源远流长的学术传统。在这方面，凡勃伦对所有重要的经济学家的著作都极为熟悉。因此，当美国迅速工业化所导致的种种冲突对凡勃伦的思维发生作用时，他发现传统经济理论的思维结构无法对此加以吸收、包容和认知，这促使他不得不创造新的概念体系并重构经济理论的思维框架。实际上当他有意识地这样做之前，用解释学术语来说，经济理论新的认知结构的“原始影像”在他大学时代就已形成。追溯凡勃伦制度经济学的起源，我们可以看出，这种“原始影像”是由达尔文进化论和实用主义哲学所提供的。凡勃伦 1880 年在卡林顿学院毕业后，进入霍普金斯大学学习哲学。实用主义哲学大师皮尔斯对凡勃伦的一生产生了决定性的影响，凡勃伦关于制度的定义直接源自皮尔斯所谓“思想的全部功能就是产生行为习惯”。当凡勃伦转学到耶鲁大学时，他对萨姆纳所宣讲的斯宾塞的进化论产生了浓厚兴趣。1890 年，实用主义哲学家、美国心理学奠基者詹姆斯发表的《心理学原理》被证明对凡勃伦和许多同时代思想家的影响是持久的。詹姆斯也是斯宾塞进化论的批评者，他拒绝效用主义，提出了建立在本能和习惯基础之上的关于人性的新理论。然而，凡勃伦早在大学时代就种下的学术思想的种子，只有在芝加哥大学任教时才在经济学领域中生根、发芽，并结出果实。他与哲学家杜威、社会学家托马斯、生物学家洛珀等之间的学术交往使他大受鼓舞。正是在这种学术环境中，1896 年英国生物学

① 刘易斯·A. 科瑟：《社会学思想名家》，中国社会科学出版社 1990 年版，第 326 页。

家和哲学家摩根访问芝加哥大学时所做讲演或同年发表的《习惯与本能》使凡勃伦的思想迅速成型。摩根同样反对斯宾塞的进化论，并论及经济社会进化的自主性，这使凡勃伦苦思冥想出了这样的观念：社会的制度结构不仅像摩根所认为的那样是经济社会进化的环境，而且作为环境的制度本身也像有机体一样在进化过程中经受选择，这一观念对凡勃伦来说是革命性的。霍奇逊认为，从1896年至1898年间凡勃伦的思想经历了一场革命，他对经济世界新的认知结构终于建立起来了。以《经济学为什么不是一门进化科学?》为标志，他从阅读和撰写书评为主转变成思想具有原创性的著作家，其成果体现在1899年发表的成名作《有闲阶级论》中，旧制度经济学（美国制度主义经济学）因此而诞生。

（三）旧制度经济学的哲学基础

旧制度经济学对新古典经济学理性主义哲学基础的怀疑与批评，已经结出硕果。对主流经济学的批评始于德国历史学派，但历史学派更多地将注意力集中在归纳和演绎的思维工具之争上，没有深入批评主流经济学的理性主义哲学基础。旧制度经济学则以实用主义哲学、进化论以及心理学等方面的成果为基础，展开了对以马歇尔为代表的主流经济学所赖以存在的理性主义哲学基础的批评，从而在最根本的方法论层次上开始了对主流经济学的深层次批评。理性主义、个人主义和功利主义共同构成主流经济学的哲学基础，其中又以理性主义为最核心。主流经济学的“硬核”假设是“经济人”，其技术层次上的方法论是最大化行为分析。旧制度经济学认为主流经济学的分析是形而上学，不切合实际，即使正确也只是分析了影响经济行为的一个方面，是单因素分析。只分析了人类行为的工具性（Instrumental values），没有分析其礼俗性。旧制度经济学认为影响经济行为人行为决策的因素是多元的，他们尤其强调制度中的习惯和规则对行为人决策具有的决定性影响。正是这些习惯和规则，使行为人学习了特定制度环境中决策程序和决策方式。在习惯和规则作用下的行为决策并不必然是为了追求利益最大化。在上述认识的基础上，旧制度经济学抛弃了主流经济学的个人主义方法论，力求在非个人主义基础上重建经济学的哲学基础和方法论。这样的努力在旧制度经济学开辟了道路以后，有越来越多的学者沿着这条道路继续前进。尽管他们的着眼点不同于制度经济学派，但在批评主流经济学的理性主义及试图重构经济学的哲学基础上却是一致的[①]。

二　旧制度经济学的主要观点

旧制度经济学产生于20世纪20年代，创始人是美国经济学家托尔斯坦·本德·凡勃伦（ThorsteinBunde · Vebien，1757—1929），主要代表人物是约翰·R. 康芒斯（John Rogers Commons，1862—1945），凡勃伦的代表著作有：《有闲阶级论》（1899年）、《企业论》（1904年）和《工程师和价格制度》（1921年）。康芒斯的代表著作有：《财富的分配》（1893年）、《美国工业社会的历史记录》（1910—1911年）、《资本主义的法律基础》（1924年）、《制度经济学》（1934年）和《集体行动经济学》（1950年）。

（一）凡勃伦的主要观点[②]

凡勃伦承袭了历史学派的传统，以达尔文的进化论和杰文斯的新心理学为理论基础，他批判以前的经济学是建立在“苦乐主义”心理学基础上的，也就是以前的经济学把人看成是“快乐和痛苦的计较者”，他认为这种“苦乐主义”心理学以“理智代替本能”，应当“用本能去代替理智”，解释人类经济活动。凡勃伦的主要观点：①人类有两种本能：一是歧视心理和虚荣本能；二是作工本能。人的本能支配社会的思想和习惯，社会制度就是“广泛存在的社会习惯”，其内容包括各种经济、政治、法律、心理因素等，所以归根到底社会制度受人们的本能的支配。②人类社会存在两种社会制度：一种是满足人类物质生活需求的生产技术制度；另一种是满足人类虚荣本能的私有财产或金钱关系的制度。前者，以作业本能为基础，后者以虚荣本能为基础。③社会制度的变迁决定于人类的心理活动和社会习惯，从经济制度来说它的变迁是由社会集团的思想和行为决定的。④在资本主义存在劳动阶级和“有闲阶级”，劳动阶级努力于社会生产事业，“有闲阶级”不劳而获。在工业社会以前，金钱制度绝对支配社会，有闲阶级制度达到鼎盛时期。大工业兴起后，物质生产技术迅速发展，于是两种制度产生了深刻矛盾，即“机器利用”与“企业经营”的矛盾，掌握“机器利用”的是科学技术人员，从事“企业经营”的是资本家即有闲阶级。机器利用，扩大了

---

① 参见魏建《论制度经济学派的学术影响》，《学习与探索》2000年第6期。

② 参见曾康霖《关注当代经济学研究的风景线》，《河南金融管理干部学院学报》2001年第1期。

产品生产，但市场不能随生产扩大而扩大，这有碍于资本家追求利润，于是垄断组织应运而生，产生垄断价格，现代资本主义体系也就是垄断的价格体系。这样的体系虽然能带来繁荣，但不可避免地产生危机。解决矛盾的办法是让科学技术人员去掌握经济的控制权，而必须把资本家排除在外。

（二）康芒斯的主要观点①

在康芒斯看来，制度经济学对经济学的贡献就在于他提出了“集体对个人交易关系的控制”。他指出传统经济学主张“个人优先于集体”是不对的，应当是“集体优先于个人，而不是个人优先于集体”。因为人是社会的人，人从婴儿开始就要学习语言，学习各种社会风俗习惯，学习与他人合作、学习服从各种集体的行动规则，这样，当他长大成人后，已经有“制度化的头脑”，因此个人是制度的产物。康芒斯认为，传统经济学把商品作为经济学的基本范畴，把交易看成是物质产品的转移，这是一种物质经济学，只有实际移交的意义。应当把交易关系看成是法律上权利转移，这才有制度上的意义。

康芒斯的主要观点：①把制度经济学解释为“集体行动控制个体行动”，“制度经济学和工程经济学及家庭经济学有别；它的研究对象不是商品、不是劳动，也不是任何物质的东西——而是集体行动”。集体行动的种类和范围很广，从无组织的习俗到有组织的机构，如家庭、公司、同业行会、工会、联邦储备银行、法院以及国家。国家也是那些握有统治权的人们的集体行动。②之所以需要由集体行动控制个体行动，一是人们之间普遍存在的利益冲击需要集体的调节，二是由于经济资源的稀缺性，“因为它们是稀少的。它们的取得就由集体行动加以管理，集体行动规定财产和自由的权利与义务，否则就会发生无政府状态”，因此，集体行动的意义就在于为经济生活中个体的行动建立一个“行为规则”以指导和约束个体行动，使个体行动符合社会的利益。由于集体行动控制个体行动，使之遵循一定的规范，这样就使个体免受强迫、威胁、歧视和不公平的竞争，这样，通过控制又能使个体的行动得到释放和扩张。③交易是经济活动的基本形态、经济的基本范畴是经济研究的基本单位。

---

① 参见曾康霖《关注当代经济学研究的风景线》，《河南金融管理干部学院学报》2001 年第 1 期。

交易不是物品交换，而是权利的转移。权利是经济活动的基础，也是制度经济学的基础，因为不先取得合法的控制权，生产和消费就不能进行。“交易”包含着冲突、依存、秩序三层社会关系。每一交易中总有一种利益的冲突存在，因为每个参加者总想尽可能地多取少予，但冲突各方之间又相互依赖、相互维系，因为每个人只有依赖别人的行为才能生活或成功，那么，这种既有冲突又相互依存的关系怎样得到协调一致？这就要靠秩序，秩序就是通过集体行动在既冲突又依赖的交易各方之间建立起协调关系。④三层社会关系通过交易结合在一起，交易中的冲突可以通过公正的仲裁人进行调节，而调节一切社会冲突的公正仲裁人就是国家，首先是法院。⑤在现代社会中有经济的、法律的、伦理的三种利益协调方式，但最重要的是法律制度的作用。资本主义制度的产生是由于法制破坏了封建社会政治制度和经济制度，同时，法制又为资本主义的发展扫清了道路。资本主义的发展经历了商业资本主义时期、工业资本主义时期、金融资本主义时期，由一个阶段发展到下一个阶段，主要的推动力量来自法律制度。

三　旧制度经济学的发展①

“neoinstitutional economics”（有人称为新制度经济学，其实质是以凡勃伦为传统的旧制度经济学，依据国内多数人的习惯，在本书中我们称为旧制度经济学）一词是马克·图尔（Marc R. Tool）在他 1955 年完成的博士论文 Discretionary Economy 的第一章中命名的。由于这篇论文在 1979 年才正式出版，因而关于谁先正式使用这个词还有另外的说法：路易斯·容克（Louis J. Junker）1968 年发表的论文 Theoretical Foundations of Neoinstitutionism 中首次使用这个词，但他在注释中提到了图尔的博士论文对该词的使用；1969 年格罗锡（Allen G. Gruchy）在演化经济学学会（Association for Evolutionary Economics，AFEE）的主席就职演说中使用了这个词，这标志着 neoinstitutional economics 所指的那些经济学家正式接受了这个称呼。从此之后，他们就称自己为 neoinstitutionalist，称他们所倡导的理论体系为 neoinstitutionism 或 neoinstitutional economics。

早在 1978 年，克莱因就把制度主义者划分为三代：第一代除了我们熟悉的凡勃伦、康芒斯、米切尔等，还包括埃利（Richard Ely）、克拉克

① 参见张林《两种新制度经济学：语义区分与理论渊源》，《经济学家》2001 年第 5 期。

(J. M. Clark)、米恩斯(Gardiner Means)、托格维尔(R. G. Tugwell)等。第二代包括著名的加尔布雷思、缪尔达尔，还包括同样著名，但国内所不熟悉的阿里斯(Clarence Ayres)。从这一代人开始，就有了“neo-institutionalist”这个称呼。第三代人数最为众多，包括了弗斯特(J. Fagg Fos-ter)、格罗锡、图尔、布什(Paul D. Bush)、(WilliamM. Dugger)、塞缪尔斯(Warren J. Samuels)、霍齐森(Jeffrey Hodgson)、克莱因、惕尔曼(RickTilman)、米罗斯基(Phillip Mirowski)等一大批优秀的制度主义者，他们中的大多数至今仍活跃在学术界。在这三代人中有一条明显的主线贯穿了整个制度主义的历史，即凡勃伦—阿里斯—弗斯特—图尔，他们也就是旧制度主义在各阶段的代表人物。

除了研究队伍的传承和补充外，旧制度经济学还是一个组织严密、正规的学派。其最重要的一个组织机构是“演化经济学学会”(Associationfor Evolutionary Economics，AFEE)，创建于1966年。阿里斯是该学会的第一任主席。该学会每年都召开年会。另外，图尔于1979年还创建了另一个机构“制度思想学会”(Association forInstitutional Thought，AFIT)。随着欧洲新制度经济学研究的影响逐渐扩大，在图尔的倡导和联系下，旧制度经济学的第三个组织“欧洲演化政治经济学学会”(European Association for Evo-lutionary Political Economics，EAEPE)于1989年成立，并于当年召开了首届年会，霍齐森任首任秘书长。演化经济学学会的会刊，也是新制度经济学最主要的理论阵地《经济问题杂志》(Journal ofEconomic Issues)于1967年创刊。这份杂志是了解新制度经济学思想动向的最佳途径。此外，演化经济学学会每年都向为新制度经济学的发展作出过突出贡献的经济学家颁发“凡勃伦—康芒斯奖”(Veblen-Commons Award)，这一奖项是新制度经济学领域的最高荣誉。但其获奖者也不仅仅限于制度主义者，还包括一些激进经济学家，比如1992年的获奖者就是美国著名的激进政治经济学家保罗·斯威奇(Paul M. Sweezy)。

neoinstitutional economics中的“新”，更多的是体现了一种继承和改进。neoinstitutionalist继承了美国老制度主义者，尤其是凡勃伦的思想。凡勃伦把人的本性主要归结为三个方面：工艺本性(the instinct of workmanship)、随意的好奇心(idle curiosity)和父母本性(parental bent)，也就是说，他并不像正统经济学那样视理性为人的唯一本性，不把人视为“经济人”，而是强调人的社会性。在这三个本性中，工艺本性是最重要的，它是技术创新和人类进步的源泉。但由传统和习俗演变而来的制度妨碍了这种本性的发挥，从而阻碍着技术进步。于是制度与技术间的相互协调、制度如何向有利于技术创新的方向演变，就成为制度经济学应该关心的主要问题。neo-institutionalist 发展和丰富了凡勃伦的理论，并形成了一个较完整的制度分析框架，克莱因将 neo-institutional economics 的原则归纳为以下几个方面：坚持人的经济行为主要是由文化决定的；经济学家所要关注的应该是作为社会政治和文化习惯的统一体的经济；经济学中的价值应该是社会价值，而不是单纯的价格；研究经济过程，而不是只强调市场，强调生产力而不只是效率；对经济过程的研究决定了制度理论的动态性质；市场的结果要由经济规范来评价，而不是用市场结果来评价经济规范；集团势力（power）是经济学的重要前提之一；强调过程而不是单纯的增长（这是制度主义的时间概念）；经济的目标是人类福利，而不是均衡。如果说制度分析的正统是由凡勃伦等美国制度主义者所建立的话，那么被称为 neo-institutionalist 的那一批经济学家才是制度分析的直接继承者。他们的“新”，新在补充、新在发展。他们一贯坚持凡勃伦等老制度主义者的基本信念，在老制度主义者搭建的分析框架中不断填充新的内容。可见，旧制度经济学是一个不断发展壮大的学派，并不是我们印象中那个只有寥寥数人、被主流经济学的强势所湮灭的异端邪说。我们对它很陌生，是因为我们对待西方主流经济学过于热情。

第四节　新制度经济学的产生

新制度经济学的兴起是西方经济学理论自身逻辑发展的结果，西方经济形势的变化促使了它的形成。

一　新制度经济学的思想起源

制度学派产生于 19 世纪末 20 世纪初的美国，自产生至今，其演变过程大致分为以下几个阶段：19 世纪末 20 世纪 30 年代的老制度经济学，其创始者和代表人物为凡勃伦、康芒斯和米契尔；从老制度经济学到现代制度经济学过渡时期的制度经济学，主要代表人物是贝利、米恩斯、艾尔斯和克拉克等，以及战后出现的新制度经济学派，最重要的代表人物是加尔布雷斯、缪尔达尔、格鲁奇、贝尔等。在制度经济学的这些流派中，它们的思维模式和研究方法各异，因而研究成果和研究结论也是完全不同的。这里主要对新老制度学派的思想起源进行说明。

以凡勃伦为代表的老制度经济学派产生于19世纪末20世纪初的美国资本主义社会，它的产生是对美国当时经济生活的一种反应。凡勃伦的思想形成于美国内战结束后的工业化时期。这一时期美国社会经历着巨大的制度变迁，这对老制度学派的诞生产生了深刻的影响。19世纪最后30年迅速发展的美国工业化过程充满着混乱和动荡，一方面是聚敛财富的亿万富翁，一方面是生活艰辛、饱受失业困苦的劳苦大众；一方面是资本家冠冕堂皇的平等与民主，另一方面是在压迫与歧视中生活的群众。这个时期，美国的社会矛盾不断激化，农民的抗议与人民运动不断发生，阶级利益冲突日益剧烈。面对一系列深刻的社会矛盾和不断发生的经济危机，新古典经济学家们束手无策。老制度经济学的思想基础在这种环境下发展起来，因此自一开始老制度学派便带有浓厚的叛逆特点，以主流经济学（新古典理论）批判者的姿态出现。1898年，凡勃伦在美国《经济学季刊》上发表了一篇名为“为什么经济学不是一门进化科学”的文章，成为美国老制度学派诞生的标志。他认为，古典主流经济学没有提供一个动态和演化的框架来分析人类社会的经济活动，而只是运用一些静止的先验的固定模式来研究，其研究结果是与实际社会脱离的。

兴起于20世纪六七十年代的新制度经济学与老制度经济学最大的区别在于它不是一味批判主流经济学，而是对主流经济学做出了修正和发展，利用主流经济学的研究方法和理论范式去观察、研究问题。新制度学派针对传统经济学认为的市场无摩擦，具有完备信息，无逆向选择和无道德风险，忽视产权和交易成本等问题，通过引入信息和交易成本以及产权的约束，修正和发展了新古典经济学。科斯、阿尔钦、威廉姆森、诺斯、德姆塞茨和张五常等作为新制度学派的代表人物，为新制度经济学的发展做出了杰出贡献：威廉姆森在科斯研究的基础上，建立起了交易成本经济学，形成了一个从契约角度来看待和研究经济组织的新制度经济学的分支；德姆塞茨和阿尔钦则循着科斯的思路创立和发展了产权经济学，其主要内容是研究产权的安排和效率在经济运行中的作用；诺斯和戴维斯通过对经济史的研究总结出了近代经济增长的制度原因以及制度变迁的规律，即制度变迁理论。最终，交易成本经济学、产权经济学和制度变迁理论构成了新制度经济学的三个重要组成部分[①]。

二　新制度经济学的产生背景

自古典学派终结以后，西方经济学中的主流经济学家逐步放弃了制度分析，经济学家们的主要活动是在填补斯密体系的空白，使其分析更加精确。各经济主体的活动用生产函数和效用函数加以归纳，在明确界定的产权、完备的信息和无摩擦交易的假定前提下，整个经济的运行就会在自由价格制度即“看不见的手”的作用下，达到帕累托最优，而政府的干预只是在因外部性问题而导致市场失效时加以实施，从而接近帕累托最优，这便是马歇尔和庇古发展起来的新古典经济理论。

1929年大危机后，新古典理论为凯恩斯理论所取代。从表面上看，经济学发生了革命性的转变，宏观经济学取代了微观经济学，但实质上凯恩斯理论仍然排除了制度因素的分析，只侧重于宏观经济变量的研究。20世纪70年代的“滞胀”又使凯恩斯学派为以萨缪尔逊为代表的新古典综合派所取代，新古典综合派无论是在经济理论上还是在研究方法上都没有什么大的突破，它只是把新古典学派的价格分析与凯恩斯的收入分析加以糅合，形成了一个折中的体系，对“滞胀”、政府失效等问题同样束手无策。而发展经济学对指导发展中国家走向现代市场经济同样乏力，带来的只是巨额外债、恶性通胀。

面对经济学的这一困境，人们不禁要问：是经济学本身走到了尽头，对各种经济问题已无能为力了，还是主流经济学把经济学引入了歧途？很显然，主流经济学应对此负责。这主要是因为他们在经济学研究中以既定的自由市场制度为前提，过分强调数学分析方法，而舍弃了对制度因素的分析，使经济学理论范围日趋狭窄，分析解决问题日趋乏力。19世纪末20世纪初，新古典学派的形成时期正是数学与自然科学界公理化运动兴起的时候，经济学无疑也受到了这一思潮的影响。马歇尔虽认识到经济规律与自然规律的差异，但他仍把经济规律视为“较为复杂和较为不精确的自然规律”，而实质上经济学是一门社会科学，其中有关人的行为及规则是很难用数学方法加以处理的，更谈不上形式化的处理。当

---

①　张彬彬、黄少安：《新老制度经济学的思想起源及方法论比较》，《山东经济》2005年第3期。

然也应承认，在经济学分析中，为了较准确地描述某些经济变量之间的关系，可以在假定某些人为因素不变的前提下，采用数学分析方法，但并不能以此为由而舍弃这些因素的分析，而倘若这些被假定的因素正是影响经济运行更主要的因素，那么这种数学分析方法便会把人们引入歧途得出错误的结论。自边际学派以来，直至新古典综合派，主流经济学正是犯了这个根本性的错误，它们所舍弃的正是影响经济运行更为重要的制度因素。因此，经济学虽然取得了科学的外表形式，但终不免暴露其理论的贫乏。

事实上，西方经济学的非主流学派对主流学派把经济学逐步引向数学化与形式化的道路，致使经济学范围日趋狭窄早就不满。早在 19 世纪 80 年代，以施莫勒为首的新历史学派与以门格尔为首的奥地利边际学派之间就经济学的研究对象和方法问题展开过争论，新历史学派强调社会习俗、法律等对经济的制约，反对边际学派抽象掉经济的社会关系。美国经济学家康芒斯发表了《制度经济学》，他首先把人与人之间的活动视为交易，交易概念被一般化了。接着他又指出交易中所包含的三个基本原则或要素：冲突、依存和秩序，正是因为交易双方既有冲突，又相互依存，因此必须通过建立各种组织和制度来维持交易秩序。在这里制度因素成为经济学研究的主要对象，但其分析为哲学、法学和社会学的分析，缺乏真正体现经济学意义的研究手段。这未能引起主流学派的关注，却启发了科斯及其以后的新制度经济学家。

新制度经济学的创始人科斯受过正统的新古典经济学训练，但在对现实经济问题的思考过程中，他越来越不满足于正统经济学的分析及其提供的结论。1937 年，他发表了《企业的性质》这一经典论文，首先引入了交易费用这一概念，并用它分析了企业存在的原因，从而打开了形式完美的新古典经济理论的缺口。1960 年，他又发表了《社会成本问题》，更进一步将交易费用与交易背后的产权问题联系起来，并探讨了交易费用及产权对经济运行的影响，得出了著名的科斯定理，揭示了制度因素的重要性。正是因为他在把制度因素纳入经济学分析中所起的巨大作用，从而掀起了一场新制度经济学运动，并被授予 1991 年诺贝尔经济学奖。

但科斯的成就起初并没有得到经济学界的迅速承认，相反受到了长时间的冷落。20 世纪 70 年代以前，各国经济政策都受主流经济学的影响，在主流经济学的理论弊端未彻底暴露以前，科斯的理论是难以为人所关注的。20 世纪 70 年代末，面对着一系列新的经济问题，主流经济学终于无能为力了。正是在这时，新自由主义经济学兴起，其中以科斯为首的产权学派表现得最为突出。他们不仅提出了崭新的理论，而且解释的经济问题最多，理论最具有说服力，科斯的成就逐步为人们所接受，并终于在 20 世纪 80 年代后期形成了一个崭新的经济学流派，即新制度经济学。

新制度经济学的兴起是西方经济学理论自身逻辑发展的结果，西方经济形势的变化促使了它的形成。而中国市场化取向的经济体制变革则推动新制度经济学在世界范围内的发展，使之具有更为普遍性的理论意义①。

三　新古典经济学与新制度经济学的比较：基于假设前提②

（一）关于人类行为假设的修正与拓展

1. 对追求最大化的经济假设的拓展

新古典经济学以个人主义、功利主义作为经济哲学的基础，把人解释为利己主义的、追求自身利益最大化的经济人。在市场经济条件下就是追求个人利润最大化，其行为就是单纯地追求个人利润最大化的经济人行为。新古典传统的成本—收益，以及一般均衡的经济学基本分析方法都是建立在这一前提假定之下的。这一假定能够揭示出人类行为的基本特征，使问题简化；可以使用曲线来代替个人行为，消除了不确定性及复杂性，为数理逻辑的引入提供了方便。

但是，追求自身利润最大化的假定显然是不能完全符合现实的。例如，股份公司的企业家并非追求完全的利润最大化。他们要把社会地位、个人荣誉、企业的外在形象、个人的舒适与否等因素均纳入目标函数集中去。同时，人们的现实行为中存在许多利他主义因素，如人们对慈善事业的无偿捐助等行为。在家庭内部利他主义行为就更为显著。虽然追求利润最大化是现实生活的一个基本事实，但是单纯的经济人假设无法解释现实生活中的许多问题。

针对这一问题人们提出了 X 理论、Y 理论、权变理论，试图用社会

---

① 叶远胜、王良圣：《新制度经济学理论初探》，《中央财政金融学院学报》1995 年第 3 期。

② 陈春光、郭琳：《新制度经济学的前提假定对新古典传统的拓展与修正》，《齐鲁学刊》1996 年第 5 期。

人、成就人、复杂人的概念取代经济人。不过这种努力虽然有所贡献却不能说是完全成功的，因为单纯的经济人假定虽不全面但毕竟是反映了人类行为的基本事实。理论的发展方向应该是拓展而非完全取代。对此贝克尔在《人类行为的经济分析》一书中拓展了经济人假设，将单纯追求自身利润最大化的经济人拓展为追求个人效用最大化的经济人，把人类行为的其他一些非经济特点都纳入经济人目标函数的集合中。特别是对家庭内部的利他主义行为，在严格遵循经济学分析方法的前提下做出了很好的解释。利他主义行为在市场行为中是少见的，而在家庭中却是普遍存在的。贝克尔认为在家庭这种制度内建立利他主义的意识形态及其实际实施可以提高家庭成员抵御灾变和其他不测事件的能力，是分散风险和损失的最经济的办法。贝克尔这一遵循经济学基本分析方法而对经济人假定的拓展，既能很好地解释现实，同时又维护了经济学分析方法及逻辑结构的一致性，把经济学的分析方法从单纯的市场领域拓展到家庭及其他一些人类行为领域。从而相对于以企业为出发点，以市场行为为主要分析对象而建立的新古典微观经济学，建立了以严格经济分析为前提，以家庭行为为主要分析对象的家庭微观经济学。

新制度主义的创始人科斯并不否认最大化的经济人假设，但他更进一步地认为，重要的不是抽象的经济人假设是否成立，而是要从组织制度出发，从现实中的人出发，探究是什么样的经济人，追求的是何种的最大化。科斯说："疯子也在计算，但不能因此说他是理智的"①。即不仅要研究最大化的经济人假设，而更重要的是研究经济人的目标函数集合及形成经济人目标函数集合的制度基础及其结构；要探究何种制度结构引起何种目标序列的最大化，探究的对象不应仅仅是最大化经济人而更应是其背后的制度结构。科斯的思想无异于拓宽了经济人假设的研究范围，使人们在更宽广的视野内研究经济人问题。

新制度主义经济学的另一重要代表人物，诺贝尔经济学奖得主诺斯认为："既然我们对动机（指人类行为的目标函数集合）的理解还不十分完全，我们就可以通过考虑制度在改变为确信度支付的价格方式以及哪些非财富最大化动机在影响选择的程度上起关键作用而向前迈出重要一

---

① 科斯：《论生产的制度结构》，上海三联书店1994年版，第348页。

步"[1]。也就是说，要解析人类行为最大化的目标函数集合，就必须通过对制度的研究来解决。

由上可以看出，新制度主义者在肯定并拓展了最大化的经济人假设的同时，更重视解析最大化的约束条件，重视对约束条件形成基础的制度结构的研究，这是新制度主义经济学对最大化经济人假设的一个重要发展。

2. 机会主义的行为假设

按照威廉姆森的定义，机会主义倾向是指人们借助于不正当手段谋取自身利益的行为倾向。机会主义倾向是科斯、诺斯、威廉姆森等新制度主义经济学家十分重视的一个人类行为的前提假定。它并不完全独立于经济人假定，而可以隶属其中。但是由于在新古典传统中有着完全理性、完全竞争、确定性、完全信息以及交易费用为零的前提假定，在如此一个古典环境中，经济人具有洞察现在与未来，获得完全对称性信息的能力，且这种获得是没有费用的。因此想通过不正当手段来获取利益的行为无法得逞。机会主义倾向即便有也没有实施的可能，所以也就没有机会主义倾向的假设。但是在新制度主义经济学的分析框架内，新古典传统的上述假定均被修正为理性有界、不完全竞争、不确定性、不完全信息及正交易费用。在这种现实的制度环境中，经济人在利益最大化行为动机的驱使下，利用信息的不对称及正交易费用等的客观经济现实，以违背对未来行动的承诺等不合法手段来获得自身利益。显然这一假定是新制度主义经济学在放宽了新古典传统的环境假定后自然而然地从经济人假定中引申出来的，同时它也是符合实际的假定，在现实生活中极易找到例证。

阿尔钦和德姆塞茨的团队生产理论中的偷懒行为就是这一假定的充分体现。在联合的团队生产中由于监察、检测、衡量等费用的存在，每个人都被诱致享受更多的闲暇："因为他的产出与闲暇之间可实现的（报酬）替代率的休息效应低于真实的替代率效应，他的可实现的闲暇成本将比真实的闲暇成本下降更快，因此他将会'购买'更多的闲暇"。即他个人的偷懒损失由于监察费用的存在，不可能被完全检测出来，从而由其他团队生产的人员共同分担了。如果用这一假定推演出来的理论印证

---

① 诺斯：《制度、制度变迁与经济绩效》上海三联书店 1994 年版，第 34 页。

我国人民公社时期农业生产的低效率是再恰当不过的了。

机会主义倾向在信息不对称、小数目谈判、针对专用性资产的交易等条件下是最易实施的。在卖者相对于买者具有更完备信息的情况下，卖者就更具有采取欺骗手段获利的机会主义倾向；在只有少数的卖者或买者无法展开充分竞争的小数目谈判的情况下，一方就易于依据其有利的交易地位来敲诈对方；在专用性资产的交易中，由于这些专用性资产一旦投资就难以转向其他用途，即便能够进行资产的再配置也会带来巨大的经济损失，在这种交易条件下，被投资人就存在以违背对未来行为的承诺的方式来获取自身利益的机会主义倾向。特别是在交易费用存在的情况下，机会主义行为的实施就更为普遍。

3. 个人偏好的内生性假设

在新古典理论中个人偏好被认为是外生和既定的。他们把分析限定于市场交换、资源配置以及相关的决策，忽视社会和经济环境对个人偏好的塑造，即认为个人偏好是外生于经济系统的。而新制度主义者则把个人偏好作为经济系统的一部分来考察，并用社会经济系统这一术语来强调这一事实。也就是认为经济与制度、制度安排是不可分割的。对经济行为产生巨大影响的个人偏好是要受社会经济系统的决定和影响的。它不是外生和稳定不变的，而是经济系统的内生变量，并且随着社会经济系统的变化而变化。这一修正使新制度主义者采用了比较开阔或更为整体的观点，突出了个人偏好与社会经济系统之间的内生性动态互动关系，是一种进化和演进的动态观点，有助于对现实经济世界的理解与把握。

4. 理性有界的行为假设

按照管理决策论者西蒙的定义，理性是指一种行为方式，它适合实现指定的目标，而且在给定的条件下和约束的限度之内，即理性有界。也就是说，理性是经济人主体在特定的环境条件和约束下，具有明显的行为目标的行为方式，既包括认识能力、行为能力又包括行为本身。

新古典传统中的经济人是具有完全理性的。在那里经济人主体都具有完全的信息、敏锐的眼光，具有深思熟虑的、对事物及其所面临选择的现在和未来后果的正确判断力；能够根据其自身的认识与判断，在利益最大化动机的驱使下毫不犹豫地采取行动，没有惰性，并且不受其他非经济利益目标的诱导。显然，新古典传统的这一假定是十分简单化地抽象掉了人类行为的其他各种特点，以便使人类行为在供求曲线上自由而平滑地移动，进而有助于其微观经济理论的构建。

新制度主义经济学接受了西蒙的理性有界的人类行为假定，并将其移入到对经济学的分析之中，例如诺斯对完全理性是持否定态度的。正是基于理性有界这一前提假定诺斯才得出了："我们在面对这一复杂问题时（理性有界）有必要发展有规则的人类相互作用模式（指制度安排）"。诺斯认为，人们在认识到自身的理性有界、主观模型与真实世界模型之间存在差距的前提下，为解决这一问题才发展了各种适宜的制度安排以抵御由于理性有界而导致的危害。同时也正是由于主观模型与真实世界模型之间的差距才能使之为制度变迁带来推动力。由此我们可以看出理性有界的假定是诺斯制度变迁理论的一个重要基石，为其对经济史的重新解释奠定了基础。

新制度主义经济学的理性有界的行为假定是和我们下面谈到的不完全信息、正交易费用、不确定性和复杂性等环境假设联系在一起的。因为完全理性必须具备三个相互联系的前提：一是具有完全的认识能力，二是具有完全的行为能力，三是行为本身的执行。其中任何一点的不满足都不能构成完全理性。不完全信息、经济人行为能力的有限，高昂的信息费用及执行费用等环境条件都必然导致理性的有限性。

（二）关于环境因素的前提假设的修正与拓展

1. 制度资源稀缺性的环境假设

资源的稀缺性是相对于人类需要而言的，这是客观世界的一个常态，并且不能随着科技的进步而有所缓解，因为相对于人类科技的发展，人类需求的增长更为迅速。资源稀缺性的假定是一切经济学流派所公认的假定前提。经济学研究的目的也正是要把稀缺性的资源在不同的用途之间进行分配，以求得最大化的经济福利。对于资源稀缺性的环境假定，无论是新古典经济学还是新制度主义经济学均是持肯定态度的。但问题的关键在于资源的内涵。新制度学派引入制度分析，将制度本身视为经济资源的一种，具有同其他资源一样的稀缺性特点。这一论点拓展了资源稀缺性假定的范围。

新古典传统将制度视为既定的不争前提，是人类行为得以展开的基础，但对于制度是如何产生、演变以及其自身的经济合理性均未做任何分析，而新制度主义经济学凸显制度的重要性，将之视为经济发展的第四大柱石，视为稀缺性资源的一种。制度的稀缺性在逻辑起点上是源于其他有形资源的稀缺性。由于制度本身具有在特定时期或地点消除或减缓稀缺性的功能，并且其本身的创立、运行与变迁均不是免费的，因此制度也就成为一种重要的稀缺性资源。诺斯的制度变迁理论探究并说明了制度这一稀缺性资源的意义、效用、发展演变及对经济绩效的影响力，指出了制度这种资源的运用也完全是符合成本—收益、替代性以及均衡的经济学原则的。

科斯在《企业的性质》一文中分析了企业这样一种制度安排之所以能够出现，就在于它按照成本—收益原则对市场制度进行了有效的替代。新制度主义经济学的这种拓展既遵循了严格的经济学分析方法，丰富了新古典传统资源稀缺性假定的内容，又继承了其他制度主义者重视制度分析的传统，凸显了制度的重要意义及其在现实生活中的重要性，拓宽了经济学的研究领域。

2. 复杂性、不确定性与不完全信息的环境假设

复杂性是指一种既定的客观存在，是一静态概念，它说明环境或事物的属性是客观确定的，但其内部的技术和组织结构相对于人们的认识能力和其他事物的内部结构具有复杂性的特征。不确定性是一动态概念，主要着眼于未来，意味着事物的属性或状态是不稳定和不可确知的。

新古典经济学假定经济行为都是确定和简单的，经济人均在零交易费用的状态下接受唯一的市场信息——价格，并以此进行理性选择，追求自身的最大利益，在市场机制的诱导下达到一般均衡和资源的优化配置。而新制度主义者否认经济行为及其后果的确定性和简单性。他们用动态分析的方法取代新古典经济学的静态分析方法，引入时间因素，把经济变量都看成是复杂和不确定的。人们正是因为事物的不确定性和复杂性才有必要设计各种制度安排来降低它们，从而降低交易费用。正如诺斯所言："制度的存在是为了降低人们相互作用时的不确定性。这些不确定性之所以产生是所要解决问题的复杂性以及个人所有的解决问题的软件不足的结果"①。随着不确定性和复杂性特征的改变就有必要创造出更适宜的制度以取代原先的制度安排，于是制度变迁成为必然。在新制度主义者的分析中许多制度安排就专为不确定性而设计，如天气预报、

① 诺斯：《制度、制度变迁与经济绩效》，上海三联书店 1994 年版，第 35 页。

人寿保险等。

新古典传统以确定性为前提，认为经济人可以在简单的市场环境中得到他们所需要的全部信息，而新制度主义者则在不确定性和复杂性的基础上，认为信息是不完全的，并且其获得是有费用的。有些信息即便能够获得，在经济上也未必是合理的。追求最大效用的经济人对信息的投资会在边际成本一边际收益的点上取得均衡。在这种意义上的不完全信息不是与非理性或随意行为相联系，而是经济人在既定约束条件下的一种十分理性的行为。此外，不完全信息不仅体现在人们对于客观经济环境的现实，诸如不同的交易对手及其产品的数量、种类和价格的无知上，而且也体现在人们对于不同的经济人主体的个人偏好与心理因素的无知上，特别是在机会主义倾向存在实施可能的情况下就更是如此。

3. 不完全竞争的市场环境假设

完全竞争是新古典经济学的一个核心假定。他们认为市场是完全竞争时，不存在垄断。在瓦尔拉斯拍卖人的报价下，市场参与者均能得到完全充分的对称性信息，市场自动出清，没有摩擦，自动保持均衡。而新制度经济学家认为，在不确定性、不对称信息条件下、市场竞争是不完全的。这一假定是隐含在理论的推演过程之中的。首先，科斯通过对企业性质的分析创立了“交易费用”学说。基于交易费用的存在，证明了市场制度的运行是要付出一定成本的，这其中信息费用就是一个重要的组成部分。由于信息费用的存在，不可能使每一个经济人对市场状况有完全的了解，这必然产生信息的不完全、不对称，从而必然导致不完全竞争。其次，威廉姆森在其对交易费用提高的原因分析中也暗含了不完全竞争的市场假定。在威廉姆森看来，市场的不确定性、资产专用性、可交易数量的有限，以及地理位置的局限均会导致交易费用的上升，而这些很显然是可以归结为市场垄断和不完全竞争的存在。最后，新制度主义者还把不完全竞争的假定扩充到制度市场的范围内。新制度经济学的一大贡献就是把制度看作一种稀缺性的经济要素，存在供给与需求、存在制度市场。但是现实中的制度市场是不完全竞争的，或者说是垄断的。在科斯看来，国家是制度的主要供给者。产权制度的确立必须依靠国家法律的界定和实施。诺斯的制度变迁理论也包含着国家理论，他也认为国家决定着制度的兴衰存废，进而决定这一历史时期的经济绩效。所以，在新制度经济学家看来，制度市场同样也是一个国家垄断的、不完全竞争的市场。

4. 正交易费用的前提假设

正交易费用的假定是新制度主义经济学的理论前提和基础。在新制度主义者看来，新古典传统的根本缺陷就在于其零交易费用的假定。他们忽略了现实中正交易费用的存在对于交换的约束或限制作用，也必然导致其忽略制度作用的理论倾向。科斯在《企业的性质》一文中开拓性地指出了自由价格制度运行的代价，提出了正交易费用的制度运行成本问题，修正了新古典传统的零交易费用假定。威廉姆森进一步地对交易费用的决定因素进行了分析，将之归因于两种因素。一是交易要素，尤其是指市场的不确定性和潜在交易对手的数量。二是人的要素，可分为理性有界和机会主义倾向。市场的不确定性意味着有关价格、质量、品种、交易对手及供求双方的搭配等方面的情况是难以预料的，这使交易的难度增大。交易双方为使自己免受或少受未来市场变化的不利影响，会尽可能全面地了解合同的一切细节，将未来价格的变动因素考虑在内，从而就必须预测价格变动的趋势。这自然会增加谈判和达成合同的费用。另外由于有界的理性和机会主义倾向，使人们不得不依靠长短期不同的合约安排来抵消其消极影响，这必然也导致交易费用的上升。

四　早期制度经济学、后制度经济学和新制度经济学①

20世纪二三十年代之后，西方经济学在经济理论上陷入持久的危机。制度经济学派就是在批判传统的主流经济学——新古典主义的基础上发展起来的。制度经济学按其类型一般分为以凡勃伦、康芒斯为代表的早期制度经济学，以加尔布雷斯、缪尔达尔为代表的后制度经济学和以科斯、诺斯为代表的新制度经济学。

（一）三大制度经济学派

旧制度经济学就是在批判传统经济学的基础上发展起来的。其创始人凡勃伦综合了达尔文进化论、德国历史学派、美国早期实用主义的分析方法，对资本主义的历史与现实进行了深入的分析，从经济学、人类学、文化学、生物学等多种视角漫谈经济和社会问题，将经济分析的核心转向制度，形成了研究经济问题的制度主义方法。20世纪初，凡勃伦的制度分析曾在美国学界引起了广泛的关注与争论。凡勃伦所开创的制

---

① 徐桂华、魏倩：《制度经济学三大流派的比较与评析》，《经济经纬》2004年第6期。

度分析学派，在康芒斯那里得到进一步发展与光大。在 20 世纪二三十年代，制度经济学成为美国经济学界的一大学派，不仅成为经济学界的主要力量，也对政府政策产生了重要影响。经济思想史上这一时期发生的这一事件被称为“制度主义运动”。

20 世纪 40 年代，由于凯恩斯主义的兴起，制度学派及其他一些非主流学派被忽视，直到 60 年代，制度主义重新兴起。这一时期，出现了两个“新”制度经济学，分别是以加尔布雷斯、缪尔达尔等经济学家为代表的“Neoinstitutional Economics”，及以科斯、诺斯等为代表的“New-institutional Economics”。为了区分这两支制度学派，国内一般将以加尔布雷斯等为代表的制度学派称为后制度经济学，而将以科斯等为代表的制度学派称为新制度经济学。也有学者提出新的分法，即根据其理论关联，将前者称为“新制度经济学”，而将后者称为“新古典制度经济学”①。考虑到新制度经济学的称谓已为大多数人所习惯，因此，仍采用前一种分法，将这两支制度学派分别称为“后制度经济学”与“新制度经济学”。

后制度经济学派较多地继承了早期制度学派传统。这一学派中的经济学家大多数都受过主流经济学的熏陶，但随着深入接触大量现实，对主流经济学的假设前提、研究方法产生不满，从而转向制度主义分析。最典型的是缪尔达尔，根据其学术信仰由新古典主义向制度主义的转变，有“老缪尔达尔”和“新缪尔达尔”之分。他们认为，正统经济学狭隘的方法论使经济学变成了枯燥无味的游戏；毫不客气地批评正统经济学“缺乏解决现实问题的能力”，断定它是失败的，并且“在方法论的门堂的台阶上，这种失败就已经开始了”。

新制度经济学同样把新古典经济学忽视的制度作为研究对象，在他们看来，最重要的且长期被新古典主义忽视的现实，就是交易成本的存在和制度的重要性，而忽视这些现实前提的经济学是没有生命力的。新制度经济学的开创者科斯尖锐地指出，新古典经济学不过是一堆工具，研究的是“没有躯体的血液循环”。他在获诺贝尔奖时所作的演讲中对新古典主义作了这样的评价：亚当·斯密以后的经济学家主要致力于把那只“看不见的手”模型化，被研究的东西是经济学家心目中的而不是现

---

① 张林：《两种新制度经济学：语义区分与理论渊源》，《经济学家》2001 年第 5 期。

实中的体系。科斯称为“黑板经济学”。早期制度经济学、后制度经济学和新制度经济学都是作为新古典主义的对立面而出现的，三种形态的制度经济学从不同的角度与层面对新古典经济学的理论范式进行了批判，都是以制度为研究对象，从对制度的剖析出发，建立自己的学说，但研究制度的视角和方法又各不相同，各有理论特色，具有较强的可比性。其中，早期制度学派和后制度学派理论存在较多的理论传承性，而新制度经济学和前两者的差异较大。

（二）早期制度经济学和后制度经济学的比较

后制度经济学派与早期制度经济学具有一定的理论传承关系，理论上共同的特征较为突出。可以将两者共同的特征归纳为以下六个方面。

（1）文化与整体的观点。早期制度经济学将经济视为文化整体中的一部分，从整体上考察经济的进化。认为社会是以制度、习惯、态度和价值观组成的动态的有机复合体，因而必须以尽可能综合的方式来进行评价和调整。在制度分析中，着重考察家庭、国家、法律、文化、政治等制度安排作为一个整体的性质、演化及其对经济的影响。制度经济学发展到后制度经济学以后，其核心依然是从整体演进的角度，通过分析制度，并将制度作为一个变量处理，从而理解和把握人类行为并据此提出政策性建议。加尔布雷斯明确地表达了其整体主义的观点：“经济学就像解剖学那样，一个整体远远不止是各个部分的总和。当各个部分相辅相成，或相互抵触，或者是由于彼此共同存在而形象有所改变时，情况就肯定是这样”①。

（2）过程与演化的观点。早期制度经济学从进化、演变的角度看待制度整体。早期制度经济学派代表人物之一凡勃伦最早提出了演化经济学这一术语，并在此基础上创立了制度学派。这一思想后来又为后制度学派所继承和发展。因此，无论早期制度经济学或后制度经济学派都深受达尔文进化论思想的影响，把演化看作是理解资本主义经济、技术和制度变化的基本方法，认为经济学应该抓住演化这个核心主题，而不是遵循新古典主义经济学静态和均衡的思想。在演变的制度理念中，不存在事物发展的“正常”与“非正常”状态之分，一切都被认为是自然发生的，不存在什么“干扰因素”，出现任何结果都是以往的原因次序展开

① 加尔布雷斯：《经济学和公共目标》，商务印书1983年版，第3页。

的结果，并以此为基础来分析和理解制度的形成与演变。受实用主义哲学思想的影响，他们认为，在这样一个被技术、人口增长和社会变化所主宰的世界里，社会进步的方向不是向任何最终的或者是预先确定的社会和文化安排的方向发展，这种信念强调，虽然个人行为是有目的的，但由于不确定性和新奇事件的存在，社会经济发展不是以目的论方式展开的过程，演化过程没有必要趋于有效率的和最优的结果。

（3）更为注重权力而不是价格。在经济系统中，什么是最关键的因素？正统经济学认为是价格。早期制度主义和后制度主义者并不否定价格在经济系统中发挥的普遍而又重要的作用，但不认为价格是最重要的甚至是唯一的因素。他们认为，由制度所决定的权力结构才是决定资源配置的最基础因素。他们指出单纯寻求稳定均衡的技术条件与最优化，会模糊经济的基本权力与选择方面的特征。在现实世界，应当关注的不是如何从机会集之中进行选择，而是关注机会集是如何形成的。也就是说，均衡与最优化问题只有在制度背景中才有意义，只有通过制度调整才能得到解决。

（4）实用主义取向。实用主义是早期制度经济学与后制度经济学的共同哲学基础，两者的制度理论中都具有明显的实用主义色彩，即认为人的理性可以对制度进行有目的的介入，人类可以按照自己的偏好来改变社会制度。凡勃伦将制度定义为一种流行的思维习惯，习惯是滞后的，技术则是前向的。两者之间存在的矛盾为人的介入提供了逻辑前提。尽管凡勃伦并没有直接表明对制度进行理性设计的观点，但由其二分法方法论为人类对制度的理性干预提供了逻辑基础。后制度经济学的实用主义色彩应该比早期制度经济学更为浓厚一些。后制度经济学的研究更密切地与公共政策联系在一起，将制度安排作为可选择的变量，以解决现实问题，实现公共目标。

（5）集体主义方法论。按照传统经济学的观念，经济学研究的是个人在稀缺资源面前如何进行选择，以最大化地满足自己的欲望。早期制度经济学和后制度经济学者并不否认个人的选择，但认为这种选择不是孤立的，而是在文化框架内进行的选择，经济学研究的就是这个文化框架。他们将经济系统看作是社会文化的组成部分，经济系统的性质由它所处的社会文化环境决定。

（6）超越“效率”观点，关注人类价值。早期制度经济学和后制度经济学理论都关注价值概念，对所谓全人类更高利益的社会规定进行研究。他们认为，价值是一种由个人或制度做出的判断。价值在这里回答的是规范研究中“应该是什么”的问题。即应用所选定的规范或标准来确定某类行为或客观状态是否是理想的。什么样的制度变迁才是有利的？他们在这个问题上使用的不是效率标准，而是“社会价值”理论：制度的调整要符合作为整体的社会利益。他们还认为真正的价值判断标准是“满足人类高质量的生活”，即经济价值只是各种社会价值的一种，还应考虑除此以外的社会价值，加尔布雷思称为“文化的价值”。价值判断标准是制度经济学和正统经济学长期争论的焦点之一，由于哲学基础和方法论的本质差别，双方在这一争论中是不能指望有什么妥协的。

后制度经济学并不只是对早期制度学派思想的重复，而是有自己的特色与发展。两者之间也存在一定的区别，可以从以下三个方面分析。

（1）哲学基础上的区别。早期制度经济学和后制度经济学均以实用主义为哲学基础，这是它们存在一些理论共同性的思想根源。差异在于，早期制度经济学的哲学基础是皮尔士和詹姆士等的较早期的实用主义；而后制度经济学的哲学基础是杜威的实用主义。虽然早期制度经济学和后制度经济学都深受进化论、历史学派以及社会主义思想的影响。因此在他们的理论中可见到深刻的演进观、整体主义的特征。但是对前者，我们看到更多的还是德国、英国新历史学派、达尔文进化论、心理因素决定论。而后者已经明显地采用演进观、整体主义、集体主义、人类学等方法论，对经济行为和制度进行结构的、历史的和社会文化的分析，甚至包括阶级分析。

（2）后制度经济学具有更明显的工具理性主义取向。后制度经济学主要继承了康芒斯的思想传统。强调市场作用的不完全性、更明确政府对经济的干预作用以及切实广泛的政策主张都是后制度经济学的特点。后制度经济学家的著作多与公共目标、公共政策相关，如加尔布雷斯的《经济学与公共目标》，丹尼尔·布罗姆利的《经济利益与经济制度——公共政策的理论基础》等。前者强调要关心“公共目标”，并分析了资本主义社会矛盾，探究了这种社会存在种种弊端的原因，建立了“二元结构”理论模式，并提出了社会改良的政策主张——建立“新社会主义”。后者一针见血地指出了单纯以“效率”为制度批判标准的非效率性，指出所谓的“效率”只是在特定制度结构下的循环论证，制度应有助于实现更广泛的人类目标。他们的政策主张切中了资本主义社会的“脉搏”，可以说，这些政策主张是后制度经济学理论的精华部分之一。

（3）与新古典理论的不同关系。新古典理论建立在偏好、制度等参数给定的基础上，以价格机制为核心，以个人主义为方法论和以均衡分析为主要模式。早期制度经济学对这种理论范式进行了深入的批判，并建立了一套各方面都与新古典主义迥异的制度分析体系，与新古典的理论形成了鲜明的对比。后制度经济学虽然同样对新古典的理论进行了激烈的批判，揭示了市场作用的不完全性，强调通过政府政策、制度变革来调节经济、实现社会目标，但后制度经济学并未完全否定新古典的分析工具。事实上，后制度经济学运用了新古典的部分分析工具来进行公共政策分析。后制度经济学的理论，特别是公共政策理论，客观上形成了对新古典市场理论的补充，两者在一定程度上可以衔接。

（三）新制度经济学与早期制度经济学、后制度经济学的比较

新制度经济学与早期制度经济学也存在一定的理论渊源。新制度经济学的某些理论灵感和基础概念直接或间接地来自早期制度经济学，特别是康芒斯早期研究所有权与法律的经济学。例如康芒斯提出，财产真正的本来的意义不是指物质的东西，而是指使用和处理某物的绝对权利，财产总是与占有、保留、取得和不受干涉的权利相联系的；并指出“交易”是经济分析的基础。可以看出，康芒斯的观点在后来的新制度经济学中基本得以保留。由此可见，新制度经济学派无论承认与否，其与早期制度经济学特别是康芒斯体系存在某种理论联系是可以肯定的。但新制度经济学与早期制度经济学和后制度经济学对制度及经济现实的认识以及分析方法存在本质差别，属于两套不同的理论体系。

1. 两种不同的制度分析法：二分法与交易成本法

早期制度经济学与后制度经济学从文化整体的角度看待经济与制度，认为经济是一个文化过程。而文化是一个整体范畴，表现为两个方面，即制度的方面与技术的方面，反映在哲学意义上就是仪式方面与工具方面。早期制度经济学就是从制度与技术、仪式与工具的二分法来看待、解释经济发展的。任何经济系统或经济秩序都是由两类行为构成的，一方面是技术特征的行为，即工具，人类的建设性本能是推动技术进步的主要因素；另一方面是仪式特征的行为，即制度。技术的特征是发展的，而仪式的特征是静止的，并且对变革产生抵触或者约束变革。凡勃伦将

制度视为一种思维习惯，那么制度总是过去经验的产物，总是滞后于社会的发展，尤其是滞后于社会发展的决定因素——技术发展的要求。

任何制度都会产生一个在该制度下形成的既得利益集团，因此制度是保守的。社会发展过程就是技术不断克服制度阻力的过程，社会就是在这两股力量的冲突中向前发展。当制度结构中包含的有利于技术进步的因素更多时，社会进步也就更明显，反之则制约着经济的发展。凡勃伦认为资本主义制度和它的经济体系就是由两种相抗衡的力量组成的，一种是维护现存制度的既得利益集团，主要是不直接从事物质产品生产的工业巨头、商人和金融家；另一种是代表着技术进步要求的技术工人、工程师和普通大众。既得利益者不断强化有利于他们自己的社会规范，操纵制度对技术变化的反应，这是资本主义一切社会和经济问题的根源。对制度运行的成本的考察可以说是新制度经济学与其他制度学派的分野所在。几乎全部新制度经济理论研究的落脚点都建立在“交易成本”这个概念之上。交易费用的提出改变了新古典经济学把企业视为生产函数、市场交易瞬间完成以及交易费用为零的状况，使经济学家重新思考企业存在的原因、不同的公司组织形式和契约形式的变化等现实问题。新制度经济学的中心论题是：只要存在交易成本，产权结构就对生产绩效产生影响。从科斯开始的产权分析的主旨，就在于从理论上解释在社会经济活动中人们降低交易费用的努力所导致的组织规模的决定、市场与科层的选择，以及社会制度的演进与变迁的内在机理。所以，如果说在传统制度经济学视野中的是一个演化着的制度整体的话，那么新制度经济学重视的则是在交易费用基础上的不同制度形态的绩效学习的选择。交易成本的存在导致了不同制度形态的存在，多种形式制度的存在正是节约交易成本的努力所导致的结果。在交易成本存在的条件下，不同的产权结构会产生不同的效率，而对效率的追求会使当事人选择交易成本最小的制度。正是以交易成本为基础，形成了新的分析范式，使经济分析深入到具体的生产制度结构，使对制度选择、制度绩效的研究和比较成为可能。

2. 人的行为的决定：文化的视角与成本的视角

早期制度经济学、后制度经济学与新制度经济学在制度分析视角上的分野，同样也反映在对人的行为的分析方面。凡勃伦认为，经济系统中的个人是文化的产物，个人行为由社会环境和人的本能共同支配。人类的行动是他的遗传特性和过去经历的结果，行动不能被理解成效用与成本的计算，而应当从人的本能及所存在的环境重新去寻找决定行为的因素。因此，在经济行为的决定上，凡勃伦坚持从行为人所具有的遗传特征、个人环境等多方面进行分析，坚持认为正是多种因素决定了人们的经济行为。后制度经济学也基本继承了这种观点。新制度学派也认识到新古典主义的“经济人”假设的不现实，因而力图采取与传统经济学完全理性人不同的假设。交易费用学派代表人物威廉姆森在一系列市场和等级的研究中，所依赖的关于人的认知能力的前提则是西蒙所倡导的“有限理性”。威廉姆森指出，人类理性受到信息传播效率和接受信息的能力等多种制约，只处于欲望的合理和有限制的条件之间，落在非合理的行为与超合理的计算行为之间的中间地带。从“无限理性”到“有限理性”，这应该说是新制度经济学对新古典假设的一种改进，但其实质是将这种认知的差异归结为新的成本—信息成本，即在新古典主义预算约束的基础上，增加信息约束。这样通过运用交易成本进行新的阐述，维护了新古典理性选择的内核。

3. 对市场作用的看法：两者的根本差异所在

有关市场的作用问题一直是早期制度经济学、后制度学派经济学家与以科斯、德姆塞茨等为代表的新制度经济学派经济学家的根本分歧所在。

康芒斯认为，市场秩序并非只是看不见的手的结果，也是集体行动实现从利益冲突中创造利益的相互关系的产物。康芒斯还认为，如果斯密认识到这一点，他一定会发现，不是一只看不见的手在引导个人的利己心在走向公共福利，而是那看得见的普通法庭的手在采取当时和当地的良好习俗，使一些顽固不驯的个人必须遵守、符合休谟所谓的“公共效用”。后制度经济学家布罗姆利在《经济利益与经济制度》一书中对市场、集体行为和强制之间的关系进行了精辟的分析。通常的观点认为集体行动意味着强制，而市场中不存在强制。事实是市场和集体行动都同时限制和解放个人。市场通过预算限制个人选择，集体行动通过对个人选择集的规定限制个人选择。认为预算限制对个人选择范围的侵犯比对可接受的个体行为做出的某一集体决定对个人选择范围的侵犯要少。例如富人拥有更多的选择，他们可以选择不向别人出卖自己的劳动，而穷人却不得不通过“非强制”的市场方式来交易自己的劳动。非强制的市场下隐藏着由经济制度决定的分配关系形成的预算制约，这种制约一点儿也不比集体行动的制约来得弱。所以，布罗姆利提出，市场表面的自由，或者是不存在强制，实际上通过进一步的审视，需要的条件比解决的问题还多。

新制度经济学的实质是通过交易成本概念的提出，得以将新古典的成本—收益分析方式统一到制度领域。这样，制度和商品一样，都是可在自发的市场交易中实现优化与均衡的。与新古典主义一样，在这个新的领域，市场作用仍然扮演着最核心的角色。新制度学派的理论如同新古典主义一样，只看到他们之间的一种交易或契约关系，而对其背后的强制关系视而不见。无论是诱致性制度变迁的拉坦—速水模型，还是诺斯模型，均是试图将制度解释为经济收益驱动的、对市场过程中外生不均衡的反应。它们试图通过出现增加收入所得的机会或总体经济效率的提高来解释制度环境的变迁。然而，正如布罗姆利所批评的，“这些制度创新最致命的缺陷是它们没认识到不管怎样定义，效率总是倚赖于制度结构。是制度结构赋予成本和收益以意义并决定这些成本和收益的发生率。在寻求经济效益基础上提出的制度变迁模型是循环论证。制度安排决定了什么是效率，这就是产生这种循环论证的原因所在”①。由此可见，制度结构相对于市场是更根本的、更为基础的。经济学研究的也就不仅是由这些基础决定的交换过程，而且也是这些基础本身。

4. 方法论的区别：集体主义与个人主义

新制度学派同另外两个制度学派的不同还可以从方法论的角度讨论。对人类行为的分析有两种基本的方法论，即个人主义和集体主义。一般而论，个人主义方法论是通过对个体现象和过程的研究来认识一般，方法论的集体主义则是通过对群体现象或过程的研究来认识世界。直接源于斯密、马歇尔的个人主义方法论贯穿了古典政治经济学和新古典经济学，其特征是强调个体的独立存在意义和利益特征，承认利己主义，主张通过个人之间的安排来解决问题，强调个体面对外部约束条件做出反应，忽视人和制度的相互关联和影响机制。早期制度主义和后制度主义的一个鲜明特征是以集体主义方法论为基础。他们认为，处于孤立状态

---

① 布罗姆利：《经济利益与经济制度——公共政策的理论基础》，上海三联书店、上海人民出版社 1996 年版，第 40 页。

的个人是根本不存在的。相反，恰恰是“社会”使个人行为得以形成，人是一种社会存在，他所做出的选择，不仅以内在的效用函数为基础，更重要的还要受下列因素的影响：社会经验、人们之间的相互作用、演进的学习过程等。理性决策的个人并不能独立于独特的文化整体而存在，这绝不是说个人没有理性，而是要承认文化对个人的影响以及个人作为文化整体的一部分。并且，个人行为之和不等于集体行为。他们认为，社会不是，也不应理解成为个人行为的简单之和，尤其是其目标的形成与变化。制度和社会作为一个文化整体有自身的运动特点，不能分解为个人行为之和。所以说，通过对制度的考察和描述，才能更好地理解个人的经济行为以及个人如此行为的信念。

新制度学派也意识到个人主义方法论的局限性，从而也具有某些集体主义的倾向。这种倾向尤其见于新经济史理论中，特别是诺斯对意识形态的分析带有集体主义的色彩。但是，归根结底，无论是新经济史学、产权理论、交易费用理论，抑或是新制度经济学的其他理论，个人作为原子式的财富最大化主体，始终是分析的基础。新制度经济学在方法论上相对于新古典经济学，并没有太大的创新，仍是个人主义的。

第五节　制度经济学的研究对象与理论框架

任何一门学科都有自己的研究对象和理论框架，在这一节中，主要对制度经济学的研究对象进行说明，同时给出制度经济学的基本理论框架①。

一　什么是制度经济学

什么是制度经济学？实质上，制度经济学就是政治经济学。政治经济学不是受政治左右或为政治服务的经济学，也不是政治学和经济学的融合，而是指分析经济问题至少不把经济制度、政治制度和法律制度排除在分析范围以外的经济学，也就是包含制度分析的经济学。其实，早期经济学就是作为政治经济学产生的。古典经济学、马克思主义经济学

① 黄少安：《经济学为什么和怎样研究制度——关于制度经济学研究对象、目的和一般理论框架的梳理》，《学术月刊》2009 年第 5 期。

等，都是政治经济学。哈耶克理论中的一部分也是政治经济学。后来的所谓“新政治经济学”，就是恢复制度分析传统的一些经济学流派。狭义的“新政治经济学”是指以布坎南为代表（也许还有贝克尔）的、以经济分析方法分析政治领域的经济学（公共选择理论）；广义的“新政治经济学”即包括各种制度经济学及一些与其他社会科学交叉的经济学。

二　制度经济学的研究对象

制度经济学就是研究制度本身的产生、演变及其与经济活动（经济增长、收入分配、经济主体的行为等）关系的经济学分支学科。也就是说，制度经济学的研究对象由相互联系的两个方面构成：一是制度本身是怎样产生、演变的。例如，私有制为什么、如何产生？公有制为什么、如何产生？制度是自然形成的还是人们有意识构建的？二是研究制度及其变化与经济主体行为、经济增长、收入分配等的相关性。如果认可“制度是激励和约束人们行为的规则”，那么，也可以大体认为：制度经济学就是既研究规则如何形成（其中也有一部分是研究人们制定或对待规则的行为），又研究规则及其变化如何影响人们行为及收入分配和经济增长（包含着研究如何通过改变或修正规则而改变人们行为、收入分配格局和对经济增长的影响）。这与标准的新古典经济学不同，新古典经济学研究在既定前提下的人们行为和经济增长，视制度为外生的环境或假定前提，对制度本身的产生、演变及其对经济活动的影响不感兴趣。现代制度经济学便是由于不满主流经济学对制度变量不加研究而发展起来的。基于这样一个经济学说史的背景，制度经济学将制度内生化，研究制度变量的经济影响便是制度经济学的主要任务。制度经济学研究制度，显然不等于不研究资源配置，而是研究制度对资源配置和经济增长的影响。当然，不是每一个制度学派都直接解释或揭示制度对经济增长的影响，有一些就是直接研究制度本身。不过，对制度本身研究清楚了，也就有助于人们研究制度与经济增长和人们行为的关系。如果说经济学是研究人类（选择）行为的科学，那么，也可以说，新古典经济学及其传统，就是研究在制度既定前提下的人类行为及其对资源配置和经济增长的影响，而制度经济学就是研究人们选择制度的行为，制度及其变迁对人们行为的影响，以及制度及其变迁通过影响人们的行为而如何影响资源配置和经济增长。不管什么制度经济学流派或者经济学的制度分析，无非是对其中的一部分或大部分的研究。

三　制度经济学的基本理论框架

制度经济学的发展大体上可以划分为两条大的主线：一条是社会主义的制度构想——马克思经济学和马克思主义经济学、苏联和东欧经济学、中国等国家的经济学家对经济体制改革的探索。另一条是德国历史学派——美国的新老制度学派。其中，以科斯、诺斯、威廉姆森等为代表的“新制度经济学派”是相对于从凡勃伦到加尔布雷斯的所有制度经济学的“新制度经济学”，可以说是新古典的制度经济学派，也可以说是新自由主义经济学的一个组成部分。

如果把制度经济学内容进行归纳、总结，它大体上可以分为以下几个重要理论或理论组成部分：

1. 制度起源理论

这是一个制度发生学意义上的问题，它要探索的是制度为什么会发生、怎样发生等基本问题。可以用经济学的方法去考察家庭、国家、产权、所有制、企业等起源，这些都属于制度经济学的内容，因为家庭、国家、产权、企业等，都是相应的制度安排或者说有相应的制度载体。可以考察人类社会的最初的制度起源，例如家庭的起源、原始公有产权的起源、最初的私有制的起源，也可以考察既有制度下新的制度如何产生，例如，在公有制条件下，公有制内部如何产生（转变为）私有制，公有制外部如何产生私有制，等等。制度是有意识构建的还是自然演化生成的，这也是制度起源理论的重要基本问题。几乎所有重要的制度经济学派都有其制度起源理论。

2. 制度比较与选择理论

演化经济学的制度选择是自然选择，可是人们更相信，人是可以有意识地进行选择的。在特定社会里，相对于资源配置、经济增长、社会和谐来说，制度有好坏及其程度的差异，人们总想有一个好制度。假定一定的制度选择集合，怎样评价和选择制度，也就是制度评价和选择的标准，就成了制度经济学的核心问题之一。不同的制度经济学有不同的具体标准。例如，新古典制度经济学的科斯定理，实际上就是一个以交易成本为依据的、评价和选择产权制度的标准。

3. 制度变迁理论

如果说制度比较与选择理论是静态比较与选择理论，那么，制度变迁理论实际上就是对制度的动态比较与选择的理论。不管什么样的制度变迁理论，无非是从不同角度、用不同方法去分析谁、为什么、怎样进行制度变革或创新。“谁”就是指制度变迁主体，即使演化经济学的无主体，也是对“谁”的一种回答。不过新发展起来的所谓演化博弈理论，使演化好像也有了主体；“为什么”就是研究制度变迁原因，对具体变迁主体来说，就是实施制度变迁的动机或动力，例如追求制度变迁的潜在利润或减少既有制度下的损失；“怎样”就是研究制度变迁的方式，例如，是渐进式还是突进式改革，是单项突进还是整体配套改革等。

4. 企业理论

这是制度经济学的最重要的理论组成部分之一。新古典经济学是假定企业为“黑箱”的。而企业虽然是一个组织，但是，它相对于市场和其他组织来说，是一种制度安排，不同的企业组织形式也是不同的制度安排。所以，在企业与市场以及其他组织形式之间的选择和不同企业形式之间的选择，实质上是制度的选择，企业制度的演变也是制度的变迁，它们会影响经济绩效的。不同的重要的制度经济学派，几乎都在企业理论方面有重要内容。企业理论主要探索的问题有：企业的起源和本质、企业为什么会存在、企业的规模变动、企业的权力结构和公司治理、企业的生命周期等。

5. 制度及其变迁与经济增长

如果说制度比较与选择和制度变迁理论大体上是基于微观的分析，那么，制度及其变迁与经济增长理论即大体上则属于制度的宏观分析，主要探索制度及其变迁通过什么内在机制影响经济增长。例如，马克思关于生产力与生产关系的理论就是解释所有制与技术和经济增长关系的理论。制度及其变迁会通过影响要素投入及所投入要素的利用率、收入分配等影响经济增长，有很多重要问题有待研究。新经济史学在制度与经济增长的实证分析方面做出了很大的贡献。

6. 国家理论和意识形态理论

国家在制度经济学的研究中占有重要的位置。国家理论关心的问题是，国家的性质和起源、国家的范围和规模确定、国家如何界定和维护产权及其经济绩效评价、国家在制度变迁中的角色和作用等。与国家理论紧密联系的是意识形态理论。意识形态作为一种非正式制度会在很大程度上影响制度安排和制度变迁，影响制度的运行及其成本，影响人们的行为方式和经济绩效，而国家可以有意识地推行或者限制某些意识形态，意识形态本身作为非正式制度，其变迁及绩效也是非常值得关注的。

第二章　制度经济学的方法论

理解方法论是学习和研究制度经济学的基础，对制度经济学的把握必须掌握现代经济学的分析框架和科学研究的基本范式。

第一节　现代经济学的分析框架

一　掌握现代经济学基本分析框架的重要性

近些年来，不时看到有人从研究方法到结论对现代经济学进行批判，否认现代经济学（西方经济学），并宣称要创造出自己的经济学。但是这些所谓的经济学往往只给出观点，既没有明确的前提条件和分析框架，也没有逻辑推理和严格证明；既拿不出周密可靠的数据做依据，又不引用基本的经济理论，随随便便就得出自己的结论，并将所谓“自己创新的观点”的作用无限放大。因此，经常会看到这样的言论：自己或者某人的理论对现代经济学造成了冲击，他们往往用中国问题的特殊性来否定现代经济学。

不少人认为现代经济学的分析框架只有用来研究规范的市场经济制度安排下的经济问题，认为不能用来研究中国经济及其转型问题。这或许是为什么“西方经济学”一直是“现代经济学”最流行的代名词。

了解并掌握现代经济学的基本分析框架和研究方法，对于正确学好现代经济学以及对现代经济学的创新和应用都是十分重要的。它能够帮助我们正确地运用经济学的基本原理和分析方法来研究不同经济环境、不同经济人行为及不同制度安排下的各类经济问题。现代经济学中的不同学派、不同理论本身就说明了现代经济学的分析框架的研究方法具有普遍性和一般性。

经常听到有人批评现代经济学存在太多不同的经济理论，觉得经济学流派观点不同，不知道谁对谁错，甚至有人借此讽刺经济学，说100个经济学家会有101个不同的观点和说法，从而否定现代经济学的科学性。事实上，这些人并没有搞清楚，正是由于不同的经济、社会、政治环境，才需要发展不同的经济理论模型和经济制度安排。经济学家之所以会对同一经济问题有不同的观点，恰恰说明现代经济学的严谨和完善，因为前提变了、环境变了，结论自然也不一样，很少有放之四海而皆准的一般性“结论”，因此，就需要因地制宜、因时制宜，具体情况具体分析①。

二　现代经济学的基本分析框架

现代经济学分析经济问题的框架类似于人们处理个人、家庭、经济、政治、社会等各类事务时所采用的基本方式。大家知道，要做好一件事情，与人打交道，首先要了解国情和民风，也就是说，知道现实环境和所要打交道人的品行和性格；在此基础上，决定相应的待人处世规则，从而在权衡利弊后做出激励反应，争取达到尽可能最佳的结果；最后对所选择的结果及所采用的规则进行价值判断和评估比较。

现代经济学的基本分析框架和研究方法是完全按照以下几种方式来研究经济现象、人类行为以及人们是如何做出权衡取舍的。这种分析框架具有高度的规范性和一致性。它首先给出想要研究的问题，或者想要解释的某种经济现象，即经济学家首先需要确定研究目标，然后试图回答所要研究或者所要解释的问题。例如，为什么会出现经济周期？一些国家为什么穷而另一些国家为什么会富裕？等等。

尽管各种问题千差万别，但研究这些问题的基本分析框架却是一致的。一个规范的经济理论的分析框架基本上是由以下五个部分或者步骤所组成：第一，界定经济环境；第二，设定行为假设；第三，给出制度安排；第四，选择均衡结果；第五，进行评估比较。可以这样认为，任何一篇逻辑清楚、层次分析、论证合理的经济学论文，无论结论如何或者作者是否意识到，都基本上是由这五部分所组成，特别是前四部分。可以说，从事经济学方面的论文，就是对这些部分进行具有内在逻辑结构的填空时写作。掌握了这些组成部分，就掌握了现代经济学论文的基本写作方式，更容易学习和研究制度经济学及其他经济学。

---

① 田国强：《现代经济学的基本分析框架与研究方法》，《经济研究》2005年第2期。

（一）界定经济环境

现代经济学分析框架中的首要组成部分，就是对所要研究的问题或者对象所处的经济环境做出界定。我们知道，在做好任何一件事情，首先要了解国情、所处的周围环境或现象背景。现代经济学在研究问题时也完全如此。在对经济问题研究时要从实际出发，对经济环境进行界定。经济环境通常由经济人、经济人的特征、经济社会制度环境以及信息结构等组成。对经济环境的界定可以分为两个层次：客观描述经济环境和精练刻画经济环境特征。要做好这两点，前者是科学，后者是艺术。对经济环境描述得越清楚、越准确，理论结论就会越正确；对经济环境刻画得越精练和深刻，论证起来越简单，理论结论也越能让人理解和接受。界定好一个经济环境，就是将这两个层次有机地结合起来。在现代经济学大多数问题的研究中，经济环境都假定为外生给定的，而不是由理论模型延伸出来的，否则就无法讨论问题，因为总需要将一些经济因素或者变量当作参数给定。

1. 描述经济环境

现代经济学中任何一个经济理论，首先需要做的就是，对所要研究的对象或者问题所处的经济环境作近似的描述。不同国家和不同地区的经济环境往往存在差异，从而所得到的理论结论多半会有所不同。经济研究的一个基本共同点就是要对经济环境进行描述。对经济环境描述得越清楚、准确，结论就越正确。

2. 刻画经济环境

在描述经济环境时，一个同等重要的问题是如何做到既准确地描述经济环境，又深刻地刻画了经济环境的特征，使之能够抓住所要研究问题的本质。一个现实经济环境包括众多方面，非常复杂。如果把所有情况都描述出来，当然可以说是非常清楚准确而真实地描述了现状或者经济环境；但如果只将环境的所有要素简单罗列，就抓不住重点，或者说不知道哪些方面对所要研究的问题最重要，就会无法看清问题的本质，让大家在繁杂的事实面前晕头转向。

因此，为了避开细枝末节，把注意力引向最关键、核心的问题，我们需要根据所考虑的问题，对经济环境进行特征化的刻画。例如，在现代微观经济理论中，为了研究经济人的选择问题，一个消费者的经济特征就简单地假定由经济人的消费集、偏好关系（效用函数）、初始禀赋和信息结构（如考虑不确定性）来描述。一个厂商的特征由它的生产可能性集合或生产函数来表示；所有经济的经济特征便组成了经济环境。同样在研究转轨国家的转型问题时，我们就不能简单地照搬在规范经济环境下得出的理论结果，而是需要刻画出转型经济的具体特征，并且仍然是采用现代经济学的基本分析框架来进行研究。

（二）设定行为假设

现代经济学分析框架中的第二个基本组成部分是对经济人的行为方式做出假设。这个假设至关重要，是经济学的根基。一个经济理论有没有说服力和实用价值，一个经济制度安排或经济政策能不能持续增长，关键看所假定的个人行为是不是真实地反映了大多数人的行为方式。

一般地，在给定的现实环境和游戏规则下，人们将根据自己的行为方式做出选择。这样，在决定游戏规则、政策、规章或者制度安排时，要考虑到参考者的行为方式并给出正确的判断，看他们是自私自利还是无私利他，是忠厚老实还是老奸巨猾，是讲究诚信还是谎话连篇。而对不同行为方式的参考者，所采用的游戏规则往往不同。这样，为了研究人们是如何做出激励反应和权衡取舍的选择，对所涉及人的行为做出正确判断和界定是非常重要的一环。

一个比较合理和现实而又通常被经济学家所采取的人类行为假设是，人是自利的，即人主要追求自己的利益。人是自利的这一假设是现代经济学中的一个基本假设。利己性假设即使对一个国家、一个民族、一个集体、一个家庭或者一个政治家也是适应的。人们通常所说的，国家有国家的利益、民族有民族的利益、集体有集体的利益、家庭有家庭的利益，讲的就是这个道理。

在经济学中，比利己更强的行为假设是人的理性假设，也就是最优化假设。每个人、每个企业都会在给定的约束条件下争取自身的最大利益。尽管理性假设不完全真实，但与现实基本接近，至少从长远来看是如此。例如，作为一个竞争性企业，如果总是不追求利润最大化，终究会被淘汰。西蒙提出的有限理性假设没有对理性假设进行否定，而只是说明人们有时是健忘的、冲动的、混乱的、有感情的和目光短浅的，不能真正地总是追求最优目标。尽管如此，有限理性假设仍然是指人的行为接近理性，是较弱的一种利己性假设。

（三）给出制度安排

现代经济学分析框架中的第三个基本组成部分是给出制度安排，也就是游戏规则。对不同的情况、不同的环境、面对不同行为方式的人们，往往需要采取不同应对策略或游戏规则。不同的游戏规则将导致人们不同的激励反应，不同的权衡取舍结果，从而可能导致非常不同的结果。这对经济学的研究同样成立，当经济环境确定后，人们需要决定经济上的游戏规则，在经济学中称为制度安排。现代经济学，特别是近 30 年来发展起来的信息经济学、最优合同理论和拍卖理论，根据经济环境和行为假设，研究并给出大到一个国家、小到二人世界的各式各样的制度安排，即经济机制。依赖于所讨论的问题，一个经济的制度安排既可以是外生给定的，也可以是内生决定的。

标准的现代经济学主要是研究市场制度安排的。研究在市场制度安排下人们的权衡取舍问题以及研究在什么样的经济环境下均衡存在，并对各种市场结构下的配置结果做出价值判断（判断的标准基于资源配置是否最优、公平等）。在这些研究中，市场制度通常假设是外生给定的，这样处理的好处是可以将问题简单化，以便将注意力集中到研究人们的经济行为以及人们是如何进行权衡取舍的。

当然，将制度安排作为外生给定的假设是不尽合理的，例如在许多情况下市场制度会失灵，这样人们就会寻找替代机制，或者其他更佳的经济机制，从而我们需要将制度安排作为内生变量，这是由经济环境和人的行为方式决定的。经济学家需要给出各种可供选择的制度安排。

当研究一个具体经济组织或单位的经济行为和选择问题时，制度安排更应是内生决定的。新制度经济学、经济机制设计理论、转轨经济学、最优合同理论、信息经济学、现代企业理论、委托代理理论等就是研究经济组织及其制度安排的设计问题。将制度安排作为内生变量的好处是，由于经济环境往往在一定时间内是给定的，我们需要给出相应的经济机制，也即制定出相应的游戏规则。那么，在给定经济环境下，人们应该选择什么样的经济机制使之达到所要达到的目标？这正是经济机制设计理论及其分支——最优合同理论的委托代理理论等所要解决的问题。

（四）选择均衡结果

现代经济学分析框架的第四个基本组成部分是做出权衡取舍的选择，找出最佳的结果。由于做任何一件事往往存在多种可行的方案，这样人们需要做出选择。人们是如何进行选择的？一旦给定经济环境和制度安排及其他必须遵守的约束条件之后，人们将会根据自己的行为方式做出激励反应，在众多的可行结果中通过权衡取舍来选定结果，称为均衡结果。

（五）进行评估比较

现代经济学分析框架的第五个组成部分是对经济制度安排和权衡取舍后所导致的均衡结果进行价值判断和做出评估比较。这好像一个人从学校到单位，经常需要对过去一段时间的学习或工作进行总结，与过去进行比较。当经济人做出选择后，人们需要对所导致的均衡结果进行评价，与某种标准（如资源有效配置、资源平等配置、激励相容、信息有效率等）进行比较，从而进一步判断所采用的经济制度安排是否导致了某些最优的结果；还要检验理论结果是否与经验现实一致，能否给出正确预测，或具有实践指导意义；最后，对所采用的制度安排和规则做出优劣的结论，从而判断是否能给出改进办法。

在评估一个经济机制或者制度安排时，现代经济学通常采用的一个重要评估标准是看这一个制度安排是否导致了效率。所谓“效率”就是用最少的成本，达到最佳效果。

帕累托最优给出了一个判断标准，是一把标尺。有了这个标尺，人们可比较、衡量和评价现实世界中各式各样制度安排的好坏，看它离这一标准还有多远，从而得知改进经济效率的余地，使资源配置尽可能地接近帕累托最优标准。

帕累托最优是一种理解状态，对一个低效率的制度安排，如转型过程中各种临时制度安排，帕累托最优可能是一个太高的标准，于是人们退而求其次，在研究制度演进时，往往用帕累托改进这一标准来进行衡量制度转型的好坏。所谓帕累托改进意味着经济发展对所有人的福利或多或少有所改进。

评估制度安排好坏的另一个标准就是看它是否激励相容。所谓激励相容就是将自利的个人利益与他人的利益统一起来，使每人在追求个人利益时，同时达到了其制度安排设计者所想要达到的目标。由于每个人从所要做的事获得利益与付出代价，通过对利益和代价的比较，将会对游戏规则作出合理的激励反应。一个好的制度安排就是要看它是否给主观为自己的个人以激励，使他们客观上为社会而工作。激励相容是一个非常重要的经济概念，已经成为现代经济学中的一个核心概念，是任何经济体制需要具有的性质。

除激励相容外，还要看运行机制的代价，看信息是否有效，有没有较小的制度成本和交易成本等①。

第二节　研究范式与研究分类模式

一　范式与范式转变

库恩在《科学革命的结构》一书中把成熟科学的研究，分为常规科学研究与科学革命两类相对的阶段。常规科学阶段科学共同体遵循同一范式。范式转变，就是科学革命。成熟科学通常就是以一种范式通过革命向另一种范式的过渡而发展。

（一）什么是范式

范式是与常规科学紧密联系的一个术语。库恩认为具有以下两个特征的成就，就是范式。

“能空前地吸引一批坚定的拥护者，使他们脱离科学活动的其他竞争模式。同时，这些成就又足以无限制地为重新组成的一批实践者留下待解决的种种问题”②。范式是科学共同体成员共有的东西。范式是界定某领域什么是正当问题、概念和解释的标准。范式告诉科学工作者哪些实体存在，哪些不存在，以及这些存在的实体如何活动。范式不仅给科学工作者以地图，也给了他们绘图指南。

（二）常规科学研究

“‘常规科学’是指坚实地建立在一种或多种过去科学成熟基础上的研究，这些科学成就为某个科学共同体在一段时期内公认为是进一步实践的基础”③。当一个科学共同体接受了一个单一的范式之后，就进入了常规科学研究阶段。而当一个范式最初出现时，它的应用范围和精确性都是极其有限的。某个范式之所以获得了它们的地位，并不是它能完全成功地解决某一个单一的问题，或者能明显成功地解决任何数目的问题。

---

① 田国强：《现代经济学的基本分析框架与研究方法》，《经济研究》2005 年第 2 期。

② 托马斯·库恩：《科学革命的结构》，北京大学出版社 2003 年版，第 9 页。

③ 托马斯·库恩：《科学革命的结构》，北京大学出版社 2003 年版，第 5 页。

只是因为它们比竞争对手能更成功地解决一些问题，而这些问题又为其科学共同体认为是最为重要的而已。在某一个范式刚开始时，在很大程度上只是选取的、不完全的、有可能成功的预示。常规科学就在于实现这种预示。实现的途径就是通过扩展那些范式所展示出来的特别有启发性的事实，不断增进这些事实与范式预测之间的吻合程度，并且力图使范式本身更明晰。因此，常规科学研究工作从理论与实验、观察两方面来看，大致有三类：

第一，确定重要事实，力求增进已知事实的准确性，扩大其范围。通过运用范式所表明的特别能揭示事物之本质的那类事实，解决问题，使这些事实以更大的精确性和在更多样的情况下得以确定。为了增进这些已知事实的准确性和扩大其适用范围，还需要一次又一次地设计复杂的特殊仪器。因此特殊仪器的不断设计以及实验方法的改进工作也是常规科学研究工作的一部分。比如，为了准确测定植物的光合速率等特性，光合仪不断得到改进和完善，从闭路循环气路系统到开放式气路系统，使测定结果更加准确。

第二，证明事实与理论的一致性。有一些科学理论可能很难与自然界直接进行比较，如爱因斯坦的相对论。或者就是可以与自然界进行直接比较，由于此理论经常要求取理论的近似值和仪器的近似性，使观察到的现象，有可能与所期望的有很大的出入。通过抓住可以与范式理论的预测直接进行比较的事实，不断对实验、观察方法和手段进行改进，以促进所能观察到的现象或结果，与预期的尽可能一致，或找出能从根本上证明现象与期望是一致的新领域，这些都是对实验者和观察者的技巧和想象力不断的挑战。而实验者和观察者在进行这些的时候，就是在进行常规科学研究。

第三，阐明理论。解决范式理论中某些残剩的含糊性，以及容许解决那些先前只是注意到但尚未解决的问题。如可对范式进行重新表述，以澄清理论上的含糊。

（三）科学革命

当在常规研究中反常的现象——即实际的现象与根据范式预期的结果不一致——出现得越来越多，并且经过科学工作者的努力，现有的范式还是越来越不能有效地解决这些问题，“到了科学团体不再能回避破坏科学实践现有传统的反常时期，就开始了非常规的研究”，在这个非常规时期，“科学共同体的专业承诺发生了转移”。这些非常规时期，即“科学革命”①。科学革命是指科学发展中的非累积性事件，其中旧范式全部或部分地为一个与其完全不能并立的崭新范式所取代。根据库恩的观点，科学的发展不是累积性的，而是通过科学革命，一个范式被另一个不相约的范式取代。每一次范式的改变，都是发生此科学革命的领域的世界观的改变。如此，科学才不断发展。科学革命才是最终导致了科学实质性的发展基础。科学革命起源于科学共同体中某一小部分人逐渐感觉到，他们无法利用现有范式有效地探究自然界的某一方面。当科学共同体中成员在进行常规科学研究时，会发现一些“反常”现象，即根据理论所预测的结果与实际观测到的结果不一致。还会发现一些新的现象，是现有的范式没法解释的。这一类的反常现象，会随着常规科学研究的进行，越来越多。共同体成员于是就会把现有的范式进行一定的修改与解释，试图使其能解释当前的这些反常的情况。当发现这个努力仍不能解决问题时，特别是不能解决一些共同体成员公认的一些本领域基础性的问题时，就会产生范式“危机”。这时会有许多新的范式被提出来，用于解释当前的未解的问题。这些范式与旧范式不断竞争，最后，其中的一个范式在以下三方面表现得有可能更好时，就会逐渐被公认，成为该科学领域的新范式。这三方面是：第一，在解决老范式不能解决的问题时，在定量方面更加精确；第二，能预言老范式流行时完全没有料想过的现象；第三，其形式更富有美感，如更简洁。这个新范式虽然用到了旧范式中的许多词汇、概念、实验，但其实际含义已经完全不同。在新范式下，世界的组成不同了，如何运动也不同了②。

二　研究分类的模式

1. 科学研究分类的一维静态两分模式

将纯科学看作是至高无上的观点在古希腊是根深蒂固的。随后，在欧洲的科学家们的思想中，为自己而求知的信念也一直被长久地坚持，他们认为“正在从事的科学在任何想到的情况下都不具有实际用途”，并

---

① 托马斯·库恩：《科学革命的结构》，北京大学出版社 2003 年版，第 9 页。

② 韦艳艳、叶明：《从库恩对科学研究的分类探讨什么是真正的科学研究工作者》，《广西大学学报》（哲学社会科学版）2007 年增订版。

“越坚持这一主张，越感到自己优越”①。到19世纪和20世纪，欧洲和美国科研机构的发展又逐渐加强了这种基础研究与应用研究相分离的观念。该观念可以用一维直线的图表示（见图2-1），它体现了认知目标与应用目标之间的内在张力，基础研究和应用研究分别处在一个杠杆的两端，任何科学活动都不可能在靠近一端的同时而不远离另一端。

基础研究　　　　　　　　　　　　应用研究

图2-1　科学研究分类的一维杠杆

2. 科学研究分类的一维动态线性模式

第二次世界大战结束前一年，为回答美国总统罗斯福的关于科学在和平时代的作用问题，万尼瓦尔·布什（Vannevar Bush）做了《科学——无止境的前沿》的报告，对战争结束后国家怎样保持对科研的投资提出了看法，并在此基础上提出基础科学与技术新关系的观点，此报告成为美国战后数十年科技政策的基础。他认为“基础研究的实施不考虑实际后果”，是对“一般知识以及自然界及其规律的认识”，并且“基础研究是技术进步的先驱”。布什观点就是被广为接受的动态“线性模式”（见图2-2），通过这一线性动态图可以看出，基础研究向应用研究延伸，并利用从科学到技术的变化将科学新成果转化为实际应用；基础研究影响实际应用，从而避免无用劳动；应用研究着重考虑已有知识的加工和利用，论证科研的可行性，将可能变为现实；开发将基础研究和应用研究的成果变成实用材料、装备、方法和工艺；生产经营则将各种形式成果转化为新商品。由于序列中后面的研究总是依于前面的研究，从而使作为序列起点的基础研究在这里显得更加重要，引起了美国政府对基础研究的高度重视，其表现是政府用于基础研究的经费一直保持稳定增加，支持基础研究的机构和形式也越来越多。布什的这种线性概念，深刻地影响了经济合作与发展组织（OECD），如美国等国家的科学政策的战略目标，并在科技界和政治界广为流传，直到现在仍产生着巨大的影响。

① Snow C P.，“The two culture: and a second look: an expanded version of the Two Cultures and the Scientific Revolution”，Cambridge: Cambridge University Press，1964: 32.

基础研究 ——→ 应用研究 ——→ 开发 ——→ 生产经营

图 2-2　科学研究分类的一维动态线性

3. 科学研究分类的扩展模式

布什对科学研究的分类思想部分来自西方科技哲学的纯探究理想，其单向科学研究的线性模式也与科学史的实际是不完全符合的，他忽略了实际研究中相反的情况。如在人类社会早期，实用技艺是由技术的“改进者”来完成的，“改进者”不懂科学，也不可能从科学中得到多少启发。1951 年曾任哈佛大学校长的康南特（B. Conant）建议放弃“基础研究”和“应用研究”术语定义下的分类模式，提出把“不考虑实用目标的”基础研究称为“不受约束的研究”，以及基础研究中涉及应用而又不是应用研究的称为项目研究。1964 年美国科学基金会（NSF）首任主席沃特曼（T. Waterman）把基础研究又细分为单纯指向科学前景的“自由”研究和期望其研究成果具有可预见的实际应用的与“任务相关的基础研究”①。1970 年，OECD 在起草《弗拉斯卡蒂手册》（FrascatManual）时，把“有导向的研究”看成是应用研究的一个部分，把应用研究看成是技术开发的一部分，而把基础研究看成是支撑整个研究大厦的根基（见图 2-3）。这种扩展模式与上述线性模式都突出了自由的“基础研究”地位。但这里它把含有实用成分的研究划分到关于基础研究的相互包含的扩展关系中，而不是前后依赖的单向关系。通过图中切点强调了基础研究与应用研究和技术发展之间的双向互动作用，从而描绘出一幅动态的双向发展模式②。

4. 科学研究分类的二维巴斯德象限模式

1996 年，布鲁金斯学会的司托克斯（D. E. Stokes）从巴斯德（Louis Pasteur）的研究中受到启发③，通过对科学史的研究，提出了科学研究分类的二维巴斯德象限模式（见图 2-4）。

① Waterman A T.，“The changing environment of science”，*Sci-ence*，1965，147：15.

② 成素梅、孙林叶：《如何理解基础研究和应用研究》，《自然辩证法通讯》2004 年第 4 期。

③ 吴国盛：《科学的历程》，北京大学出版社 2002 年版，第 390—394 页。

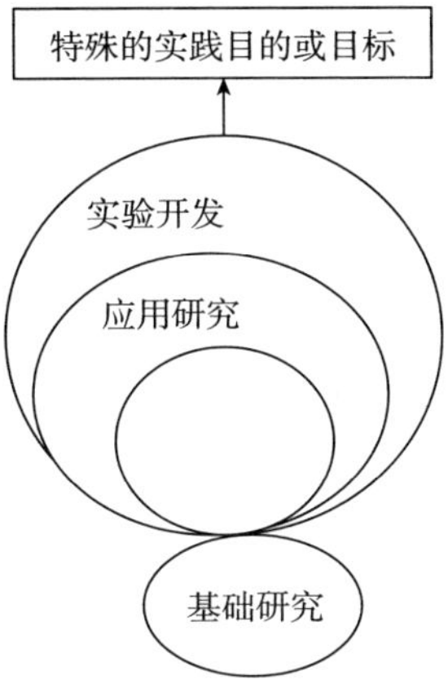

图 2-3　弗拉斯卡蒂手册（1970 年版）的科研分类

		否	是
是否由追求基本认识引起的研究?	是	Ⅰ纯基础研究（玻尔象限）	Ⅱ应用引起的基础研究（巴斯德象限）
	否	Ⅲ技术训练和经验整理	Ⅳ纯应用研究（爱迪生象限）

图 2-4　科学研究分类的巴斯德象限模式

第Ⅰ象限代表纯粹因认知需求引导而不考虑实际应用的基础研究，称为玻尔象限，因为玻尔（Niels Bohr）对原子模型的探求，是一种明显纯粹的自由发现，此研究类型也代表了自然哲学家们的纯研究思想，包含了布什的“基础研究”概念；第Ⅳ象限代表只由应用引导而不寻求该领域科学解释的研究，称为爱迪生象限。爱迪生（Thomas Edison）领导的美国第一个工业研究实验室主要从事具有商业利润的各种发明的研究，而不去追究更深层次的科学意义。这个象限的研究相当于布什的“应用研究”。第Ⅲ象限代表既不是认识目的引起也不是应用目的引起的研究，这些研究可能是研究人员对某种事物的好奇心引起的，主要是对经验的整合和强化研究人员的技能，但它可能是玻尔象限研究的重要先驱，也可能是爱迪生象限研究的重要先驱。有学者通过研究，在“基础研究引起的应用研究的基础”上，提出把此象限命名为“达尔文象限”①。

第Ⅱ象限的研究是司托克斯的巴斯德象限分类思想的核心，它代表既寻求拓展认知边界又关注应用目标的基础研究。包括了凯恩斯（John M. Keynes）的主要研究、曼哈顿工程（ManhattaProject）的基本研究和朗缪尔（Irving Langmuir）的表面物理学等。此分类框架也为“战略研究”提供了“概念的家园”②。在科学技术相互作用的新观点的基础上，司托克斯建立了令人信服的模型并通过对“应用引起的基础研究”的重要性认识，重建了政府和科学之间新型的协作关系。也正是由于对巴斯德象限研究的重视，基础科学落后的美国在20世纪的头几十年里，借助于欧洲的科学技术快速成为世界工业技术的先锋；日本战后成功的经历也应更多地归功于学习和改进世界先进技术，而不是建造一个科学发动机，从内部去驱动其工业的发展。20世纪80年代至90年代初，日本的许多大商业公司对基础研究产生了兴趣，它们设置和加强了基础研究实验室，但在这些实验室探索的科学现象，是与这些公司的技术强项相关联的或者说是为这些技术所揭示的。因此，日本对基础科学的投资增加，实际上是致力于巴斯德象限的研究，而不是玻尔象限的研究。两国的经历也使布什“一个在基础科学新知识方面依赖于他人的国家将减缓它的工业发展速度，并在国际贸易竞争中处于劣势”③ 的思想受到了严重的质疑。司托克斯提出的“二维巴斯德象限”分类模式较好地总结了科技史上已有的研究类型，并在此基础上作了一些框架性的政策探讨，但是却没有把这些研究之间的内在关系很好地体现出来也并没有如布什那样提出许多真正具有可操作性的政策建议④。

5. 中国现行的科学研究分类体系

1989年以前，中国对科学研究的分类主要是“三分法”：基础研究、应用研究和开发研究，基础研究指的是纯科学。在1989年2月的“全国

① 刘宏颀：《对司托克斯“象限”理论的学术思考》，《中华医学科研管理杂志》2005年第4期。

② 司托克斯D E.：《基础研究与技术创新》，周春彦、谷春立译，科学出版社1999年版，第60—64页。

③ Bush V：“Science：the endless frontier”，Washington：NationalScience Foundation，1990：15.

④ 成素梅、孙林叶：《如何理解基础研究和应用研究》，《自然辩证法通讯》2004年第4期。

基础研究与应用研究工作会议”上，提出了“基础性研究”的概念，将过去的“基础研究”与“应用研究”合并，通称为“基础性研究”。而在传统上，又习惯按照基础研究→应用研究→技术开发→技术创新模式对科学研究进行分类，这种被称为“技术推动型”的模式是一种简单的线性模式，它产生的现实结果就是“把机构和计划部署在这条线的离散点上，专门从事某种活动，而且常常按照学科组织。”① 科学研究分类的这种简单的线性模式显然已经不能适应科学发展和社会进步的需要，也不利于科技政策的制定和完善，这也是中国科技体制存在诸多弊端、亟须改革的根源之一。

6. 科学研究的拟成果购买制分类体系

基础研究的直接产出是具有公共产品性质的知识，该类知识具有非排他性（non-excludable）、非竞争性（non-rival）和非磨损性（durable）等特征。非排他性是指一个人在使用这种知识的时候不能将其他人排除在外；非竞争性是指一个人对这种知识的使用并不减少其他使用者的使用量；非磨损性则是指这种知识的使用和重复使用不会降低其效用性。正因为“基础研究产品具备这些特征”，因而是公共产品。在对科学研究成果的经济学性质进行分析的基础上，我们提出将科学研究划分为公共产品类科研和非公共产品类科研的思想。公共产品类科研是指其成果的使用具有非排他性和非竞争性或者虽具有排他性和竞争性但主要用于公共消费而营利机构又不能无偿生产与提供的一类研究；它主要由基础研究构成，也包括部分的应用研究和发展研究。公共产品类科研又可分为可拟成果购买类科研和不可拟成果购买类科研（见图2-5）。非公共产品类科研是指其成果的使用具有排他性和竞争性的研究。根据这种科研分类体系，我们进而提出拟成果购买制的制度构想：“政府在公共产品类科研的可拟成果购买类科研领域，模拟技术交易或政府采购的形式，将原来在研究之前即投入科研资金的立项拨款制改为以附加高额利润‘购买’公共产品类科研成果的科研资金投入体制”②。

---

① 国家科学技术委员会、加拿大国际发展研究中心：《十年改革：中国科技政策》，北京科学技术出版社1998年版，第53页。

② 奉公：《论公共产品类科研资金投入的拟成果购买制》，《科学学研究》2003年第3期。

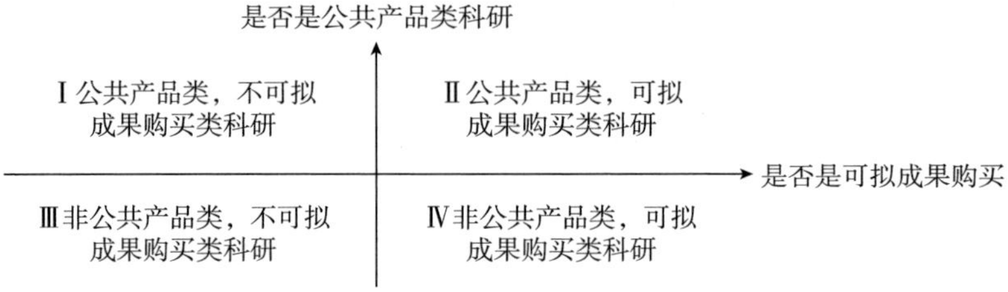

图 2-5　科学研究分类的拟成果购买制度分类

由于越来越多的研究是在受到市场的拉动而实施的，所以很难在基础研究、应用研究之间划出一条截然分明的界限。在实际的科学研究中，常常表现为“以实际任务而非科学兴趣为导向划分研究”。在引入市场机制的“模拟交易”的基础上，拟成果购买制考虑到了“政府对基础研究的投资和其他经济行为并没有本质的区别，它同样也以实现投资效益最大化为目标”，并把这种经济考虑应用到基础研究领域，进而在政府和科学之间建立了一种新的协作关系——通过成果来决定科研资金的投入，这也是与中国经济体制改革的大趋势相适应的。

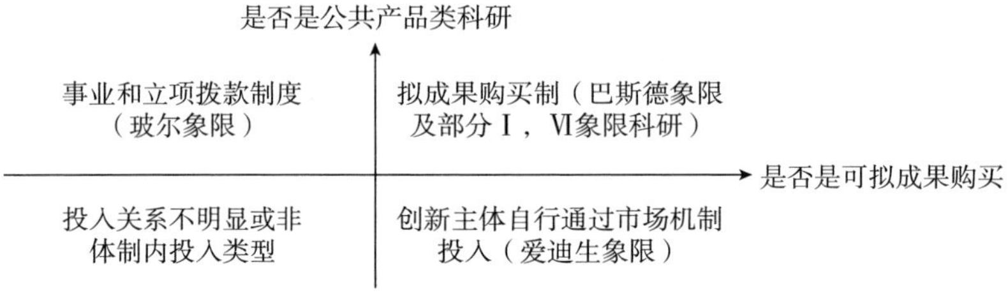

图 2-6　拟成果购买制分类与象限分类模式及科技投入的关系

这种二维的科学研究分类模式与巴斯德象限的分类模式具有很大程度的相似性，而且都强调了第Ⅱ象限研究的重要性（公共产品类科研中可拟成果购买类科研包含巴斯德象限科研和部分玻尔象限和爱迪生象限科研）。但是这种分类方式更加紧密地和政府的科技政策相联系，它通过设立“拟成果购买制基金”，在公共产品类科研的投入体制上就形成在不可拟成果购买类科研领域实行课题制甚至事业拨款制、在可拟成果购买类科研领域实行拟成果购买制的“三制一体”的科研体制（见图2-6）[①]。

对科学研究的拟成果购买制分类跳出了传统的基础研究与应用研究之争，直接从科研成果的经济学性质出发，得到了和巴斯德象限模式相似的二维的科学与政府互动模式的结论，并直接与科技政策联系起来，使科学“进入国民经济的主战场”，不仅体现了国家的战略意志，更尊重了科学的本征“形相”[②]。

第三节 新制度经济学的方法论

一 什么是现代经济学的方法论

方法是一门科学的基本出发点。它有着不同的层面。这些不同层面的方法集合，形成一种方法的整体，称为方法论。其中占主导地位的、被大家公认的方法经过整理和抽象，上升为一种原则和理念，成为主导某学科研究和发展趋向的方法论。现代经济学的方法论是指“经济学家关于其理论与用这些理论得到关于现实世界特征的结论所使用的方法之间关系的观点”[③]。经济学的方法论是具有层次性的：第一，经济学的哲学基础或哲学意义上的方法论，是最高和最抽象层次的经济学方法论，即基本方法论。它是哲学思潮或哲学方法论在经济学家意识中的体现。第二，经济学的思维原理和方法，或者说是经济学家从事理论研究、构建理论体系的方法，如归纳和演绎、规范分析和实证分析、动态分析和静态分析、制度分析方法等。第三，经济学的技术方法，即为了使经济学理论精确化，而对特定研究对象所采用的具有技术性的具体方法，如数学方法、统计方法、个案研究方法、边际分析方法等[④]。

---

① 杨国军、彭光华、奉公：《科学研究分类及其对政府科技政策的影响》，《科技导报》2006年第2期。

② 李建军：《科学“形相”：在功利性和非功利性之间》，《自然辩证法通讯》2005年第1期。

③ 劳伦斯·博兰德：《经济学方法论基础——一种普波尔主义视角》，长春出版社2008年版，第1页。

④ 黄少安、张卫国：《新、老制度经济学的基本方法论及其比较》，《江海学刊》2007年第4期。

二　新制度经济学的方法论

（一）个人主义与整体主义

1. 个人主义：思想渊源、假设与内容

个人主义方法论思想源于早期具有科学方法论原理意义的原子论假说，原子论假说作为一种方法论思想，认为一切都是可以细分的，整体可以从部分中求得，从而为人们提供了一个进行理性思考的原则和一个从次一层次去寻求原因的研究方法。它一直在科学研究中占据着主导地位。

最先从方法论意义上使用个人主义可追溯到17世纪的机械唯物主义者。霍布斯被认为是最早从方法论意义上明确论述个人主义的哲学家，他指出，“在我们能够认识整个复合物之前，我们必须认识那些被复合的事物”，因为“只有通过它的组成要素，才能更好地了解每一事物”①。社会复合体的组成要素在霍布斯那里就是抽象的个人。霍布斯的思想后来被启蒙运动者所继承，他们明确提出以“个人主义”来弘扬人性、反对神权，主张社会是由个人契约组成的，社会秩序是一种理性建构而不是神的安排。不过，“个人主义”作为术语最早系统使用的是19世纪20年代的圣西门主义者，他们用法语“individualisme”来表示这一含义。当然，他们是在批判的意义上用这一术语的，意在用“社会主义”反对经济中的“个人主义”假设，同时也反对启蒙运动中过分虚夸个人主义的做法。所以，哈耶克（F. A. Hayek）认为“个人主义”最初是与“社会主义”对应的范畴，“个人主义”是指自由竞争的社会秩序；而“社会主义”是用来描述中央计划的社会②。根据马克卢普（Machlup）的考证，“方法论个人主义”这一术语最早是熊彼特（Joseph Alois Schumpeter）1908年提出的，并且，也是他首先区分了方法论个人主义和政治个人主义，前者描述的是经济分析模式，这种分析总是从个人的行动开始，而后者表达的是政治纲领，在这种纲领中对个人自由的保留成为检验政府活动的试金石③。

在经济学领域，个人主义与自由主义是密切相关的。亚当·斯密将自由主义应用到经济学领域，并形成了以个人主义为基础的经济学体系，

① 卢克斯：《个人主义》，江苏人民出版社2001年版，第103页。

② 哈耶克：《个人主义与经济秩序》，北京经济学院出版社1989年版，第3页。

③ 马可·布劳格：《经济学方法论》，北京大学出版社1990年版，第56页。

他没有从方法论的角度系统论述个人主义，但他主张个人是经济生活中最原始的因素，个人在追求自身利益的同时，通过交换机制，达到促进整个社会利益的效果。从方法论角度看，斯密的个人主义方法显然受到当时自然科学哲学，尤其是牛顿经典力学的影响，他认为经济也是一种自然、和谐、自由的秩序系统，试图从最简单、最基本的原则出发，推演出整个系统的变化。对于这种经济个人主义，罗伯逊（H. M. Robertson）将其定义为："作为一种学说，个人主义在个人及其心理倾向中寻找社会经济组织的必然依据，相信个人的行为就足以提供社会经济组织的原则，力求通过个人得到自由、自我发展的一切机会来实现社会进步。它相信，要做到这一点，有两种制度是必不可少的：经济自由（即企业自由）和私有财产。它相信，不同的个人有着不同的才能，应该允许每个人都在与别人的竞争中，尽最大努力来发展他们自己。因此，作为一种制度，个人主义乃是自由贸易的制度，是竞争的制度，是私有财产制度"①。继斯密之后，经济个人主义逐渐成了一种经济理论体系的方法论基础，他们认为建立在私有财产、市场、生产、契约和交换自由，以及不受束缚的个人自立基础上的自发经济制度，或多或少地有助于自我调节，有助于个人的最大满足和个人与社会的进步。瓦尔拉斯（Walras）在他的经济学著作中对这种体系的 19 世纪模式作了最充分、最明确的阐发；马歇尔（Alfred Marshall）在他的《经济学原理》中把它表述为·个·般均衡体系。20 世纪日益复杂而精致的新古典主义经济理论，是这种传统的进一步发展②。

方法论个人主义的关键假设主要可归结为：一是只有个人才有目标和利益；二是社会系统及其变迁产生于个人的行为；三是所有大规模的社会学现象最终都应该根据只考虑个人，考虑他们的气质、信念、资源及相互关系的理论加以解释③。第一个假设反映个人主义者的基本思想，即任何制度、社会或者集团实体都不可能有自己的特殊目标或目的；第二个假设认为社会制度和规范以及它们的变迁是个人决策和行为的结果。假设一和假设二结合起来表达了个人主义坚持个体行为者先于社会整体的立场，个人是唯一真正的行为者，社会整体是个人行为的产物。第三

① 卢克斯：《个人主义》江苏人民出版社 2001 年版，第 82—83 页。
② 刘凤义、杨菊：《论制度分析的个人主义方法论》，《石家庄经济学院学报》2007 年第 2 期。
③ 卢瑟福：《经济学中的制度》，中国社会科学出版社 1999 年版，第 38 页。

个假设认为在多数情况下用于大规模社会现象的根本解释，认为大规模的社会现象只能从有关个人的气质、信念、资源以及相互关系的陈述中推演出来，即社会和社会现象方面的事实应该唯一依据个体方面的事实进行解释；意味着“所有真实的社会科学理论都可以归结为个人行为理论加上阐述个人行为环境的边界条件”，按照道尔的说法，“所有社会学法则必须最终归结为个人行为的法则”①。

方法论个人主义的最低限度条件是，只有个人做出决策，其重点关注个人行为如何产生制度和制度变迁。熊彼特在20世纪初就提出了方法论的个人主义的表述，“他还是第一个把方法论的个人主义和政治的个人主义区分开来的人。前者描述的是经济分析的模式，这种分析总是从个人的行为开始，而后者表达的是政治纲领，在这种纲领中对个人自由的保留成为检验政府活动的试金石”②。建立在还原法基础之上古典经济学，通过对理性人的分析奠定了古典经济学个人利己主义至上的方法论基础。斯密认为，社会是个人的加总，社会的共同利益也就是个人利益的加总，即个体的线性叠加就是整体的性质。米塞斯则认为，个人主义方法论的本质在于，强调人的个体意义的重要性，但并不否认社会实体对经济活动的决定作用③。社会体制随着个人行为的变化而变化，而外部因素对个体的影响范围有限。

2. 整体主义：思想渊源、假设与内容

“整体主义”（Holism 或 Wholism）作为一种思想，有着悠久的历史和丰富的内容，对它进行全面考察是困难的。正如对整体论思想颇有研究的美国学者菲立普指出的，“要从文献中找出关于整体论中心思想的明晰表达是异常困难的，而对这些思想的评价也存在着相应的困难”④。

整体主义思想是相对于个人主义思想而言的，它最早可以追溯到柏拉图和亚里士多德关于“一般”和“个别”的论述，其中，柏拉图的“理想王国”就是用整体思想构建的。到了中世纪，整体与个体之间的关系演变为经院哲学的“实在论”和“唯名论”两种思潮。实在论者认为，整体先于个体而存在；而唯名论者则认为，只有个体才是真实的存在。

---

① 卢瑟福：《经济学中的制度》，中国社会科学出版社 1999 年版，第 40 页。

② 布劳格：《批判的经济学方法论》，北京大学出版社 1990 年版，第 56 页。

③ 汪浩瀚：《经济学方法论的个人主义与整体主义之争》，《经济科学》2002 年第 2 期。

④ 菲立普：《社会科学中的整体论思想》，宁夏人民出版社 1988 年第 2 期。

尽管当时他们这种争论是为了论证教权与皇权哪个更高的问题，但无形中却对后来的整体主义与个人主义思想的形成产生了影响①。不过，一般认为，比较系统的整体主义思想是伴随着近代科学的发展而逐步形成的。这是因为，自15世纪下半叶真正的自然科学开始发展以来，人们开始对自然界的各种过程和事物分成一定门类进行分析性研究，这种方法虽然使自然科学获得了极大的发展，但同时在方法论上，却产生了孤立、片面、静止看问题的习惯。这种方法被培根和洛克从自然科学中移到哲学中后，就造成了几个世纪所特有的形而上学思维。这种思维的最大缺陷是用孤立的、静止的而不是联系的、发展的观点看问题。但随着科学的发展，尤其是随着物理学的能量守恒定律、生物学的进化论、细胞学等理论的出现，对人们的认识论产生了重要影响，它们使人们认识到必须从联系的、发展的观点考察事物。于是人们开始对自然科学中的机械论和哲学界的形而上学方法论进行反思。在这个过程中，出现了较为系统的整体主义思想，其中自然科学中的“有机整体论”和哲学中的“辩证联系论”（黑格尔的辩证法）最具代表性。“有机整体论”认为事物不是简单的要素之和，而是有机整体，要认识有机整体或系统的性质，不能依据部分属性对它们进行解释。比如要弄清水的性质，不能从氢和氧的性质或二者性质的合成去说明，即整体不等于部分之和；同样，社会组织行为不能还原为个人的思想和行动。“辩证联系论”认为事物是彼此联系的整体，孤立地看其中的一面，没有价值或意义，必须从对立统一中对事物进行整体考察才能认清其性质。最早用“整体主义”一词（Holism）来表达整体思想的是南非的一位名为J. C. 史穆茨的政治家，他在1926年出版的《整体主义与进化》一书中指出，整体主义是出自希腊文“whole”这个词，用来表示世界的整体性特征。当然他在这里并没有说出整体主义是认识论还是方法论，不过“整体主义”这个词却逐渐传播开来②。应该说，整体主义思想对马克思制度经济学和老制度经济学的方法论都产生了一定的影响，马克思的《资本论》就是从资本主义生产关系整体出发，来揭示资本主义社会经济运行规律的。而老制度学派也公

① 熊彼特：《经济分析史》（第1卷），商务印书馆1996年版，第134页。
② 景天魁、杨音莱：《社会学方法论与马克思》，人民出版社1993年版，第92页。

开宣称，他们的方法论是整体主义和进化主义①。

制度分析的整体主义方法是与个人主义方法对应的范畴，它虽然与前面提到的作为认识论的整体主义思想有着密切的渊源关系，但其直接来源是19世纪30年代的德国历史学派的方法论。历史学派方法论深受“有机整体论”思想的影响，但却抛弃了“辩证联系整体论”的优秀思想，所以，它们一方面反对古典经济学的“经济人”假设，认为经济活动的动机是多方面的，不仅包括自利心，还包括虚荣心、荣誉感，甚至单纯的习惯，都可能推动经济活动；同时，它们也反对个人主义方法论中的过度抽象和演绎的形式，主张经济学分析应使用历史归纳法，从历史、法律、道德等各方面的相互联系中对经济关系进行整体分析。另一方面又批判马克思的唯物史观和唯物辩证法，不承认历史发展的一般规律，只强调经济规律的特殊性。历史学派与其他学派的方法论一直处于争论之中，直至19世纪末，出现了以施穆勒为代表的新历史学派在同以门格尔为代表的新古典学派（特别是奥地利学派）展开的著名方法论之争之后，制度分析的整体主义方法论才逐渐系统化，并成为老制度经济学方法论形成的基础。

老制度经济学的代表人物是凡勃伦、康芒斯和米契尔之所以选择制度分析方法，是因为他们看到，资本主义市场经济在资源配置过程中充满矛盾和利益冲突，而以新古典经济学为代表的正统经济学，从“经济人”假设中演绎出的“市场秩序和谐论”，显然不符合资本主义现实。于是，他们在对历史学派批判的基础上，又吸收了心理学、人类行为学、历史学等学科内容，采纳了经验主义和实用主义观点，形成了以“制度”分析为核心的制度主义经济学，试图来解释和解决资本主义经济关系中的矛盾。在他们看来，社会是一个有机整体，对人类经济行为的分析，不能仅仅局限于从理性最大化选择出发，来对价格、供求、竞争等纯经济因素进行分析，还必须联系与之相适应的社会文化、道德、习惯、法律等各种非经济因素，用历史的、经验的方法进行分析。他们把这些非经济因素归结为“制度”，并认为应该从制度整体对个人行为的制约上来分析人类的经济行为及其形成的关系，形成了制度分析的整体主义方法

---

① 胡钧、刘凤义：《论制度分析的整体主义方法与唯物辩证法》，《教学与研究》2003年第2期。

论。卢瑟福把这一方法论纲领归结为三方面：一是社会整体大于其部分之和；二是社会整体显著地影响和制约其部分的行为和功能；三是个人的行为应该从自成一体并适用于作为整体的社会系统的宏观或社会的法律、目的或力量演绎而来，从个人在整体当中的地位（或作用）演绎而来①。从这个纲领可以看出，这里的“整体”不是个人主义方法论中的个体简单相加之和的整体，而是“现实整体”和“思维整体”的统一。现实整体是指由多种因素构成的社会有机整体；而思维整体则是指从总体上对社会有机整体的一种抽象认识②。

3. 个人主义的优点与缺陷

在新制度经济学的人类行为理论之中，不但可以看到古典政治经济学的足迹，还可以看到其他古典社会科学的背景。这集中反映在三个方面：①在对人的理解上加入了人性不完善、人性恶的论点，认为人在面临信息不对称等状况时总是具有机会主义、“搭便车”的行为倾向，从而恢复了“人与人之间由于人性恶而总处于冲突之中”的霍布斯命题。②在对效用内涵的理解上，加入了非财富性价值目标，从而恢复了边沁所谓人的效用函数的变量包括肉体快感、财富、受人尊敬、友谊、良好的信誉、虔诚感、行善、仇恨、知识、记忆、想象力、希望、结社和痛苦的免除 13 项命题③。③在认知结构方面，把学习当成认知能力发展的基础，并使时间成为认知能力发展的载体。可见，新制度经济学的制度个人主义虽与传统个人主义有所差异，但在质上却与古典唯心主义历史哲学所持的主观认知理论没有差别。因此，马克思对 18 世纪和 19 世纪唯心主义历史哲学所持的主观个人认知方法的批判，也是基本适用于新制度经济学的制度个人主义的④。

方法论个人主义的优点在于它提出一个具有普适性的关于个人行为动机的假设前提，所以可以从个人出发去解说演化的动力，而且这种解释具有普适性。古今中外的重大制度演化，其动力归根结底是多数人

---

① 马尔科姆·卢瑟福：《经济学中的制度》，中国社会科学出版社 1999 年版，第 33—34 页。

② 胡钧、刘凤义：《论制度分析的整体主义方法与唯物辩证法》，《教学与研究》2003 年第 2 期。

③ Becker，Crarys，“The economy approach to human behavior”，Chicago：University of Chicago Press，1976. 16.

④ 林岗、刘元春：《制度整体主义与制度个体主义——马克思与新制度经济学的制度分析方法比较》，《中国人民大学学报》2001 年第 2 期。

（当然不是所有人）对个人或家庭私利的追求，而不是马克思的生产力，也不是其他什么因素，如宗教观念等。其他因素都是从这个根本动力中派生而来的。虽然在历史上宗教信仰对人们的行为动机有着重大影响，如欧洲 11—13 世纪的十字军运动，但只要问一下当时的大多数人为何要信教，其原因是不难从追求私利这一动机中找到的，起码是不愿成为一个邪教徒或无信仰者而被社会、家庭所排斥的[①]。

新制度经济学的制度个人主义在内在逻辑上存在一系列重大的缺陷。第一，新制度经济学的制度个人主义将所有人类行为都纳入了“认识—动机—反应—行为”分析框架之中，实质上只是承认目的性行为的存在，认为行为必须通过意识认知结构的过滤后才出现。而现代行为学和心理学都证明了导致行为产生的原因不仅仅包括意识认知层次上的刺激反应，还包括本能、条件反射、潜意识、冲动、直觉等。如果把个人行为仅限于意识性理性行为范畴之中，非意识性或非目的性的行为就被排除在分析框架之外，但事实上，这些行为在历史分析和技术变迁中起着重要的作用。第二，新制度经济学之所以要修正传统个人主义的一些内涵，其目的就是要通过将意识形态和认知结构等范畴纳入人类行为理论之中，以说明制度因素在人类行为中所起的作用。但是，在新制度经济学的体系中，制度本身又是人类行为在动机驱使和认知结构的约束下相互作用的产物。因此，要用制度因素来界定动机和认知的内涵，或用动机和认知来解释制度的形成，其结果，要么陷入同义反复的困境，要么陷入“制度决定动机和认知结构，而动机和认知又决定制度”的无限循环论证的“个人与社会”相互决定的二律一反困境之中。第三，新制度经济学将意识形态、信仰、习惯等范畴纳入人类行为之中，随之也将这些范畴纳入了个人理性算计的最大化框架之中。这一方面将扩大最大化理论所固有的弊病，另一方面也将抹杀这些范畴的真正内涵。第四，从心理个人主义出发无法解释个人愿望与行为结果不一致的客观形成机制及其原因。在新制度经济学体系中，为了解决行为效果、制度绩效等问题，诺斯引入信息不充分条件下人性的不完善性，即有限理性和机会主义等假设，利用有限理性、机会主义、“搭便车”、行为的外部性等工具，从人

---

① 张旭昆：《制度演化分析需要方法论个人主义与方法论制度主义的综合》，《制度经济学研究》2005 年第 4 期。

的认知特性来考虑问题。但是，他所谓的有限理性、信息不充分本身也还是个理论上的黑匣子，无法向我们提供更多的东西，如人的认知怎样才算是充分的？我们面临的信息是太少，还是太多？行为的外部性、不确定性、冲突性究竟来自何方？预期对行为结果影响的程度如何？这些问题都是新制度经济学没有解决也无法解决的问题。第五，如何将微观与宏观有机地统一起来，实现理论的整合，也是新制度个人主义无法解决的问题。这表现为：如何从个人意识推导到集体意识？如何将个人效用加总而形成社会效用，特别是集团的效用评价？如何从个人选择推导出社会选择？心理学中的集体行为中个人无理性现象、社会福利函数加总及阿罗不可能定理证明，新制度经济学在对这三个问题的解决上存在逻辑推理难以克服的困难。第六，从制度个人主义出发必定会导致抽象的社会契约论。因为在假设先验的独立个人的存在后，要解释制度的起源、社会的形成，就不得不把社会当成孤立化个人在不完全信息下进行博弈、相互缔约的产物。这样，新制度经济学的抽象假设中就隐含了博弈双方应具有平等性和同一性，这便决定了新制度经济学不得不做出非剥削性的解释，把社会冲突的根源归结为机会主义等范畴，从而否认集团在社会生产体系中不同地位所导致的阶级冲突。其导致的结果是："D. C. 诺斯和 R. D. 托马斯模式提议对封建制度做非剥削的解释……但是他们没有抓住封建制度的本质"①。第七，新制度经济学的制度个人主义承袭了康芒斯的传统，把"交易"作为制度分析中最小的单位，由它而进行人类制度的全面分析。但是在康芒斯那里，交易仅指"人与人的相互作用"，而将人与自然的关系排除在理论体系之外②，所以，在新制度经济学的制度分析中，将生产理论忽略了，使它无法通过对生产体系的认识来把握生产技术的发展，从而把握人们在资源争夺中各自力量产生的根源，并判别历史上各种社会集团活动的性质。第八，制度个人主义的解释往往只能在逐个的基础上，对每个特殊社会事件进行分析，而很难从一类事件或从长时段角度对社会实体进行全面分析，因此它总是很难在琐碎的交易分析中总结出历史发展的规律，并进行预测。在诺斯的

---

① 哲塞·托波尔斯基：《经济史中理论和计量法之作用》，华夏出版社 1988 年版，第 31—33 页。

② 康芒斯：《制度经济学》，商务印书馆 1997 年版，第 80—85 页。

体系中表现为从根本上否认历史规律性的存在①。

4. 整体主义的优点与缺陷

方法论整体主义的优点在于能够以群体为单位对于人类社会制度的具体的重大变革做出一定的解说。因为任何重大的突发性制度变化，往往都是由若干大群体（宗教团体、阶级、政党、民族、国家）的相互作用促成的。这种解说有的偏向描述，如德国的历史学派以及美国老制度主义中的个别人物即米契尔所做的工作；有的侧重于个案分析，如韦伯对资本主义起源的分析；但也常常是带有总结概括性的，力图发现制度演化的一般规律，如马克思用生产力、生产关系、经济基础、上层建筑这两对矛盾来解释人类社会制度的演化，凡勃伦则用求利本能和工艺本能之间的关系来说明人类社会制度的演化。

方法论整体主义的弱点在于它的分析解释通常都缺乏一个具有普适性的关于个人行为动机的前提假设，从而不能很好地说明群体如何由单个人组成，单个人在什么条件下通过何种机制组成群体。整体主义方法往往缺乏一个实证性的组织理论（至于规范性的组织理论，即关于应当怎样建立组织的理论，是管理学中一个已经比较发展的分支）。采用整体主义方法通常会根据具体的制度对群体的行为动机做出一定的具体假设，但是这类具体假设往往难以经受长时期大范围的实践检验，且与人们日常的体验不一致；更糟糕的是这类先验的假设往往难以用来解释这些群体的现实行为。因此，整体主义者在论及制度演化的具体方向时，虽然往往有许多卓越见解，如马克思关于资本主义（从今天眼光看应该是古典资本主义）必然灭亡的论点，凡勃伦关于工程师苏维埃的论点（这几乎可以说是今天的知识经济的预见），但他们往往都无法令人信服地说明制度演化的动力。马克思把生产力看作根本动力，但生产力又是如何发展的？与个人行为动机无关吗？在马克思那里似乎应当是否定答案：无关，起码不应当是主要因素，因为他把动机归到上层建筑中的意识形态中去了。不妨比较一下，用主流经济学中的经济人假设就既能说明 19 世纪西欧各国工人的暴力反抗行为，也能解释 20 世纪发达国家工人的工联主义行为，韦伯假定清教徒的目标就是积累资本，从清教徒的这种行为

① 林岗、刘元春：《制度整体主义与制度个体主义——马克思与新制度经济学的制度分析方法比较》，《中国人民大学学报》2001 年第 2 期。

动机出发来解说西欧资本主义的起源，但由于他缺乏一个普适性的行为动机假设，后人很难从他的理论中找到资本主义（更不用说其他社会制度）后来在其他地方兴起的原因。凡勃伦倒是有一个行为动机假设，但他把它说成是本能，而本能通常是无意识的。本能假设不具有普适性，离现实相距太远，现实中重大的制度演化都与千万人的有意识行为相关，无意识的本能行为可能也有影响，但绝不至于发挥支配性作用[①]。

5. 个人主义与整体主义的融合

方法论整体主义和方法论个人主义都有其优缺点，因此要说明具体制度的演化，既要从个体的具体行为动机或具体目标函数出发，又要从个体所置身于其中的特定制度条件出发，从不同个体之间的特定的相互关系出发，采用方法论个人主义和整体主义或制度主义相结合的分析方法。

要理解个人主义与整体主义方法论的融合问题，就必须首先厘清个体与整体的关系，个人与社会的关系。有一句时常被提到的命题：整体不是个体的简单总和，或者说整体大于个体的简单总和。这是一个哲学味很浓的命题，它在应用于社会时的含义必须仔细辨析。

首先，什么是“简单总和”，最普通的理解就是个体数量的加总。因此，如果一个群体中的每个个体，其行为不需要和其他个体发生任何关系，那么这个群体就可以看作是所有个体的简单总和。当然，这种情况不是人类社会的常见现象。因此，必须放松关于人类社会中的“简单总和”的定义，如果一个群体中的每个个体，其行为虽然要和其他个体发生关系，但是其行为对于其他主体不存在任何外部性，既无正外部性也无负外部性，那么这个群体就可以看作是所有个体的简单总和。因为在这种情况下，所谓的群体利益或者集体利益一定等于所有个体利益的简单加总，两者之间不再存在任何冲突。但是如果存在资源的稀缺性，一旦实现了帕累托最优状态，群体利益或者集体利益不再等于所有个体利益的简单加总[②]。

其次，如何理解“整体”，如果把“整体”理解成互相没有任何联系

---

① 张旭昆：《制度演化分析需要方法论个人主义与方法论制度主义的综合》，《制度经济学研究》2005 年第 4 期。

② 张旭昆：《制度演化分析需要方法论个人主义与方法论制度主义的综合》，《制度经济学研究》2005 年第 4 期。

的个体的总和，那么这个“整体”将等于个体的简单总和；但是如果把“整体”理解成存在互相联系互相影响（包括正负外部性）的个体的总和，那么这个“整体”将大于个体的简单总和。在社会中，个体之间一旦发生了关系，行为具有了正负外部性，整体就不再仅仅是个体的数量之和。社会不是所有个人人数的加总，而是（不多也不少）所有个人及其相互之间各种关系和影响的综合。因此，社会作为一个整体，它的各种状态和趋势都与所有个人及其相互之间各种关系和影响有关，绝对不存在与所有个人及其相互之间各种关系和影响无关的社会状态和趋势，不存在与所有个人及其相互之间各种关系和影响都无关的社会规律。承认这一点，是理解制度个人主义和整体主义融合的一个基本前提。承认这个基本前提之后，就可以知道不能采用极端的方法论整体主义，丝毫不考虑个体的行为动机，对作为一个整体的社会的各种状态和趋势都只从个体出发去加以说明。首先，具体的个体总是在已有的与其他个体的相互联系中进行决策开展活动的，这种联系一方面制约他的目标函数的具体内容，另一方面是他实现自己目标函数时的约束条件。例如，为了说明现代经济中的通货膨胀现象，需要分析经济主体的通货膨胀预期以及在这种预期下的行为，但这个主体不可能是中世纪的农民，只能是生活在具有货币银行体系的现代社会中的人。我们可以说追求私利的经济人将创立或接受给自己带来更大利益的制度，但要说明这个制度的具体内容，就必须交代清楚这个追求私利的经济人已经生活在其中的具体制度。其次，虽然社会作为一个整体，它的各种状态和趋势都与所有个人及其相互之间各种关系有关，但并不是它的每一种状态和趋势都必须从所有个人及其相互之间各种关系的具体特征出发来加以说明。在统计物理学中，分析一大批气体分子所组成的系统的宏观状态特征的变化趋势，如该系统的温度、热量和熵，并不需要了解该系统中每一个气体分子的初始状态和运动方程，只要假定它们都遵循布朗运动就行了。这是因为，了解该系统中每一个气体分子的初始状态和运动方程，对于了解该系统的宏观状态特征的变化趋势，是过于费事了。相反，只要掌握了该系统的宏观状态特征的函数，就可以了解该系统的宏观状态特征的变化趋势。对于一个社会来说，它的有些状态和趋势必须从个体特征出发加以说明，例如通货膨胀率需要通过了解各种商品的价格变动来确定；而有些状态和趋势则不必从个体特征出发加以说明，例如失业率就不需要通过了解每个劳动者的情况来确定。在社会制度系统的变化过程中，如果是通过了解每个人的态度来判断制度系统的变化趋势，那就太麻烦了，只能通过了解代表性主体（代表了特定的群体）的态度来判断；更简单的办法是根据原有制度系统的状态和以往的变化趋势来判断下面的变化①。

第三，虽然社会中的个体都有自己的动机或目标函数，但是动机或目标函数的具体内容以及实现动机或目标函数的具体行为方式，是受到其他人（包括前人）行为的制约的，是受到人们相互之间各种具体关系的制约的，是受到具体制度（它规定了很大一批相互关系的具体内容）的制约的。因此，要说明具体的社会和经济现象，就既要从个体的具体行为动机或具体目标函数出发，又要从个体所置身于其中的具体制度条件出发，从不同个体之间的特定的相互关系出发。以当代微观经济学为例，为了说明商品价值的决定，它明确地把“经济人”作为自己的最基本前提假设，似乎采用的是方法论个体主义；其实不然，它把私有产权制度和市场交易制度作为分析的隐含前提。如果没有这个隐含的制度前提，那么追求效用最大化的经济人将不会通过交易而是通过抢劫和偷窃来实现自己目标函数的最大化，于是市场将不再存在，商品价值的决定也不再是一个值得考虑的问题了。当代宏观经济学同样不仅要以经济人假设作为微观基础，还要以特定的制度条件作为出发点来分析宏观经济现象。当代经济学的许多结论，不仅依存于经济人假设，还依存于许多关于制度的前提假设。正因为此，它的许多结论不适用于发展中国家和转型国家。当代西方主流经济学之所以能够具有很强的解释力，就是因为它实际上采用的是方法论个体主义和整体主义相结合的分析方法，尽管它表面上似乎只采用方法论个体主义②。

方法论整体主义与方法论个人主义之间的对立，在很大程度上恐怕是方法论研究者虚构的，或者说是他们的一种错觉。大凡比较成功地说明社会现象的理论，实际上都是把这两种方法结合使用的，即一方面以特定的制度作为分析前提，另一方面又以人的择优行为作为分析前提。问题在于这两部分分析前提往往一部分是彰显的而另一部分则是隐含的，

---

① 张旭昆：《制度演化分析需要方法论个人主义与方法论制度主义的综合》，《制度经济学研究》2005 年第 4 期。

② 张旭昆：《制度演化分析需要方法论个人主义与方法论制度主义的综合》，《制度经济学研究》2005 年第 4 期。

于是便引起了错觉。西方经济学的大多数结论，如前所述，是以私有制和市场体制作为隐含的制度前提的。而马克思在分析资本主义时，同样是以追求效用最大化的个人作为隐含前提，不过效用最大化的具体内容在资本家那里是利润最大化，在工人那里在短期中是工资最大化，在长期中是推翻资本主义①。

在制度经济发展过程中，从方法上看，已经开始从单纯的个人主义或者整体主义逐渐走向个人主义与整体主义的融合。关于这一点，我们可以从新制度经济学的发展中观察到。例如，科斯的《企业的性质》和《社会成本问题》首次提出了交易费用的思想，经过西蒙、阿罗、阿尔钦、德姆塞茨、威廉姆森和诺斯等经济学家的努力，制度经济学逐渐得到正统经济学的认可，进而和老制度经济学的距离越来越远。运用新古典经济学的逻辑和方法，侧重从个人等微观角度研究制度的构成、运行以及制度在经济生活中的作用是新制度经济学的显著特征。因此，有人称为新古典制度经济学。但新制度经济学在研究有关问题时并非只是从个体层面上研究问题，很多时候又是立足于整体主义的框架下对问题进行研究和分析的，例如诺斯等新制度经济学家在对制度变迁进行研究时，就将国家理论、产权理论和意识形态理论整合在一个分析框架之内来对制度的变迁和演化进行分析说明。从方法论的角度看，诺斯的这一研究可以说就是个人主义与整体主义实现融合的一个较好范例。

（二）归纳主义与约定主义

1. 归纳主义

归纳不仅是人们思考问题的一种重要方法，而且也是一种经济学研究以及制度经济学研究的重要方法论。从大卫·休谟注意到我们的经验知识大都可以归纳证明为基础的通常的信仰是没有逻辑依据的开始，方法论者和哲学家一直受到归纳问题的困扰。归纳问题的一个典型范例是我们无法判断“太阳明天会升起”提供一个归纳性的证明。休谟认为经验是一切知识的首要组成部分；观念、一般概念、理论和全称命题，所有这些都是第二位或派生的。这种一切知识都来自感觉经验的观点直接导致了“归纳问题”。不论我看到了多少只天鹅，也不论其他人看到了多

---

① 张旭昆：《制度演化分析需要方法论个人主义与方法论制度主义的综合》，《制度经济学研究》2005 年第 4 期。

少只天鹅，“天鹅都是白色的”这个一般命题还是没有依据。对天鹅是白色或者黑色的判断显示了归纳问题的重要性。

从人类认识事物发展的规律来讲，归纳也是一种重要的方法。一般地，人们对客观事物的认识，总是从许多个别的、特殊的事物开始，然后才有可能进一步对事物的一般规律进行概括，深入到对事物一般规律的认识。实际上，人们从对个别事物的认识中概括出事物的共同点，得出一般认识的过程就是一种归纳。例如：

刺猬在遇到敌害的时候，把头和四肢都藏在身体下面，变成一个浑身带刺的球。

乌龟遇到敌害时，把头、尾巴和四肢全部缩到它那硬壳里。

壁虎在敌害追赶时，甩掉自己的尾巴，敌手抓不断在摆动的尾巴，它就乘机逃生。

海参在遇到危险时，就把肠子从嘴里吐出来给敌人吃，自己好死里逃生。

……

基于对以上现象和事物的认识，在人们的头脑中便可以得出“动物都有自卫的本领”这样一个一般性的认识，这个认识过程就是一种归纳过程。因此，我们可以说，归纳则是从个别事实中概括出一般原理的一种思维方法和推理形式，其主要环节是归纳推理。它从个别的、单一的事物的性质、特点和关系中概括出一类事物的性质、特点和关系，并且由不太深刻的一般到更为深刻的一般，由范围不太大的类到范围更为广大的类。在归纳过程中，认识是从单一、特殊到一般。

哲学家弗兰西斯·培根在1620年出版的《新工具》中提出了归纳方法的基本特征：第一，归纳不是对事实的简单概括，而是通过一定的归纳程序，揭示事物的规律。第二，被归纳的事例，在量的方面要求种类齐全、数量充足，在质的方面要具有典型性。第三，科学认识要经过许多不同程度确定性的发展阶段，才能达到最终的确定性，因此，科学认识是一个逐步排除错误的假设过程和证伪过程。第四，归纳是通过一系列中间公理逐级上升为普遍公理的过程。

归纳是以经验事实为基础依据的，因此，又可根据经验事实存在的时间，将归纳分为现实经验归纳和历史经验归纳两类。两者相比较，一般认为历史经验的归纳要优于对现实经验的归纳。这是因为现实中的事实（行为、现象和事件）往往是没有完结的，正处在不断的发展变化中，因此，很难对其结果和影响从整体和相互联系的角度进行观察、概括和总结。而历史上的事实则非如此。它们的发展过程早已完结，其后果、影响及与其他事物的联系都已确定，很容易对其进行观察、概括和总结，从而形成带有一般意义的公理。德国历史学派的代表人物罗雪尔（Wilhelm Roscher）曾就此指出："过去的国民——已经死亡的国民，它们的发展过程都已经成为一种完结的存在摆在我们面前，给我们以特殊的启示与教训。如果新的国民经济表现出一种同过去的国民经济相类似的倾向，我们在认识这种倾向时就可以从这种类比关系中得到极为宝贵的启示"①。

归纳方法在经济学中的应用，是与历史学派紧密联系在一起的。对于历史学派在方法论上的特征，熊彼特（Joseph A. Schumpeter）作了很好的论述。他认为："历史学派的方法论的基本的和独特的信条是：科学的经济学的方法应该主要地——后来说是完全地——在于历史专题研究的成果以及根据历史专题研究所做的概括。就经济学专业的科学部分而论，经济学家所应掌握的首先是历史技能。依靠这种技能，他应扎入经济史的海洋，去调查研究不同时期、不同地区的种种具体类型或过程的活生生的细节，并学会如何运用这些资料。社会科学中所可以获得的一般知识，只有从这样的工作中才能慢慢产生出来。……作为研究工作的经济学家应该主要是经济史学家"②。熊彼特的上述论断，准确地概括出了历史学派方法论的最根本特征。德国的历史学派之所以被称为"历史学派"，就是因为他们在经济学研究上标新立异，反对古典经济学家在经济学研究中所使用的抽象演绎法，提倡使用"历史方法"和"归纳方法"。德国历史学派的先驱者李斯特（Georg List），就是运用归纳实证的方法，通过历史分析论证了他的经济观。而历史学派的主要代表人物（包括旧历史学派和新历史学派），更是在方法论上旗帜鲜明地树起了历史归纳法的大旗。

李斯特是历史学派的先驱者，他反对研究探讨适用于一切国家经济规律的"世界主义"经济学，倡导与各国历史实际相结合的"国家经济

① 罗雪尔：《历史方法的国民经济学讲义大纲》，商务印书馆 2008 年版，第 8 页。
② 熊彼特：《经济分析史》，商务印书馆 1996 年版，第 85—86 页。

学”。而他的国家经济学恰恰与历史归纳方法是紧密联系在一起的。他所进行的经济研究不是从既定的理论出发，而是通过客观地再现历史，把经验教训上升为理论与政策，抽象成为一个理论体系。因此，其经济学说具有自己鲜明的特征：第一，以历史研究为先导和基础。他认为，一个国家的经济状况是其特殊历史条件造成的，必须首先分析研究其经济发展的历史，从其兴衰成败中探求历史的经验与教训，以此作为理论的基础。第二，抛开了经济学数百年传统的研究方式，不是从价值、分配、消费等环节入手，而是以国家为基本的经济分析单位，重点研究其经济活动的方式与后果。第三，对一国的物质、精神、法律、国际环境等方面进行综合研究，把政治、文化、民族等问题引入了经济研究。第四，其理论体系不是一个系统的逻辑体系，其理论观点是在对历史的考察中分散地加以论述的。所以，他为经济研究提供了一种理论与实际相一致的分析方法。实际上，李斯特所提倡的历史方法就是一种经验归纳方法。他通过归纳来说明各经济部门的相互联系和各自特点。他在归纳时十分重视国家和历史，把一个国家作为研究的对象，从历史的角度对其经济发展进行归纳，确定其发展水平，并据此提出有关的经济政策。李斯特提出并运用历史方法进行经济研究，不仅弥补了经济学研究方法的不足，而且为历史学派的产生提供了方法论基础，他也因此而成为历史学派的先驱①。

经验归纳法在具体的制度分析和历史研究实践中得到了充分的体现。例如，格瑞夫在分析经济史的最基本性质和任务时指出：“经济史学首先也是最重要的，它是一种经验研究，经济史学家应该去理解实际上发生了什么，为什么发生，产生了什么样的结果”②。而历史的比较制度分析的第一要素，就在于它在本质上来说“是历史的，它所要揭示的是历史在制度产生、存在和变迁中的作用”③。然而，历史的比较制度分析并没有像以往制度史或经济史研究那样，简单地强调历史经验和历史方法的

---

① 韩毅：《经验归纳方法、历史主义传统与制度经济史研究》，《中国经济史研究》2007 年第 2 期。

② Greif, Avner: “Economic History and Game Theory: a Survey”, *Working Paper*, *Stanford University*, 1997, p. 3.

③ Greif, Avner: “Genoa and theMaghribi traders: Historical and comparative institutional analysis” . *Cambridge*: *Cambridge University Press*, 1998 (forthcoming) . p. 1.

重要性，而是通过历史的比较制度分析的实践论证了历史经验归纳方法在经济研究和制度分析中的重要性。历史制度分析在于，从史实出发，经过归纳推理形成假说。他指出，历史的比较制度分析和以往的制度分析不同，“它并没有让自己的研究开始于对理论上可行的制度的考察，并且以一些演绎的理论或客观的原则为基础对它们进行选择”①。

2. 约定主义

约定问题是这样一个问题，即找到可以普遍接受的标准，作为对经验“知识”的任何声称的有条件的、演绎的证明的基础。约定主义主张：一种科学理论，就像描述性语言一样，是一种整理和交流信息的工具，它之所以能发挥作用，是因为一个共同体的成员了解和遵守其规则。例如，在电话簿中所有的名字都按照字母顺序排列。这是纯粹的约定问题，其他的排列体系也可以同样地起作用，如果它能够得到普遍接受的话。与此相类似，科学观点也只不过是科学家所创立的一些约定，它们被用来组织经验数据②。

在经济学研究过程中，可以找到约定主义存在的两条线索。第一，约定主义存在的第一条线索是不讨论理论的真与伪。在约定主义看来，如果我们指的是一种真切的理论，那么我们就已经解决了归纳问题，并有能力证明理论的真理性，因此，约定主义排除了对理论的“真”与“伪”的讨论。第二，约定主义存在的第二条线索是方法论者对在相互竞争的理论或模型中进行选择的明显关注。在经济学研究领域，多数方法论论文和争论都是关于“理论选择”所使用的标准的，但没有讨论为什么我们要选择一种理论！对“理论选择”动机不做讨论的理由是，约定问题被认为是理所当然的，如果接受了约定主义观点，就意味着这样一种预设，即任何文章都表示一个显示性的理论选择，而且这一选择是合理的。综合起来看，在约定主义视角下，对理论或模型的任何选择都可以被“解释”为一个最大化过程的结果，在这个过程中，目标函数是一种为人们所接受的对逼真度的度量，约束是可用的其他理论或模型的集合，选择最好的理论就是选择能够使某种合意特征最大化的理论，在过

---

① Greif, Avner. “Historical and Comparative InstitutionalAnalysis”, *American Economic Review*, May 1998, p. 2.

② 劳伦斯·博兰德：《经济学方法论基础——一种普波尔主义视角》，长春出版社 2008 年版，第 16 页。

去的几十年是，一些不同的标准或目标函数已被提出来，定义最完备的是“简单性”“一般性”“可证实性”“可证伪性”“可确定性”以及“可检验性”，定义较不完备的是“经验相关性” “可信性”和“合理性”①。

（三）形式主义与反形式主义

1. 形式主义

在经济学中，术语的解释及其经济含义却很重要，使用形式化方法通常包括构建一个“模型”，模型既有形式结构，又提供解释符号体系的基础。谈到经济学中的形式主义的引入，就不能不提到新古典经济学。新古典经济学最杰出人物——马歇尔，就采用了能使理论表述更清晰、更精确的数学形式来陈述自己的经济理论。这有两个优点：明确的陈述假定（包括初始条件和行为假设），准确地推导所要表达的论点，并使之更加直观、易于检验；每个模型代表假定或推导的某种发展或修正。

经济学形式主义的突出表现是经济学研究的数学形式主义。从经济学发展脉络看，在经济研究中由运用数学方法到形成一种倾向，一种风气，最后达到极端——数学形式主义，是新古典经济学发生嬗变并取得主流、统治地位的结果。在西方古典政治经济学的研究方法体系中，数学实证方法很少有运用者。尽管其代表人物中如西方古典经济学创始人英国经济学家和统计学家威廉·配第，在其著作中也使用了统计和数学研究方法，但在古典经济学研究方法体系中并不占突出地位。19 世纪 30 年代末，法国经济学家库诺在其所著《财富理论数学原理研究》一书中，把以数学形式表达的需求规律作为价格理论的基础，并运用数学方法对各类型厂商的价格决策进行求解。不过，他的这种研究方法在当时并未能引起学界的重视。

19 世纪 70 年代至 20 世纪初，西方经济学界出现了由几个学派构成的边际效用学派。这一学派所创建的经济理论，由于是对古典经济学派的重大变革，故被称为“边际革命”。这一学派中以英国的杰文斯、法国的瓦尔拉斯和意大利的帕累托为代表的数理经济学派影响最大。在研究方法上，他们改变了古典经济学派的传统方式，引入了高等数学工

---

① 劳伦斯·博兰德：《经济学方法论基础——一种普波尔主义视角》，长春出版社 2008 年版，第 21—22 页。

具——微积分，还使用线性代数、概率论、数理统计以及对策论等方法分析经济现象和关系。从此，西方古典经济学开始向新古典转变。不过，当时新古典学派中的数理学派，在西方经济学界仍居少数地位，那时的西方经济学研究仍以文字、图表分析为主，方法上以英国的主流经济学——马歇尔主义为代表的新古典学派之多元论占主导地位。在这样的背景下，数理学派所主张的数学形式主义遭到了方法上持多元主义学派的激烈批评和反对，并受到科学研究实在论的约束。从20世纪30年代开始，西方经济学发生了“革命”性变革——数学形式主义兴起。特别是“二战”以后，随着西方经济学中心由欧洲转向美国，数学形式主义很快支配了整个西方经济学。数学形式主义革命的结果是，经过几十年的演变，现在西方新古典经济学数学形式主义已达到极端化、绝对化顶峰，经济学成了一门由数学形式主义支配的“数学科学”，而不再属于严格意义上的社会科学；数学也不再被当作一种工具和方法，而成为经济学的本质。这一点可以从诺贝尔经济学奖的设立与评定看得更清楚，自1969年颁发经济学奖以来，评选政策总是向精通数学，并十分注重运用数学方法的经济学家们倾斜，大多获奖者精通数学，有的本身就是数学家，很多人的获奖与其在研究成果中大量运用数学、数学思想方法有着密切关系。瑞典皇家科学院院长 E. Lundberg 在首届诺贝尔经济学颁奖大会上说：“过去四十年中，经济科学日益朝着数学表达经济内容和统计定量方向发展……正是这条经济研究路线——数理经济学和计量经济学，表明了近几十年这个学科的发展”。1997年3月，诺贝尔经济学奖得主莫里斯的学术报告主持人这样说：“诺贝尔奖没有数学家的份，不过数学家已经找到了摘取诺贝尔桂冠的途径——那就是把自己变成经济学家”①。

2. 反形式主义

新古典经济学以实证主义哲学为武器，一方面在经济研究中大肆推行数学形式主义。另一方面对异端经济学大加围剿，阻碍了西方经济学的发展，严重破坏了经济学术的自由，造成了今日西方主流经济学缺乏批判、讨论、反思的僵化局面。因此，反形式主义认为，目前“还没有哪一种形式主义对一定的社会规律现象做出过恰当的解释”②，因为，形

① 王文省、陈理平：《数学思想方法在经济学中的应用》，《聊城大学学报》2004年第6期。

② 卢瑟福：《经济学中的制度》，中国社会科学出版社1999年版，第9页。

式化方法只考察那些便于数学化处理的问题，或者只使用那些便于数学化处理的特殊假设。以最大化行为假设为基础的均衡分析比以适应为基础的连续变迁过程分析，处理起来要容易得多，而那些强调过程重要并相信最大化假设有问题的传统怀疑形式化方法的用处，更何况同样高度的抽象在得出一般原则的同时，可能带来不确定性，这说明在任何特殊情形下得到的结果可能取决于模型省略掉的具体情境。基于此，有学者对经济学中的数学形式主义的不科学性进行了总结：

第一，它把严谨科学的数学变成了非科学的、随心所欲滥用的工具。其实，自19世纪70年代边际革命到世纪末数理学派的产生，就已经为数学形式主义走向末路埋下了种子。在他们看来，只有用数学符号与方式来表达、研究和论证经济现象及其相互关系才是最科学的。实际上，这种观点是十分荒谬的。一是数学方法本身的科学、严谨，并不等于运用得正确。二是在质量互变规律之外，试图用数量验证经济运行中诸现象的定性，本身就将数学用错了地方，其结论往往是错误的。当代新古典经济学家用多种数学方法，并以复杂的方程组进行烦琐的运算，试图否定马克思劳动价值论所遭失败的结果，就说明了这一点。

第二，数学形式主义用数学方法研究经济现象所得结论往往不能成立。例如，19世纪末，数理经济学派的代表人物瓦尔拉斯首先提出，后由帕累托、希克思进一步发展了的“一般均衡论”，认为当一切商品的价格恰好使供给与需求相等时，即形成一般均衡，并借助数学工具论证一般均衡地存在。其实，这一被西方新古典经济学家们追捧了一百多年的“一般均衡论”是不科学的，至少其结论是不能成立的。一是数学公式的推导、运算和数学模型的建立大都是以虚无不存在的假设为前提的，既是假设就不一定是真实存在的，是与客观实际相脱离的，其所得结论当然也是不符合实际的。二是数学与逻辑之真，并不等于现实之真，证明一种思想或一种观点之真伪、对错只有一个标准，就是实践，数学方法于此是难以胜任的。三是供给与需求的平衡是相对的、暂时的、有条件的、偶然的；而两者的不平衡则是绝对的、永恒的、无条件的、必然的。在经济的实际运行中，两者不存在恰好相等之时，即使偶尔出现相等，当新古典主义经济学家们还在运算时，就已经不相等了。以不存的相等为假设，怎么可能得出普遍、一般相等（均衡）的结论？更何况，根据演绎推理的要求，大前提、小前提中只要有一个是虚假的，其结论就是不成立的。反观一般均衡论，其前提假设本身就是不存在的，其结论当然是不能成立的。应当指出，一般均衡论的致命错误还不只是违背了逻辑学原理，重要的是它舍弃了最关键的因素，就是现实的、千变万化的、活生生的经济活动和经济生活。这就是当代主流经济学家们尤其是经济学数学形式主义者所犯的重要错误。

第三，数学形式主义已遭遇到致命性挑战。2000 年 7 月一群法国经济学学生带头“造反”，向他们的教授们递交了请愿书，并在互联网上公开发表，旗帜鲜明地反对目前经济学教学中数学大行其道、新古典经济理论及方法在课程中居压倒性支配地位且不允许批判性思考的现实状况，主张经济学方法多元化，呼吁经济学教授们发动改革。受这一事件的影响，法国众多经济学教授积极响应，发表同情评论，也请愿表示支持改革。随后这一运动（被称为“经济学改革运动”）得到了法国二百多名经济学家签名支持；法国教育部也予以高度重视，并成立专门机构研究学生、教授们的主张。2001 年 7 月，这一运动之火蔓延到英国，剑桥大学 27 名博士发表了“开放经济学”公开信，很快签名者达 600 名。8 月美国密苏里大学来自十多个国家的 75 名学生和教授发表“堪萨斯城建议”，请求世界各地经济学家克服僵化观念，在经济研究中认真考虑文化、历史和方法论问题。到 2003 年，这个运动已在德、法、西班牙、葡萄牙和土耳其等许多国家建立了网站①。这说明，经过七十多年的演变，主流经济学的数学形式主义开始受到严峻挑战，是该认真思考进一步的发展思路了。从刘芳对中国部分高校经济期刊发表的论文进行统计分析发现，不少论文很少有运用经济学原理对问题进行分析、论证者，大都为建模而建模，为显示数学水平而运用数学方法，甚至有不少文章中之数学方法的应用或与作者的观点联系不紧，或无观点（只是数据运算、公式推导），或根本运用不当。

正是基于以上原因，反形式主义者更赞成以推理形式进行研究，或者将推理与历史研究、案例研究、制度研究结合起来。

3. 制度经济学领域的形式主义与反形式主义

在制度经济学领域，不管是旧制度经济学还是新制度经济学都存在

① 刘芳：《刍议经济类稿件中数学方法应用的泛化与模式固化倾向——兼评新古典经济学数学形式主义的流弊》，《现代财经》2007 年第 8 期。

形式主义与反形式主义之争。例如，凡勃伦最为人所知的可能是他对新古典和奥地利经济学的心理学偏见所进行的尖锐批评，在凡勃伦看来，两者都把人的享乐当作“快乐与痛苦的快速计算器”，当作“幸福欲望的同质血球”。凡勃伦认为，理性的“享乐计算”假定与既定制度环境（包括“自然所有权”）假定相结合所产生的经济理论，除了详尽、严格地演绎“人对其自身（给定）环境的要求所做的理性反应”之外，什么内容也没有，正因为这样，凡勃伦认为，这种经济学形式主义对有关经济理论的表述：理论还是常规情形下的理论，是高度精练、高度发达但却简单地排除了演化制度变迁问题的均衡状态理论。所谓动态新古典理论，分析的不是重要的“变迁现象”，充其量只是在讨论“理性对应该已然伴随发生的变迁所进行的调整”，结果，只要有制度因素“包含在该理论所关注的事实当中”，“制度现实总被视为当然，总被否定或解释”[①]。基于经济学形式主义的以上缺陷，凡勃伦试图通过考察制度演化及其对人类行为的影响来取代这种正统理论。在这方面，他反复提到达尔文，提到演进生物学是“现代科学”的原型，所谓“现代科学”是指集中用原因而不是目的来解释秩序的不断变迁，又不对终期或结局作任何推测的研究。在凡勃伦看来，作为一门进化的科学，应该有自己的理论框架，即“任何进化科学都是一种严密的理论体系，它是一种关于过程的理论，一种逐渐展露序列的理论”，因此，虽然当时的历史学派在进行了许多的资料收集、整理及研究，并且这些工作“是坚实的，但它使自己满足于数据资料的罗列，满足于对产业发展的叙述性说明，没有打算提供任何理论或把其结果精练成逻辑一致的知识体系”，因此，德国的历史学派并没有“上升为科学”[②]，除了“现象的调查记述”之外，什么也没有研究出来[③]。凡勃伦希望“从发生学的角度把握正在展开的过程”，把制度演化当作“累积因果”的过程进行分析，该累积过程的基础主要不是理性主义的计算，而是对物质环境约束的逐渐适应，对此，凡勃伦写道：“文化的发展是累积的习惯形成序列，其方式和手段是人类本性对这样一些要求的习惯反映，这些要求发生着无节制的累积性的变化，但是累积变化

---

① 卢瑟福：《经济学中的制度》，中国社会科学出版社 1999 年版，第 11 页。

② 凡勃伦：《经济学为什么不是一门演化（进化）科学?》，《政治经济学评论》2004 年第 2 期。

③ 卢瑟福：《经济学中的制度》，中国社会科学出版社 1999 年版，第 12 页。

中又在某种程度上保持着前后一贯的次序——无节制是因为每次新的变动都会产生一个引发习惯反映方式变化的新环境；累积性意味着每一个新环境都由以前环境的变化而来，使所有受到既往事物影响的东西都具体化为引起某种结果的要素；所谓前后一贯，是因为人类本性的主要特征……人能够做出反应习惯得以形成的本性特征，实质上是始终不变的”①，凡勃伦的累积因果论提出了另外两个要点：一是他主张制度演进的正确考察不应只限于适应一系列外生既定冲击的分析，如不少新制度经济学家没有分析系统的内部动力，只考虑理性如何对人口、技术、贸易机会或者意识形态的外生既定变化做出反应。二是凡勃伦对累积因果的讨论，具有明显的路径依赖思想。在凡勃伦看来，历史的意义在于，后发生的事强烈依赖于当前的具体事态，而当前的事态又是以前事态的结果，初始条件的微小差异可能产生明显不同的后果，即使是初始条件差不多，不同的文化和制度安排还是会按照不同的方式发展和演化。米契尔在有关商业周期的研究中，评论了大量相互竞争的理论。米契尔的目标是要“透彻统一地解释商业周期”，为了达到这一目标，米契尔认为单纯的形式主义是有问题的，因此，他拒绝标准的抽象模型方法。在米契尔看来，抽象的模型方法太容易忽略“跟预先设计不能恰好吻合的现象”，如果用抽象的建模方法：第一，经验工作可能被简单地忽略掉，理论可能从未受到检验；第二，理论简化的需要可能导致简单化的假设，使理论与现实世界只存在“或然关系”，而且可能使理论实际上不可验证；第三，即使理论可以验证，“试图验证理论的研究人员必须考察它所关注的过程”，很可能许多相互矛盾的理论都通过类似的验证，因此，验证是“表面的”；第四，经济代理人的行为常常要比从诸如利润对商人很重要这些假设所推导出来的行为更为复杂。在米契尔看来，商业以利润为导向“不是件简单的事”，不可能让理论家们轻易推导出确定的结果。米契尔认为，为了把握经济现象的全部复杂性，观察应该起到更大作用。为深入研究经济运行规律，米契尔既不否认经济学形式主义的合理内核，又不接受单纯从客观经验归纳出的经验概念，认为科学方法应该是“对运行假说和被观察过程之间的关系进行耐心的观察和检验——始终是批判性的检验”，这种方法不同于经济学形式主义的“试图设计出一个演绎

① 卢瑟福：《经济学中的制度》，中国社会科学出版社 1999 年版，第 12 页。

方案，然后……加以验证”，经济研究需要进行深入观察和调查，理论应该蕴藏“在调查当中”，应该将事实研究与理论推理最大限度地结合起来。需要指出的是，在米契尔的研究中，运行假设除了包括行为或因果关系的解释性假设外，还包括含义、计量及低层次的经验假设，而后三类在米契尔的研究中起支配地位，同时，米契尔的“批判性检验”还没有发展到波普尔式的证伪主义或证实主义的程度[①]。而克拉克对这方面的理解就比较中肯，他不但支持凡勃伦的动态分析的观点（主张建立“非欧几里得”经济学），也同样赞成新古典经济学的静态数学分析的形式化方法。在新近的老制度主义者中以卡普兰、迪辛为代表的虽然是批判地认识形式模型，但并没有让自己所认同的演绎模型与形式模型完全对立起来，而是认为两者是可以互相补充的。总体上看，由于老制度主义强调制度分析、历史性分析，忽视了理论研究的重要性，使它和形式主义始终处于一种比较对立的状态。

从制度经济学发展的历史来看，形式主义与反形式主义从旧制度经济学发展到新制度经济学都是存在的。迪·阿莱西在1990年发表的论文中，将新制度经济学划分为形式主义分支和“文学描述”分支（反形式主义）。就形式主义分支来看，代理理论可以说是形式主义分支的一个重要领域，不少新古典理论的形式主义被用到代理理论的研究之中，代理理论以标准的新古典的利己假设为基础，研究信息不对称和组织内部的目标冲突所引发的相关问题，这样，使代理理论的研究能够运用形式化的数学表述方式。运用博弈论来对制度问题进行研究可以说是形式主义分支的另一个重要领域，形成新制度经济学的另一个分支，即数理制度经济学。在这里，博弈论可以用来给被解释为制度和惯例的既定博弈规则的相互作用建模，为获得博弈的决定解，常常需要掌握制度的细节，博弈表述越具有一般性，可能的策略就越多，可能的解也就越多；通过设计重复博弈或超级博弈，博弈论还可以为制度发展的“看不见的手”过程建模。但博弈论很难充分考察制度变迁，因为它需要“三个假设”：即参与人不变、基本规则不变以及目标和环境不变，形式化的数学处理需要这些假设，但事实这是很难做到的，因此，博弈论较难运用于对制

① 卢瑟福：《经济学中的制度》，中国社会科学出版社1999年版，第12—15页。

度变迁的研究，在有关博弈模型中“不可能包括历史变迁”①。在新制度经济学家中，阿尔钦、科斯、德姆塞茨、威廉姆森和诺斯等都可以列入反形式主义或者“文学描述”分支的制度经济学家序列。我们知道，科斯的研究成果基本上就没有采用数学表述，科斯以他担任《法和经济学杂志》编辑期间在该杂志发表的数量分析论文为例，就经济学形式主义存在的缺陷进行了批判：第一，很多论文根本就没有说“要检验一个理论，它们只是对某种效应的测度”②，这种效应的性质已经确定，只不过其重要程度还是未知的，例如，经济学家预期政府对银行业的进入控制会减少银行的数量，但没有数量研究，就估计不出减少的程度。第二，在一般情况下，都会证实作者拥护的理论。另外一些形式主义的论文一般都按照以下形式来检验作者拥护的理论：有一个模型，然后进行回归，紧接着是结论。可以发现，“几乎所有情况下，统计结果都会证实作者拥护的理论……偶尔也会发生这样的情况：作者得到了与理论不符的结果，但这些结果通常不被用来证明理论的无效，而是作为需要进一步研究的内容”③，正因为这样，在形式主义经济学家那里，“理论在统计调查进行之前就已存在，而并非从调查中产生”④。虽然科斯对新制度经济学中形式主义的批评不说是没有道理的，至少也是形式主义制度经济学家需要注意的问题，因为人类的实践活动是变化的，而理论总是过去实践的总结，如果我们只固守现有理论，而不对千变万化的实践进行调查和深入思考，要想在理论上有所创新不说是不可能的，至少也是极为困难的。事实上，科斯的著名论文《论企业的性质》《社会成本问题》等就没有采用数量经济模型。虽然科斯认为新制度经济学的特色在于用标准经济理论来分析制度的运行，发现制度在经济运行中的作用，但新制度经济学假设“人是理性的效用最大化者”，“既不必要也不正确”，“现代制度经济学应该研究实际的人，研究现实制度约束下的人的行为”⑤。诺斯虽然

① 卢瑟福：《经济学中的制度》，中国社会科学出版社 1999 年版，第 24—25 页。

② 科斯：《论经济学和经济学家》，格致出版社、上海三联书店、上海人民出版社 2010 年版，第 31 页。

③ 科斯：《论经济学和经济学家》，格致出版社、上海三联书店、上海人民出版社 2010 年版，第 31 页。

④ 科斯：《论经济学和经济学家》，格致出版社、上海三联书店、上海人民出版社 2010 年版，第 32 页。

⑤ 卢瑟福：《经济学中的制度》，中国社会科学出版社 1999 年版，第 25 页。

一贯倡导用新古典理论，但他同样承认经济学形式主义具有局限性，在诺斯看来，意识形态及意识形态的变化在长期变迁中起着极为重要的作用，大多数长期变迁不能简单地根据“个人主义的、理性的有目的的活动这种严格属于新古典的约束”来解释，尽管诺斯的研究内容中有一些是可以形式化的，但诺斯本人的研究不是形式化，而是一种描述式。威廉姆森则将有限理性与演进观结合起来，一方面，他承认，大多数交易费用经济学是“粗糙的”其使用的模型也是“原始的”，因此，应该把较高程度的形式化作为目标；另一方面，他又认为制度经济学的形式主义可能造成损失，而且也“非常容易”，经济学家应该向“经济学的制度化”方向发展，要放慢朝数学化方向发展的速度，用经济组织、产业结构以及经济史的知识建立经济理论①。

（四）实证主义与证伪主义

1. 哲学领域的实证主义

实证主义这一概念与19世纪前半期社会学的创建者之一奥古斯特·孔德相联系，孔德相信，人类的推理过程经历了三个不同的历史阶段，即神学阶段、形而上学阶段和科学阶段。在神学阶段，自然和社会现象是借助于神的力量加以解释，在形而上学阶段，“终极因”被用来解释这些现象；在科学阶段，解释这些现象的企图被放弃了，科学家们取而代之以寻求发现现象之间的联系。孔德及马赫等的思想实证主义思想被称为古典实证主义，古典实证主义的思想对20世纪逻辑实证主义有一定影响。逻辑实证主义的主要原则是由20世纪20年代的莫里茨·施利克、赫伯特·费格尔、库尔特·古德、汉斯·哈恩、奥托·诺拉斯、弗里德里希·魏思曼、鲁道夫·卡纳普以及维也纳学派的其他成员创建的。逻辑实证主义是一种激进的经验主义者的哲学实证，其创建者相信，它标志着哲学探索的一个新开端，从此以后，全部哲学的分析目标不过是实证的、经验的、科学的知识要求的逻辑分析，即符号的、逻辑的实证主义。逻辑实证主义的首要任务是规定知识要求的构成，其办法是分析判断的逻辑形式。只有分析的（概念）或综合的（事实的可验证判断）的判断才富有认识的意义，其他所有的判断都缺乏认识的意义。运用这种判断的哲学分析能够表达感情的姿态或“接近生活的一般态度”或者道德评

---

① 卢瑟福：《经济学中的制度》，中国社会科学出版社1999年版，第26页。

价。逻辑实证主义的主要原理包括：第一，科学论题的一致。第二，理论结构的前提演绎模式。所有的学科都使用理论，这些理论可能被正式表达为公理的、有前提的演绎结构，这样的结构只有当它们的一些因素（如演绎原理、理论预测）通过运用相应原则而给予经验主义的解释时才有了经验论的引入。并不是所有的判断都有经验主义的解释，特别是那些包含理论概念的判断是不能被这样解释的。第三，理论评价的原则。一个理论如果是可证的，就是科学的；检验事例确定或否定理论；理论的可接受性依赖其确定的程度。确定的程度由有利的实验结果的数量和准确性、观察和衡量程序的准确性、不同的证据以及是否用新的实验条件来证明假设等来衡量。如果在经验主义基础上的理论选择没有产生合适的理论，另外的非经验主义的评价标准如简洁、优美、多产、普遍性和广泛性等也会被运用。第四，科学原理的解释。在科学中的所有解释必须是以演绎的形式来表达的，在这种形式中描述被解释的事件的句子是有逻辑地从一个解释句中演绎出来的。解释句包括一组句子，其中一些表达最初条件，其中至少一句子是普遍的或统计的法则。第五，对称命题。解释和预测是结构对称，它们之间的唯一区别是临时性的，在解释的情况下，解释所描述的现象是已经发展的，而预测的情况现象则还没有发生①。

2. 经济学领域的实证主义

经济学领域的实证主义时代大约跨越了 40 年，从 20 世纪 30 年代末期到 70 年代末期，在这一些时期，一些经济学家从实证主义的语言中借用其方法，另一些经济学家用实证主义论据为经济学实践中发生的一些变化进行辩护，证明它是正确的，这样，实证主义就从哲学领域走入经济学家领域，并逐渐成为经济学分析问题的方法论之一②。

20 世纪 70 年代之前，在经济学领域，受实证主义影响较大的有 T. W. 哈奇森（T. W. Hutchison）、保罗·萨缪尔森和米尔顿·弗里德曼，在 1938 年的著作《经济理论的意义和基本原理》中哈奇森对罗宾斯《经济科学的性质和意义》一书中倡导和维护的选择的纯逻辑理论进行了批

---

① 约翰·伊特韦尔、默里·米尔盖特：《新帕尔格雷夫经济学大辞典》（第三卷），经济科学出版社 1996 年版，第 986—988 页。

② 约翰·伊特韦尔、默里·米尔盖特：《新帕尔格雷夫经济学大辞典》（第三卷），经济科学出版社 1996 年版，第 986—988 页。

判，同时，哈奇森还对建立在不可验证基础上的经济学一切形式进行了批判。在《经济分析基础》一书的导言中，萨缪尔森在坚持认为经济学家应该寻求、使用有意义的理论时，借鉴了物理学家珀西·布里奇曼的研究成果，对需求理论明显的偏好的研究意图是要将消费理论建立在可观察的基础上。1953年米尔顿·弗里德曼的论文《实证主义经济学的方法》的论点对经济学研究产生了较大影响，即一种理论假设的现实性是无关紧要的，对理论评价的重要性在于进行预测的准确和简洁[①]。在这篇论文中，弗里德里曼通过“应是什么”问题的回答，必然有赖于“是什么”这一在先的确定[②]。这就如同我们今天看到的多数主流经济学的教材一样，在谈论经济学时，经常谈到的话题就是实证经济学与规范经济学，它们的核心命题是对“是什么”与“应是什么”。

3. 经济学实证主义的四种表现形式[③]

实证主义在经济学中的发展是比较快的，从目前的情况来看，主要有四种表现形式，即哈佛实证主义、麻省理工实证主义、伦敦经济学派实证主义和芝加哥实证主义。

第一，哈佛实证主义。哈佛实证主义的核心是通过实验来对经济问题进行研究，我们知道，实验经济学植根于张伯伦在哈佛大学对学生进行的实验，史密斯继承了张伯伦的传统，并作了进一步的发扬，成为实验经济学和哈佛实证主义的带头人，并由此获得诺贝尔经济学奖。实验经济学的动机是要克服以下缺陷：即大多数主流经济学模型都是应用简化假设的自命的抽象物，其现实性总是可疑的。考虑到任何典型的经济学解释都具有以下的形式，即“如果世界具有X的形式，且人们按照命题Y而行事，那么我们就将观察到现象Z”。对这一现象进行解释的任何经济学家，都将面对这样一个问题：世界是具有X的形式吗？人们事实上是按照命题Y行事吗？我们观察到了现象Z吗？由于我们在一般情况下难以确定人们是否真的正在按照命题Y行事，所以几乎一切经验研究关注的都是世界X和现象Z。一般的做法是：根据命题Y而建立经济模型，并力求在事情发生后，面对现有的数据时，确定该模型是否能够得

---

① 约翰·伊特韦尔、默里·米尔盖特：《新帕尔格雷夫经济学大辞典》（第三卷），经济科学出版社1996年版，第986—988页。

② 劳伦斯·博兰：《批判的经济学方法论》经济科学出版社2000年版，第153页。

③ 劳伦斯·博兰：《批判的经济学方法论》经济科学出版社2000年版，第159—163页。

到证实。但问题在于，现有的数据很少能在直接意义上具有决策性，反而必须做出许多补充的假设，因此得出的结论一般都是有附加条件的。

哈佛实证主义提出了一种不同的方法，不是接受现有的有限数据，而是建立一个现实世界的环境，在该环境中，典型的是新古典模型关于世界X的形式的假设是真实的。具体而言，实验经济学家试图构筑一个实际具有X的形式的世界，然后由命题Y暗示的行为，是否与通过实验而观察到的现象Z在逻辑上相符合。

第二，麻省理工实证主义。诺贝尔经济学奖得主、著名经济学家萨缪尔森是著名教授，在其博士论文中发表了自己的方法论观点，追随他的方法论者认为，对经济解释做出实证贡献的最低条件是，任何人的实证主义理论必须能够经受基于实证证据的反驳。换言之，一切真实的实证主义的理论，在原则上都是可以根据经验予以反驳的，这种缺乏说服力的必要条件唯一能够保证的，就是该被提出的实证主义理论不是同义反复。显然，麻省理工实证主义是为经济学的数学化而服务的，而不是为那些关心推动真正的实证主义经济学的利益服务的，因为前者关心的是要免除与复杂的现实世界的经验数据打交道的一切乏味的工作，对于数理经济学家来讲，我们建立的模型是否精致，永远要比该模型的假设是否在经验上是可实现的或模型的含义对经济政策是否有用更为重要。

第三，芝加哥实证主义。诺贝尔经济学奖得主、著名经济学家、芝加哥大学教授弗里德曼在1953年发表的论文中提出了一项具有强烈吸引力的论据，说明为什么那些人，即仅仅对政策制定者提供有用理论感兴趣的任何人，应该避免与一群经常被称为“逻辑实证论者”的分析哲学家的哲学偏见，取而代之以承认关于经济模型的行为假设的可实证性、可证伪性甚至假定的现实性等，与模型得出结果的有用性相比，它们要无关紧要得多。对于弗里德曼而言，实证证据是十分重要的，其限制在于，把证据局限于结果或预测方面，从而排除了把理论模型、假设作为实证主义理论的有用性的一种决定因素而进行推进或逻辑分析。在芝加哥实证主义看来，作为芝加哥学派的经济学家，他们将提供这样的经济模型（也即X世界的模型），该模型将不从事个别决策者的心理的（主观的）性格分析，而是要提供个别决策者所面临的客观的（可实证的）的成本分析，从而解释讨论中的任何可被观察的、实证的行为证据（现象Z），一切从实际出发被观察到的行为中的变化，将被解释为可被观察的和客观的成本状况的结果。每一个成功的实证经济学模型，都被当作对以下事实更有力的证据，即人们能够利用一个恰当构筑的新古典模型来解释任何社会现象或行为现象，对于芝加哥实证主义来讲，建立新古典模型的真正目的，是要再一次证明一个社会协调的、以市场为基础的制度的真实性。

第四，伦敦经济学派实证主义。在利普西的带领下，在20世纪50年代，一群伦敦经济学院的经济学家对经济方法论进行了广泛研讨，并出版了《实证经济学入门》这一流行的教科书。在伦敦经济学派实证主义提出了一项更严谨的建立经济模型的方法，强调要以较少事先安排好的方式来处理证据问题，并且这种处理方式并不排除推理，只不过更加强调证据的重要性。同时，检验和计量的结合是伦敦经济学派实证主义的特征，在这里计量经济学处于十分重要的地位。

4. 制度经济学领域的实证主义

在制度经济学研究中，诺斯等制度经济学将实证研究方法引入到制度经济学研究过程，不仅运用经验实证对自己提出的假设进行检验，而且还通过统计和计量方法对有关理论假设进行检验。同样，在中国，不少制度经济学家如林毅夫等对农村家庭承包责任等制度对农村经济增长的影响进行的实证研究也是这样，正是在这些制度经济学家的努力下，形成了制度经济学领域的实证主义。

5. 证伪主义

谈到证伪主义，我们就会想起卡尔·波普尔（K. R. Popper）。卡尔·波普尔是20世纪最著名的科学哲学家之一，批判理性主义的创始人。他开创了证伪主义理论。这种理论萌芽于波普尔对一些理论的怀疑。他看到了弗洛伊德主义者和马克思主义者阐述自己的理论，并声称自己的理论在大量人类行为和历史变迁中得到解释和证实。这种支持理论的依据受到波普尔的怀疑。他认为，即使我们得到可观察的正确命题，也不能仅仅因此就可以通过逻辑推理形式推出全称的普遍命题。波普尔在对归纳方法进行批判之后，力图从另一个崭新的视角去阐释科学的发展模式。他认为，科学首先来源于猜想。人类在对世界和宇宙的某些方面进行探索和理解时做出了种种猜测和假说。一旦提出这些假说，这些理论就要经受观察和实验的严格检验。经受不住检验的理论必然要被抛弃，而代之以更先进、更完善的理论假说。新的假说一问世，又要经受试错和反驳。这样，科学就在不断的假说、试错和反驳中前进。在科学理论的试错中，从作为前提的单称命题出发通过逻辑推理得出某一全称的普遍命题是错误的。因而单称命题不能过渡到全称命题的真，却能证明全称命题的假。比如我们要证明全称命题“所有乌鸦都是黑色的”为假，只要我们能提供“在某时某地观察到一只乌鸦不是”就行。这个推理在逻辑上是有效而严密的。从适当的单称命题中可以推导出全称命题的谬误，这是证伪主义者可以利用的逻辑论点。以这种逻辑论点为基础，绕过归纳法的逻辑困难，证伪主义者进一步提出了科学的划界标准。他们认为，要使一个假说成为科学的一部分，它首先必须是在逻辑上可证伪的。“如果存在着一个逻辑上可能的观察命题或一组观察命题与一个假说不一致，那么该假说就是可证伪的，也就是说如果观察命题被证实，就会使该假说遭到证伪”①。

波普尔写道：“理论在经验上是决不可证实的，假如我们想避免实证主义者所犯过的错误……那么我们就必须选择一个标准”②，继而他提出：“可以作为划界标准的不是可证实性而是可证伪性，换句话说，我并不要求科学系统能在肯定的意义上被一劳永逸地挑选出来，我要求它具有这样的逻辑形式，它能在否定的意义上借助经验检验的方法被挑选出来，经验的科学的系统必须有可能被经验反驳”③。由此看出，波普尔明确提出科学与非科学的划界标准是可证伪性。他的重要贡献就是提出了科学与非科学的划界标准不是可证实性而是可证伪性，以此为核心的科学哲学体系不仅充分削弱了逻辑实证主义，而且还破除了传统的科学观念，使科学思维方式发生了革命性的转变。

在证伪主义视角下，一个适当的科学理论，因为它提出了认识世界的明确的主张而具有可证伪性，可证伪度又包括普遍度和精确度两个方面，可证伪度越高，理论越具有科学的价值。一个具有较高科学价值的理论，它能提出涵盖范围更广的关于世界的断言，因而逻辑上被证伪的风险就更大，即证伪度更高。可以肯定的是证伪主义给科学思维方式和科学发展道路的研究打开了一个新的视角。它批判归纳主义那种静态的研究方法和否认质变、飞跃的累进观点，顺应了现代自然科学发展的潮

① 查尔默斯：《科学究竟是什么》，商务印书馆2007年版，第81页。
② 波普尔：《科学发现的逻辑》，沈阳出版社1999年版，第19页。
③ 波普尔：《科学发现的逻辑》，沈阳出版社1999年版，第20页。

流；它看到了科学理论的相对性，认识到一切科学理论都具有不完备性，都有被反驳、被证伪的一面，因而充分估价了证伪在推动科学发展中的积极作用，有力地反对了把科学知识凝固化和教条化的倾向。因此，强调证伪在科学理论检验过程中的作用具有积极意义。

第三章　制度与经济增长

新制度经济学家认为，经济理论光有三大传统柱石——天赋要素、技术和偏好——还不够完备。第四大柱石，而且也是不言而喻的柱石就是制度[①]。有了某种制度安排，能够使决策者了解他们的立场正确与否及其行为的结果，土地、资本和劳动等生产要素；有了制度，才能够发挥作用，因此，制度对于经济增长和结构优化来讲是至关重要的。

第一节　制度：经济增长的基石

与古典经济学和新古典经济学将制度视为经济增长的外生变量不一样，在制度经济学的视野中，制度不仅对于经济增长具有重要作用，制度是经济增长的内生变量，而且对于一个国家或者地区来讲，制度及其制度安排是否合理，对于一个国家或者地区的经济增长来讲是至关重要的。

一　主流经济学的缺陷与制度的重要性

新古典理论和新经济理论认为，经济增长主要受制于要素投入和技术进步。在哈罗德—多马模型中，决定经济增长的唯一因素是资本积累。在20世纪50年代，索洛等对资本决定论提出了挑战，并提出了技术决定经济增长的经济理论。后来的一些经济学家如舒尔茨等，在发展索罗的技术决定论的基础上创立了人力资本论。他们认为。通过对卫生、教育等方面的投资可以增强人的体力、智力和技能，提高人口素质，使一般的人力资源转为人力资本。这种人力资本不仅可以产生“知识效应”和

---

① 戴维·菲尼：《制度安排的需求与供给》，转引自奥斯特罗姆、D. 菲尼、H. 皮希特《制度分析与发展的反思——问题与抉择》，商务印书馆1992年版，第122页。

“非知识效应”，从而直接或间接地促进经济增长，而且可以产生递增效应，消除常规资本与劳动力的边际递减收益，保证经济增长。罗默和卢卡斯的新经济增长理论发展了人力资本理论，他认为，知识积累、技术创新及专业化人力资本作为决定性投入要素，不仅自身收益递增，而且还可以使其他投入要素收益递增，从而使经济增长动态化，并以此来说明经济增长的原动力。事实上，仅以经济计量模型来探寻经济增长的原动力问题，是值得人们深思的。冈纳·缪尔达尔认为，主流经济学家由于设想了一些与事实不相符合的概念，并由这些概念凭空地建立计量经济模型，且用这些模型去模拟经济增长的轨迹，其结果常常与现实经济的运行相差甚远，这是极为有害的。因此，上述理论一方面对实际是解释不清的。为什么世界上第一个发射了人造地球卫星的国家未能实现普遍的令人满意的经济增长，并且未能在经济上形成对西方的优势？难道是因为在政策实践中不重视技术创新吗？要找出这些问题的答案，有必要采取一种包括新古典理论、新经济增长理论、熊彼特创新理论和制度理论在内的综合分析方法，来拓展对经济增长问题的研究，以便探索推动经济增长的根本动力。因为按照新古典理论和新经济增长理论，上述经济增长的因素在解释经济增长方面并不尽如人意，即存在漏洞。另一方面，历史上又存在反例。例如，在1600—1850年，世界海洋运输并没有发生用轮船代替帆船之类的重大技术进步，但这期间海洋运输的生产率却有了很大提高，海洋运输业蓬勃发展，这又作何解释？新古典理论和新经济增长理论显然不能有效地解释这一问题，唯有诺斯从制度分析的视角给人耳目一新的解释。诺斯于1968年在《政治经济学杂志》上发表的《1600—1850年海洋运输生产率变化的原因》一文中，对海洋运输的成本问题进行了多方面的统计分析，结果发现，尽管这一时期海洋运输技术没有大的变化，但由于海洋运输变得更加安全和市场经济变得更完善，即船运制度和市场制度的创新，从而降低了海洋运输成本，最终使海洋运输生产率大为提高。诺斯指出，在技术没有发生变化的前提下，通过制度创新也能提高劳动生产率，并促进经济的有效增长。

二　制度与经济增长：一个理论模型

在比较经济学文献中，一个被大家熟悉的表述经济体制和经济结果之间关系的数学函数式。它最初是由佳林·库普曼和约翰·迈克尔·蒙泰斯（1971）给出的，并被其表述如下：

$$O=f(E,\ S,\ P_s) \tag{3-1}$$

式（3-1）中，O 表示结果，E 表示环境，S 和 P 分别指体制和政策。式（3-1）说明，结果取决于环境、体制和政策，或是三者的函数。具体地说，结果可以由经济增长、效率、收入分配、稳定及发展目标等指标表示。它们既可以是宏观的（对一个国家而言），又可以是微观的（对一个集团、个人而言）。环境主要是指自然资源、资本存量和技术、初始偏好、随机事件及人口数量与质量等内容，从制度经济学的视角来看，政策与体制同属于制度的范畴。这样，式（3-1）可以转变为式（3-2）。

$$O=f(E,\ I) \tag{3-2}$$

在式（3-2）中，I 表示制度，式（3-2）可以看出制度对于经济结果的重要性，并清晰地表达了新制度经济学中制度对经济增长重要性的观点。但问题在于制度如果不对人类行为产生作用，是无法实现各种经济目标的。在这里，经济结果与经济目标的区别仅仅在于，前者是已经实现了的东西，后者是一种计划或者愿望。因此，式（3-2）虽然说明了制度与结果之间的对应关系，但省略了两者之间的作用过程，掩盖了其间对应关系的间接性，即只有通过人的目标和行为的影响，制度才能实现其功能，而式（3-3）对此进行了补充。

$$O=f(B),\ B=f(I) \tag{3-3}$$

在式（3-3）中，B 表示人的行为，包括目标或偏好的形式，获取必要的信息，决策及实现决策的一系列行动，式（3-3）表达的意思也可以用图 3-1 来表示。

图 3-1 清楚地说明制度、行为和结果三者之间的逻辑关系，制度通过对参与者的行为和目标责任制的影响，最后实现了不同的经济结果（包括经济增长等）。在图 3-1 中，特定制度状态说明的是制度在某一时点上的稳定形式。政府被单独列出来出于两个方面的考虑：一是政府的地位或作用是由既定的制度所规定的；二是政府本身又是部分制度的供给者和制度的监督、执行者。

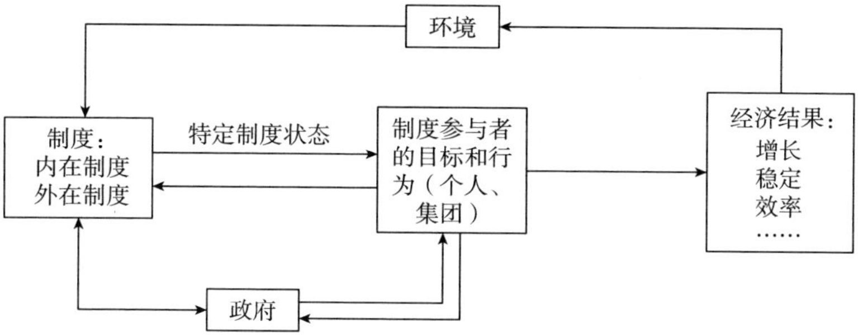

图 3-1　制度—行为—结果

三　制度的重要性：基于多个国家的经验分析

对经济增长进行统计研究的美国经济学家库兹涅茨，在对促进经济增长的各种原因进行分析的基础上发现了制度在经济增长中的作用。他认为，创新在很大程度上属于技术性的，利用创新带来的增长潜力常常需要许多社会创造——改变组织方式以诱导人们在经济活动方面的合作和参与。这样，分工和专业化与许多技术上的变化结合在一起，共同创造了经济长期的增长，技术进步和制度变革共同作用是创新时期增长的核心。并强调，在任何时代，增长不仅仅是整体的变动，还应包含结构的转变，即这种增长的冲动是由重大技术创新带来的，每个社会在采用这种技术时必须调整现有的制度结构，因此，他在 1971 年接受诺贝尔经济学奖时对经济增长下了著名的定义：一国的经济增长可定义为“在不断扩大供应人民所需的各种各样的经济商品的生产能力进行先进技术所需的制度和意识形态上的调整”。这表明，制度及制度的调整是经济增长的基础，一方面，有效制度安排和制度变迁是经济增长的重要基础；另一方面，制度变迁过程实质上是一个制度创新过程。正如诺斯的研究一样，在没有技术创新的情况下，制度创新作为经济增长的内生变量也影响着经济增长过程。

G. W. Scully 比较研究了 115 个国家在 1960—1980 年间的经济增长率，以检验经济增长与制度因素可能存在的相关性，结果表明，制度安排对经济增长和经济效率有着重大影响，将不同制度安排下的经济增长进行比较，可以发现，有效制度安排下的经济增长率要比低效制度安排下的经济增长率高出 2 倍，在经济效率上高出 1.5 倍。

正因为制度是经济增长的内生变量，诺斯才强调，制度不仅构成了人们在社会政治、社会和经济方面发生交换的激励结构，制度变迁决定了社会演进的方式，而且制度是历史变迁的关键。因此，制度尤其是产权制度对经济增长的影响是最根本的，这一点是无可争议的。但遗憾的是，无论是流行的经济理论，还是计量经济史，都没有揭示制度作用于经济增长的影响，因为它们没有形成一个分析框架来将制度整合到经济学和经济史中去。按照传统的经济增长模型，制度因素是被排除在外的，即将制度视为已知的、既定或将制度作为外生变量。

第二节　制度变迁与经济增长：基于中国的实证研究

前面所进行理论分析表明，制度变迁对于经济增长来讲是至关重要的。在这里，我们将以中国改革开放以来制度变迁与经济增长的有关资料为基础，建立相应的计量模型，对制度内生的经济增长模型进行检验。

一　制度变迁（市场化改革）与经济增长：一个假说

中国的市场化改革实质是一场深刻的制度变迁过程，因此，在这里，我们将用中国市场化改革的进程来表示制度变迁的具体情况。市场化改革对于中国经济来讲是内生的而不是外生的。我们在借鉴新制度经济学研究成果的基础，将市场化改革作为一个重要的制度变量纳入经济增长模型之中，并用中国市场化改革与经济增长的资料进行实证分析。

在新制度经济学看来，市场化改革的实质就是制度创新，市场化的过程就是制度变化的过程。对于市场化，有两种理解：一种是指市场机制在一个经济体资源配置中发挥作用持续增加的经济体制演变过程，另一种是指改革或者转轨国家资源由计划配置向市场配置的经济体制转变过程。就前者来讲，是发展意义上的市场化，后者则是改革或者转轨意义上的市场化。就中国的情况来讲，虽然具有发展意义上的市场化成分，但更主要的是改革意义上或者转轨意义上的市场化。

综合上述分析，我们的假说是：既然制度变化对经济增长具有重要影响，即制度对于经济增长来讲是内生的而不是外生给定，同样，市场化改革对中国经济增长的意义就在于，市场化改革对于经济增长来讲是内生的，离开了市场化这一重要因素，我们很难对中国经济增长做出满意的解释。

二　制度变迁（市场化改革）与经济增长：一个分析模型

按照古典经济增长理论，经济增长主要取决于土地、资本和劳动力投入的多少，而新经济增长理论则认为，仅有此是不够的，创新对于经济增长来讲，具有重要作用，我们在前面的分析则表明，市场化改革对于经济增长来讲是内生的，而不是外生给定的，离开了市场化改革，我们就不能有效地解释中国的经济增长问题。因此，在经济增长模型中，还应在新经济增长理论模型的基础上，加入市场化改革这一变量。

如果经济增长用 GDP 表示，劳动投入量用 L 表示，资本投入量用 K 表示，土地投入用 R 表示，则新古典经济增长理论的模型为：

$$GDP=f(L, K, R) \tag{3-4}$$

如果我们考虑创新或者科技进步对经济增长的影响，则古典经济增长模型变转化为新经济增长理论模型，这样，新古典经济增长理论模型式（3-4）便转变化为式（3-5）。

$$GDP=f(L, K, R, A) \tag{3-5}$$

式（3-5）即为新经济理论的经济增长模型，式中 A 表示技术进步。

在考虑经济增长中的市场化改革变量 I 之后，经济增长模型便转化为：

$$GDP=f(L, K, R, A, I) \tag{3-6}$$

为了检验市场化改革和经济增长之间的关系，我们首先用新古典经济增长理论的经济增长模型进行计量分析，然后再引用新经济增长理论模型进行分析，之后再把市场化改革这一制度因素引入我们的计量模型中。其具体公式为：

$$AGDP=AK^{\alpha}L^{\beta}e \tag{3-7a}$$

$$AGDP=AK^{\alpha}L^{\beta}F^{\theta} \tag{3-7b}$$

$$AGDP=AK^{\alpha}L^{\beta}F^{\theta}M^{\lambda} \tag{3-7c}$$

其中 $AGDP$ 主要表示各省区人均 GDP，K 表示各省区的资本投入，L 表示各省区的劳动投入，α、β 表示资本和劳动的产出弹性，e 表示除资本和劳动之外的其他因素对经济增长的影响。F 表示科技投入，M 表示各年份市场化改革的程度。

在这里，我们有必要对市场化程度进行简要的分析，就一个国家的市场化程度定量计算来讲，是一个十分复杂的问题，不同的人有不同的理解。如世界银行，陈宗胜，樊纲、王小鲁等，在这里，我们利用较为简便的计量指标对中国的市场化程度进行计量分析，即非国有经济的发展、经济运行的市场化、市场分配资源的比重、经济外向化四个方面对中国不同时期市场化进行度量。

三　制度变迁（市场化改革）与中国经济增长：一个实证分析

改革开放40多年以来，中国的人均GDP从200美元上升到1万美元以上，中国从低收入国家变成中上等收入国家，经济总量超过了许多发达国家，现在位居世界第二位。如果用年增长7%作为高速增长的标志，从1978年到2015年，我国经历了高速增长期，此后增长率降到了7%以下。这37年，GDP年均增长率9.7%，工业增加值年均增长11.0%。

市场化进程不断加快，同时市场化进程也存在明显的区域差异。1997年全国市场化总指数为4.01，2009年达到7.57，比1997年提高了3.56，其中东部地区提高4.33，中部地区提高3.27，西部地区提高3.00。

为了分析市场化改革对中国经济增长的影响，我们用1981年至2000年的资料，运用3.8式计量经济模型来进行计量分析，在分析时，我们先用新古典经济理论的增长模型，即模型中只考虑劳动投入和资本投入对中国经济的影响，其结果见表3-1中的模型Ⅰ，然后再引入科技创新对经济增长的作用，具体结果见表3-1中的模型Ⅱ，最后再引入市场化改革对中国经济增长的影响，其结果见表3-1中的模型Ⅲ。

表3-1　　　要素投入、市场化与中国经济增长模型

	模型Ⅰ			模型Ⅱ			模型Ⅲ		
	均值	标准差	T统计	均值	标准差	T统计	均值	标准差	T统计
截距	-3.910	2.772	-1.411	-6.577*	1.406	-4.678	-4.760*	1.401	-3.398
LnL	0.494	0.290***	1.704	0.577*	0.142	4.050	0.356**	0.150	2.373
LnK	0.445	0.048*	9.228	0.342*	0.028	12.395	0.335*	0.240	14.082
LnF				0.399*	0.055	7.199	0.348*	0.052	6.722
LnM							0.262**	0.103	2.539
R	0.994	0.999	0.999						
R^2	0.989	0.997	0.998						

续表

	模型Ⅰ			模型Ⅱ			模型Ⅲ		
	均值	标准差	T 统计	均值	标准差	T 统计	均值	标准差	T 统计
调整后的 R^2	0.987	0.997	0.998						
F 值	691.871	1943.518	1988.524						

注：*、**和***分别表示在1%、5%和10%水平上显著。

从表 3-1 中可以看出，就新古典经济理论来讲，资本和劳动对经济增长都有一定程度的贡献，但劳动投入的贡献比资本投入的贡献要大，在模型中，除了截距没有通过显著性检验之后，劳动和资本都通过了相应水平的显著性检验，调整后的 R^2 达到了 0.987，模型的 F 值为 691.871，且其显著水平为 0.000。

就模型Ⅱ是在引入科技创新之后的经济增长模型，即新经济增长理论的增长模型，除了劳动投入和资本投入对中国经济增长做出贡献之外，科技创新对中国经济增长具有积极作用，其系数为 0.399，各项系数均通过了相应水平的显著性检验，且调整后的 R^2 达到了 0.997，模型的 F 值为 1943.518，其显著水平为 0.000。

从模型Ⅲ是引入市场化改革之后的中国经济增长模型，从模型中我们可以看出，除劳动投入、资本投入和科技创新对中国经济增长做出贡献外，市场化改革对中国经济增长产生了重大影响，其系数达到 0.262，且各项系数均通过了相应水平的显著性检验，R^2 达到了 0.998，模型的 F 值为 1988.524，其显著水平为 0.000，这说明模型同样具有较强的解释能力。换言之，市场化改革对中国经济增长来讲，起到积极的促进作用。

我们对市场化改革与中国经济增长的计量分析表明，市场化改革对于中国经济增长来讲，产生了积极的重要作用，因此，全面建设小康社会，进一步推进中国经济的持续增长，一个重要的方面是继续进行市场化改革，健全市场体系，在推进市场化改革的过程中实现中国经济的持续增长。

施震凯、王美昌基于贝叶斯模型平均方法定量考察了市场化进程及子项对全国及东中西部地区经济增长的贡献。将他们将市场化一步细分为 5 个相关方面的子项目，分别为政府与市场关系（t_1）、非国有经济发展（t_2）、产品市场发育（t_3）、要素市场发育（t_4）以及中介组织发育和法律制度环境（t_5）。的解释变量个数为24个，如果将其全部视为影响中国地区经济增长的潜在变量，则一共存在 $2^{24}=16777216$ 个潜在的单一模型，如果对这些模型全部进行求解需要耗费大量时间。采用 Madigan 和 Raftery（1994）提出的“奥卡姆窗口”算法进行估计，在保留数据信息的基础上尽可能减少了运算次数。最终挑选出了后验概率最高的145个模型，并通过这145个模型获得了各解释变量的后验包含概率和后验均值，具体回归结果在表3-2中列出。研究发现，市场化进程对中国经济增长影响作用的BMA回归结果可以发现，虽然市场化进程指数的后验包含概率值为19.7%，大于10%的临界值，但远未达到100%的程度，说明该指标只能有限地解释中国1997—2009年经济增长的情况。与此同时，市场化进程指数的后验均值为0.0072，该数值大于0，说明中国的市场化改革有效地促进了地方经济的增长，回归结果充分肯定了市场化改革的积极作用（见表3-2）。

表3-2　　　　市场化对经济增长的影响（贝叶斯模型）

变量	PIP（%）	EV	SD
pop	2.8	-0.0001	0.0041
labor	100	0.0979	0.0215
kp	66.1	0.0014	0.0012
s	12.8	0.0001	0.0004
fdi	4	-0.0001	0.0010
grev	100	0.3571	0.0405
gspend	100	0.1412	0.0340
export	100	0.1026	0.0101
import	2.8	-0.0001	0.0021
cpi	3.2	0.0000	0.0005
ppi	2.8	0.0000	0.0002
tech	21.5	0.0000	0.0000
railway	4.5	0.0005	0.0037
hihway	2.8	0.0000	0.0022
medical	3	-0.0002	0.0025
healp	100	0.3064	0.0304

续表

变量	PIP（%）	EV	SD
college	9.4	-0.0050	0.0190
enrillment	99.9	0.0699	0.0187
market	19.7	0.0072	0.0167
t_1	3.3	0.0001	0.0014
t_2	100	0.0518	0.0068
t_3	18.9	0.0020	0.0047
t_4	100	-0.0302	0.0065
t_5	99.1	-0.0156	0.0050
cons	100	2.6250	0.1613

注：pop 为年末常住人口（万人）、labor 为劳动力（万人）、kp 为资本形成率（%）、s 为储蓄率（%）、fdi 为外商直接投资（亿元）、grev 为地方财政一般预算收入（亿元）、gspend 为地方财政一般预算支出（亿元）、export 为出口总额（亿元）、import 进口总额（亿元）、cpi 为消费者价格指数、ppi 为生产者价格指数、tech 为国同专利申请受理量（件）、railway 为铁路运营里程（万公里）、hihway 为高铁里程（万公里）、medical 为医疗卫生机构数（个）、healp 为卫生与技工人员数（万人）、college 为普通高校数（所）、enrillment 为普通高校招生数（人）、market 为市场化指数、t_1 为政府与市场关系、t_2 为非国有经济发展、t_3 为产品市场发育、t_4 为要素市场发育、t_5 为中介组织发育和法制环境。

资料来源：参见施震凯、王美昌《中国市场化进程与经济增长：基于贝叶斯模型平均方法的实证分析》，《经济评论》2016 年第 1 期。

表 3-3　　市场化与经济增长

变量	全国		东部		中部		西部	
	PIP（%）	EV	PIP（%）	EV	PIP（%）	EV	PIP（%）	EV
market	28	0.0113	52	0.0258	21	0.0064	15	0.0042
t_1	5	0.0000	100	0.0368	88	-0.0225	97	0.0421
t_2	100	0.0577	49	0.0084	18	0.0027	99	0.0335
t_3	65	0.0096	47	-0.0181	84	0.0209	11	0.0006
t_4	100	-0.0526	89	-0.0239	20	-0.0049	9	-0.0004
t_5	98	0.0154	59	-0.0084	52	-0.0160	9	0.0002

资料来源：参见施震凯、王美昌《中国市场化进程与经济增长：基于贝叶斯模型平均方法的实证分析》，《经济评论》2016 年第 1 期。

表 3-3 给出了总的市场化改革与五个方面市场化对经济增长的影响，从表 3-3 中可以发现，通过 BMA 方法获得的市场化进程指数（market）的后验概率为 28%，后验均值为 0.0113，略高于表 3-2 中的结果，这说明在剔除掉一些对经济增长解释程度较低的解释变量后，不仅减少了模型的估计个数，也突出了市场化进程对经济增长的促进作用。分地区结果来看，东部地区后验概率的数值最高，中部地区居中，西部地区的数值最低，分别为 52%、21%和 15%，三个地区后验均值的大小也表现出逐步递减的特点，其数值分别为 0.0258、0.0064 和 0.0042。这种现象充分说明在中国的市场化改革过程中，全国各地区均获得了体制改革所释放的制度红利，但东部地区的收益最大，中部地区紧随其后，西部地区则相对获益较少。

进一步对市场化指数的五方面子项逐项进行分析可以发现，在政府与市场的关系（t_1）上，虽然全国情况的后验包含概率值仅为 5%，结果并不十分显著，但三个地区的后验包含概率值均是显著大于 10%的，其数值分别为 100%、88%和 97%，出现这种矛盾的原因可能在于“合成谬误”。从后验均值大小上来看，东部和西部地区的后验均值均为正，其数值分别为 0.0368 和 0.0421，这说明相比于东部地区，西部地区的经济发展更易遭到政府对市场干预的影响。在非国有经济发展（t_2）与经济增长之间关系的问题上，全国和各地区的后验包含概率的数值均大于 10%，并且后验均值的数值也显著为正。这一结果说明对非国有经济进行的市场化改革有力地促进了中国各地方经济的增长，并对各地区的经济增长带来了显著且正向的促进作用。产品市场发育（t_3）这一指标主要考量的是“价格市场决定程度”和“减少商品地方保护”。东部地区展现出与中西部地区不同的结果，东部地区的后验包含概率值为 77%，但后验均值为负，说明市场化水平的提高使东部地区的经济增长更易受到外来冲击的影响。在要素市场发育（t_4）的问题上，该指标主要衡量的是地方金融市场化程度、引进外资程度、劳动力流动性和科技成果市场化。首先从后验包含概率大小来看，全国及东、中部地区的数值均大于 10%，西部地区的数值也达到了 9%，说明该指标对地区经济增长，特别是东部地区，在一定程度上起着重要影响。但这种影响却是负向的，全国水平的后验均值为-0.05263，各个地区的后验均值分别为-0.0239、-0.0049 和-0.0004，对东部地区的影响尤为显著，西部地区受到的影响则相对较小。在中介组织的发育和法律制度环境（t_5）发展问题上，呈现和 t_4 较为类似的结果，东、中、西部地区的后验概率分别为 59%、52%和 9%，并且除西部地区的后验均值为正以外，东、中部地区的后验均值为负，说明中介组织的发育和法律制度环境对地方经济的影响在该指标上也存在着差异性。

表 3-4　　要素改革对未来经济增长潜能的影响

年份	自然增长率	迁徙和劳动力流动体制改革	土地配置改革		资金配置改革		新经济增长潜能		未来经济增速	
			低	高	低	高	低	高	低	高
2020	4. 38	0. 48	1. 30	2. 16	0. 65	0. 67	2. 43	3. 31	6. 81	7. 69
2021	3. 64	0. 84	1. 30	2. 17	0. 65	0. 67	2. 79	3. 68	6. 43	7. 32
2022	3. 53	0. 40	1. 29	2. 17	0. 23	0. 26	1. 92	2. 83	5. 45	6. 36
2023	3. 20	0. 18	1. 31	2. 18	0. 23	0. 26	1. 72	2. 62	4. 92	5. 82
2024	3. 10	0. 42	1. 32	2. 19	0. 23	0. 27	1. 97	2. 88	5. 07	5. 98
2025	3. 12	0. 18	1. 33	2. 22	0. 24	0. 28	1. 74	2. 68	4. 86	5. 80
2026	2. 66	0. 14	1. 34	2. 24	0. 24	0. 29	1. 72	2. 67	4. 38	5. 33
2027	2. 58	0. 28	1. 37	2. 27	0. 24	0. 30	1. 89	2. 85	4. 47	5. 43
2028	2. 51	0. 12	1. 38	2. 30	0. 24	0. 31	1. 74	2. 73	4. 25	5. 24
2029	2. 35	0. 26	1. 40	2. 33	0. 24	0. 32	1. 90	2. 91	4. 25	5. 26
2030	2. 29	0. 15	1. 41	2. 36	0. 24	0. 33	1. 80	2. 84	4. 09	5. 13
2031	2. 29	0. 00	1. 44	2. 39	0. 25	0. 34	1. 69	2. 73	3. 98	5. 02
2032	2. 31	0. 03	1. 45	2. 44	0. 25	0. 35	1. 73	2. 82	4. 14	5. 23
2033	2. 39	0. 00	1. 49	2. 46	0. 25	0. 35	1. 74	2. 81	4. 13	5. 20
2034	2. 61	0. 00	1. 50	2. 49	0. 24	0. 36	1. 74	2. 85	4. 35	5. 46
2035	2. 42	-0. 01	1. 51	2. 53	0. 24	0. 35	1. 74	2. 87	4. 16	5. 29

资料来源：参见周天勇《要素配置市场化改革释放经济增长潜能的定量估计》，《财经问题研究》2020 年第 7 期。

目前我们不仅推进体制改革，也推进要素市场化改革。周天勇分析了要素市场化改革对未来经济增长潜能的影响（见表 3-4）。进入城镇的人口市民化，劳动力要素配置市场化改革。人口迁徙和劳动力配置有关的体制改革，释放的经济增长潜能在 16 年中平均为 0. 22%，占改革释放总经济增长潜能的比重按照低高力度不同的改革方案为 7. 50% 和 11. 50%。城乡土地制度改革将是未来国民经济获得经济增长潜能的最大来源，按照低高力度不同的改革方案，分别占不同力度改革获得总经济增长潜能的 73. 20%和 80. 10%，其中农村土地制度改革分别占到不同力度改革获得总经济增长潜能为 61. 30%和 68. 20%，并且边际增长潜能稳定略升；2020—2035 年，低力度改革方案土地制度改革带来经济增长潜能从 1. 30%增加到 1. 51%，高力度改革方案土地制度改革带来经济增长潜能从 2. 16%增加到 2. 53%。

第四章　制度与制度结构

制度与制度结构是制度经济学中的两个基本范畴和核心概念之一，在这一章，我们重点对制度及其结构进行分析。

第一节　制度的定义

一　各学派对制度概念的界定

关于制度的定义，不同的制度经济学流派差异较大，甚至同一流派的不同经济学家的理解也不相同。

（一）奥地利学派（哈耶克）对制度概念的界定

哈耶克对制度的理解和研究是从自发秩序（spontaneous order）入手的，在哈耶克看来，自发秩序不仅是理解市场是如何运行的基础和核心概念，而且自生自发秩序这个概念还具有广泛的适用范围，是所有社会理论的核心。自发秩序是“一种事物的状态，在这种状态中，各种各样的要素之间的关系极为紧密，以至于我们可以根据对整体中某个特殊部分要素的认识，去形成对其余部分的正确预期”①。哈耶克把秩序看成是社会成员相互作用的一种状态，这种状态依靠某种规则来形成和延续。更进一步，他指出所谓社会秩序在本质上意味着：“个人的行动是由成功的预见所指导的，这也就是说人们不仅可以有效地使用他们的知识，而且还能够极有信心地预见到他们能从其他人那里获得合作”②。

哈耶克将社会秩序分成两类：一类是自生自发秩序，一类是组织或者人造秩序（a made order）。哈耶克认为自发秩序与人造秩序（组织）

---

① Hayek，“Law，Legislation and Liberty：Rules and Order，” The University of Chicago Press，1973.

② Hayek，“The Constitution of Liberty，” London and Chicago，1960.

的差异主要表现为：自发秩序是在那些追求自己目的的个人之间自发形成的，这意味着任何个人都不知道他的行动和其他人的行动相结合会产生什么结果。也就是说，自发秩序是个人行动非意图的结果，而非人为设计的结果；但是组织（organization）中的有序性却是一致行动的结果，因为组织中的合作与和谐是集中指导的结果，协调一个组织中的劳动分工的社会结构则是一种命令与服从的等级关系，在这种关系中，命令先行地规定了每个成员的具体活动。因此，一个组织是一种有助于实施某个先行确定的具体目的的集体工具。哈耶克说：制度本质上便意味着个人的行动是由成功的预期所指导的。即人们不仅可以有效地使用他们的知识，而且还能够极有信心地预见到他们能从其他人那里获得的合作。

（二）老制度主义对制度概念的界定

旧制度主义经济学家凡勃伦认为：制度实质上就是社会或个人对某些关系或某些作用的一般思想习惯，今天的制度就是当前公认的某种生活方式，制度必须随着环境的变化而变化，是生存竞争和淘汰适应过程的结果。另一位代表人物康芒斯（John R. Commons）则认为：制度无非是集体行动控制个人行动。集体行动的范围很广，从无组织的习俗到有组织的运营机构。集体行动对个人的控制，是通过所有权关系来实施的。因此，旧制度主义文献的一个主线思想是：在制度分析中，个人不应该总是被看作是给定的。老制度主义者们拒绝在对个人建模上普遍使用的给定偏好函数。他们认为，个人交互作用形成制度，同时，个人的偏好和目的也被社会经济条件所塑造。

（三）新制度经济学对制度概念的界定

在新制度经济学的发展过程中，有关制度研究工作大致分为两个分支：一支是侧重于对制度的比较静态均衡分析，例如产权经济学、交易成本经济学，以企业治理结构为中心的委托—代理分析，以及以分析契约关系为中心的组织经济学等；另一支是以诺斯、格雷夫、青木昌彦、肖特等为代表的侧重于制度的演化分析。诺斯等在研究制度演化问题时倾向于采用嵌入历史的方法论个人主义，而且在构建各自的制度概念时都不同程度地使用了博弈论。

诺斯在《制度、制度变迁与经济绩效》这一著作中，他将制度定义为：制度是一个社会的游戏规则，更规范地说，它们是为决定人们相互关系而人为设定的一些制约。制度构造了人们在政治、社会或经济方面发生交换的激励结构，制度变迁则决定了社会演进的方式，因此，它是理解历史变迁的关键。诺斯在他的著作《理解经济变迁过程》中，在总结以往和接受新知的基础上，对制度的概念作了相对全面的阐述。

第一，他提出制度的存在是为了减少人类面临的不确定性："不确定性一直是形成整个历史和史前人类组织结构演化的潜在条件……人类在个人能力与所决策问题的难度之间的差距面前，将会构造一些规则去限制这种条件下选择的灵活性。我们把这些规则称为制度。通过把选择导向一个更小的行动集，制度可以改进人类控制环境的能力"。简言之，诺斯认为制度是人类自身给人们之间的交互作用施加的约束，这些约束定义了经济中的机会集。在诺斯看来，制度的作用是显而易见的，由于日常生活中的人们面临各种不确定性，带来相互交易的困难。因此，需要一些制度来形成稳定的结构，以弱化环境的不确定性，降低交易成本。

第二，诺斯把制度看成是一个社会的游戏规则，主要包括三个部分，正式规则、非正式规范以及他们实施的有效性。诺斯指出制度构造出了人们在社会、政治或经济方面发生交易的激励结构。

第三，诺斯为了更好地分析制度演化问题，从三个重要维度区分了我们通常所理解的模糊的制度范畴：一是从制度产生的方式看，可分为人造的制度（如宪法等）和演进的制度（如习惯法等）；二是从制度存在的形式看，可分为正式制度（如法律、政治制度等）和非正式制度（如习俗、行为准则等）；三是从制度运行层面上看，可分为制度本身和组织，前者是游戏规则本身，后者是在前者约束下有目的创立的具体结构，如政治团体、经济团体、社会团体和教育团体等。

第四，诺斯受到现代演化心理学发展的影响，在他的制度理论框架中加入了个人的认知分析。基于此，诺斯认为制度的产生源于人类的信念（beliefs）。制度结构反映了社会逐渐积累起来的各种信念："制度结构与信念体系有着密切的关系。信念体系是人类行为内在表现的具体体现。制度是人们施加给人类行为的结构，以达到人们希望的结果。也就是说，信念体系是内在表现，制度是这种内在表现的外在显示"，"当人们的信念存在冲突时，制度会反映那些有能力实现他们目标的人们的信念"，"信念和制度的密切关系尽管在一个社会正式规则中表现得很明显，但是这种关系在非正式制度——行为规范、习俗和自愿遵守的行为规则中表现得最充分"。

新制度经济学另一位重要的代表人物格雷夫侧重于从比较历史制度分析的视角来界定制度的概念。格雷夫指出，将制度的定义看作是排斥的，或者将分析建立在有关不同的制度特性的假设上，都不利于推进制度分析。无论是结构的观点还是功能主义的观点都应该用于制度研究。在此基础上，他提出了研究制度演化的新视角——比较历史制度分析法。格雷夫指出，从过去继承下来的制度要素会影响后来的制度；制度研究需要运用背景信息或者历史信息。因此，格雷夫不再把制度看作是单一整体，而是由相互联系但又互不相同的制度要素构成的均衡系统，有时可以把它定义为组织。这些制度要素主要包括："包容性规范、内在化的行为信念，反映了通过相互关系、社会化、学习、试验和领导能力的历史过程产生的认知模式、知识和协调。"这些制度要素影响个人的行为，但是对个人来说，它们是外生的。他们给个人的行动提供了认知、协调、规范、信息方面的微观基础。因此，格雷夫认为比较历史制度分析的新视角可以将制度的动态变化作为一个历史过程来研究，在这个过程中，过去的制度影响制度变化的时间进程、方式，以及新制度的具体内容及其含义。

舒尔茨把制度定义为一种行为规则，这些规则涉及社会、政治及经济行为。例如，它们包括管束结婚与离婚的规则，支配政治权力的配置与使用宪法中所内含的规则，以及确立由市场或政府来分配资源与收入的规则。青木昌彦把制度定义为参与人主观博弈模型中显和共同因素——关于博弈实际进行方式的共有信念（shared belief）。

二　制度的内涵

通俗地讲，可以将制度定义为：制度是由当时在社会上通行或被社会所采纳的习惯、道德、法律（包括宪法和各种具体的法律）、规章（包括政府条例）等构成的组约束个人社会行为进而调节人与人之间社会关系的规则。这一制度定义至少具有以下几层含义：

第一，制度总是"社会的"，约束个人行为，说到底是为了调节人际关系，因而制度总是某种社会的行为规则。在鲁滨逊的孤岛上，在"星期五"出现之前，事实上不存在制度，因为不存在人与人之间的关系，而人与人之间的相互关系之所以需要调节，就是因为他们具有不同的私利，在有限的资源条件下，不同私利之间是相互冲突的。例如，鲁滨逊要从孤岛上的有限的果树上采果充饥，维持生存，"星期五"也要这样做，于是两者就要制定出某种规则即制度来对果子进行分配，即对他们之间的利益关系加以协调，无论这种协调本身的性质是什么——是鲁滨逊独占、两分享，还是星期五独享。

第二，制度是人或组织的行为规则。如果我们把人或组织看作一个系统的话，经济学对其输出功能进行描述所使用的语言是“效率”概念。确切地说，制度本身不会产生任何效率，它只有同人或组织相结合时，才可能促进该系统的效率增长（或“非效率”增长）。这就使我们认识到，制度能否促进系统的效率增长的关键取决于它同人可组织的适应程度以及由此引起的“制度化”了的人或组织同外部环境的适应程度如何。经济学使用了“适应性效率”概念来描述这一适应程度。“适应性效率”是一个表示制度是否有效的经济学概念，它本身虽然无法具体衡量，但我们通过资源配置效率的衡量还是可以感觉到它的存在，因为“适应性效率”是和配置效率呈正相关的①。这涉及三个变量，即人或组织、制度、环境。如果舍弃其他因素和条件，仅仅考察由这三维变量组成系统的话，我们会看到，人或组织是行为的主体，是行为的发动者；环境是它存在的条件，它的生存所依赖的对象；制度则是人或组织用来适应环境的“软件”，它通过理性预期提供一种“激励”，告诉并鼓励人们应当做什么、怎样做以及这样做的预期收益。它还提供一种“限制”（“负激励”）劝阻人们不要做什么以及这样做所必须付出的成本。显然，在这里制度是一种行为规范，它要通过信息的反馈不断得到调整，逐步消除人们行为“外部性”的负效果，满足人和组织对“适应性效率”最大化的目标需求，进而提高全社会的资源配置效率。

第三，制度是对个人（或一个组织、一个团体）行为（最大化自身利益的行为）的一种约束（constraints），是对个人行动“空间”及其权利、责任和义务的一种界定。所谓规则，就是说在一定情况下你“能做什么”“应该做什么”或是“不能做什么”“不必做什么”，这就是制度的核心。

第四，作为社会的制度，具有公共产品的性质。对制度的选择，必然是在利益冲突条件下的一种公共选择。所谓公共产品是指消费或使用

---

① 李怀：《制度生命周期与制度效率递减——一个从制度经济学文献中读出来的故事》，《管理世界》1999 年第 3 期。

上的非排他性，如路灯、国防等。制度作为公共产品的特征表现在：它必须被大家即有关各方所共同“消费”，因为它本身就是协调“公众”各方之间社会关系的一种规则。例如，市场作为一种制度的一个基本内容是“自愿交易”，如果只有一方自愿而另一方不自愿，就不能叫作市场，而只能叫作“一平二调”之类的制度。在这里非排他性也意味着“强制性消费”，例如，社会多数人决定用公共税收入组建国防体系，增加军费支出，那些不想多要军队而想增加公共教育支出的人也只好更多地享受国防。对于制度来说，人们之间的分歧可能会更大，因为作为协调人们之间利益冲突关系的制度，可能只对一部分人有利，而对另一部分人不利（例如中世纪封建王朝的苛捐杂税），后者也被强制地“消费”这一制度。因此，社会性的制度，本身包含着利益的冲突；对制度的选择，只能是利益冲突条件下的一种公共产品选择。

第五，制度是组织构造的结构模式。一些新制度经济学家把制度等同于社会组织，无疑看到了制度与组织之间的内在联系，即任何组织都是按照某种制度框架构造而成的，因而也具有类似制度约束功能的“组织约束”功能。但制度和组织还是有一定区别的。制度不仅为人和组织提供了社会游戏规则，而且还为组织的存在提供了构造模式和结构框架。而组织则是由特殊的群体为了一定的目标并按照某种制度结构组成的社会集合体。因此，组织的效率不仅取决于其构成要素的功能，还取决于它的制度结构模式的构造以及对制度框架的适应程度如何，即组织构造的制度模式是否能为该组织提供“适应性效率”。应当说，人类社会组织形态的进化首先应归功于制度创新的“拉动”①。

第六，制度是人类主体内在的文化结构模式。如果我们从人类行为发动的主体框架的内在结构上对制度进行更深层次的讨论，正如我们所看到的，西方新制度经济学在讨论制度变迁时已将思想等文化因素纳入制度范畴，建立起一个探索问题的新视角。但是，新制度经济学未能将各种文化要素归结并上升到主体结构所形成的特定模式认识层面上去，以便于从人类主体特有的文化结构模式层面上把讨论引向深入。应当说，对造成制度变迁与制度选择的主体差异的一个有力的解释是人们文化结

---

① 李怀：《制度生命周期与制度效率递减——一个从制度经济学文献中读出来的故事》，《管理世界》1999 年第 3 期。

构模式上的不同，因此我们才能看到坐落在东方文化与西方文化土壤上的集权与分权上的制度差异。文化结构模式是人类主体在社会生活中积淀而成的，它既有人类的先天因素，也有后天学习的积累。从广义上说，文化结构是人类主体模式的全部内涵，它包括三层含义：一是性情文化。如人们的性格、智力、秉性等先天遗传因素和情趣、爱好、情感等心理因素；二是知识文化。包括人们的各种生活知识、文化知识和社会知识等；三是思想文化。主要是指人们的思想、观念、意识、思维方式等思想因素，如道德观、价值观、理想、意识形态等。由于文化结构所包括的范围如此之广，以至于各社会之间、各民族之间、各群体之间甚至个人之间都必然存在着一定的文化差异。就此来说，制度上的某些差异肯定是存在的。但个别或某些文化要素上的差别并不等于整个文化结构所形成的模式上的差异，换言之，文化结构模式上的趋同并不排除个别或某些文化要素上的差异，因为单一或部分的文化要素并不等同于文化结构模式，文化结构模式是诸文化要素和结构整合而成的主体框架，是诸文化要素综合作用的结果。故一些社会群体之间尽管在某些文化要素上存在着明显差异，但在整个主体文化结构模式上仍然相似，这样也就不难理解为什么不同的社会群体在制度选择上具有趋同性，每一个民族的制度变迁和制度进化的方向大致相同，因为制度本身就已经内含着文化结构模式上的“认同机制”了，这就是各社会群体在长期的交往过程中通过学习机制形成的共识性趋向，它将是人类社会运动导向的进步方向①。

将文化结构模式纳入制度的范畴是很有意义的。一般来说，文化结构模式是行为模式的潜在形式，它决定了行为模式的基本走向；行为模式是文化结构模式的显性形式，它“再现”了一定文化结构模式的行为特征。此外，我们还可以从每一个民族的组织结构模式中寻觅到该民族文化结构模式的“倩影”。所以，站在社会的角度上看，无论怎样强调制度的重要性也不为过，因为文化结构模式这种非正式的制度构成人类行为的出发点。新制度经济学把贫穷落后国家经济长期停滞不前的原因归结为“路径依赖”，似乎正是由于对传统的“依赖”，才使他们缺少进入

---

① 李怀：《制度生命周期与制度效率递减——一个从制度经济学文献中读出来的故事》，《管理世界》1999 年第 3 期。

有法律约束和其他制度化社会的机会。应当说，这种解释很有道理。但是，如果人们进一步发问："路径依赖"又是什么原因造成的？恐怕人们还能找到其他一些原因进行一般性的解释，如环境、观念、统治者的既得利益等因素。不过，这些解释都不能从制度的内在结构上给予最直接的回答。如果我们从文化结构模式的制度分析入手，就会更好地理解制度变迁之所以"依赖"传统的路径，是因为制度变迁不仅是正式制度的变迁，更重要的是非正式制度——文化结构模式的变迁。可以说制度变迁是制度内在结构上的整体变异，如果文化结构所形成的特定模式依然故我，就会同正式制度的变迁发生冲突，造成"穿新鞋，走老路"的怪现象。已往从利益原因所做的解释并非总是有效的，因为对于"非帕累托改进"的制度变迁来说，总是意味着一部分人的利益增加要以另一部分人的利益损失为代价，只要环境开放和允许外部变量的进入，从长期看，即使是半数的人口甚至是当权者的利益受到损害，也未能阻止得了制度变迁走向进步的历史步伐。所以，制度不仅包括行为规则和组织模式，更为重要的是它还包括文化结构所形成的特定模式。制度离不开文化。首先，最早的制度形式——人类的文化习俗和传统习惯就是非正式的制度，它们属于文化结构模式的显性形式；其次，制度在本质上不过是某种文化的"蒸发"形式和模式化的结果；最后，制度的变迁首先是文化上的变异，没有文化结构模式上的变化，缺乏对新制度规则的认知和理性识别，就不能感知到新制度规则的预期收益，这样，即使把人家最好的制度形式（如行为规则和组织模式）移植过来，也只能做些缺乏实质内容的表面文章①。

三　制度安排

制度安排是管束特定行为模型和关系的一套行为规则。在产权经济学看来，制度安排是支配经济单位之间可能合作与竞争方式的一种安排。制度安排可能是最接近"制度"一词的最通常的含义了，或者说，制度安排是制度的具体化。制度安排可能是正式的，也可能是非正式的；它可能是暂时的，也可能是长期的。综合起来看，制度安排必须具有以下两个目标：一是提供一种结构外不可能获得的追加收入；二是提供一种

① 李怀：《制度生命周期与制度效率递减——一个从制度经济学文献中读出来的故事》，《管理世界》1999 年第 3 期。

能影响法律或产权变迁的机制，以改变个人或团体可以合法竞争的方式。

第二节　制度结构

一　诺斯的制度结构理论

诺斯认为制度是由社会认可的非正式规则、正式规则和实施机制三个部分构成的。

（一）正式规则

正式规则是指人们有意识创造的一系列政策法则。正式规则包括政治规则、经济规则和契约，以及由这一系列的规则构成一种等级结构。从宪法到成文法与普通法，再到明确的细则，最终到确定制约的单个合约；从一般规则到特定的说明书，它们共同约束着人们的行为。在诺斯看来，政治规则会导致相应的经济规则，尽管其因果关系会以两种方式进行，即产权和单个合约是通过政治决策来界定与实施的，但是经济利益的结构也将影响政治结构；在均衡状态下，一个给定的产权结构以及它们的实施是与一个特定的政治规则集合及它们的实施相一致的，一方的变化会导致另一方的变化；而合约不仅提供了一个明确的框架来衍生有关组织不甘落后实证依据（因此是检验关于组织的假说和基本实证来源），而且是衍生有关双方在一种交易中将建立的更为复杂的组织形式的方式的线索，即合约将反映促进交易的不同方式，不管是通过企业、特许或其他更为复杂的协议形式，以及直接从市场交易延伸到垂直整合的交易①。

正式规则包括以下几个部分的内容：

第一，界定两人在分工中的“责任”的规则。用亚当·斯密著名的制针例子来讲，就是要约定哪些工作由哪些人做，所有的工人一起来完成针的制作。

第二，界定每个人可以干什么、不可以干什么的规则即为人们定出的“选择空间”的边界。

第三，关于惩罚的规则。约定对违反第二项规则所要付出的代价。

---

① 诺斯：《制度、制度变迁与经济绩效》，上海三联书店出版社 1994 年版，第 72 页。

第四，“度量衡”规则。交易双方用于交易的商品如何度量的规则。

（二）非正式规则

非正式规则是人们在长期交往中无意识形成的，具有持久的生命力，并构成代代相传的文化的一部分。从历史来看，在正式规则设立之前，人们之间的关系主要是靠非正式制度来维持的，即使在发达的市场经济中，正式规则也只是决定选择的总约束中的一小部分，经济运行的大部分空间仍然是由非正式规则来约束的。

在诺斯看来，非正式规则包括价值观念、伦理规范、道德观念、风俗习惯、意识形态等。在非正式规则中，意识形态处于核心地位，因为它不仅可以蕴藏价值观念、伦理规范、道德观念和风俗习惯，而且还可以在形式上构成某种正式制度安排的先验模式。

诺斯把意识形态定义为关于世界的一套信念，它们倾向于从道德上判断劳动分工、收入分配和社会现行制度结构；意识形态是由相互关联的、包罗万象的世界观构成的，它必须解释现存的产权结构的交易条件是如何成为供多大的体制的组成部分的；韦伯把意识形态定义为是一种信仰体系，信仰体系指的是说明为什么某人或某些人应该服从某种统治的理论体系或意识形态；除此之外，马克思等对意识形态进行了界定。

究竟什么是意识形成。长期以来，国内外各种文献众说不一，有各种各样的理解，其代表性的观点有：特拉西认为，“意识形态”这个名词表示的是一种“思想的科学”或“观念科学”，这种观念科学是一切科学的基础；马克思则将意识形态定义为观念上的上层建筑，阶级性、总体性和实践性是意识形态的重要特征；诺斯则认为，意识形态是由相互关联的、包罗万象的世界观构成的。洪名勇指出，意识形态是一个含义丰富的概念，虽然不同学科、不同流派对意识形态范畴的界定不同，但大都是有两个共同点：一是把意识形态看作是一种认识体系，是人们对世界的认识；二是它与个人、集体的行为有着密切联系，是行动的思想前提，在一定程度上，决定着个人和集体的行动。基于认识，我们在谈到意识形态时，既不将法律纳入功能，而是偏向于把它看作由团体成员共同具有的认知、思想、信仰、伦理、道德、习俗、精神状态等所组成的非正式制度安排，是非正式制度安排的核心，反映了集团的利益取向，为集团的集体行为提供了合理性辩护，同时也对他人行为提供一套约束。

（三）实施机制

实施机制是制度的第三个构成部分，一个国家或者地区的制度是否有效，除看这个国家或者地区的正式规则和非正式规则是否完善之外，更主要的是看这个国家或者地区的制度实施机制是否健全。在新制度经济学看来，离开了实施机制，任何制度尤其是正式规则就形同虚设。“有法不依”比“无法可依”更坏。例如，一些国家之所以发展落伍，其中一个重要的原因就在于制度实施机制的不完善。

制度实施机制的建立主要有以下原因：

第一，交易的复杂性。交易越复杂，建立制度实施机制就越重要，如在农业经济、自然经济时代，制度实施机制的建立的重要性远远低于工业经济、知识经济和市场经济时代。

第二，人的有限理性以及机会主义行为动机也促成制度实施机制的建立。

第三，交易或者合作双方的信息不对称，容易导致对契约的偏离，而强制性的制度实施机制是任何契约能够实施的基本前提。

判断一个国家制度实施机制是否有效的主要标准是违约成本的高低，强有力的制度实施机制将使违约成本极高，从而使违约人发现违约的成本高于违约的收益，进而保证有关制度的顺利实施。

二　柯武刚和史漫飞的制度结构理论

通过对诺斯的制度结构理论进行深入分析，我们发现诺斯在将制度分为正式制度与非正式制度的制度结构理论时，主要是从制度实施惩罚的视角来进行讨论的。与此不一样，柯武刚和史漫飞则从制度起源的视角将制度分为外在制度与内在制度，从而形成自己的制度结构理论。

（一）内在制度

内在制度是从人类经验中演化出来的，它体现着过去曾经最有益于人类的各种解决办法。内在制度又包括以下几种制度安排。

第一，习惯。这类规则对于行为受其控制的个人有明显的、直接的好处，而违反这类规则会损害这些个人的自我利益。

第二，内化规则。内化规则是内在制度的第二种类型，人们通过习惯、教育和经验学习规则，并达到在正常情况下无反应地（条件反射）、自发地服从规则的程度。这样，人们将许多规则转化成个人偏好，并始终一贯地运用这些规则。结果，内化规则构成了像道德那样的东西，内化规则既是个人偏好又是约束性规则。在现实生活中，内化规则作为规则的一个部分发挥作用，使人免受本能的、短视的机会主义之害，减少人们之间冲突的协调成本。违反内化规则的典型惩罚是内疚或称为承受心理代价。

第三，习俗和礼貌。习俗和礼貌是内在制度的第三种类型，违反这种制度安排虽然不会引起有关组织的惩罚，但共同体内的其他人会非正式地监督遵守规则的情况。违规者会落下不好的名声或者发现自己被社会排斥，在极端情况下，甚至会遭到谴责。

第四，正式化内在规则。正式化内在规则是内在制度的第四种类型，这类规则虽然是随经验而出现的，但其在一个群体内是以正规方式发挥作用并被强制执行的。共同体内在地创造规则，并由第三方以有组织的方式来执行这些规则。在这方面的一个典型例子是行业的自我管理，例如，有关足球比赛的规则，这一规则虽然是正式的，但并不需要通过有关的法院来执行，而是依赖于足球联合会或者足球协会，由它来作出裁决并实施惩罚。

（二）外在制度

外在制度是由统治共同体的政治权力机构自上而下地设计出来，强加于社会并付诸实施的。外在制度总是正式的，它要由一个预定的权威机构以有组织的方式来执行惩罚。外在制度往往以非限制性的抽象方式起作用，对社会成员的行为具有规则性的影响，尤其是当它们与通行的内在制度一致时更是如此。外在制度的一个重要特点在于，对违反外在制度的惩罚掌握在某种高于共同体的主体手中。根据外在制度的内容和目标，可以将内在制度分为以下几种类型：

第一，外在行为规则。以外在行为规则为目的在于用类似内在规则的方式来约束公民的行为，外在行为规则被包含于多数国家的民法、商法和刑法之中，成为对所有人都适用的禁令性规则。

第二，专门指令。第二类外在制度是具有特殊目的的指令，它们指示公共主体或民间主体造成预定的结果。这样的制度可以被包含在成文法中，但在不少国家则出现在基于更一般的授权法的细则中。

第三，程序性规则。程序性规则主要是针对各类政府主体，指示它们如何行事和应做什么，在这类制度中，有许多是以保持规则体系的内在协调为目标的。程序性规则在使外在行为规则有效上具有重要作用，例如，保护公民在一般情况下免受警察暴力侵犯的规则将要求对警察在各种具体场合如何履行其职责定出严格的程序指示，以减少他们在掌握信息和制定决策上所承担的义务。

第三节　制度结构与经济增长

在制度经济学的分析框架里，制度对于经济增长来讲是至关重要的，同时，制度又是有一定结构的，不同的制度结构及结构演进对于经济增长的作用来讲又是不同的[①]。

一　制度结构与经济增长：基于系统论的视角分析

前面的分析表明，制度是由内在制度、外在制度及实施机制构成的，内在制度、外在制度不仅有其自身的结构，而且内在制度与外在制度之间还会形成不同的制度结构。从系统论的视角看，不同的结构具有不同的功能，从而不同制度结构，其对经济增长的作用是不一样的。

系统是具有一定结构、层次和功能的集合，每个系统都具有自己的结构，这里的结构是指系统内部各要素之间或者子系统之间的配合或者组织，它是客观事物诸要素有机联系、相互作用的相对稳定的内在形式，是事物的普遍特征，就系统来讲，制度是由内在制度与外在制度等所构成的，这就是制度的结构。层次是指系统内部各子系统之间相互联系的次序，如果我们将系统作为一个系统，那么外在制度就只能是其中的一个系统，例如宪法就是外在制度这个子系统中更小的一个子系统，这表明制度系统具有一定的层次性。所谓系统功能，是指系统能够接受信息、能量和物质，经过其加工后，又产生另一级别的信息、能量和物质的过程。一般地，系统要素的活动就是系统功能的直接或者间接实现的环节，系统功能是由系统要素在一定结构和层次制约下的活动所产生的。

从系统理论的视角来看，一个系统功能的大小与系统的结构密切相关，系统结构决定系统功能。前面的分析指出，制度对于经济增长具有重要作用，而制度对经济增长发挥作用的一个重要方面就是通过制度结构作用于人们经济活动，不同的制度结构对人的行为调节作用是不一样

---

① 本节参见洪名勇、施国庆：《制度结构与经济增长论》，《重庆社会科学》2006 年第 8 期。

的。制度结构对于经济绩效具有重要影响，有学者构建了一个包括制度结构决定经济绩效的分析模型，下面是一个关于组织制度的“制度结构—行为努力—经济绩效”的分析模型：

$$Q=F_R[C(T,\ k_1,\ S_1,\ S_2,\ A,\ I)/L,\ k_2,\ M]$$

$$R=f[r,\ m,\ e(e_1,\ e_2)]$$

式中：Q 代表一个经济组织的产出，是劳动、资本和原材料投入（分别用 L、K 和 M 表示）的一个函数。C 代表了经济组织可采用的组织形式的选择集，它由组织内部的有关技术和知识（T）、资产特性（A）、产业特性（I）等的状况所决定。F 是所有生产函数的总称，它能按照产权制度分割。F_R 是对应于产权结构（更广义地说是制度结构）R 的一个生产函数，制度结构 R 由产权结构（r）、内含的计量能力或者考核能力（m）、制度环境 e，其中 e_1 为外在制度环境，e_2 为内在制度环境所共同构成。

显然，制度结构 R 决定着组织形式选择集 C（决定何种组织形式被允许或被反对），一个约束较多的 R 会决定一个较小选择空间的 C。C 必须与 R 相容，否则会导致某种组织形式极高的运作代价。进一步地讲，组织形式 C 的选择会影响到劳动及其他生产要素的投入行为，从而决定着经济组织的绩效高低（生产可能性边界）。

例如，1975 年的埃塞俄比亚革命及随后的政府从根本上改变了这个国家农业的制度结构 R。以往大部分由封建领主拥有的农田被政府收归后一小块一小块地分配给农民使用，由此政府实际上充当了地主的角色。改变了的制度结构 R 具有一些新的特点，如不准农民拥有土地的所有权或者签订长期租赁合同、使用的土地数量不能超过政府规定的界限、农民被迫以政府规定的低价出售农产品、不许农民按市场价格签订购销合同、不准雇工经营、反对农民储存剩余谷物等。在这样的制度结构 R 下，农民选择组织形式的空间 C 变得相当有限，大大打击了农民对土地进行长期投资和进行土壤改良。对私有产权的限制，尤其是当个体农民的排他性所有权受到限制又不准他们签订长期租赁合同时，农民不可能将其资源配置到各种有潜在利益的投资项目上，因为他们对未来收益的产权是不明确的。正因为是这样，埃塞俄比亚新的制度结构改变了农民配置资源的决定及行为，农民普遍降低了工作努力程度，从而进一步降低了农业的生产率，农业经济的绩效大大下降。

二　制度结构与经济增长：基于制度的融合与冲突分析

外在制度与内在制度的融合或冲突，直接关系到制度效率问题。制度之所以是经济发展中的关键因素，是因为制度能够提供一种激励结构，促使人们更积极地投入到经济活动之中，从而实现资源配置的优化。一项外在制度安排如果能够得到组织成员的认同并将其作为自身的行为规范，那么制度的监督和执行就会无须第三方参与而由人际间的社会关系网络自发完成，这样就会极大地降低交易成本。从这个意义上说，最有效率的制度安排是能够实现外在制度与内在制度的融合。反之，外在制度与内在制度的冲突，将会削弱外在制度规则的有效实施，降低制度效率，成为经济增长的绊脚石。

（一）外在制度与内在制度的冲突

制度冲突是指当正式组织的正式规范被认为与组织内部次级群体成员的利益和偏好不一致时，就会产生内在制度与外在制度的偏差。虽然正式组织仍然会继续维持形式上的标准化和法制化的正式结构，但是，组织的实际行动却随着内在制度与外在制度的相互作用而发生变化。对于那些并非生存于竞争性市场中的组织来说，由于其正式组织规则更大程度上属于非强制性的仪式化的外部规则，因此，在这样的组织中，内在制度往往成为引导日常行为的行动原则。当外在制度和组织的强制性相对于组织内小群体的利益和偏好较弱时，内在制度就会表现为与正式组织规则保持对立，进而演化为打破正式组织铁的牢笼，按照内在制度采取行动。这种对立的社会规范对组织的行动有极大的破坏作用，导致组织内部的冲突甚至组织的解体。

当整个制度结构发生变迁时，外在制度与内在制度在变迁的时序上必然呈现出非同步性，具体而言，相对于外在制度，内在制度在变迁中往往出现“时滞”。外在制度因为有国家强制力量的保障而可以在较短的时间内得以建立，而主要以文化传统和风俗习惯的形式存在的内在制度因为具有较强的历史延续性，常常具有抵制变迁的倾向，因此，由于制度变迁中的“路径依赖”特性以及由此引发的广泛而深刻的利益冲突，使赋予这些形式化规则以生命和活力的共享价值规范体系并没有也不可能在短时期内成为被大部分社会成员所认同并自觉遵从的社会规范。长时期的历史积累形成的文化传统的价值偏好不可能通过政府的强制在短时期内被迅速改变。特别是当正式组织内群体成员不能通过遵循组织的外在制度获得更大收益时，他们往往以内在制度作为自己的行动取向，此时，内在制度与外在制度对立和冲突会由隐性转入显性，进而演化为破坏外在制度。

内在制度与外在制度的冲突直接影响到社会整体制度化结构的确立和维持。对于市场经济而言，主体性意识、个体性意识和功利意识三者共同构成了市场经济存在的价值观念条件，它们作为一套共享的价值观，保障和促进着社会成员对于外在制度体系的认同和自觉遵从。作为一套被参与间接交换各方共同接受的统一的社会规范，它使交易各方能够以同样的情境定义进入交换关系。根据这套情境定义，人们可以预先掌握各种交换关系中社会公认的角色期待、互惠标准、回报价值以及公平准则。由于共享的价值观提供了一致性的文化情景，减少了宏观交换过程中的隔阂、误会等不确定因素，从而促进和调节宏观层次（群体、组织、社区等）上的交换过程。由此可见，主体性意识、个体性意识以及功利意识这些市场经济存在的共享价值观的制度化，即与市场经济的交往方式和形式化的制度规则相互匹配的社会价值规范的确立，是整个市场经济制度化结构维持的重要保障。

（二）制度融合

制度融合是指当外在制度被认为与行动者的利益和偏好相一致时，外在制度与内在制度的关系是相互融合的，因而是相互支持和强化的。此时，外在制度与内在制度的界限是模糊的，交易成本较低，监督和实施会自动实现，因为对制度的遵从是在社会互动过程中通过人际关系网络自发实现的。反之，对外在制度的惩罚依赖性越强，维持遵从的交易成本越高。制度融合能够减少外在制度与内在制度之间的摩擦成本或者协调成本，提高经济绩效，从而促进经济增长。

三　制度结构与经济增长：基于制度效率视角的分析

效率一般是指投入与产出或成本与收益之间的对比关系。关于制度效率的含义，新制度经济学家也从成本与收益的对比来解释。制度成本主要包括制度变革过程中的界定、设计、组织等成本和制度运行过程中的组织、维持、实施等费用；制度收益则指制度降低交易成本、减少外部性和不确定性等的程度。制度的效率有两种表示方法：一种是假定制度所提供的服务或实现的功能为既定，则选择费用较低的制度是更有效的制度；另一种是假定制度选择的费用为给定，那么能够提供更多服务或实现更多功能的制度是更有效的制度①。

在新制度经济学家看来，制度安排的效率决定，主要取决于以下因素：

首先，制度的“普适性”。所谓制度的普适性，是指制度是一般而抽象的、确定的和开放的。它包含三项准则：一是制度应具有一般性。制度不应在无确切理由的情况下对个人和情境实施差别待遇。违背这一准则的制度一般都会削弱人们对它的服从，并因此降低制度的效率。二是制度应具有确定性。制度要富有效率，就必须易于理解。为此，它们应当是简单而确定的，对违规的惩罚应当得到清晰的传达和理解。三是制度应当既具有稳定性又具有一定的开放性。总在变化的规则难以被了解，在指引人们的行动上效率也较低。因此，规则应当稳定。但稳定性的另一面是制度僵化的危险，所以，应有一点调整的余地，以便允许行为者通过创新行动对新环境作出反应。

其次，其他相关制度安排实现其功能的完善程度。由于任何一种制度安排都是“嵌在”制度结构中的，它必定内在地联结着制度结构中的其他制度安排，因而每一种制度安排的效率还取决于其他制度安排实现其功能的完善程度。最有效的制度安排是一种函数，尤其是制度结构中其他制度安排的函数。举例说，美国宪法通常被认为促进了该国经济的发展。许多拉美国家19世纪独立后采用了类似的宪法，但由于缺乏有效的实施机制和无助于革新和发展的行为准则和世界观，宪法的效率大打折扣。同样，虽然许多发展中国家采用了与发达国家相类似的产权体系，但由于同样的原因这些体系收效甚微。弗里德曼在谈到技术创新政策的影响时也指出，虽然我们现在知道了私人企业在创新的竞争中成功或者失败的许多因素，但是，我们对于哪一种政府政策可能会鼓励创新者并促使它们成功，知道得少得多。妨碍人们对于后一问题认识的主要障碍是，我们很难把某一个政策措施如税收刺激、研究开发补贴等因素的重要性，同对厂商行为有更为普遍影响的或者对单个厂商有特殊影响的无数其他因素区别开来。因此，如果仅仅挑出某个特定的制度安排并孤立地讨论它的效率，是难以得到什么结果的。研究制度安排的效率需要有

---

① 林毅夫：《关于制度变迁的经济学理论》，载科斯《财产权利与制度变迁》，上海三联书店、上海人民出版社 1994 年版。

关历史时间及地区的专门知识，了解该制度安排在制度结构中所处的地位。缺乏这种了解，对特定制度安排效率的讨论就往往不得要领。

制度结构是由不同制度安排构成的系统，它的效率首先取决于构成这一结构的各单项制度安排的效率，因此，上述决定制度安排效率的因素同样是决定制度结构效率的因素。但是，制度结构效率的决定与制度结构中某一项制度安排效率的决定又是不尽相同的。因为，任何制度结构都是由众多制度安排耦合而成的复杂的制度系统，制度安排之间总是存在各种各样的相互依存性和关联性，它意味着制度结构的效率不可能通过简单加总单项制度安排的效率来说明。与单项制度安排效率决定不同的是，制度结构的效率决定还受到制度配置状况的影响，正如经济效率是受资源配置的状况影响一样。这里所谓制度配置，是指在一个制度系统中各项制度安排之间应当相互协调和匹配，以使整个制度系统能够发挥最大的功效。研究各种制度安排间的层次、关系、影响以及相互协调等问题，确定制度的最佳结构。制度结构所以需要制度配置，主要在于制度结构中各项制度安排之间并非总是能够相互协调和匹配，即制度结构中各种制度安排之间并不一定总是耦合得很好。制度结构中单个制度安排的结合状态有三种情形，即制度耦合、制度冲突与制度真空。所谓制度耦合，是指制度结构内的各项制度安排为了实现其核心功能而有机地组合在一起，从不同角度来激励与约束人们的行为。在制度耦合的情况下，制度结构内的各项制度安排之间不存在结构性矛盾，没有互相冲突和抵制的部分，从而能最大限度地发挥现有制度结构的整体功能。所谓制度冲突，是指在制度结构内部不同制度安排之间的作用方向不一致，在行为规范上存在互相矛盾和抵触，对于同一行为某些制度给予鼓励，而另一些制度则加以限制。这将造成人们无所适从，行为紊乱，使制度结构系统不能发挥其应有的整体功能。制度真空则是指对于某些行为没有相应的制度安排予以规范，形成制度结构中的“漏洞”，造成制度功能的缺失，从而使人们的某些行为得不到有效的约束和规范，对社会经济带来危害。

就社会的制度结构来说，制度耦合可以从不同的方面来分析，如外在制度与内在制度的耦合、政治制度与经济制度的耦合等。就外在制度与内在制度之间的耦合来看。国家制定的各种法律制度与社会的传统道德、习俗对个人的行为都有重要的影响。两者作用的范围和程度虽然有所差异，但它们常常对同一类行为从不同角度进行规范，如果其作用方向一致，则它们就是耦合的。但如果外在制度与内在制度对某种行为的约束不一致，则两者就没有实现耦合，并使制度难以发挥作用。

四　制度结构与经济增长：基于制度质量的分析

制度质量是世界银行在《2003 年世界发展报告》中所使用的一个新概念，在该报告中，世界银行考察了国民收入与制度质量之间的关系。一方面，较高的国民收入能够为提高制度的质量作出贡献，如给予法院更多的经费；另一方面，也是更重的一方面，制度质量的完善和提高能够为国民收入作出贡献。世界银行的考察表明，制度质量与国民收入之间有较强的正相关关系，各个国家仅仅对公共的和私人的产权进行保护并执行更富有竞争的市场政策，人均收入每年至少将增长 2%，因此，世界银行强调，“良好的制度具有强大的因果效应”。制度质量不仅是指单项的制度安排要有效率，而且主要是指外在制度与内在制度之间的融合或者耦合程度，如果外在制度与内在制度融合或者耦合较好，我们就说制度质量较高，因为单项制度安排是否有效、是否能够得到有效的执行或者实施，取决于我们设计的单项制度安排（外在制度）是否能够与相应的内在制度安排相融合或者耦合，如果两种制度融合得好，人为设计的制度质量就高，其能够有效实施，并发挥出相应的制度效率，从而促进经济的有效增长，相反就可能阻碍经济增长。特别地，当人为设计的某项外在制度能够较好地与内在制度相耦合或者融合时，则这就能够得到公众的理解与支持，其实施的成本就会大大下降而成为一项成功的制度安排，从而提高制度效率，促进经济增长；如果人为设计的某项外在制度安排不能够与内在制度较好的耦合或者融合，即存在一定的冲突或者较大冲突时，该项外在制度的实施成本就会较高而成为一项失效的制度安排，从而降低制度效率，成为经济增长的绊脚石。正因为这样，世界银行才强调我们应提高政策（一种外在制度安排）的可信度，并且应该建立可信任的法规制定工作机制。

第五章　制度的起源与功能

制度是如何起源的？对此，新制度经济学和马克思主义经济学对制度的起源进行了探讨，制度又有什么样的功能，等等，这些是本章将要介绍的内容。

第一节　新制度经济学的制度起源理论

一　诺斯的制度起源理论

诺斯认为迄今为止，人类经历了两类交换形式：一类是简单的交换形式，在这类交换中，专业化和分工处于原始状态，交易是不断重复进行的，买和卖几乎同时进行，每项交易的参加者很少，当事人之间拥有对方的完全信息，因而不需要通过建立一套制度来约束人们的交易行为以达到合作解。这种个人的交易受市场和区域范围的限制，专业化程度不高，生产费用高，但交易费用低；另一类是非个人交换形式的出现，在这类交换中，交易复杂，交易的参与者很多，信息不完全或不对称，在此情况下，制度便应运而生，制度的作用在于规制人们之间的相互关系，减少信息成本和不确定性，把阻碍合作得以进行的因素减少到最低程度。从简单的交换形式到非个人交换形式的一个重要转折是，分工及专业化程度的提高，使生产费用下降，另外，又会使市场的交易费用增加，交易费用的增加有时会抵消专业化程度提高带来的好处。

亚当·斯密在《国富论》中研究了交换引起分工与专业化，从而大大提高劳动生产率的情况，斯密还探讨了分工与市场范围的关系，斯密的基本观点明确表达在《国富论》第三章的标题上："分工受市场范围的限制"。斯蒂格勒在其《分工受市场范围的限制》的论文中进一步发挥了他称为"斯密定理"的观点。斯密定理的具体含义是，只有当对某一产品或服务的需求随市场范围的扩大增长到一定程度时，专业化的生产者才能实际出现和存在。但是，斯密只是单方面强调了交换的专业化水平提高对生产成本的节约，却没有权衡与此同时所增加的交易费用。

诺斯认为，在历史上，分工及专业化的发展严重地受交易费用的制约，制度的出现一定会使专业化程度的每一步提高所节约的生产费用，正好大于或等于由此而引起的交易费用的增加。因此伴随着经济的发展，全社会的交易费用不是降低了，而是增加了，但同时生产费用下降得更快。诺斯等在 20 世纪 80 年代所做的一项研究显示：在美国经济中，交易费用从 1870 年占国内生产总值（GDP）的 25%，上升到了 1970 年的 45%。在另一篇文献中诺斯估计，在今天的西方发达国家，交易费用大致占国内生产总值的 50%①。

二　其他新制度经济学家的制度起源理论

德姆塞茨 1967 年发表的那篇经典论文及以此为基础的后续研究给出了一个标准的解释产权起源的模型，他是这样描述的：在存在外部性的场合，当内部化的收益大于成本时，产权就会产生，目的是将外部性内在化。内部化的动力主要来自经济价值的变化、技术进步、新市场的开辟和对旧的不协调产权的调整等；同时，不同的产权安排的出现是因为各种产权安排对应着制度设立的成本，只有那种设立成本相对较低的制度才会被接受。假设 18 世纪的印第安部落的人打猎是为了消费，那么个人就没有必要要求对猎物的排他性权力；只有当猎物可用于交易获利时，对其排他性权力及相应的土地的排他性权力的要求就出现了。究竟在哪个层次上出现某种物品或要素的排他性权力的要求，要取决于建立这种产权的交易成本的大小。这个逻辑可以通过图 5-1 中的几何图形表示出来。

图 5-1 是一个标准的新古典竞争市场模型，它说明一种产权制度的起源可以通过私人成本和收益来解释。在图 5-1 中，产权制度的建立所带来的成本在边际上是递增的，相应的收益在边际上是递减的，这意味着给定一组产权结构谱系，越先进的产权安排在特定环境下带来的净收益越少。即使考虑到外部性，这个模型的结论也是不变的，只要我们把边

---

① 肖本华：《论我国农村非正规金融的合法化与正规化问题——基于诺斯的制度起源理论》，《经济体制改革》2008 年第 4 期。

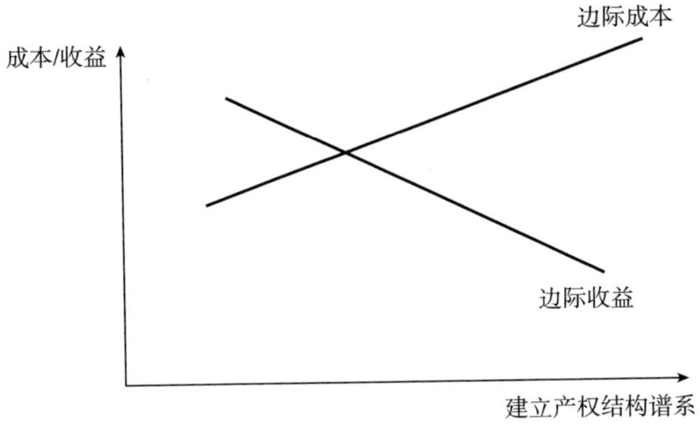

图 5-1　产权起源的新古典模型

际收益和成本看作包含了外部性带来的额外收益成本就行了。这个模型解释了不同的产权制度的起源就很简单，当界定产权的收益和成本在边际上相等时，就出现制度均衡，相应的产权安排被选择。

布坎南同样注意到制度起源的背后是利益集团在起作用，不过，它并没有局限在以利益集团本身作为分析的起点。在布坎南看来，经济活动的背后是政治活动，而政治活动的实质也是经济活动，政治活动和经济活动必须作为一个整体来考察。然而，政治经济活动的当事人是作为个体出现的，个体行动的特征有很大差异，这些行为差异的综合构成社会行为，表现为各种利益集团。也就是说，对利益集团其实没有一个确切的界定，是相对于具体的经济现象而言的。政治经济中的当事人仅仅按照自己的预期行动，这种行动并没有确定的目的和结果，因为一个人行动的目的和结果最终要取决于其他人的行动。所以，布坎南认为，经济其实是无目的的价格和成本等经济变量取决于当事人纯粹的心理感受。那么，如何理解无目的的经济和现实的政治经济秩序之间的矛盾？在这一点上，布坎南间接地解释了制度的起源。在他看来，作为个体的当事人面对复杂的环境，存在信息不足的约束，这表现在两个方面：一是当事人缺乏一定的认识能力；二是当事人没有必要获取太多的信息。这种信息不足类似于不确定性，会给当事人决策带来困难。当事人在复杂的环境中，应对这种不确定性的办法就是选择规则，一旦某一种规则被选定，一组政治经济活动就被确定下来，进而当事人的预期也就被确定，结果当事人决策的环境发生逆转。要起到稳定预期的作用，当事人所选择的规则应该是稳定的，这就要求规则的普适性。布坎南认为，获得社会成员一致同意的规则就是具有普适性的，这样，制度起源问题转换为制度的公共选择问题。不过，布坎南后来也认识到，早期的立宪经济学观点并没有在公共选择理论中得到很好的贯彻，究其原因主要有两个，一是布坎南自己对立宪经济学的认识论基础并不是很清楚，因为后来发展的公共选择模型本质上还是新古典的；二是作为立宪经济学基础的不确定性的处理也没有摆脱信息缺乏的痕迹①。

第二节　马克思的制度起源理论

与西方新制度经济学家不一样，马克思从历史唯物观的视角，不仅提出了自己对制度的解释，而且还提出自己的制度起源理论②。

一　马克思对制度的解释

在马克思的理论体系中，制度最初来自物质生产条件，过了很久以后才上升为法律。在马克思看来，制度不能仅仅归结为表现为社会普遍意志的法律和伦理范畴。在马克思的理论中，完整的社会制度是由经济基础和上层建筑这两个相互联系的层次组成的。经济基础和上层建筑这两个层次之间，既具有原生和派生的关系，又具有互动的关系，即经济基础决定上层建筑、上层建筑反作用于经济基础。对社会制度进行研究，首先要分析作为整个社会制度经济基础的生产力及与之相适应的生产关系，然后才能对耸立在这个基础上的道德和法律等上层建筑的性质做出合理的说明。可见，按照马克思主义的理论规范，诺斯所说的制度，只是作为全部社会制度一个层次的上层建筑中的法定权利、政治秩序和道

① 周业安、杨枯忻、毕新华：《嵌入性与制度演化——一个关于制度演化理论的读书笔记》，《中国人民大学学报》2001 年第 6 期。

② 本节参见参见林岗、刘元春：《诺斯与马克思：关于制度的起源和本质的两种解释的比较》，《经济研究》2000 年第 6 期。

德准则[①]。

二 马克思对制度起源的解释

马克思反对用鲁宾逊式的孤立个人之间的自由契约来解释社会制度的起源。他认为，人的独立性以及通过契约建立的独立主体之间的自由交易，是历史的结果而不是历史的起点。越往前追溯历史，进行生产的个人，就越表现为不独立，从属于一个较大的整体，只有到了18世纪，在“市民社会”中，社会联系的各种形式，对个人来说，才表现为达到他私人目的的手段，才表现为外在的必然性。但是产生这种孤立个人的观点的时代，正是具有迄今最发达的社会关系的时代。而在资本主义之前的社会形态中，人与人的关系是以血缘、宗法和人身依附为基础的，个人并没有“市民社会”即资本主义社会中那种所谓契约自由。而在马克思看来，即使是市场交易形式的契约自由成为经济生活中普遍现象的资本主义社会，其最基本的制度特征，也无法仅仅用自由契约来解释。因为，对于靠工资生活的劳动者来说，虽然有选择受雇于哪一个老板的自由，但并无不受雇于某个老板的自由。这后一方面的社会强制，与自由契约的“天赋人权乐园”无关。

按照他的理论，在人类社会产生之初，由于个人抗御和利用自然、获取生存资料的能力十分低下，为维持生存、延续种群，原始先民不能不在血缘联系基础上，以氏族、部落和公社的形式结合为共同体。在这种社会形态中，共同体的存在是个人生存的前提，生产活动采取集体劳动的方式，因而个体与群体的利益是一致的，资源分配必然采取公共所有的制度形式。只是随着生产知识和技能的积累，生产力水平提高，才有了超过生存需要的剩余产品，逐渐形成了个人脱离共同体而独立的条件，发生了社会分工以及市场交易，导致共同体内部发生利益分化，产生了生产资料的私人所有制，形成在社会分工体系中处于不同地位、对经济资源具有不同的支配和占有权力的个人、集团以致阶级之间的利益

---

① 诺斯对社会制度所下的定义：“制度是一个社会的游戏规则，或更规范地说，它们是为决定人们的相互关系而人为设定的一些制约”，包括“正规约束”（例如规章和法律）和“非正规约束”（例如习惯、行为准则、伦理规范），以及这些约束的“实施特性”。在诺斯看来，制度的主要功能就在于通过内部和外部两种强制力来约束人的行为，防止交易中的机会主义行为，以减少交易后果的不确定性，帮助交易主体形成稳定的预期，从而减少交易费用。总之，诺斯是以个人之间的市场交易行为为背景，从法律和道德规范这一个层面来理解制度的。

差别和冲突。在社会分工体系中处于支配地位的集团或阶级，为了在与其他集团和阶级的矛盾和冲突中，维护有利于自身的既定利益分配格局，依靠自己在资源占有上的优势，建立起了被称为政府或国家的强力组织和法律制度，同时通过各种形式的资源投入巩固和发展相应的意识形态。

总之，在解释制度的起源时，马克思从人类与自然界的矛盾出发，从生产力的发展导出了第一个层次的制度的起源，即社会生产关系的形成过程；进而又从社会生产关系中不同集团和阶级的利益矛盾和冲突出发，从社会生产关系中导出第二个层次的制度的起源，即包括政治、法律、道德规范等在内的上层建筑。

三　马克思制度起源理论的历史证据

马克思是从人类为满足自身生存和发展的需要而进行的首要的实践活动，即发展生产力来考察制度起源的。历史学、人类学和考古学的有关研究为此提供了丰富的证据，证明其科学性。

第一，至少目前还没有考古证据证实原始人采取非群居的独立生活方式。对我国大量史前人类遗址的考察，无可辩驳地说明，原始先民采取的是群居方式，人类一开始就是一种“社会动物”。原始人的居住方式、生产方式、食物摄取内容等，都有进化论上的根据和必然的生理基础。人由猿进化而来，原始人自然继承了类人猿的群居生活方式。人属于中小型动物，要抗御大型动物尤其是猛兽的侵害，以及通过狩猎获取足够的肉食，都必须有群体的合作。

第二，许多比较人类学家和生物学家，通过考察非洲、美洲和澳洲等地的原始部落和高级动物群体发现，越是在个体独立生存能力低下的群体中，群体行为的本质越是利他主义而不是利己主义。在生存需要的压迫下，个体本能地采取利他主义的行为方式而很少有机会主义行为。而随着群体中个体独立生存能力的提高，各种争斗和利益矛盾发生的频率也提高。由此可以推断，利己主义和机会主义是生产率提高，剩余产品出现，个体独立生存能力提高的产物，并不是亘古不变的人类行为特征。将其当作解释制度起源的基本假设，实在不是什么“关键性好主意”，而是个“关键性馊主意”。

第三，古生物学家对原始人骨骼化学成分的分析表明，原始人群经常面临饥馑，必要的营养成分的摄取严重不足。这说明最初的人类社会生产水平十分低下，包括所谓“合作剩余”在内的整个群体的总收益仅能使每个群体成员维持生存。离开群体，个人只有死路一条，因而所谓“霍布斯状态”肯定不存在。在这种情况下，新古典经济学的“理性人”的机会主义也根本就不具备发生的物质基础。我们知道，对于原始先民来说，基于利己心的机会主义是非理性的，因为它会导致群体的瓦解，而这又意味着个人自身的毁灭。

第四，大量考古学、人类学和历史学的资料表明，在人类社会制度的第一个形态即原始公社制度条件下，共同体内部不同成员间并不存在市场交易关系。只是随着社会分工的发达，剩余产品的出现，才发生了部落之间交换。至于个人之间的交易，以及与之相适应的行为规范和权利观念（交易双方基于各自的自由意志的平等权利、交易的等价性等），那是在私有财产制度产生，共同体濒于解体的时期才发生和流行起来的。

第五，浩繁的历史学和人类学研究成果提供了对马克思的理论极为有利的证据。这里仅引证两个并非马克思主义者的人类学家的论述加以说明。美国学者摩尔根依据在美洲印第安人中的多年调查以及大量历史文献，研究了从野蛮时代到文明时代财产继承法的演化，即由氏族成员共同继承到子女继承的变化。他得出的关于财产制度发展的结论是：“关于财产的最早观念，是与生活资料的获得密切相关的，而生活资料的获得则是基本的需要。物品的享有，将自然地随着在连续的各文化时代中与生活方法所依赖的那些技术的增加而增加。因之，财产的发展，将与文明及发现的进步同时并进。每一文化时期，都较其前一时期显示着更显著的进步，不只在发明的数量上是如此，就是在由发明数量的增加上所产生的财产的种类与数量的增加上，亦是如此。随着财产的增加，关于财产享有及继承的法律，亦必因之而发展。这些财产所有权及其继承的法律所依据的风俗，是由社会组织的状况及进步所决定和限制的”。显然，摩尔根的结论与马克思关于生产力状况决定生产关系或财产关系的理论是一致的，他对有关事实的整理和归纳，是对马克思的经济制度起源和形成理论的一次有力的印证。再让我们看一看俄国学者 M. 科瓦列夫斯基的论述，“假如我们想知道那逼迫我们的原始祖先及现代未开化人保持多少明显地表现着的共产主义的原因时，那么我们便特别应该知道原始的生产方式。因为财富的分配方式应该为财富的生产方式所决定……在澳洲，猎取袋鼠就是由几十个甚或几百个土人的武装队伍来进行的。在北方的国度中，在猎取鹿的时候也是同样的，无疑的，人不能孤独地维持自己的生存；他需要援助和帮助，而联合十倍地加强他的力量……这样，我们就看到了在社会开始时的社会生产及作为它的必然和天然结果的社会消费。人种学上证明这点的事实异常丰富”。他还指出，私有财产观念的产生并非来自“个人的自我意识”（用新古典经济学的语言来说就是“理性”），而是来自生产方式：“原始人的达到关于个人占有用作武器之尖石或用以遮身之兽皮的思想……是因为在物件的生产上应用了个人的力量”；“个人劳动的使用，因之也便逻辑地产生个人的占有”。集体狩猎中兽肉归集体分享而兽皮归最后射倒猎物或箭射离猎物心脏最近的人之类的原始惯例，即源于此。“所有这些，为印度的法律，南部斯拉夫人、顿河哥萨克人或古代爱尔兰人的习惯法所同等地证实”。另一个例子是，在处于原始社会阶段的人，作为集体劳动工具的大捕鲸船是公有财产，而作为个人或家庭日常生活之用的小船是私人财产，可见“生产组织继续影响占有方式到何种程度”。农业出现之后，氏族（“血缘联合”）成了土地所有权的主体。怎样解释它的起源？科瓦列夫斯基说：“我们以为，原因就在那个在某个时候引起了占有大部分动产的社会生产中”。类似的考古学、人类学和历史学的证据俯拾即是，这些证据在为马克思的历史唯物论假设提供坚实的支持。

第三节　制度功能

制度的功能可以从经济增长功能、政治管理功能、道德教化功能和国际交往功能四个方面进行分析，在制度功能中，制度的经济增长功能既受到制度经济学家的特别重视，也是制度经济学的重点领域之一①。

一　制度的经济增长功能

新制度经济学对制度的经济增长功能进行了深入研究，新制度经济学派的代表人物道格拉斯·诺斯在其代表作《经济史中的结构和变迁》和《制度·制度变迁和经济绩效》中提出的重要观点认为：制度因素在长期的经济变迁中起主要作用，对经济增长起主要作用的是制度因素，而非技术因素。这一观点的不同凡响在于：通常经济学家是将技术创新、

① 本节参见周瑞华《制度功能析》，《湖北师范学院学报》（哲学社会科学）1999年第1期。

规模经济、教育和资本积累看作经济增长的源泉，而诺斯却认为这些都取决于制度的激励与保障。制度在长期的经济变迁中是如何发挥作用的？新制度经济学家的逻辑是：制度通过影响个人选择从而影响长期的经济变迁，“长期的经济变迁乃是由直接或间接影响经济绩效的政治和经济组织（可以把它们作为人格化的个人看待）的无数短期决策累积影响而成的。也就是说，个人在微观层次上所从事的经济活动的总和构成了宏观经济结果”①。那么制度又是如何影响个人选择的呢？

1. 制度影响个人选择的偏好动机

追求自身利益最大化是个人行为的主要动机，而个人利益是由一组目标或效用，如财富、权力、地位、职业保障等构成的，在这组目标中，制度因素决定着实现各种目标的难易程度及目标替代函数，从而影响着个人偏好的形成。也就是说，个人正是在制度限定范围内，参照制度提供的相关信息，做出从事何种经济活动的选择的。如果特定的制度安排鼓励人们从事发明创造和生产性活动，经济就会持续增长，如果这种制度为人们提供的是不良刺激（如从事寻租活动更为有利可图），那么非生产性活动就会盛行不衰，经济也会走向停滞和衰退。

2. 制度为个人选择提供激励系统

个人选择的主要原则是趋利避害，以最小的代价获得最大的收益。而一定的制度框架通过奖惩机制就为个人选择提供了如何取舍的某些信息。据此，个人不仅可以预知行为的后果，而且可以计算采取何种方式实现自己的目标最为合算。所以制度的有效性决定着个人选择的有效性，从而决定着经济绩效，一个社会如果没有实现经济增长，那就是因为没有为经济方面的创新活动提供激励，也就是说，没有从制度方面保证创新活动的行为主体应该得到的最低限度的报偿或好处。诺斯以经济增长的一大要素——技术创新活动为例说明了这一点：“我们可以看到新技术不断地被开发出来，但步伐缓慢，时有间断，主要原因在于对发展新技术的激励仅仅是偶然的，通常创新可以被别人无代价的模仿，而发明者得不到任何报酬。直到现代，不能在创新方面建立一个系统的产权，仍是技术变化迟缓的主要根源”②。

---

① 何增科：《新制度主义：从经济学到政治学》，转引自《公共论丛——市场社会与公共秩序》，生活·读书·新知三联书店 1996 年版，第 346 页。

② 诺斯：《经济史中的结构与变迁》，上海三联书店、上海人民出版社 1994 年版，第 185 页。

3. 制度为个人选择提供稳定的行为预期

在市场经济中，经济活动具有高度复杂的相互关联性，对他人行为的预测就成为个人选择的必要前提。但信息的不完全、理性的有限性及道德判断的分歧使人的行为往往难以确定，唯有在一定的制度框架下，人的行为才具有可预知性。因为一定的制度框架作为行为主体责、权、利的明确划分和强制规范，就使每个行为主体的目的、手段及与之伴随的后果之间具有客观的因果关系，因此每个行为体的行为不仅具有最大程度的可预知性、可计算性，而且具有相对的稳定性。

二　制度的政治管理功能

1. 制度使政治管理权威合法化、独立化

现代政治管理机构众多、分工复杂：有政府还有政党及其他一些社会政治组织，这些机构内部又有众多的错综复杂的分支机构，如政府部门内就有立法、行政、司法机构及其下属层层分支机构。这些政治管理机构的地位及其权限倘若没有明确的规定划分或者任何一方面的模糊混淆，都会导致政治管理的弊端或效率低下。譬如英美等国出现政党政治的早期，就曾出现政、党不分的现象，政党控制政府，采取"分肥制"方式，结果影响了政治管理的效率，还导致政治腐败，后来西方采取了常任文官制度的形式来实现党同政府的分立，文官制度保持中立，这对政府管理的正常起到了积极的作用。可见通过一定的法律制度，特别是宪法制度将各政权组织，使其依法行使职权是极为重要的：一方面它使政治管理机构的权威合法化，由此政治管理权力具有法律保障，免遭来自社会的冲击；另一方面它使政治管理的权限相对独立化，责任明确，分工合作，由此政治管理方可实现高度的规范化、效率化，就像马克斯·韦伯描述的那样："精确性、速度、清晰性、持续性……统一性、严格的服从、减少摩擦、降低物力和人力消耗等等，在严密的官僚制的行政管理中这些被提高到最适宜的程度"①。

2. 制度使政治管理权力的扩张性、腐蚀性受到遏制

政治管理权力作为一种公共权力，其本性具有扩张性和腐蚀性。所谓扩张性是指权力具有自我膨胀的本性。孟德斯鸠指出："越是具有权

① 参见苏国勋《理性化及其限制——韦伯思想引论》，上海人民出版社1988年版，第214页。

力，就越是想拼命取得权力；正因为它有了许多，所以要求占有一切。有权力的人们使用权力一直到遇到有界限的地方才休止。”① 经济学家布坎南发现，政治活动家似乎有一种“天然的”倾向去扩展政府行为的范围和规模，去跨越任何可以想象的“公共”界限，军队和政府机关很少或不会顾及政府行为的适当界限。只有政治的、集体的、政府的或国家的活动范围受到可强制执行的宪法的约束，方可阻止此种过分的扩张。所谓腐蚀性是指权力对人具有腐蚀作用。权力作为一种支配力量，在社会价值的分配中起着重要作用，这使它具有某种交换价值，加之权力的握有者难免具有自私和滥用权力的倾向，因此，一个被授予权力的人，总是面临滥用权力的诱惑，面临着逾越正义与道德界限的诱惑；一切有权力的人都容易滥用权力，这是万古不易的经验。如何克服权力的这种扩张性、腐蚀性？显然任何圣贤明君的内在道德约束力量对此都是无济于事的，唯有通过外在的具有强制性的力量方可遏制。因此，通过以宪法为主体的一整套法律制度为政治管理权力的行使确立标准，规定界限，使其运行规范化、合理化，是遏制权力扩张性、腐蚀性的最现实有效的途径。

3. 制度使政治管理过程非人格化、稳定化

政治管理过程的人格化，主要表现为“人治”，如管理的最高权威是个人，以言代法，以权代法；管理决策凭个人主观臆断，凭经验；管理行为依个人意志而定，因人而异，因“情”而异，因“关系”而异；管理人员录用无严格规定程序，任人唯亲，导致关系网、裙带风。这种人格化的政治管理在特定的条件下，也许会出现较高的效率，产生较好的效果，但其或然性非常之大，腐败现象层出不穷，常常出现政治管理危机，极易产生政治不稳定。实现政治管理过程的法制化、制度化显然是避免上述“人治”弊端的关键。因为政治管理过程制度化的显著特征是：以法律制度作为管理的最高权威，“法律至上”，“在法律面前人人平等”；以科学决策取代经验决策，决策要求有明确的目标、严格的程序，完整的效果评估系统及信息反馈网络，以依法管理取代个性化管理，管理的目标、要求、内容、步骤、方式方法都实现法制化、程序化，厉行“公事公办”，以严格的竞争性选择制度录用管理人员，任人唯贤，确保管理

---

① 转引自周光辉：《论宪政的基本精神及其思想蕴涵》，《社会科学战线》1994 年第 6 期。

人员德才兼备。这种制度化的政治管理虽然在特定情况下可能出现局部的、暂时的低效率，但它能尽可能地减少政治管理的随意性、或然性，避免政治管理危机、权力更迭引起的政局动荡及政治腐败等恶果，从而达到长治久安。

4. 制度是实现民主的保障手段

民主作为公民的不可侵犯的自由权，作为权力专制的对立面，真正得以实现的关键是什么？是多数的统治？不是。因为多数的统治，并不能确保少数派的权益，也不能防止多数的暴政，人民的主权也会走向专制；民选的政府并不能确保当选者保护选民的利益，也保其权力不被滥用。正如刘军宁认为：如果多数败坏了，民主不过是多数运用法律的工具不断满足自身要求的手段；绝对的人民主权同样会蜕化为一种专制主义①。人民的主权必须是负责任的权力，而且必须受到法律的节制和约束；否则以所有人的名义采取的行动变成了只听从一个人或一个小集团的吩咐摆布；权力是否专横、是否绝对，并不取决于谁掌握权力和掌握权力人数的多寡，而是取决于运用权力的方式，即是不是负责任的、受限制的权力。因此，制度是真正实现民主防备专制独裁的最强有力保障手段。只有通过以宪法为主体的法律制度把民选政府的权限及其运用方式约束在一定范围之内，才能使人民具有控制、监督公共权力的法律手段，从而使"主权在民"的民主本质真正得到实现；才能使公共权力无论由谁掌握，不管是圣贤明君，还是公民代表，都不具有无限的权力，从而使人民免遭绝对权力的专制奴役，真正依法享有民主权利。

三 制度的道德教化功能

道德伦理是社会稳定发展的必要条件，尤其是对经济增长的重要作用受到西方学者的高度推崇。如马克斯·韦伯把新教伦理作为资本主义经济发展的根本动力，福山的《信任：社会美德与创造繁荣》同样强调了这一主题：认为"信任"是经济繁荣的关键。然而道德伦理的确立、维持虽根源于文化、传统、习俗等，却离不开制度的支撑作用。

1. 利他道德离不开制度的协调作用

由于人的趋利避害本性，道德作为一种利他原则不可能绝对地存在，它只能存在于"自利"与"利他"的统一中，或者说，道德只有在与个

① 参见洪名勇《制度经济学》，中国经济出版社 2012 年版，第 123 页。

人利益协调一致时才能被行为者选择（特定的信仰、情感行动不在此论）。在现代社会关系日益复杂广泛的条件下，这种体现利益协调的道德原则已很难自然形成，唯有通过制度安排才能实现。正如西方著名学者哈耶克认为，在排除了制度安排的情况下，不存在利益的自然协调；任何有效的个人主义秩序都必须是非常有组织的，以使个人能预期到其能力和资源的不同使用所产生的相对收益，并使个人收益与给他人带来的效用一致。可见，一定的制度安排作为个人利益的保护、让渡和交换的行动规则，使个人利益与他人利益相容，使利己与利他一致，有利于促进刺激行动者采取利他道德行动。

2. 集体道德离不开制度的引导

个人理性不是实现集体理性的充分条件。个人对集体的利益，有时会因为意识到个人的影响无足轻重而采取不负责任的态度，有时会因为希望别人都去努力而自己坐享其成，这种现象西方经济学家曼瑟·奥尔森定义为“理性的无知”和“搭便车”心理。因此，集体利益的实现或者说集体道德行动不可能在个人理性的基础上产生，必须依靠一定的制度引导。制度作为集体公共利益的体现、通过其约束激励机制，有助于促进刺激个人的集体道德行为①。

3. 道德维持离不开制度的强制约束作用

道德沦丧现象表明，道德并不能总是被人自觉地遵守。在相当的场合下，道德仍是他律的，是通过他人的监督得以维持的社会规范，道德在它便于被监督的社会关系中，或者是在确信有监督存在的情景中有作用。因此，道德的遵守维持不仅需要强大的教化、认同作用，而且依赖于制度的强制约束。因为制度的强制约束是一种带有惩罚性的监督，它使行动者感到遵守道德是有利于自己的，否则就会有麻烦，从而自觉地认同遵守道德规范。所以，高尚品德的形成，也是以制度约束为基础，正如亚里士多德所言：“人在达到完善境界时，是最优秀的动物，然而，一旦离开了法律和正义，他就是最恶劣的动物”②。

4. 道德修养离不开制度的教化

新制度经济学在“经济人”“理性人”的假定之外，又提出“社会

---

① 周瑞华：《制度功能析》，《湖北师范学院学报》（哲学社会科学）1999 年版，第 1 期。

② 转引自周光辉《论宪政的基本精神及其思想蕴涵》，《社会科学战线》1994 年第 6 期。

人”“组织人”的观点，在新制度经济学家看来，个人首先是一种“社会人”和“组织人”。作为“社会人”的个人要使自己的行为合乎社会规范，否则就难以为社会所接受，作为“组织人”的个人要履行自己所扮演角色相适应的责任和义务。因此，人们的行为乃是由规则驱动的行为而非由自利的偏好推动的行为。这说明，制度作为一系列权利、义务、责任的规范，作为一定社会行为方式的约束，一经诞生，就会释放出强大的教育功能，使整个社会行为模式卷入其中。即是说，道德修养作为一定的社会行为模式与该社会制度环境的熏陶是密不可分的。

四　制度的国际交往功能

国际交往不仅是当代国家生存、发展的必要条件，而且是世界各国兴盛发达的重要标志。然而，国际交往作为近代的历史产物，虽从宏观看是根源于世界经济的强劲推动，但从微观看却离不开国际制度的支持与保障。

1. 国际制度有助于减少国家行为的不确定性，使国际交往得以发生

国际交往作为国家间的相互依存行为，其发生的前提显然是较为稳定的行为预期，但在国际舞台上，国家行为往往具有不确定性，因为在国际层面上同样存在信息不完全、不对称，从而影响国家决策行为。国家之间相互依存关系的发生有赖于国际制度的支持，正如国外学者基欧汉与奈在《权力与相互依存》一书中指出的：在互依存关系经常发生在使行为正规化和控制行为结果的规则，规范和程序的网络中。国际制度反映了国际关系各方的共识，有助于在信息不完全、不对称的局面下减少不稳定性，使行为者在追求信息方面的交易成本大幅下降，促成了正常政治经济国际交往的顺利展开。

2. 国际制度有助于减少国家的机会主义行为，使国际交往正常进行

国际关系中国家的机会主义行为突出表现有两个方面：一是国家同样具有“搭便车”问题。如全球资源环境保护、国际货币体系的确立与保护、地区安全维护等国际公共产品的生产问题，因其消费的非排他性，各国或者期望“搭便车”，或者担心被“搭便车”往往放弃生产，致使国际公共产品短缺。二是国际合作中存在“共同利益”困境和“共同厌恶”困境。“共同利益”困境如“安全困境”，交易双方进行安全合作，都不加强军备是共同利益所在，但由于担心对方加强军备而使自己不利，结果双方都选择加强军备的措施，从而导致不必要的军备竞赛。“共同厌

恶”困境是指合作双方由于信息不完全，缺乏协调，在共同努力的过程中导致“共同厌恶”结果的出现。避免上述机会主义风险，使国际交往得以正常进行就有赖于国际制度的确立与约束。国外学者科瑞斯纳提出的国际制度定义深刻揭示了这一点。国际制度是一系列隐含的和明确的原则、规范、规则和决策程序的组合，围绕这一组合，行为者的期望在特定国际关系领域内相互融合。针对交往过程中的机会主义风险，国际制度通过原则、规范的道德约束作用改变行为者的效用曲线，通过规则和决策程序的有形激励改变行为者的报酬分布，从而保证了交往的正常进行——合约保证。

第六章　制度变迁理论

制度不是静止的，而是随着社会经济的发展不断变化的，正因为这样，我们才能对制度进行创新的设计。在进行制度创新与设计时，搞清楚制度变迁的规律与理论无疑是大有帮助的。

第一节　制度变迁理论的若干概念

一　制度环境

制度环境是指一系列用来建立生产、交换与分配基础的政治、社会和法律规则。例如，支配权、产权和合约权利的规则就是构成经济环境的基本规则。制度环境是一国的基本制度规则，它决定、影响其他的制度安排。在制度环境中。宪法和法律又是至关重要的。制度环境是可以改变的，但与其他制度安排相比，制度环境的变迁要相对缓慢得多。例如法国总统希拉克要求修改宪法，法国议会两院通过投票以绝对多数通过了宪法修正案。修正案要授权总统有权更多地使用公民投票来决定一些经济和社会问题。根据这个修正案，犯有普通刑事犯罪的议员将会比修宪前更容易受到惩处。有人认为，这项修正案是 1962 年以来影响最深远的宪法改革，将有助于增加民主，让公民更多地参政，还能够削弱专家治国论的影响。

二　制度安排

制度安排是指支配经济单位之间可能合作与竞争的方式的一种安排，制度安排可能是最接近“制度”一词的最通常使用的含义了。安排可能是正规的，也可能是非正规的；它可能是暂时的，也可能是长命的。不过，作为一项制度安排，它必须至少用于下列一些目标：一是提供一种结构使其成员的使用获得一些在结构外不可能获得的追加收入；二是提供一种能够影响法律或者产权变迁的机制，以改变个人或团体可以合法竞争的方式。

三　初级行为团体

初级行为团体是一个决策单位，它们的决策支配了制度安排创新的过程，这一单位可能是单个人或由个人组成的团体，正是行动团体认识到存在一些收入（这些收入是他们的成员现在不能获得的），只要它们能改变制度安排的结构，这些收入就可能增加。

初级行动团体实质上是熊彼特意义上的企业家的集合体，一旦他们发现制度变迁的预期收益大于制度变迁的成本，他们就会竭力推动制度变迁，例如，初级的制造商于 1811 年非正式地联合成院外集团以通过一般的合并法，就是一个成功的初级行为团体的例子。他们看到如果能很容易地合并，并可能挣取收入，他们所支持的成本包括推动议院来修正法案，他们还能从制度变迁中获取利润。

四　次级行为团体

次级行为团体也是一个决策单位，是用于帮助初级行为团体获取收入所进行的一些制度安排变迁。次级行为团体做出一些能获取收入的策略性决定，但它不能使所有的追加收入自然增长。一般地，次级行为团体可能不会使收入有任何增长，但如果法律赋予他们一些离散性的权力，他们可能会使初级行为团体的部分额外收入转化到他们手中。

初级行为团体和次级行为团体都是制度变迁的主体。初级行为团体是制度变迁的创新者、策划者、推动者，而次级行为团体是制度变迁的实施者；初级行为团体能够通过制度变迁创造收入，而次级行为团体不创造收入，它只参加收入的再分配过程。划分初级行为团体与次级行为团体的意义在于，它有助于我们深入分析制度变迁的主体。

五　制度装置

制度装置是行为团体所利用的文件和手段，当这些装置被应用于新的制度安排结构时，行为团体就利用他们来获取外在于现有制度安排结构的收入。例如，在纽约一般合并法中，公司的特许证被授予一个制造商公司就是一个制度装置的例子。

六　制度变迁

制度有供给，也有需求，当制度供给与制度需求相吻合的时候，我们称为制度均衡；反之，称为制度非均衡。在一个较短的时期内，制度均衡也可能出现，此时制度有一定的稳定性特征，换言之，制度并不是每时每刻都在变化过程中，因为随时变化的制度也许没有供给主体，更重要的在于没有需求主体，时刻变化的制度无法给微观经济主体提供稳定的预期激励。但从较长的时期看，制度非均衡又是必然的。一项制度不可能适应所有的环境情况，即不存在任何环境条件下都适用的制度。社会经济环境变化了，经济主体就会产生对新制度、新规则的需求，此时，旧制度要么被抛弃，要么进行自我扬弃，以适应新环境；要么就得补充新的内容，进行自我创新，提高自己的生存，即制度像动植物生命体一样，它也有生命，有生，也有死。制度的“生、老、病、死”就形成了制度变迁。所谓变迁，实际上是利益的转移再分配，即产权的重新界定。

第二节　制度创新的一般理论

一　诺斯的制度变迁理论

舒尔茨、科斯、拉坦、钱德勒、戴维斯、威廉姆森、阿尔钦、德姆塞茨、诺斯、哈耶克等都对制度变迁有所研究、有所贡献，尤其是以诺斯和哈耶克对制度变迁的研究引起了众人的广泛关注。在众多的对制度变迁的研究中，诺斯的制度变迁理论是较为系统的。诺斯的制度变迁理论主要体现在《制度创新与美国经济增长》等著作中。诺斯的制度变迁理论可以用图 5-1 来进行说明[①]：

（一）*方法论——经济人假设、均衡分析、边际分析*

经济人假设既是主流经济学的基本假设，也是西方新制度经济学的重要假设之一，同时，新制度经济学还将主流经济学的成本—收益分析方法引入作为自己的主要分析方法。这样，在新制度经济学家研究制度变迁的动力、制度变迁主体的动机、制度变迁的效率问题，都在进行其变迁的成本和收益的计算。同时，制度变迁也被新制度经济学纳入了供需均衡的分析框架，例如，诺斯就对制度供给、制度需求、制度均衡等

① 戴维斯、诺斯：《制度创新的理论：描述、类推与说明》，转引自科斯《财产权利与制度变迁》，上海三联书店、上海人民出版社 1994 年版。

进行了明确的定义和分析，当然其他一些经济学家如拉坦、戴维·菲尼等也对制度均衡进行了分析。另外，边际分析在新制度经济学的制度变迁理论中起到了较大的作用。边际分析包括两个方面的内容：一是与均衡分析方法相联系的边际均衡分析和边际替代分析。从边际分析的角度看，制度均衡实质上是一种制度的边际均衡，因为，主流经济学的均衡实际上是一种帕累托状态，而帕累托状态又是以一组边际条件来定义的。诺斯写道："制度均衡是这样一种状态，即行为者的谈判力量及构成经济交换总体的一系列合约谈判给定时，没有一个行为者会发现将资源用于再建立协约是有利可图的"①。在这里诺斯对制度均衡的讨论显然是与边际均衡联系在一起的；二是空间意义上的边际分析法。即边际是指不同制度的边际（如新旧制度的边际或者不同制度的边际）。这种边际分析显然不是一种严格意义的增量分析，但却是一种重要的分析思路。对此，诺斯指出："非正规制约和正规制约的组合将使某一边际上的持续的渐进变迁成为可能，正规制约和非正规制约的较小变化将最终改变一段时期的制度框架"②。"变迁一般是对构成制度框架的规则、准则和实施的组合所做的边际调整"③。

（二）理论基础——交易成本理论和博弈论

交易成本理论是整个新制度经济学的基础，因此，不可能不成为其制度变迁理论的理论基础。由于有了交易成本理论，才可能将主流经济学的以经济人假设为基础的成本—收益分析方法用于制度分析。如果没有交易成本—制度的运行费用，就不可能对制度进行成本—收益分析，也就不可能对不同的制度进行效率比较，人们就无法从经济学的角度进行制度的选择和对制度创新进行经济分析。例如，科斯在分析企业与市场两种制度的替代时，就是以交易成本为基础的，在分析社会成本、产权界定、外部性问题时，也是以交易成本为基础的。诺斯等专门研究制度变迁的经济学家也运用交易成本去分析制度变迁。对此，诺斯说得很明确："我的制度理论是由一个关于人类行为的理论结合一个关于交易成本的理论建立起来的"④。所谓人类行为的理论，就是关于人类行为的基

① 诺斯：《制度、制度变迁与经济绩效》，上海三联书店 1994 年版，第 115 页。
② 诺斯：《制度、制度变迁与经济绩效》，上海三联书店 1994 年版，第 93 页。
③ 诺斯：《制度、制度变迁与经济绩效》，上海三联书店 1994 年版，第 111 页。
④ 诺斯：《制度、制度变迁与经济绩效》，上海三联书店 1994 年版，第 37 页。

本假设和人类行为的模型或行动方式的理论。前者是前面提到的方法论，后者即关于行为方式或模型的理论，也就是在基本假设前提下的关于人的行为策略和特征的理论。

从图 6-1 可以看出，诺斯的制度变迁理论主要有以下一些内容：

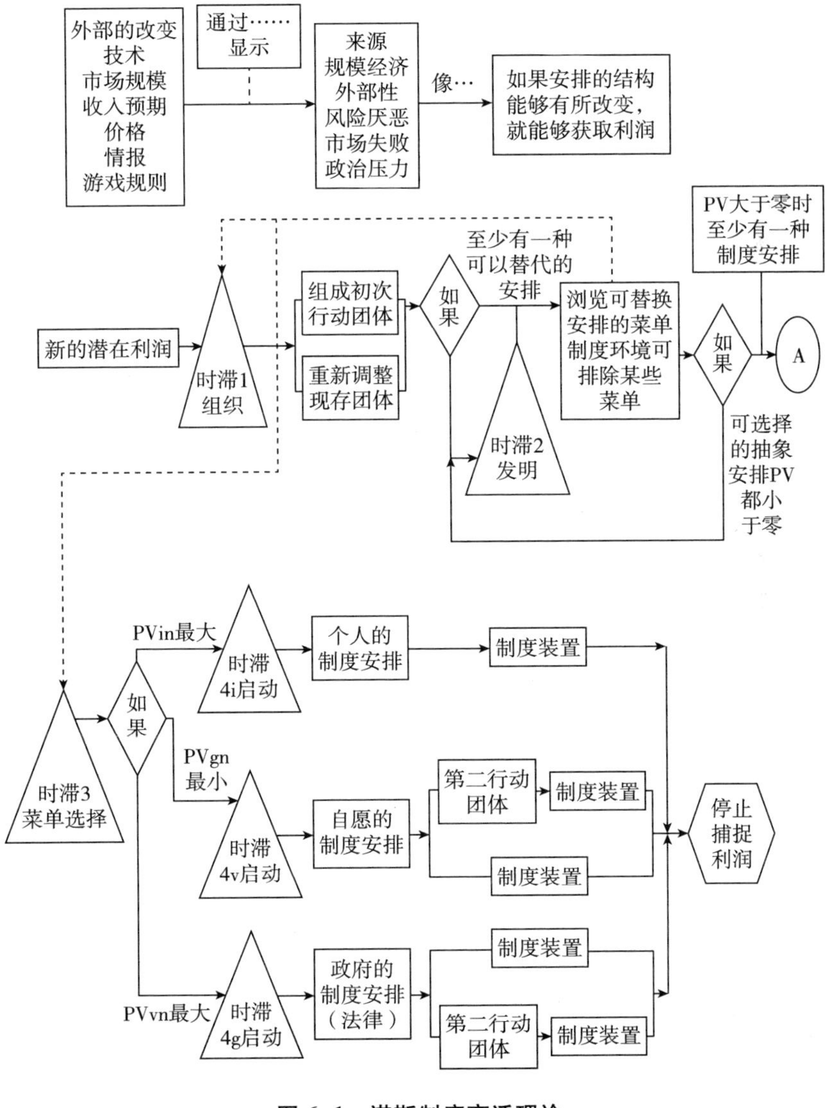

图 6-1　诺斯制度变迁理论

对人类行为策略和特征进行分析的理想工具首先是博弈论。制度变迁主体是否进行制度创新、是否实施变迁，以及如何变迁等都可以视为各个参与主体之间所进行的博弈。他们的策略选择符合博弈论的基本原理。在这方面，巴泽尔的《产权的经济分析》可以说是一部使新制度经济学从“交易成本”到“博弈均衡”的发展的一个重要转折点；另外，诺斯、奥尔森等都运用博弈论对不同参考者之间就制度变迁的博弈问题进行了分析。

（三）制度变迁的主体——广义的企业家和两级行动集团

新制度经济学的制度变迁主体中有政府、团体、私人。但是，这些不同的主体在新制度经济学家看来，本质上是一样的，都是为了从创新中获得自身利益的经济人，诺斯把他们称为“组织及其企业家”。其“组织”是广义的，既包括经济组织，也包括政治组织。同时，“组织”又是狭义的，特指“企业性组织”。在诺斯看来，政治组织也就是政治性企业，政治家就是经营政治活动的企业家。经济组织就是人们常说的企业，其领导人是人们常说的企业家。

制度变迁中的两级行动集团是指初级行动团体和次级行动团体。初级行动团体，“是一决策单位，它们的决策支配了安排创新的进程，这一单位可能是单个个人或由个人组成的团体，正是行动团体认识到存在一些收入（这些收入是他们的成员现在不能获得的），只要它们能改变安排结构，这些收入就可能增加”。次级行动集团“也是一个决策单位，是用于帮助初级行动团体获取收入所进行的一些制度安排变迁”①。

（四）制度变迁的方式——渐进式为主

诺斯对制度变迁方式进行了较为深入的分析，且将制度变迁方式分渐进式变迁和革命式变迁、连续性变迁与非连续性变迁。渐进式变迁是指“交易双方（至少是交易双方中的一方）为从交易中获取某些潜在收益而再签约”②。渐进式变迁是连续的变迁，没有大起大落或中断，而是一个演进过程。它相对于革命式变迁或突进性变迁而言。“战争、革命、武力征服以及自然灾害都是非连续性制度变迁的源泉”③，“关于非连续性

① 戴维斯、诺斯：《制度创新的理论：描述、类推与说明》，转引自科斯《财产权利与制度变迁》，上海三联书店、上海人民出版社 1994 年版。

② 诺斯：《制度、制度变迁与经济绩效》，上海三联书店 1994 年版，第 120 页。

③ 诺斯：《制度、制度变迁与经济绩效》，上海三联书店 1994 年版，第 119 页。

变迁，我所指的是正规规则的一种根本变迁，它常常是武力征服和革命的结果”①。诺斯一再强调：“制度变迁一般是连续的”，“变迁的进程主要是渐进式的。”“我们对这一变迁形式的强调是经过仔细考虑的，它是社会和经济已经演化的主要方式。但是……通过武力征服或革命所发生的非连续的制度变迁也很重要，这类制度不连续性只是坚定了我们的观点”②。

（五）制度变迁的动力——追求制度创新的收益

制度变迁的动力是制度变迁理论的重要内容，如果没有动力，制度变迁就不可能发生。在新制度经济学看来，制度变迁主体都是财富最大化者，他们从事制度创新的目的，就是为了使自己的利益最大化。只有当制度创新有利可图时，他们才会去创新；否则，即使制度创新存在潜在的获利机会，他们也不会去进行制度创新，推动制度变迁。

（六）制度变迁的效率评价——交易成本的比较

新制度经济学不仅以交易成本作为制度变迁评价的标准，而且还把对交易成本的评价运用到制度变迁的各个方面和各个环节或阶段上。科斯关于企业与市场的选择或两者的相互替代，其实就是制度的变迁。制度变迁的实质就是人们在一定集合内对制度的选择。交易成本的高低是科斯所确定的选择标准。企业内化市场是否有效，就是要看是否降低了交易成本，从这个意义上说，科斯定理就是关于交易成本、制度选择与经济效率关系的定理。诺斯则将交易成本标准具体到了对制度变迁的效率评价。这可以从以下几个方面进行认定：第一，无论是正规规则，还是非正规规则，其变迁是否有效，要看其是否降低了交易成本，即使是意识形态的变迁也是如此。第二，无论是个人创新，还是自愿安排或政府创新，都有成本，并且成本支出项目不一样，人们需要进行成本和收益的比较。第三，制度变迁的具体方案和组织实施，也有交易成本，交易成本低的方案才是有效的方案。第四，制度变迁的时间也纳入交易成本范畴，成为评价制度变迁是否有效的依据之一。第五，制度变迁的每个阶段都有交易成本，交易成本高低成为评价每一个阶段的制度变迁是否有效的重要依据。需要说明的是，诺斯对制度变迁效率的评价是从单

① 诺斯：《制度、制度变迁与经济绩效》，上海三联书店 1994 年版，第 120 页。

② 诺斯：《制度、制度变迁与经济绩效》，上海三联书店 1994 年版，第 7、111、135、136 页。

个主体的角度进行的，即从微观角度进行分析的。

（七）制度变迁的周期

新制度经济学诺斯将制度变迁的周期分为五个阶段或者完成一项制度变迁所需要的五个步骤：第一，形成制度变迁的第一行动集团，即对制度变迁起主导作用的集团；第二，提出有关制度变迁的方案，即确定选择集合；第三，确定变迁方案即菜单选择；第四，形成推动制度变迁的第二行动集团，即起次要作用的集团；第五，两个集团共同完成制度的变迁。

除此之外，有的学者将新制度经济学的制度变迁的周期分为：制度变迁的起点——僵滞阶段、制度变迁的发展——创新阶段、制度变迁的完成——均衡阶段。在制度的僵滞阶段，制度的收益不足以补偿其制度支出，生活于这一制度中的个人、群体或由群体组织而成的集团要增进自身的收益，就不可能在没有稳定的制度保障的前提下创造新增利益，而较为经济的选择就是从现有制度的总收益中争取更大的份额。由于这样的行为是以损害其他人或集团的利益为代价的，这必然导致制度总收益水平的进一步下降，这样的制度状态称为制度的“僵滞阶段”。在这一阶段，虽然制度安排极端不合理，且大多数人对现有制度不满意，但极少数的利益集团与统治结盟，获得了大部分的社会总收益，加之有“合法暴力”的保护，因而使现有的制度得以维持，行为特征表现为对社会利益的独占上，因而将其称为“独占利益集团”。制度创新是制度变迁过程中最为重要的阶段，没有制度创新就不可能有制度变迁。制度创新是指两种不同的制度的转轨或替换过程中的一个阶段，是制度变迁所包含的一个过程。在制度僵滞阶段，制度的收益已经不能维持制度的生存，从而导致不同资源要素相对价格的变化，正是资源要素价格的相对变化，使个人或集团要求成为该要素的所有者，也就对“要素”具有产权，对要素具有获得新产权的集团，称为创新利益集团。此时，新的产权规则的出现，创新利益集团与独占利益集团开始以合资的形式，使其独占的资产缓慢进入市场，独占利益集团的权力开始逐步瓦解。在多种资源要素的反复的市场交易中，创新集团的产权得到进一步清晰的界定，而明晰的产权促进了社会创新能力的进一步加强，经济摆脱僵滞阶段而进入强劲的增长时期。需要说明的是，在这一阶段，创新利益集团所创造的规则还没有上升为社会的基础制度，创新收益不能为社会各集团所分享。

因此，新旧两种制度处于暂时的胶着状态。但是，创新集团的力量已经足够强大，他们有了将集团的创新制度扩展为整个社会基础制度的要求，以获得更大、更长远的制度收益。制度均衡阶段是制度变迁的完成阶段。在制度均衡阶段，总是以某种形式表现出对创新阶段中新制度的确认，因而往往是整个社会最基本的规则，如宪法和其他法律制度的修正。在这一阶段，国家保护了社会各利益集团的利益，使整个社会的总产出最大，同时国家权力又受到各个集团的制约，使其在基本规则的推行方面，更似一个对各集团博弈结果确认，以及一个遵循规则的裁判者，并从中获取最大的利益。

（八）制度变迁的理论模型——产权理论、国家理论和意识形态理论三位一体

诺斯在对经济史进行考察的基础上，创立了产权理论、国家理论和意识形态理论三位一体的制度变迁理论。

总之，在各种制度变迁模型中，诺斯的制度变迁模型具有一定的代表性和典型性。诺斯制度变迁模型的基本假设是：制度变迁的诱致因素在于主体期望获取最大潜在利润。所谓潜在利润就是外部利润，是一种在已有的制度安排结构中主体无法获取的利润。潜在利润主要来源于四个方面，一是由规模经济带来的利润，二是外部内部化带来的利润，三是克服对风险的厌恶，四是交易成本转移与降低带来的利润。

诺斯的制度变迁模型实质上是一种“滞后供给”模型，就是在潜在利润出现和使潜在利润内部化的制度创新之间存在一定的时间间隔，即制度创新滞后于潜在利润的出现。即使出现了制度创新的预期收益大于制度创新的预期成本这种情形，由于制度变迁中的利益摩擦和阻滞因素的存在，就会产生制度变迁和制度创新中的时滞，因此，制度滞后是人类经济发展史上经常出现的一种现象。

除了诺斯的制度变迁模型之外，在新制度经济学中，比较著名的模型是诱致性制度变迁和强制性制度变迁。

二　马克思的制度变迁理论

（一）方法论——辩证唯物主义和历史唯物主义

马克思主义经济学是以生产资料的核心的经济制度及其演变规律为研究对象，也就是研究制度及其变迁的制度经济学。其制度变迁的基本方法论就是辩证唯物主义和历史唯物主义。它体现在马克思、恩格斯的

所有经济学著作中，尤其是在马克思的名著《资本论》中。在具体方法层次上，马克思在一定范围内也接受经济人假设，也采用成本—收益分析方法。例如，分析企业制度演变和技术的变迁主体，就是以追求剩余价值为目的，制度变迁和技术变迁及技术采用都服从于这个目的，资本家显然是经过成本—收益计算的。

（二）理论基础——劳动价值论和剩余价值论

可以说，马克思对制度合理与否的评价，对制度变迁依据的分析，都以劳动价值论和剩余价值论为理论基础。在马克思看来，劳动是财富的源泉，产权制度安排应该以劳动为依据。劳动者不仅是物化劳动的所有者，而且还是活劳动所创造的价值的所有者。违背了这个原则的制度就是不合理的制度，应该被否定或对它进行变革。同时，剩余价值的分配是一种财富或产权的分配，而且它首先应该是剩余价值获取权（类似于现代新制度经济学中的剩余索取权）的分配。

（三）变迁主体——以阶级为主

在马克思的经济学中，推动制度变迁的主体有个人，如资本家，也有雇佣工人——他们为提高工资而进行谈判或修改法律的行为也纳入了马克思的分析框架。但是，所有这些主体，在马克思看来，都是作为阶级或阶级的代表行动，国家是阶级的代表，资本家是作为一个阶级而行动的，工人也是作为一个阶级与资本家阶级抗争、谈判。因此，马克思理论中的制度变迁主体可以归结为一个“阶级”。

（四）变迁方式——渐进性变迁和革命式变迁相结合

马克思认为制度变迁方式，既有革命式的，也有渐进式的。按照历史唯物主义的基本原理，经济制度是由生产力的水平和发展要求决定的，而生产力的发展是一个自然历史过程，生产力的发展本身既有渐进性的，也有突飞猛进之时。因此，马克思在研究制度变迁理论时，既强调革命式的制度变迁，如所有制的革命、国家的革命等，又非常重视渐进式的制度变迁，如在不改变所有制、国家性质的前提下企业制度的变迁，马克思在对股份制的分析时（认为股份公司这种企业制度的发展会成为扬弃私有制，实现公有制的过渡形式），实际上已经把渐进式变迁纳入了自己的分析框架。

（五）变迁的动力——两种动力相结合

马克思对经济制度变迁的动力分析是客观而全面的，揭示了制度变迁的根本动力——生产力性质、水平、发展要求与各层次经济制度的内在矛盾所产生的根本动力，特别强调了技术变迁导致生产力发展，从而提出了制度变迁的要求，也创造了制度变迁的机会。同时，马克思强调制度变迁主体为自身（本阶级）的利益而发动和参与制度变迁所产生的动力。这两种动力的共同作用促使了经济制度向前演进。

（六）制度变迁的效率评价——总体的生产力标准和公平标准

马克思对制度变迁评价的标准主要是生产力标准，一种制度是否有效，就是看它是否适合生产力和促进生产力的发展，制度变迁的评价也是用这个标准。当然，马克思对制度的评价除了利用生产力标准之外，还使用公平标准。例如，他认为资本主义制度下，技术发展为生产力发展提供了巨大可能性，但由于制度不合理或不公平，使这种可能性没有充分地发挥出来，导致效率损失。

三 两种制度变迁理论的比较

（一）两者的区别

第一，方法论不同。马克思的制度变迁理论以辩证唯物主义和历史唯物主义为基本方法论，新制度经济学虽然重视历史分析，以历史的事实来论证其命题。但并不是历史唯物主义，而只是一种历史归纳法，许多历史事实是按照既有理论来过滤的，或者是按照他们的理论和意识形态去理解历史事实。除此之外，马克思的制度变迁理论没有纳入主流经济学的供求分析框架之中，没有制度供给、制度需求等主流经济学的概念。

第二，理论基础不同。一个以交易成本和博弈论作为制度变迁的理论基础，一个以劳动价值论和剩余价值论为理论基础构建制度变迁理论。

第三，对制度变迁考察的角度不同。新制度经济学对制度和制度变迁的分析基本上是微观层次的，是从单个主体角度去分析制度变迁的，多限于单项制度变迁的分析。马克思对制度变迁的分析则是微观分析与宏观分析相结合的。从宏观上分析生产力的总体水平和发展要求与根本性制度变迁的关系；从微观上分析生产经营活动的具体要求、追求具体的利益与具体层次的经济制度如企业制度变迁的关系。

第四，制度变迁的动力不同。新制度经济学认为制度变迁的动力来自微观主体对自身利益最大追求，马克思认为这种动力只是制度变迁的动力之一，制度变迁的根本动力是生产力发展、技术进步对制度变迁的要求。

第五，对国家在制度变迁中的作用的认识不一样。马克思虽然重视国家在制度变迁中的作用，包括国家对法律法规的修改对制度变迁的作用，但马克思同时认为国家作为上层建筑，也是制度变迁的内容之一，是经济基础的变迁决定了上层建筑的变迁，而不是由国家决定经济基础的变迁。新制度经济学则不然，它将国家视为一个独立于其他微观主体的经济人来讨论国家在制度变迁中的作用。

第六，对技术变迁与制度变迁的关系认识不同。马克思的制度变迁理论认为是技术变迁决定了制度变迁，即生产力发展的水平和生产力发展的要求决定了制度的稳定和制度变迁，而合理的制度和制度变迁又促进了生产力的发展。虽然它们的作用是双向和互相的，但生产力的作用是根本性的，技术变迁决定了制度的变迁。而新制度经济学正好与之相反，他们认为是制度和制度变迁决定了经济增长和技术变迁，有效的制度和制度变迁决定了技术进步和经济增长，无效的制度和制度变迁制约了技术进步和经济增长。

（二）共同点

第一，从分析方法上，都注重逻辑分析与历史分析本结合，两种制度变迁理论都具有历史感，都注重对经济史和制度史的考察。

第二，都重视意识形态在制度稳定和制度变迁中的作用。

第三，都认为制度变迁的方式是多样的，而且都做了渐进式变迁与革命式变迁的区分。

第四，对制度变迁的评价标准，两者也有共同之处。马克思的生产力标准，如其中的劳动生产率标准、工资利润率标准等，就是新制度经济学的成本与收益标准①。

第三节　诱致性制度变迁理论与强制性制度变迁

林毅夫对新制度经济学中的制度变迁理论作了归纳和区分，并将制度变迁理论划分为强制性制度变迁与诱致性变迁理论。

---

① 黄少安：《产权经济学导论》，山东人民出版社 1995 年版，第 366—389 页。

一 诱致性制度变迁

诱致性制度变迁是指现行制度安排的变更或替代，或者是新制度安排的创造，它由个人或一群（个）人，在响应获利机会时自发倡导、组织和实行。诱致性制度变迁必须由某种在原有制度安排下无法得到的获利机会引起。诱致性制度变迁的发生必须要有某些来自制度不均衡的获利机会。从初始制度均衡，到制度非均衡，再到制度均衡，周而复始，这个过程就是人类制度变迁的过程。引起制度非均衡的原因很多，其中主要有四个方面：一是制度选择集合的改变，二是技术改变和社会生产力的发展，三是要素和产品价格的长期变化，四是其他制度安排改变。

诱致性制度变迁的特点主要有：

第一，营利性。即只有当制度变迁的预期收益大于预期成本时，有关群体才会推进制度变迁。

第二，自发性。诱致性制度变迁是有关群体（初级行动团体）对制度不均衡的一种自发反应，自发性反应的诱因就是外在利润的存在。

第三，渐进性。诱致性制度变迁是一种自下而上、从局部到整体的制度变迁过程。制度的转换、替代、扩散都需要时间。从外在利润的发现到外在利润的内在化，其间要经过许多复杂的环节。如在行动团体内就某一制度方案达成一致意见就是一个持久的过程。

二 强制性制度变迁

强制性制度变迁由政府命令和法律引入和实现。与诱致性制度变迁不同，强制性制度变迁可以纯粹因在不同选民集团之间对现有收入进行再分配而发生。强制性制度变迁的主体是国家，国家的基本功能是提供法律和秩序，并保护产权以换取税收。国家在使用强制力时有较大的规模经济，作为垄断者，国家可以比竞争性组织（如初级行动集团）以低得多的费用提供一定的制度性服务，并且国家在制度实施及其组织成本方面也具有比较优势，凭借强制力量，国家在制度变迁中可以降低组织成本和实施成本。

三 诱致性制度变迁与强制性制度变迁的区别

第一，制度变迁的主体不同。诱致性制度变迁的主体是一个人或一群人，或者一个团体；而强制性制度变迁的主体是国家或政府。这两类制度变迁主体的差别并不是在数量上，而是体现在“质”或性质上。诱致性制度变迁主体集合的形成主要是依据共同的利益和经济原则，国家这个制度变迁主体进行制度变迁的诱因比竞争性组织或团体更复杂。

第二，两类制度变迁的优势不同。诱致性制度变迁主要是依据一致性同意原则和经济原则。如果它能克服外部性和“搭便车”之类的问题，那么它在制度变迁中将是最有效率的形式之一。而强制性制度变迁的优势在于，它能以最短的时间和最快的速度推进制度变迁；它能以自己的强制力和“暴力潜能”等方面的优势降低制度变迁的成本。总之，这两类制度变迁模式都有自己的比较优势，它们之间是一种互补关系而不是一种替代关系。

第三，两类制度变迁面临的问题不同。如诱致性制度变迁作为一种自发性制度变迁过程，其面临的主要问题就是外部性和“搭便车”。而强制性制度变迁却面临着统治者的有限理性、意识形态刚性、官僚政治、集团利益冲突和社会科学知识局限等问题的困扰。

第四节　制度变迁的内在机制①

人们对需要和利益的追求是生产力发展和制度变迁的内在主体动因，生产力的发展是制度变迁社会进步的最终动力，只有以发展生产力为切入点才能从根本上推动制度变迁的进程。

一　制度变迁动力机制：若干观点

理论界研究制度变迁动力机制的理论观点有很多，不同的学派对此有不同的认识。概括起来，主要有以下几种观点：

第一，经济增长推动说。以舒尔茨为代表的经济增长推动假说认为，制度变迁是由经济增长引起的，经济增长是制度变迁发生的动力源泉。在《制度与人的经济价值的不断提高》一文中，舒尔茨指出，尽管不具有普遍意义，然而经济学领域内的制度可视为是一种具有经济价值的服务的供给者，是经济领域单一的内生变量，因对经济增长动态的反应而发生制度变迁②。类似地，拉坦也认为“制度变迁可能是由对与经济增长

---

① 参见徐传谌、孟繁颖《制度变迁内部动力机制分析》，《税务与经济》2006 年第 6 期。

② 舒尔茨：《制度与人的经济价值的不断提高》，转引自科斯等《财产权利与制度变迁——产权学派与新制度学派译文集》，上海三联书店 2004 年版，第 257 页。

相联系的更为有效的制度绩效的需求所引致的”[①]。

第二，技术决定论。这种假说将技术视为推动经济增长与制度变迁的动态原因，认为新制度安排的出现是由于技术改进产生的成本收益变化导致的结果，主张技术变迁决定制度变迁。持这种观点的有凡勃伦、阿里斯及马克思，等等。技术决定论在老制度主义学派的著作中也是一个处于支配地位的观点[②]。凡勃伦和他的追随者采用技术与制度的矛盾分析法，将技术视为经济发展和增长的动态因素，认为技术创新过程是由其自身内在力量和历史必然推动的，技术是社会进步、制度变迁、文明形成的根本原因；阿里斯更将制度视为静态因素，认为制度是古代的、静止的，并且缺乏技术创新所需要的组织上的可变性，西方经济的发展不能归功于市场制度，是技术的发展才使市场的发展成为可能。进一步地讲，凡勃伦和阿里斯提出了老制度经济学研究的第一个主要纲领，“该纲领集中考察了新技术对制度安排的影响，考察了既定社会惯例和既得利益者阻碍这种变迁的方式”。正如埃尔文·K. 青格勒所言，在凡勃伦的体系中，正是动态技术与静态制度之间的辩证斗争与冲突导致了经济与政治被慢慢地置换与替代，经济组织的体系经历了历史的变迁与调整[③]。

有趣的是，不仅在老制度主义那里技术是推动经济增长与制度变迁的动态因素，在马克思的历史唯物主义视野中，技术的变迁也是导致制度变迁的基本原因。“马克思比他的同时代学者更深刻地洞见了技术与制度变迁之间的历史关系”[④]。在马克思主义基本理论中，生产力和生产关系的矛盾变化推动了制度的演进和变迁，生产方式的变化主要是技术的变迁决定着生产关系的变化并导致制度变迁。科学技术的发展，导致社会分工和生产工艺的进步，而其所带来的生产潜力却不能在现有的经济组织中得以实现，结果一个充满活力的经济组织去替代现有的体制并创

---

① 拉坦：《诱致性制度变迁理论》，载科斯等《财产权利与制度变迁——产权学派与新制度学派译文集》，上海三联书店2004年版。

② 拉坦：《诱致性制度变迁理论》，载科斯等《财产权利与制度变迁——产权学派与新制度学派译文集》，上海三联书店2004年版。

③ 埃尔文·K. 青格勒：《凡勃伦和康芒斯：一个比较评价》，载科斯等《财产权利与制度变迁——产权学派与新制度学派译文集》，上海三联书店2004年版，第330页。

④ 拉坦：《诱致性制度变迁理论》，载科斯等《财产权利与制度变迁——产权学派与新制度学派译文集》，上海三联书店2004年版。

立出能把新技术的潜力转化为现实的新型制度形式。尽管马克思强调了生产方式的变化（技术变迁）与生产关系的变化（制度变迁）之间的辩证关系，但是他们相信生产力提供了社会制度变迁的更为基本的动态力量，社会制度演化和变迁的根本动力在于生产力尤其是科学技术的发展。

第三，制度自我循环累积说。制度自我循环累积说主张制度变迁本身是经济发展的动态原因，具有自我循环累积机制，对经济增长起决定作用的是制度性因素而非技术性因素。这一学说的代表人物首推道格拉斯·诺斯教授和罗伯斯·托马斯教授。在其二人的经典著作《西方世界的兴起》一书中，他们开宗明义地指出，“有效率的经济组织是经济增长的关键；一个有效率的经济组织在西欧的发展正是西方兴起的原因之所在”①。诺斯和托马斯不同意将技术创新、规模经济等看作经济增长的源泉，他们“反复强调了制度变迁比技术变迁更为优先且更为根本的观点”②，进一步分析后认为，所谓经济增长就是人均收入的长期增长，一些通常被认为是影响经济增长的因素，如技术创新、规模经济、教育发展和资本积累等并不是经济增长的原因，而恰恰是经济增长的结果和表现，近代欧洲经济增长的真正的决定原因是私有产权制度的确立，只有能够提供个人刺激的有效的制度才是经济增长的决定性因素，是制度的进步刺激了技术的发展，因此，是制度决定技术。

第四，技术与制度双线互动论。与技术决定论和制度决定论的“单线”说不同，技术与制度双线互动说认为，制度变迁是技术变迁与制度变迁之间的一个互动过程，“关于技术或制度变迁的相对优势的观点一般不具有生产性的”③，不应该把两者割裂开来只强调其中的一个，而应该把两者统一起来看作为一个互动的过程。拉坦是这一假说的主要代表人物。拉坦认为“导致技术变迁的新知识的产生是制度发展过程的结果，技术变迁反过来又代表了一个对制度变迁需求的有力来源”④。他主张，

---

① North. D·, R. P. Thomas, “The Rise ofWestWorld: A New EconomicHistory”, Cambridge: CambridgeUniversity Press, 1973: 5.

② 拉坦：《诱致性制度变迁理论》，载科斯等《财产权利与制度变迁——产权学派与新制度学派译文集》，上海三联书店 2004 年版。

③ 拉坦：《诱致性制度变迁理论》，载科斯等《财产权利与制度变迁——产权学派与新制度学派译文集》，上海三联书店 2004 年版。

④ 拉坦：《诱致性制度变迁理论》，载科斯等《财产权利与制度变迁——产权学派与新制度学派译文集》，上海三联书店 2004 年版。

“技术变迁与制度变迁之间相互依赖性很高，必须在一个持续的相互作用的逻辑中来进行分析”①。其实，熊彼特的创新理论也基本持这样的观点，其著作《经济发展理论》中提到的解释经济变迁和社会演进的经济学框架就既包含技术创新因素又包含制度创新因素。

第五，预期利益偏好说。很多经济学者都是从预期利益偏好角度来考察制度变迁的动因的，其中以戴维斯和诺斯 1979 年的经典文献《制度变迁的理论：概念与原因》、丹尼尔·布罗姆利教授 1989 年的专著《经济利益与经济制度》和我国杨瑞龙教授于 1998 年发表的论文《我国制度变迁转换方式的三阶段论》为代表成果。戴维斯和诺斯从外部收益的来源入手，认为制度是经济主体或行动团体之间的一种利益安排，外部收益的出现和变化“诱致人们去努力改变他们的制度安排”，是制度变迁的动因来源。“从理论上讲，有许多外部事件能导致利润的形成。在现有的经济安排状态给定的情况下，有些利润是无法获得的，我们将这些收益为‘外部利润’”②。在 1979 年的一篇论文中，戴维斯和诺斯分析了影响制度变迁的五种因素，即制度环境、制度安排、初级行动团体、次级行动团体以及制度装置，并指出，制度变迁就是指由于规模经济、外部性、风险和交易费用等制度环境的变化所导致经济主体或行动团体之间利益格局的变化经各级主体相互博弈所达成的新的制度安排，“如果预期的净收益超过预期的成本，一项制度安排就会被创新”③。此外，诺斯教授也在其著作中明确指出相对价格和偏好的变化是引起制度变迁的诱因，这些论断无疑是利益偏好说的最透彻的阐述。

类似地，我国学者杨瑞龙教授在 1998 年发表的《我国制度变迁转换方式的三阶段论》一文中指出，“随着产品和要素价格、市场规模、技术等的变化，就会打破原有的制度均衡，出现新的获利机会，从而产生制度要求”，“如果组织或操作一个新制度安排的成本小于其潜在制度收益，就可以发生制度创新。至于一个社会通过何种制度变迁方式来获取这一

---

① 拉坦：《诱致性制度变迁理论》，载科斯等《财产权利与制度变迁——产权学派与新制度学派译文集》，上海三联书店 2004 年版。

② 戴维斯、诺斯：《制度变迁的理论：概念与原因》，载科斯等《财产权利与制度变迁——产权学派与新制度学派译文集》，上海三联书店 2004 年版，第 276 页。

③ 戴维斯、诺斯：《制度变迁的理论：概念与原因》，载科斯等《财产权利与制度变迁——产权学派与新制度学派译文集》，上海三联书店 2004 年版，第 274 页。

潜在收益，则主要受制于这个社会的各个利益集团之间的权力结构和社会偏好结构”①。显然，杨瑞龙教授是从制度变迁的供给和需求双方来考察制度变迁的发生的，虽然他没有明确指出利益偏好是制度变迁的动因，然而我们不难看出，这里已经隐含了人们对利益偏好的追求是制度需求产生的诱因，进而会在制度供给方存在的情况下引起制度变迁。

第六，利益集团论。奥尔森是第一个系统而全面地研究利益集团与制度变迁关系的经济学家，确切地说，他的利益集团理论和集体行动的研究是围绕国家之兴衰而展开的。然而从他的《集体行动的逻辑》和《国家的兴衰》两部著作中，我们不难辨析出，在奥尔森眼中制度变迁的发生取决于利益的需要。由于新制度给人们提供了比旧制度更好的利益，因而人们希望或采取行动使制度发生有利于自己的变化，而这种变化的行动就来自联合起来的集团。制度变迁的根源取决于利益集团的形成和发展，“他既不认为制度完全是理性设计的产物，因为不同的利益集团的博弈，才是决定一个制度优劣的根本原因；也不认为制度完全是自然演进的，因为利益集团显然是一个对制度变迁具有决定作用的，并且具有明确利益目标的主体”②。

二　制度变迁内部动力机制：需要—利益理论

实际上，制度变迁是错综复杂和多种多样的，其发生动因不可能只有某几种原因，也不可能仅存在某几个领域之内。这里我们将制度变迁的动力分为内因与外因两方面：内因主要取决于以人们的需要和利益不断得到满足和由预期利益引起的利益冲突不断得到缓解为内在动力的生产力的发展；外因则主要指诱发性环境的变化，如新技术的发明、人口的变化、自然资源禀赋的改变、意识形态的冲击、文化传统的变迁、政治法律军事环境的变动以及来自国外的影响等外部因素。在马克思主义经济学家看来，生产力的发展是社会制度变迁乃至人类社会发展的根本动力，人们的需要和利益是人类一切历史活动的内在动因，两者利用利益自身的双重结构来实现动力传递。利益机制是制度变迁动力结构中动力传递机制，而利益冲突是诱发制度变迁的最直接动因。外部因素的变化通过改变各级主体的效用和预期、引发利益冲突并借助利益动力机制

---

① 杨瑞龙：《我国制度变迁转换方式的三阶段论》，《经济研究》1998 年第 1 期。

② 程虹：《制度变迁的周期——一个一般理论及其对中国改革的研究》，人民出版社 2000 年版，第 14 页。

影响制度变迁的生发和进程。

从社会动力学的角度，社会动力的做功顺序是：最终动力—思想动机—历史活动—社会现象，对此，恩格斯也有类似的论述。受到这一理论的启发，对于制度变迁动力问题我们将采取如下的分析框架（见图6-2）：

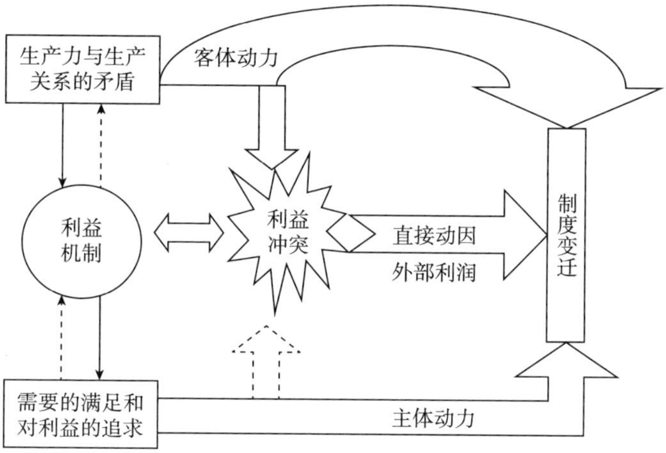

图6-2　制度变迁的动力机制

首先，生产力的发展是社会制度变迁的根本动因和“最终动力”。马克思历史唯物主义理论认为，生产力和生产关系、经济基础与上层建筑的相互矛盾作用是推动人类历史前进的最伟大力量，其中生产力的进步是社会制度变迁的原动力。在某个社会发展阶段上，当物质生产力与它们一直在其中活动的生产关系发生矛盾，生产关系严重束缚生产力发展时，社会革命的时代就到来了——一个充满活力的经济组织和制度安排替代了现有的体制并创立出能把先进生产潜力转化为现实的新型生产关系形式。因此，人类社会历史发展包括社会制度变迁的“最终动力”在于社会生产力的发展。

其次，人们的需要和利益是社会主体力量——人——进行社会活动包括发展生产力和推动制度变迁在内的内在动因和“思想动机”。按照马克思的需要理论，人的需要是人的本质，它与生命同一，是与生俱来的人的“内在规定性”。人的需要会以意识和思想动机的形式指导人的活动，成为其行为的欲求动因。“就个别人说，他的行动的一切动力，都一定要通过他的头脑，一定要转变为他的愿望的动机，才能使他行动起来”①。因此，人的需要是人们进行历史活动的内在动因，是社会生产发展的基始推动力。同时，根据马克思的利益理论，利益以人的需要为前提和基础，是人与人之间因对需求对象的依赖而产生的相互关系。在社会生活中，人的需要采取了利益的形式，利益是人的需要在社会生产关系中尤其是经济关系中的体现。因此在社会关系中，“人们奋斗所争取的一切，都同他们的利益有关”②，“利益是我们唯一的推动力”③。进而我们认为，对自身需要的满足和利益的追求是人类一切社会生活实践的最深厚内在动力和“思想动机”。当然人们对利益的追求和需要的满足并不是随心所欲的。需要内容和利益客体的发展水平、实现方式及实践程度是由生产力、生产方式以及实践水平决定并随着其发展而不断丰富发展的。

再次，在外部利润的出现和预期利益驱使下，利益的冲突与矛盾是制度变迁主体动力产生的直接原因。外部利润是指一种在已有的制度安排结构中主体无法获取的潜在利润，其出现由相对价格变化引起，是一种制度的不均衡的表现；外部利润的出现，又通过影响人们对新制度的预期效用变化而导致社会各级主体利益冲突的加剧。这样，在预期的净收益超过预期成本的条件下，追求自利最大化的理性经济人，面对来自制度不均衡的获利机会和剧烈的利益冲突，就会产生为获得潜在利润的制度创新行为，一项制度安排就会被创新。因此，可以这样说，是对外部利润的追逐和利益冲突的刺激直接推动了制度变迁主体动力的产生。

最后，既然利益是推动制度变迁和进行一切社会活动的动机，那么就提出了一个重要的问题——作为推动主体活动的动力的利益如何转变为在整个客观的社会历史发展中起作用的动力，即利益的动力传递机制问题。利益作为人们活动的主体动力同生产力和生产关系作为社会发展的客体动力是一致的，是可以转化的，这是由利益自身的结构所决定的。一般认为，利益是一个关系范畴，是一个两位一体的统一体，既包含利益主体，又包含利益客体。利益主体是指在一定的社会关系下从事生产活动或其他社会活动以便直接或间接地追求自身社会需要满足的人；利益客体是指利益主体追求并实现满足的客观对象。对利益客体的占有关

① 《马克思恩格斯全集》（第 21 卷），人民出版社 1998 年版，第 345 页。

② 《马克思恩格斯选集》（第 21 卷），人民出版社 1995 年版，第 82 页。

③ 爱尔维修：《十八世纪的法国哲学》，商务印书馆 1963 年版，第 537 页。

系既决定了利益主体之间的关系，同时又与利益主体关系一起构成了利益关系。换句话说，利益关系包括物与物之间的关系和人与人之间的关系两个方面，两者辩证统一于利益。生产力决定生产关系，生产关系的实质就是人们之间的物质利益关系，即物与物之间的关系。因此，当生产关系与发展了的生产力不相适应，两者矛盾激化的时候，生产力对原有生产关系的剧烈冲击就会加剧物与物之间的矛盾关系，并通过利益自身双重结构的动力传递，将之展现为人与人之间的矛盾关系，形成利益冲突。这样，在利益追求的刺激和利益冲突的作用下，人们出于对旧制度的不满和对新制度的期望，形成制度调整变迁的“思想动机”和主体动力，这种主体动力又通过利益机制传递给生产力和生产关系的矛盾运动。实现了制度变迁的主客体动力即自身利益需要的驱动力与生产力和生产关系的矛盾运动的相互连接、统一与转化。

这里有必要指出的是：第一，制度变迁的客体动力与主体动力间的传递，并不是一次完成的，这种动力传递过程是循环往复、贯穿于变迁过程的始终的。主体动力作用方向对客体动力作用方向之间的“背离”、“回归”乃至“逼近”，决定了制度变迁是一个不断“试错”的过程，制度变迁就是在主客体动力之间传递的过程中向前推进的。第二，作为行动的“思想动机”，制度变迁的主体动力是各利益主体之间相互冲突、相互作用所融合成的一个总的力量，“是从许多单个的意志的相互冲突中产生出来的……无数相互交错的力量……融合为一个总的合力”，是“历史的合力”，并非各种社会力量简单的相加和统一。从历史发展的最终结果看，这个合力不受任何个人意志的支配，服从于总的客观历史发展规律，也必将与生产方式总的运动规律相吻合。

第五节　制度均衡与非均衡

从经济学的视角来看，制度变迁过程就是一个从制度均衡走向非均衡的过程，因此，要理解制度变迁，必须理解制度均衡与制度非均衡。

一　均衡的含义

均衡概念的基本含义包含两个方面的内容：一是指对立变量相等的均等状态，此即为“变量均衡”，对立变量不相等，即为“变量非均衡”；

二是指对立势力中的任何一方不具有改变现状的动机和能力的均势状态，此即为“行为均衡”，相反则为“行为非均衡”。正因为均衡概念包含上述两方面内容，因此，均衡分析也可以分别从这两个方面着眼进行。一部分经济学家把分析的重点放在变量关系方面，主要考察市场均衡和总量均衡问题，提出和发展了一般均衡理论和非均衡理论；一部分经济学家把分析的重点放在行为关系方面，主要研究了制度均衡和制度变革问题。①

二　制度均衡与非均衡的含义

制度均衡，就是人们对既定制度安排和制度结构的一种满足状态或满意状态，因而无意也无力改变现行制度。至于人们为什么会对一种制度感到满足或满意，为什么无意和无力去改变它，这就需要通过制度的经济分析来说明。

制度非均衡就是人们对现存制度的一种不满意或不满足，想要改变而又尚未改变的状态。其之所以出现了不满意或不满足，是由于现行制度安排和制度结构的净效益小于另一种可供选择的制度安排和制度结构，也就是出现了一个新的盈利机会，这时就会产生新的潜在的制度需求和潜在的制度供给，并造成潜在制度需求大于实际制度需求，潜在制度供给大于实际制度供给。人们为了捕捉这种新的盈利机会，就会力图改变原有的制度安排和制度结构，选择和建立一种新的更有效的制度。只是由于外部性和“搭便车”等原因，归根到底是由于变革成本的关系，制度变革的动机和力量还不够强和不够大，或者说只有变革的动机而无变革的力量，潜在的制度需求虽然能够变成现实的制度需求，但潜在的制度供给却不能变成现实的制度供给。因而，出现“想要改变而尚未改变”的制度状态，这就是制度非均衡。②

三　制度非均衡的原因

一种制度安排和制度结构从制度均衡到制度非均衡，进而发生变革，是多种因素共同作用的结果。因此，关于发生制度非均衡的原因分析也可以从不同方面展开，它们之间也存在密切的关系。由于制度分析着眼于行为关系，我们只想从外部影响和内在矛盾上作一点分析。

---

① 张曙光：《论制度均衡和制度变革》，《经济研究》1992 年第 6 期。

② 张曙光：《论制度均衡和制度变革》，《经济研究》1992 年第 6 期。

从外部因素来看，外部环境的变化、资源条件的改变、外部发展的影响和效应等，一方面会使原来的制度安排和制度结构变得不是净效益最大的制度，因而产生了制度变革的动机和需求，另一方面又会改变可供选择的制度集合和选择范围，从而改变制度服务的有效供给。这一切都会导致制度非均衡的出现。

从内部因素来看，任何一种制度安排和制度结构都有其特殊的内在矛盾，矛盾的双方既相互联结又相互斗争，各种矛盾也不断发展变化和不断再生。这种内在矛盾必然会通过制度行为的两个不同角色，即制度决定者和制度接受者之间的矛盾外化和表现出来。但是，随着内部矛盾的不断发展，各种制度障碍和制度摩擦不断发生，并逐渐成为制度运行的主要状态，制度接受者的不满逐渐积累起来，降低了制度的运行效率，随着制度成本的不断增加，制度效益的不断下降，就会改变制度运行的成本—效益关系，制度决定者也因对现行制度感到不满意和不满足，于是就会出现制度净效益非最大的制度非均衡。因此，一个重大的制度变革不是发生在该制度刚刚建立之初，而是发生在它建立和完善起来，并运行了相当时间以后，同时，制度变革的根源存在于该项制度结构的内部，存在于该制度下生活的各行为主体的利益矛盾之中，外部条件的变化一般只是通过对内部因素的影响，加速或延缓了制度变革的过程，以及变革时机的选择。①

第六节　制度变迁的周期理论②

制度变迁是一个由制度僵滞、制度创新和制度均衡三个阶段所组成的周期。制度变迁的三个不同阶段，都是由不同的利益集团所主导的。在制度僵滞阶段是独占型利益集团主导，在制度创新阶段是创新型利益集团主导，在制度均衡阶段是分享型利益集团主导。因而，制度变迁就是一个由主导型利益集团推动的阶段周期演进过程。在上一个周期完成后，又进入下一个周期的变迁过程。

---

① 张曙光：《论制度均衡和制度变革》，《经济研究》1992 年第 6 期。

② 程虹、窦梅：《制度变迁阶段的周期理论》，《武汉大学学报》（哲学社会科学版）1999 年第 1 期。

一 制度变迁的起点：僵滞阶段

我们可以从日常经验中观测到，一个制度之所以需要或可能开始某种程度的变化，往往都源于这个制度本身缺乏对经济增长的推动力，制度的收益已经不足以补偿其成本的支出。那么社会中的个人、群体或由群体而组织形成的集团要增进自身的收益，就不可能在没有稳定的制度保障的前提下创造新增利益，而最合算的选择是从制度现有的总收益中，争取更大的分配份额。由于这样的经济行为，是以损害其他人或集团的利益为代价的，从而更进一步地导致整个制度收益总水平的下降。这样的一个制度状态可以称为“僵滞阶段”，这个阶段是制度变迁的起始阶段。虽然这个阶段表现为制度的极端不合理，而且大多数人都不满意这个制度，但由于在这个制度下，极少数的利益集团与统治者结盟，获得了大部分的社会总收益，加之有“合法暴力”的保护，因而这种导致经济僵滞的制度依旧能够维持下去。借助美国著名经济学家曼库尔·奥尔森的利益集团理论，可对制度僵滞阶段进行具体考察。

奥尔森在 1965 年就对分利集团所导致的制度僵滞作出了开创性的贡献：分利集团只追求特殊利益，使政治生活中的分歧加剧，因而会降低社会效率和总收入。奥尔森认为分利集团并不增加社会总福利，而是依靠其特殊地位在现有社会总福利中占有尽可能大的份额。由于分利集团的作用，社会采用新技术的机会受到延缓，并增加法律的繁文缛节，使整个社会陷入经济停滞的状态。奥尔森以这一理论检验了众多的经济现象，尤其是 20 世纪 70 年代美国出现滞胀现象。对于“滞胀”中的价格和工资的“黏性”机制，奥尔森的分析是：利益集团需要相当长时间才能一致通过协议和据以决策的法律程序，使日程显得十分拥挤，议题也杂乱无章，而且还要进行院外活动和集团间的相互讨价还价，从而使受利益集团影响的工资和价格变化变得非常缓慢。即使条件变化了，一旦被决定的价格和工资就不可能很快改变。因此，是利益集团引起了工资与价格的黏性。

借助奥尔森关于分利集团的解释，分利集团的行为特性表现在对社会利益的独占性，因而将其定义为“独占型利益集团”。首先，独占型利益集团会寻求政府尽可能大范围的管制，这是利益集团最为普遍的一般行动方式。因为，从管制中集团可以获得资源的几乎全部剩余索取权，从中获得垄断收益。利益集团会寻求管制范围尽可能地扩大，往往主动推动政府去实施管制。同时，对一切企图进入管制范围的进入者都予以压制。独占型利益集团之所以具有较大的影响，来自他们往往是社会中成员较少的集团，成本与收益十分对称，比较容易采取集体行动。这也就是独占型利益集团成员虽少，却使制度能够长期维持对社会大部分成员不利局面的原因所在。第二，独占型利益集团并不寻求增进社会福利，而是以寻租的方式独占社会剩余，进一步讲，他们不仅是被动地寻租，而且往往是“租金”的制造者，因为他们制租和寻租的总成本仍低于他们从中所获得的收益。第三，独占型利益集团对新的利益集团的创新，往往采取大量降低自身收益水平，甚至是负水平的地步，以阻止创新者的预期收益。独占集团由于有先前所获得的大量收益作弥补，因而往往有力量在短时间降低收益水平。独占型利益集团也会以自己的“正统”地位，“宣布”创新集团的创新损害社会利益，是“重复建设”。

独占型利益集团就是通过以上的行动方式，导致整个社会的全要素生产率水平低下，增长十分缓慢。价格不能配置资源，资源配置处于十分扭曲的状态。同时，由于其他集团缺乏潜在获利机会，产权与收益又相互脱离，收益得不到有效保障，从而使社会的创新受到压制，新的资源和技术不能出现，要素的相对价格不能发生变化。独占型利益集团往往与政府的利益相互重叠，利用国家权力来获取集团利益，政府失去了使社会产出最大化的职能，经济陷入“僵滞”状态。由于独占型利益集团使整个社会长期陷入停滞状态，从而使制度的收益渐次递减，独占集团直接的收益也不断地递减，国家依靠独占集团获得的收入也越来越难以维持自身运作，现有制度开始发生危机，从而为新的制度出现提供了条件。

二　制度变迁的发展：创新阶段

在已有的制度变迁理论中，制度变迁往往等同于制度创新，由此可见制度创新在制度变迁理论中的地位。但是，我们认为分清制度变迁和制度创新的不同含义，对于深入研究制度变迁理论是非常重要的。制度变迁是指两种不同经济制度的转轨或替换，而制度创新是指在两种不同经济制度转轨或替换过程中的一个发展阶段，是制度变迁所包含的一个过程。因而，制度创新并不是制度变迁的全部，制度变迁则包含了制度创新。当然，制度创新是制度变迁过程中最为重要的阶段，没有制度创新的出现，制度变迁就不可能有实质性的演进。制度创新是制度僵滞合乎逻辑的发展阶段。可以说，制度僵滞程度越深，制度的危机就越大，制度创新的机会也就越大。制度僵滞为制度创新所提供的机会，往往是从财政危机引发的。在制度僵滞阶段，制度的收益已经维持不了制度的生存，从而导致不同资源要素相对价格的变化，正是资源要素相对价格的变化，使个人或集团要求成为该要素的所有者，也就是对“要素”具有产权。新的产权规则的出现，打破僵滞阶段的原有产权规则，促进经济出现新的增长。

诺贝尔奖获得者、新制度经济学的代表人物诺斯在 1976 年曾对此作了经典性的解释：由于资源要素相对价格变化，出现了新的获利机会，引起了不同集团间新的不均衡。要素相对价格的变化，使劳动价格不断上升，创新者拥有了对自己劳动资源要素的所有权。原有的产权形式，即契约形式不能不发生某种程度的变化，产权从一种短期、无保障性的合约形式，逐步向长期的合约形式转变。在僵滞制度越来越走向危机状态的时候，独占型利益集团由于要素相对价格的变化，不能不改变所掌握的产权的合约形式，使创新集团变相地具有了某种个人所具有的产权形式。这一深刻变化的含义在于：创新型利益集团与独占型利益集团以某种“合资”的形式，使其独占的资产缓慢进入市场，“权力”开始逐步瓦解。在多种资源要素反复的自由交易中，创新集团的产权得到了进一步明晰，而明晰的产权，又促使个人收益与社会收益更加一致，促进了社会创新能力的进一步加强，社会经济摆脱僵滞状态而开始强劲的增长时期。由于创新推动，新的经济资源不断涌现，技术的创新不断受到激励，新的需求也开始出现。创新型利益集团面对着新的获利机会，开始独创性的经济活动，并使创新集团与独占集团的力量发生逆转，社会的大部分增量收益都来自创新集团的贡献。

要使自身的收益长期化，就必须有国家的保护。由于创新集团的贡献已占社会总收益的大部分，他们可以将产权新增的部分收益交给国家，从而获得国家对产权的保护。由于国家并没有付出产权的成本，或者它所付出的成本低于先前的成本，因而它愿意对这种新的产权予以某种程度的保护，使这种创新获得了某种“合法性”的意义。另外，由于国家财政出现相当程度的危机，它的垄断权又成为经济创新的阻力，于是创新集团便会以某种“赎买”的形式，来获得国家管制的放松。先前各种阻碍市场发育的管制逐步开始破裂，市场的自由交易进一步发展。

制度创新阶段的主要特征就是新的产权形式的出现，而且这种新的产权形式演进的方向是：越来越与个人的努力成正比，使个人收益与社会收益日趋一致。科斯曾以“交易费用”为正，证明了产权是市场得以运行并降低交易成本的充分前提。市场的交易从本质上讲是交换中的个人权利的交换，因而必须构建明确的法律保护制度，使个人权利能够平等、自由地得到交换。一个区别于僵滞阶段的创新阶段，其产权是明确的、人格化的、自由交易的，是以当事人个人的意愿和个人权利为基础的，收益也是确定的。但是，创新集团所创新的规则，在这一阶段依然没有上升为社会的基础制度，创新收益不能为社会各集团所分享。因而，新旧两种制度处于暂时性的胶着状态，往往就会出现制度规则的相对混乱。但是，创新型利益集团的力量已经足够强大，他们有了将集团的创新制度扩展为整个社会基础制度的需求，以获得更大、更长远的制度收益。从而，创新阶段又面临着新的制度变迁的演进趋势。

三　制度变迁的完成：均衡阶段

一个制度向另一个制度转轨的完成，或新的制度替代旧的制度，往往是以新的制度规则的确立为标志的。新的制度规则一般都是基础性的规则，这些基础性的规则通常表现为宪法或重要性法律的修订。因为，在制度创新阶段所出现的新规则，如果不能成为宪法或重要法规的形式，则其规则的长期性和效能都不会受到全社会的保护，而且新制度的收益也没有稳定的预期。制度创新阶段合乎逻辑的演进规律，便是将创新制度确定为全社会和国家所认可的基础性制度，只有基础性制度得到确立之后，新的制度替代了旧的制度，从而制度变迁的阶段才真正地完成。这里将应用“博弈论”和“路径依赖”的基本方法，对制度完成阶段进行分析。

制度变迁理论中的“路径依赖”是一个重要的分析方法，即在制度选择过程中，初始选择对制度变迁的轨迹具有相当强的影响力和制约力。人们一旦确定了一种选择，就会对这种选择产生依赖性，这种选择本身也具有发展的惯性，具有自我积累放大效应，从而不断强化这种初始选择。创新集团也遵循了这种“路径依赖”的惯性。作为一个选择产权创新的集团，他们从中得到了创新的收益，但收益依然是不确定的，是他们从社会中“呼喊”和赎买而来的。产权作为一种“公共产品”，需要由有合法的暴力潜能的政府来提供，并使之成为一种基本的社会制度。因而，创新集团合乎逻辑的进一步选择，便是将这种给自己带来收益但又仍不确定的集团性产权，变为一种确定的社会产权制度。然而，创新集团的这种进一步产权创新，受到来自其他利益集团的约束。其他集团由于成本与收益的不对称，缺乏创新的动机，他们更多的是新制度的“搭便车”者，但是没有他们的同意，仅以创新集团一个集团的力量是不足以推动进一步的制度创新的。其他集团对于产权进一步创新的同意与否，不在于整个社会是否有新增的净收益，而在于他们是否能够得到新增收益。因而创新能否实现，不是是否可行的问题，而是是否可接受的问题。那么，制度能否进一步创新，关键取决于创新集团是否愿意将自己的利益拿出一部分，与其他利益集团分享，从而获得其他集团对进一步创新的同意。创新集团由于拿出一部分收益来与其他集团分享，仍有较大的收益剩余，这时他们便会同意与其他集团分享收益。在这个制度变迁阶段，各集团都从制度变迁中获得了利益，从新增利益中得到了分享，因而，我们将之称为“分享型利益集团”。当然分享型利集团并不是指各集团均分利益，而是指他们均从进一步的创新中获得了比原有制度更多的收益。我们可以进一步推导，新的制度虽然表现为国家在宪政层次上的强制力，但实际上仍是集团利益均衡的结果，并不单纯是创新集团推进的结果。实际上，新制度是各个集团共同推进的结果，因而制度是自然演进的过程。

新的制度是各利益集团博弈的均衡结果，它是各集团最优战略选择的集合，制度处于“帕累托最优”状态，我们将这一阶段的制度变迁称为“制度均衡阶段”。制度均衡阶段是整个制度变迁的完成阶段。在制度均衡阶段，总是以某种形式表现出对创新阶段中新制度的确认，因而往往是整个社会最基本规则，如宪法和其他重要法律制度的修正。国家由于保护了社会各集团的均衡利益，使整个社会的总产出能够达到最大化。同时，国家权力受到各个集团的制约，使其在基本规则的推行方面，更似一个对各集团博弈结果的确认者，以及一个遵循程序的裁判者。而且由于国家也从新制度中获得比旧制度更大的收益，他也乐意于扮演新制度的供给者。因而，诺斯所谓的“国家悖论”在此得到解决，社会产出最大化和统治者租金最大化在制度均衡阶段是一致的。这个阶段的基本规则确立之后，最突出的状态特征是：各集团之间都不愿意破坏这种均衡，他们的行为也处于均衡状态，整个经济处于较长时间的稳定增长。

制度均衡阶段是“帕累托最优状态”，缺乏通过制度创新而获得新增利益的机会。因为社会不可能在不使任何一个集团利益受损的前提下实现新增利益，再加上还有“搭便车”的作用，各分享集团都不愿从事新的制度创新。因而，利益集团要想获得新增收益，就只能从现有制度的总收益中去获取更大的份额。分享型利益集团中将逐渐演变出独占型利益集团，制度均衡阶段也有向制度僵滞阶段演进的可能。

四　制度变迁周期理论的概括

制度变迁是一个由制度僵滞阶段、制度创新阶段和制度均衡阶段构成的周期。制度变迁的一个周期完成之后，即进入下一个制度变迁的周期。制度变迁的周期主要是由不同阶段的主导型利益集团所决定的：决定制度僵滞阶段的是独占型利益集团，决定制度创新阶段的是创新型利益集团，决定制度均衡阶段的是分享型利益集团。因而，可以从这个一般理论中得出一些非常重要的推导：

第一，每一个制度变迁都有三个不同的阶段，在制度变迁过程中不能跨越阶段，而只能尽量缩小对人们不利的制度阶段，但不利的制度阶段是制度变迁的必然过程。失败的制度变迁，一般都是超越了三个阶段的自然演进过程。

第二，利益集团的优劣没有绝对一般的标准，制度就是利益集团博弈的结果。在制度变迁的不同阶段，利益集团有不同的功能，那么由利益集团所决定的制度变迁既不是绝对中性的，也不是绝对非中性的。

第三，制度变迁取决于利益集团的行动。因而一个社会越是允许不同的利益集团在一定的规则和程序下自由选择，则制度变迁的可能性就越大。国家力量越是过于强大，则新的制度越是难以形成，所以国家应扮演程序性的裁判角色。

制度变迁的周期理论启示我们：政府在政策制定过程中，应该放松管制，允许不同群体和集团自由的选择，同时更应该破除某些部门的独占性利益垄断，促进整个社会群体的创新。政府应着力建立公平的竞争规则，而不要热衷于扮演新制度的设计者。同时，政府应针对制度变迁的不同阶段的周期特征，采取不同的政策手段。

第七节　制度变迁的绩效

一　制度变迁绩效的含义

一般来说，变迁之初的制度是内含绩效、富有生机的，它所释放的绩效曲线是一条斜率为正的曲线，此时，边际报酬为正。但是，当这种制度绩效曲线达到一定高度之后，便开始下降，即意味着制度将随之出现绩效递减或边际报酬递减。制度变迁绩效递减有两层含义：一是从短期来看，某一特定变迁制度的绩效呈递减规律；二是从长期来看，制度变迁的长期绩效曲线呈下降趋势。短期内，制度绩效的变化与其所处的生命周期有关。制度作为一种“产品”，必有其产生、发展、成熟和衰亡等阶段。

二　制度变迁的绩效传导[①]

制度变迁绩效的传导机制，即制度变迁通过什么途径影响经济绩效，从而促进经济增长。时间变量的引入是极为重要的，时间跨度不同，制度变迁绩效的传导途径也不相同。

（一）制度变迁绩效传导的短期分析

在短期内，技术等生产要素来不及调整，所以在这一阶段，制度变迁的绩效直接传导到经济增长。这时，诺斯的制度变迁理论最能成功地对经济增长加以诠释。

在短期内，没有重大的技术变迁，制度变迁就能够克服交易费用较高的不完备市场问题，从而在制度变迁主体追求收益最大化原则下提高经济绩效，推动经济增长。制度变迁对经济增长的激励力度取决于该制度初始态交易成本的高低。如果某种制度安排的初始态的交易成本很高，那么通过制度变迁，可以大大降低其交易成本，从而大大提高经济绩效，实现经济快速增长。我国改革开放初期，经济高速增长就是典型的例子。

（二）制度变迁绩效传导的中期分析

从中期来看，一方面，通过新的制度安排来不断降低交易费用，制度变迁还是促进经济增长的主要因素。但是在一定的技术条件下，单纯依靠制度变迁对经济增长的直接激励作用会不断降低。另一方面，在这一期间也会发生技术变迁，而制度变迁过程中改变了激励机制以及信息传递的条件，所营造出的有利环境往往会加速技术变迁速度。技术变迁导致规模经济效益的改变以及劳动、资本等资源的节约等，从而促进了经济的增长。

---

① 鲁志国：《制度变迁的绩效传导与绩效曲线》，《深圳大学学报》（人文社会科学版）2003 年第 5 期。

在这一阶段，制度变迁的绩效传导有两个途径：一是直接推动了经济增长（直接途径）；二是提高促进技术变迁，进而推动经济增长（间接途径）。就中期来看，不能简单地把经济增长表述为由制度变迁决定，技术变迁也扮演着极为重要的角色。

（三）制度变迁绩效传导的长期分析

诺斯模型认为制度变迁的动力源是新的制度安排的收益大于成本，这是一个动态的过程。由此，即便如诺斯所说的制度变迁决定经济增长，制度变迁也不是经济增长的原生因素，而只不过是决定经济增长的一个环节而已，其更深层的因素是源于影响制度安排的收益及成本，即有可能实现潜在利润的因素。这些因素被诺斯称为“外在性条件”，主要包括：一是技术环境和技术变迁的影响；二是市场规模的变化；三是社会各种团体对收入预期的改变。其核心因素是技术变迁的影响。因此，从长期来看，一方面，技术变迁直接提高了经济绩效，促进了经济增长；另一方面，技术变迁形成了制度变迁得以产生的动力基础，并通过制度变迁，反过来激励技术变迁。

在这一阶段，技术变迁是经济增长的核心因素，制度变迁则是适应技术发展而对制度结构所作出的调整，是技术进步的动态反映。衡量制度变迁的“新制度产品”是否有效率及有多大的效率并没有绝对的指标，可由技术变迁与技术发展水平决定。也就是说，在某一技术水平下是有效率的制度，可能在另一不同技术水平下是无效率的制度。在长期经济增长中，制度的经济绩效是通过对技术变迁的促进或制约作用间接地传导到经济增长上。源于收益极大化的技术变迁提升了技术水平，要求制度做出相应的调整，以形成保障和促使技术变迁在社会经济活动，特别是在生产实践中大规模应用的制度变迁。这些制度变迁能够寻求技术发展的高度不确定性与产权的激励约束机制的有效平衡；能寻求技术作为公共物品与产权的有效结合，使经济主体所作努力的个人收益接近于社会收益，从而促进技术进步，推动经济增长。如果制度安排是无效率的，那么技术变迁就会受到阻碍。可见，在长期的经济增长中技术变迁对制度变迁提出了客观要求，制度变迁又反作用于技术变迁。适合技术变迁的制度变迁，能保障和促进技术变迁和技术进步，推动经济增长；反之，不适合于技术变迁的制度安排和制度环境则制约和阻碍技术变迁的进行，从而阻碍经济增长。

三　制度效率递减[①]

判断一项制度是否具有效率的标准是处于该制度下的人或组织同该制度的适应程度，即适应性效率如何。由于适应性效率纯属一种主观感受上的经验范围，客观上难以进行数量描述，因而除了在该制度约束下的行为主体能够直接体验到适应性效率之外，外部观察者通常无法直接把握（假如国家能够直接观测到制度的适应性效率，那么它就不会“生产”出无效率的制度，从而达到最高的“生产”效率），特别是在高度集权体制下更难做到（因为高度集权即意味着信息封闭，理性的人们只能唱赞歌，否则个人成本趋向极大化）。对于外部观察者来说，可以对一项制度约束下的人或组织的“产出”结果进行观察，再通过比较来发现制度的资源配置效率如何。也就是说，制度的适应性效率最终要体现在资源的配置效率上。虽然人们可以通过对配置效率的观察来判定一项制度是否有效，不过，这样做的成本过高，因为即使农业这种季节性很强的生产，观察其产出结果也需付出一年甚至几年的时间成本，才能做出比较和鉴别，至于那些耗费成本巨大的社会工程就更不用说了。因此，弄清制度与效率之间的联系，确实是一件非常有意义的工作。

通过观察和对现有研究成果的借鉴，发现从长期来看，制度的效率“生命”曲线颇类似于生物体的生命曲线。即制度的效率“生命”曲线在达到一定点之后，会随着生存时间的递增而同时出现效率递减的趋势。一般地，制度的效率往往和时间呈反相关。就人类理性来说，制度的“生命”在于它的效率。制度要保持它的效率增长，就必须进行“新陈代谢”；制度要进行“新陈代谢”，就得有一个开放的环境，一种宽松、祥和、适应制度“生长”的环境。良好的环境有利于降低制度的“生产”成本和交易成本，从而增加制度的收益率。在制度、人、环境组成的系统中，三者之间存在相互影响，所以，要描述制度效率“生命”曲线的走向，就离不开人和环境以及三者之间的动态关系。

1. 制度供给最终是由人决定

从制度的供给来看，人和组织是制度的天然供给者，组织不过是“制度化”了的人而已，所以制度的供给最终是由人决定的。作为经济学

---

① 参见李怀《制度生命周期与制度效率递减——一个从制度经济学文献中读出来的故事》，《管理世界》1999 年第 3 期。

研究对象的人是有限理性的经济人。既然人的理性有限，那么他所供给的制度就必然存在缺陷，从而表现为制度供给不足；既然人是追求效用最大化或满意效用的经济人，制度供给曲线的斜率就必然为正，从而表现为制度供给曲线的连续性。初始的制度假定是有效的，它的效率也会被局限在人的理性边界内，再加上制度“生产”成本的限制，初始的制度即使有效，其改进的余地也相当大，只要从制度改进中获得的收益大于制度改进的成本，这个过程就会延续下去。一旦制度变迁的成本等于其收益，即使制度本身仍有改进的余地，也会不禁而止。这时，制度效率“生命”曲线就达到了最高点，制度的效率就处于相对稳定的状态。令人遗憾的是，这种状态并非能永远维持下去。众所周知，从长期来看，人和组织以及环境并非是恒定的，只要它们变化了，制度的改进没有跟上，还是“以不变应万变”，就会出现适应性效率下降的趋势，从而导致制度效率“生命”曲线下滑，直到趋向于零甚至负效率，最终被制度创新的浪潮所湮没。

从制度这种“公用品”的产品特征来看，它也同样无法逃脱“边际成本递增”这一法则的纠缠。既然制度是一种特殊的“产品”，它的“生产”就是有成本的，其成本通常是由制度的供给者承担。由于人类社会始终处于发展变化的动态之中，制度的供给要满足这种动态的需求，就必须保持供给的连续性。我们这里所进行的边际分析就是建立在制度供给的“产品”增量的基础上。根据“边际成本递增”的经济学法则，先来看看制度供给过剩的情况。所谓制度供给过剩，是就某些“多余的”制度而言的，例如某些行政管理制度。判断制度供给是否过剩的一个客观标准，是看废除某些制度规则的经济收益是否大于增设这些制度规则的经济收益，如果发生了这种事情，就说明制度供给确实存在过剩的问题。在制度供给过剩的情况下，必然会发生制度的“边际成本递增”和“边际收益递减”的现象。在制度的供给和需求处于均衡点的条件下，制度的边际成本曲线一般会呈现出 U 形，即最初的制度变迁的边际成本曲线往往呈下降走势，达到一定点之后开始攀升，从而导致“边际收益递减”。一般来说，当制度变迁的“边际成本递增”和“边际收益递减”时，制度的效率也必然会随之出现递减的趋势。显然，这种制度“边际成本递增”所导致的制度效率递减的理论模型是无法像有形产品的“边际成本递增”所做出的数量关系证明那样精确，它的确比较模糊，但这并不妨碍它所揭示的有关制度变迁的一般趋势理论的正确性。即随着改革的"边际成本递增"，制度创新的边际收益也在不断下降，人们对改革所能带来的制度效率增长的理性预期逐渐减少，从而导致改革难度越来越大。

2. 制度效率取决于需求者的适应程度和接受程度

从制度的需求来看，一项制度的效率如何，首先取决于需求者的接受和适应程度。既然制度也是一种"产品"需求者也是制度的"消费"者，那么，制度"消费"的过程也一定符合"边际效用递减"律。"边际效用递减"律是以生理心理学理论，神经元对等量外界刺激的条件反射强度随刺激次数的增加而递减为基础的。既然人是由神经系统组成的，心理疲劳就是先天性的，当同一制度的信号刺激达到一定点之后，人们反应强度的曲线就会随着刺激频率的递增而呈现下降的趋势，从而预示着制度"消费"的边际效用递减。人们更喜欢"新鲜"的产品，创造是人最可贵的本质，只要这种本质不被压抑，制度创新就是一个连续的过程。

制度"消费"的"边际效用递减"的一个重要含义是，制度的效率在达到最高点并经过一段时间的稳定之后，必然会伴随着"边际效用递减"而出现不断下降的趋势。从逻辑上看，应当说两者下降曲线的斜率大致上是等同的。不过，就社会现象的复杂程度来说，理论描述的只能是大致的状况和趋势，个别和差异总是不可避免的，但这并非有损理论本身的价值，只要我们懂得社会科学不同于自然科学的那些特点就会明白。问题是制度"消费"的"边际效用递减"律的发生需要满足哪些条件？为何有些落后民族长期固守着传统制度形式不变？他们的制度创新能力为何如此稀缺？

要回答这些问题，就得回到人、制度和环境所组成的系统上来。一般系统论认为，如果系统是封闭的，就意味着它同外界不存在物质、能量和信息的交换，由于封闭系统无法得到发展变化所需要的信息、物质和能量，因而其运动的形式就较为单调，一般不会发生涉及质变形态的运动，除非外力的作用。如果系统处于半封闭半开放状态，它和外界的交换肯定是不充分的，所获得的信息、物质和能量必然受到限制，因而其发展变化就十分缓慢。只有开放的系统才能获得时间和空间上的充分发展。推论到人、制度和环境组成的系统中来也是同样道理。如果制度所处的环境封闭，那么生存在这个制度环境中的人就很少会把有限的智力资源投入到制度创新中去，因为即使他们为此付出的成本达到了极大化（如生命的代价）也往往无济于事。长此以往，这个民族的创造力就会逐渐萎缩（专制的逆淘汰机制：淘汰优秀，保存一般），这不仅影响到制度创新，而且也会波及技术创新和科学发现。如再考虑到信息封闭所造成的文化结构模式上的闭塞和制度变迁导向的缺位以及制度变迁的物质基础——物质手段落后的话，我们就不难理解制度变迁需要哪些条件了，以及落后的民族为什么长期保持“江山依旧”。

制度环境的封闭还会使制度“消费”的“边际效用递减”律发生扭曲。一般来说，满足“边际效用递减”律的一个基本条件是环境开放，这可以从两个方面来理解。首先，人只有在信息或物质或能量的同一信号反复刺激下，才可能不断降低反应强度。如人对食品的消费，在时间连续性不间断的情况下，其边际效用曲线最终会下滑到零。其次，如果在消费时间连续性出现间隔的情况下，“边际效用递减”律的长期存在还需要一个充分条件，即是说，条件反射强度递减的长期维持需要一个生理、心理上的信号回应，即对一种新信号的“感应”。如让人们每天只消费一种食品，时间上可以有间隔，长此以往，人们对这种食品就会感到腻烦，边际效用开始递减，但为了维持生命又不得不继续消费，这样边际效用曲线的下降就被迫停留在生存需要这一点上，如果没有新食品的出现，边际效用曲线就不会下降到零。准确地说，当人们对旧信号反应强度的下降达到一定点时，就需要“感应”到新信号才能继续维持“边际效用递减”。这时，人们对旧信号反应的弱化程度应当同对新信号感应强度的增加程度是一致的，如果这时没有新信号感应强度的增加来“填补”旧信号反应强度弱化的“空间”，人的生理系统和心理系统就会在同一信号的长期刺激下出现“麻木”状态，条件反射曲线从而表现为一条水平直线。在封闭的制度环境里，人们尽管对传统制度感到厌恶，出现“边际效用递减”的趋势，但同时也因制度创新的成本太大和进入新制度的“门槛”太高，以致对新制度感到无望，从而陷入一种困惑和绝望之中。由于制度“消费”的“边际效用递减”是以人类对新制度的“感应”为充分条件的，一旦失去了对新制度的欲求，制度“消费”的边际效用曲线就会因缺乏对未来新制度信号的“感应”而呈直线状。

借助于“边际效用递减”律的分析，可得出两点结论：一是任何制度的效率在一定点上都会出现递减的趋势（在制度不变，实践却继续发展的条件下）；二是只要允许重复博弈，制度的效率就不可能为零，因为人们不会允许制度的效率下降到可以超越生理和心理的最后界限的程度，但可以在这一界限的上方寻找到能够维持自我生存的最低效率位点，从而维持一种低效率状态。由此可见，低效率是人们对不合理制度（造成个人收益和社会收益之间的差距越大，表明这种制度就越不合理）“用脚”投出的“选票”。

四　制度变迁的绩效曲线①

从长期来看，制度变迁的绩效也是呈递减现象，但其成因却完全不同于短期制度绩效的递减。在较大的时间跨度内将会发生显著的技术进步，制度变迁和技术变迁互动并作用于经济增长。

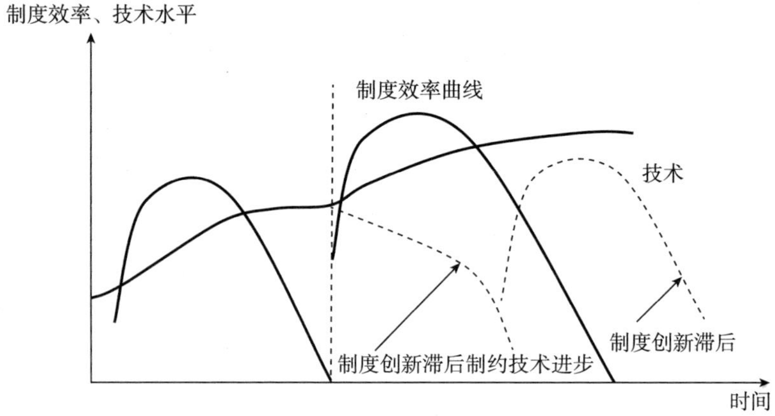

图 6-3　制度与技术互动

技术的生长和发展既有连续性特征，又有跳跃性特征，是缓慢发展与快速发展交替进行的。周期性的科学大突破导致了大跨度的技术跃升，而两者之间则是技术缓慢发展的阶段（技术发展平台期）。当技术发展处于跃升期时，技术变迁极为活跃，技术环境改变迅速，技术水平快速提高。这时制度变迁的适应性角色决定了制度变迁也应该是十分活跃的，并且其每一绩效都是递增的。当技术处于平稳发展阶段时，制度变迁不

① 参见鲁志国《制度变迁的绩效传导与绩效曲线》，《深圳大学学报》（人文社会科学版）2003 年第 5 期。

但活跃程度下降，并且持续的制度变迁所带来的边际报酬也是递减的。无数多的短期制度绩效曲线的包络线构成了长期的制度变迁绩效曲线，长期的制度绩效先递增后递减，呈递减规律（见图 6-4）。

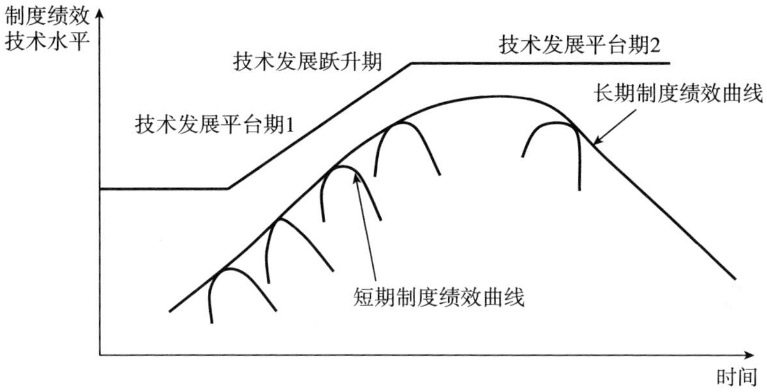

图 6-4　长期制度绩效曲线

就某一发展阶段来看，制度变迁初期，制度框架适应技术的特性与要求，使其加速发展，促进技术变迁和经济增长。但随着技术的进步和经济的增长，会改变收入的规模和分配。这种情况积累到一定程度，相对静态的制度规则会变得不适应，并导致制度绩效不断降低，由正转负，制约技术变迁的进行。此时，客观上要求有更新更能适应当时生产力状况的"新"制度来替代这一"旧"制度，使制度变迁与技术变迁的互动作用开始进入下一轮的循环（见图 6-3）。就总体而言，在长期内，由于技术变迁所导致的生产力的提高对社会发展和经济增长的作用更为直接和有效；而制度等其他因素是通过作用于技术而间接作用于经济增长。因此，制度变迁的绩效由其对技术变迁的促进或抑制作用体现出来。制度要适应技术发展的要求从均衡状态（适应）—不均衡状态（不适应）—均衡状态（重新适应）不断演进。

第八节　制度变迁的路径依赖理论

制度研究不仅要从理论上说明和论证选择怎样的制度安排才能实现

最高的制度效率，研究社会政治制度安排、经济制度安排以及具体的制度安排，而且还要分析在整个时期内制度结构的变化、演进，一个社会的制度形成和变迁并不是随意的，而是受历史的深深影响，具有明显的路径依赖特征。

一　路径依赖的内涵与制度变迁的路径依赖理论

（一）路径依赖的内涵

路径依赖类似于物理学中的“惯性”，一旦进入某一路径（无论是“好”的还是“坏”的）就可能对这种路径产生依赖。用诺斯的话来讲：“历史确实是起作用的，我们今天的各种决定、各种选择实际上受到历史因素的影响”。

（二）制度变迁的路径依赖

诺斯（1994）认为：制度变迁过程与技术变迁过程一样，存在着报酬递增和自我强化的机制。这种机制使制度变迁一旦走上了某一条路径，它的既定方向会在以后的发展中得到自我强化。所以，人们过去做出的选择决定了他们现在可能的选择。沿着既定的路径，经济和政治制度的变迁可能进入良性循环的轨道，迅速优化；也可能顺着原来错误路径往下滑，甚至被“锁定”（Lock-in）在某种无效率的状态之下而导致停滞。一旦进入锁定状态，要脱身而出就会变得十分困难。

（三）制度变迁的路径依赖理论

决定制度变迁路径的力量来自两个方面：报酬递增和不完全市场，后者通过交易成本得到说明。在一个不存在报酬递增和市场的可竞争性的世界，制度是无关紧要的，但如果存在报酬递增和不完全市场时，制度则是重要的，自我强化的机制就会起作用。自我强化机制的四种表现是：第一，设计一项制度需要大量的初始设置成本，而随着这项制度的推行，单位成本和追加成本都会下降。第二，学习效应。适应制度而产生的组织会抓住制度框架提供的获利机会。制度变迁的速度是学习速度的函数，但变迁的方向却取决于不同知识的预期回报率。行动个体所具有的思维模式形成了其对回报率的预期。第三，协调效应。通过适应制度而产生的组织与其他组织缔约，以及具有互利性的组织的产生与对制度的进一步投资，实现协调效应。更重要的是，一项正式规则的产生将导致其他正式规则，以及一系列非正式规则的产生，以补充和协调这项正式规则发挥作用。第四，适应性预期。随着以特定制度为基础的契约盛行，将减少这项制度持久下去的不确定性。

总而言之，制度向量的相互联系网络会产生大量的递增报酬，而递增的报酬又使特定制度的路径保持下去，从而决定经济长期运行的轨迹。在诺斯看来，路径依赖是起作用的，即是说，我们的社会演化到今天，我们的文化传统，我们从过去演化到今天的信仰体制，这一切都是一种根本性的制约因素。我们必须仍然依靠这些东西，即我们必须非常敏感地注意到这样一点，那就是我们是怎么走过来的，我们的过渡是怎样进行的。只有这样，我们才能更清楚今后和未来将会面对哪些具体的因素，哪些是有利的，哪些是不利的。

路径依赖有两种极端形式，即诺斯路径依赖Ⅰ和诺斯路径依赖Ⅱ，在这两者之间还有许多中间情形。诺斯路径依赖Ⅰ：一旦一条发展路线沿着一条具体进程行进时，系统的外部性、组织的学习过程以及历史上关于这些问题所派生的主观主义模型就会增强这一进程。一种具有适应性的有效制度演进轨迹将允许组织在环境的不确定下选择最大化的目标，允许组织进行各种试验，允许组织建立有效的反馈机制，去识别和清除相对无效的选择，并保护组织产权，从而引致长期经济增长。

诺斯路径依赖Ⅱ：一旦在起始阶段带来报酬递增的制度，在市场不完全、组织无效的情况下，阻碍了生产活动的发展，并会产生一些与现有制度共存共荣的组织和利益集团，那么这些组织和利益集团就不会推动现有制度的变迁，而只会加强现有制度，由此产生维持现有制度的政治组织，从而使这种无效的制度变迁的路径持续下去。这种制度只能激励进行简单的财富再分配，却给生产活动带来较少的报酬，也不鼓励增加和扩散有关生产活动的特殊组织。结果不仅会出现不佳的增长实绩，而且会使其保持下去。

路径依赖对制度变迁具有极强的制约作用，它是对长期经济变化作分析性理解的关键。初始的制度选择会强化现存制度的刺激和惯性，因为沿着原有制度变迁的路径和既定方向前进，总比另辟蹊径要来得方便一些，路径依赖形成的深层原因就是制度因素。一种制度形成以后，会形成某种在现存体制中有既得利益的压力集团，他们力求巩固现有制度，阻碍进一步的改革，哪怕新的体制较之现存体制更有效率。如果制度变迁中的路径依赖形成以后，制度变迁就可能变成“修修补补”的游戏了。

因此，新旧体制转轨的国家必须不断解决“路径依赖”的问题①。

二 诺斯路径依赖理论的作用机理

诺斯认为，制度变迁的路径取决于两个因素：一是交易费用高且不完备的市场。由于市场的复杂多变以及制度设计者的有限理性，决定制度变迁的初始设计不可能完全符合市场实际，在这种情况下，初始制度的选择是多种的而不是单一的，可能基本正确也可能基本不正确，相应的制度变迁也并非一定按照初始设计演进，往往可能一个偶然事件就改变了制度变迁的方向，这形成了路径依赖运行机理的给定条件；一种制度或制度系统被偶然性地初始选择和历史地位的确认，它就会影响制度变迁的过程，而制度变迁的过程反过来又会影响制度的选择和进一步变迁，因为制度具有自我实施或强化的机制，强化这种制度或制度系统的刺激和惯性，从而形成影响制度变迁的第二个因素即收益递增，收益递增是制度自我强化机制或正反馈过程，由于制度变迁过程中出现收益递增现象，使制度形成自我强化力量，促使制度变迁沿着既定方向在某条路径中不断自我发展、强化，出现“路径依赖”。收益递增是路径依赖的来源，也是路径依赖的一种典型形式；同时，诺斯指出，不只是单一的制度具有回报递增的特征，制度安排会产生新的互补性制度结构即一个制度模板相互依赖网络，这个模板将“产生大量的回报递增”，因此，路径依赖过程通常并不是突出表现在单个组织或制度层次上，而是表现在涉及制度和组织构造的互补性构造的宏观层次上。那么，制度的路径依赖是如何随着初始制度选择的给定条件而启动的？诺斯认为，这主要表现在制度在现实社会中有四种自我实施或强化的机制形成收益递增，而收益递增反过来又深刻地决定着制度变迁的进一步发展，制度就会沿着既成路径发展下去，形成路径依赖。

制度沿着既定的并在后来发展中逐步得以强化的路径，并不意味着必然导致经济长期增长的良性轨迹，而很可能相反。所以，制度变迁最终可能呈现出迥然不同的轨迹，可能进入良性循环轨道并迅速优化，产生制度的路径依赖的正效益；也可能沿着原来的错误路径直至被“锁定”在某种无效率的状态下而导致停滞，产生路径依赖的负效应。路径依赖的正效应表现在，一种相对较优的初始制度被选择后，在现实生活中获

---

① 洪名勇：《路径依赖与农地产权制度创新》，《河北经贸大学学报》1999 年第 2 期。

得强有力的支持，同时由于制度的有效自我实施机制，使制度在初始制度的基础上，通过不断的学习、协调和适应，进一步向更完善、更发达的境地变迁，也会使组织在环境的不确定性条件下通过不断的实验，做出相对较优的制度选择，识别和消除相对无效的制度选择，从而使制度呈现良性的变迁轨迹，形成制度的路径依赖的正效益，在路径依赖的正效应下，制度变迁能有效地调动人们的积极性，制度变迁与经济增长之间也会形成良性的互动局面；路径依赖的负效应表现在，在市场不完全、组织无效的情况下，人们初始选择一种自以为相对较优而实际上相对无效的制度后，同样由于制度的自我实施机制，使制度在初始制度的基础上不断地变迁下去，伴随制度而产生一些与现有制度共存共荣的强有力的组织和利益集团，尽管制度开始逐步显现出阻碍整个社会生产活动发展的负面效应，在现实生活和经济发展中也不能得到有效支持，但这些组织可能为了自身的利益而维护和加强现有制度，在经济发展中不断推出一些加强现有激励与组织的制度，从而使这种无效的制度变迁的轨迹持续下去，直至形成制度的路径闭锁，路径闭锁的局面一旦形成，往往难以改变，因为它会顽固地抵制新的制度创新。诺斯认为，制度变迁的这种轨迹和路径依赖，揭示了当今世界不同国家和地区政治经济形态千差万别的重要根源，也是低效率的制度得以长期存在的重要原因。当然，诺斯的两种制度变迁轨迹的划分，反映了路径依赖中的两种极端情况，而现实世界中的经济往往是两种情况的某种混合。

在制度变迁过程中，支持路径依赖过程的自我强化机制使制度形成惯性而不会轻易改变，难以根据周围环境的改变作出迅速调整，也使组织探索替代性选择变得非常困难，因为变革原有制度的成本会高昂到足以阻止变革本身。但诺斯认为，制度变迁的路径依赖特征并不意味着制度变迁是一个“命中注定”且不可避免的过程，也不意味着制度变迁在陷入路径闭锁后就无法改变，事实上，沿着路径依赖的每一个阶段、每一步都有政治和经济上的新的制度选择的可能和机会，即在制度演进过程充满路径依赖和创新，只不过摆脱路径闭锁往往要借助于外部效应，引入外生变量或借助政权的变化，也就是存在外部压力和内部危机。制度系统性的变迁很可能是从一个大的外在冲击开始，这种外在冲击引发制度系统的内在变化，并在关键转折时刻选择一种新的制度，这种新选择又会对未来的制度选择和变迁产生路径依赖的约束，这种新的选择是否是可行的轨迹，由于受多种因素影响而难以确定。制度变迁的复杂性表明，不存在单一的、最为有效的经济体制，从不同历史条件发展而来的多样化的经济体制在它的历史条件下就可能是最有效率的。在诺斯看来，打破路径闭锁、实现路径替代的过程中，政府的干预和一致性行动十分重要，政府是一个社会中最大的制度供给者，当制度变迁陷入路径闭锁时，政府要积极探索新的路径，并使制度的自我强化机制来自社会内部的学习、协作、适应等各种网络效应，这样通过加强信息交流，社会形成一致性行动，打破路径闭锁、实现路径替代就可能发生。

诺斯认为制度本身是一个体系，他论述制度的路径依赖的作用机理是在产权、国家和意识形态的互动关系中形成和表现出来的，“我研究的重点放在制度理论上，这一理论的基石是：①描述一个体制中激励个人和集团的产权理论；②界定实施产权的国家理论；③影响人们对‘客观’存在的变化不同反应的意识形态理论，这种理论解释为何人们对现实有不同的理解”[①]。他指出，过去人们注重经济增长中资本、技术等要素的作用，这固然重要，但经济增长的关键问题不是能否获得足够的资本和技术，而是对经济主体的激励以及如何正确使用资本和技术的问题，也就是制度问题。一个有效的制度能使资本和技术容易获得；而一个无效的制度，不仅不能形成资本和技术，而且已有的资本和技术也不会有效地促进经济发展。他考察西方世界后得出结论，经济增长的历史和产权体系——作为组织人类关系、经济关系和社会关系的一门技术是与演变的历史分不开的，产权的变革是产业革命以及作为其重要标志的技术革命的真正原因，一个有效率的产权结构将为社会提供良好的激励机制，它的效率是经济增长、停滞或衰退的关键，因而如何界定和行使产权则是建立一个有效率的激励制度的关键。但经济增长并不是单靠产权制度自身就能解决，而且对产权的合理界定需要外在的权威力量，这就是国家制度。

诺斯认为，国家的重要性在于它是界定和行使产权的主体，规定产权的结构并最终对产权的效率负责，即国家最终要对造成经济增长、衰退或停滞的产权结构的效率负责。在这里，诺斯把国家当作一种政治组

① 道格拉斯·C. 诺斯：《经济史中的结构与变迁》，上海三联书店、上海人民出版社 1994 年版，第 7 页。

织来对待，而他所说的国家职能主要是指政府的职能。政府作为一种组织，在制度选择和创新的过程中，它的功能是决定性的，一方面是在现存制度允许的范围内产生和发展的，实现着制度的功能；另一方面，政府又影响制度的运行和变迁。它既可成为阻止制度变迁的巨大障碍，也可成为促进制度变迁的重要力量，这就是诺斯所讲的“国家悖论”，“国家的存在是经济增长的关键，然而国家又是人为经济衰退的根源；这一悖论使国家成为经济史研究的核心，在任何关于长期变迁的分析中，国家模型都将占据显要的一席”①。为什么会出现悖论呢？这是因为作为组织的政府具有“经济人”的本质，它既是社会的总代表，又是具有自身利益追求的统治者，从而决定着它的双重目标即一方面要界定产权使统治者租金最大化，另一方面要降低交易费用使社会产出最大化。所以，它在界定和行使产权时，经济增长是它衡量制度绩效的重要指标，但并不是以经济增长作为唯一指标，而是具有多重指标。这时，国家作为产权制度的界定和行使者，在制度形成路径依赖中的作用就体现出来，如果政府在初始的产权制度的选择时，能够根据实际需要，相对有效地界定和行使产权，并积极地通过制度自我强化机制的学习、协调、适应性等效应使人们认同和支持这种产权制度，为产权运行提供一个公正、安全的制度环境，为产权的运作提供“游戏规则”；同时，政府能够建立富有约束力的制度与体制来规范和制约自己的行为，在界定和行使产权时既把自身收入最大化作为目标，又把社会产出最大化作为目标函数。这样，经济增长就成为统治者使自身收入最大化的前提，有效率的制度被创新出来，国家也在制度形成良性路径依赖中发挥积极促进作用。反过来，如果政府在选择初始的产权制度时，没有能够根据实际需要相对有效地界定和行使产权，但这种产权更有利于政府自身收入最大化而不是社会产出最大化，政府同样可能积极地通过制度自我强化机制的学习、协调、适应性等效应引导，甚至利用权威强制推行这种产权制度，为这种相对无效率的产权的运行创造制度环境，为它的运作提供“游戏规则”，这样，国家就可能成为阻碍更有效率的制度被创新出来的障碍，国家也在制度形成恶性路径依赖中发挥主导作用。所以，诺斯认为制度形

① 道格拉斯·C. 诺斯：《经济史中的结构与变迁》，上海三联书店、上海人民出版社 1994 年版，第 20 页。

成路径依赖与国家有直接关系。

但一种制度或制度结构形成路径依赖，并不是单纯靠产权制度与国家制度就能说明，因为任何一套正式制度都离不开非正式制度的土壤，需要非正式制度提供根本的“合理性”。国家权威可以界定和行使产权，但社会对产权的尊重以及这种产权制度有效的运行则不是单靠国家权威能解决，于是，诺斯引入他制度分析的第三个因素即意识形态。他认为，如果没有一种明确的意识形态理论或知识社会理论，那么，在说明资源的现代配置和历史变迁的能力上，就存在着无数的困境。意识形态的变化和创新也是经济增长的重要制度因素，“意识形态不仅在政治选择中发挥着重要作用，而且也是影响经济绩效的个人选择的关键。个人如何看待游戏规则的公平与公正，明显会影响绩效”①。意识形态是对制度正义与否的判断，其核心问题是人们关于制度公正性的看法。因此，意识形态的制度作用，一方面是在理论上证明现存的产权结构的合理性、公正性，为现存的产权结构成为体制重要的、合理的组成部分提供理论依据，从而使产权制度及其变迁获得观念上的认同和一致；另一方面，意识形态是维持国家相对稳定的力量，它把社会和经济合理地黏合在一起，促进社会协调发展，有利于社会稳定。同时，意识形态是一种人力资本，是减少国家提供其他制度安排的服务费用的最重要的制度安排，它能使个人与环境达成默契，引导人们的选择并使决策过程更加简化，因此能够降低社会制度的运行成本，解决“搭便车”的问题。意识形态的制度作用，使它在制度的路径依赖形成中起着关键作用，它是制度正式制约及实施机制变迁中的路径依赖现象产生的根源之一。诺斯在他的理论体系中给意识形态极为重要的地位，他认为，不同的文化模式和意识形态的压力决定制度初始选择的差别，也决定了不同民族对不同发展路径的依赖。因为在一定的意识形态影响下，我们会对产权和国家制度形成最初的判断性认识，又用这种认识、信念、意识形态来论证这种制度和规划下一步的制度安排和变迁。同时，现存的意识形态影响新的意识形态的形成，形成非正式制度，非正式制度对正式制度的维持起着重要作用。所以，产权和国家制度要形成良性的路径依赖轨迹，没有意识形态的支

① 道格拉斯·C. 诺斯：《制度、制度变迁与经济绩效》，载詹姆斯·A. 道等《发展经济学的革命》，格致出版社、上海三联书店、上海人民出版社 2000 年版。

持不行，当一种意识形态能够客观地解释历史，有效地解释现行的产权和国家制度的合理性，并促进现行的产权和国家制度根据环境的变化而适当地改变。当它能使更多的人对现存的产权和国家制度安排达成认可，促进社会对这些制度学习、协作和适应，从而提高社会行动效率时，就有利于制度形成良性的路径依赖。反之制度则难以形成良性的路径依赖。

这样，诺斯以产权、国家和意识形态三块基石为基础，通过初始制度选择的给定条件，到路径依赖的启动机制，再到路径依赖状态的形成，最后倒退出路径闭锁这四大表现或过程的论述，阐述了国家和意识形态对形成制度变迁的路径依赖的作用。他的理论逻辑是，有效率的产权结构是一个国家的经济发展活力的源泉；而有效率的产权结构又取决于对产权的合理界定和维护，这一方面需要国家权威来界定产权结构，对造成经济的增长、衰退或停滞的产权结构的效率负责，另一方面需要意识形态对国家界定的产权制度给予论证和维护，促使新的制度安排通过学习效应、协调效应和适应性效应等自我强化机制形成良性的路径依赖状态；产权、国家和意识形态复杂交互作用所形成的制度变迁的路径依赖轨迹，由于变革原有制度、选择替代性制度的成本高昂等原因使制度转轨变得非常困难，但并不意味着在陷入路径闭锁之后，制度变迁的路径就无法改变，在外部压力或内部危机下，通过政府的干预和一致性行动，以及意识形态的支持，仍然可能冲破路径闭锁，实现路径替代。

诺斯对制度变迁的路径依赖性的存在和作用机理的揭示，对历史制度变迁两种轨迹的概括，以及退出路径闭锁的可能性分析，构成了其制度变迁路径依赖理论的核心内容，为我们研究路径依赖并运用它分析其他问题提供了一种新的分析工具，也提供了一个非常有用的初步分析框架。他强调历史的重要性和制度的内生性，强调制度变迁与经济绩效的联系，对正式制度与非正式制度的论述都给人们深入研究这些问题以深刻的启发。所以，“制度变迁中的路径依赖不是空穴来风，而是客观经济规律”①。

三　诺斯路径依赖理论的缺憾

作为一种分析工具，诺斯的路径依赖的制度分析框架还需要进一步完善。这表现在：一是诺斯强调制度的重要性，但没有限定条件，给人

---

① 卢现样：《新制度经济学》，武汉大学出版社 2004 年版，第 171 页。

造成“唯制度决定论”的嫌疑；同时，他对哪些制度要素直接对经济绩效发生作用并没有作具体阐述。二是诺斯通过产权、国家、意识形态的互动作用论述了制度形成路径依赖的机理和表现，但对国家、意识形态作用的论述还不充分，需要深化和细化，如没有指出在不同时期，制度变迁中国家、意识形态所起的作用是不同的，再如对国家和意识形态如何发挥具体作用没有深入回答。三是诺斯在论述“国家悖论”时，过分强调两种目标的对立性，事实上，二者之间并非总是此消彼长，在一定的制度条件下完全可以统一起来。四是诺斯对正式制度与非正式制度没有辩证地认识。开始他认为正式制度主导着制度变迁，非正式制度的主要作用是通过论证、弥补正式制度而影响制度变迁，社会制度变迁始于正式制度的变革，非正式制度是在正式制度变迁后才逐渐演化的；后来他发现非正式制度在整个制度变迁中起着关键作用，正是非正式制度的作用使制度变迁具有渐进性，但他没有辩证地指出正式制度和非正式制度在制度变迁的不同时期所起的不同作用，所以人们认为他在这一问题的认识过程中具有矛盾性，至少可以讲，他没有明确地解决这一问题。但正如他所讲，我们对路径依赖性的意义的严肃研究才刚刚开始，如果我们对制度的运作及其原因的思考和理解还不是很完善的话，那么我们就需要去更好地把握认知过程、信念结构与制度之间复杂的交互关系①。五是诺斯对意识形态在制度演化和制度选择中的作用问题的探讨仍然需要深化。诺斯指出：“对包含在非正式约束中的信息进行文化处理，在长期意味着：它在制度的渐进演化方面起着重要的作用，从而成为路径依赖的根源”②。他过去认识到对意识形态难以精确描述和研究，也是他一直感到困难和遗憾的问题，现在他把研究的重点放在意识形态等这些非经济的社会和文化因素对制度选择和路径依赖的影响，想弥补自己理论的缺憾，并出版了新著《理解经济变迁过程》，但对于如何发挥意识形态的作用、如何分析意识形态与政府的动态关系仍然需要深化，同时也需要对意识形态、文化信仰和历史传统所起作用进一步作出实证的、具体的分析和考察。

---

① 道格拉斯·C. 诺斯著：《理解经济变迁过程》，中国人民大学出版社 2008 年版，第 24 页。

② 道格拉斯·C. 诺斯：《制度、制度变迁与经济绩效》，格致出版社、上海三联书店、上海人民出版社 2000 年版，第 62 页。

四　格雷夫对路径依赖理论的拓展

目前理论界对路径依赖理论达成的基本共识是，制度变迁中的路径依赖不仅存在而且很重要，现在的问题是把路径依赖作为一种分析方法和观察问题的视角去观察、分析具体问题，在理论与实证研究中体现它的适用性、合理性和理论的生命力，并在此过程中完善这一理论以弥补它的缺陷。格雷夫、青木昌彦、奥野正宽等学者力图达到这一目的，其中青木昌彦、奥野正宽运用这一理论对日本经济体制变迁的路径依赖问题进行分析[①]，格雷夫则是拓展这一理论研究的代表[②]。格雷夫在肯定诺斯制度分析理论的同时指出，诺斯的理论框架意味着只能考察由国家界定并实施的制度，妨碍了对非经济的社会和文化因素对制度选择和路径依赖的影响的考察。作为历史的制度分析的主要代表人物，格雷夫是“作为诺斯的挑战者的姿态出现的”[③]，但准确地讲他是诺斯理论的发展者，他是在对新制度经济史学的继承、创新和发展中形成自己的历史制度分析的方法论和理论体系，认为历史制度分析的目标在于清晰地展示制度的选择过程和影响制度的路径依赖的因素。

格雷夫认为诺斯分析框架的局限性在于把国家作为制度的唯一来源，而制度研究不能只重点研究国家和集中（中央或国家）法律下的制度。这里需要特别指出的是，格雷夫的批评是针对过去诺斯对非正式制度研究不够而言的，而诺斯后来正是在格雷夫的影响下把非正式制度作为研究的重点。格雷夫把研究的重点放在非正式制度，他认为，在影响制度变迁的因素中，作为非正式制度的文化信仰的地位和作用不仅重要而且至关重要，是制度变迁形成路径依赖最重要的因素，文化的桥梁和纽带作用把历史上前后两个制度连接起来，决定着社会在多重选择中倾向于某一结果的选择，形成了制度变迁的路径依赖性；他认为制度变迁的主体是非正式的自我实施制度，而对自我实施制度的选择受到历史的综合因素的制约与影响，这些因素包括经济、政治、文化和社会等。因此，在对非正式制度的具体分析时，应十分重视历史在制度产生、存在和变迁中的作用，注重研究“历史的路径依赖”。在上述基本认识的基础上，

---

① 青木昌彦、奥野正宽：《经济体制的比较制度分析》，中国发展出版社 1999 年版，第 8 页。

② 阿夫纳·格雷夫：《大裂变——中世纪贸易制度比较和西方的兴起》，中信出版社 2008 年版。

③ 胡乐明：《真实世界的经济学》，当代中国出版社 2002 年版，第 288 页。

格雷夫通过对热那亚人和马格里布人的文化信仰与他们选择制度的考察，对历史上影响制度选择、形成制度变迁的路径依赖的经济、政治、文化和社会等各种因素以及它们之间的相互作用进行了具体的实证研究和深入的理论分析，拓展了制度经济史的研究领域和范围，也丰富了路径依赖理论。

格雷夫指出，一个社会内部的经济、文化、社会特征之间的关系具有复杂性，历史在制度变迁与选择中的作用是政治、经济、文化和社会因素综合作用的结果，文化信仰在制度变迁轨迹中具有决定性作用。为了证明这一点，他把博弈论与路径依赖分析方法结合起来指出，在制度变迁的博弈过程中，与过去的均衡相联系的预期，在某种意义上升为“文化信仰”，从博弈中超越出来，为其他历史结果的战略选择提供了最初的条件，因此，制度是历史进程的产物，是过去的制度、经济、政治、社会和文化的特征相互作用定型了现行制度及其演进，形成了制度变迁的路径依赖性。那么，为什么历史经常不能成功地选择更有效率的制度？他认为有三种因素阻碍了社会对制度的成功选择，造成了制度结构的路径依赖。一是在经济制度的两种相互影响的组成部分即文化信仰与组织中，受文化信仰的制约，一个社会使用另一个社会的组织的能力是有限的。二是组织的发展自身是一个历史过程，过去的组织引导未来制度与组织的发展。三是制度结构显示路径依赖，因为过去的行为、文化信仰、社会结构和组织影响价值观与社会实施机制的发展，它们抑制了人们选择的灵活性。在他看来，“西方世界兴起”的种子是他们个人主义的文化传统，而一些发展中国家长期落后的根源可能在于他们集体主义的文化传统。总之，格雷夫认为，一个社会的制度是非正式制度与正式制度相互作用而形成的一个有机整体，它是对历史进程的反映，对社会制度的经济内涵产生持久的影响；这种相互作用引导着制度的变迁，其中，文化信仰在社会的制度选择与制度变迁中占据着至关重要甚至是决定的作用，它决定了人们在面临多重制度选择时的制度选择方向，不同的制度选择把不同的经济与社会引上了不同的发展轨道，形成了制度变迁的特殊轨迹和历史的路径依赖。

格雷夫在诺斯研究的基础上，具体而有创造性地应用了路径依赖理论，拓展了这一理论的研究领域和范围，增强了这一理论对历史及现实制度问题的分析能力和解释力，从而把路径依赖理论推向前进。具体来说，主要表现在两个方面：一是把制度分析的范围从正式制度扩展到非正式制度，研究视野从特定的制度安排转向社会的制度结构，开辟了研究制度选择与制度变迁的新领域，指出制度变迁的路径依赖是政治、经济、文化和社会诸因素综合作用的结果，特别是在理论和实证上系统论证了文化传统、价值观念和信仰结构在制度选择和制度变迁轨迹中的特殊重要性，正如诺斯所讲："格雷夫对文化价值观对经济绩效的影响进行了最系统的研究"①。二是他把博弈论这一分析工具引入制度经济史研究，将博弈论和路径依赖分析结合起来，清晰地展示了制度变迁路径依赖的微观机制，即制度博弈参与者的期望影响着特定制度博弈结果的达成，制度博弈参与者的期望来源于他自身的文化信仰，而制度博弈参与者的文化信仰又是在以往的制度博弈过程中逐渐形成的，受到历史、社会和政治因素的影响，这样，文化信仰就在不同历史阶段上的制度博弈之间建立了内在联系，它使制度博弈参与者在多重的不确定性的制度选择面前做出某种制度选择，由此形成了制度变迁的路径依赖。从而更有说服力地解释了不同社会经济体制差异的根源，弥补了诺斯路径依赖理论形式化不足的缺憾，也就是说他的分析框架很好地将社会、政治、经济和文化因素与制度变迁的路径依赖结合起来，有力地推进了路径依赖理论的形式化②。

需要说明的是，格雷夫批评过去诺斯的分析框架把国家作为制度的唯一来源，没有对非正式制度即文化传统给予充分研究，但他似乎过分强调了文化传统的作用，文化传统在一种制度的选择和自我强化过程中发挥着重要作用，但一种制度之所以形成路径依赖路径，没有国家对其认可与巩固是难以形成的；他和诺斯一样，也没有明确指出，在制度变迁的不同时期，制度结构中起主导作用的制度重点是不同的；制度变迁的路径依赖是政治、经济、文化和社会诸因素综合作用的结果，但它们更具体的作用机理是什么，是通过怎样具体的方式、途径和机制相互影响而最终形成制度变迁的路径依赖，还需要从广度和深度上做拓展和加深研究。

综上所述，从诺斯到格雷夫，他们在论述制度选择和制度变迁的路

① 道格拉斯·C. 诺斯：《理解经济变迁过程》，中国人民大学出版社 2008 年版，第 68 页。
② 卢现祥、朱巧玲：《新制度经济学》，北京大学出版社 2007 年版，第 468 页。

径依赖过程中，一是坚持历史分析的研究方法，注重理论与历史的结合，把理论融入历史之中，力求达到理论与历史的统一，从历史分析中提炼出能使我们理解制度变迁和经济增长的理论分析框架，给人们特别是处于社会转型期的国家从历史分析中理解自己的制度选择和制度变迁提供了方法论支持。二是他们坚持制度分析的研究方法，把制度看作经济领域里的一个内生变量，制度分析始终贯穿于他们理论分析的全过程，把实证分析与规范研究结合起来，论证了产权、国家、意识形态制度的交互作用在制度选择和制度变迁路径依赖中的作用，对国家制度、意识形态制度的运行有相对详细、具体的研究，这种分析问题的方法和视角启示人们特别是处于社会转型期的国家要慎重对待社会重构过程中制度选择。三是他们坚持制度建构与制度演进的统一的方法，认为在制度变迁过程中，既是制度的自然演进过程又是制度的理性建构过程，是两种力量之间的复杂交错的过程，启示人们特别是处于社会转型期的国家要审慎研究和探析如何合理利用两种路径的作用力推动制度变迁的进程。尽管路径依赖理论是诺斯通过对法国、西班牙与英国、荷兰等西方国家的案例研究提出，格雷夫通过对热那亚人和马格里布人的案例研究中完善的，还存在缺陷，需要完善，但它的方法论价值和实际意义并不因此被发展中国家特别是转型国家忽视①。

① 马耀鹏：《制度与路径依赖》，博士学位论文，华中师范大学，2009年。

第七章　制度的演化理论

演化经济学及制度演化是经济学和制度经济学研究的两个前沿领域，我们在对制度变迁进行探讨的基础上，有必须就演化特别是制度演化进行分析。

第一节　演化经济学

一　什么是演化

“演化”一词对于中文来说是舶来语汇，其英文对应词是 evofution，最初是在 19 世纪末 20 世纪初经由中国的启蒙运动家严复先生介绍到中国来的。在西方，evolution 一词最早出自德国生物学家 Albrecht von Haller 的理论，他认为胚胎是由卵或精子中预先存在的微小个体发育而来的，在每个微小个体体内又蕴含着更小的胚胎原型，如此下去以致无限，显然这一理论只能导出物种是不变的结果。因此在达尔文的著作《物种起源》中，他有意避免了 evolution，而以 deseent with modification（带有饰变的由来）取而代之，但却清晰地表达了“物竞天择，适者生存”的 evolution theory 的基本思想。后来随着 Herbert Spencer 将 evolution 引入 Darwinian 理论，人们普遍认为达尔文的学说是关于 evolution thcory 最早最完整的表述。而 evolution 这一个单词的意义，远非仅仅局限于其生物学意义本身，它更代表了一种审视事物发展变化的态度，对此方法论的探索在达尔文之前就已出现，在达尔文之后也在进行着，并且不仅仅是发生在生物学领域，而是广泛存在于自然科学和社会科学的各科学之中①。

① 王覃刚：《制度演化——政府强互惠模型》，博士学位论文，华中师范大学，2007 年。

二 演化经济学的历史、兴起与发展

（一）演化经济学的历史

演化经济学拥有悠久的学术传统，较早可以追溯到以弗格森、休谟、孟德维尔和斯密等为首的苏格兰道德哲学。随后，在德国历史学派和马克思主义经济学中，演化思想也被广泛运用于分析社会经济结构变迁。在达尔文主义的进一步推动下，演化经济学的发展速度更加迅猛。尤其是在20世纪初期至第二次世界大战之间，演化思想在经济学中广泛传播，成为当时主流的经济学语言范式，其间涌现出诸如老制度学派、奥地利学派和熊彼特主义等流行的演化经济学说。但在第二次世界大战以后，经济学发生了革命性的范式转变，新古典的均衡理论以其严格的数理逻辑体系迅速成为经济学的主流范式。学者们普遍认为，缺乏一致的分析范式和严格的数理模型是演化经济学衰败的重要原因①。

（二）演化经济学的兴起

演化经济学从20世纪80年代开始兴起，标志性事件是1981年肯尼思·博尔丁（Kenneth Boulding）的《演化经济学》的出版。1982年纳尔逊和温特的著作《经济变迁的演化理论》被认为是现代演化经济学的奠基之作。自此，“演化”一词在西方经济学界越来越成为一时髦的术语。大量经济学家开始致力于演化经济理论的研究。1988年欧洲演化政治经济学协会（EAEPE）成立，1991年《演化经济学》杂志创刊，1992年Ulrich Witt对演化经济理论方面的经典工作进行了综述，日本也于1997年3月成立了“演化经济学会”。20世纪90年代以来，演化经济学的各个流派不断涌现和壮大，演化经济学的理论也逐渐被应用到技术变迁、制度变迁和产业演化等领域。现代演化经济学的兴起已成为20世纪末国际学术界主要的事件之一②。

（三）演化经济学的发展

在过去20年里，演化经济学发展速度更加迅猛。通过对Econlit数据库中经济学文献的统计，Silva和Teixeira发现，在过去50年有关演化的经济学文献中，90%的文章是1990年以后发表的。与此同时，演化经济学的思想也对新古典经济学产生了影响，促进了演化博弈论的发展与运

---

① 黄凯南：《演化经济学的发展历史、现状和未来展望》，《光明日报》2010年1月12日第10版。

② 杨宏力：《解读演化经济学的兴起》，《经济学家》2008年第1期。

用。一些学者将演化博弈论视为新古典经济学与演化经济学的交流和结合，认为演化博弈论能够调和均衡理论和演化理论的范式冲突，也体现了主流经济学对演化经济学的吸收和接纳。

目前，演化经济学的发展主要体现在以下几个方面：一是在新古典经济学的启发下，演化经济学越来越重视运用数理模型来描述经济演化过程。这方面的研究主要体现在对群体选择模型和演化博弈模型的运用上。Witt 在一项有关演化经济学发展现状的问卷调查中发现，许多经济学家都认为，运用数理模型是现代演化经济学的重要发展。二是大量运用仿真模拟的手段来模拟经济演化过程。三是越来越重视从演化的视角研究制度变迁问题，这使新制度经济学与旧制度经济学的研究差异日益缩小，并呈现相互交融的趋势。四是基于复杂系统理论，进一步促进共同演化理论的发展，包括技术与制度的共同演化理论、个体偏好与制度的共同演化理论等。五是研究利他偏好的形成与演变。六是越来越重视跨学科的研究，尤其是与认知科学的紧密结合，系统研究人类演化行为的认知特征①。

三　演化经济学兴起的原因

演化经济学的兴起主要有三个方面原因：西方主流经济学（新古典经济学）的范式危机；自然科学（包括现代生物学）的发展；社会科学领域（主要是经济学领域）演化思想的积累与发展②。

（一）西方主流经济学的范式危机

20 世纪 70 年代以来，西方经济学界在经济理论上开始陷入持久的危机，自贝尔和克里斯托尔主编的《现代经济理论的危机》出版以来，经济学界逐渐认识到，现代经济学的危机在于其研究范式，这种范式上的危机又根源于其机械论和简化论的方法论基础。纳尔逊和温特首倡的演化经济学方法已经对主流经济学提出了挑战，它把既定市场上的变化描述为具有不同特征的企业之间竞争的结果。这种工作成功地吸引了主要是从事创新、技术变迁和演化研究的经济学家们的注意力，并赢得了他们的支持。西尔弗伯格以及伯朗纳已经发展了有关非线性动态和创新研究的模型，这些思想在多西等人的著作中也得到了探讨。克拉克和朱玛

---

①　黄凯南：《演化经济学的发展历史、现状和未来展望》，《光明日报》2010 年 1 月 12 日第 10 版。

②　杨宏力：《解读演化经济学的兴起》，《经济学家》2008 年第 1 期。

也被引向了演化经济学的思想。日本演化经济学会编著的《演化经济学手册》不但在内容中痛陈了主流经济学的弊病，而且立场鲜明地直接采用了“脱离新古典学派宣言”的副标题。

主流经济学的范式危机，一方面是因为主流经济学离经济现实越来越远，越来越解释不了复杂的经济现象，另一方面也与自然科学的发展有关系，借助于自然科学的发展，它使经济学家逐渐认识到主流经济学的范式缺陷。

（二）自然科学的发展

1. 耗散结构理论

耗散结构理论由比利时一物理学家普利高津创立，他首先发现了热力学第二定律和物理动力学之间的“时间悖论”，并在此基础上发现了热力学与生物进化论之间的“悖论”：热力学第二定律认为物质的演化总是朝熵增加、向混乱的方向进行；进化论则认为，生物的进化总是由低级到高级，朝熵减少、向有序的方向进行。从这些现象中思考，普利高津创立了耗散结构理论，将系统这种在远离平衡的非线性区形成的新的稳定的宏观有序结构称为耗散结构，系统这种能够自行产生的组织性和相干性，称为自组织现象，所以耗散结构理论称为非平衡系统的自组织理论。在演化经济学的话语语境中，自组织并不是一种物理化学的类比，而是对能量、物质和信息进行系统处理的一般原理。从耗散结构理论，可以发现主流经济学两个范式危机：一是隐含在理论中的经济过程可逆的假设，主流经济学告诉我们，当经济系统受到外部随机或暂时因素的冲击时，随着冲击的消失，经济系统又回到均衡，可是根据耗散理论，经济系统内部可能简单地回到均衡，即使回到了均衡，这个均衡已经不是原来的那个均衡了；二是把经济系统看成一个线性系统，正是由于线性，经济系统会保持内在的稳定，任何外部因素的影响都在可以预期的范围内。

2. 量子力学理论和混沌理论

量子力学告诉我们，微观世界的粒子行为不能够被精确的预测，只能得到某种行为出现的概率，这与经典力学的观点相悖，现代量子力学中的“测不准原理”更是对经典力学造成巨大冲击，“测不准原理”认为某个粒子的位置和动量不能同时被测量出来，对其中一个参数测量得越准，由于测量的干扰，另一个参数便会变得更不准；时间、空间和物质都不是可以被明确确定的，我们不可能完全准确地测量出宇宙现在的状态。既然连现在的状态都不能被完全准确地测量，那么对未来的事件就更不能被完全准确地推论了。而混沌理论最通俗的表达是“蝴蝶效应”。“混沌系统具有三个关键要素：一是对初始条件的敏感依赖性；二是临界水平，这里是非线性事件的发生点；三是分形维，它表明有序和无序的统一。”在混沌系统中，任何微小的变化都会被呈指数级放大，导致系统内在预测困难。从量子力学理论和混沌理论可以发现主流经济学的另外两个范式危机：一是经济学的机械决定论。二是经济运行中充满了不确定性，而这种不确定性也不可以忽略。

3. 综合进化论

达尔文的“自然选择”理论在20世纪初期实现了与孟德尔的“群体遗传学”的综合，并于20世纪中叶进一步实现了与“分子生物学”水平的“基因遗传学”或称“分子遗传学”的综合，从而使“生物进化论”发展到了所谓“新达尔文主义”或“综合进化论”的新阶段。“综合进化论”对经济演化分析的影响，最重要的是“基因类比物”概念的引入。霍奇森介绍了经济学中的许多“基因类比物”，如人类习惯、组织惯例、社会制度甚至整个经济系统。当代演化经济学的发展总是和生物学有着密切的联系，其方法论要么采取生物学隐喻，要么直接将社会经济系统的发展类比于生物演化。“大量使用生物学隐喻是演化经济学的重要特征之一，这种借喻的可能性在于演化经济学和生物进化论看待事物的理念均建立在反类型论思维的基础上”。同时，现代生物学的发展给了演化经济学家诸多可供使用的语言与理论灵感，演化经济学家都提倡的个体群方法就是从生物学研究中借用的。

4. 演化博弈论

源自生物进化思想的演化博弈论主要是研究特定的演化过程。1973年，演化稳定策略（ESS）这一重要概念由Smith和Price提出，其后经Smith进一步发展被广泛应用于生物学和人类社会的研究中，至今已经成为演化博弈论中使用最为广泛的概念。Dawkin认为，演化稳定战略是自达尔文以来在演化理论中最为重要的进展之一。演化博弈论强调参与人的有限理性行为，试图概括惰性、模仿、不完备推断以及随机因素等人类行为的特征，因而与侧重于完全理性和演绎推理的古典博弈论有很大不同。一般地说，演化博弈论适合于分析惯例和制度的演化。

（三）社会科学领域演化思想的积累与发展

马克思在《物种起源》出版的第二年就读到了该书，其认为，达尔文的书非常重要，我愿意将它看作是历史上阶级斗争的自然科学基础。其关于生产领域中保持平衡的经常趋势与平衡经常遭到破坏的反趋势之间的论述，关于资本主义周期性危机功能的论述等，均是对演化思想的早期应用。

凡勃伦深受德国历史学派和达尔文进化论的影响，将生物演化论运用在了经济方面，他在《有闲阶级论》中，凡勃伦认为，社会结构的演进，却是制度上的一个自然淘汰过程。凡勃伦关于人类社会经济系统的演进思想直接来源于达尔文，并且他不认同社会达尔文主义的观点，他主张社会的进化既没有方向，也没有目的，演进是建立在现代科学基础上的。

熊彼特的著作被认为是现代演化经济学发展的起始点。熊彼特对演化经济学发展最重要的贡献是他的创新理论，该理论是演化经济学重要的灵感来源，继承其传统的经济学家自称为“新熊彼特”学派。熊彼特把创新看作是经济变化过程的实质，强调了非均衡和质变在经济体系中的重要作用。

哈耶克对演化经济学发展最重要的贡献是他的“自发秩序”理论，该理论影响很大，且经常被众多的制度学派和演化经济学派的经济学家引用。哈耶克认为，组织形式或秩序可以分为人为秩序和自发秩序，是目的性把两者相区别开来。“自发秩序”产生于个体为实现自我利益的过程，是非目的性的结果，是适应性进化的结果。在哈耶克看来，各种各样的制度和习惯，亦即人们做事的方法和工具，并认为它们是通过长期的演化而逐渐形成的，且构成了我们所承袭的文明①。

四　演化经济学的基本分析结构及其发展

（一）基本分析结构：“创新机制”“扩散机制”“选择机制”及其互动

1. 创新机制与选择机制的互动

创新是社会经济演化的原动力。如果没有创新，就无所谓演化。但是，在熊彼特之前，主流社会科学都忽视对创新机制的研究。当时普遍

---

① 杨宏力：《解读演化经济学的兴起》，《经济学家》2008 年第 1 期。

流行的观点是，创新是一种不确定的行为，无法对其进行研究，因而大多数学者都将创新视为一种随机的现象。熊彼特最早从三个角度研究创新的特征：其一，所有创新过程都存在根本的不确定性；其二，创新者必须能够迅速行动，在其他行动者完成模仿之前获得创新利润；其三，在社会的各个层面里存在大量抵制创新的惯性。第一个特征是创新的本质特征，即创新是一种充满不确定性的过程。第二个特征是创新的动力机制，即创新者必须能够获得一定时期的垄断利润以补偿其承担的风险。熊彼特通过研究市场结构和创新的关系来解释这种动力机制，他认为，垄断的市场结构是创新活动得以实施的先决条件。相反，Nelson 和 Winter 认为，市场结构不是创新的先决条件，它内生于创新竞争过程，市场结构和创新之间应该是双向的关系。第三个特征是创新的约束机制。这种机制内嵌于各种技术、制度和社会文化结构中，包含各种较为稳定和保守的个体习惯、社会认知、消费习惯、生产惯例、市场制度、政治体制和各种文化传统等，它们会形成抵制创新的系统性偏见。从第一个和第二个特征看，创新活动是一种不确定性的迅速决策行为。这意味着创新主体的行为规则不可能是传统新古典的理性规则。熊彼特早期认为，创新主要是基于企业家的判断力和领导力，是企业家在提出各种解决问题的新方案的同时，与各种惯性持续斗争的过程，是一种创造性的破坏过程，也是一种持续打破传统均衡的过程。熊彼特后来认为，创新不再是企业家的个体活动，它通常出现在大企业的 R&D 团队中，而且呈现出一种惯例化的行为。这意味着创新主体从个体转向组织，创新是一种集体合作创新。但是，熊彼特没有详细论述组织创新的具体行为模式①。

创新机制是多样性的生成机制，为经济演化提供燃料，而选择机制则是多样性减弱的机制，它通过某种标准来判断各种演化单元的适应性，选择适应性高的演化单元，淘汰适应性低的演化单元。如果不存在选择机制，社会经济系统将丧失判断优劣的能力，会陷入一种发散、无序和低效的状态中。因此，良好的选择机制是人类社会进步的重要筛选机制。可以不严格地归纳出三种主要选择机制：市场选择机制、社会文化选择机制和政治选择机制。市场选择机制是指各种协调企业间市场竞争的准则和规则，它以盈利能力作为选择的标准。社会文化选择机制是指各种

① 黄凯南：《演化博弈与演化经济学》，《经济研究》2009 年第 2 期。

协调个体社会交往的惯例、习俗、道德规范和意识形态等社会文化制度，其选择标准通常基于特定的道德价值。政治选择机制是指各种协调政党竞争的宪政规则，以及由此产生的各种正式和非正式的法律法规，其选择标准通常是基于政治利益。近年来复兴的多层级选择理论表明，选择机制作用在诸如个体、组织、企业、产业、区域和国家等多个层级中。因此，一旦考虑到三种选择机制在各种层级中的互动，选择机制就是一种层级嵌套的复杂系统。

在传统的研究逻辑中，创新机制和选择机制之间不存在互动关系，而是一种先后的时序关系，即创新机制促使经济系统产生各种新奇，然后选择机制再对各种新奇进行筛选。事实上，在社会经济的复杂演化过程，创新机制和选择机制都是复杂的系统，两者之间可能存在多个层次的互动关系。选择机制不仅仅是在创新发生后才起作用，它还会影响创新的产生。选择机制对创新机制的影响可能体现在以下几个方面：一是对于积累型或渐进型的创新而言，有效的市场选择机制能够促使高效率的创新企业获得更多的资源，这有利于企业的进一步技术积累和创新；二是许多社会文化选择机制本身就塑造了创新主体的认知、偏好和各种内在约束，这会对创新产生系统性的影响；三是通过国家产业战略、法律法规、教育、科学投入、公共服务、金融体制、财税体制、贸易政策、知识产权保护、政府采购和管制等，政治选择机制不仅影响某个具体企业和产业的创新水平，还会影响整个国家的创新水平；四是一旦这三种选择机制相互兼容并且相互作用，形成较为稳定的选择系统，这可能导致技术和制度的共同锁定，创新也可能锁定在特定的路径上。

创新机制也能够影响选择机制。例如，技术范式的创新可能会产生全新的产业和市场，从而促进新的市场选择机制的生成和发展。积累性的创新在初期可能会减弱市场选择力量，但随后可能会进一步完善市场选择机制；如果某些创新不被社会文化支持，但却在市场选择下被保留下来，这种创新就可能引起个体间社会交往的不确定性，推动各种交往惯例、习俗和规范等演变，从而推动社会文化选择机制的演变。如果某些创新既受到社会文化选择又受到市场选择机制的支持，这种创新就会强化原有的社会文化选择，同时还可能进一步促进两种选择机制的耦合；如果某些创新不受政治选择机制的支持，但是，却受到市场选择机制和社会文化选择机制强有力的支持，创新也可能被保留下来，并且促进政治选择机制的变革。如果某些创新受到市场选择、社会文化选择和政治选择的支持，这会强化三种选择机制的耦合，进而形成较为稳定的选择系统。

2. 创新机制与扩散机制的互动

扩散机制描述了创新是如何被复制和采用的过程。扩散是指创新通过特定的渠道在一段时间后被社会成员知道、接受和采用的过程。相应地，有关创新扩散的研究集中在新知识和新技术为什么能够被传播、如何被传播以及传播的速度等问题上。因此，扩散过程是新知识和新技术的传播过程，从接受者角度上讲，也是一种学习过程，它发生在人类社会的各个层面。因此，扩散机制本质上也是一种多层次的学习机制。如果缺乏扩散机制，新技术的运用就会被限定在极少数的创新企业里，经济系统不存在任何的知识外部效应、正反馈效应和网络效应，这势必大大减缓社会经济的发展速度。存在三种典型的创新扩散模型：传染病模型（contagion model）、社会阈值模型（Social threshold model）和社会学习模型（social learning model）。扩散机制具有路径依赖和报酬递增的特征，报酬递增有四种类型：规模经济、学习效应、适应性预期和网络经济。

影响扩散机制的因素还包括：一是互动的网络结构。Watts 和 Strogatz（1998）研究了三种网络结构对知识扩散的影响，即有规则、随机和小世界等网络结构。其中，在有规则的网络结构中，个体间互动的集聚程度较高，系统的知识扩散速度较低；在随机网络结构中，个体间互动的集聚程度较低，系统的知识扩散速度较高。而小世界网络结构是一种最为理想的互动模式，既具有较高的集聚程度也具有较高的知识扩散速度。二是互动主体间的异质程度（包括偏好、认知、信念、知识存量、学习能力和吸收能力等的差异）。通常情况下，主体间的异质程度越大，新技术的扩散速度越慢。三是技术和制度。通信技术在知识扩散中的重要性是不言而喻的。不同的制度或组织结构会形成不同的信息结构，这会影响信息的编码和抽象程度，从而影响知识的扩散速度。

在社会经济演化中，创新机制和扩散机制之间也存在互动。扩散机制对创新机制的影响有几个方面：一是某些扩散过程能够引致新的创新，即创新内生于扩散机制中。在创新扩散过程中，模仿者可能会在原有创新技术上再次创新，而这种创新的扩散也可能会再次引致创新，从而形成创新竞争。二是扩散机制中的互动网络结构也会对创新产生影响。一般而言，有规则的网络结构具有强创新能力和弱扩散能力，随机网络结构具有弱创新能力和强扩散能力，小世界的网络结构具有强创新能力和强扩散能力。三是由于创新的扩散过程具有路径依赖和报酬递增，某项创新可能被锁定，这种锁定会抑制新的创新。此外，创新机制也会对扩散机制产生影响。某些技术或制度创新可能会引起个体间互动模式和信息结构的变化，从而改变原有的扩散机制。

3. *扩散机制与选择机制的互动*

在许多情况下，扩散机制和选择机制的区分是比较模糊的。例如，市场既是一种选择机制，也是一种扩散机制。创新的扩散过程有时也被视为一种选择过程；反之，创新的选择过程有时也被视为一种扩散过程。许多演化理论并不分开讨论这两种机制，通常是将它们等同起来，或者只偏重于一种机制。例如，熊彼特认为扩散过程包含着选择过程，所以他只重视扩散机制，而拒绝讨论选择机制，主要研究创新的产生和扩散。相比之下，Nelson 和 Winter 更加重视选择机制，主要研究创新的产生和选择。实际上，这两种理论偏向是建立在特定的隐含预设上的。前者预设“被扩散的创新一定是被选择出来的创新”，后者则预设“被选择出来的创新一定会被扩散”。但是，这两种预设都是有问题的。首先，被扩散的创新通常是被选择出来的创新，但也不能排除许多被扩散的创新实际上不是被选择出来的。例如，Sober 区分了“对……的选择”（select for）和“……的选择”（select of)，前者是指选择的对象，后者是指选择的结果，某些被扩散的创新可能不是被选择的对象，而是被选择对象的副产品。许多被选择出来的创新不一定会被扩散。社会经济系统存在许多抑制高新技术扩散的壁垒。例如，发达国家通常会限制本国核心技术的输出，各种知识产权保护体系在保护创新者利益的同时也严重抑制了新技术的扩散，模仿者自身较低的吸收能力也会抑制新技术的扩散。因此，尽管两种机制具有相似之处，但是，它们还是存在本质的差别。在许多演化过程中，这两种机制也是相互作用的，并交织一起。例如，随着创新的扩散，市场结构可能从垄断趋向于竞争，市场选择机制也会随之发生变化；同样，选择机制的变化会影响个体对创新价值的判断，进而影响创新的扩散。

（二）演化经济学的发展：个体认知、技术和制度的共同演化

演化经济学的一个重要发展是越来越重视个体认知、技术和制度的共同演化。这方面研究的主要思路大致可以概况为：一是个体认知或偏好是内嵌于各种制度结构中的，所谓的个体理性是既定制度结构下的认知理性。二是技术创新也是内嵌于各种制度结构中的，技术创新的速度和特征受到支撑它的制度结构的影响，同样，制度创新也是强烈地以新技术的经济体系中是否和怎样被接受为条件。三是如果个体通过认知能力能够促使技术创新和制度创新，而后两者也会进一步改变个体的认知或偏好，促使三者的共同演化，从而导致产业结构的变迁和经济增长。如果技术和制度进入共同锁定，个体的认知也可能被锁定，从而导致经济发展锁定在特定的路径中。四是个体认知、技术和制度的共同演化过程是一个复杂的内生过程，在此过程中，个体偏好、技术和制度的演化都可以得到内生解释①。

第二节　制度演化

一　制度演化的基本含义

从中文的构词来看，“制度”一词是名词，“演化”一词则是动词，二者叠加在一起，动词“演化”用以说明名词“制度”的状态，也可以理解为制度是处在演化过程中的，或者表现为演化之状态是制度的特征。从英文的结构来看，“制度演化”对应之英文为 institutionalevolution，institutional 是 institution 的形容形式，用作修饰中心词 evolution，我们似可理解为 evolution 是普遍现象，在生物学中有 ogical evolution（生物演化），在系统论中有 systomatical evolution（系统演化），那么在制度济学中，当我们关注的对象是 institution 的时候，也就有 institutional evolutinn，并且作为普遍现象，evolutinn 就应该具有贯彻于各个不同领域中的共同特征。

二　制度演化层次

在制度演化理论看来，制度演化的层次有四个相互关联的层次。第一层次是嵌入制度或者社会和文化的基础。这是制度层级的最高层次，

---

①　黄凯南：《演化博弈与演化经济学》，《经济研究》2009 年第 2 期。

它包括非正式制度、习俗、传统、道德和社会规范、宗教以及语言和认知的一些方面。这个层级的制度是社会制度的基础。这些社会和文化的基础制度变化非常缓慢，改变和适应的过程至少需要1000年时间。第二层次是基本的制度环境。这个层级的制度包括基本的制度环境，威廉姆森称为“博弈的正式规则”。这个层级的制度包括：详细制定的宪法、政治体制和基本的人权；产权及其分配；使政治权利和产权、货币、基本的金融制度，以及政府的征税权力等得以实施的法律、法院以及相关的制度；规定移民、贸易和外国投资规则的制度；以及推动基本制度环境变迁的政治、法律和经济机制。在任何时点上，一个社会基本的制度环境的性质都是对其基本的社会和文化基础的反应，在一个社会动态的均衡中，一个给定的基本制度集将会和社会的基础在特定时点上保持相容。基本的制度环境的变化比文化和社会基础（第一层次）发生得更快，但是其变化仍相对缓慢，适应周期在10—100年。第三层次的制度指的是治理机制。这一层级制度包括被威廉姆森称为的“博弈的玩法”。给定基本的制度环境，人们将参照制度（治理）的安排做出选择，通过这种安排，给定了基本的制度环境的属性后经济关系将得到治理。这个层次的制度包括：个人交易商品、服务和劳动的制度（如竞争性的市场）；制约和影响合约及交易关系的结构、企业的垂直和水平的结构以及内部调节的交易和市场调节的交易之间的边界制度；公司治理以及支持私人投资和信用的金融制度等。治理安排的选择在任何时点上都受基本的制度环境和一个国家的基本经济条件（如自然资源禀赋）的影响很大，治理安排的变化比基本制度环境的变化更快，威廉姆森认为时间跨度在1年到10年。第四层次是指短期资源分配制度。在以上三个层级的制度给定的情况下，这一层次的制度实际上指的是经济的日常运行。在不完全市场条件下，价格、工资、成本、买卖的数量等由其性质决定。

威廉姆森关于制度演进的四个层次可以简单地归结为：第一个层次是非正规制度。第二个层次是正规制度，其中最重要的是通过政治、法律来确定产权。第三个层次是执行和监管制度，其中最重要的是对合约关系的监督。第四个层次是自由市场经济制度。每种制度都涉及相关的理论研究领域，第一种制度的研究涉及社会学、人类学，第二种制度涉及产权经济学，第三种制度涉及交易成本经济学，第四种制度则属于新古典经济学的范围[①]。

三 制度演化机制

凡勃伦早在1898年发表的论文《经济学为什么不是一门演化科学?》中，就第一次明确提出了“演化经济学”这一术语。在其后半个多世纪的浮沉中，演化经济学受自然科学革命的重大影响，逐步发展出了完全异于新古典传统的概念范畴和研究方法。20世纪70年代，新古典主流经济学在理论、政策上接连失败，与此同时，演化经济学进入了经济学。与以往各种非主流学派仅仅从局部修改新古典理论不同，演化经济学借用现代生物学的进化隐喻，对主流经济学的“硬核”进行了革命性改造，形成了解释经济现实的全新范式。1982年，纳尔逊和温特出版了《经济变迁的演化理论》这一经典著作，标志着演化经济学的正式产生。

在演化经济学家看来，制度可看作生物进化中基因的类比物，它储存了一个时期的信息，并将之传递给下一个时期。经济主体的特定行为规则、相互作用机制和学习模式等都根植于制度之中，制度在组织和市场内外，从各个层面上塑造了经济人的行为模式、相互间关系、决策以及惯例。在演化理论框架中，制度变迁理论的新发展表现出几个方面显著特征：第一，历史的重要性。它不单指过去对现在和未来的影响，更重要的是它把变迁过程看作路径依赖、不确定和不可逆的，其中包含着复杂系统演进开放性的思想。初始条件的微小差异可能会产生显著不同的结果。第二，制度演化的多样性。这里的多样性包括演化路径的多样性和结果的多样性。由于制度变迁具有路径依赖、不确定性和不可逆特征，每个社会的制度演化基本上是特异的。这表明，制度具有文化根植性，在一国行之有效的制度被“复制”到另一国后，由于缺乏相应的文化土壤和执行机制，多数是不能成功的。第三，制度变迁结果的非最优。与生物界由低级向高级发展的进化路径不同，制度变迁的路径是曲折的，中间可能出现倒退和中断。偶然的历史因素可能会造成一个社会长期锁定于某种状态中，无法解脱。在这方面，演化理论已经借鉴了混沌理论、耗散结构理论和自组织理论的许多成果，并应用于制度问题的研究。

在演化经济学的视野里，制度演化主要有四种机制：复制机制、变异机制、选择机制和适应性学习，但其解释必须考虑人类经济活动的特

---

① 罗小芳、卢现祥：《制度演化的层次及其设计分析》，《江汉论坛》2007年第9期。

定方面，它远比生物演化更为复杂。

第一，复制机制或者称为遗传机制。达尔文的进化论对复制机制进行了论述，达尔文的自然选择解释不是一个有机体是否比其他的活得更长，而是它是否比其他的有机体留下了更多的后代，即真正重要的是一个有机体的相对的复制性成功，即复制机制或者遗传机制对生物有机体的重要性。达尔文的复制机制或遗传机制是在群体遗传学中加以分析的，孟德尔的遗传学描述了基因物质通过有机体向他们的后代传递，如果有机体生产后代，他们的基因的复制将服从孟德尔遗传定律。正如生物基因一样，习惯、习俗等制度是历史的载体，它通过模仿而传递。凡勃伦观察到制度和惯例具有相对稳定和惰性的品质，因此可以历时传递其重要的特征，它是社会有机体的基因组织，是社会选择的基本单位，认为社会结构的演进是制度上一个自然淘汰过程。纳尔逊和温特在其名著中，讨论了类似基因的企业惯例的作用：它是企业的组织记忆，执行着传递技能和信息的功能。但他们又认为，惯例并不是新达尔文主义意义上的基因，其突变（他们称为创新）是有目的的而非随机的，获得的新惯例是“可以遗传的”。

第二，变异机制或新奇创生机制。“在‘正统的’达尔文主义里，像迁移、基因漂移和变异这样的，能够带来新的基因物质的进化力量是独立于选择和遗传机制的。出于简化的原因，今后笔者将把导致新的基因物质产生的机制称为变异机制”。基因变异在自然界中非常普遍，它主要是由于细胞的复制机制出了问题而引起的。大多数变异是有害无益的，但也有意外的情况。这种“偶尔的意外”因为它的先进性而得以在人类进化中迅速传播。基因变异，是指两种属于同一范畴而又完全不相同的事物，在进行激烈的碰撞、冲突和交融过程以后，通过改变内部基因条件而形成一种新事物的规律，由于这种新事物是在原有基础上形成的，因而其外部形态上保留了原有事物的某些特性；但是，由于其内部基因已经变更了，因而在本质上已经蜕变为一种新事物。有目的地创造新奇和多样性是人类社会演化最重要的特征，新奇创生机制所研究的就是新奇为什么和怎样被创造的问题。就新奇为什么被创造这个问题而言，凡勃伦指出，新奇创造是闲散好奇心和操作本能的结果。魏特认为，有两个因素起着重要作用，一个是经历新奇的快乐和刺激，另一个是挫折推动着对新奇或变异的搜寻。就新奇创造而言，它取决于两个因素：个体认知模式的不同和社会制度是否鼓励创新，前者来自个体偏好或知识的主观性质（这是奥地利学派研究的重点），而后者是“流行的思想习惯”（即感觉和思想所共享的范畴，老制度学派研究的重点），所有这两个方面都需要一种知识理论。在纳尔逊和温特的经济演化大纲中，知识就是惯例的核心要素。演化经济学是知识经济理论的开拓者，但一种更系统和更完备的知识理论仍有待于创造。目前，演化经济学的不同研究传统在新奇创生的方式上已取得了一致性的看法：新奇创生是现有要素新组合的结果，更重要的是，由于人们怎样和在什么地方搜寻新知识主要地取决于他们知道什么和他们从前做了什么，并不是所有的技术或制度等发展路径都具有同样被探索的机会，新奇创生必定是路径依赖的。因此，在这种情况下，尽管人们无法明确地预见到哪种新奇将出现，但我们仍有可能从正在发生的事情中排除某些结果或行动，哈耶克认为，这是一个可检验的假说。

第三，选择机制。选择机制是生物进化论的一个主要内容，在达尔文的自然选择理论中，可遗传特性的稳定性这一假设是较为重要的，所谓自然选择，“指的不仅是一个群体中特定有机体比其他有机体成功留下更多后代的事实；它还指的是（而且是至关紧要的一点），当单个有机体比其他有机体留下更少的后代时，与其他有机体相比，它在整个群体的基因库里的基因类型的频数将相对减少这一事实”。在演化经济学看来，选择机制所研究的是变异或新奇在经济系统中为什么、什么时候和怎样才能被传播。我们这里用制度选择来说明这个问题。按照凡勃伦的看法，制度是人类的思维和行为习惯，因此，变异或新奇必定是新思想和新的做事方式的出现，它在经济系统中是如何扩散的？演化经济学采用进化生物学的群体观对此加以解释。“从群体层次来看，任何个体的决策，无论是创新、模仿或保守的，都影响到群体中全部行为的相对频率”，这就是魏特的“频率依赖效应”：一个个体对创新者是模仿还是反对依赖于群体中有多少成员已做了这种选择。不管创新者主观偏好如何，竞争过程将对其进行选择。报酬递增（正反馈或自增强）作为“频率依赖效应”的一种重要特性近年来得到了更多的讨论。在创新扩散的初始阶段，旧的思维和行为习惯就有可能将创新扼杀在摇篮之中，但如果系统是开放和远离均衡的，由于自增强的作用，创新就会通过系统的涨落被放大，从而使之越过某个不稳定的阈值而进入一种新的组织结构。当新结构形成后，自增强机制将使新思想和新的做事方式进入快速扩散阶段，最后演变成社会流行的状态，这就是凡勃伦有关思维和行为习惯的惯例化过程。

第四，适应性学习。不仅自然选择是一种有用的演化机制，而且适应学习也是一种重要的演化机制，西蒙认为，人类的学习采取的是一种选择性的试错式的搜寻形式，如果一个人试图解决一些问题，当事人这样做的努力被假定是受解决问题的过去失败的负面影响与解决类似问题的成功尝试的正面影响。后者给当事人指出了解决问题的进一步努力的方向，当事人发展出现的用作积极、启发、满意和某种规则，将指引当事如何处理进一步的问题。当一个搜寻中的当事人偶然发现了对问题的一个满意的解决方案时，如果遇到同样或者类似的问题，则当事人将倾向于再次尝试这个解决办法。因此，西蒙认为，学习或者适应性指的是以下过程：逐渐并且以对过去曾经有最频繁回报的选择做出更为频率回应的经验为基础。人类学习主要通过一个适应性反馈机制发挥作用，过去的结果被假定将决定人类是坚持他们的“旧”规则还是试验“新”的规则。达尔文的自然选择与西蒙的适应学习的概念都假设了现存物质的复制，并且都需要通过反馈环来运行，因此它们之间具有相同的运行模式，即两者均是向后看的而不是向前看的。正因为如此，如果说自然选择是一种演化机制，那么，适应学习也是一种演化机制，按照帕瑞基斯的说法，如果一个机制是通过实际的，即已经实现的、过去的结果来发挥作用的话，那么我们就将其称为是演化的。适应学习与帕瑞基斯所讲的演化机制的相同之处还在于他们都以“强化”（reinforcement）作为基础，而强化与行为心理学的核心概念——条件反射是相适应的，条件反射是指通过奖励使一种特定的行为方式得以人为强化的过程，这样，某种行为模式可能会重复出现。值得一提的是，虽然自然选择与适应性学习有共同之处，但两者之间具有根本的区别：一是适应性学习典型地暗示了个体内的改变，自然选择是群体层次上改变。学习的个人在他们学会以可导致满意的结果的方式行事的意义上，典型地改善了他们的行为，在当事人认识到，事后什么样的方式能够产生满意的后果，什么样的方式不能产生满意后果的意义，信念就得到了改善，因此，适应性学习带来的结果与自然选择所产生的结果比较起来，属于另一个层次分明的分析，自然选择在一个群体的层次上产生发送，而适应必学习则在个体的层次上产生改善。二是适应性学习要求，学习的个体以一种方式或另一种方式把按照一种特定的方式行为与达到或者满意、不满意的结果之间的因果关系进行“注册”（register）；在达尔文的自然选择里，复制成功的差别被直接地传递到基因频数增长的差别里，其中没有任何中间的“注册”。三是涉及适应性差的变异的“清除”，自然选择的清除是强制性的，适应性差（不适应）的个体无法逃避选择的严酷后果，它们将无法留下后代；就适应性学习的当事人来讲，不能产生满意结果的行为方式可以通过降低欲望水平来加以“拯救”，这样，在高欲望水平下不满意的结果在降低欲望水平之后可以变成满意的，这意味着通过适应性学习建立的“清除”是可以选择的。四是复制成功的标准不一样。在自然选择机制里，复制成功的标准对群体中所有的个体来讲都是相同的，因此，这个标准被认为是客观的，但对于适应性学习来讲就不一样，适应性学习的个体可能都有不同的欲望水平、有不同的动机和目标，因此，这里的标准是主观的①。

四　制度演化理论的发展

（一）凡勃伦的制度演进理论

凡勃伦所建立的制度演进理论，是人们思想习惯发展的结果，又随着思想习惯的变化而演变。凡勃伦所指的思想习惯，包括价值观和思维方式两层含义。思想习惯变化的原因，环境的变化主要是技术进步以及由此带来的生活方式的改变。因此，在凡勃伦的制度演进理论中，技术进步通过改变人们从事经济活动的方式与方法来影响人们思想习惯的变化，进而影响整个制度系统的演进。其制度演进的基本框架如图 6－1 所示：

在图 7-1 中，人之本能作用于具体的生活环境，决定了生命活力展开的具体方式和展开方向，形成某种生活方式。这是图 7-1 中第一个箭头的含义。当生命活力沿着某个方向展开之后，通过长期的锻炼和淘汰作用，人们将发展与这个方向相适应的性格特征和精神气质，并形成认同这种生活方式和精神气质的思想习惯。反过来，某种思想习惯一旦形成，就对人的行为具有指导作用，从而也就具有某种制度的功能。因此，

---

① 洪名勇、施国庆：《习俗元制度的演化机制：一个演化经济学的视角》，《财经科学》2006 年第 9 期。

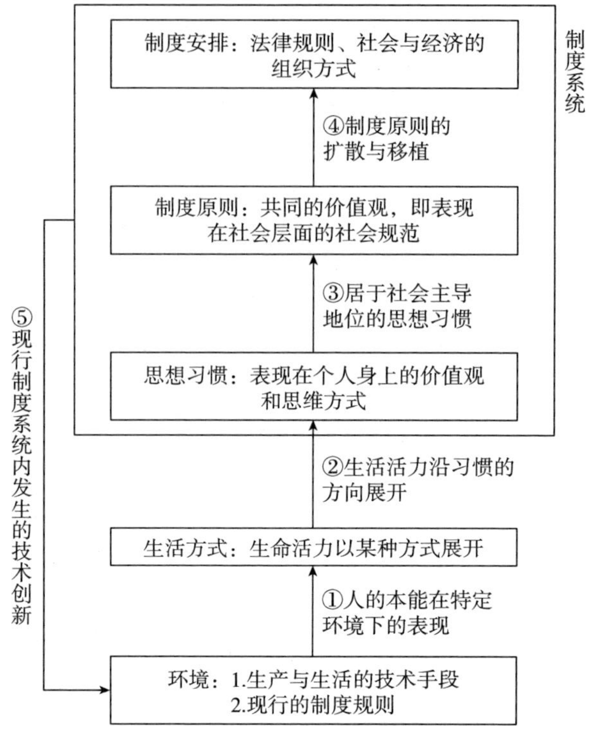

图 7-1　凡勃伦的制度结构及其演进性理论

凡勃伦把表现在个人身上的思想习惯视为制度系统的基础。这是图 7-1 中第二个箭头的含义。由于个人在生活环境职业上存在差别，所形成的思想习惯难免有分歧，甚至出现思想习惯上的对立。但在某个特定的时期，一个社会总有某种思想习惯取得支配地位，成为每个人所认同的价值观和社会规范。这种得到广泛认同的思想习惯构成社会生活和经济活动的基本组织原则，因此用“制度原则”表示它，凡勃伦有时也称为基本层面上的“制度”。这样，凡勃伦才把制度定义为存在于一般人自修的、共同的、思想习惯，在图 7-1 中以第三个箭头表示。

以某种思想习惯为基本原则的制度结构并非一开始就能够建立起来，制度原则有个“扩散和移植”的过程，也就是说，那些起源于物质生活领域的“制度原则”被应用于其他领域，进入宗教、政治、法律之中。通过制度原则的“扩散与移植”，整个制度体系趋向于具有内在一致性和高度整合性的体系。尽管凡勃伦没有明确地把思想社会规范这类内化的制度与正式的制度规范区别开来，但他还是清楚地认识到，制度原则体现在法律之中，特别是体现在经济与社会的组织方式之中，这就是图 7-1 中第四个箭头的含义。凡勃伦制度演进理论最后一个逻辑环节，是由图 7-1 中第五个箭头表示的技术创新导致制度系统的演进。凡勃伦强调，技术创新是人的三种本能（追求成就的本能、亲善的本能——对自己的同胞和种族表现出善意的关怀、求知的本能）展开的结果，新技术通过对人们生活和工作环境等的改变，将会产生新的思想习惯，新的思想习惯又会推动制度系统的演进。当然，新的思想习惯推动制度的演进是一个渐进的过程，凡勃伦认为，在同一个社会中，总有一些旧的思想习惯支持着现有的制度系统，在那些持有旧思想习惯的人们中，包括居于社会优势地位的集团成员，也会受到新的思想习惯的逐渐侵蚀，从而逐渐酝酿出新的制度原则。

（二）哈耶克的制度演进理论

哈耶克强调的制度应该是一套自生自发的社会秩序，自生自发的社会秩序不是人们理性设计的产物，而是由人们共同遵守一般行为规则的同时，追求各自的目标而自发形成的。并且，这种一般行为规则又是经过由文化、传统、道德伦理、习俗等承传，经过群体竞争的进化选择得以存在的传播。基于这样的分析，哈耶克提出了自己的制度演进性理论，其主要内容如下。

1. 基本假设

假设之一：每个人都存在理性所不及的无知状态。所谓“理性所不及的无知状态”包括两层含义：第一，每个人对决定其行动和其他人行动的最终结果的大多数特定事实，是茫然无知的。第二，对那些经过无数代人各自的特殊经验同环境相协调而积累起来的一般行为规则，每个人都不可能完全知晓它们是如何形成的，又是如何有助于人们作出有效的行动。第一个层次的无知意味着人们需要某种行为规则的指导，才能使他自己的行为既同他知道的特定事实相适应，又能同他所未知的环境相协调。第三个层次的无知意味着以上指导群体内部个人行为的行为规则，是不能进行理性构建的，只能通过文化及传统代代相传而逐渐演化与形成，并由群体竞争的选择来进行传播。

假设之二：人的行为既具有遵循某种行为规则的特征，又受到他自己所持有的观念引导。所谓遵循规则与观念的引导，是指行为上两个不同层面的特征。行为规则存在于社会的文化、道德、伦理、习惯之中，在潜移默化中为该社会每个人所模仿，又在无形之中规范着人们的行为选择。在哈耶克的理论逻辑中，人们持有观念同人们所遵循的一般行为规则之间可能存在冲突，在这种情况下，哈耶克认为，观念对行为的引导将居于优先地位，观念将引导人们去改造同其观念不符的行为规则。

2. 两种典型的思想观念与两种不同的制度演化机制

观念的含义是广泛的，哈耶克主要考察了两种相互对立的思想观念，一是进化论理性主义，二是建构唯理主义。两种不同的思想观念，导致了两种不同的制度演化机制。

第一，进化论理性主义与制度演进机制。进化论理性主义强调每个人都有理性不及的无知状态，人的理性不足以理解人类社会的一切细节，更不可能细致入微地安排这种社会秩序。如果成员普遍接受了这种思想观念，人们对理性的运用将坚持以遵循一般行为规则的指导为条件，对整个社会秩序的有意识安排也严格限定在实施一般行为规则这一方面。自由社会的制度安排和社会秩序得以自发形成，其形成过程与机制如图7-2所示。

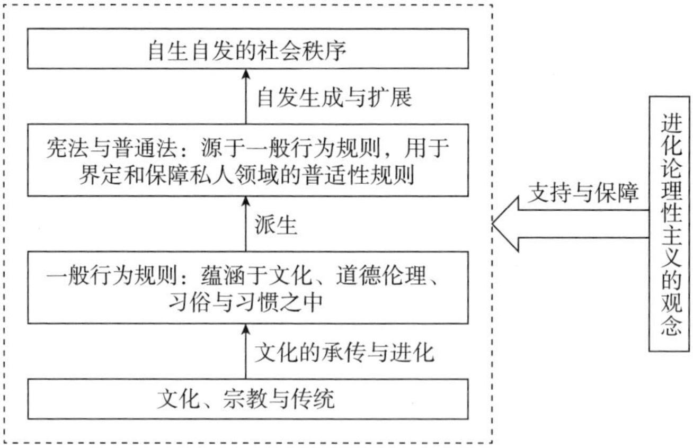

图 7-2　进化论理性主义与制度演化机制

第二，建构论唯理性主义与制度演化机制。建构主义推崇人的理性演绎能力，认为人类正是依凭逻辑演绎能力，而成功主宰了自然环境和人类自身的命运。将这一观念应用于社会，则认为那些有益于文明社会成长的各项制度也是人们出于自身的目的有意设计出来的，因此，人类为了实现更伟大的目标，应该重新设计更加完善和理想的社会制度。人们在接受了建构论唯理主义的思想观念之后，将试图以理性设计的共同的社会目标取代每个人具体的生活目标，以理性设计的行为规则取代由文化进化与竞争选择所形成的一般行为规则，由此形成社会的制度安排与组织秩序，如图 7-3 所示。

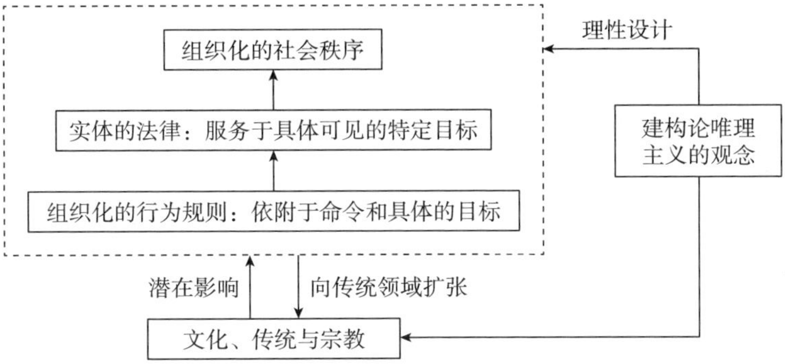

图 7-3　建构论唯理主义与制度演进机制

3. 制度演进的方向：价值观的引导与群体竞争的优胜劣汰

哈耶克认为，在决定制度演进的方向上有两种基本力量在发挥作用，一是观念对人类行为的引导；二是群体竞争对规则的选择与淘汰。这两种力量是观念居于优先地位，一个社会因接受某种观念而相应形成某种制度体系；群体竞争对规则的选择与淘汰是在事后进行的，任何社会已经形成的思想观念和制度体系都必须经受来自其他社会的竞争考验。

（三）诺斯的制度演化理论

诺斯认为，制度演化是一个复杂的过程，而且是一个演进的、渐进的、连续的过程。制度演化的最终路径由以下两个因素决定：第一，由制度和组织的共生关系所引起的固定特性——它们已经随着这些制度所提供的激励结构而演进；第二，由人类对机会集合变化的认识与反应所做出的反馈过程。在分析这个复杂过程时，诺斯采取了高度抽象的两个理论线索，通过这两条线索厘清整个制度演进过程：第一个理论线索是关于人的行为的重新认识。与新古典主义的经济人不同，诺斯认为日常生活中当事人并不是完全理性的，当事人决策时面对的环境充满不确定性。和威廉姆森一样，诺斯吸收了西蒙的有限理性假设，认为环境的复杂性和当事人本身认知能力的不足导致决策时信息不充分，从而不能像新古典经济人那样准确地做出最优化决策。在诺斯看来，个人计算的局限性是由处理、组织和使用信息的大脑能力决定的。人们处理信息的思维能力有限，加上决策时所面对的环境的不确定性和复杂性，促使人们采取相关联的、规则化的和程序化的简化过程来对待决策问题，这个简化过程就是制度的形成过程。制度构造了人们的相互关系，限定了行动者的选择集合，从而弱化了人们决策时的信息不足所带来的问题。

第二个理论线索是关于交易费用的理论。诺斯同意科斯和威廉姆森等的看法，认为制度的目的是降低不确定性和有限理性等带来的交易费用。这是显然的，如果没有统一的规则，那么人们在相互交往中面对环境的复杂性和不确定性约束，再加上自身认知能力有限，彼此之间就很难协调，即使最终协调成功，付出的成本也非常高昂。高交易成本会阻碍交易的扩展和经济发展，而制度可以把人们的决策程序化、规则化，使人们在相互交往中有一个共同的平台和依据，这就大大降低了这种交易成本。诺斯指出，信息的高昂代价是交易成本的核心，它由衡量所交换物品的价值属性的成本、保护权利的成本及监察与实施合同的成本组成，这些成本是导致政治、社会和经济制度变革的源泉。

诺斯把制度选择的决定因素归结为三类：行动者的动机（其效用函数）；环境的复杂性（特别是不确定性）；行动者辨识和安排环境（衡量和实施）能力。最后一个因素体现在第一条理论线索中，前两个因素体现在第二条理论线索中。在诺斯的制度演化模型中，行动者有限理性，面对不确定的复杂的环境约束，进行效用最大化的决策，其决策标准就是交易成本最小。诺斯把交易分为人格化交易、非人格化交易和由第三方来实施的非人际交换三类，这三类交易分别涉及正式规则和非正式规则的作用，围绕交易的演变，制度演化分别表现为两种规则的演进。

在厘清上述理论基本构架后，就可以完整地讨论诺斯的制度演化模型。诺斯模型的核心思想是：由于经济活动中当事人是有限理性的，当事人对世界的认知就不会完全；由于当事人决策所面临的环境复杂，充满了不确定性，这就加剧了上述不完全程度；当事人对不完全世界的认知通过两种知识完成，一种是交流的知识，一种是默认的知识，交流的知识可以通过正式规则来实施，而默认的知识则只能通过“干中学”机制来实施，这就意味着一种组织或个人想要获得相应的利益，除了设计出一些正式规则来降低交流知识的获取成本外，还必须不断地通过创新、学习、模仿等来获取默认知识，从这个角度看，制度的变迁从来都不是新古典主义所说的那样是一个最优化选择过程；相反，诺斯认为制度演化的评价效率只能是适应性的，其优劣取决于当事人通过各种正式规则或非正式规则来发现知识的能力。

给定上述核心思想，诺斯假定从事制度演化的当事人都是企业家（或者准确地说是制度企业家），当技术进步、要素价格比率变化或者信息成本变化导致了相对价格变化，就产生了潜在的盈利机会，企业家为了捕捉这种机会，需要获取相应的知识，获取知识的过程体现为可观察的衡量和实施成本的变化过程，以及围绕合同签订和执行进行改变或重新谈判所产生的可观察损益的变化过程。如果企业家的偏好发生变化，上述知识获取过程仍然会出现。当盈利机会出现或偏好改变时，企业家就有动力从事一项新的交易或改变原有的旧交易，但是，任何交易总是在一定规则下进行的，在改变的动力出现时，原有的规则就可能不适应新的交易，企业家需要通过谈判等建立新的规则来适应新交易。新规则的建立过程就是企业家获取知识的过程，企业家既可能通过正式规则的设计来提炼和规范交流知识，也可能通过学习、创新和模仿等行为来适应环境，从而演化出正式规则和非正式规则。

当作为行动者的企业家的谈判力和相应的合同谈判给定时，没有企业家发现将资源用于合同变更或建立新合同是有利可图的，或者说，即使企业家对现有合同和规则不满，但若改变它所引致的相对成本太高，并不能增进企业家的福利，在这种状态下，制度均衡实现了。诺斯在此处重新回到了新古典范式，在他看来，制度演化实际上是趋近均衡的渐进过程，在这个过程中，企业家或其组织对构成制度框架总体的规则、准则和实施措施等及其组合进行边际上的调整。所以，制度演化基本上是连续的、渐进的、稳定的①。

---

① 周业安：《制度演化理论的新发展》，《教学与研究》2004 年第 4 期。

（四）青木昌彦的制度演化理论

青木昌彦承继了诺斯关于制度的看法，把制度视为博弈规则，并假定当事人有限理性等。和诺斯不同的是，青木昌彦相信制度存在于当事人的意识中，并且可自我实施；制度作为共有信念的自我维系系统，其实质是对博弈均衡的概要表征（或信息浓缩）。作为意识的一部分的制度可以存在于参与人的意会理解中，也可以存在于人们头脑之外的某种符号表征中，但无论如何，它都起着协调人们信念的作用。

和诺斯一样，青木昌彦假定环境变化带来获利机会，参与人需要调整决策以寻求利益最大化，这可视为一个博弈过程。即使参与人不能甚至也不需要推断其他参与人行动决策规则的全部细节（参与人有限理性），但在反复博弈中，也可以了解有关参与人在行动决策时可能采用的规则的一些显著特征。参与人根据这些浓缩信息得出自己在各种可能情况下的行动规则（策略）。所有参与人根据他们对别人行动规则的主观认知（信念）形成自己的行动规则准则，这些规则准则是不完备的、浓缩的。当这些浓缩认知稳定下来并不断再生时，参与人自己的行动规则才能趋于稳定，成为参与博弈的有用指南，反之亦然。当参与人的信念和行动规则一致时，纳什均衡出现了。

在均衡条件下，每一个参与人对他人选择行动规则的预期稳定下来，这种预期沉淀为共有信念，参与人相互之间通过共有信念进行持续博弈。制度在这种预期稳定和共有信念形成过程中产生，并作为均衡的概要表征协调着参与人的信念。参与人基于共有信念决定随后的策略选择，导致均衡的再生，均衡的再生反过来又强化了关于它的概要表征。经过这样一个反复过程，制度不仅内生出来，而且稳定下来，并作为客观之物呈现在参与人的意识中，被参与人认为是理所当然的。制度本身也获得了自我维持功能。

在青木昌彦看来，制度演化的逻辑是：制度演化机制的认知方面，当环境变化或偏好变化等导致现存制度危机出现，参与人就会通过试验、模仿和学习等进行变革，最后演化出新的规则。与制度变革相对应的是共有信念系统的演化。在青木昌彦的制度演化模型中，有四点值得强调：

第一，就博弈过程来说，均衡结果可能有多个，则内生的制度结果可能是多重的，究竟哪个制度成为现实的制度被选择出来，并稳定下来，并不取决于模型本身。制度的多重性和参与人的有限理性及环境的复杂性和不确定性有关，针对不同的状态，参与人根据技术、禀赋和偏好进行主观决策，其结果就可能出现多个，对参与人都是可以接受的。但是，参与人最终选定的制度则和其背景、相关的规则以及历史等有关。

第二，和诺斯一样，青木昌彦认识到制度的“人为设计”面，而不仅仅是生态、技术和文化的产物。在博弈过程中，参与人为了获得最有利的结果，会有意识地通过知识创造、交流、学习和模仿等来影响他人的信念，从而构造出部分共有信念。特别是参与人一旦获得优势地位，可以通过信念的维持来确保旧有制度，这就是路径依赖。所以，路径依赖既可能是对某些历史的遵从，也可能是人为的结果。

第三，如果不再考虑整体制度，而是各个局部制度，那么制度的相互依存性就会出现，具体表现在制度关联和制度互补上。诺斯虽然强调正式规则和非正式规则变化的不一致，但没有考虑到各种可能的依存关系。青木昌彦注意到，制度之间的一致性和分歧会对制度演变本身产生重要影响，如果某些制度的设计没有适应其他制度的要求，那么这些设计就会失败。作为整体的制度演进是各局部制度的一致变迁带来的。

第四，制度多重性和制度演变必须考虑制度之间的竞争。如果环境发生重大变化，参与人依靠现存制度提供的浓缩信息进行决策就可能出错，此时参与人必须重新确定自己的信念，而这又依赖一定的符号系统，参与人在新的环境条件下必须尝试各种行动规则，这些行动规则通过相应的符号系统展开竞争，胜出的符号系统成为均衡的表征，并凝结成新的制度[①]。

（五）制度演进性理论分析框架

综合起来看，周业安则认为，强制性制度变迁模型和诱致性变迁模型都无法完全展示制度变迁的全貌，前者忽略了社会成员的自发制度创新行为，因为得不到证据的支持，后者又忽视了政府的积极作用。并且，制度供求分析无法摆脱新古典范式的种种弊端，要把这些看似矛盾的因素统一的理解，制度变迁的演进分析框架或许就是有用的模型（见图 7-4）。在图 7-4 中，社会经济活动由分散的个体当事人来完成，当事人面临有限理性的约束及知识分散化的环境条件，由于个体的异质性和知识分布的差异性，导致获利机会的发现和获取的不同，其中一些人获得成

---

① 周业安：《制度演化理论的新发展》，《教学与研究》2004 年第 4 期。

功，其策略称为主导策略，并被其他人效仿，由此演化出一些一般性的规则，作为共同知识以节约后继者的创新成本，并稳定当事人对他人的预期。一般规则为当事人的决策设定了相对确定的环境，使当事人相互之间可能合作。随着特定环境的变化，一般规则也会发生演变，以适应新社会状态。当事人之间的互动及与一般规则之间的互动形成了围绕内部规则的自发秩序。但是，即使是自发秩序也不能完全消除环境的不确定性，再加上行为的不确定性，内部规则就存在不足之处。组织的出现正是对其加以弥补，组织以一种命令式的动员方式获得行动优势，但组织一旦形成，便脱离内部规则，而按照自身的规则运转，这就是外部规则与外生秩序的演化过程。给定不同的环境条件，内部规则与外部有时相互促进，有时相互制约，作为整体的社会秩序就是在两者之间的冲突与协调中逐步演进的。

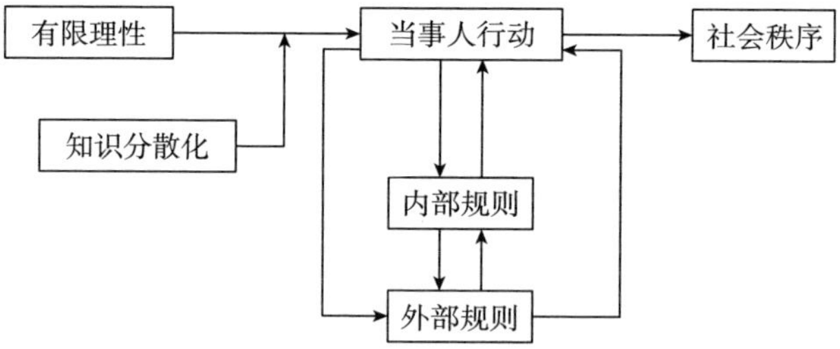

图 7-4　制度演进的分析框架

第三节　基于复杂适应性系统的制度演化

在第二节对制度演化进行分析的基础上，在这一节中，我们从复杂适应性系统理论的角度对制度演化进行深入分析和介绍，让我们对制度演化进行更为全面的认识和理解①。

一　复杂性科学的兴起及在制度经济领域的应用

（一）复杂性科学的兴起

现代物理学和化学对复杂性科学发展的贡献，典型是普雷高津在开

① 王蓉：《理解制度的演化》，博士学位论文，辽宁大学，2009 年。

放系统热力学方面的工作。普雷高津等曾把观念变化描述为物理科学的概念重构，认为物理学“从决定论的、可逆的过程走向随机的、不可逆的过程”；研究重点从均衡转向了作为“自生自发的自组织来源”的非均衡，以及远不同于热力学均衡的开放系统中的自组织过程。这些系统的一个显著特点是：非线性的出现可以把微小原因突变成巨大后果。在关键点（分叉点）上，微观事件可以引发显著的宏观效应，它们可以决定系统在某几条同等可能的路径中对特定路径的选择；这一事实在系统中引入了随机因素，并赋予自组织过程以非均衡的特点。此过程显示了必然性和偶然性的结合，产生了一条独特的和不可逆的系统演化的历史路径。这里揭示了一个重要的观念，复杂性科学把焦点集中到非均衡系统演化过程中的创造性和开放性上面，其主旨是未来不是给定的，而是一个被创造出来的、不断拓展的过程。

复杂性科学的发展壮大吸引着越来越多的经济学家的注意，其中包括 Anderson、Arrow 和 Pines①、Arthur 等②、Baumol and Benhabib③、Buchanan and Vanberg④ 以及 Allen⑤ 等。这些经济学者希望通过复杂性科学的新倾向来解释复杂经济系统的开放的、创造性的、非均衡的演化过程。经济学者 Vanberg 指出，尽管耗散结构理论传统上局限于物理学和化学领域，但是他们更适用于经济学范围。P. M. Allen 和 J. S. Wicken 等经济学者则提出了新演化综合的观点，即一个沟通物理学和社会科学的统一的世界观：以普利高津的耗散结构理论为基础形成的复杂自组织理论框架下构建经济的演化理论。

（二）复杂适应性系统理论的提出

复杂适应系统理论诞生于 20 世纪 90 年代初期，是由圣塔菲研究所的复杂理论学者霍兰德（Holland）创立并由考夫曼（Kaufman）、阿瑟

① Anderson, P. w., K. L. Arrow, and D. Pines (eds), “The Economy as an Evolving Complex System,” Redwood City: Addison-Wesley, 1988.

② Arthur, B., Y. Ermoliev and Y. Kaniovski, “Path-Dependent Processes and The Emergence of Macrostructures”, *European Journal of Operation Research*, 1987, 30.

③ Baumol, w. and J. Benhabib, “Chaos: Significance Mechanism and Economic Application”, *Journal of Economic Perspectives*, 1989.

④ Buchanan, J., and V. Vanberg, “The Market as a Creative Process”, *Economics and Philosophy*, 1991, 7.

⑤ Allen. P., “Evolution, Innovation and economics”, in G. Dosi et al., Technical Change and Economic Theory, London: Pinter, 1988.

（Athur）和帕卡德（Packard）进一步发展而成的。霍兰德教授是一个人工智能专家、心理学家和复杂理论家，他在1993年的演说中发表了如下的设想：许多长期困扰我们的问题——贸易不平衡、可持续发展、艾滋病、遗传病、精神卫生和计算机病毒等，都处于它们各自的复杂系统的中心。而产生这些问题的系统——经济、生态、免疫系统、胚胎、神经系统及计算机网络等，也与这些问题本身一样表现出多样性。然而，尽管存在表面上的这许多不同，这些系统却共同具有一个显著的特征——在系统中，任何特定的适应性主体所处环境的主要部分，都由其他适应性主体组成，所以任何主体在适应上所作的努力，就是要去适应别的适应性主体——以致我们可以按照圣塔菲研究所的观点将它们归结为单独的一类，称为复杂适应性系统。

按照霍兰德的观点，所谓复杂适应系统，是指由大量的按一定规则或模式进行非线性相互作用的行为主体所组成的动态系统。复杂适应性系统理论把系统的成员看作具有自身的目的性的积极的主体通过“适应性学习”产生适应性生存和发展策略，导致复杂适应性系统进行创造性演化。更重要的是，复杂适应性系统理论认为，正是这种主动性以及它与环境的反复的相互作用，才是系统发展进化的基本动因。这样一来，我们就不必到系统外部去寻找那个神秘的第一推动力，系统的复杂性的根源可以从个体的交互行为规律中寻找。霍兰德把个体与环境之间的这种主动的反复的交互作用称为适应，这就是复杂适应性系统理论的基本思想：适应产生复杂性①。而这正是复杂适应性系统理论与其他系统论区别的关键所在。复杂适应性系统的基本特性决定了其特殊的运行机理，它从一个方面概括与抽象出了生物、生态、经济、社会等一大批复杂系统的共同特点。复杂适应性系统框架可以应用于人类社会经济领域的研究②。

（三）复杂性科学在制度经济领域的应用

长期以来，复杂适应性系统理论主要用于技术创新和技术变迁领域的研究。这大概是因为熊彼特式的“创造性毁灭”的技术创新过程与该理论比较吻合的缘故。随着对技术创新的复杂系统特征理解的不断深入，

---

① 约翰·霍兰德：《隐秩序：适应性造就复杂性》，周晓牧等译，上海科技教育出版社2000年版。

② 王蓉：《理解制度的演化》，博士学位论文，辽宁大学，2009年。

技术创新被视为一种系统的、动态的、随机的和有限报酬递增的一种间断性增长的过程。另外，技术创新也比较容易被复杂系统理论的两大工具，即数学建模和计算机模拟所量化。迄今为止，技术创新研究的复杂系统理论框架已经在学术界基本达成共识。

鉴于复杂适应性系统理论在技术创新的研究领域取得了很大的成就，一些演化经济学者认为，应该采用复杂适应性系统理论来研究演化经济学领域的另一主题——制度的演化问题。但是长期以来，这一理论框架在制度演化领域的采用遇到了很大的阻力。技术创新从本质上来看更多地表现为人类征服自然物质世界，减少我们所面临的物理环境的不确定性而进行的努力。虽然技术创新也涉及人类的能动性问题，但是技术创新本身必须符合自然物理世界的客观规律，因此很容易被产生于自然科学领域的复杂适应性系统理论解释并量化。但是制度演化问题并不像技术创新那样从属于人类所面临的物理环境，而是主要产生于人类相互作用所产生的社会经济环境。哈耶克认为："长期以来，人们时不时地会怀疑，生命现象、心智现象和社会现象是否会真的比自然世界中的现象更为复杂。人们之所以有这样的疑问，在很大程度上讲是因为他们混淆了下述两种复杂程度所致：一是某个特殊种类的现象所特有的那种复杂程度；二是任何种类的现象经由要素的组合而能够达到的那种复杂程度……复杂程度会伴随着我们从无生物现象进入（有机程度更高的）生物现象和社会现象而得到相当明显的增加"①。按照哈耶克的说法，我们可以认为技术创新引发的复杂性低于由于人类的社会结构所产生的复杂性。因此，复杂适应性系统理论在解释制度演化时遇到了更为复杂的问题。演化经济学者约翰·高迪（John Gowdy）指出，"演化经济学的研究焦点转向制度问题的研究是很麻烦的，因为对于制度问题的解答常常需要到文化人类学领域去寻找，这产生了个人和企业情景不能被形式化的问题"②。另一位演化经济学者保罗·拉马佐蒂也持相同的观点："制度演化研究的难题是由人类社会经济系统的开放性和作为其结果的复杂性所

---

① 弗里德里希·A. 哈耶克著：《哈耶克论文集》，邓正来译，首都经济贸易大学出版社 2001 年版。

② Gowdy, J.,"Limited Wants, Unlimited Means: A Reader on Hunter-Gatherer Economics and the Environment", Washington, DC: Island Press, 1998.

引起的”①。

二　复杂适应性系统理论的基本内容

（一）复杂适应性系统的基本思想——适应性突现复杂性

复杂适应性系统理论把系统中的成员称为具有适应性的行为主体（agent），简称为主体。所谓具有适应性，就是指它能够与环境以及其他主体进行交互作用，在这种交流的过程中学习或积累经验，并且根据学到的经验改变自身的结构和行为方式。从生物学的角度说，适应是生物体调整自己以适应环境的过程。粗略地说，生物体结构的变化是经验引导的结果。因此，随着时间的推移，生物体将会更好地利用环境达到自己的目的。霍兰德将生物学中适应性术语的范围扩大，把学习与相关过程也包括进来。整个系统的演变或进化，包括新层次的产生，分化和多样性的出现，新的、聚合而成的、更大的主体的出现等，都是在这个基础上出现的。这就是复杂适应性系统（complex adaptive system，CAS）理论的基本思想：适应产生复杂性。既然适应性造就复杂性，在复杂适应系统中“适应性”自然是一个核心概念。尽管不同的 CAS 过程具有不同的时间尺度，但适应的概念可以应用于所有的 CAS 主体。关于其基本思想，有以下四个方面需要强调：

1. 复杂适应性系统演化的基本出发点

任何复杂系统都是由大量元素组成的，这些元素无论从形式上还是从性能上都不同（个体异质性）。霍兰德认为它们应该是主动的元素（active element），于是借用了经济学中的“主体”一词，斯泰西则将其界定为“行为主体”②。主体概念加上适应性的修饰就形成“适应性主体”的概念。可以肯定的是，从元素到具有适应性的主体，并不是一个简单名称改变。对于复杂适应性系统概念建立之前的系统而言，系统的组成部分一般被称为元素、单元、部件或子系统，它们是作为局部的、被动的概念而提出的。但是，适应性主体这一概念与以上各种提法完全不同。它把个体的主动性提高到了系统演化的基本动因的位置，从而成为研究和考察复杂适应性系统的出发点。复杂适应性系统理论家的这一

---

① 约翰·福斯特、J·斯坦利·梅特卡夫：《演化经济学前沿》，贾根良等译，高等教育出版社 2005 年版。

② 宋学峰、杨列勋、曹庆仁：《复杂性科学研究进展》，科学出版社 2004 年版。

思路具有十分明显的突破性。他们是这样界定主动性内涵的："主体随着得到信息的不同，而对自身的结构和行为方式进行不同的变更……主体为了实现生存和发展的目的，主动适应环境的变化"①。复杂性正是在主体与其他主体之间主动交往、相互作用的过程中形成和产生的。个体主动的程度，决定了整个系统行为的复杂性程度。

2. 行为主体之间的相互作用突现复杂性

系统复杂性是怎样产生的？按照传统的观点，复杂性来自系统的外部。这种观点由来已久，可以追溯到牛顿的机械力学。复杂系统科学的发展打破了这种形而上学的观点。特别是对于自组织现象的研究，第一次引导人们从系统内部寻找复杂性的来源，这是一个十分重要的进步。所谓自组织是指在系统开放的背景下，系统自发形成内部有序结构的过程。自组织的关键在于系统的复杂性是内部自发产生的，行为主体之间的相互作用突现复杂性②。所谓突现或涌现（emergence）是指复杂系统中的行为主体根据各自行为规则相互作用所产生的没有事先计划但实际却发生了的一种行为模式。在偶然事件中，整体行为模式不能根据其个体行为规则进行预测。也可以表述为，整体模式不能还原其个体行为。复杂适应性系统理论将"个体之间的相互作用"强调为"个体与其他个体之间的相互作用"。强调这点有两方面的意义：一是这里并没有一个凌驾于所有个体之上的整体的代表。对于每一个个体而言，整体的作用正是通过其他个体表现出来的，同样，每个个体对于其他的个体而言也起着环境的作用。二是在这些相互作用中，个体之间的关系存在从平等到分化的发展过程，也就是说，在系统演化的早期，个体的潜力是差不多的。原则上每个个体都有多种发展前途的可能性。在相互作用的过程中，由于各种原因的作用，行为主体的发展方向不尽相同，产生了结构，对称性被打破。这样整个系统变得比较复杂，这就是从简单到复杂的演化。也就是说，相互作用是可记忆的，它表现为演化过程中每个个体的结构和行为方式的变化，以不同的方式存储于个体的内部。因此，CAS 理论发展了系统科学中历来强调的相互作用的思想，使演化的观念具体化了和落实了。霍兰德把适应性的思想从生物学中引入系统研究的领域，显

① 米歇尔·沃尔德罗普：《复杂：诞生于秩序与混沌边缘的科学》，生活·读书·新知三联书店 1997 年版。

② 邬焜：《信息哲学》，商务印书馆 2005 年版。

然这对于系统科学的思想方法是非常有用的充实和扩展，进一步丰富了系统观点的内容。在人类社会，复杂适应性系统包括文化和社会制度。每一个这样的系统都是许多平行发生作用的行为主体组成的复杂网络。在经济社会中，行为主体也许是个人、家庭或企业。每一个主体都会发现自己处于一个由自己和其他主体相互作用而形成的一个系统环境中。每一个行为主体都不断地根据其他主体的动向采取行动或改变行为。因此，在人类社会的复杂系统中，控制力是相当分散的。这个系统产生的连续一致的行为结果，是产生于行为主体之间的相互竞争与合作。

3. 多层级秩序结构体系

层级结构是复杂性的主要根源之一。按照盖尔曼对简单性和复杂性的词源学考察，英文“简单性”的原意是“只包含了一层”，“复杂性”一词来源于“束在一起”；作为简单性的反概念，复杂性应有“非止一层”即多层次的含义。把多样性或多个层次束缚在一起就是复杂系统，它的词义隐含了复杂性来源于层次结构的观念。由于只能在其所处的系统层次上观察到突现性质，而不能在其组成部分中发现它，所以当存在内在的未知和不可知的成分的时候，人们对于复杂系统的研究和描述就是十分困难的。对于复杂系统进行分析的一种传统的方法就是将问题的某些方面视为随机过程，进而假设它们不发挥作用。被假定为随机的或者不知晓的噪声不会对整体结果有重大影响。在忽略不可解释变量以及在噪声不影响系统结果将其忽略不计的条件下，我们可以用随机分析对于某些复杂系统的主导行为进行不完全的和近似的描述。如果系统具有可简化性和分析性的话，随机分析是有效的。它已经被广泛地应用到科学和工程领域，对于许多时间和研究的目的而言，这一不很精确的方法已经足够好了。但是，如果未知或者不可知不能被忽略，那么复杂系统会怎样？复杂系统所具有的一个确定性的特点就是路径依赖。它们对于诸如初始条件或者系统参数中的微小差异和微小扰动具有敏感性，例如广为人知的“蝴蝶效应”。微小的变化可以决定复杂系统的结果。与之相反，在简单系统中，通过把类似的微小扰动简化为背景噪声，它们的影响就被消解了。但是，并不是所有的微小扰动都会对系统行为产生重大的影响，只有一部分的影响会通过正反馈被放大才决定结果。在一般的意义上，这就是混沌。困难就在于能够解释复杂系统的偶然的和异常的行为的理论还要能够解释复杂系统中正常的和可预测的行为。也就是说，我们能够解释复杂性，就能够解释简单行为，反之则不能。单凭分析无法解释复杂系统，但是这并非要完全否定分析的作用。偶然的和异常的行为这种思想揭示了复杂系统部分的是不可简化的，而非绝对不可简化。复杂系统具有部分的可解释性和可预测性。当系统基本上可简化时，许多实践工作可以运用传统的分析工具；反之，系统就需要其他分析技术。在关于复杂性结构体系的文献中，西蒙认为，对于复杂系统的部分可解性或者部分不可简化性问题，我们可以通过一个相互嵌入的多层次的秩序等级体系加以解决。一个层级的秩序取决于更为基础层次的秩序或者规则；同理，后者也取决于比它更为基础层次的秩序。突现概念说明了，在一个多层次的体系中，通过其组成部分之间的交互作用，整体大于部分之和。同理，对于一个复杂系统来说，每一组成部分反过来又是某个其他层次的具有其组成部分的整体。依次无限类推。因此，通过对部分的可简化性，复杂性提供了一种对复杂系统进行简化的工具——多层级秩序结构体系。

（二）复杂适应性系统的七要素

美国学者霍兰德（Holland）根据以往研究遗传算法和系统模拟的经验，提出了复杂适应性系统在适应和演化过程中的七个基本要素。它们是聚集（aggregation）、标识（tagging）、非线性（non－linearity）、流（flows）、多样性（diversity）、内部模型（internal model）、积木（building block）。霍兰德指出，在这七个要素中，聚集、非线性、流和多样性是复杂适应性系统的基本特性。而标识、内部模型、积木是复杂适应性系统的机制。

1. 聚集的特性

在复杂适应性系统理论中，聚集（aggregation）指的是较为简单的主体相互作用，必然会涌现出复杂的大尺度行为。这样组成的聚集体又可以成为更高一级的主体，即介主体（meta-agents）。当然，这些介主体能够进行再聚集，产生介介主体（meta-meta-agents）。这个过程重复几次后，就得到了CAS非常典型的层级组织。事实上，聚集是所有CAS的一个基本特征，且由此所产生的突现现象（emergentphenomena），正是CAS最令人捉摸不透的一面。CAS研究取决于我们能否识别出，能使简单主体形成具有高度适应性的聚集体的机制。系统的行为主体的数目代表系统的规模，复杂性的形成需要足够的系统规模，这是产生复杂性的必要条件，但不是充分条件。

2. 标识机制

在聚集体形成过程中，始终有一种机制在起作用——标识。在 CAS 中，标识是为了聚集和边界生成而普遍存在的一个机制①。第一，标识能够促进选择性相互作用，因此，它是 CAS 中普遍存在的特性。它允许主体在一些不易分辨的主体或目标中去进行选择。基于标识的相互作用，为筛选和合作提供了合理的基础。这就使介主体和组织结构得以突现，即使在各部分不断变化使它们仍能维持。标识是隐含在 CAS 中具有共性的层次组织机构（主体/介主体/介介主体/……）背后的机制。在仔细考察有关标识的不同例子时，发现一个共性：CAS 用标识来操纵对称性。标识使我们能够观察和领略到以前隐藏在对称背后的特性，实现对称性破缺。第二，标识如同纽带，由它所引导的聚集实际上就是主体之间的功能耦合。所谓耦合，是指构成整体各部分的性质和存在是互为条件、互为因果的。通过限定关键性的相互作用，即主要的连接，标识总是用来定义网络。标识担当此角色是因为，完善 CAS 的适应过程是挑选那些有益于相互作用的标识，而排斥造成不良后果的标识，也就是说，带有有益标识的主体会扩大，而带有不良标识的主体会停止生存。因此，复杂适应性系统可以被认为是一个主体之间的功能耦合网。

3. 开放系统中流的特性

复杂适应性系统是开放的。开放性也是复杂性的重要根源，系统与环境相互关系的复杂性是系统复杂性的重要表现，通过复杂适应性系统这个功能耦合网，各层次的主体之间以及主体与环境之间进行着物质、能量和信息的交流。构成这种交流关系的要素有三个：结点、连接器和资源。作为功能耦合网的“流”既表示一种资源的循环又存在方向性，并且沿着该方向导致资源价值的增值。这些流的渠道是否畅通，周转速度如何，都直接影响着系统的演化过程。一般说来，结点就是行为主体，连接表明可能的相互作用。在 CAS 中，网络上的流动因时而异；而且，结点和连接会随着主体的适应或不适应而出现或消失。因此，无论是流，还是网络，都随时间而变化。它们是随着时间的流逝和经验的积累而反

① 并不是任意两个主体都可以聚集在一起，只有那些为了完成共同功能的主体之间才能存在这种聚集关系。这种共同的功能需要赋予一种可以辨认的形式，这种形式就是所谓的标识。

映出变异适应性的模式。

4. 非线性的特性

行为主体之间的相互作用有线性和非线性之分。线性意味着单一、均匀、不变，不具备产生复杂性的根源。而非线性则意味着无穷的多样性、差异性、可变性、非均匀性、奇异性、创新性。元素之间、子系统之间的非线性相互作用是系统产生复杂性的根本内在机制，复杂性只能出现于非线性系统。在复杂适应性系统中，主体之间、层次之间的相互关系一般来说并不构成简单的“整体等于部分之和”的线性关系，而是会产生诸如混沌、分叉（bifurcationdiverge）、分形（fractal）和奇异吸引子（strange attractor）[①] 等复杂现象的非线性耦合关系。非线性是还原论失效的根本所在，也是复杂适应性系统通过演化实现自身适应性调整的动力之源。主体非线性的相互作用总是使聚集行为比人们用求和或求平均值的方法预期要复杂得多。CAS 的整体行为不是各部分行为的简单相加，CAS 充满了非线性。

5. 多样性的特性

行为主体的多样性造成主体之间相互关系的多样性和差异性，是系统复杂性的根本源泉。要想在与动态环境的适应演化过程中始终保持 CAS 的动态均衡，系统必须具有适应方式的多样性。多样性既非偶然又非随机，无论是生物体、经元还是企业，任何单个个体的尺寸都依赖于其他主体提供的环境。CAS 的多样性是一种动态模式，通常具有持存性和协调性，类似于驻波（如果用棍棒或船桨搅乱水波，一旦搅动停止，水波就会很快恢复原样）。然而，驻波模式与 CAS 模式有一个本质的区别：CAS 模式在演化——由于部分主体灭绝而引起的相互作用模式的变动，常常会按照以前的方式重塑自己，虽然新的主体可能在细节上与老的主体有所不同。在 CAS 中看到的多样性是不断适应的结果。每一次新的适应，都为进一步的相互作用和新的生态位开辟了可能性。是什么机制使 CAS 能够生成和保持拥有多样性的动态模式？参与循环流的主体使系统能够保留资源。这样保留的资源可以被进一步利用——它们将提供

① 一个系统是否存在混沌现象，即是否有奇异吸引子，其判断的条件有多种。最常见的用来判断的基本特征有两个，一个特征：系统的相空间中的吸引子是否是具有自相似结构的分数维几何体；另一个特征：系统对于初始条件的依赖性是否十分敏感。如果所研究的吸引子具备这两个特征，那么，我们认为该吸引子必定是奇异吸引子。

新的生态位以便被新的主体所使用。在 CAS 中，能够开发利用这些可能性的部分，特别是能够进一步增强再循环的部分，将会形成良性循环。

6. 内部模型机制

主体要适应环境就必须对外在的刺激做出适当的反应，而反应的方式由内部模型（internal model）所决定。内部模型实际上代表了主体对外在刺激的反应能力，主体必须在它所收到的大量涌入的输入中挑选模式，然后将这些模式转化成内部结构的变化。这样，主体能够预知，即认识到当该模式（或类似的模式）再次遇到时，随之发生的后果将是什么。CAS 区别于其他系统的另一个重要标志是：主体能够预知某些事情，即做出预期。如果根据内部模型产生的行为对未来的结果预测，则该内部模型是有效的；反之，内部模型则是无效的。通过一种适当方式把未来的事物与目前的行为联系起来，进化过程支持有效的内部模型并剔除无效的内部模型。内部模型机制主要表示行为主体的认知体系，在复杂适应性系统理论模型中，采用它来模拟行为主体对外界的感知。

7. 积木或构件机制

在现实情况中，内部模型必须立足于一个有限样本上。但内部模型只有在其描述的情景反复出现时才是有用的。如何解释这个悖论？事实上，通过自然选择和学习，寻找那些已被检验过能够再使用的元素，人们就能够把复杂事物进行分解。因为再使用意味着重复，我们开始遇到这样一个问题：面对新事物，如何能够重复？通过重复使用积木（building block），我们获得了经验。无论在哪里，积木都是人们认识复杂世界规律的工具。当我们把某个层级的积木还原为下一层次积木的相互作用和组合时，我们就取得了显著的成绩：较高层次的规律是从低层次积木的规律推导出来的。迄今为止，这些积木都曾经被实践过，并在千百次的实践中得以改善。当遇到一种新情况时，我会采取适当的行动，将相关的、经过检验的积木组合起来，应付新的情况，采取适当的行动，取得满意的结果。因此，复杂性往往不在于积木的多少和大小，而在于原有积木重新组合的方式。复杂适应性系统比天气更有规律性，这至少有两个原因：第一，某些受偏爱的积木长期存在。第二，有一种在生物学上称为趋同的现象，它更加强了可以预测的规律性。在这里，不应把趋同与数学上的收敛，即到达终点（不动点）混淆起来。这里的趋同是指占据相似生态位的主体的相似性。积木和生物学的趋同规则性，意味着发展的规律性。这些反过来又意味着主体在某些结点会有高度的集中。在存在许多主体的地方，既有可能出现新的变种，样本越多意味着变异的可能性越大。相应的，新的主体的产生应当集中发生在这些主体数目多的节点，这种现象称为适应性辐射。

三　制度演化的复杂性本质

在制度演化的过程中，具有主要的适应性学习能力的行为主体存在直接和间接的连接。它们在局部持久和自我强化的人造结构网中相互缠绕在一起。知识是主要的资源流。人类社会经济系统的复杂属性是建立在知识流动的基础之上的，系统内主要的交互作用是知识的交换。知识的流动支配着能量的流动。当后者处于被动领域之时，前者则是积极的和创造性的。因为这个原因，才导致人类社会经济系统永不静止地演化。正如马歇尔所认识到的，人类的活动直接或间接地使知识发生了变化，在知识上的每一变化开启了在活动上变化的条件，进一步导致了在知识上的无限变化。以知识为基础的人类社会经济系统是自催化的：知识的自我繁殖以一种相当不可预测的方式产生新知识。因此，行为主体的关键特征不是对效率的理性搜索，而是对未来可替代的经济世界的想象性的构建。

人类社会经济系统是开放的，它必然是永不静止的，时钟从不会倒转。在复杂适应性系统中，旧的内部模型（心智）常常扮演积木的角色，通过重新组合生成新的内部模型。使用积木生成内部模型，是复杂适应性系统的一个普遍特征。一项新制度的形成并不是无中生有的，而常常是已有制度的某种重新组合，组合能否成功的关键在于旧制度的功能能否实现新的耦合。制度是通过影响个人的心智模型，形成习惯或者惯例来对个人行为发生作用。而习惯或惯例一经形成，便作为积木被添加在行为主体的经验篮子里。在与环境的相互作用中，被频繁使用的积木（惯例）具有较高的适应度。而具有较高适应度的积木，也就是在经受了实践检验的情境中生存下来的积木，会在个体层级上通过个体之间交互作用被人们普遍接受，从而成为构成共同体人们的共同信念。

根据 CAS 观点，一个层次上确立的积木，经过重新组合，会在下一个更高层次上突现创新。所以演化过程会在所有层级上不断地生成、选择和组合积木。行为主体的意识、目的性和意志就是人类的大脑器官突现的特性，也就是说，创新等有目的的行为可以建立在高度复杂的人脑系统突现的特性之上①。因此，在制度演化的过程中，在个体层级上，行为主体的适应性学习远不只是信息的获取，它是认知、计算和评价的新手段和新模式的发展，也就是说行为主体的学习实际上是创造新的行为模式的基本演化动力。另一方面，在群体层级上，选择机制主要表现为标识机制，一个群体或者聚集体的形成主要依靠标识机制促进行为主体有选择性的相互作用。标识机制是隐含在复杂适应性系统中具有共性的层次组织机构背后的选择机制，确切地说，我们可以把它称为一种基于结构性的选择机制。但是，在描述人类经济社会的复杂适应性系统时，我们还需要考虑另一种基于功能性的选择机制——基于利益或报酬的自主选择机制。在自主选择机制的作用下，被更多的主体所采用的行为模式被选择成为共享的信念体系。这意味着行为者要逐步建立起对他们生活环境的新的描述，以便替代从前的观念和思维习惯。通过构成共同体的个人思想习惯的改变，社会制度才能改变、发展以及适应变化的情况。因此，如果说习惯和惯例作为积木式制度演化研究中的核心概念，那么，突现性就是制度演化过程中的基本规律。

总之，复杂适应性系统理论解释了微观不确定性和宏观有序性的共存，模糊了秩序与混沌之间的界限，主张适应性突现复杂性的基本规律。因此，每一个复杂适应性系统都具有多层级组织，每一个层级的作用者对更高层级的作用者来说都起着建设砖块的作用，低层级中的行为主体之间的相互作用在更高层级上突现出创新。因为复杂性系统能够吸收经验，从而经常改善和重新安排它们的建设砖块——积木。在任何一个复杂系统中，最根本的适应机制就是改善和重组自己的建设砖块来实现创新。

四 基于复杂系统理论的制度演化框架

（一）复杂适应性系统框架下对行为主体的界定

在制度演化的过程中，行为主体既可以是个人，也可以是组织。用系统论的语言来描述，组织可以被解释为共同执行某种功能的经济主体相互连接形成的耦合网络，这为在特定的范围内经济主体之间进行资源（包括知识和资源）交换或者交易提供了可能。相对于以个人形式表现的

---

① 宪辰、黄凯南：《基于生物学基础的行为假设与共同知识演化分析》，《制度经济学研究》2004 年第 4 期。

行为主体而言，它也被称为社会经济系统中的子系统或者介主体。组织可以包括政治组织、经济组织和社会组织。在复杂适应性系统中，行为主体不论是个人还是组织，都具有主动的适应性。而一个适应性行为主体经常要做的两件事是预期与反馈，这两件事都需要通过行为主体对外部环境的认知来实现。在物理和生物的系统上，效果良好的预测模型依赖于这样一个事实：构成系统的个体元素必须遵守管束其行为的固定的规则。机制是固定的，系统元素从不会学习。但是在人类社会经济系统中，人类具有超越其他生物的自主学习能力，他们会改变其信仰、目标、技能和角色，他们会变老，并会被其他人所替代。人们分析行为和策略，复制它们并试图将之运用于新的环境中。但是，并不一定会成功。学习不一定是完美的，因此探索和不同程度的成功持续的驱动着一种不断变化的制度背景，在此基础之上，更大规模的人类社会经济系统得以演化。因为这种长期存在的不确定性，我们并不能知道现在的何种行为是最好的。即使每个个体都确切地知道他们将要达到的目标，但是因为他们并不能确切地知道别人将如何作出反应，所以，他们从不能精确地计算出结果将会怎样。他们必须赌博，观察一下碰巧会发生什么，如果有必要并准备采取行动。

一个行为主体能够改善自己的心智模型，并不需要任何超自然的指引，他只需要不断进行试错，看看这些模型对真实世界的预期是否准确。如果他能够在实践中存活下来，他就调整自己的这些模型，以使自己下次做得更好。在认知学上，行为主体的心智模型的建立主要反馈自间接和直接经验。从广义上说，认知过程就是学习过程。

在人类社会经济系统中，学习是行为主体适应环境的主要形式。正如艾伦所言，“在一个变化的世界中，现实是存在的，我们所需要的是关于学习过程的知识”①。巴特·努特鲍姆指出，“人类社会的交互作用表明，一个人不可能置身于他的心智之外去评价他的知识是否正确，其他人所提供的多种知觉和理解是他纠正错误的唯一来源”②。因此，要获得其他行为主体所掌握的知识，学习能力是必需的。西蒙指出适应性学习

---

① Allen. P. M.,“Evolution: President Ignorance from continual Learning”, in (ed.), Nonlinear Dynamics & Evolutionary Economics, Oxford: Oxford University Press, 1993.

② Nooteboom, Bart,“Learning and Innovation in Organizations and Industries,” Oxford and New York: Oxford University Press, 2000.

的最基本形式可能出现在“试错搜寻（trial-and-error search）”中，或者更一般地出现在试验之中①。实验包括一种“真实世界”的行动，同时按照一种行动标准来观察结果，把它与以往行动/结果配对比较，并在这种比较的基础上选择一种新的行动。每一种这样的实验都是一种尝试。如果标准比以前的尝试改进了，最新的尝试就是一个成功（至少从局部来看）；如果标准退步了，它就面临失败和选择错误。成功会增强一个既定的搜寻方向，错误则产生相反的效果，在新的方向上激发搜寻。这种学习模式构成了随机刺激—反应学习模型的基础，这种模式在每次尝试时都任意选择搜寻方向，选择某种既定方向的概率得到提高就被看作成功的标志。随机刺激/反应学习模型后来被阿瑟所采用，阿瑟发现该模型与霍兰德复杂适应性系统理论初创阶段提出的“分类者过程”（classifier process）相关。

在构建复杂适应性系统理论时，霍兰德建立了一个简单的模型。他考虑一个行为主体使用一组有待检验的样本策略开始多轮学习，每个策略都可以视为一组刺激—反应规则，最近的历史记录就是决定反应行为的刺激。适应包括两种行为：一是根据经验给每个策略打分；二是创造新的策略来取代低分策略。策略的分数仅仅是在与对手较量后得到的平均分。遗传算法把这些分数视为适应度，所以产生新的策略。我们可以由此预测遗传算法会使用何种模式（积木）。根据遗传算法的模式定理，这些积木应该随着新策略（字符串）的产生而更加频繁地出现。而且，随着积木越来越多地出现在不同的位置上，交换就可以把它们组合起来，为后代产生更多的积木。观察在技术创新中检验过的积木的作用，有助于理解在规则创新的特殊情况下积木的作用。历史的回顾显示，技术创新似乎总是由已知积木的特定组合产生的。即使是新的积木，也经常是通过组合更多的基本积木派生出来的，至少部分是这样。在人类社会中，在给定的一代人中，没有哪个人与前一代的任何人是相同的。特定的个体不会出现了，但是他们的积木却会以知识、信念、惯例的形式再现。

所有复杂适应性系统中的行为主体都能够预期将来，都能建立让自己预测外部世界的模型。更为一般地说，每一个复杂适应性系统都经常

---

① Simon, Herbert A., “Models of man: social and rational; Mathematical essays on rational human behavior in asocial setting”, New York: Wiley, 1957.

在做各种预期，这种预期都基于自己内心对外部世界认识的心智模型基础之上。也就是基于对外界事物运作的明确和含糊的认识之上。在认知领域，任何我们称为“技术”“文化”和“专业知识”的概念都是一种心智模型（内部模型），即是一组长期经验积累和凝练而成的。事实上，这种预期的心智模型可以转化为行为的建设积木。它们就像所有其他建设积木一样，也能够随着系统不断吸取经验而被检验、完善和重新安排。

（二）复杂适应性系统框架下制度演化的运行机理

1. 假设

通过特定的假设，把某种复杂的情况转变为易于理解的状态。也就是说，假设可以帮助我们理解制度演化的复杂情况，同时又足够反映实在。为了实现这一点，至少需要两个假设：第一，假设在想要理解的部分与世界的其余部分之间确立一种边界。即在系统和它的环境之间可以界定一种边界。第二，假设对系统组成部分进行合理的分类，这使我们能够理解正在发生什么事情。

基于复杂适应性系统理论框架的制度演化模型依赖于假设 1 和假设 2，但是，对于这两个假设，需要作补充说明。事实上，在真实的世界里，我们所看到的系统没有必要存在着泾渭分明的边界，许多系统具有模糊和渗透性边界。而且，我们所看到的系统不只是层级性系统，还是交叠的系统：一种系统的要素不只是构成了具有自身要素的子系统，而且它同时也可能是其他系统的要素。因此，在建立基于 CAS 框架的演化模型时，我们需要依赖这两个假设来做到非重要部分的局部简化。另外，为了论证的简便，需要做一些非重要细节上的处理，假定微观多样性的行为主体只有两个，分别为主体 A 与主体 B。

2. 制度演化的多层级架构的建立

（1）行为主体层级。

行为主体层级是复杂适应性系统的微观个体层级，在该层级上各行其是的行为主体既可以是个人也可以是组织。行为主体对外部环境的认知影响行为的变化。下面，我们历时地分析在制度演化过程中，个体层级的演化过程。

行为主体层级中新奇的创生。

制度演化的推动力是新奇的产生。而新奇如何与为什么产生只能在行为主体层级得到阐述。

第一个问题——“新奇如何产生”可以归结为行为主体认知的变异。正如威特（Witt）指出的那样：“新奇的源泉是个人创造性的心智（认知）。”大脑活动持续的对已知的认知要素进行重组。而这种已知的认知要素在霍兰德的复杂适应性系统理论中被称为“认知积木”，认知积木是以知识的形式为载体的。在人类的认知体系中，被称为认知积木的知识可以有三种层次：第一种知识是铸就某个社会经济系统共享信念的基本组成部分，它来自文化传统，在人类的世界里，明显地存在着文化多样性。第二种知识来自已有的制度（群体层面的积木），这些制度作为共享信念的重要组成部分成为行为主体认知积木；除此之外，在行为主体的认知中还贮存第三种知识——意会性知识。这种知识的存在标志着行为主体学习能力的有限性和差异性，从而影响着行为主体认知的变异。这些不同性质的知识主要是行为主体在实践经历中通过学习获得的，它们相互作用在一起，共同建构了行为主体的认知体系，并指导着行为主体的行为。而且随着行为主体与环境不断地进行交互作用，这些认知积木不断进行深入的重组，新产生的认知结构变得越来越复杂。这就是为什么即使潜在的重组规则能够被知晓，新奇也是不可预测的。在制度演化的过程中，个体层级新奇的创生过程有两个因素共同作用：一是群体层级的因素，即创新的参与者根植于由特定的文化传统和现有制度共同组成的环境中，过去的多样性影响着新多样性的产生；二是人类自主的适应性学习能力生成了人类的创造力。这样，在个体与群体层级的共同作用下，新奇在个体层级上得以创生。

第二个问题——“新奇为什么产生”这一问题的答案源自人类的目的性。人类社会经济系统超越生物系统的关键性因素是人的目的性，而生物学类比下的达尔文主义的盲目变异或客观的自然选择机制不能解释它的存在。在人类社会，新奇产生是人类有目的活动的结果，而不是无意识的结果。人类推动新奇产生的目的性主要有两种形式：一种是源自对现状的不满意，如果行为主体是企业，那么这种对现状的不满意主要表现为企业不满意于当前的利润水平，这样搜寻新的未知技术或管理经验选择的动机就会产生，这种因素是功能性的（新制度经济学主要论述该原因引发的制度变迁与演化）；另一种源于人类与生俱来的好奇心，也就是说，人类能够正面评价新奇的体验，尤其是生活越单调，新的认知激励就越得到偏好。在环境不提供激励的地方，人类就通过有目的的发明或尝试新事物来创造他们的动机。威特认为这两种形式的目的性是互补的，它们可以被整合。只要人类社会中存在行为主体的多样性，甚至现有的制度框架和文化传统鼓励多样性的发展，张扬个性，那么，系统本身就具有一种对之做出反应的内在适应性。

行为主体层级中新奇的采用。事实上，在人类社会经济系统中，行为主体需要进行不断的试错性学习来决定究竟采用哪一种新奇，以提高对环境的适应性。也就是说，行为主体通过适应性学习在众多的决策方案中进行选择。这是一种行为与环境相互调节的选择过程，适应过程不仅与学习能力密切相关，而且还受到历史的制约。也就是说，行为主体决策的各种选择方案都是真实不可逆的历史时间的产物。这些决策选项不仅取决于过去的决策，而且还取决于与行为主体存在直接或间接联系的其他行为主体过去的决策，形成路径依赖。

个体行为的制度化。行为主体在经历了新奇的创造与采用后，如果从中得到了适应的成功（特别注意的是，适应并不都是成功的，也有可能失败），那么这种新奇及新方案就会被行为主体（如企业）反复使用，于是一种好用的惯例就形成于惯例化的过程中，并被行为主体的记忆储存起来。当这一点实现时，新奇遍及一个行为主体的边界，并成为群体层级采用的一个种子，这时演化就开始了，个体发生就演化成了系统发生。

（2）交互作用的系统层级（制度层次）

制度层级是指为系统提供功能性结构的空间和行为主体（组织或个人）间的关系的层级。群体层级体现了行为主体之间的协调过程，而制度既是协调的结果也是协调的起点。

群体层级多样性的再创生。群体层级的演化从多样性的再创生开始。多样性是演化经济学的一个主要的理论范畴，制度演化的重大问题涉及对群体层级上行为主体间的多样性解释。多样性是一个宏观概念，而再创生是一个微观概念。多样性的自我再创生是复杂系统演化的发动机，这一点被传统的达尔文主义演化理论所忽视，达尔文主义演化理论的起点开始于多样性的存在状态下的自然选择，而忽视了多样性是如何再创生的，这就使演化失去了动力而逐渐走向衰退。

群体层级多样性的减少。在群体层级演化的第二阶段，现有的适应过程与制度结构之间存在着一种不协调，这种不不协调体现为新规则在引入过程中与旧规则的抗衡。行为主体之间的相互作用推动着不协调（无序）向重新协调（有序）状态演化。

在制度演化的过程中，常常具有历史偶然性的小概率事件的发生，使某些行为主体的认知体系发生较大突变，从而导致稳态行为的跃迁，并最终导致制度的演化。在制度演化群体层级存在两个关键性的问题：第一，新的行为规则能否与其他主体的稳态行为规则相耦合？第二，由于主体之间相互作用的非线性性质，主体稳态行为的跃迁所导致的扰动是否会在整体功能耦合网中被不断地放大。这两个问题由系统中的选择所解决。对于如何界定选择机制，在演化经济学继而仍然存在较大的争议。以经典达尔文主义为支撑的传统演化经济学认为选择机制就是表现为竞争的自然选择机制。复杂性科学兴起之后，一些试图从复杂性科学中找到灵感的演化经济学家们提出了另外一种选择机制——合作机制，这种合作机制在阿瑟的理论中被称为报酬递增。

首先，我们来分析竞争机制。制度演化的过程中，行为主体之间是相互影响的。行为主体之间会共享一些知识，但是他们都会依凭各自的心智主观的解释这些知识，从而形成人类社会经济系统的不断增强的复杂性和不确定性。只要不确定性因素存在，多种探索问题解决方案的行为——新奇的多样性——就会同时进行，在群体层级间展开相互竞争。

其次，我们来描述合作机制。当行为主体之间的反应趋向于相互关联时，他们之间就相互影响。更准确地说，这表示行为主体的某种行为选择依赖于这种行为已经在个体群中出现的频率。当某种成功的行为模式得到群体中大多数个体的协作与模仿时，群体层面的多样性逐渐减少。这种主体间的协作与模仿具有路径依赖的性质。行为主体把可见行为作为他们决策的基础，以获得社会的认同。

如果放松假设，在制度层级有包括 A 和 B 在内的更多的行为主体，那么，行为主体 B 赞成行为主体 A 的创新决策方案的主要原因有两个：一是 B 通过一种传播渠道了解到了 A 的变异信息，二是 B 了解到其他行为主体已经采用了这种变异的决策。当行为主体 A 的创新行为由于历史的偶然性被其他行为主体模仿采用时，即使还存在比 A 更有效的行为决策，但是由于 A 被更多的行为主体所采用而形成了报酬递增，因此，这种并不一定是最优的决策就在众人的竞相模仿下通过路径依赖过程逐渐在群体层面突现成为一种新的规则。因此，在人类系统中，群体层级上行为主体之间的合作与竞争，体现了非线性的特质，减少了行为规则的多样性，抓住了由此产生的空间结构和交流网络，并在群体层面上形成了有序与无序并存的混沌状态，从本质上改变了系统的整体表现。

群体层级多样性的重新稳定。当群体层级上的多样性减少的过程结束时，新规则的适应性已经压倒优势地优于旧的规则，在混沌的边缘逐渐演化出一种新的有序的制度结构。因此，基于复杂适应性系统理论框架的制度演化理论认为，制度的演化是永无止境的，有序和无序都是制度演化过程的某个阶段。无序的产生过程与多样性的增加有关，而秩序的建立则与多样性的减少相关。新的有序状态被解释为群体层面多样性减少过程的结束。在有序的状态下，协调过程已经平静下来，新的制度结构实现稳定。但这种稳定绝不是最终的均衡，制度演化的过程是动态的。

（3）文化环境层级

这一层级在复杂适应性系统中被称为地理环境层级。根据霍兰德的观点，“地理环境由一组相互连接的位置规定。位置之间的相邻关系——并置的模式——是非常随意和不规则的，就好像在连绵不绝的丛山中观看邻近的山峰。每个位置皆由资源源泉（即该位置上基本资源的上涌）所刻画。资源源泉描述该位置每一时间步出现的资源量。资源量因位置而异，可以为零或者更多。也就是说，每个位置可能有一个源泉，在每个时间步提供一种资源选择，即使某些位置或者大部分位置是荒芜之地。实际上，资源是可更新的。主体在多个位置相互作用，一个位置可以容纳多个主体”。在制度演化的过程中，主要的资源流是知识。知识按照层级的不同可以被设定为具有不同变化速度的变量。在文化环境层级上，知识主要表现为某个经济社会的文化传统，这种知识变化的速度非常缓慢。但是，它构成了个人认知体系中稳定的共享信念。

之所以将制度演化置于文化环境中，是因为任何一个经济社会的制度演化不可能孤立地进行，这一过程被打着深深的时空烙印。作为人类发展史上的一个结果，人类共同具有某些基本的、由遗传决定的偏好，它们产生于保护人类自身物种生存的物质需求。但是，在一个人或组织的生命历程都或多或少地体现着文化传统的历史联系。虽然难以把行为主体在给定时间内做出的决策追溯到他们与其他人共同具有的文化传统上，但是一般来说，制度具有持久性的结果可能恰恰反映出了那些文化传统。无论愿不愿意，一个社会经济系统中制度的存在和演化必须依托于其根基——由这个经济社会漫长的历史中那些适应性较强的规则或者惯例压缩而形成的这个社会固有的文化传统。

文化传统已经变成在这个经济社会生活着的人们的认知体系中共同拥有的“等位基因”而代代相传。文化传统不仅如影随形般影响着个人的行为决策，而且，它还影响着制度演化的基本方向。因此，只有将制度演化的分析置于相应的文化环境中，才能把握其基本的规律性。

第八章　财产与产权

产权是制度经济学研究的核心概念之一，而产权的基础又是财产。基于此，我们有必要对财产与产权这两个制度经济学研究的主要范畴进行较为全面的分析。

第一节　财产概念

一　法律意义上的财产

财产概念在普通法和大陆法两大法系里的含义是不一样的。在普通法系国家的有关法律文献里，“财产”等同于“产权”或“财产权利”或“广义的所有权”（完整的产权）而没有“所有权”概念，罗马法的所有权概念也没有被接受和采用。普通法之父布莱克斯通在《英国法律评论》一书中给财产下的经典定义就认定财产等于财产权利。他说：财产是“某人凭借着一种完全排他的、对外在物请求或行使的权利”①，是对物的绝对控制的权利，并将它与生命和自由并称为三种绝对权利。他认为，“财产、生命和自由，这是英国人所固有的绝对权利”②，法律不允许任何人或组织对这些权利以任何侵害。布莱克斯通的财产概念中显然将“某人对外在物请求或行使的权利”等同于“外在物”本身，并将财产视为天赋人权之一。这实际上只是他从法律的角度所表示的一种价值判断，是要把私有制基础上的财产权利关系绝对化，认为它符合自然法又受到上帝支配。大陆法系里的“财产”概念不同于普通法中的“财产”概念，它的“财产”概念有三种含义：第一，财产是指有货币价值的权

① 布莱克斯通：《英国法释义》，上海人民出版社 2006 年版，第 2 页。

② 布莱克斯通：《英国法释义》，上海人民出版社 2006 年版，第 135 页。

利客体，它等同于有形财产或者物体；第二，认为财产是指人们对物享有的所有权，强调财产必须是有主物，没有主体的物不是财产；第三，认为财产可以指物和权利的总和，按照这种理解，所有权只不过是财产大概念的一个分概念，产权只是众多财产中的一种。

二　经济学中的财产概念

最早从经济学角度论述财产的，可能是古希腊的色诺芬，他在《经济论》这一经典著作中对财产的定义及其性质做了十分精辟的论述。色诺芬关于财产概念的认识包括以下内容：第一，既认为财产是不同于主体的客观对象，必须是人们的具有物或所有物。这实际暗含着这个“物”作为物理形态的东西与其主体是不等同的或者分离的，同时，又总是与主体联系在一起的财产。这意味着，财产必须是被主体拥有的对象，他还认为：能文能武的人才，也必须有主人才能成为财产。第二，必须对主体有用的东西才是财产，即“凡是有利的东西都是财富，而有害的东西就不是财富”。第三，必须是能被人们认识、控制和利用的东西才是财产，否则，即使拥有也不是财产。第四，色诺芬对一些无形财产，特别是知识和智力的论及，说明他已经认识到这些东西作为财产种类的独立意义及其对人们的重要作用。第五，论及财产外延时，对一些难以确定的对象，色诺芬是比较慎重的，如当问到仇敌是不是财产时，他委婉避开了。财产肯定于人有用，但有用的是否就是财产？这是一个需要深入研究的课题①。

三　西方新制度经济学的财产概念

布罗姆利在《经济利益与经济制度》这一著作中指出，经济学著作中较早涉及财产的是科斯特·戈登 1954 年的论文《共有财产资源的经济学理论》，在此之后，“共有财产”一词很快出现在其他论文之中，传统有关经济学的文献一般将财产分为三类，即私有财产、国有财产、共有财产②。从制度经济学的文献来看，制度经济学的代表人物康芒斯可能是较早把财产或物对财产的权利从经济学上严格区分开来的。康芒斯写道：“我回顾从约翰·洛克今天的正统派这些经济学家，发现他们主张了两种矛盾的财富的意义，就是既说财富是一种物质的东西，又说它是那种东

---

① 黄少安：《产权经济学导论》，山东人民出版社 1995 年版，第 61—63 页。

② 布罗姆利：《经济利益与经济制度》，上海三联书店，上海人民出版社 2006 年版，第 215 页。

西的所有权。可是，所有权，至少就无形财产的现代意义来说，意味着限制数量以便维持价格的权利；另一方面，物质的东西却产生于利用生产甚至生产过剩的效率来增加东西的数量。所以，所有权成为制度经济学的基础，可是物质的东西正是正统派和快乐主义经济学的基础，它们那种'有形体的'财产的意义，等于所占有的物质的东西"，"直到十九世纪中期的非正统派的经济学家——例如马克思、普鲁东、凯雷、巴斯夏、麦克劳德——模糊地觉察到所有权和物质不是同样的东西，制度经济学才有了一些萌芽"①。在康芒斯看来，如果所有权或产权与其客体即质不分开，不专门研究所有权就不是制度经济学，制度经济学不是研究物质形态财产，而是研究建立在物之上的人与人之间的产权关系及其制度。

四　马克思的财产概念

马克思认为，财产关系首先是一种人对物（资产）的隶属关系，即它直接表现为人对某物品的一种排他性地占有、支配、使用等权利。社会经济活动中，人对物的隶属关系背后的真实底蕴却是人与人之间关系，因而财产关系最终体现了人与人之间的一种基本经济关系。如同世间一切事物都是发展变化的一样，随着生产力发展规模、发展速度的变化，社会经济活动中的财产关系也表现为一个动态概念。从现代社会商品货币关系发展来看，财产关系嬗变的轨迹表现为其权利裂变的两种趋势：内部权利外在化和外部权利内在化。

所谓财产关系内部权利外在化，是指从单个独立的财产所有者角度看，财产关系是一个内部诸项权利不断独立并与所有者发生分离的过程，即由内部一个统一的权利集合体，演化为外部互相独立对等的多项权利单体。具体表现为三种分离形式：①财产所有者只保留所有权，把经营权等让渡给他人，形成所有者与经营者的彼此分离。②经营者虽有经营权，但只有部分财产所有权。即由于自身资产数量短缺，但因生产经营中的必需而要经营一部分他人的资产。③只有经营权，没有所有权，即纯粹是经营他人的资产。财产关系之所以要发生内部权利外在化的裂变，主要是由社会生产活动中，劳动生产率提高和技术进步而引起的，归因于生产力的发展。并且，这种外在化的分离过程，会引发财产权利结构

① 康芒斯：《制度经济学（上）》，商务印书馆 1962 年版，第 11 页。

的改变和经营方式的多样化，从而使财产关系的内涵更为丰富和复杂化。

所谓财产关系外部权利内在化，则是从不同的财产所有者之间来看，互相独立的财产所有者因其财产及其他经济关系相互作用而产生的一种财产权利新融合或重组。简言之，外部权利内在化，就是如何用自己的财产权利去支配、使用别人的财产及相应权利，并取得相应的经济利益和相互关系的协调、互惠。如果说财产关系内部权利外在化，是其自身统一权利的自我否定的话，那么，财产关系外部权利内在化则是对财产关系裂变的再否定。否定之否定，并不是财产关系权利变化的简单重复，而是财产关系在更高层次上实现了新的对接①。

四　财产的内涵与外延②

财产是产权的客体，是与主体相分离或相对分离、能够被人们拥有、对人们有用的、稀缺的对象，是人们建立产权关系的客观基础。作为财产必须同时具备以下四个条件：

第一，必须是独立或相对独立于主体（人或人的群体）的意志而存在的对象，也就是说，财产必须是与财产主体分离开来的。财产主体是意志的化身，而财产本身是没有意志的。满足这一条件，对于大多数财产来讲是容易理解的，只有“劳动力”是一个例外。因为劳动力存在于人体之内，所以，如果说它能独立于主体而存在，就存在理解上的困难。事实上，劳动力也是财产，劳动力相对主体的意志也是独立的或相对独立的。当奴隶的劳动力连同其人体本身成为奴隶主的财产时，理解是容易的。当说到自己的劳动力独立于自己而存在时，理解上可能就会有一定的困难。其实，劳动力本身是一个没有意志的客观的东西，尽管它存在于有意志的人的身体之中。所谓劳动力与主体分离，就是指劳动力不等于劳动力所有者的意志。“我有劳动力”，“我是我的劳动力所有者”这类的表述，就已经把“我”（作为主体或有意志的“我”）与“我的劳动力”（作为不同于“我的意志的客体”）区分开来了。正因为自身的劳动力虽然本质上不同于人的意志，但其在存在形式上无法与人体分离，所以，劳动力这种财产与主体是相对分离的，所谓“相对独立于主体而存在的对象”是指劳动力这种特殊财产。

---

① 魏杰、徐有轲：《关于财产关系、产权及国有企业改革的几个理论问题》，《管理世界》1996 年第 5 期。

② 黄少安：《产权经济学导论》，山东人民出版社 1995 年版，第 58—61 页。

第二，必须能够为人们所利用。作为财产必须能够被人们所拥有和利用，如果不能成为人们的拥有物，尽管它存在，人们也不可控制和利用它，因此，也就不可能成为财产。例如，地球甚至宇宙间还存在无数的东西，但今天我们还没有认识它，也不能控制和利用它，所以，不能算作财产。当然，随着科技进步和经济社会的发展，人类的认识能力和控制能力会不断提高，宇宙中会有越来越多的东西为人类所认识、控制和利用，这样宇宙中越来越多的东西会逐渐纳入财产的范畴。正因为如此，从某种意义上讲，财产的外延是不断发展和变化的，过去不是财产的东西可能今天已经纳入财产的范畴，今天还不是财产的东西，可能将来会成为人类的重要财产。

第三，财产必须有用、有使用价值。没有使用价值、无用的东西不能算作财产。财产的使用价值不仅体现在自身固有的属性和直接用途上，还体现在它可以间接地为人们带来一定的经济或其他的利益或者避免利益损失。

第四，财产具有稀缺性。一种独立于人的意志存在的东西，虽然能被人们拥有，也对我们有用甚至有较大用处，但如果这种东西取之不尽、用之不竭，即不具有稀缺性，也就不能成为财产，也就是说，人们对它不可能建立财产观念，形成财产权利关系。

第二节　产权概念

产权定义是产权经济学理论大厦的基石，也是产权理论研究的逻辑起点，正确定义产权对产权理论研究与产权制度建设都具有重要意义。

一　马克思关于产权的定义

马克思虽然没有对产权进行较为明确的定义，但通过马克思的一系列论述不难看出，马克思对产权的含义和本质进行了说明，为后人研究其产权理论提供了丰富的基础资料。马克思在分析财产权利的起源时就指出："财产最初无非意味着这样一种关系：人把他的生产的自然条件看作是属于他的、看作是自己的、看作是与他自身的存在一起产生的前提”①。这里财产指的就是在人同财产之间的财产权利或财产关系，即产权关系。在马克思看来，产权最基本的含义，是表明作为产权主体的人对于作为客体的财产所拥有的归属于自身而排他的关系或权利。马克思的这一产权定义，至少有以下几层含义：

第一，产权首先是一种经济权利和经济关系。在马克思看来，主体对客体的这种排他性归属权不是一种简单的主体的意志关系，而首先是一种经济权利和经济关系。马克思说：“实际的占有，从一开始就不是发生在对这些条件的想象的关系中，而是发生在对这些条件的能动的、现实的关系中，也就是实际上把这些条件变为自己的主体活动的条件”②。正是由于产权是一种经济关系，是在一定社会经济形态中存在的经济事实，产权的主体才会在这样的基础上形成对一定财产具有归属感或排他性的意志关系，进而在社会经济活动中通过一定的方式维护或实现产权。

第二，产权开始是依靠习惯或当事人共同认可的行为方式来维护和实现的，后来上升为一种法权关系。对此，恩格斯在《论住宅问题》中指出：“在社会发展某个很早的阶段，产生了这样的一种需要，把每天重复着的生产、分配和交换产品的行为用一个共同规则概括起来，设法使个人服从生产和交换的一般条件。这个规则首先表现为习惯，后来便成了法律”③。不仅如此，随着社会经济的发展而出现新的产权关系或财产权利或财产关系时，总会要求法律以一定的法权形式予以承认。“每当工业和商业的发展创造出新的交往关系时，例如保障公司等等的时候，法便不得不承认它们是获得财产的新方式”④。要说明的是，产权本身是一种经济性权利或经济关系，属于经济基础范畴，只有当它得到一定的认可和规范（例如法律规范）时，才取得法权的形式，成为法律界定的财产权利或财产关系，法权属于上层建筑，是以客观存在的经济关系中的财产权利或产权为基础的。当产权获得了法权的形式后，通过法律对财产权利的界定、保护和调整，才能使现实经济生活中的产权明晰化、规范化，才具有现实意义。在这方面，马克思说：“把权利归结为纯粹意志的法幻想，在所有制关系进一步发展的情况下，必然会造成这样的现象：

① 《马克思恩格斯全集》（第 46 卷上），人民出版社 1979 年版，第 491 页。

② 《马克思恩格斯全集》（第 46 卷上），人民出版社 1979 年版，第 493 页。

③ 《马克思恩格斯全集》（第 18 卷），人民出版社 1964 年版，第 309 页。

④ 《马克思恩格斯全集》（第 3 卷），人民出版社 1960 年版，第 72 页。

某人在法律上可以享有对某物的占有权，但实际上并没有占有某物。”①也就是说，如果否定了产权是一种经济性权利，是客观存在的经济关系，仅仅把产权看成是财产主体对财产可以任意支配和处分的纯粹意志和抽象的法律规定，那么产权由于缺乏客观的经济基础不可能成为现实经济生活中的产权，这样的产权就只能是法律幻想或者虚构的产权，是毫无用处和没有任何意义的。马克思的这一思想，在他分析市场经济中的商品交换时，用极为明确的语言进行了表述，对于商品交换的双方来讲，“他们必须彼此承认对方是私有者。这种具有契约形式的（不管这种契约是不是用法律固定下来的）法权关系，是一种反映着经济的意志关系。这种法权关系或意志关系的内容是由这种经济关系本身决定的。在这里，人们彼此只是作为商品的代表即商品所有者而存在。在研究进程中我们会看到，人们扮演的经济角色不过是经济关系的人格化，人们是作为这种关系的承担者而彼此对立着的”②。

第三，产权关系体现了人与人之间的关系，产权尤其是所有权是所有制关系的法律用话。产权作为主体对财产客体的归属权、排他性权利，不只是表现为人与物或财产的关系，而是通过主体对财产的一定权利来体现不同产权主体之间的人与人的关系。马克思在评述蒲鲁东私有财产占有的观点时指出：实物是人为的存在，是人的实物存在，同时也就是人为他人的定在，是他对他人的关系，是人对人的社会关系。

马克思还明确地指出：“私有财产的关系是劳动、资本以及二者的关系”③。产权之所以体现人与人的关系，其原因在于产权尤其是所有权是由所有制决定的，我们不能离开所有制来研究所有权、产权问题，如果“想把所有权作为一种独立的关系、一种特殊的范围、一种抽象的和永恒的观念来下定义，这只能是形而上学或法学的幻想”④。也就是说，如果脱离了社会关系、所有制和所有权、财产权利之间的内在联系，而只纯粹地研究产权、所有权问题，就会滑向形而上学的或法学幻想虚构的所有权、财产权利。这里，马克思实际上提示了产权是由所有制关系、社会关系决定的本质属性。

---

① 《马克思恩格斯全集》（第3卷），人民出版社1960年版，第72页。
② 《资本论》（第1卷），人民出版社1975年版，第102—103页。
③ 《马克思恩格斯全集》（第42卷），人民出版社1979年版，第110页。
④ 《马克思恩格斯全集》（第4卷），人民出版社1979年版，第180页。

就所有制与所有权的关系而言，所有制是所有权的经济基础，所有权是所有制的法律表现。一般地说，一定的所有制决定一定的所有权。所有制的性质和内容决定所有权的性质和内容；所有制的变动决定所有权的变动。在马克思看来：一定所有制关系所特有的法的观念是从这种关系中产生出来的。马克思说："民法不过是所有制发展的一定阶段，即生产发展的一定阶段的表现"①，在马克思看来：只是由于社会赋予实际占有以法律的规定，实际占有才具有合法占有的性质，才具有私有财产的性质。当然所有权反过来又积极作用于所有制，保护、巩固和发展所有制。

从上面的分析中我们可以看出，产权是由所有制决定的，产权是财产主体对财产所拥有的排他性、归属性的权利，实质上体现着人们之间的经济权利关系，作为一种反映客观经济权利或经济关系的产权本身，在获得了法律的认可和规范时就取得了法权的形式。

二　现代产权经济学对产权的定义

产权（Property rights）既是一个经济学概念，又是一个法学概念，不少学者也将其译为财产权。关于产权的概念，不同的经济学家有不同的理解。

1. 科斯对产权的定义

科斯是现代产权经济学的奠基人或鼻祖，但科斯本人并没有对产权做出明确的定义，1994 年 5 月 10 日下午在接受《经济学消息报》总编高小勇采访时，对产权的概念作了一个描述性的解释。"我觉得这一点（指在中国关于经济学上的产权概念与法律意义上的产权概念有区别的论点——引者注）难以理解。就我看来，产权是指一种权利。人们享有的权利，包括处置这些桌椅的权利。这个问题就跟我们讨论交易成本时一样，无非是一个术语问题。这意味着应明确人们所享有的权利。比如，你拥有一把椅子，这是什么意思？你能送给别人吗？有时可以，有时却不可以。你还能有什么权利？能把这把椅子搬到另一个地方去吗？有时可以，有时却不可以。但你能说出你能做什么。假如拥有一块土地，你能用它干什么吗？能做的事当然很多呀！这就是你的权利所包含的内容。我没有被这些定义问题纠缠。实际上，如果你说你拥有这把椅

① 《马克思恩格斯全集》（第 4 卷），人民出版社 1979 年版，第 87 页。

子的某项权利，你不能把整个问题集中在你不能做的事情上。我不能把椅子举起来扔出去但我可以做其他事情。我不觉得这些问题很难。在收购另一家企业时，假如你在缔结的合同中明确了你享有的权利，你拥有某一工厂，你能怎么处理？你能被允许怎么处理？你能卖掉这个工厂吗？能卖给任何人吗？有时你能卖给本国人而不能卖给外籍人；有时你也可以卖给外籍人，有时却只能在国家机构批准的情况下卖出。如果收购这种企业，你究竟得到什么权利？我认为，在一些经济学家中，产权的定义是简单而又独特的，你能联系某些事物根据法律界定你的权利是什么”①。

可见，在科斯那里产权是指产权主体对财产所拥有的一组权利，人们拥有某项产权，并意味着一定拥有相应的财产，换句话说，人们可能在不拥有某项财产的前提下取得对该财产的某项产权，例如，某人的财产归另一人使用时，在使用期内，尽管后者对该项财产没有所有权，但却拥有使用权（产权），有时则正好相反，人们可能在拥有某项财产的前提下并不取得对该财产的某项产权，例如，人们不能在自己的房子里从事危险活动，以免危及邻居的安全。

2. 德姆塞茨的定义

德姆茨是较早研究产权并给出产权的明确定义的经济学家，《关于产权的理论》（或《产权理论初探》）一文是德氏有关产权理论的一篇经典论文。德氏认为，产权是一种社会工具，其重要性来自以下事实：产权能够帮助人形成那些当他与他人打交道时能够合理持有的预期。这种预期通过法律、习俗以及社会道德等表达出来。同时，德氏还指出，产权具有造福或伤害自己或他人的权利，这一点对产权来讲非常重要。生产更好的产品会伤害竞争者，不过这是允许的，但向竞争者开枪则不行；允许向入侵者射击以求自卫，但不允许低于“价格下限”出售产品。由此可知，产权具体规定了如何使人们受益，如何使之受损，以及为调整人们的行为，谁必须对谁支付费用②。

德姆塞茨实际上是从产权的经济功能和社会功能的角度给出了产权

① 经济学消息报社：《诺贝尔经济学奖得主专访录——评说中国经济与经济学发展》，中国计划出版社 1995 年版，第 135—136 页。

② 德姆塞茨：《所有权、控制与企业——论经济经济活动的组织》（第一卷），经济科学出版社 1999 年版，第 129 页。

的定义，从经济功能的角度看，产权可以使人们受益或者受损；从社会功能的角度看，产权是一种社会工具，可以使人们形成合理的预期。

3. 阿尔钦对产权的定义

阿尔钦在《产权：一个经典注释》一文中开宗明义地指出："产权是一个社会所强制实施的选用一种经济品的权利。私有产权则是将这种权利分配给一个特定的人，它可以同附着在其他物品上的类似权利相交换"①。阿尔钦在强调产权的强制性和权利性的同时，还强调了产权的可选择性，换句话说，阿尔钦已经把产权纳入了市场的范畴加以考察，隐含了产权在市场中具有可交换性的本质特征。

4. E. G. 和 S. 佩杰威齐的定义

E. G. 和 S. 佩杰威齐在他们合著的论文《产权与经济理论：近期文献的一个综述》中对产权理论进行了比较全面的总结，他们在归纳其他学者对产权的定义的基础上指出："要注意的中心点是，产权不是指人与物之间的关系，而是指由物的存在及关于它们的使用所引起的人们之间相互认可的行为关系。产权安排确定了每个人相应于物时的行为规范，每个人都必须遵守他与其他人之间的相互关系，或承担不遵守这种关系的成本"②。

5. W. 科尼尔森对产权的定义

W. 科尼尔森将产权定义为："产权是所有权和所有者的各项权利的法律安排"③，W. 科尼尔森将产权的这一定义写入经济学教科书，产生了较大影响。这一定义突出了产权的法律地位，明确了产权是一种法律安排。换言之，产权具有强制性。

6. 波斯纳对产权的定义

法经济学的重要代表人物 R. A. 波斯纳在《法律的经济分析》这一本名著中，从产权的功能这一角度对产权进行了解释。他认为，产权的有效性取决于三个标准：一是普遍性，也就是说，要使产权有效地发挥作用，必须使资产普遍具有其所有者，他强调的是个人所具有的普遍性，哪一领域的有限资源缺少所有者，哪一领域就必然无序且无效。二是独占性，在大多数情况下，产权越是独占和完善，资源配置越有效，只有

---

① 科斯等：《财产权利与制度变迁》，上海三联书店、上海人民出版社 1994 年版，第 166 页。
② 科斯等：《财产权利与制度变迁》，上海三联书店、上海人民出版社 1994 年版，第 204 页。
③ W. 科尼尔森：《微观经济学》，中国人民大学出版社 1992 年版，第 815 页。

当交易费用极高，使独占性排斥了产权的转移时，产权独占才会降低资源配置的效率。三是可转让性，即产权必须是可以自愿自由地交易，否则资源配置难以有效。实际上，波斯纳并没有给出一个明确的产权定义，而是根据对产权社会作用的理解，从如何才能保障这种社会作用有效的目的出发，提出了衡量一定产权是否有效的三个标准，而他对产权的定义恰恰是通过这三个标准得以体现的。

7. 加里·利贝卡普的产权定义

加里·利贝卡普出版了一部研究产权形成理论的专著，即《产权的缔约分析》中对产权的含义给出了自己的解释。产权是一些社会制度。这些制度界定或划定了个人对于某些特定的财产，如土地或水，所拥有的特权的范围。这些财产的私人所有制可包括很多种不同的权利，其中包括阻止非所有者占有的权利，挪用其为使用资源投资所得的租金流的权利，将资源卖给或转让给其他人的权利。正式制度安排的产权制度的范围，包括宪法条款、法令和司法规则，一直到对财产使用和分配的非正式的传统和风俗习惯。

8. 张五常对私有产权的定义

张五常在《佃农理论》中对私有产权进行了界定，他认为私有产权包括三种权利：使用权（或决定使用权）、自由转让权、不受干预的收入享受权。有了这种权利，所有权（Ownership Right）是不需要的。到了20世纪80年代，在经济改革的问题上，极力赞成只要以上三权界定的私有，所有权保留为国有是没有问题的。

9. 埃格特斯对产权的定义

在其出版的《新制度经济学》这一著作中，他对产权进行了界定。“我们把个人使用资源的权利叫作‘产权’，产权系统就是‘分配权力的方法，该方法涉及如何向特定个体分配从特定物品种合法用途中进行任意选择的权利’。在新制度经济学中产权的概念范围很广。它比法律意义上的产权概念要宽，另外也包括各种社会准则。”并区分了三种类型的产权：第一是使用一项资产的权利——使用者权利，即规定某个人对资产的潜在使用是合法的，包括改变或销毁这份资产的权利。第二是从资产中获取收入以及与其他人订立契约的权利。第三是永久转让有关资产所有权的权利，即让渡或出卖一种资产。

10. 华特斯对产权的定义

华特斯在《经济增长与产权制度》中对产权进行了界定，他认为：产权是以人们认为合适的办法控制和处理财产的权利。产权是人们对财产的权利，它不同于国家所有权以及在此基础上产生的对人的具体权力，产权是指人们有资格处理他们控制的东西的权利，即人们有权拥有明智决策的回报，同时也要承担运气不好或失职所带来的成本。

显然，不可能给产权做出一个统一的具有全面而又精确的定义，人们总是从某一角度根据特定的研究需要和特殊的理解来定义产权，因此，准确地定义产权概念，总是要在“产权”之前加上一系列特殊的条件，不同界定条件下做出的产权定义是难以直接统一的。所以，不同学者关于产权概念的不同，与其说是源于对产权范围本身的理解不同，不如说是探讨产权时给定的前提条件不同。但从西方学者关于产权的定义中，尽管存在种种差异，但归纳起来，以下三点含义却是共同的：

第一，产权是一种权利，并且是一种排他性的权利。这种权利必须是可以平等交易的法权，而不是不能进入市场的特权，正因为如此，产权才构成市场机制的基础和运动内容，否则就没有市场经济。

第二，产权是规定人们相互关系的一种规则，并且是社会基础性的规则。尽管对产权的功能和作用人们理解不尽一致，尽管对产权作为规则是否有效，人们提出的条件和给出的衡量标准也有所不同，但各种定义均承认产权是基础性规范，是人们行为的准则，承认产权是源于社会经济生活的对人的权利和责任的规范，并且承认这种规范首先是明确人们可以做什么、不能做什么，如果做产权界定不允许的事情，必须负怎样的责任，也强调产权作为规则，核心功能是使人们的权利与责任对称，强调使权利严格受到相应责任的约束，从而承认产权具有将外部性制度性地转化为内在性的可能，具有向人们的行为提供合理预期的功能。

第三，产权是一种权利束，它可以分解为多种权利并统一呈现出一种结构状态。主流经济学对产权权利束的定义，越来越展开，不仅包括排他性的所有权、排他性的使用权、收入的独享权、自由的转让权，而且还包括资产的安全权、管理权、毁坏权等。

第三节　产权的基本属性

一　权的排他性与非排他性

（一）产权排他性的含义

产权的排他性，是指产权主体的对外排他性或对这一权利的垄断性。人与人之间对财产的权利实际上构成竞争，对特定财产的特定权利只能有一个产权主体，是你的，就不能是我的。一个主体要阻止别的主体进入特定财产权利的领域，保护特定的财产权利，这就是产权的排他性。如果没有排他性，就没有财产的主人，人人都可以占有该财产、使用它、支配它，从而也就没有产权。

（二）产权排他的必要性与可能性

1. 产权排他的必要性

对于财产的排他性，相应的产权主体来讲可能是有收益的，同时，排他又是有成本的，即存在着排他成本，只有在排他成本大于排他的收益时，产权主体建立排他性的产权才是必要的。当然，排他性收益属于未来收益，而未来收益又是不确定的，对于不同的产权主体，由于对未来风险的认识不一样，即使建立排他性的产权的潜在收益大于现实的排他成本，其对建立排他性产权的必要性的认识程度也是不一样的，可能有的产权主体认为很有必要，可能有的产权主体认为没有太大的必要。

2. 产权排他的可能性

产权排他的可能性，是指对财产权利的独占和保护的能力或条件。这种可能性需要单个主体和社会环境两个方面进行分析。

第一，从单个产权主体来讲，在资源稀缺、排他成本低于排他的可能收益情况下，有没有能力支付这笔低于可能收益的成本。如果有能力支付这笔费用。则可以建立排他性的产权制度；否则，无法建立排他性的产权制度。例如，某个人只需要对某块土地筑起篱笆，再雇佣几个人巡逻，就可以建立起对土地的排他性产权，这些排他性的成本假如为10000万个货币单位，而在其内生产农产品的收益为15000万个货币单位，但这个人没有能力支付10000万个货币单位的排他性成本，因此使排他性的产权制度无法建立。

第二，排他性条件还需要社会环境方面提供。也就是对产权的公共性保护或服务，在特定社会里，是否有足够的对不同产权主体的产权加以保护的规则，直接关系到产权排他性能否实现。在国家产生以后，这种社会条件对产权排他的可能性具有越来越大的作用。就社会环境条件来讲，除国家之外，还包括习俗、道德规则等。

3. 产权排他性与非排他性的关系

在人类社会发展的历史上，建立排他性的产权经历由"易"到"难"、由"简单"到"复杂"、由"外"到"内"的过程。产权排他性的确立首先是不准外来者享受本社区的资源，然后才是制定产权规则限制本社区成员对资源的过度开发利用。从某种意义上讲，产权排他性的建立是人类经济史上的一次重大变革。一般地说，排他性弱的地方就是外部性比较严重的地方。一些公共品和公共财产存在的原因之一就是建立排他性的产权成本太高。如果建立排他性产权的成本过高，或者建立了排他性产权，但这种排他性产权规则的执行成本太高或者规则太过于复杂，这种产权实际上就是一种非排他性的产权。

在现代产权经济学看来，市场经济国家的产权制度演变主要经历了三个阶段，即公有产权—排他性的公有产权—排他性私有产权。在产权制度的变迁过程中，并不是所有的公有产权制度都会演变为私有产权制度，如一些公有土地、社团产权和国家产权在现代发达市场经济国家同样存在。任何一个国家之所以没有建立起纯粹的私有产权制度，主要有以下几个方面的原因：一是一些领域建立排他性产权制度的成本太高；二是由于技术原因在一些领域建立排他性产权制度是很困难的；三是在一些领域如大家都需要的公共地建立排他性产权制度不利于资源的有效利用。

二　产权的有限性

（一）产权有限性的含义

产权的有限性，包括两个方面的含义：一是指任何产权与别的产权之间，必须有清楚的界限；二是指任何产权必须有限度。前者是不同产权之间的界限或界区，后者是特定产权的数量大小或范围。既然有产权，就意味着社会上有不同的主体，可拥有不同的财产权利，这样，不同的产权之间必须有明确的界限。否则，权能的行使无法有效地进行，利益也无法实现，因此将导致无穷无尽的产权纠纷；也无法使产权顺利进行交易。例如，对财产的所有权、经营权、控制权，在几种权利分离的情况下，必须要确定其界限，否则，就无法有效分离，又如，对一块土地，两个产权主体各有一半产权，但是一分为二的分界线在哪里不确定或不清楚，则两个产权主体之间的矛盾之大就可想而知。

（二）产权的静态有限与动态有限

1. 产权的静态有限

静态地看，任何财产的产权之间或对财产的不同产权主体之间，在一定时点上，就产权效率要求而言，必须具有绝对清晰的界限；对任何产权的利益数量和权能空间都必须定量。

2. 产权的动态有限

动态地看，产权的有限性并不意味着产权之间的界限是固定不变的，也不意味着产权的权能空间和利益大小是一成不变的。产权的有限界定是一个动态的过程，产权有限的动态意义在于：

第一，人类社会的财产外延和总量的总体趋势是增大，对不断增加的财产的产权，需要不断加以界定。

第二，对特定财产的产权，除开对所有权、占有权、支配权和使用权的区分外，对每一项产权权能分工的要求，又取决于特定条件对产权划分的特定需要，而所有这些要求和需要都是变化的，因此，更细化的产权有限度和界限的确定是随时空条件的变化而变化的。

第三，对已经界定清楚的产权的行使，也可能导致新的权利界定的问题。这种问题可能因社会技术变化而起，例如，太空资源的产权问题就是这样，在技术水平较低，人们无法对太空资源进行开发之时，人类对各国领空资源的产权的界定基本上是清楚的，但当人们对太空的开发技术、开发能力的幅度提高之后，人类就必须重新界定各国的太空资源的产权。也可能因不同产权主体之间的关系变化而引起。最主要的是外部性问题，并且，外部性总是不断产生的，而且在原有产权边界和度量界定前提下不断产生，必须不断加以界定和度量。外部性内部化的过程，实际是新的产权不断得到界定和度量的动态过程。

三 产权的可交易性

（一）产权交易的含义与企业产权交易

1. 产权交易的含义

产权交易是指在市场经济中，经济主体之间发生的财产（包括无形财产）以及附着在财产上的各种权利关系的有偿转让行为。产权是一组权利的组合，产权交易既可以是整个权利集合的交易，也可以是单项权利的交易如使用权的交易等。

2. 企业产权交易

企业产权交易是指企业作为一定财产的代表，以不同的产权客体做交易对象，根据不同的产权形式采取相应的交易方式，以较低的交易费用获得较高的经济效益的行为。就中国的情况来看，企业产权交易主要有三个层次：一是企业单项财产的产权交易，如企业闲置资产、土地出租、技术、商标等产权的交易；二是企业部分产权交易，如企业股权买卖，分厂、车间出售等；三是企业整体产权交易，即企业产权的买卖、租赁等。

（二）产权交易的功能

产权交易对经济发展的作用，从根本上看，就是能够促进资源的合理配置，从而提高经济绩效。产权交易能够提高经济绩效，可以从宏观和微观层面上进行分析：从宏观层面上看，产权交易对于调整存量资产、优化产业结构调整具有重要意义。从微观层面上看，产权交易对于改善企业经营管理，提高经营效率具有重要的推动作用。

（三）产权交易的条件

产权顺利交易必须要有一定的条件，在自然经济和计划经济条件下是没有产权交易的。大家知道，在计划经济条件下，既没有产权也无所谓产权交易。只有在以价格机制为资源配置手段的市场经济中，产权交易才可能发生。从市场经济的发育过程来看，正当产品、劳动者以及各种财产的产权全部进入市场之后，市场经济才逐步由低级阶段过渡到高级阶段。因此，市场经济是产权交易得以顺利进行的体制背景，离开了市场经济，就无所谓产权交易。

在市场经济条件下，产权交易的成功与否又决定于以下两个条件：一是要有明晰的产权界定；二是要有进行产权交易的场所——产权市场。

四 产权的可分解性

（一）产权可分解的含义

产权的可分解性是指对特定财产的各项产权可以分属于不同的产权主体的性质。例如，土地的狭义所有权、占有权、支配权和使用权可以分解开来，属于不同的产权主体。

产权的可分解性包括两个方面的含义：一是权能行使的可分工性，二是利益的可分割性。产权的不同权能可以由一个主体行使转变由不同产权主体行使，就是权能的分解，相应的利益分属于不同的权能行使主体，就是利益的分割。有权能分解，必然有利益分割，因为在存在产权的社会条件下，任何一个行使产权职能的主体，都不愿意白白放弃利益。

（二）产权可分解性的层次

产权的可分解性可以在不同层次上体现出来，因为财产的产权可以分为几个大项，每一个大项又可以细分为几个小项。第一，可以分解出狭义所有权、占有权、支配权和使用权；第二，占有权、支配权和使用权又可以分成更细的权能。例如，我国目前的农地产权可以分解为农地所有权和农地承包经营权，而农经承包经营权又可以进一步分解为占有权、使用权、收益权、转包权、出租权等权能。

在产权分解过程中，要注意以下几个方面：

第一，产权的可分解性并不是无限的，不是说，产权可以无限细分，分得越细越好。

第二，产权可分解性是对产权权能而言的，超出这个范围不是产权的可分解性，例如，财产的客体可以分解为不同的部分，虽然不同部分财产的产权也是分开的，但那是不同的财产，而不是产权的分解。

（三）产权分解的条件

产权的可分解性并不等于产权的分解，只是为产权的现实分解提供了可能和前提。现实产权分解取决于当时的社会经济条件；产权分解的社会经济条件主要有两个方面：

1. 产权分解的必要性条件

产权分解是否有必要，主要取决于生产力发展水平与生产关系的矛盾运动规律，具体地说，包括以下几个方面：

第一，财产所有者拥有的财产数量和质量对产权行使的要求与所有者自身具有的能力之间的相对状况；

第二，所有者对由自己兼行多重权能与由别的主体行使部分权能的得失权衡。例如，在自己有能力兼行多种产权权能的前提下，需要在闲暇消费与工作之间做出选择；当他有其他工作需要做时，需要在不同的工作之间做出选择。由于机会成本不一样，个人偏好不一样，具体的选择会有各种各样的差异。从总体上看，随着社会分工的不断细化和社会水平的提高，产权分解的程度会不断提高，产权的分解提高了产权运行的效率。

2. 产权分解的技术条件

产权要分解，首先必须从技术界定不同权能之间的界限并度量不同的产权；否则，产权是无法分解，或者是即使进行了分解，产权分解也难分解清楚。

五　产权的收利性

（一）收利性的客观性质

1. 利益——人类社会永恒的主题

利益，最简单、最通俗的解释即为“好处”。这种好处可以当作一种价值判断，而实际上来自一定的物质感受，是非常实在的东西。例如，土地可以长庄稼，种粮食，粮食能够供人食用，增加生理所需要的热量。可见占有土地就有好处，这就是利益。也许正是利益所具有的这种物质感受性，决定它始终是人类永远需要追求的目标。马克思有句名言：“人们奋斗争取的一切，都同他们的利益有关”①。

2. 权与利的伴生关系

也许是因为每一种利都具有一种物质的美好感受，人类尚处在动物状态时已对它有所体会，加之各种可供占用的“利”又非常不足。从人类真正地具有了意识性那一天起就已经接受动物的遗传，并懂得对它的珍惜和保护；要实现对这种珍惜品的实际占有和保护，产生出彼此间的争夺或冲突；这必须依赖一定的强力去对付和战胜对方，这便构成了“权”的最初含义。可见，权实则为利而生，而有了权才能有利。权与利不仅是共生关系，而且反过来又具有对利的支配性。

权对利的支配性一经发生，便成为整个人类社会的本质性关系。人依利而生，人为利而争；由利生权，有权才有利；失权则失利，争利先争权。

（二）产权收利性的表现形式

一是对剩余物品的支配性收利，指产权主体将自己闲置的财产临时转让他人如出租给别人使用，而提取租金的行为。二是由物权引起的对人身奴役性收利如奴隶主对奴隶、地主对农奴的收利。三是资本获得剩

---

① 《马克思恩格斯全集》（第1卷），人民出版社1974年版，第82页。

余价值的收利。四是占有无形资产的收利。五是依强权进行的收利。

第四节　所有权、产权与财产权

一　所有权及其内含权能[①]

所有权是指法定主体对财产最高的排他性的独占权。它包括以下四项权利，第一，占有权，指财产所有者对财产进行实际控制或支配而形成的权利。第二，使用权，指使用者按照财产的性质和功能，用来满足某种生产或生活需要的权利。第三，收益权，指依靠财产获得某种经济利益的权利。收益权是所有权在经济上的实现形式。第四，处分权，也叫处置权，指所有者改变财产经济用途或存在状态的权利。它表明所有者有权决定自己财产的命运或去向，有权让财产按照自己的意愿运作。处分权是所有者对财产拥有的最基本权利，在所有权中占据十分重要的位置。

财产所有权包含占有权、使用权、收益权和处分权，但这并不等于说，所有者任何时候都同时拥有这四项权能，都必须同时行使这四项权能。在经济活动中，有时可能而且必须使其中一项、两项甚至全部四项权能，暂时与所有者分离。然而，这并不意味着所有者丧失了所有权，恰恰相反，这正是所有者充分行使手中所有权的方式。经典作家按照所有权内含的权能差别，把所有权分为三类：

单纯所有权，即脱离生产过程而直接为所有者带来经济利益的所有权。如土地所有者凭借单纯的土地所有权，不去经营土地就可直接获得地租。马克思在分析借贷资本家凭借单纯的资本所有权获得利息时说："从质的方面看，利息是资本的单纯所有权所提供的剩余价值，是资本自身所提供的剩余价值，虽然资本的所有者一直处在再生产过程之外；因此，是资本在和自己的过程相分离的情况下提供的剩余价值"[②]。他还说："利息把单纯的资本所有权表现为占有别人劳动产品的手段"[③]。也就是说，借贷资本家不是通过自己运用货币资本获取收益，而是依靠单纯的

① 张明龙：《论所有权与产权的区别》，《经济评论》2002 年第 3 期。

② 《马克思恩格斯全集》（第 25 卷），人民出版社 1975 年版，第 423 页。

③ 《马克思恩格斯全集》（第 25 卷），人民出版社 1975 年版，第 429 页。

货币资本所有权参与剩余价值的分割。

经济所有权，即非所有者合法行使财产使用权和支配权带来收益的所有权。例如，职能资本家对于借来的货币资本，尽管是非所有者，没有最终所有权，但可以运用这些货币资本生产剩余价值。农业资本家对于租来的土地，尽管没有最终处置它的权利，但可以通过经营土地获得收益。职能资本家和农业资本家作为非所有者，依靠合法占有和使用别人财产取得收益的权利，称为他们的经济所有权。马克思在分析用别人资本经营的职能资本家时说："当他使用资本的时候，是经济上的资本所有者"①。

完全所有权，即单纯所有权与经济所有权相统一而形成的所有权。它的基本特征是，所有者把财产的占有、使用、收益和处分四项权能统统集中在自己手里，没有任何一项权利从所有者身上分离出去。例如，自耕农对于自己的那块土地，拥有占有权、使用权、收益权和处分权，是一种完全所有权。恩格斯在分析这种情况时说："完全的、自由的土地所有权，不仅意味着毫无阻碍和毫无限制地占有土地的可能性，而且意味着把它出让的可能性"②。

二　所有权与产权的区别③

行为关系上的差异。所有权主要反映由财产所引起的人与物的关系，它一般仅分析财产所有者怎样支配自己的财产，不考虑财产使用过程中对他人产生的后果，产权则主要反映由财产所引起的人与人之间的行为关系，它不仅考察所有者如何对自己的财产行使权利，还要分析行使这项权利会给他人带来什么影响，是否有损于其他社会成员的利益，要不要为此付出代价。以某人在村边办养猪场为例，就所有权方面来看，主要说明他建立养猪场是个人行为，各项开支属于私人成本，由此形成的财产均归其所有，别人不得任意侵占。只要他财力允许和愿意，可以继续投资，扩大养猪规模。至于养猪会给村民造成什么影响，往往不列入考虑范围。就产权方面来看，除了确定养猪场归谁所有外，还得分析养猪场有没有给周围村民造成损害，是否存在外部不经济现象。如果养猪场设施简陋，离村民居住区太近，凌晨上千头饥饿的肉猪号叫惊人甜梦，

---

① 《马克思恩格斯全集》（第26卷），人民出版社1975年版，第565页。

② 《马克思恩格斯全集》（第4卷），人民出版社1975年版，第163页。

③ 张明龙：《论所有权与产权的区别》，《经济评论》2002年第3期。

人们用餐时猪粪的臭味扑鼻而来，猪圈里滋生的苍蝇、蚊子黑压压地往屋里钻，破坏了村民的居住环境，这是由外部性增加的社会成本。按照产权理论分析，为了解决这个问题，可以通过产权的明确界定，促使外部性内部化，消除或减轻外部性。具体做法是，以法律制度把居住环境的质量规定为一种财产权，并把它界定给周围村民。由于周围村民非但可以在此居住，而且有权在一定舒适和卫生质量的环境中生活，所以养猪降低环境质量，就是侵犯了村民的财产权。养猪场要么向村民赔偿由此造成的损失，要么改善场内设施或迁往别处，否则就不能继续办下去。

权利内容上的差异。所有权以财产关系为核心设置权利，反映由人拥有物而产生的各种现象的本质属性。就所有权来说，财产所有者处理本身的权利和义务，可以仅从人与物的角度，着手寻找解决办法。相邻所有者行使各自的权利，也可以仅从人与物的角度，考虑相互之间是否给予方便，是否接受限制。与此不同，产权内含各项权利的设置，除了必须考虑财产关系外，还要更多地考虑人际关系。所有者按照产权概念、行使权利或承担义务，既要考虑如何对待自己拥有的财产，又要考虑如何处理由此引起的与他人之间的关系。处理相邻各方共同使用自然资源、交通设施、地下管线和建筑物等，也要同时考虑怎样处理财产关系和人际关系。实际上，产权是一种以财产所有权为基础形成的社会性行为权利，外延比所有权宽得多，是以所有权为核心的若干权利的集合体。在英文中，所有权（ownership）常以单数形式出现，而产权（property rights）却总以复数形式出现。

权利界定上的差异。所有权是对财产归属做出的权利规定，集中体现在财产的终极归属权上，比较容易确立排他性的权利关系。同时，它又以假定不存在交易费用为前提，因此所有权的确立，较少考虑权利界定过程的各种成本。与所有权不同，产权做出的权利规定，集中反映在财产的收益权或剩余索取权上。它不仅涉及财产所有权及其内含的各项权利，而且还包括由这一财产派生的有形物和无形物的权利。它除了确定财产本身的权利边界外，还要确定其派生物品的权利边界。所以，产权形成排他性的权利关系，比所有权困难得多、复杂得多，必须考虑界定过程的技术成本和交易成本。产权界定的技术成本或费用，主要用于确定财产的物质边界和价值边界，核算有形财产净值，评估无形财产价值，制定财产评估、作价、入市的操作规程，修改财产的契约款项，完善财产保护的法规条例，重新裁决财产主体的权利和义务等。产权界定的交易成本，大体表现为：财产界定带来的交易行为，将改变产权结构，使某些财产主体的收益，比初始权利界定时相对减少，甚至绝对减少，这会引起不同财产主体之间发生利害冲突，导致经济效率损失、增加社会成本，或者为避免冲突加深而付出补偿费用。

分析方法上的差异。所有权建立在静态分析的基础上，蕴含了经济活动当事人是完全理性的，并具有高超的计算能力和预测能力。这实际上蕴含着交易费用为零，不用考虑与所有权获取、转让和保护相关的成本。产权则建立在动态分析的基础上，认为人们不可能了解经济活动过程的一切信息，必须为产权交易支付费用。例如，经营者租赁企业，从所有权角度分析，主要说明，企业出租者保持了处分权，有权收取租费；承租者取得了占有权、使用权和收益权，需交纳租费。从产权角度分析，除了界定出租者与承租者的应有权利外，还需要考虑为完成产权租赁本身所花费的各项开支：出租者寻找潜在承租者，或承租者寻找潜在出租者的费用，收集和传递有关企业租赁信息的费用，交易双方聚集在一起的场租费、交通费、差旅费等支出，起草、讨论和确定租赁条款过程的费用，监督租赁合同签订者遵守合同条款的开支，对租赁违约行为造成损害提起赔偿诉讼的费用，防止出租者和承租者以外人员侵权的费用，等等。

三　财产权与产权①

（一）概念外延不同

可以通过人身权与财产权概念的比较过渡到财产权与产权的比较。所谓人身权，是指与公民的人身不能分离而又不直接与经济利益相联系的民事权利，它分为人格权和身份权两类。所谓财产权，是指与人身权相对称的、具有一定物质内容的、直接体现为经济利益的权利。财产权不仅包括以所有权为主的物权、准物权、债权、知识产权等权利，还包括了在婚姻、劳动等法律关系中产生的与物质相联系并体现为经济利益的权利，譬如基于婚姻、家庭产生的夫妻之间的财产权，家庭成员之间的扶养费、抚养费、赡养费的权利，以及相互间享有的继承权利；基于劳动关系产生的领取劳动报酬、退休金、抚恤金等权利。这些权利也都

① 程承坪：《所有权、财产权及产权概念辨析》，《西部商学评论》2008 年第 1 期。

属于财产权范畴[①]。

从上面的定义中我们可以明确地看出，人身权与财产权是有明显区别的，用集合论的语言可表述为“人身权∩财产权=ϕ 中”。人身权的对象是人自身，且不直接体现为经济利益；财产权的对象是人身之外的物质（有形或无形），且体现为经济利益。

产权与财产权的区别表现在两个方面：其一，产权的对象并不排斥人自身，即涉及人自身和体现为经济利益的对象都可以称为产权客观。譬如人力资本是与人身不能分离的，且体现为经济利益，因而有“人力资本产权”的说法，但我们不能把它说成“人力资本财产权”，更不能说成“人力资本人身权”。其二，产权可以进入市场交易领域，但财产权并不都能如此，如抚养权、赡养权等。在市场经济条件下，凡能进入市场交易的财产权皆可视为产权。用集合论的语言表述就是，财产权与产权存在交集，但互不包含，即“产权⊄财产权，且财产权⊄产权，产权∩财产权≠ϕ。

（二）存在的历史条件不同

埃里克·弗鲁博顿和鲁道夫·丙切特指出：“现代产权分析在很大程度上是在美国发展起来的”[②]。准确地说，现代产权分析肇始于科斯的开创性研究。科斯在1960年发表的《社会成本问题》中指出：“人们通常认为，商人得到和使用的是实物（一亩土地或一吨化肥），而不是行使一定（实在）行为的权力。我们会说某人拥有土地，并把它当作生产要素，但土地所有者实际上所拥有的是实施一定行为的权力”[③]。这样就使人们更深刻地认识到，获得某种物品不是根本，根本在于获得行使对这种物品的行为权力。如果获得某种物品而不能有效地行使对该种物品的行为权力，那么获得这种物品的利益就会大大降低。所以，权力的配置与经济利益密切相关，因而就有弗鲁博顿和配杰威齐对产权的著名定义：“产权不是指人与物之间的关系，而是指由物的存在及关于它们的使用所引起的人们之间相互认可的行为关系。产权安排确定了每个人相应于物时

① 《中国大百科全书（法学卷）》，中国大百科全书出版社1984年版，第33页。

② 埃里克·弗鲁博顿、鲁道夫·丙切特：《新制度经济学——一个交易费用分析范式》，上海人民出版社2006年版。

③ 科斯、A. 阿尔钦、D. 诺斯：《产权利与制度变迁——产权学派与新制度学派译文集》，上海人民出版1994年版，第3—58页。

的行为规范，每个人都必须遵守他与其他人之间的相互关系，或承担不遵守这关系的成本。因此，对共同体中通行的产权制度可以描述为，它是一系列用来确定每个人相对于稀缺资源使用时的地位的经济和社会关系”①。

这里需要提请注意的是，无论是科斯也好，还是弗鲁博顿、配杰威齐也好，他们讨论产权问题的背景都是基于市场经济条件。我国引入产权概念也是在建立市场经济体制之后的事，在这之前只有马克思的所有制理论以及财产权概念。为了适应社会主义市场经济体制建设的需要，特别是为了加快国有企业改革的步伐，建立和完善现代企业制度提到了重要的议事日程上来。《中共中央关于完善社会主义市场经济若干问题的决定》（以下简称《决定》）指出：产权是所有制的核心和主要内容，包括物权、债权、股权和知识产权等各类财产权，其要求是建立归属清晰、权责明确、保护严格、流转顺畅的现代产权制度。这里姑且不论《决定》对产权概念表述的准确性问题，单就《决定》郑重地提出了产权这一概念就表明，市场经济呼唤产权、需要产权，而不仅仅是财产权或所有制。事实上，产权分析虽然肇始于科斯，但人类有意识地利用产权服务于经济社会则是与市场经济的发展相同步的。譬如德姆塞茨所分析的②，美洲东北地区由于毛皮需求强劲，且森林动物可限制在较小的活动范围内，因而建立土地所有权有利可图；而在美洲西南地区的平原动物，譬如野牛等，在范围较广的地域内活动，将动物所有权私有化的土地所有制变得无利可图。因而在美洲东北地区便自觉地建立了产权制度，而在美洲西南地区则没有。

这正如科斯所指出的，先有交易的需要后才有产权制度的需要。如果没有市场交易，产权制度就没有存在的基础。这就是说，产权是一个历史概念，它只存在于市场经济的历史条件下。而财产权则不同，尽管它也是一个历史概念，但它存在的历史更早、更久远，它既可以存在于自然经济条件下，也可以存在于市场经济条件下和产品经济条件下。譬

---

① E. G 弗鲁博顿、S. 配杰威齐：《产权与经济理论：近期文献的一个综述》，参见科斯、阿尔钦、诺斯《财产权利与制度变迁—产权学派与新制度学派译文集》，上海人民出版社 1994 年版，第 201—248 页。

② H. 德姆塞茨：《关于产权的理论》，参见 R. 科斯、A. 阿尔钦、D. 诺斯等《财产权利与制度变迁——产权学派与新制度学派译文集》，上海人民出版社 1994 年版。

如在古罗马时期就有了财产权概念。事实上，在人类产生了私有制，有了“你的”和“我的”之分后，便有了财产权意识。在产品经济条件下也存在财产权概念。

（三）法律渊源不同

为了深刻地掌握产权的内涵，有必要了解产权的法律渊源。产权概念首先是由科斯提出来的。众所周知，科斯是出身于英国的美国著名经济学家。英美都是普通法传统的国家。大陆民法中的财产权仅与有形的物品有关，而英美普通法对财产权的定义则较为宽泛，它不仅与有形物品有关，而且还与无形物品有关，后者包括专利权、版权和合约权等。更为重要的是，罗马法中的所有权概念与普通法的所有权概念存在重要的思想差异。梅里曼（Merryman，1974）形象、准确地指出了这种差异：“罗马法的所有权可以看作是写有‘所有权’的一只盒子。谁拥有这个盒子谁就是‘所有者’。在完全、不受影响的所有权情形中，这个盒子中包含某些权利，其中有使用权和占有权、占有其果实或收入的权利以及转让权。然而，所有者可以打开盒子，拿出一个或更多这样的权利转让给其他人。只要他占有这只盒子，即便这只盒子是空的，他也仍然拥有所有权。将它与《美国财产法》进行对比，非常简单。《美国财产法》中没有盒子，它仅有各种不同组的法律权益。一个人只要拥有绝对处置权（feesimple absolute）就拥有最多的可能法律权益束。当他将一组或多组的权利转让给另一个人，一部分权益束就没有了”①。

正如弗鲁博顿和丙切特所指出的：“根据所有权的罗马法概念，一个人可以在不放弃法律所有权的情况下放弃一些权利”②。而《美国财产法》的所有权概念则不同，它只有权利束，放弃一种权利则意味着失去了另一种权利。《美国财产法》的好处在于，它便于同一物品的不同属性的权利根据比较优势在不同的所有者之间进行分割，以便追求帕累托最优结果。因而它非常适合市场经济的思想和内涵。一方面，产权概念适合于个体主义的分析方法，正因如此，它很快被西方主流经济学所接受；另一方面，它也适合现代经济社会高度综合与高度分化的发展趋势，这

---

① 埃里克·弗鲁博顿、鲁道夫·丙切特：《新制度经济学——一个交易费用分析范式》，上海人民出版社 2006 年版，第 105 页。

② 埃里克·弗鲁博顿、鲁道夫·丙切特：《新制度经济学——一个交易费用分析范式》，上海人民出版社 2006 年版，第 105 页。

种发展趋势要求权利根据比较优势加以分割并作合理配置以实现最大效率。因此，产权思想一经提出，很快就被大多数市场经济国家所接受。

（四）词源不同

既然产权概念肇始于科斯，那么我们就有必要从科斯最初提出产权的著作里关于产权的英文表述中即从词源上探究产权的内涵。科斯在1960年发表的题为《社会成本问题》的著名论文中对产权的表述使用的是“right”或“rights”，他并没有使用“property rights”。众所周知，property rights是财产权的意思，而科斯没有使用这个词，显然是有意回避或有意加以区别。这说明产权概念的创始人从一开始就把产权与财产权概念加以区分了。我国在引入产权概念时都把产权的英文理所当然地认定为property rights，因而使许多人误以为产权就是财产权，甚至把产权等同于所有权。

第五节　产权结构

一　产权关系的横向结构与纵向结构[①]

产权是人们围绕财产而形成的经济权利关系，它直接表现为人对物的关系，实质上是产权主体之间的经济利益关系。产权包含着权力、责任、义务和利益，所以，产权关系也可以说是市场经济主体权责利关系的体系。各种产权都受到法律的保护和约束，组成完整、规范化的结构体系，也就是人们所说产权关系的基本含义。产权关系可分解为横向产权结构和纵向产权结构两个方面。先考察横向产权结构。

（一）产权关系的横向结构

横向产权结构由资产所有权、占有权、支配权和使用权四个层面组成。

资产所有权，即归属意义上的产权，也称终极产权。产权主体对其资产具有归属权，及依托资产的收益权，受到法律的严格保护。

资产占有权，指对财产直接掌握、控制和管理权，并对财产施加实际的、物质的影响的权能。

---

① 陈伯庚：《产权结构理论及其应用》，《学术月刊》1996年第12期。

资产支配权，即对资产的处理、处分、处置权，是指资产实际占有者对资产如何安排、处理、使用并做出决定的权能。

资产使用权，是指实际使用或消费资产的权能，即资产占有者有权根据市场供求状况的变化，决定资产使用的方向，包括生产什么、生产多少、产品如何销售等。

这四项权能最初是统一于一个产权主体手中的，资产所有者不仅拥有资产所有权，而且直接经营管理企业，拥有资产占有权、支配权、使用权。随着社会化大生产的发展，企业规模的扩大，大规模生产和大规模流通的结合，经营业务日益复杂化，要求由懂得专门技术知识、具有经营才能和丰富经验的企业家来经营管理企业，而资产所有者及其家族成员不一定具备上述条件，过去那种由所有者亲自担任高层经理人员的做法，越来越不能适应经营管理的需要，于是企业或公司的高层管理逐渐转移到支薪的经理人员手中，形成了所有权与经营管理权相分离的格局。这是现代企业制度的一个重要特征。正如美国著名经济学家钱德勒所说："由一组支薪的高、中层经理人员管理的多单位企业，就可以恰当地被称为现代企业"。

所有权和管理权相分离，导致财产关系和法律关系相应发展。资产所有者可以把资产的占有权、支配权、使用权转让给其他经营主体，由此产生法人财产权和多层产权关系。法人财产权是支配意义上的权利，而不是归属意义上的权利。确立法人财产权的目的在于，使企业的资本金保全和独立运转，提高资产运营效率，取得更多的资产收益。企业以其全部法人财产权承担资产的保值、增值和相应的民事责任，自主经营，自负盈亏。资产所有者不得随意撤回注入的资本金，不直接干预企业独立支配法人财产和经营管理的权利，主要以资产收益参与重大问题决策，选择经营者和只承担有限责任来监督、约束经营者。在法人财产权确立以后，高层经理人员的职权相应地扩大，往往容易引起摆脱出资者的所谓"内部人控制"问题。为了保证资产所有者的权益，西方国家普遍加强了资产的监督管理，如设立董事会、监事会等，最终手段是解雇高层经理人员。

（二）产权关系的纵向结构

从产权的纵向关系考察，产权结构也可分为产权界定、产权经营、产权收益、产权转让、产权管理五个层次。

产权界定，即明确产权主体。一般来说，谁投资、谁所有，投资主体应成为产权主体，明晰产权首先要明确产权主体。产权主体不明，往往会导致资产所有者的权能虚置，权益受损。

产权经营，即资产的运行和经营活动。资本只有在运营过程中才能带来增值。为了保证资产的独立运营，必须赋予企业具有法人财产权。资产经营者运用法人财产权，依靠其专门技术知识和丰富的经验，适应市场需求组织生产，精心经营，优化企业内部的资源配置，千方百计降低成本，提高资产运营效率。

资产收益，是资产经营的成果。资产经营效率的高低以资产收益的多少为标准。资产收益是资产所有权的最终实现。资产的基本职能是增值。马克思说过：资本是带来剩余价值的价值。资本的本质是追求利润最大化，同样，公有产权经营的目的，也是追求资产收益的最大化。资产的经营者必须对资产所有者负责，承担资产的保值、增值责任。相应地，资产经营者在资产的经营收益中，除所有者权益外，也可分得其中的一部分收益，从而可调动经营者的积极性。我国实行的经营者收入与所创利润挂钩以及年薪制，体现了这一点。

产权转让，是指财产所有权的易手，包括实物资产的出卖、出租、抵押、企业兼并和企业破产等。其意义在于，通过产权交易，使资产流向经济效益最高的部门，优化组合，实现资产运营的高效率。

产权管理，主要是指对资产本身的经营管理。资产的运营有其自身的规律，资产所有者必须遵循这些规律，对资产实行规范化管理，为此必须制定相应的法规。特别是国有资产庞大，要设置必要的管理机构，制定《国有资产管理法》，纳入规范化管理。

在纵向产权结构的五个层次中，产权界定，明确产权主体是前提，通过产权经营，增加资产收益是目的，而产权转让、产权管理都是手段。国有企业产权制度改革过程中，明晰产权的难点和关键，正在于明确产权主体。

完整意义上的产权关系，是上述横向产权结构的四个方面和纵向产权结构的五个层次的统一，是一个系统结构，任何只强调一个方面或一个层次都是片面的。

二　古典产权结构与现代产权结构①

（一）古典产权结构

古典产权结构赖以存在的客观基础是自然经济和小商品经济（商品经济还没有发展成为一种独立的、居主导地位的经济形态），其环境特征是：生产力水平较低，生产组织的规模和生产能力都很有限，基本上还维持在一种自我循环的简单再生产上；经济主体之间虽然也进行商品交换，但交换所反映的经济关系要么是自然经济的某种补充，要么主要是满足自我需要的交易关系，规模的有限性、狭小性和交换关系的简单性决定了其产权结构的单一性和封闭性。古典产权结构有三个重要特征：

第一，以自然人为本位的产权主体。个人或家庭是基本的经济主体，生产、分配和消费都集合于这一单元中。个人（家庭）是财产主体，即使在放大或发展了的形态上，如形成了一个企业，私人财产与企业财产之间也无实质性的界限，企业盈利（亏损）即业主个人的盈利（亏损），二者间可随时转化或冲抵。这种以自然人本位为基础的私人财产关系在历史上曾经是天经地义的，它作为一种制度的完备之处就在于它在经济基础和法律制度两个层次明确和保护了自然人产权的地位。以古罗马所有权理论为基础形成的古典财产权理论便是以自然人作为生产、交换、分配的基本单元来构造其体系框架的。

第二，以所有权为轴心的集权结构。古典产权结构中的产权诸权能都集中于一个主体——个人业主或所有人，所以通常也被称为“单一产权结构”或“集权结构”。从其内部关系看，企业中财产所有权、经营权、使用权以及与上述权能相对应的组织角色是合一的；从其外部关系看，集权结构排斥了产权权能的分解，即使在某些较发达的形式上通过合法程序取得某一权能的非所有人的行为也必须严格体现所有者的意志。这种权能在一定时限和程度上的分解不可能具有永久性，所有人始终保持着绝对的追索权。同时，集权性质还表现在财产形成、支配和风险责任方面，企业只有唯一的所有人。企业生存和发展的全部功能集中于他，财产支配和收益完全服从于他的意志，全部经营风险责任也要由他来承负，在抵偿债务时不仅包括投入企业的财产而且包括所有人的全部私产。以所有权为轴心的集权结构适应于财产聚集规模小，产权结构单一的组

---

① 周立群：《古典产权结构与现代产权结构》，《学术研究》1993年第4期。

织，它与自然经济和简单商品经济运行所要求维持的经济秩序相吻合，从而在历史上它曾是产权结构的原始形式和基本形式。

第三，以保值为准则的产权运作。在非商品经济占主导地位的经济中，产权首先意味着对财富的直接的绝对占有，即对财富物质实体的追求。财产拥有且直接取决于占有对象的外延量，产权运作的终点或目的是以财富保值为准则。虽然这里不乏小农的算计、财主的贪婪、商人的吝啬，但受产权主体目标以及需要范围对生产活动的制约，受客体对象即使用价值或物质形态的限制，占有权和支配权也只能局限于对财产的消费、保存和直接使用上，保存和收藏（如窖藏）成了古典产权行使的一种重要手段。在保值的基点上，成本和效益观念缺乏根基，从而理性化的经济核算在很大程度上是不存在的。在商品交换有了一定程度的发育但还没有充分发展之前，这一特征仍然存在，此时的交换依然是一种使用价值（通过货币媒介）向另一种使用价值的转换，产权运作的灵魂无论是在生产领域还是在流通领域无非都体现在综合保有物或财富物质形态的数量上。换言之，产权运作过程虽然也表现为一种致富欲或追求，但这种追求并没有摆脱对财富实体的追求和作为货币贮藏者对财富价值偶像——货币的追求。这种追求受到个人对使用价值需要范围限制，受到个人好恶和欲望狂热程度的限制，而不可能真正成为一种资产运营中的永恒追求。同时它也缺乏资产增值所需的机制、条件和外部竞争强制。马克思主义的经典作家在论及资本主义前的情况时说，以追求财产增值为目标的生产只有在商品经济充分发展的历史阶段才成为现实。

（二）现代产权结构

现代产权结构是商品经济充分发展的产物，是现代财产或财产权社会化、商品化的表达形式。与古典产权结构不同，现代产权结构有以下三个重要特征。

第一，企业产权主体的法人化。企业财产组织形式曾经历过一个由个人业主制到合伙制再到现代公司制的演进。个人业主制企业的产权主体是自然人，这种以自然人身份对象化于财产客体上的产权关系限制了主体的流动和客体的分解：自然人（个人或家庭）财产与企业财产的合一性质本身就限定了企业和资产的规模，它无法适应生产经营迅速扩展的需要；财产经营责任为无限性和自然人本位限定了企业的“存在寿命”，企业破产意味着业主倾家荡产，业主自然死亡或中止经营也就意味着企业消亡（除非子女继承）。个人业主制的先天缺陷使之不可能在现代社会经济中居主导地位。合伙制企业组织在一定程度上弥补了个人业主制的不足，但它也存在一些致命的缺陷。一方面，合伙制企业本身是若干自然人的协作，他们通过协议合同来规范各自的权责利，经营的决策、运作的管理、收益的分享比例取决于合伙人共同达成的协议，企业中并没有一个唯一的合同代理人，从而任一合伙人的不忠诚、偷懒和失误都不是仅仅影响个人而是影响整个企业。这一组织漏洞常常潜在地威胁着企业和每一合伙人。另一方面，由于负债责任的无限性，使任一合伙人的不良行为所造成的损失都可能导致全体破产，合伙人越多、资产规模越大。每个人无法防御和承担的责任风险也就越大。企业的合伙性质与个人责任的无限性质构成一对矛盾，这使合伙制企业的有效性和适应范围受到了很大局限，其规模也难以进一步扩大。另外，合伙制企业的财产是不可流动的，任一成员的退出或自然死亡都可能影响合伙人整体利益甚至造成整个组织的解体。上述制约因素使合伙制在得到充分发展并取代个人业主制的主导地位之前就为更优越、更现代的现代企业财产组织所替代了。

现代公司制组织即以股份有限公司为典型形态的企业财产组织。有关公司制组织的法人实体地位、终极所有权（股权）与法人产权的分解以及股权有限责任等权利规范已为人们所熟知，问题在于，为什么公司制组织成为现代经济中的主导型财产组织形式？事实上，现代公司制组织是支配现代市场经济运行的最基本“硬件”，它的生命力和潜力就在于，它能高度适应社会化大生产的需要，为财产（权）的社会化和商品化提供有效的产权组织基础和运作机制，这集中地体现在以下四个方面。

（1）财产或财产权形成和组合的社会化、市场化。从财产形成（增股）途径看，公司在全社会范围的广泛集资打破了财产（权）相互分割封闭的格局，突破了产权作为个别人的、分散的、对象化于物本身的局限，使之在一个更大的空间规模上组合起来。从财产的组合方式看，公司财产形成是建立在发达信用制度基础之上的，信用的高度发展使作为生产物质手段的财产与其价值形式的权利分离，并使之分离和相互转换让渡成为可能。通过信用这一媒介以发行股票的方式来分解和组合财产（权），既不是无偿的馈赠，也不是非自愿的剥夺，而是借助于财产作为商品的二重化形态（物质形态和价值形态）以及产权权能的分离来完成的，这一过程是通过产权市场的自由交易来进行的，这种市场化的产权组合途径与上述社会化财产形成过程是完全吻合的。

（2）财产运用和支配的社会化、市场化。现代公司制组织对财产运用和支配的社会化，商品化不仅体现在资金动员方面，而且体现在产权职能的发挥和资源再配置过程。现代公司不同于以自然人为本位的主体，它从一开始就以集合的方式凝成一个法人实体。公司法人作为独立的民事权利主体有其独立运用和支配财产营运的意志和利益，这种财产（权）的独立性正是市场经济的内在要求。以财产权分解为必要前提的法人产权的运用和支配从一开始便具有了社会的性质，也就是说，它实际上完成了产权由社会法人而不是由个人来运用和支配的转变。公司制组织以法人外壳巧妙而又有效地保证了财产运用和支配的独立性和社会性，避免和防范了私人产权的支配或侵害。同时，这种社会化的财产运用和支配是完全以市场为依托的，这不但体现在原始产权（股权）的交易、运作受市场调节，而且体现在公司制组织已作为现代市场的微观基础，离开了发达的市场经济，公司制组织一刻也不能运转。

（3）产权运作及其评介的社会化、市场化。在公司制组织形态上，原始产权与法人产权分离开来，所有权或原始产权的运作独立于直接物质生产过程之外，主体要素的流动不再受自己所有的财产份额的束缚，客体要素也不再是不能脱离其终极所有者的对象物，它完全可以按照社会生产和资源配置的要求不断地进行配置和重组。从产权运作的评价看，如果说其他类型企业的经营业绩主要是由商品市场来评价的话，那么对公司制组织的评价则又加了一层机制。股票上市使公司经营活动和公司财务公开于社会并受到社会监督，股票行市既灵敏地显示公司的经营绩效和现状，也包含着对它未来发展潜力和相对实力的预期。股票易手不仅是股东的一种监督表决，而且是一种更广泛的社会化程度更高的投票评价机制，它实际上是将公司置于了更高一级的市场上来进行社会的比较和评价。

（4）产权权能角色的社会化、专业化。由职业化、专业化的支薪经理行使企业经营权是财产权支配和运用社会化的一个重要体现，它一方面改变了古典企业中专断的、个人化的短期经营方式，为产权应用的社会化创造了条件，另一方面也为企业中系统的科学管理创造了必要条件，从而开创了现代大规模组织有效运作的先河。职业经理不像古典业主那样受自身财产多寡限制，也不是“终身制”或血亲继承，而是由公司法人通过人才市场选拔聘用的。在现代市场经济发达的国家，一个人很难避开社会的评价或认可而仅靠私人关系或世袭地位成为公司经理。经理人才不仅需要具备专业化知识、经营资历和社会声誉，而且他每时每刻都将受到社会的评价和选择，这种评价和选择不仅表现为公司内部的民主投票评价，而且放大为股市上股票流动和行情变化的评价，从而这种机制也是社会化的和市场化的。

以上分析表明，公司制产权关系和运作机制是社会化生产方式和现代市场经济的产物，是适应生产和财产（权）社会化、商品化的一种基础设施和机制。它的功能不仅仅在于对社会化商品化财产关系的适应性，而且在于其“反作用”，即它能保证和推动现代市场经济的有效运行，促进和保证社会化财产关系的实现。

第二，产权体系的层次化、结构化。产权主体法人化是一系列制度变迁的结果，这本身包含着一部企业产权结构演变史，财产权的系列分解和产权关系的系列性转化是企业产权法人化背后的同步构造。产权的系列分解主要发生在两个层次上：一是原始产权与法人产权的分解。这种分解不是随意的或权宜的，也不是简单的时序或量的分割，而是一种规范性的产权界定和结构安排。二是法人产权与经营权的分解。原始产权同法人产权的分解使公司制组织的财产运作已经从古典意义上的所有权分离出来，广义的经营决策权已经构成法人产权的实际内容，然而法人毕竟不是个虚构的主体，行使法人权利的是法人代表董事会。在公司制组织发育之初，董事会往往由股东直接控制，董事兼经理直接行使经营管理权，但公司制组织的进一步发展打破了这种格局，公司的经营和管理权逐步转移到长期从事经营管理活动并具有专业知识和才能的高层管理人员——经理手中。这一层次的分解被马克思称为所有权与经营权或经营管理职能的分离，这种分离进一步突出了经理层决策的地位，强化了经营权。

第三，产权运作的市场化。在现代市场经济条件下，财产或财产权实际上是作为商品来经营和运作的。企业财产（资产）就其实物形态或使用价值看，无非是生产工具、厂房、设备等要素资源，对它们的管理或使用无非是保持其不意外损坏、不丢失、不被非法侵占，对它们的运作和配置无非是按技术、工艺要求不断组合、修理、更新等。从价值形态上看，资产价值是动态的、不断变化的，是与市场紧密联系在一起的，并受市场供求的评价，它的运作和配置本身有个增值或贬值问题。一旦将资产或产权作为商品来经营，而不是作为一堆综合保有物，那么资产在运作中不断增值便成为产权运作的轴心，而增值过程本质上是一个市场交易、市场评估、市场竞争、市场筛选的过程，因而以增值为目标的产权运作必然是市场化的。

第六节　产权的基本功能

产权基本功能包括减少不确定性、外部性内部化、激励功能、约束功能、资源配置功能和收入分配功能。

一　减少不确定性

设置产权与减少不确定性。人们面临的环境总是复杂的和多变的，充满了不确定性。不确定会给人们的选择带来困难，增加人们经济交往过程中的交易费用。社会分工越细，经济越发展，经济关系越复杂，交易越多，不确定性因素也就越多。同时，人们又在通过各种途径和手段，力求减少不确定性。设计出一些约束人们经济活动的规则，是减少不确定性的重要途径。产权规则就具有减少不确定性的作用。在产权经济学家看来，产权制度通过向人们提供一个日常生活的结构来减少不确定性，用经济学的行话来说，产权制度限制了人们的选择集合。例如，没有产权的财产，或者没有界定产权的资源，由于其产权未确定，必然导致开发成本及投资回报的不确定性，人们一般不会投资进行有效的开发与利用保护，有的只是不合理的利用，或者在利用中处于混乱状态。

二　外部性内部化

从产权经济学的角度来看，外部性产生的一个重要原因在于产权界定不清，例如，楼上的住户向楼下扔垃圾就是这样，要使外部性内部化，就必须明确界定产权，因此产权的一个重功能是使外部性内部化。因此，德姆塞茨在《所有权、控制与企业》这一著作中指出："产权的主要功能在于引导各种激励机制，使外部性在更大程度上得以内部化。"

更进一步地分析，外部性的产生即是一个权利的产生，是在原有产权格局下，在原有产权范围内，产权主体行使自己的产权时，却产生了新的权利。从空间上看，外部性产生于产权公域和产权邻域。产权公域是指不同产权的权能范围或作用空间的交叉部分，不同的产权主体在行使自己的产权权能时，他们的作用空间部分或全部交叉或重叠。

三 激励功能

在产权经济学看来，产权的内容包括权能和利益两个不可分割的方面，任何一个主体，有了属于他的产权，不仅意味着他有权做什么，而且界定了他相应的利益，或者有了获取相应利益的稳定依据或条件。换言之，如果经济主体有了界限明确的产权，也就界定了他的选择集合，并且使其行为有了收益保证稳定和收益预期。这样，其行为就有利益刺激或激励。激励也就成为一种动力，有效的激励是充分调动主体积极性，使行为的收益或预期收益与进行经济活动的数量、质量相一致。

四 约束功能

产权约束功能来源于产权的有限性。即对任何财产的产权，无论其多少或者大小，都是有限的。其权能或作用空间有界区、利益有限。基于这种有限性，产权也就同时有了对产权主体的约束功能。因为产权的权能空间是有界区的，这在确定其选择集合的同时，也限制了其作用空间。在确认产权主体可以做什么时，也界定了他只能在什么范围、以什么形式做什么，界定了他不能做什么。因为产权的利益是有限的，因而在确认和保证他可以得到什么东西的同时，也就确定了他的利益边界，限制了他不可以得到更多的东西。如果他的行为超出了所界定的范围，获取了不该得到的东西，就是越权或者侵权。

五 资源配置功能

产权的资源配置功能是指产权安排或者产权结构直接形成资源配置或者驱动资源配置状态的改变、影响来对资源配置的调节。因为产权就是对各种资源或要素的权利，甚至可以说，权利本身就是一种生产要素。产权的资源配置功能主要表现在以下几个方面：

第一，相对于无产权或产权不明晰而言，界定产权就是对资源的一种配置。

第二，任何一种稳定的产权结构，都基本形成一种资源配置的状态。

第三，产权的变迁意味着资源配置状态的改变。产权主体或者客体的变迁，意味着资源在不同主体之间的重新配置，当然这种重新配置资源不一定就能提高资源配置的效率。

第四，产权结构影响资源配置的方式。如高度集中的产权结构与分散的产权结构就可能是导致两种不同的资源配置方式。前者可能以计划配置资源为主，后者可能更倾向于市场配置资源为主。

六　收入分配功能

产权的收入分配功能主要体现在以下几个方面：

第一，产权在不同主体之间的划分，本身就是收入或获得收入的一种手段，如 A 拥有一栋房地产的所有权，他就可将之用以出租或者出售来获得相应的收入。

第二，产权是收入分配的基本依据。依据什么进行分配，只能依据各自生产要素或财产的产权进行分配，谁是财产的主体，谁就获得相应的收入，产权越多，收入也就越多。因此，不管是按劳分配，还是按资分配，本质上都是按产权分配。

第三，产权的界定和明晰有助于收入分配规范化。由于产权是收入分配的基本依据，因此，对产权的界定和明晰就是对收入或者收入依据的界定和明晰。只要产权规则是清晰的，则收入分配就是规范的。只要产权能够得到保护，收入分配就能够正常进行，收入也就得到了保护。

第七节　产权制度安排与经济绩效

在新制度经济学的视野中，不同的产权制度安排，其经济绩效是不一样的。同时，产权又是可以分割的或者说是可以分解的，产权的可分割性使产权权利束可以被分解和重组，进而形成有所差异的产权结构。制度的不完备会导致产权残缺，进而形成低效率。在制度安排明确的权利是专用权，未明确的权利是剩余权。对专用权而言，产权在结构上表现得越完整、越完全，对当事人的激励和约束就越充分，经济绩效也就越高。对剩余权而言，不仅要注意剩余索取权的有效配置，而且要注意剩余控制权的配置，通常应该赋予拥有剩余索取权的主体剩余控制权[①]。

---

① 冀县卿：《经济制度、产权结构与经济绩效：一般框架》，《江苏社会科学》2010 年第 1 期。

一　经济制度与产权安排：关系界定

制度是支配特定经济主体的活动方式和相互交易关系的行为规则，不同的制度安排相应地界定了经济当事人不同的权利。制度的本质是在界定的产权关系下，对产权转让过程中当事人之间的权利、义务、责任以及制约关系进行界定。这种不同的界定造就了不同性质和特点的产权，形成对于不同当事人相异的交易成本。根据 Grossman 和 Hart 对产权的理解，在制度中明晰的权利是专用权，未明晰的权利是剩余权。

制度的选择受多种因素的影响和制约，如国家的所有制偏好、社会群体对某种制度的认同程度、促进外部性内在化的技术状况、制度实施的预期收益和预期费用等。国家的所有制偏好对制度的选择具有决定性影响，并且这种选择会影响到经济绩效。埃格特森的研究表明，如果在政治和经济领域中交易费用都为零，那么一国的经济发展并不受政府类型的影响。但是，如果存在正的交易费用，国家的所有制偏好就成为决定经济发展的关键因素。社会群体对某种制度的认同程度是指该制度所规定的人们的行为选择域是否与该社会群体已有的道德伦理准则、风俗习惯、文化传统等相耦合。两者的耦合程度越高，制度的可接受程度就越高，实施成本越小。当然，人们对制度的接受程度受到其内在偏好和认知模式的影响。促进外部性内在化的技术状况是指界定与实施制度的技术对制度选择的影响。无疑，技术条件的变化会改变制度选择的边际收益与边际成本。制度实施的预期收益和预期费用对制度的影响在于：只有当某一制度的预期收益大于预期费用时，这一制度才可能被选中。需要引起我们注意的是，现实世界中，经济制度往往是不完备的。施瓦茨认为，语句模棱两可或不清晰、疏忽、信息不对称等都会导致制度不完备。制度不完备是指任何制度都无法制定出在未来所有可能出现的情况下规范经济当事人的详尽无遗的权利和责任的条款。不完备的制度往往导致产权残缺。产权残缺意味着在产权权利束中经济当事人缺乏某一项或某几项权利或产权权利没有得到充分的界定和保护，前者构成产权完整性意义上的产权残缺，后者构成产权完全性意义上的产权残缺。

在图 7-1 中，纵轴表示制度的边际收益 MR 和边际成本 MC，横轴表示对应于不同制度安排的产权 R。当制度的界定和运行不需要花费成本时，当事人为实现收益最大化，会将产权界定为 R_0，此时的产权为完全产权。但是，制度的界定、运行绝不会是免费午餐，需要花费一定的成本和代价，这会导致制度的不完备。制度的不完备会降低制度的边际收益，使边际收益移动到 MR_0。出于经济合理性的考虑，制度的均衡点将由边际收益和边际成本共同决定，在图 8-1 中，均衡点为 E，相应地，由制度界定的产权为 R_1；与 R_0 相比，形成产权完全性意义上的产权残缺。

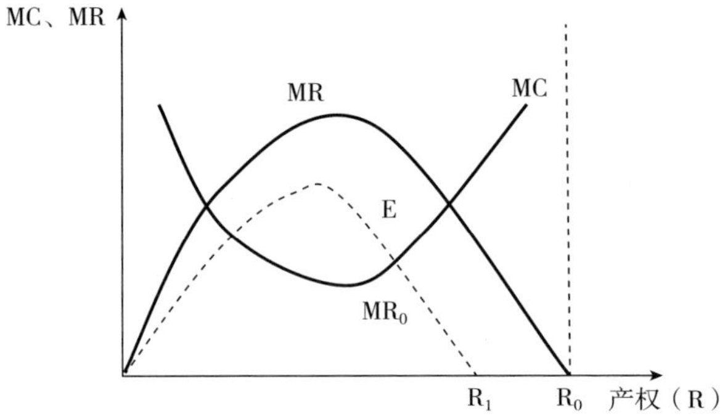

图 8-1　制度不完备与产权残缺

一个可能存在的极端情况是：如果制度界定或运行的成本特别高而收益很低，使 MR 曲线与 MC 曲线无法相交，制度就不可能存在，相应地，也就不存在被界定的权利，从而形成产权完整性意义上的产权残缺。

由于产权具有可分割性，使产权权利束可以被分解和重组。不同的产权主体可能拥有使用权、收益权或交易权中的一项或几项权利，某项权利也可能归属于一个产权主体或几个产权主体。这样就会在各权利之间形成不同的配比和组合关系，即产权结构。不仅如此，对某一权利而言，其界定、实施和保护的强度也会存在一定的差异，这一状况使产权结构更为复杂。因此，根据“科斯定理”，当交易费用为正时，“合法权利的初始界定会对经济制度运行的效率产生影响。权利的一种调整会比其他安排产生更多的产值”，不同的产权结构会具有不同的激励和约束作用，产权在诱导人们的决策动机和经济选择行为时首先取决于不同的产权结构，进而导致不同的资源配置效率。这就意味着：第一，要提高经济绩效，就必须尽可能地增强产权完整性和完全性，减少产权残缺；第二，由于制度不完备不可避免，产权残缺也就不可避免，为尽可能地降低产权残缺对经济绩效的影响，就需要设计合理的制度在当事人之间合理配置剩余权利。

二 产权完整性、产权完全性与经济绩效

排他的使用权、独享的收益权、自由的交易权为完整产权所必需的。排他的使用权意味着在法律许可的范围内对特定财产的使用只有一个行为主体，财产拥有者可以采取任何方式使用其财产，并能排斥其他人对其财产的使用及限制。使用权的排他性能够保证财产拥有者阻止别的行为主体进入特定财产权利的领域，有效地遏制了财产使用中的“外部性”和“搭便车”，使当事人的私人收益率接近社会收益率，有利于保护其投资、开发、利用财产的积极性。

独享的收益权意味着财产拥有者能全部享有通过合法方式使用财产所产生的收益。Roland McKean 曾指出，如果一个人不能获取其所创造的净收益，就不能指望他们去创造这些净收益，生产效率低下也就不可避免。以利益为导向，利用当事人对利益的追逐，通过利益机制实现产权的激励功能，能最大限度地给当事人以激励，有利于提高经济绩效。Demsetz 在论述“私人财富的控制功能”时指出，资源要经过引导才能投向生产率更高的用途，追求财富的动机最终会促进公共福利的增加。人们不仅按照财富最大化的方式进行投资，而且所有对产品与服务行为的供给与需求，似乎都是由强烈的发财欲望所推动的，私人拥有财富对提高生产率有着重大作用。自由的交易权意味着财产拥有者有权决定财产是否转让、转让给谁及转让方式。财产的自由流转具有交易收益效应和边际产出拉平效应，为资源流向相对较高效率的使用者提供了激励，有助于提高资源的配置效率。在美国《统一产权交易法》中，产权交易指所有产权转让的方式，直接或间接、独立或联合、自愿或无意识、有意地给付财产或财产权益，包括支付金钱、投资、租借、留置或负债。由于产权初始界定中可能存在的外部性会导致低效率，可交易的产权能为经济当事人提供将外部性内部化的有效激励，减少效率损失。诺斯认为，当产权制度能够激励经济当事人将其行动的全部成本和收益内部化时，就会促进生产力的发展。在产权允许合法交易的情况下，只要产权主体认为交易产权的收益大于成本，交易就会实现，实现资源配置的帕累托改进。完整的产权能够激励经济主体合理、高效率地利用资源，提高资源配置效率。缺少任何一项权利，都会形成产权残缺，影响到当事人的经济预期，导致其在投资和积累上的短期行为，带来经济绩效下降。

产权的完全性是指产权内含的各项权利得到充分的界定、实施和保

护。在完全产权状态下，经济活动不存在外部性，经济当事人承担了决策的全部损益，所有未来价值被完全内部化，资源配置达到帕累托最优状态，经济绩效达到最优。但是，正如巴泽尔所指出的那样，权利的界定、实施受制于技术、信息成本、资源的多维度属性等多种因素的影响，在各种不确定性影响下，权利的充分界定、实施是不可能的。不完全的产权不仅影响利用资产创造价值的程度，也使人们花费资源用于攫取和保护产权，从而增大交易成本。Furubotn 和 Pejovich 的研究表明，产权越完全，越能提高效率，因为清晰的产权能够降低不确定性。

产权完整性、产权完全性对经济绩效的影响可以借助于图 8-2 得以说明。在图 8-2 中，当制度完备时，制度边际收益曲线为 MR_0，当 $MR_0=0$ 时，产权得到充分完全的界定、实施和保护，完全产权为 R_0，此时总收益达到最大。但是，现实世界交易成本为正，资源的多维度属性、界定和实施产权的技术困难、法律或政府的强制性规定或一些非正式规则的制约等使权利界定、实施和保护需要花费较高的成本和代价。由此，权利的最优边界不仅取决于边际收益，而且取决于边际成本，且边际收益具有递减、边际成本具有递增的特性。当制度不完备，制度边际收益曲线变动为 MR_1、边际成本曲线为 MC_1 时，两者相交于 E_1 点，形成有效产权（Effective Property Rights），即 R_1。在有效产权 R_1 与完全权利之间就存在一个未被界定、实施和保护的空间，即产权残缺。权利残缺会导致外部性，使社会成本无人承担，产生效率损失，影响经济绩效，从而资源配置无法达到帕累托最优状态。

随着制度不完备程度的增强，边际收益曲线由 MR_1 移动到 MR_2、边际成本曲线由 MC_1 移动到 MC_2，二者的交点 E_2 决定了新的有效产权 R_2，与 R_1 产权相比，产权残缺加深，经济绩效进一步降低。从产权完整性的角度分析，当制度界定或运行的成本特别高昂而收益很低时，制度边际收益曲线 MR 与制度边际成本曲线 MC 无法相交，不存在被界定的权利，从而形成产权完整性意义上的产权残缺。在这种状态下，当事人不能获得产权界定所带来的潜在收益，经济绩效极度低下。比较产权完全性的经济绩效与产权完整性的经济绩效，不难发现，前者的经济绩效要优于后者，从这个意义上讲，有产权总是优于无产权。

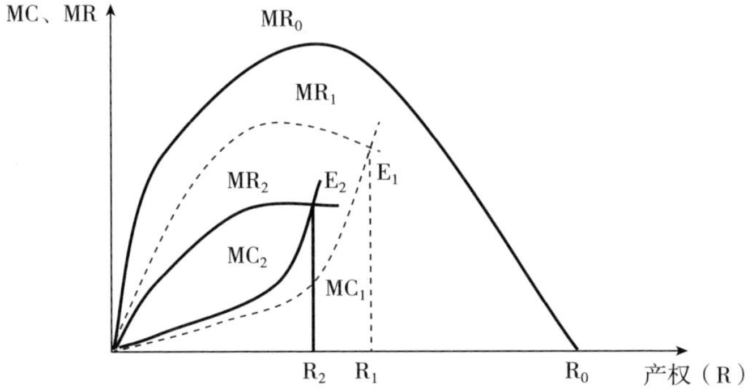

图 8-2 产权完整性、产权完全性与经济绩效

三 剩余索取权、剩余控制权与经济绩效

产权专用权和剩余权之间的关系可用图 8-3 直观地表示。在图 8-3 中，方框内的区域表示全部权利，A 代表的中间一个圈框所示区域表示产权专用权。当然这个边界是动态的，它可能扩大到图中 C 所示的较大区域，也可能缩减到图中 B 所示的较小区域。RR 表示剩余权利，是指图中从 A（或 B 或 C）各圈层外到方框之间的区域。可见，RR 具有状态依存性。

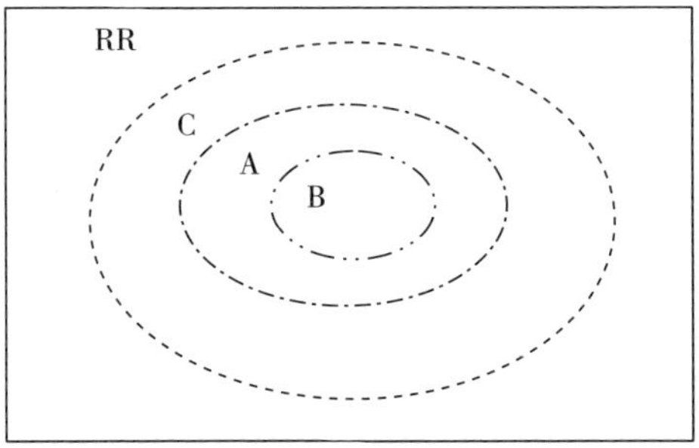

图 8-3 产权专用权与剩余权

当制度不完备时，就会产生这样一个问题：当制度中没有规定的情况发生时，谁负有责任？怎样负责任？此时，剩余权的配置就变成关键性的问题。

早期，人们从剩余索取权的角度分析剩余权利。剩余索取权理论可以溯及古典经济学。在古典经济增长理论中，土地、资本、劳动是价值的源泉。当信息充分、行为可测时，人们能够按照要素贡献的大小进行收益分配，进而实现帕累托最优分配。但是，现实世界里常常是信息不对称、行为不可测的，这就产生剩余收益的分配和剩余索取权的配置问题。在经济学家眼中，剩余是“准租金”，是组织不确定的收入流与特定契约规定给予代理人固定薪酬的差额，是组织总收入弥补相关支出后的余额。显然，剩余收益是一个变化的值。在团队生产中，剩余索取权是监督者对因其追加投入形成的净收益的要求权，或者是监督者对总收入扣除固定契约性报酬后产生的剩余收入的要求权。

剩余大小与当事人的努力程度有关。利用利益机制，合理配置剩余索取权，为剩余索取权要求者实现利益最大化提供动力，发挥剩余索取权的激励功能，最大限度地给当事人以激励，有利于提高经济绩效。通常认为，剩余索取权的配置应能使剩余索取权要求者有效率地组织生产，增加净现金流量。对于小型的、非复杂的组织而言，将剩余索取权限制在一个或几个决策代理人身上，可以有效地解决因决策经营与决策控制结合而产生的代理问题。

但是，剩余索取权的有效配置并不能解决代理人的机会主义问题。当制度完备时，由于制度在事前规定了各种或然状态及各种状态下当事人的权利和责任，因而问题的焦点是事后的监督问题。由于现实世界中制度不可能规定各种或然状态及各种状态下当事人的权责，这意味着初始的制度安排存在缺口。当初始的制度安排存在缺口时，一个或多个当事人都会拥有剩余控制权，他或他们能够采取在制度中没有详细规定的行动。这样，当发生制度未明确规定的事件时，问题的重心就转向对事前的权利和事后再谈判权利进行机制设计或制度安排，谁拥有如何处置资产的权利即剩余控制权就变得非常重要。由于控制权是“当一个信号被显示时决定选择什么行动的权威”，而剩余控制权是制度中没有说明的事情的决策权，根据 Aghion 和 Bolton 的观点，应该让那些具有重要投资决策的人拥有剩余控制权，并通过建立合理的治理结构，强化包括正式规则和非正式规则在内的制度建设，实现剩余控制权与决策人才能的匹配。

如果将剩余索取权和剩余控制权联系在一起进行考察，可以发现，当制度不完备时，通过剩余控制权的合理配置能产生额外的剩余收益，也就是说，“控制”能带来收益。因此，赋予拥有剩余索取权的主体剩余控制权，无疑是一种有效的制度安排。剩余索取权依赖于剩余控制权，剩余控制权是剩余索取权的保障。哈特的研究同样表明，将剩余控制权和剩余索取权放在同一方手中或者将剩余控制权明晰地配置给一方或几方的组合，是有效率的。

第九章　科斯定理与马克思定理

资源配置的基础是产权制度安排，不同的产权制度安排带来的资源配置效率是不一样的，在制度经济学中，研究资源配置的基本定理是科斯定理。同时，科斯定理还可以从节约交易成本的视角进行分析，这样，科斯定理与马克思定理之间就具有不少可以沟通之处。

第一节　产权与资源配置：科斯定理

我国经济学界对“科斯定理”的理解存在分歧，这并不奇怪，事实上西方经济学界对此也是众说纷纭。但由于分歧涉及市场经济与计划经济的经济合理性，公有制与私有制的优劣等带有根本性质的问题，因此有必要进一步讨论。

一　科斯的故事

科斯用来说明科斯定理的例子有多个，这里，我们举一个例子来进行说明。

科斯所用的第一个例子是失散牛群毁坏邻近地区农作物，假设农夫和一位养牛人在相邻土地上经营，如果两块土地之间没有藩篱或者栅栏。则随着牛群规模的扩大，农作物遭到的损失会增加；假设每年农夫在自己周围的土地上修筑栅栏的费用为 9 美元，农作物的价格为每吨 1 美元；假定牛群总头数与每年农作物损失的关系如表 9-1 所示：

表 9-1　　牛群规模与农作物损失的关系

牛群数（头）	年农作物损失		每增一头牛造成的农作物损失	
	吨	美元	吨	美元
1	1	1	1	1

续表

牛群数（头）	年农作物损失		每增一头牛造成的农作物损失	
	吨	美元	吨	美元
2	3	3	2	2
3	6	6	3	3
4	10	10	4	4

再假定农地产权归农夫所有养牛人没有权力让牛群去吃农作物。如果牛群去吃农作物，养牛人必须赔偿农夫的损失。假定农夫耕种土地所获得的农作物的价值为 12 美元，耕种成本为 10 美元，则耕种土地的净收入为 2 美元；假定养牛人在邻近的土地上放牧，牛群散失造成的农作物损失价值为 1 美元，在这种情况之下，农夫在市场上出售农作物得到 11 美元，从养牛人那里得到 1 美元的赔偿，其净收入为 2 美元。如果养牛人发现扩大牛群规模有利可图（由养 1 头牛到养成 2 头牛），虽然所造成的损失会增加至 3 美元，即增加的牛肉的价值大于增加的成本，包括增加给农夫的 2 美元赔偿。现在总的赔偿为 3 美元，农夫耕种土地的净收入为 2 美元，如果农夫同意在付给低于 3 美元时不同意耕种这块土地，那么养牛人就会有更大的收益，这显然有可能达成一个双方都满意的交易，从而使农夫放弃耕种。

相反的假设，如果养牛人有让自己的牛群去吃农夫农作物的权利，即如果养牛人对农作物的损失不负责赔偿的话，那么农夫要避免自己的农作物造成损失，有两种解决办法：其一是修理栅栏，其费用为 9 美元；其二是支付给养牛人一笔钱，使养牛人减少养牛头数或放弃养牛。假定农夫愿意付 3 美元使养牛人把牛减少至 3 头，6 美元减少至 2 头，8 美元减少至 1 头，9 美元放弃养牛。如果养牛人继续扩大养牛规模，则农夫发现要避免使自己的农作物不受损失，让养牛人放弃养牛的费用将高于自己修筑栅栏的费用，农夫就会自己修筑栅栏而养牛人则维持原有的养牛规模。

对科斯例子的理解

第一种情况，养牛的利润高于种植农作物的利润。假定每头牛的市场价值为 4 美元，养牛成本为 0.5 美元，则我们可以将表 9-1 转化为表 9-2，在表中我们是以养牛人给农夫的赔偿作为农夫耕种土地的净收入来进行衡量的，其结果发现了社会净产出不断增加的情况。这种社会净收入能否增加的一个重要因素是农夫是否愿意放弃耕种土地。如果农夫不愿意放弃耕种土地，那么社会净收入是无法增加的。从表 9-2 中可以看出，当养牛人的牛由一头增加到 2 头时，其总收入由 4 美元增加到 8 美元，减去养牛成本 1 美元后还剩余 7 美元，再减去在养 1 头子牛时赔偿给农夫的 1 美元，其收入为 6 美元，再减去支付给农夫 1 美元的赔偿后，还剩下 5 美元。在这里，当养牛人的养牛规模达到 2 头时，如果农夫要求赔偿的损失不是 2 美元，而是在 2 美元之上，那么从养牛人的角度来看，他可以接受的最高赔偿又是多少呢？从表 9-2 中可以看出，养牛人能接受的最高赔偿是使自己取得的净收入大于 2.5 美元，因此，在养牛人将养牛数量由 1 头增加到 2 头时，他对农夫的赔偿必须低于 3.5 美元。只要农夫在大于或者等于 2 美元，且小于 3.5 美元的情况同意放弃耕种，在交易费用为零时，就能达成一笔对双都有利的交易。

表 9-2　　交易费用为零时的资源配置情况　　单位：元

养牛头数	谷物损失	谷物边际损失	农夫成本	谷物收入	养牛收入	养牛成本	对农夫的赔偿	养牛人净收入	农夫净收入	社会净收入	结果	
											养牛人	农夫
1	1	1	10	11	4	0.5	1	2.5	2	4.5	扩大养殖	停止耕种
2	3	2	10	0	8	1	2	5	2	7		
3	6	3	10	0	12	1.5	2	8.5	2	10.5		
4	10	4	10	0	16	2	2	12	2	14		

第二种情况，种植农作物的利润高于养牛的利润。假设市场上农产品的价格不变，而牛制品的价格下降，每头牛的收入总计为 0.55 元，则表 9-2 就变为表 9-3，结果是养牛人停止养牛，农夫继续耕种。因为养牛人不会在没有利润的情况下扩大自己的养牛规模。

表 9-3　　交易费用为零时的资源配置情况　　单位：头、元

养牛头数	谷物损失	谷物边际损失	农夫成本	谷物收入	养牛收入	养牛成本	对农夫的赔偿	养牛人净收入	农夫净收入	社会净收入（对农夫赔偿）	社会净收入（最终结果）	结果	
												养牛人	农夫
1	1	1	10	11	0.55	0.5	1	-0.95	2	1.05	2	停止养殖	扩大耕种
2	3	2	10	0	1.1	1	2	-1.9	2	0.1	2		
3	6	3	10	0	1.65	1.5	2	-1.85	2	0.15	2		
4	10	4	10	0	2.2	2	2	-1.8	2	0.2	2		

相反，当养牛人有权让自己的牛群去吃农作物时，只要当农作物的价格上涨到一定程度，我们也可以推论，且农夫愿意支付一定费用，让养牛人不养牛，而自己种植农作物，使养牛人和自己都得到好处。

二　科斯定理的一般理解

罗纳德·科斯的著名论文《社会成本问题》讨论的是所谓外部损害问题。一个典型的例子就是，某工厂的烟尘给邻近的财产所有者带来的有害影响。科斯认为，一般主张通过法律手段要求损害方负责赔偿时解决办法未必是适当的，以往的经济学为此提供的理论依据也是不科学的。而科斯的全部分析是从经济学的一个“神圣教条”，即私有制条件下完全竞争的市场体系（科斯文中称为“定价制度”）能保证资源配置的最优化这一点出发的。在运用这一教条开始分析时，科斯没有对它进行修改，认为定价制度的正常运行意味着其运行是不需成本的。我们以后的分析将越来越明显地表明，这一附带说明具有极为重要的理论含义。科斯这里强调，经济学的“神圣教条”建立在制度运行成本（在多数场合被称作交易成本）为零的假定前提下，以往有关这一命题的全部证明和运用都没有超出这一前提性假设。科斯在不触动这一前提的条件下，运用最优化分析清晰地论证了如下定理：

定理 1：如果定价制度的运行毫无成本，最终的结果（产值最大化）是不受法律状况影响的。

威廉姆森等将科斯定理表述为：只要交易成本为零，那么初始的合法的权利配置对于资源配置的有效性是无关的。这基本符合科斯的原意。

在定理 1 的论证中，科斯严守了交易成本为零的传统假定，对损害关系中双方的讨价还价过程，包括谈判前双方的准备，缔约后的履约过程，完全不考虑成本，既不考虑其中耗费的物质资料，也不考虑其中耗费的时间和精力。但是科斯突出强调了一个以往分析中常常忽略的因素：市场交易对权利配置的自调节功能。市场交易不仅调节资源配置，而且通过权利与权利的自愿交换，对初始的权利状况做出重新安排。只要这种安排导致社会福利的增加，即导致资源配置的优化，那么权利的重新安排就会在市场运行中自发发生。我们以为，这是科斯定理 1 的主要贡献。它虽然没有从根本上修正那个“神圣教条”的前提性假设，但使这一教条具备了更多动态分析的特征。

然而，定理 1 绝不是科斯想说的全部。通过后面的分析，人们不难看出包含在定理 1 中的弦外之音：现实生活中存在外部损害问题，存在法律对此类经济现象实行调整的必要性；但是按照传统的理论，对这一理论进行前后一贯的严格的逻辑推理，却可以导出事实不应该发生的结论。当然需要修改的是理论，而不是现实。于是，科斯提出另一条定理。

科斯定理 2：一旦考虑到进行市场交易的成本，合法权利的初始界定会对经济制度运行的效率产生影响。

定理的论证非常简单。如果市场交易需要成本，那么通过交易调整权利配置也就需要成本。调整不仅只有在有利于总产值增长时才会发生，而且必须在调整引起的产值增长大于调整所耗费的成本时才会发生。最初的权利界定影响权利调整的成本，使某些能够增加总产值的权利的转移和合并不可能发生，从而影响资源配置的最优化过程。在此情况下，法律确定的权利调整如果能够减少通过市场进行权利调整的费用，使调整费用低于调整所增加的总产值，那么它显然对经济过程具有积极的影响。

无论从哪方面考虑，定理 2 都比定理 1 更加重要。首先，交易成本是科斯全部理论分析的主线，他认为自己对经济学的最大贡献就是“认识到市场交易中存在的费用，并将这些费用结合到经济学家过去未能进行的分析中去”。在科斯看来，定理 1 的前提是不符合实际的，因此其结论也不能解释现实；定理 2 才是对现实情况的真实描述。其次，从《社会成本问题》所要解决的问题看，定理 1 的全部论证只是铺垫，证明定理 2 才是文章目的所在。或者说，定理 1 是提出问题，定理 2 才是解决问题。科斯后来明确指出：在《社会成本问题》中，“我运用交易费用概念来证实法律体系可以影响经济体系运转的方式，除此之外，别无他求”。

有人认为，定理 2 只是定理 1 的变形，这种判断是不正确的。定理 2 是定理 1 的否命题，而不是其逆否命题，它包含着与定理 1 不同的内容。定理 2 的前提和结论联系着二种经济下存在的无可辩驳的事实。正是通过这样运用最优化分析，科斯第一次在理论上建立起了二者间的必然联系，从而把经济权利的配置（稍后又把问题扩展到整个经济组织结构）引入现代经济学的分析框架。沿着定理 2（而不是定理 1）的思路，威廉姆森等系统发展了经济制度分析的交易成本经济学，成为现代经济学的一个重要分支。所以严格地说，定理 2 才是科斯在《社会成本问题》一文中提出的核心命题。

为了更全面地理解科斯定理的含义，有必要进一步讨论根据定理导出的一个重要推论。

科斯在简单论证了定理2之后紧接着说："显而易见，采用一种替代性的经济组织形式能以低于利用市场时的成本而达到同样的结果，这将使产值增加。"科斯重申了20世纪30年代发表的另一篇著名论文《论企业的性质》的基本观点：企业是市场的可供选择的替代物。"在企业内部，生产要素不同组合中的讨价还价被取消了，行政指令替代了市场交易"。在适当的交易条件下，企业的组织成本有可能低于在市场上进行同样交易的成本，因此市场便为企业所替代。这样，科斯就将定理2的适用范围从法定权利调整扩展到了经济组织形式的选择上。

科斯进一步指出，企业还不是市场的唯一替代形式，政府对经济生活的直接管制是另一种替代办法。这不是指政府建立一套有关通过市场交易进行权利调整的法律制度，而是指政府强制性地规定人们必须做什么或不做什么。在这个意义上，"政府是一个超级企业"，它能够以比企业更低的成本替代某些市场交易活动。当然，政府行政机构本身也需要成本，这种成本有时高得惊人。因此，组织形式的选择是一个收益与成本的比较问题。这里的成本不仅包括一般的生产成本，而且包括各种经济组织形式的形成、运转和变动成本。

以后威廉姆森将作为经济组织形式的企业和政府概念一般化为科层制，而与市场制度相对应，从而形成交易成本经济学的一个基本命题：市场与科层是组织经济交易的两种可供选择的主要形式，其选择取决于两种形式的相对效率①。

第二节　马克思定理与科斯定理②

科斯以他对交易成本、产权、外在性等问题的深刻分析而在西方经济学界声誉鹊起，马克思则以他对降低流通费用的深刻探讨而独树一帜。换言之，科斯以"科斯定理"而享誉海内外，马克思也应以"马克思定

① 荣兆梓：《"科斯定理"与两种经济制度》，《经济研究》1991年第9期。

② 洪名勇：《论马克思定理和科斯定理》，《河北经贸大学学报》1997年第4期。

理”而流芳百世。只不过前者被人们炒得沸沸扬扬，后者似乎在很多场合都被经济学家忘记了。

一　马克思定理

马克思虽然没有明确使用过交易成本这一范畴，但熟悉马克思著作和科斯著作的人都知道，马克思在《资本论》第二卷第 6 章和第三卷第 17 章中讨论的流通费用范畴，类似于科斯《企业的性质》与《社会成本问题》中的交易成本范畴。因此，从某种程度上讲，科斯的“交易成本”是马克思的“流通费用”的现代翻版，马克思以他的流通费用范畴为基础建立了他的马克思定理。

马克思对流通费用的研究主要包括以下几个方面：一是资本顺利实现的条件，即企业获得利润的条件问题。换言之，企业如何才能顺利地从市场上采购到原材料、辅助材料等劳动资料，并合理有效地组织生产，如何才能顺利地把商品通过市场销售出去并收回货款。显然，在我们考察的地方，马克思注重的是后者，即如何使企业的商品实现“惊险的跳跃”。二是企业实现利润的成本问题。早在 19 世纪，马克思就已经认识到利用市场机制或价格机制的成本问题，更广义地说，认识到市场经济的运行是需要花费成本的。马克思对流通费用的研究就是要研究这种成本的规模、结构、范围，必要性与非必要性，合理性与不合理性等问题。三是流通费用对资源配置效率的影响问题。众所周知，马克思对流通费用研究的贡献之一就是将整个流通费用区分为生产性流通费用和纯粹流通费用，它们的补偿方式是不一样的，从而对资源配置效率影响不一样。生产性流通费用可以形成社会财富，对资源配置具有积极作用，而纯粹流通费用不能形成社会财富，只会影响资源配置的效率。既然是企业利润的实现和整个社会资本的循环与周转必须以流通作为必要条件，而这种商品流通又是要花费成本的，商品流通的这一成本反过来又影响企业利润率的高低，进而影响企业资源配置甚至整个社会资源配置效率的高低。所以，马克思研究流通费用的最终目的在于如何降低商品流通的成本，以提高资源配置的效率。富有趣味的是，同科斯的研究以交易成本为零作研究的出发点一样，马克思的研究也是以零流通费用为逻辑起点的。因此，对马克思定理的全面表述应由一个定理组来进行，只有这样，才能表述马克思研究问题的本意。

马克思第一定理。如果流通费用为零，那么，企业是自己销售商品或是把商品转让给中间商去销售，其最终结果是一样的，也就是说，只要流通费用为零，商品销售渠道的选择对企业来说是无关紧要的。因为，这不会影响资源配置的效率。

但是，由于现实市场经济中没有流通费用的世界只是一种理想的世界，它只能作为研究问题的逻辑起点，而不能作其归宿。马克思充分地认识到这一点，并指出，第一定理“只有在我们以前假定的情况下才是正确的：商人不花任何费用”①。实际上，这是一种非常不切实际的假设，因此，马克思在进行上述分析之后，引入流通费用来进行研究。马克思认为，在市场经济中，企业要顺利地把产品销售出去，实现企业的预期利润是要耗费成本的。因为在“这里进行着斗争，每一方都想占对方的便宜，生意人碰在一起，就像希腊人遇到希腊人就发生激战一样”。这好比燃烧一种生热用的燃料需要耗费一定的能量一样，“这种能量的消耗不转化为热，而是热的一种扣除”②。流通费用的存在使企业必须对商品的销售渠道进行选择，即企业是自己销售商品或由商人来销售商品。企业对商品销售渠道的选择应以流通费用的高低作判断标准，即是说，企业将会选择流通费用较低的商品销售渠道来销售自己的商品，以便实现资源配置效率的最大化。马克思对企业销售商品的两种渠道的流通费用进行研究和比较之后，提出了他自己的第二定理。

第一条商品销售渠道是企业自己耗费一定的资本，去完成商品资本到货币资本的转化，换言之，企业同时又是自己的商人。此时，他除了预付追加资本，以便在他处在流通中的商品再转化为货币资本以前购买新的商品，还要预付自己开办商业事务所的费用和商业工人的工资，以便实现他的商品资本的价值，这样一来，对生产企业而言意味着：一是他的个人时间会受到损失，因为这会妨碍他作为生产过程本身的管理者去执行自己的职能。二是他的商品会更持久地以货币形式或商品形式停留在流通过程中，在这个过程中，商品的价值不会增值；相反，会使企业的生产过程中断。要使企业的生产过程不被中断，要么限制生产，要么预付追加的货币资本，以便生产过程不断按照同一规模进行。不管是哪种情况，都会导致如下结果：或者使原来的资本只取得较少的利润或

① 《资本论》（第三卷），人民出版社 1975 年版，第 321 页。
② 《资本论》（第二卷），人民出版社 1975 年版，第 147—149 页。

者必须消耗更多的货币资本以取得原来的利润。也就是说，在企业自己销售商品的场合。由于流通费用的存在和销售成本的高昂，不仅会使本企业的利润和利润率下降，而且对于整个社会经济的运行来说，也是如此。第二条渠道是由商人来销售商品。那么，“一个商人”……可以通过他的活动，为许多生产者缩短买卖时间”。同时，商人的出现会使“流通费用减少五分之一，由十小时减少为八小时[①]。因此，商人就会出现，商业就会兴起和繁荣，社会资源就会重新进行配置，一部分用于商品生产，一部分用于商品流通。结果，专门用在流通过程上的时间减少了，为流通过程预付的追加资本也减少了。即是说，商品销售的第二条渠道与第一条渠道相比，流通费用降低了，资源配置的效率提高了。

根据上面的分析，我们把马克思第二定理表述为：要使流通费用减少，实现企业利润最大化和社会资源配置效率的最大化，商人专门执行商品流通这一职能比企业自己去执行这一职能会更有利于上述目标的实现，或者说前者会取代后者。

但是，在市场经济的运行中，商人执行商品流通的职能也是要花费成本的，在每个商人所拥有的资本只能由他本人来使用时，就会发生商人资本的无限分散，而且这种分散还会随企业生产规模的扩大而日益加剧，即是说，资本在生产领域越集中，在流通领域就越分散，结果，流通费用就会高昂起来。第一，产业资本的流通费用会无限扩大，这不仅因为生产企业现在要同无数商人打交通，而不是同极少数有限的商人打交道。这样，商人独立地执行商品流通职能的好处，就会大部分地丧失掉，而且其流通费用，如分类、运输、保管等费用也会增加。第二，商人执行商品流通职能的成本也会增加。这是因为：一是由于每次商品买卖成交量小，交易次数也会增加，使商品买卖所花费的时间成本增加。二是和众多的小商人通信时信件、纸张和邮费等方面的支出，也比和一个大商人或少数几个大商人通信时耗费的成本要多。这就表明，单个商人执行商品流通职能时流通费用是相当高的，那么，生产企业又如何选择？是继续由商人来销售呢？还是由企业自己销售？商人又将何去何从？是将自己的财产物资转投入生产企业或是在商业领域内想办法？至于生产企业，将会按流通费用的高低作标准去作出自己的抉择。至于商人，

① 《资本论》（第三卷），人民出版社 1975 年版，第 47—149 页。

他们不会盲目地将自己的资源转移到生产企业，因为，通过商业资本的集中和经营规模化能有效地降低流通费用。一是因为商业工场内的严格的分工，一个人管薄证，另一个人管出纳，又一个人管文书。这个人管买，那个人管卖等，都可以节约大量的劳动时间。二是运物费、仓储费等费用也会因为商业经营的规模化而得到节约。三是商业事务所或商业工场的分工，使劳动者的能力只需要得以局部的发展，并且这种发展的费用不需事务所或工场耗费分文，工人的熟练程度也会由于分工而不断发展，结果，工人工资率就会下降，从而节约了商业工场或事务所的费用。所以，马克思指出，从历史上看，“集中的现象在商人业务中比在产业工场出现得早”①。在这里，马克思实际上从节约流通费用的角度探讨了商业工场的真正起源，关于这一点，可以说马克思并不逊色于科斯对企业起源的探索，或者说，科斯晚于马克思近百年才从事的研究在很大程度上早被马克思研究过了。

综上所述，马克思实际上揭示了，为了节约流通费用，商人资本与产业资本的分工就会发生，商业活动的专业化、规模化又会使流通费用得到更进一步的节约，从而促进了整个社会资源配置效率的提高，这可能是马克思定理的实质。

二　交易成本、外部性与科斯定理

自从诺贝尔经济学奖得主乔治·斯蒂格勒在其 1966 年出版的《价格理论》这本著作中，从科斯的经典之作《社会成本问题》概括出科斯定理以来，由于人们的理解不一样，对科斯定理的表述也不一样。我认为，科斯定理集中体现在科斯的《企业的性质》和《社会成本问题》之中。科斯定理应是一个解决外在性问题的定理组合，它是由四个定理组成。

科斯第一定理。在一定条件下，自愿协商是使外在性内在化的有效途径。例如，糕饼店附近的医生发现，糕饼店的机器所产生的噪声与震动声，使他难以利用听诊器检查病人胸部的疾病和不能有效率地从事一些需要思考与集中精力的工作。如何来除掉糕饼店的机器噪声与震动声对医生的损害呢？科斯认为，不管是糕饼店无权让他的机器发出噪声与震动声的场合，或是有权让他的机器继续发出噪声与震动声的场合，只需要最初的产权界定是清晰的，其最终结果是一样的。即在市场机制完

① 《资本论》（第三卷），人民出版社 1975 年版，第 329 页。

善、交易成本为零的条件下，外在性可以通过双方的自愿协商予以消除，使资源配置处于帕累托状态，实现产值最大化，这就是人们常说的科斯第一定理。

科斯第二定理。没有交易成本的经济运行就犹如物理学中的真空世界一样只是一种理想的世界，它只能作为研究的逻辑起点而不能作其归宿。科斯本人不仅在《〈社会成本问题〉注释》和 1994 年高小勇先生对他的采访谈话中认识到了这一点，而且《社会成本问题》一文中就进入了交易成本大于零的世界。交易成本的存在，使价格制度下可以不花成本就能进行的交易，在交易成本大于零的场合下有许多无法进行，也就是说，自愿协商在促使外在性内在化过程中受到了阻碍。这时，企业就有可能替代自愿协商，去完成外在性内在化的使命。这是因为：一是由于有了企业，某一生产要素或它的所有者就不必在企业的内部同他合作的其他生产要素的所有者签订一系列合同，较长期的合同替代了若干短期的合同，从而节约了一部分签订每一份合同所需的费用。二是企业家可以按低于被替代的市场交易的价格得到生产要素。三是在环境变化的时候，企业家可以根据所签订的内部合同，指挥他们雇佣的生产要素在最有价值的用途上运作。因此，科斯第二定理表述为：在一定条件下，企业是自愿协商的替代物。

科斯第三定理。在科斯看来，交易成本大于零的场合，外在性内在化的途径并非仅有企业一条。由于企业内部进行生产要素的配置同样是要花费成本的，这种成本可能太高；以至于用政府的直接管制来促使外在性内在化显得更为有效。这不仅是因为通过政府的直接管制来使外在性内在化可以省去一大堆麻烦，而且也有可能以较私人机构（或其他未拥有特别的政府权力的组织）要低的费用来达成我们的目标。例如，要避免糕饼店的机器噪声与震动声干扰医生的诊疗工作及其他生活，一种可供选择的方式就是通过政府的土地利用规则和城市规范的制定和实施。这样，工业区、医疗区、居住区、商业区等合理的城市分区的形成，使糕饼店对医生的损害自然地内在化了，因此，科斯第三定理表述为：由于政府直接管制的特殊优势，使它在外在性内在化过程中有积极有效的作用。

科斯第四定理。在交易成本大于零的场合按照科斯的观点，建立有关产权的法律制度或通过法律制度来对产权安排进行重新调整，以及这些制度的具体执行可以使外在性内在化，这就是科斯第四定理。例如，以下行为，在以前是损害性行为，但现在经过许可以后，不须负损害赔偿之责：水由河里、水管里、阴沟里、运河里溢出，以致在地面上泛滥成灾，按照法律规定，使用最好的方法，将排泄物加以净化处理完成以前，这些排泄场对河川造成的污染；电车对电话与电报系统所造成的干扰，在路边设置遮蔽物或安全栏杆，以致影响行人进出街道，焦油发出的酸味等。这样，以前的外在性，由于法律制度对产权的重新安排与有效实施，现在被内在化了，也就是说，以前的损害行为现在转化为合法行为。

科斯认为，外在性存在，就其本质而言，是产权界限不清晰所造成的。因此，他特别强调重新调整产权的重要性，主张通过产权制度变革，达到产权归属明确，使经济活动当事人得到他本该得到的收益或免除他不该承担的成本，但是，产权制度的设计和变革，其本身也是有成本的，人们在这种原有的或调整后的产权制度下为解决外在性损害也要花费成本的。这些成本又会影响资源配置的效率，资源配置的不同效率又制约着人们对产权制度的设计变革，最终制约着人们对外在性内在化方式的选择、组合。因此，如何根据经济运行的实际情况，更好地选择和设计制度，有效调整产权制度来促使外在性内在化，使资源配置处于帕累托状态，这可能是科斯定理的本质所在。

三　马克思定理、科斯定理的比较与综合

马克思定理与科斯定理存在重大差别，但是，并不意味着二者是完全对立的，对许多重要问题的结论，只是从不同的角度、用不同的语言表述而已，有些方面是可以相互补充的，二者的差异主要表现在：

一是研究角度不同。马克思从商品的循环和周转，特别是从商品流通的角度去考察问题，以寻求降低流通费用的有效途径。而科斯则从产权界定、产权交易的角度去研究外在性问题，以寻求一种使外在性内在化的有效方法。

二是研究方法不同。马克思以规范性的研究方法为主，以实证方法为辅，而科斯则以实证方法为主，以规范方法为辅。

三是研究内容的侧重点不同。马克思主要研究如何去降低流通费用，而科斯则是在交易成本大于零的情况下，如何避开较高的交易成本而使外在性内在化。

四是对资源配置远离帕累托状态的原因探讨不同。马克思认为，资

源配置之所以远离帕累托状态，导致社会总产出的减少，其根本原因在于流通的费用过高，从而使单位资本的利润率下降。科斯则认为，资源配置之所以远离帕累托状态，根本的原因在于产权界定不清晰所致的外在性。所以，要消除外在性，就必须明确界定产权。而在马克思那里，产权清晰和独立是作为研究问题的逻辑起点的。正因为这一点，导致了马克思定理和科斯定理的侧重点完全不一样。

五是交易成本范畴与流通费用范畴的细微差别。马克思讲的流通费用不完全等同于科斯的交易成本，这不仅表现在概念的内涵上，而且也表现在概念的外延上。

马克思定理和科斯定理虽然存在重大差别，但二者也有共同之处或者可以沟通的地方，这主要表现在以下几个方面：一是研究问题的目的相同。马克思定理也好，科斯定理也好，都是为了实现资源的最佳配置，实现社会净产出的最大化。二是研究问题的逻辑思维相似。不管是马克思还是科斯，他们都是先从零交易成本的世界入手，然后再进入正交易成本的世界，他们都把零交易成本作为研究的逻辑起点，而不作为其归宿。三是存在共同的研究前提：第一，两者都以市场经济的存在为前提。不管是科斯定理的产权交易还是马克思定理中的商品流通，都是置于市场经济这个大背景中研究问题，如果不存在市场经济，例如在产品经济的场合，既不存在商品流通，也不会有企业去代替市场的行为。第二，产权主体多元化。产权主体多元化在科斯的著作中是作为既定的、明显的前提条件来探讨问题的，在马克思那里则是作为暗含的前提而存在的。众所周知，马克思在《资本论》等著作中讲到商品流通时，虽然没有讲产权主体多元化。实际上，马克思研究的企业与企业之间的商品、资本交换、企业与劳动力产权的交换等一系列产权交易时，是把产权主体多元化作为研究问题的必要前提的。第三，交易成本或流通费用是对社会财富的耗费。马克思认为，流通费用对于商品交换来讲是必不可少的。这种费用就像燃料的燃烧过程要消耗一定的热量一样，“这种能量的消耗不转化为热，而是热的一种扣除”。科斯同样认为，交易成本是对社会财富的一大消耗，只不过在科斯那里变得更隐含一些，他是把这一点贯穿于整个问题的分析之中，而不是像马克思那样开门见山地提出来。

第十章　企业产权制度安排

企业产权制度安排是制度经济学研究的前沿问题之一。在这一章里，我们将从企业的性质入手，对企业产权安排及演变进行介绍。

第一节　企业的性质

在科斯提出企业的性质这一课题之后，不少经济学家对此进行了研究，特别是德姆塞茨的研究更值得关注。

一　企业性质的提出

在西方产权经济学家看来，最早提出企业性质问题的是科斯。1937年科斯发表了《企业的性质》，揭开了企业性质问题研究的序幕。

而在此之前，从古典经济学诞生开始，在近两个世纪的时间里，企业一直作为一个黑箱存在于主流经济学的菜单上，这或许是主流经济学的悲剧之处。

在亚当·斯密时代，屠宰商、面包师和酿酒师是企业的代名词。在斯密看来，这些人是自我利益的追求者，在追逐个人利益的同时，也满足了他人的利益，实现了布坎南所说的“公共利益”。

在主流经济学那里，企业只是追求利润最大化的代名词，没有企业理论的位置。厂商理论只是市场机制理论中的供给一方。1937 年，科斯的论文，提出了既然市场能解决一切问题，还要企业干什么？但由于当时主流经济学占据统治地位，凯恩斯的理论淹没了其他理论，科斯的企业理论在 40 年的时间里落了一个“引而不用”的下场。20 世纪 60 年代之后，随着交易费用经济学的崛起，新制度经济学的大力发展，其核心理论——企业理论引起了人们的广泛关注和研究，从此开始了对企业性质问题的大讨论。

二　科斯对企业性质的研究

在科斯看来，市场机制是一种配置资源的手段，“我们在经济理论中看到，生产要素在不同用途之间的配置是由价格机制商定的”，“但是，在现实世界中，我们可以发现有许多不适用这一点的领域。例如，一个工人从X部门转到Y部门工作，并不因为价格发生变化，而是因为他必须服从命令”。在科斯看来，“如果只考虑到生产由价格调节，生产似乎不需要任何组织，那么，我们要问，为什么需要组织”。事实上，社会经济生活中企业组织是大量存在的，即现有的经济学理论是有缺陷的，科斯正是看到了主流经济学理论的缺陷，认为过去的经济学理论忽视了“企业家”的作用。因此，他要“填补在经济理论中资源由价格机制配置的假定和这种配置依赖于企业家协调的假定之间的鸿沟”。科斯认为，企业与市场一样都是资源配置的手段，这两种资源配置手段选择的基准是广义的交易费用。

科斯的观点是，企业的性质是作为一种配置资源的手段而存在，是市场机制的替代物。因为“运用价格机制需要费用”，这些费用包括：一是信息费用；二是市场谈判费用；三是签订合同的费用；四是个人节省了签订短期合同的费用，即“人们担心冒风险”而更愿意签订长期合同。有了企业，虽然不能消灭合约，但可以大大减少合约，从而大量节省交易费用，并使人与人之间有了制度框架，可以约束企业家，指挥生产要素，并服从权威。但科斯没有区分资本的权威与企业家指挥生产要素的权威，这样，在科斯的视野中，企业作为一种经济制度，是配置资源的一种手段。认为企业是一种长期的固定的契约关系，而市场是一种短期的契约关系。

在这里，企业契约是一种雇主与雇员之间的长期的、权威的契约关系。科斯认为，由于签订长期合同，可以省去签订短期合同的费用。签订长期契约之所以能够节省交易费用，是由于签订若干个短期契约会花更多的成本。并且，人们为规避风险，签订长期契约是符合人们的心理要求的。科斯认为，雇主—雇员关系是雇主购买雇员的劳务，购买劳务比购买物品具有更重要的意义。这种购买节省了短期契约费用，长期契约规避了风险，雇主与雇员之间的关系以企业的形式存在。“在厂商内部，许多相互合作的生产要素，彼此之间讨价还价的活动被消除掉了，行政手段取代了市场交易，成为内部决策的方式。有了厂商，生产活动的调整，不必透过生产要素所有者之间的议价来进行……厂商将会取得所有当事人的法定权利，而生产活动的调整，不再是透过契约将权利重新组合起来，而是经由行政手段商定这些权利应该如何使用”。科斯实际上把市场定义为短期契约，企业定义为长期契约，在劳动力市场上雇主购买雇员的劳动是短期契约，而企业则是双方之间签订的关于劳务的长期契约。

科斯运用交易费用这一概念对企业的性质进行了深入的分析和研究，对后来的经济学研究产生了广泛的影响。其要点如下：

第一，市场和企业作为实现资源配置和调节经济运行的两种机制是可以相互替代的。科斯指出：“企业的特征是对价格机制的替代，”“本文（《企业的性质》）的目的就是填补在经济理论中资源由价格配置的假定和这种配置依赖于企业家协调的假定之间的鸿沟”。在劳动力市场上，工人根据雇主所付工资的高低决定到哪里受雇，其行为方式受劳动力市场价格的支配，而一旦成为企业的雇员，他在企业中的行为就不再受价格机制的支配。在“厂商内部，许多相互合作的生产因素，彼此之间讨价还价的活动消除掉了，行政手段取代了市场交易”。一个工人由 X 部门转到 Y 部门工作，不是因为 Y 部门工资高于 X 部门，而是行政命令的结果。于是，企业替代市场交易，而把原属于市场的交易活动“内化”于企业之中。

第二，企业将市场交易内部化，即企业存在的主要原因在于“运用价格机制需要费用”。当市场的交易费用大于企业内部的组织费用时，企业就是比市场协调更有效率的调节机制，企业代替市场和扩大规模就是顺理成章的事。市场的运行是有成本的，在“形成组织并允许某些权力机构（企业家）领导资源配置的场合，可以节省市场费用”。因此，交易费用的节约是企业存在以及替代市场机制的根本原因。

第三，企业的规模不是无限扩大的，企业应达到一个适度的规模。按照科斯的观点，企业规模扩大的原因在于：一是企业组织费用降低；二是企业家少犯错误；三是供给大企业的生产要素价格的大幅度下降。但企业的规模还是无限扩大的，这是因为：第一，管理收益递减，“企业家功能的收益可能会下降……追加的组织费用会增加”。另外，企业的“组织费用增加，企业家就不能使生产要素得到最优化使用”。第二，“某一或某些生产要素的价格会上涨，因为某些小企业的‘其他优势’可能大于大企业”。因此，企业规模的扩大或市场交易的增加必然达到这样一个均衡点。在这一均衡点，企业内部组织费用的追加同公开市场上的交易费用相等，或者说，企业规模扩大所造成的损失同市场上的交易费用相同，企业扩大规模所至的这一点，就是企业的最佳规模。

三　德姆塞茨和阿尔奇安（阿尔钦）对企业性质的研究

在德姆塞茨等看来，科斯关于企业性质的理论是不完善，科斯心目中的企业近似于古典性质的企业，只使用雇主和雇员关系作为企业的原型。并不是现代企业的实质性内容，更不是现代股份公司的全部内容。科斯写道：“重要的是发现协议的性质是以何种要素进入公司的。这种生产要素表现为在一定的限度内服从一个企业家所得到的奖励（固定的或者浮动的）。协议的本质在于企业家的权力有一定的限度。在这些限度内，他可以领导其他生产要素”。科斯所讲的生产要素就是劳动力，契约内容仅仅是指雇主与雇员之间的契约，结果无法考察契约能使企业家以获得出租或借入资本的方式来指挥资本的使用。即是说，科斯只强调了企业家的权威，并没有说明资本的权威，这是科斯企业理论存在的缺陷。德姆塞茨在《所有权、控制与企业》（与阿尔奇安合著的《生产、信息成本与经济组织》）中对科斯的企业理论提出了挑战。他们认为，“企业不可能拥有一切投入，因此，企业解决问题的要旨，企业的权威和纪律，与任何两个人之间进行交易的普通市场相比，毫无优势可言”，在研究了雇主与雇员之间的关系之后得出结论说：“至于管理、指挥和分派工作，那只是一个照顾面子的说法，其实它表示雇主已被卷入连续不断的合同谈判之中，而且谈判条件要求双方都能接受才行。雇主让雇来的打字员打一封信而不把文件整理归档，就像我让店主拿这个牌子的鱼罐头而不是那个面包一样。我没有签订今后还得买这个店主的食品的合同，同样，也没有什么合同能要求雇主和雇员非得继续雇佣关系不可。雇主和雇员之间签订的长期合同，并不能说明我们称为企业的那种组织的本质”。更重要的在于，各所有者的生产要素投入企业之后会形成资产的专用性，再加上人们的机会主义行为，科斯的企业理论就更加不完善。

那么，企业的本质是什么？德姆塞茨以店主与店员的关系和店主和雇员的关系的区别为例来进行说明，在德姆塞茨看来，它们之间的区别在于“食品店（店主与店员的关系，即企业——引者注）投入的资源是团体使用的，而且合同规定，一些人处于该组织的中心，要由他们来决定所有其他资源如何使用。因此，指挥权或生产纪律就来自团体生产过程中的集权合同代理人，而不是来自什么高人一等的发号施令者。换言之，区别在于一个团队对投入品的使用，以及在所有其他投入的契约安排中有些团队处于集权的位置，它是一个对生产过程的集权的基础。即激励问题是企业的核心问题，团队生产的有效性和团队生产中监督的必要性之间的矛盾是企业契约的本质。因为它规定了产权结构、激励机制与经济行为之间的关系，团队生产、团队生产中计量问题的困难，以及信息不对称所造成的偷懒问题，或者是由上述企业的本质矛盾引起的团队生产导致了“古典资本主义企业”的投入要素的合同组织。在德姆塞茨看来，古典企业的实质是具有以下特点的一种契约结构：第一，投入要素的联合生产；第二，投入要素有多个所有者；第三，投入要素的各方面通过与公认的一方签订投入要素的契约而联合起来；第四，某一所有者与其他要素所有者分别重新签订投入要素的契约；第五，该所有者拥有剩余索取权；第六，拥有剩余索取权的所有者有权卖掉这种总体契约规定的剩余索取权的地位。这种总的代理人就被称为企业的所有者和雇主。其中不存在集权的控制，因此只能与总代理人不断地再谈判，并据此重新确定契约结构。这种契约结构是提高团队生产率的一种有效组织手段，特别是在团队生产中，有了这种契约结构，监测联合使用要素的所有者的投机行为的能力提高了。结果，要求全体要素所有者遵守纪律也更省事了。

第二节 协作群生产假说与企业产权结构

在协作群生产假说看来，企业的生产不可能是个人的生产，企业的产出是协作群的集体成果，协作群假说给出了企业产权制度安排的逻辑。

一 协作群的一般含义

按照科斯关于企业性质的理论，其引申的意义在于，资产所有者通过专业化分工和合作节约了市场交易费用。问题在于，分工和合作需要建立一整套协调行为的规则。因为种种投入的所有者赖以合作的经济组织要能够发挥其比较优势，必须克服或解决两大问题：一是计量投入的生产力，二是计算其报酬，并使报酬符合投入的生产力。对此，德姆塞茨和阿尔奇安提出了协作群生产（ten production）的假说，从企业的产权结构上回答了这个问题。在他们看来，企业的产权结构就是为了克服企业内部各种要素所有者在协作群生产过程中的偷懒和搭便车动机而建立起来的制度安排。

二　协作群假说的逻辑

按照德姆塞茨的逻辑，企业是各种要素所有者之间的协作关系，企业的生产是协作群生产——从总产出上无法观察各要素投入的贡献——个人的努力会影响到其他人的生产力——如何给协作群成员按劳付酬从而刺激其工作效率——必须克服搭便车和道德风险问题——优化产权结构，形成一种可监督的结构和制度安排。尤其是使某些人的职能专业化，即专门从事监督其他要素所有者的工作绩效，包括精力、热情、工作态度、产出等——必须解决监督者的动机问题——答案：给予监督者以剩余索取权，以达到激励相容性。

三　协作群假说的内容与企业产权结构

（一）协作群生产的定义及深层含义

1. 协作群生产的定义

协作群生产中难以观察每个要素对总产出的贡献，例如，两个人共同把货物搬到汽车上，虽然一个根本搬不动，但两个人搬货物并不表明每个实际上用了多大的力气。因此，协作群生产是指：第一，生产要投入多种资源；第二，产品或产值不是每种要素的代数和；第三，生产中使用的资源并非都归于某一个人所有。

2. 协作群生产的深层含义

在生产过程中，一个人的活动和行为（努力程度）会影响到协作群中其他人的生产力。于是，就出现了一个问题：如何给协作群成员按劳付付酬从而刺激其工作效率。

（二）协作群生产中偷懒动机、道德风险与企业产权结构

在协作群生产中每个人都有一种偷懒的动机，以便使他人多付劳动，从而“搭便车”。即是说，机会主义的动机在协作群生产中较难克服，除非能够有效地监督和计量每个人的行为和努力。由此带来的问题称为道德风险。所以道德风险完全可能由于纯粹的技术原因即要素合作的不可分辨性而造成。只要难以从技术上观察到每个要素的努力程度，就不可避免偷懒和“搭便车”的道德风险，要充分发挥企业的效率优势，就必

须克服偷懒和“搭便车”的道德风险。

对此，德姆塞茨的解决办法是：从制度上优化企业的产权结构，形成一种可监督的结构，尤其是使某些人的职业专业化，即专门从事监督其他要素所有者的工作绩效，包括精力、热情、工作态度、产出等。

问题还不止于此，而是在于，如果以监督其他要素成员的努力程度作为自己专业职能的监工只是从协作群中分离出来的要素所有者，那么监督的效果就得大打折扣，因为这样的监工也与其他要素所有者一样，具有偷懒的动机。因此，我们设计的制度安排必须要能够克服监工与被监督成员在利益与动机上的雷同，让监工的偷懒动机变得对自己没有好处，从而达到双方的激励相容性。进一步的问题是，谁来监督监工呢？

一种有效的制度约束可以解决这个问题，即借助于产权结构安排，赋予监工剩余索取权。这样通过监工的专业化和职业化，加上享有剩余索取权，就可以克服偷懒。大家可能会问，剩余索取权是如何监督其他生产要素所有者的呢？奥秘在于每个协作成员以工资形式取得劳动报酬，而监工则获取工资之后的剩余收入。这样，协作群的生产越有效率，监督的剩余就越多，从而监工越有动机监督协作群成员的行为和努力程度，进一步提高协作群的生产效率，形成良性循环。以上的分析表明，由于监督而提高的劳动效率所带来的收入全部归监工而不是在全体成员之间进行分配，是有效监督的源泉。

从产权结构来看，早期的资本主义古典企业的产权结构就具有这种安排：第一，获得剩余收入的是协作群成员的监工；第二，有关企业生产的决策包括各种投入要素的选择和鉴别，生产什么、如何生产等，都是由享有剩余索取权的监工做出的；第三，拥有剩余索取权的监工是企业的雇主或企业主。因此，古典资本主义企业的产权结构表现为产权的单一所有，企业主即企业的所有者拥有全部产权，包括剩余索取权、监督其他要素所有者的权利以及经营决策权等。德姆塞茨的协作群生产假说，回答了为什么企业内部存在一种特殊的企业产权制度，即为什么企业的所有者或雇主要成为其他要素所有者的共同核心，从而能够在制度上克服其他要素所有者的偷懒动机①。

① 张军：《现代产权经济学》，上海三联书店、上海人民出版社 1991 年版，第 140—144 页。

第三节 企业产权结构的调整与演进

如果从企业制度的角度来看，德姆塞茨的协作群生产假说下的企业制度相当于大家所讲的企业主制，即全部产权集中掌握在单个企业主（single proprietor）手中的产权结构。因此古典的企业又可以称为企业主制（proprietorship），但企业的产权结构是在不断变化的，下面我们对企业制度发展中的产权结构进行具体分析。

一 合伙制的产权结构

所谓合伙制，是指由两个或两个以上的人共同投资并分享剩余、共同监督和管理的企业。

如果每个合伙人的监督努力都达到最大，并且可以毫无代价地加以观察，那么合伙制的产权结构将是增大协作群生产力的理想制度，从而有利于协作群规模的扩大。问题在于，合伙人的行为是不易观察的，或者监督合伙人的行为需要花费较大的代价，这会出现德姆塞茨所讲的道德风险问题。因为一个合伙人的努力会给另一个合伙人带来更大的剩余，结果合伙人就可能存在偷懒动机和机会主义行为或搭便车行为。这样，合伙制的产权结构就有可能重新进行调整，即合伙的规模不是无限制地扩大。

		合伙人B	
		监督	偷懒
合伙人A	监督	a	c
	偷懒	b	d

图 10-1 合伙人之间的博弈

在图 10-1 中，a、b、c 和 d 分别代表合伙人 A 和 B 在各种情况下的报酬：$b>a$，$a>c$，$b>d$，$c>d$。根据这一报酬情况，只要 B 选择监督策略，无论 A 是监督还是偷懒都是有利的，但 A 偷懒是较好的策略选择，因为 $b>a$。如果 B 偷懒，A 决定监督才是较佳的策略，因为 $c>d$。

因此，双方博弈会导致欺骗，即每个合伙人都力求使对方相信自己在偷懒，从而希望对方能努力监督。因为无论是A或B，在对方偷懒时，自己努力监督总会得到最高报酬。这样反复试探的结果，便是双方都努力监督。

问题在于，一旦合伙人增加，就会改变博弈的性质，每个人偷懒的动机就会增强。因为每个合伙人的监督努力对他自己报酬份额的影响越来越小，这就解释了合伙制企业多以小规模企业为主。

在合伙制企业中，每个合伙人除了分享剩余索取权和监督其他要素所有者的权力之外，还拥有使用和管理协作群体资源的权力即决策权。每个合伙人可以视对方而独立决策，但一切责任，包括债务则要由合伙人全体共同负担，且至少要有一个负无限责任的人。因此，从产权角度看，每个合伙人的产权就无法自由转让或出售。如果一个合伙人离开或者死亡，合伙制就会瓦解，从而必须重新合伙。

二 股份公司的产权结构

（一）股份公司的特征

股份公司具有以下特点：

第一，股份公司具有独立于公司组成人员的法律存在。人们可以买入或卖出股份，但这并不影响公司的存在。与合伙制一样，股份公司作为独立的实体，可以诉讼和被诉讼。这大大简化了与第三方的契约关系，有助于契约纠纷的解决。

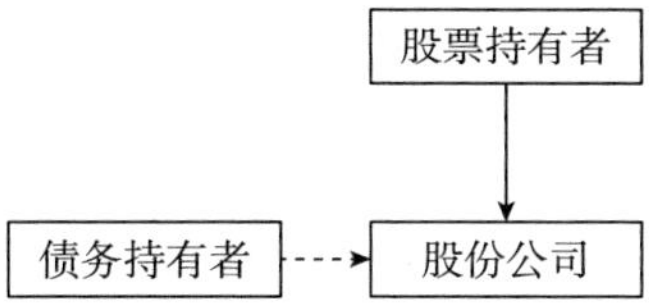

图10-2 股份公司

第二，公司的股份是可以自由转让的。股票交易所或交易市场是股票和股权转让出售的机构。股票的可转让性对早期股份公司的发展起了重大作用。不可转让的股票会排挤有才干的有识之士管理生产，从而为不善于管理和生产的人提供免予竞争的保护。

第三，股票持有者或股东的责任是有限的。股票持有者的责任只取决于他所拥有的股份多寡。责任有限的意义不仅在于人们愿意为企业提供资本，风险代价较小，还在于能分散投资风险使企业的经营者乐意筹资。

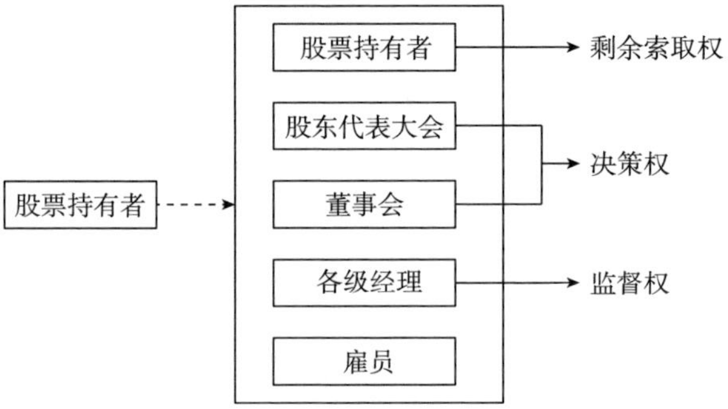

图 10-3 股份公司的产权结构

（二）股份公司的产权结构

从企业产权结构进行分析，股份公司不同于古典资本主义企业，即业主制和合伙制企业的区别主要有以下几个方面：

第一，股份公司的产权结构已经不再具有单一持有者的私人性，是典型的“集体产权结构”。这表现在，分散在成千上万个股票持有者即所有者那里的产权现在通过民主程序，以股东代表大会这种委员会的方式来行使、履行和保障。这类似于政治领域的表决制度和机构安排。董事会即执行机构由股东代表大会选出，全权行使股东即所有者的经营决策权。这是股份公司产权结构的一大调整，即剩余索取权与经营（资源）决策权的分离。这一分离是分散的剩余索取权赖以履行和保障的“民主道路”的结果。

第二，产权结构的差异表现在“剩余索取权”与“监督其他生产要素的权利”相分离。产权结构的这一分离或调整使分散的剩余索取权对大规模的其他要素所有者的协调和监督成为可能。这个所谓的“所有权与控制的分离”具有许多交易上的优势，它容许并产生了专业经理阶层，使监督权由职业的支薪经理来行使。这是企业史上的一大事件[①]。

在股份公司产权制度安排下，实现了剩余索取权与监督权的分离。

① 张军：《现代产权经济学》，上海三联书店、上海人民出版社 1991 年版，第 146—152 页。

但问题在于，经理的目标和动机有可能偏离股东的利润目标，或者存在所谓的偷懒等问题，于是产权分离之后，如何激励和约束经理的行为又是一大难题。哈纳认为，从英国的经验来看，早期对这一问题的解决回避了这个问题，即启用的经理来自本企业的家庭或家族成员，这就保证了经理目标与企业的所有者即家庭目标的一致性。但这只是家族式或私人股份公司的情况，除此之外的股份公司又如何解决这一问题?

第四节　现代公司和 M 型假说：钱德勒—威廉姆森模式

一　组织结构设计的三原则

威廉姆森在其 1981 年发表的《现代公司：起源、演进、特征》中写道："我认为要将现代公司主要理解成许许多多具有节约交易费用目的和效应有组织创新的结果。"在威廉姆森看来，现代公司是基于对交易费用的节约而发展起来的，并在此基础上威廉姆森提出了组织结构设计的三原则，组织的设计或现代公司必须节约交易费用。威廉姆森提出了设计组织结构的三原则是：

第一，资产专用性原则。如果一种资产越是用于专门的用途，甚至专门化到一个唯一的用途，越不可能转移到另一种用途。则这种资产就称为专用性资产，资产所具有的这种性质就称为资产专用性。这表明专用性资产的转移是要丧失生产力的。因此，交易双方都会在谈判和签订契约时同时强调契约的安全履行，为此就要付出更多的监督和执行费用。根据交易费用理论，组织就趋于替代市场机制。所以，资产专用原则表明，随着资产专用性的提高，内部组织将会替代市场。在这方面，铁路的资产专用性是一个典型的例子。铁路资产除了运行火车之外别无他用，按照这一原则，铁路业很少用市场机制即利用契约来组织生产；相反，铁路业的组织规模一开始就是庞大的。钱德勒的研究表明，铁路是第一个现代工商企业，也是第一个组织的创新。

第二，外部性原则。交易的外部性经常发生在生产者和销售者之间对购销契约的履行过程中。外部性原则意味着，如果交易的外部性很强，为克服契约履行中的欺骗行为（外部性行为），就必须付出极高的费用或交易费用。因此，出于节约交易费用的目的，生产者与购销者就可能合并起来，以一体化的组织替代市场契约的交易。我们把这种由生产者与购销者之间的一体化称为“前向一体化”或者“纵向一体化”。

第三，等级分解原则。等级分解原则的目的之一是使组织的内部结构安排能够克服各当事人的机会主义动机或打小算盘的行为。从组织的决策方式看，该原则认定有必要将决策的问题分解成可管理的各个单位，便于操作和防止道德风险。等级分解的主要内容是日常经营活动与发展策略规划的分解，后来演化成所有权与经营权的分离。各部分或个人之间的利益和动机必须或应该符合“激励相容”原则，也就是各当事人的努力动机相刺激，互相促进。

钱德勒对美国工商企业发展史的考察表明，管理等级制的存在是现代工商企业的一个显著特征。而管理等级制一旦形成并有效地实现了它协调功能后，等级制度本身也就变成了持久稳定的。

二　现代公司的产权结构

在威廉姆森看来，现代公司的兴起促进了企业产权结构的变化，出现了所谓的所有权与管理权之间的分离。产权经济学又称为所有权与控制权的分离①。在现代公司内部，所有权变得极为分散，股东不参与公司

① 如果按照产权理论的分析框架，企业的契约性控制权可以分为特定控制权和剩余控制权，特定控制权是指那种能在事前通过契约加以确定的控制权权力，即在契约中明确规定的契约方在什么情况下具体如何使用的权力。剩余控制权则是指那种事前没在契约中明确界定如何使用的权力，是决定资产在最终契约所限定的特殊用途以外如何被使用的权力。在古典企业或者说所有者经营企业，拥有剩余控制权的所有者同时拥有特定经营控制权。但在现代企业中，尤其是公开招股公司中，特定控制权则通过契约授权给了职业企业家，这种特定控制权就是高层经理人员的经营控制权，包括日常的生产、销售、雇佣等权力。而剩余控制权则由所有者的代表董事会拥有，如任命和解雇总经理、重大投资、合并和拍卖等战略性的决策权。基于法玛和詹森对企业决策程序的分类，企业决策可分为“决策管理”和“决策控制”，“决策管理”包括最初决策方案提议和决策方案被批准后的执行决策，而“决策控制”则包括决策方案的审批和对决策方案执行的监督，那么，经理所得到的特定控制权就是“决策管理权”，而董事会所具有的剩余控制权就是“决策控制权”。也就是说，规范的公开招股公司中，存在一个契约控制权的授权过程。作为所有者的股东，除保留诸如通过投票选择董事与审计员、兼并和发行新股等剩余控制权外，将本应由它们拥有的契约控制权绝大部分授予了董事会，而董事会则保留了“决策控制权”（属于剩余控制权），将“决策管理权”（特定控制权）授予了总经理。从本质上看，企业家控制权激励约束机制是一种动态调整企业家控制权的决策机制，决策的内容包括是否授予控制权、授予谁和授权后如何制约等，决策的结果在很大程度上影响着企业家的产生、企业家的努力程度和行为。在现实的公司中，这种制度安排或决策机制表现为股东大会、董事会、经理人员和监事会之间的权力的分配和相互制衡关系，构成了即所谓的公司或法人治理的核心内容。

高层管理决策，甚至不具有影响力，或者有的股东本来就缺乏知识、经验和义务。相反，支薪经理既管理企业短期的经营活动，也决定长期发展的目标和政策。他们支配了中低层经理和高层的管理。这种被经理人员控制的企业称为经理式企业。历史的经验表明，随着企业规模的扩大以及企业生存时间的延长，即使作为董事会成员，虽然拥有否决权，但他们很少提出正面的可供选择的方案。久而久之，具有所有权的董事会成员与公司的关系和一般的股东也就没有大的区别，公司只是其收入的来源，在不是可管理的企业，他们把日常的经营活动和未来发展计划交给职业经理负责，出现了所有权与控制权的分离。在钱勒德的研究中，1840 年之前的高层经理者是企业的所有者或者老板。换言之，现代企业即所有权与控制权真正分离的企业是在 1840 年之后才出现的。

产权结构的这一变化对企业的决策和目标的影响是相当重要的。所有权与控制权的分离或者经理式的企业不再是新古典经济学上所描述的利润最大化企业。相反，经理阶层的目标取代了利润目标。经理在作出决策时，一般愿意选择使公司长期稳定和增长的政策，而不是眼前的最大利润。他们的目标是确保设备的连续运用和原料来源，确保销售稳步增长，开发新产品和服务，确保自己的晋升和名声以及各种既得利益，宁可将更高的利润投资于企业。因此，职业经理们成了一种企业进一步发展壮大的持久动力。

三 “U 型公司”“M 型公司”与 M 型假说

（一）U 型公司

图 10-4 是 U 型公司（U 型即单一型，U 取自英语 Unitary）的组织结构，从图 10-4 可以看出。U 型公司的最大特点是等级的集中控制，这种集中控制实现了分工的利益和规模经济。每个部门如生产、销售、财务等，实现了职能分工，并由最高协调者总经理来控制。

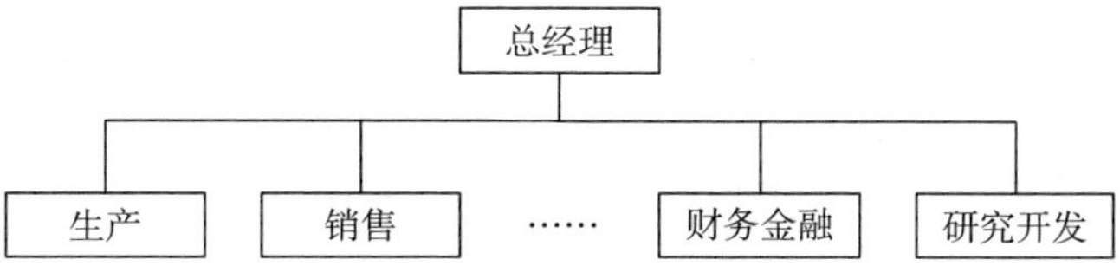

图 10-4 U 型公司结构

这种组织结构的缺陷在于，管理跨度过大而造成管理的失控，加大行政管理费用；另外，还会造成各部门的目标偏离企业的总目标而追求各部门目标。从历史上看，早期经理式企业大都带有这一特征。

（二）M 型公司

M 型公司（M 取自英语 Multidivisional）的基本结构如图 10-5 所示。M 型公司起源于 20 世纪 20 年代，那时最为典型的是杜邦公司、通用汽车公司、标准石油公司以及西尔斯公司等。威廉姆森对 M 型公司的优点作了如下归纳：

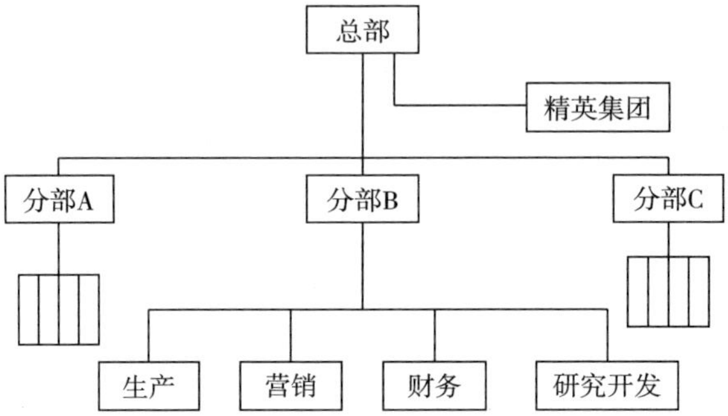

图 10-5　M 型公司结构

第一，经营决策由独立的分部各自做出。

第二，直接附属于总部的所谓“精英集团”通过提供参谋和审计等方式有助于总部对分部的控制。

第三，总部负责战略决策或长期发展规划和目标，只注意总体的绩效而不直接过问各分部的线性绩效。

第四，由于 M 型结构具有很好的协同作用，因而更加追求总的利润最大化。

对于 M 型公司来说，每个分部就相当于一个 U 型公司。

（三）M 型假说

威廉姆森在对 U 型公司和 M 型公司进行如上比较之后提到如下假说：M 型大企业的组织和运营在目标的追求和最低成本行为方面比 U 型的组织结构更接近新古典的利润最大化假说①。

① 张军：《现代产权经济学》，上海三联书店、上海人民出版社 1991 年版，第 155—162 页。

第十一章　产权制度与经济组织行为

产权制度不一样，经济组织的行为也不同。在这一章里，我们对不同的产权安排进行区分，重点对公共物品和俱乐部的产权及均衡进行分析。

第一节　产权制度安排与产权界定的性质

一　产权的分类

根据产权主体的不同，可以将产权分为以下四类：

（一）私有产权

在阿尔钦看来，产权是一个社会所强制实施的选择，一种经济品的使用权利。私有产权则是将这种权利分配给一个特定的人，它可以同附着在其他物品上的类似权利相交换。私有产权的强度由实施它的可能性与成本来衡量，这些又依赖于政府、非正式的社会行动以及通行的伦理和道德规范。换言之，没有经过你的许可或没有给你补偿，任何人不能合法地使用或影响产权归你所有的财产权利。按照西方现代产权经济学的观点，这是一种古老的产权形式，无论是处理人与人之间的关系，还是决定谁将在既定权利规范下受益或受损，以及对于特定财产的排他权、收益权、处置权、占有权等，都界定给个人。

（二）政府产权

这种产权取决于政府的性质。在资本主义社会中，政府产权与股份分散的公司产权相似。在这种条件下，一个选民拥有的选举份额与其所在选区所占有的财产份额相等。在这里，政府产权既可以代表公共利益，又可以代表政府官僚的利益。政府官员有自己的效用最大化目标：一是社会福利最大化；二是争取更多的薪金，更小的工作负担；三是巩固自己的职位并力求晋升，扩大下属的人数；四是追求更多的特权和社会附加福利，如奢侈的办公室、工作条件、旅游式的出差等等。政府产权的运行情况由官员的行为方式所决定，结果必然出现以立法机构为一方，以行政官僚为另一方的官僚大战。在立法官僚的背后，则是支持他们当选议员的特殊利益集团，如军火商、特殊行业资本家、工会等集团，这样就会出现为争夺政府产权的控制权的斗争，政府产权的效率取决于"铁三角"（iron triangle）即三方斗争的结果。总而言之，政府产权会造成浪费，经济效率低下和社会福利的减少。

（三）公共产权

公共产权是指那些在消费上不具备排他性的产权，在公共产权制度安排下，每个人都愿意享用它带来的好处，而不愿意为其存在支付成本。例如，国防、路灯、公有土地、节日烟火等。

（四）共有产权

共有产权是指那些为谋取组织内部所有成员平均收益最大化的产权制度安排，共有的私有财产与一般的私有财产不同，作为共有产权的财产，不具备一般私有财产的匿名可转让性。作为一个共有组织的成员，只有取得其他成员或他们的代理人同意，才能将共有组织的产权转让给他人，各种社会俱乐部、兄弟会、乡村俱乐部等等，都是共有组织的具体实例。顺便指出，共有产权作为产权制度安排的一种形式，过去人们对其分析较少，在阿尔钦对它的讨论之后，其才成为人们关注的一种产权制度安排。

二　各种经济组织的产权性质

1. 社团产权

社团产权的特点是，社团中某个人对某种资源行使其权利时，并排斥其他成员对该资源行使同样的权利；同时，该资源的产权又是不可分的，每一个人都可以使用这一资源为自己服务，但又无权占有它。因此，社团产权本质上是一种共有产权，不具备产权的排他性，这样，社团某一成员使用社团资源时会对其他成员造成外部成本。不过，与共有产权相比，社团产权的界定要清晰得多，只要社团的所有主体被约束在一定的范围之内，并通过收费和严格的管理，人可能使社团产权具有一定的效率，布坎南的俱乐部理论就是这种产权性质及其行为的经典分析。

2. 集体产权

集体产权是指由集体决策机构决定行使资源配置权利的一种经济组织制度。集体决策机构是由集体的成员按公共投票的原则和民主程序选出来的，其基本规则是少数服从多数。集体的资源配置由选出的决策机构执行，但集体的成员有权按照程序弹劾、罢免决策机构成员。一般地，集体成员选出一个集体委员会，由它来决策如何行使产权以及如何有效地使用资源和财产。在集体产权制度安排下，凡是对集体的表决不同意时，可以通过退出集体产权来表达自己的意志。由多种股份组成的股份制企业按一人一票的原则组成，这类似于合伙制。由股东大会选出的董事会不能代表个别股东的意愿时，股东可以退股（这不同于公司制企业），也可以让渡股权，转让股票。

集体产权的这种制度安排是有利于效率原则的。如果每一个合伙股东都参加决策，会导致较大的外部成本，需要花费较大的信息成本，使组织集体产权的内部交易成本急剧增加，从而违背了效率原则。

第二节　灯塔与产权主体行为

一　灯塔物品的定义

一提到灯塔，人们就会想到经济学中的一个难题，即公共物品与产权界定的困难。从穆勒的《政治经济学原理》到西奇威克的《政治经济学原理》，从庇古的《福利经济学》到萨缪尔森的《经济学》，再到现在大多数的经济学教科书，都在讨论灯塔问题。因此，“灯塔是经济学上的一个里程碑。一提起这个诗意盎然的例子，经济学者都知道所指的是收费的困难，这种困难令灯塔成为一种非政府亲力亲为不可的服务”。

在产权经济学的视野中，灯塔可以说是公共物品的代名词。事实上，灯塔只是公共物品的一种，公共物品是指这样一种物品，它一旦生产出来，生产者就无法决策谁来得到它。也就是说，公共物品的任何个人消费都和其他人所获得的消费无关，其消费不具有排他性。即是说，一个人消费公共物品时很难把另外的消费者排除出去。如公共道路上的拥挤就是一个例子。道路之所以拥挤，其原因就在于道路属于公共物品，其产权大多是政府的，公路的产权没有得到明确的界定，其模糊的产权是道路拥挤的根本原因。在实现经济生活中，我们看到，公路两旁的小店、小铺、小摊比比皆是，大都是占据公共道路的公用地面建造的，其问题的关键并不在于管理跟不上，而在于这种管理也是一种公共物品，谁也不会去干这种吃力不讨好的事。于是，在现实经济生活中，便有了不拿白不拿，不吃白不吃的说法。

二　公共物品与林达尔均衡

（一）私人物品与公共物品的需求曲线

图 11-1 给出了私人物品的需求曲线。消费者 A 和 B 对苹果有各自的需求，如果苹果的价格为 P_1，那么 A 需求为 x_{a1}，B 的需求为 x_{b1}。在价格为 p_1 时，A 和 B 对苹果的总需求为 $x_1=x_{a1}+x_{b1}$，x_1 就是两个消费者对苹果这一私人物品的总需求曲线。由于苹果是私人物品，AB 对苹果的需求是相互排斥的，总需求就是个人需求在同一价格水平下横向累加的总和。在每一个价格水平上都可以找到自己的需求量。

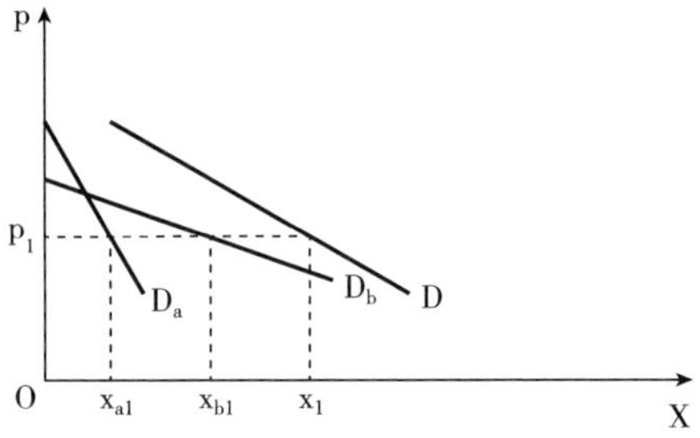

图 11-1　私人物品：苹果

图 11-2 代表了公共物品的需求曲线，反映了公共物品的属性。每个人对公共物品的消费量是相同的，但每个对公共物品的真实需求因个人偏好和其他因素而有所不同。即是说，每个人可以得到相同数量的公共物品，但每个人对公共物品的偏好和认同是不一样的。因此，在同一消费数量 x_2 下，A 和 B 愿意支付的价格水平是不同的，其支付的价格水平分别为 p_{a2} 和 p_{b2}，A 和 B 愿意支付的总价格为 $p_2=p_{a2}+p_{b2}$。

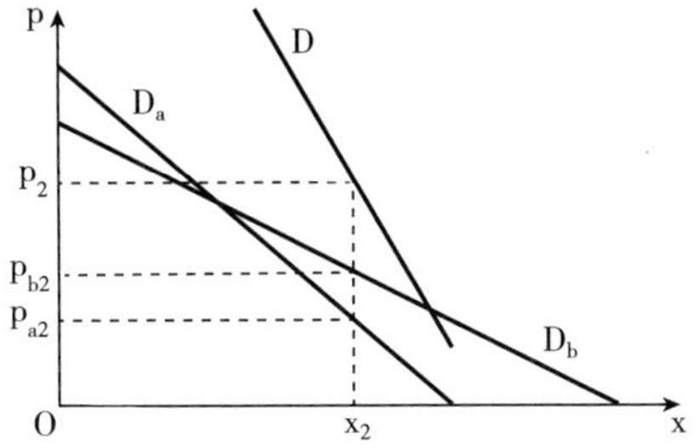

图 11-2　公共物品：灯光

比较图 11-1 和图 11-2 可以看出，私人物品和公共物品的差异在于：公共物品的数量是公共的，即非排他的，而付费的意愿是私人的；私人物品的价格是公共的，而消费数量是私人的，即排他的。

林达尔（Lindahl）运用一般均衡来研究公共物品的均衡问题。从微观经济学的原理可知，均衡理论对私人物品来讲是没有问题，但公共物品则不同，因为单个生产就可以满足全部消费者的消费。在林达尔均衡中，不是所有的消费者面临一个公共的或相同的价格，而是全部消费者有一个公共的数量；不是产品在全体消费者之间进行分配，而是总成本在消费者之间进行分摊，尽量使每个消费者面临的价格和该消费者对公共物品的真实评价或偏好相符。这样，每个消费者愿意支付的价格的总和等于生产公共物品的总成本。于是生产的约束条件就变成总收入等于总成本或者利润为零。这样，在图 11-1 和图 11-2 的基础上，我们可以得到私人物品和公共物品的均衡曲线，如图 11-3 所示。图 11-3（a）表示私人物品的均衡，11-3（b）表示公共物品的均衡。

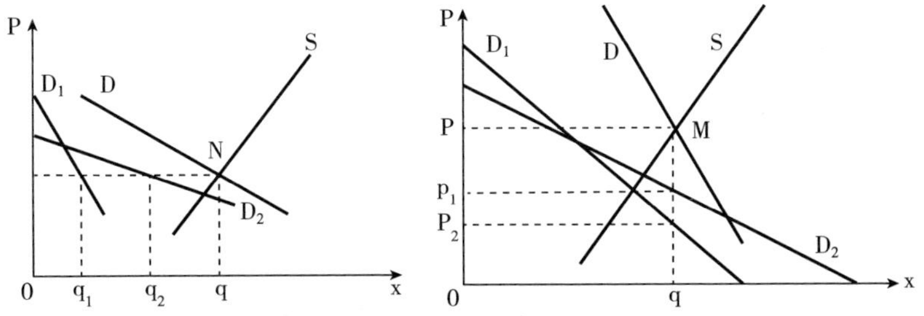

图 11-3　私人物品和公共物品均衡

从图11-3可以看出，林达尔均衡的解是在利润为零的约束条件下，使公共物品的收费采取与每个消费者的需求弹性有关的方式，即针对每个消费者对公共物品的真实评价，分别收取各自不同的费用或者按不同的价格收费。消费者的评价高，收费就高，评价低，收费就低。这就有一个刺激或动力问题：怎样才能保证消费者诚实地报出自己对公共物品的评价？如果没有成功的制度装置，个人很可能故意降低自己对公共物品的评价而支付较少的费用，并消费公共物品。一种极端的情况是将自己的评价故意压低到零，自己什么也不支付，这就是著名的“免费乘车”问题。产权经济学的目标之一就是要研究通过建立一种什么样的产权制度安排或者产权结构来达到所谓的激励兼容。

三　科斯的灯塔（公共物品）、收费问题与产权界定

灯塔收费的困难导致灯塔物品的供给不足。对此，英国经济学家穆勒（J. S. Mill）在其《政治经济学原理》一书《关于自由放任或不干涉原则的根据和限度》一章中写道：“为了航行的安全而建造和维修灯塔、设立浮标等是政府的一项恰当的职责，由于不可能使从灯塔中受益的海船按照使用的次数付费，因此，没有人会出于个人利益的动机而建造灯塔，除非他从国家的某些强制税中得到补偿和奖赏”。

亨利·西奇威克在《政治经济学原理》一书的《有关生产的自然自由制度》一章说：“在很多种不同的情况下，这一假定（个人总能够通过自由交换获得他所提供的服务的充足报酬）显然是错误的。首先，一些有效用的东西从它们的本性上来说根本不可能被那些生产或愿意购买它的人所占有。例如，一座设置得很好的灯塔必须使船只普遍享用，但都不可能很便利地向它们收费”。

庇古在《福利经济学》中引用西奇威克灯塔的例子作为无偿服务的事例。他认为：在无偿服务中，边际净产出低于社会边际净产出，因为偶尔的服务是向那些从技术上很难强制其付费的第三者提供的。

保罗·萨缪尔森在《经济学》教科书中写道：“具有很高‘公共’程度的大多数物品都是由集体提供的。”例如，灯塔的建造就是这样。灯塔的光芒帮助每一个能见到它的人。一个谋利的厂商不会去修建灯塔以赚取利润，因为除非克服巨大的困难，否则该厂商是无法从每一个灯塔利用者那索取价钱的。这肯定是政府自然承担的活动。在其脚注中他提醒人们注意：灯塔操作人很难从那些受益人那里以购买价格的形式收费，

这一事实无疑会有助于使灯塔成为一种适合的社会或公共物品。然而，即使操作者能够从每一个近旁的使用者那征收通行税，这种事实也不一定能使这种服务的提供像市场决策价格上的私人物品那样达到社会的最优之点。为什么不行？因为让更多的一只船使用这一服务将使社会付出零值的额外成本，因此由于支付规定价格的要求而阻挠任何船只进入这些水域的情况都将代表社会经济的损失。在萨缪尔森看来，由于灯塔物品的边际成本等于零，因此这种物品是免费供应的。换言之，灯塔物品是免费的午餐。但产权经济学并不这样认为，在产权经济学的视野里，天上不会掉下馅饼，没有免费的午餐，任何不可界的产权或收益权都可以找到一种产权结构或制度安排，使其效率最大化。例如，张五常就这样认为：对那些不愿意付价而逃避付价的人，这些学者竟要政府为他们增加服务。那么，对那些在饭店白吃而不付账的人，经济学家是否要政府为他们大摆筵席呢？假若不付钱就会得到政府的供应，而政府的供应是由一般税收所支持，那么还有什么人会在任何市场付价？这样，免费的午餐还会维持多久？

这个问题由产权经济学家科斯进行了回答。科斯在《法和经济学》上发表的《经济学中的灯塔》能让我们更好地认识这个问题。《经济学中的灯塔》研究的是早期英国的灯塔制度。17 世纪以前，灯塔在英国是不见经传的。17 世纪初，由领港公会造了两座灯塔并由政府授权专门管理航海事务。科斯注意到，虽然领港公会有特权建造灯塔，向船只收取费用，但是该公会却不愿投资于灯塔。科斯发现，在 1610—1675 年，领港公会连一个新灯塔也没有建造，但同期，私人却投资建造了至少 10 个灯塔。但在当时的灯塔制度下，私人的投资要避开领港公会的特权而营造灯塔，他们必须向政府申请许可证，希望政府同意授权向船只收费，该申请还必须由许多船主签名，说明灯塔的建造对他们有益，同时要表示愿意支付过路费（toll），过路费的多少是由船的大小及航程经过的灯塔多少来确定的。比如船入了港，停泊下来，收费的多少就是由该船驶来时经过的灯塔数来定。久而久之，不同航程的不同灯塔费，就干脆印成册，统一收费。

私营的灯塔是向政府租地而建造的，租期满后，再由政府收回让领港公会经营。到 1820 年，英国当时的公营灯塔有 24 个，而私营灯塔有 22 个。在总共 46 个灯塔中，有 34 个是私营投资建造的。后来，政府开始收回私营灯塔。到1834年，在总共56个灯塔中，公营（由领港公会经营）的占42个。到1836年，政府通过法规，将剩余的私营灯塔全部收回。1842年以后，英国的灯塔全部由公会经营。

关于收购私营灯塔的理由，英国政府的解释并不在于私营收费的困难，而在于私人收费过高。科斯的调查表明，灯塔的私人收费是可能的，用他自己的话来讲就是，“有（不仅是萨缪尔森所说的）‘试图通过经营灯塔发财的怪人’，而且实际上也做得很成功”。科斯的分析表明，灯塔物品的产权也是可以充分界定的。船主和货主可以向国王政府申请，要求允许私人建造灯塔并向从中受益的船只征特别税即收费。灯塔由私人建造、经营、出资和拥有，私有者可以出售或作为遗产转让灯塔。政府的作用只是确立和实行灯塔的所有权。灯塔的代理人在港口收费，实际的问题对他们来说与对其他向船主们提供物资和服务的人来说没有什么两样，财产所有权不同之处在于它只保证了可以收取的金额①。

第三节　俱乐部产权制度及均衡分析

一　俱乐部产权的界定

俱乐部是一种组织，它仅对自己的成员提供分享的集体商品，并按照某种平等或歧视性的纳税规则向社团成员收取费用。俱乐部产权制度的特征主要有两个：

第一，排他性。俱乐部产品仅仅由其全体成员消费，而且成员必须遵守俱乐部规则，加入俱乐部就要具有某种资格。这种排他性以俱乐部的全体成员为限度，共同消费。

第二，非对抗性。在俱乐部成员界区内，单个会员对俱乐部产品的消费不会影响或减少其他成员对该物品的消费。私人产品的消费具有排他性，公共物品的消费没有排他性，而俱乐部产品则介于两者之间，仅仅限定俱乐部成员可消费俱乐部的资源。但是如果不限制新成员加入，其排他的性质就得大打折扣，拥挤就会出现。

---

① 张军：《现代产权经济学》，上海三联书店、上海人民出版社1991年版，第114—121页。

二　俱乐部产品的均衡

（一）俱乐部成员数量的确定

考虑一俱乐部产品——游泳池。为方便起见，假定游泳池设施是固定不变的，成本为 Y_1，单个人对它的评价或效用为 E_1。其设施成本由许多俱乐部的成员共同分担。布坎南讨论了俱乐部产品的均衡问题。俱乐部产品的总收益曲线和总成本曲线如图 11-4 所示：

在图 11-4 中，成本曲线 C_1 表明，随着成员的增加，单个人面临的成本下降。而收益曲线 B_1 意味着单个人对俱乐部产品的评价可能存在递增和不变的区域。一旦成员过多，拥挤就会发生，收益曲线就会下降。因此，给定设施规模以后，就可以找到俱乐部成员的最适度规模。这一点即是边际成本等于边际收益的点，如图 11-4 中的 S_1 点，在此点，成本曲线和收益曲线的斜率相等。

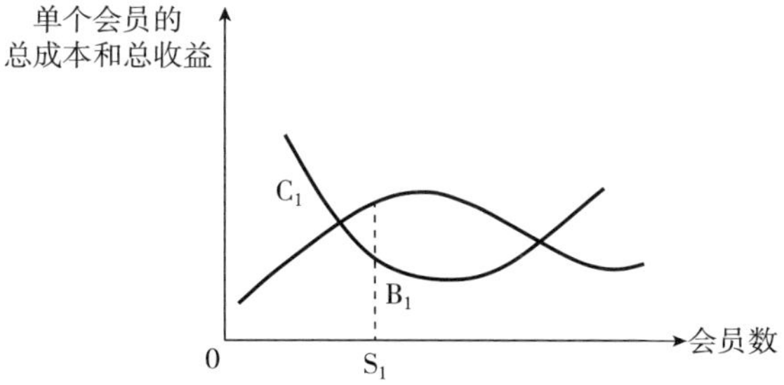

图 11-4　俱乐部成员的最适度规模

（二）俱乐部产品规模的确定

在图 11-5 中，纵轴表示单个人的总成本和总收益，而横轴表示俱乐部产品的数量即设施规模。如果俱乐部成员只有一个，那么最优规模就是零，在初始阶段，总成本函数比总收益函数递增得快。当成员不断加入时，单个成员面临的总成本函数就会下降。当俱乐部规模扩大时，收益曲线逐渐上升达到最高点，即非拥挤区的临界处。根据同样的边际条件，可以找出俱乐部产品的最优数量。在图 11-5 中，当 $N=K$ 时，总收益曲线 B_K 于 Q_K 处的斜率等于总成本曲线的斜率，即与边际成本曲线 C_K 的斜率相等。Q_K 就是满足边际条件的最优俱乐部产品数量。

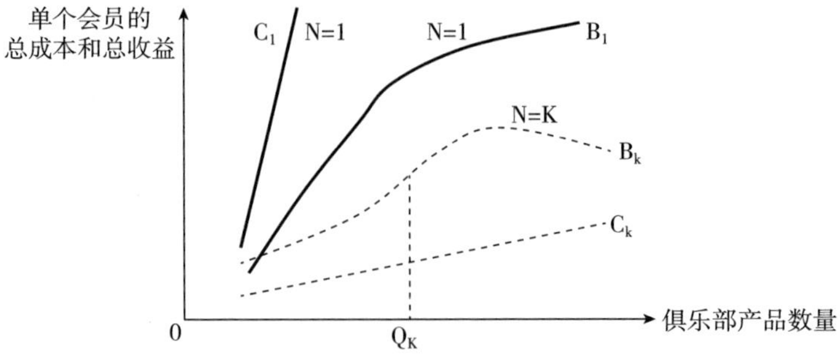

图 11-5 最优俱乐部产品规模

（三）俱乐部产品均衡

有了图 11-4 和图 11-5，我们就可以得到俱乐部产品的均衡问题，如图 11-6 所示：俱乐部成员的规模用 Np_t 表示，俱乐部设施的规模用 Qp_t 表示，两条线的交点 G 就是最优的均衡点。

在图 11-6 中，如果会员的规模只有 N_K，那么俱乐部产品的最适度配置为 Q_K。在 Q_K 的数量下，合理的会员规模应扩展到 L 点即 N_L。一旦会员规模扩张到 L 点，会员就会偏好更多的俱乐部产品，这样不断循环下去直到均衡点 G 为止。

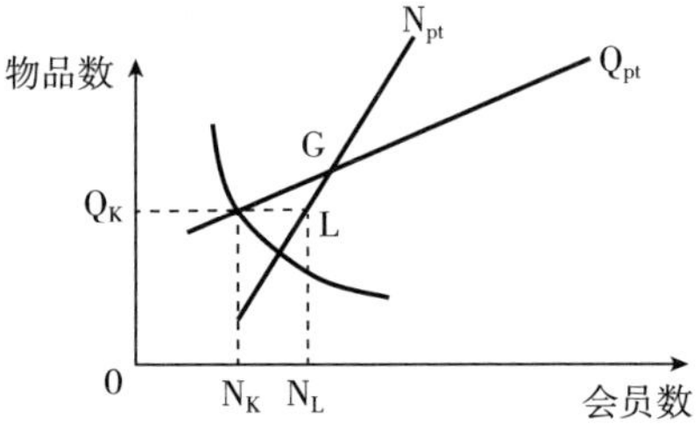

图 11-6 俱乐部产品均衡

三 俱乐部产权制度和启示

俱乐部产权安排的引申意义是非常重要的，如果考虑到产权制度的变迁，就可以将许多公共物品变为俱乐部产品。例如，古典的灯塔来说，其产权的变迁能够更多有效地阻止那些没有“照明执照”的船只靠近或通过灯塔照耀下的海峡。

从产权制度安排来看，俱乐部理论以一种非常强的假定解决了“搭便车”问题。因为它假设各俱乐部成员的偏好或趣味是相同的，因而每个人对俱乐部产品评价的程度也是一样的。评价一样意味着没有“逃票”动机，不存在偷懒和激励不相容的制度漏洞。只要某个人的利益得不到满足，他可以“用脚表决”的方式离开俱乐部（设有一个产权退出缺口——即保留了成员的退出权）而转到能够满足其偏好的俱乐部去，这种制度的产权安排就是俱乐部产权制度。一些职业足球俱乐部、高尔夫球俱乐部等组织就属于这种制度安排。而且不能否定的是，与公共产权制度相比，它确实是一种效率较高的产权制度安排。

第十二章　马克思产权理论研究

马克思产权理论是一个科学的理论体系，马克思产权理论包括产权起源理论、产权权能理论、产权结合与分离理论等内容。

第一节　马克思主义的产权起源理论

关于产权的起源，可以从三种意义上来理解：一是指人类历史上最初的产权的建立或者起源。二是指人类历史上任何一个时期因新的财产出现而建立的产权，它与已经建立的任何形式的产权没有直接关系。因为其财产权利是新建立的，从这种意义上讲，它也具有产权起源的意义。三是对原有产权关系的否定或改变，建立一种新的产权形式。在这里，产权的起源主要是指第一种意义上的产权起源。这是因为：第一，所谓人类社会的产权是指从无产权到有产权的过程，而不是随产权客体的增加而增加新的产权，也不是新旧产权的变化。第二，第二种意义上的产权起源也不是真正的产权起源，因为在已经有产权关系存在的前提下，对新财产的权利界定，总是既定产权关系的复制或扩大。第三，对起源的第三种理解，从动态的角度看，是人类产权制度的变迁，而不是产权的起源。如果这样理解产权的起源，就可以说产权是不断起源的，因为产权关系是不断变化的。因此，不能把产权的起源与产权关系的变迁混同理解[①]。

马克思以他同恩格斯所创立的唯物史观作为基本方法来对产权起源进行了探索，马克思关于产权起源的理论主要包括公有产权起源和私有产权起源。

---

① 黄少安：《产权经济学导论》，山东人民出版社 1995 年版，第 114 页。

一　公有产权起源理论

马克思在其《政治经济学批判（1857—1858 年草稿）》中考察了资本主义以前的各种所有制及其产权制度，其中包括原始公社的各种形式，认为原始社会的产权基本是公有产权，而公有产权又主要体现在土地的公有产权上。马克思还认为，原始公社的产权是自然形成的，因为人类产生就是自然的结果，而自然决定了人类的幼年时期必然以“天然共同体”的形式存在。因此，共同体的存在是原始公有产权制度得以存在的前提。

马克思在考察亚细亚的土地产权制度时就指出，在这种土地产权制度的第一种形式中“第一个前提首先是自然形成的共同体：家庭和扩大成为部落的家庭，或通过家庭之间相互通婚（而组成的部落），部落的联合……所以，部落共同体，即天然的共同体，并不是共同占有（暂时的）和利用土地的结果，而是其前提”①。也就是说，原始土地公有产权的存在是因为人类是以天然共同体的形式存在。在这里，“土地是一个实验室，一个仓库，既提供劳动资料，又提供劳动材料。还提供共同体居住的地方，即共同体的基础。人类素朴天真地把土地看作共同体的财产。每一个人，只有作为这个共同体的一个肢体，作为这个共同体的成员，才能把自己看成所有者或占有者”②。可以说，这是马克思对原始土地公有产权含义的界定，即原始土地公有产权是共同体成员对土地不可分割的财产权。

同时，马克思还论述了亚细亚的土地公有产权制度的特征。在马克思看来，这种土地产权制度的典型特征是：凌驾于所有小共同体的总和的统一体或称大共同体是公有土地的最高所有者，而实际的公社（小共同体）仅享有土地的占有权，是占有者而不是所有者。

在考察了亚细亚的土地公有产权制度之后，马克思接着考察了古代的土地公有产权制度。古代的土地公有产权制度同亚细亚的土地公有产权制度一样，要以共同体的存在作为其前提，只不过在这里，共同体的存在又必须具有以下两个条件：第一，个人既是自己劳动力产权的所有者，同时在生活中又是相互平等的产权主体。第二，个人除了生产自己

① 《马克思恩格斯全集》（第 46 卷上），人民出版社 1979 年版，第 472 页。
② 《马克思恩格斯全集》（第 46 卷上），人民出版社 1979 年版，第 472 页。

所需要的东西外，其余时间则用来为公社进行生产，或为共同体的存在而劳动，或为保卫共同体的存在而用于战争。

马克思分析的第三种原始土地公有产权制度是日耳曼的土地公有产权制度。在日耳曼人那里，各个家长长居在森林中，彼此相隔很远的距离，公社在日耳曼人那里只存在于公社成员每次集会的形式中。因此，这里的公社不同于亚细亚的部落共同体，也不同于古代土地公有产权制度条件中的共同体，而是表现为一种联合而不是联合体，表现为一种以土地所有者为独立主体的统一，而不是统一体，这就决定了日耳曼的土地公有产权制度具有以下两个特点：一是土地产权的公有性只有在把当作一个部落的共同占有物来保卫，使它免遭其他部落侵犯的情况下才表现出来。二是公有产权的土地主要是指猎场、牧场、采樵地等①。

马克思在考察了以上三种主要形式的土地公有产权制度后指出："原始公有产权意味着：个人属于某一部落（共同体）（意味着在其中有着主客体的存在），而以这个共同体把土地看作是它的无机体这种关系为媒介，个人把土地、把外在的原始生产条件（因为土地同时既是原料，又是果实）看作属于他的个体的前提，看作是他的个体的存在方式"②。

二 私有产权起源理论

前面的分析指出，共同体的存在是原始公有土地产权制度存在的前提。因此，要使这种土地产权制度保持下去，就必须要使这种共同体继续存在为前提，要使共同体本身按照老样子继续存在，又须以公社成员的再生产继续维持原样为必要条件。但是，这些条件是不断变化的，一块土地只是由于部落在那里打猎才被看成狩猎地区，土地仅仅由于人在那里经营农业才被看成个人身体的延伸。共同体的目的就是把形成共同体的个人作为所有者加以保存，即再生产出来，这种客观存在方式既形成公社成员之间的关系，同时又形成公社本身。但是，"这种再生产必然既旧形式的重新生产，同时又是旧形式的破坏"③。因此，共同体与以共同体为基础的原始土地公有产权制度也就一同解体了。这是因为：第一，人口的增长会使人口在原有基础上的再生产形成阻碍，想要消除这种障碍，就得实行移民，要实行移民就必须进行征服战争，结果就会有大量

---

① 洪名勇：《马克思土地产权制度及其变迁理论》，《贵州财经学院学报》1996 年第 4 期。
② 《马克思恩格斯全集》（第 46 卷上），人民出版社 1979 年版，第 492 页 .
③ 《马克思恩格斯全集》（第 46 卷上），人民出版社 1979 年版，第 493—494 页。

奴隶产生，奴隶的形成正是孕育奴隶制土地私有产权制度的重要条件。第二，劳动生产率的提高使保持共同体的基础条件向它的对立面转化。第三，“凡是公社成员作为私有者已经同作为城市公社以及作为城市领土所有者的自身分开的地方，那里也就出现了单个的人可能丧失自己的财产的条件，也就是丧失使他自己既成为平等公民即共同体成员，又成为所有者的那种双重关系”①。第四，生产、交换的发展及债务的产生使共同体赖以存在的生产方式发生解体。第五，劳动主体生产能力的发展也促进了共同体及相应的原始土地公有产权制度的解体。原始土地公有产权制度的解体，意味着土地私有产权制度的产生，即土地私有产权的来源。

需要说明的是，私有产权的产生和发展与原始社会的家庭及其演变密切相关，在以血缘关系为纽带的血亲氏族由自然共同体逐渐演变为具有独立经济意义的家庭时，私有产权也是在原始公有制内部产生了，开始还不是作为私有制存在的，只是在生产资料的狭义所有权以外的权利上产生，在土地等基本生产资料仍然是公有制的前提下，私人家庭对土地具有实际上的占有权和使用权。马克思和恩格斯的逻辑是：第一，私有产权的主体首先是私人家庭主体。家庭财产私有制是人类私有制的第一种形式，而家庭私有制是家庭联产承包责任制自身演变的结果。当家庭自然共同体演变为独立的单个的经济主体时，私有产权制度也就产生了。第二，家庭的演变与人类婚姻、性关系的演变紧密地联系在一起。当群婚制向个体婚制转变后，使家庭变得越来越小，家庭逐渐由大的共同体变为较小的单个家庭，但他们还是原有氏族公社内部的独立的经济主体。第三，家庭由公有经济单位转变为私有经济单位的客观条件或经济基础是生产力发展，即人的劳动生产率提高到可以按小家庭为单位从事生产劳动和出现剩余产品。

值得一提的是，美国的社会科学家摩尔根于 1877 年出版了《古代社会》。对摩尔根的这本具有划时代意义的著作，恩格斯曾经给予了高度的评价，他说：“在论述社会的原始状况方面，现在有一本像达尔文学说对于生物学那样具有决定意义的书，这本书当然也是被马克思发现的，这就是摩尔根的《古代社会》……摩尔根在他自己的研究领域内独立地重

---

① 《马克思恩格斯全集》（第 46 卷上），人民出版社 1979 年版，第 494 页。

新发现了马克思的唯物主义历史观，并且最后还对现代社会提出了直接的共产主义的要求”[①]。《古代社会》一书，给马克思和恩格斯研究家庭和私有制、私有产权的起源提供了丰富的材料，恩格斯在专门研究马克思生前读摩尔根的《古代社会》一书的笔记的基础上，写出了名著《家庭·私有制和国家的起源》一书。在《家庭·私有制和国家的起源》中，运用了摩尔根的研究成果，对家庭和私有制、私有产权的起源进行了详细研究。摩尔根认为，在人类早期，性交关系处于杂乱的原始状态，大概有三种家庭，它们依次也是家庭发展的三个阶段，即血缘家庭、普那路亚家庭、对偶家庭、一夫一妻制家庭，总体上来说是家庭的不断进步。

血缘家庭是家庭的第一阶段。在这里，婚姻是按照辈数来划分的，在家庭内的所有祖父和祖母都互为夫妻，他们的子女也是如此。在这一家庭形式中，仅仅排斥了祖父和子孙之间、双亲和子女之间互为夫妻的权利与义务。血缘家庭的特点表现在两性关系上，与杂乱性交相比，出现了第一个限制——不同辈分的人们之间不准通婚，从而大体上排除了亲子之间的通婚关系，把性生活的范围限制在同辈男女之间。血缘家庭与无限制的杂乱性交关系相比，在人类婚姻家庭史上无疑是一个进步。但是这种血亲婚配，对后代的体质和智力的发展仍然有很大的不良影响。于是随着人类社会的发展和理智的进步，兄弟姊妹之间的性交关系逐渐被禁止，血缘家庭逐渐走向普那路亚家庭。

普那路亚家庭是家庭的第二阶段。普那路亚家庭又称为“伙婚制”“伙婚家庭”“族外群婚”，恩格斯将普那路普家庭称为“家庭结构的古典形式”[②]。如果说血缘“家庭组织上的第一个进步在于排除了父母和子女之间相互的性交关系，那么，第二个进步就在于对于姊妹和兄弟也排除了这种关系”[③]。在这里，这些丈夫之间不再像血缘家庭那样是兄弟和不再称为兄弟，而是称为普那路亚，即亲密的同伴；与之相结婚的女子也不是姊妹和不再称为姊妹，她们之间也称为普那路亚。普那路亚家庭的主要特征是一定的家庭范围内相互的共夫和共妻。

普那路亚家庭产生的原因有两个方面：一是自然选择的结果。人类在漫长的发展过程中，逐渐认识到血亲婚配的弊病，从而产生了禁止在

---

① 《马克思恩格斯全集》（第 36 卷），人民出版社 1974 年版，第 112 页。
② 《马克思恩格斯全集》（第 36 卷），人民出版社，1965 年版，第 50 页。
③ 《马克思恩格斯全集》（第 36 卷），人民出版社 1965 年版，第 49 页。

同胞兄弟姊妹间通婚的观念。“凡血亲婚配因这一进步而受到限制的部落，其发展一定要比那些依然把兄弟姊妹之间的结婚仅作惯例和义务的部落更加快速，更加完全”①。这里的自然选择是指人作为一种高级动物，在生存环境中适者生存的过程，它能导致有利变异的保存、积累和发展，促进人的有机体的不断进化。尤其是在生产力水平较低的情况下更是如此。二是社会关系的发展。例如人们性观念的变化对两性关系、家庭关系的影响。在恩格斯看来，“同母所生的子女之间不许有性交关系的观念，这种观念就一定要影响到旧家庭公社的分裂和新家庭公社的建立”②。这是原始公社分裂的开始，“一列或者数列姊妹成为一个公社的核心，而她们的同胞兄弟则成为另一个公社的核心”③。在普那路亚家庭中，群婚制的结果，使子女只知道自己的母亲而不知道自己的父亲，家庭的确认只能从母亲方面来进行，这一时期的社会系母权社会。在社会关系中，生产力水平的提高也是一个极为重要的因素。这一时期，由于发明了火和食鱼。食物丰富了，促进了人口质量的提高和人们智力的发展，让人类认识到了血亲婚配的害羞，为当时人们性观念的转变打下了坚实的基础。

对偶家庭是家庭的第三阶段。在普那路亚家庭阶段的晚期，一男子在多个妻子中有一个主妻，一个妻子在多个丈夫中有一个主夫的现象已经开始了。后来，随着氏族不许互相通婚的“兄弟”和“姊妹”类别的日益增多，这种制度得到了大大巩固。结果，“只剩下一对结合得还不牢固的配偶，即一旦解体就无所谓婚姻的分子”④，在这一阶段“一个男子和一个女子共同生活”，“群婚就被对偶家庭排挤了”⑤，在夫妇不和时，只有调解无效时，才实行离婚，而且，子女仍归妻子，以后双方都有重新结婚的自由。“这种对偶家庭，本身还很脆弱，还很不稳定，不能使人需要有或者只是愿意有自己的家庭经济，因此它根本没有使早期传下来的共产制家庭经济解体。但是共产制家庭经济意味着妇女在家庭内的统

① 《马克思恩格斯全集》（第36卷），人民出版社1965年版，第49页。
② 《马克思恩格斯全集》（第36卷），人民出版社1965年版，第50页。
③ 《马克思恩格斯全集》（第36卷），人民出版社1965年版，第50页。
④ 《马克思恩格斯全集》（第36卷），人民出版社1965年版，第59页。
⑤ 《马克思恩格斯全集》（第36卷），人民出版社1965年版，第58页。

治”[①]。

一夫一妻制家庭是家庭的第四个阶段。一夫一妻制家庭是从对偶家庭中产生出来的，“它的最后胜利乃是文明时代开始的标志之一。它是建立在丈夫的统治之上的，其明显的目的就是生育确凿无疑的出自一定父亲的子女；而确定出生自一定的父亲之所以必要，是因为子女将来要以亲生的继承人的资格继承父亲的财产。一夫一妻制家庭和对偶家庭不同的地方，就在于婚姻关系要坚固得多，这种关系现在已不能由双方任意解除了”[②]。

对偶婚制又是如何过渡到一夫一妻制的？恩格斯指出：“要使对偶家庭进一步发展为牢固的一夫一妻制，除了我们已经看到的一直起作用的那些原因之外，还需要有别的原因。在成对配偶制中群已经减缩到它的最后单位，仅由两个原子组成，即一男和一女。自然选择已经通过日益缩小婚姻关系的范围而完成了自己的使命；在这一方面，它再也没有事可做了。因此，如果没有新的、社会的动力发生作用，那么，从成对配偶制中就没有任何根据产生新的家庭形式了。但是，这种动力开始发生作用了”[③]。按照我的理解，恩格斯的这段话说明了这样几个问题。第一，从血缘家庭向对偶婚制的变化是自然选择的结果，是自然作用过程或人的动物本性即性关系变化及人种优化的过程。人们在婚姻的实践中发现了限制亲属间通婚对人种优化有作用，而本能地使婚姻制度从群婚制向对偶制转化。“在这种越来越排除血缘亲属结婚的事情上，自然选择的效果也继续表现出来。用摩尔根的话来说就是：‘没有血缘亲属关系之间的婚姻，创造出在体质上和智力都更强健的人种；两个正在进步的部落混合在一起了，新生一代的颅骨和脑髓便自然地扩大到综合了两个部落的才能的程度’”[④]。但是，自然选择的作用只能到此为止，它再也不能使对偶家庭发展成为一夫一妻制，因为自然选择已经完成了它的历史使命。用恩格斯的话来讲，就是“自然选择已经通过日益缩小婚姻关系的范围而完成了自己的使命；在这方面，它再也没有事可做了”[⑤]。所谓完成的

① 《马克思恩格斯全集》（第 21 卷），人民出版社 1965 年版，第 60 页。
② 《马克思恩格斯全集》（第 21 卷），人民出版社 1965 年版，第 73—74 页。
③ 《马克思恩格斯全集》（第 21 卷），人民出版社 1965 年版，第 64—65 页。
④ 《马克思恩格斯全集》（第 21 卷），人民出版社 1965 年版，第 58 页。
⑤ 《马克思恩格斯全集》（第 21 卷），人民出版社 1965 年版，第 65 页。

“使命”就是缩小了家庭的范围，使家庭从血缘家庭、普那路亚家庭走向了对偶制家庭，使之与私有制、私有产权的单位更加接近了。由于对偶家庭的不稳定性，以及性关系和婚姻关系的限制，而没有产生出私有制、私有产权制度的一夫一妻制。在恩格斯看来，家庭制度的进一步发展是由两个方面的原因导致的。一是妇女性观念的变化。从对偶婚制向一夫一妻制的过渡由妇女来完成的。随着经济生活条件的改善，人口密度的增大，使妇女感到群婚制下的性关系让自己难堪和屈辱，妇女要求取得保持贞操、暂时或长久地只同一个男子结婚的权利作为解救的办法。同时，从对偶婚制向一夫一妻制的变化，除了妇女在性观念上的变化之外，另一个重要的原因就是生产力的发展，生产力发展的必然结果是财富的增长，“在旧大陆，家畜的驯养和畜群的繁殖，创造了前所未有的财富的来源，并产生了全新的社会关系”[①]。所谓全新的社会关系，一是指婚姻家庭关系，二是指财产关系或产权关系。财富的增加使人们产生了对财产归属的界定问题，即提出了产权的界定要求。“这些新的财富归谁所有呢？最初无疑是归氏族所有。然而，对畜群的私有制，一定是很早就已经发展起来了。很难说，亚伯拉罕族长被所谓摩西一族的作者看作畜群的占有者，究竟是由于他作为家庭公社首领所拥有的权利，还是由于他作为实际上世袭的氏族首长而具有的地位。只有一点没有疑问，那就是我们不应该把他设想为现代意义上的财产所有者。其次，没有疑问的是，在成文历史的最初期，我们就已经到处都可以看到畜群乃是一家之长的特殊财产”[②]。在恩格斯看来，新增加的财富开始是氏族公有的，后来似乎不是公有的了，变成了氏族首长的私有财产。这种私有财产虽然不是现代意义上的私有财产，但有一点是可以肯定的，那就是它不再是公有财产。因此，恩格斯用了“特殊财产”一词。氏族首长的特殊财产可能就是私有产权的萌芽。

“这些财富，一旦转归各个家庭私有并且快速增加起来，就给了以对偶婚和母权制氏族为基础的社会一个有力的打击。对偶婚给家庭添加了一个新的因素。除了生身的母亲之外，它又确立了确实的生身父亲，大概比今天的许多‘父亲’还要确实一些。按照当时家庭内的分工，丈夫

① 《马克思恩格斯全集》（第21卷），人民出版社1965年版，第65页。
② 《马克思恩格斯全集》（第21卷），人民出版社1965年版，第65—66页。

的责任是获得食物和为此所必需的劳动工具，从而，他也取得了劳动工具的所有权；在离婚时，他就随身带走这些劳动工具，而妻子则保留有她的家庭工具。所以，根据当时社会的习惯，丈夫也是食物的新来源——家畜的所有者，而后来又是新的劳动工具——奴隶的所有者”①。

第二节　马克思的产权权能理论

一　概述

马克思不仅研究了所有权，而且对包含所有权在内的产权进行了深入研究，形成了马克思的产权权能理论。对此，笔者曾以马克思的土地产权权能为例进行详细考察，马克思笔下的土地产权权能，是由终极所有权及所有权衍生出来的占有权、使用权、处分权、收益权、出租权、转让权、抵押权等权能所组成的权利束。在这里，我们将把研究的范围拓展开来，尽力挖掘马克思的《资本论》等经典著作蕴藏的产权权能理论。在《资本论》中，马克思详细地研究了“资本的所有权”“自有资本和借入资本的所有权”“生产资料的所有权和剩余劳动的所有权”资本支配权即“绝对支配别人的资本、别人的财产，从而别人的劳动的权利”、资本“对企业主收入的要求权”、资本的经营管理权即“管理劳动”或“管理劳动作为一种职能”及“监督的指挥的劳动”，等等。

二　具体产权权能

在马克思对产权权能的分析中，产权的基本权能有以下几项，即终极所有权、所有权、支配权、使用权、收益权、处分权和管理权等。

终极所有权，又称单纯的所有权或法律上的所有权。在一些特殊场合，马克思又称为最高的所有权或股权，是指财产主体把自己的财产当作他的意志支配领域而加以保持，排斥他人并得到社会公认的权利。在谈到土地产权问题时，马克思就指出：土地所有权的前提是“一些人垄断一定量的土地，把它作为排斥其他一切人的，只服从自己个人意志的领域”②。这既表明了财产终极所有权的排他性，又表明了财产客体的归

① 《马克思恩格斯全集》（第21卷），人民出版社1965年版，第66—67页。

② 《资本论》（第三卷），人民出版社1975年版，第695页。

属关系。终极所有权的排他性意味着不能有两个产权主体同时拥有同一财产的所有权，从而使终极所有权主体能有效地行使自己的财产权利。终极所有权的归属性不仅意味着主体对财产的拥有，而且意味着归属于自身的财产要为自己带来收益。因此，它往往和收益权或剩余索取权联系在一起，例如，股权和股息联系在一起。

支配权是指实际运营财产、资本而进行生产和市场交易活动的产权权能。拥有支配权，就取得了运用一定量财产或资本进行生产获得利润或剩余价值的能力。马克思在分析借贷资本在其所有者和产业资本之间的运动时指出："货币资本家在把借贷资本的支配权转移交给产业资本家的时间内，就把货币作为资本的这种使用价值——生产平均利润的能力——让渡给产业资本家"①。即所有权主体既可以自己行使支配权，也可以让渡支配权，但这种让渡既不能损害所有权，即获得支配权的主体对所有权主体承担财产责任，要负保值或还本的责任，又必须满足所有权主体的要求，保证其剩余权的实现。

管理权是在支配权所赋予其限定的界限内对运营一定量财产、资本或价值所从事的生产或市场活动进行具体组织管理的产权权能，管理权直接受到支配权的制约。随着社会化大生产及其金融信用制度的发展，管理权越来越从支配权中分离出来，马克思在《资本论》中已经指出了这种趋势，并多处论及管理权及其同资本所有权、支配权的分离。马克思在对亚里士多德对奴隶社会中的奴隶主与管家的分离的论述进行肯定之后，就资本主义社会生产条件下所有权与管理权、支配权与管理权、所有者与财产管理者的分离进行了进一步的分析论证。马克思说："资本主义本身已经使那种完全同资本所有权分离的指挥劳动比比皆是。因此，这种指挥劳动就无须资本家亲自担任了。一个乐队指挥完全不必就是乐队的所有者；如何处理其他演奏者的'工资'问题，也不是他这个乐队指挥职能范围以内的事情。合作工厂提供了一个案例，证明资本家本人作为生产上的管理人员已经成为多余的了，就像资本家本人发展到最高阶段，认为地主是多余的一样"②。

收益权是要求获得财产、资本或价值运营所带来的剩余或收益的一

① 《资本论》（第三卷），人民出版社 1975 年版，第 393 页。
② 《资本论》（第三卷），人民出版社 1975 年版，第 435 页。

定份额的产权权能。收益权可以来自所有权，也可来自非所有权，如职管理权、支配权等权能。在市场经济中，借贷资本家和土地所有者的剩余索取权以所有权为基础，利息是资本所有权借以实现的经济形式，地租是土地所有权借以实现的经济形式。但是职能资本家的剩余索取权不是以所有权为基础，而是来自其对借入资本的支配权。马克思指出："执行职能的资本家不是从他对资本的所有权中，而是从资本同它只是作为无所作为的所有权而存在的规定性相对立的职能中，得出他对企业主收入的要求权，从而得出企业收入本身"①。为了实现收益权，所有者或支配权者必然通过一定的权能行使行为，对资产价值的运营和具体的生产经营管理进行监督，形成所有权对支配权和管理权的约束。

占有权指当财产客体是使用价值时，占有者运用所占有的资产进行生产活动，实际的意义与支配权差不多。而当财产客体表现为价值形态时，直接发生的是对财产价值的支配权，占有权表现为支配权，正是在这个意义上，马克思的职能资本家对借入资本的支配称为占有，他说："作为一种价值，这种价值具有创造剩余价值、创造利润的使用价值；它在运动中……暂时由它的所有者占有变为执行职能的资本家占有"②。

索取权是产权权能中的一项重要的权能，其本质是对剩余劳动的要求权。地租在历史上曾经表现为剩余劳动的普遍形式，土地所有者是别人剩余劳动的直接占有者，这种占有不是以交换为中介，而是以社会的一部分人对另一部分人的统治为基础的。与此不同，在资本主义市场经济条件下，索取权表现为对剩余价值的无偿占有权。职能资本家、货币资本家和土地所有者都是具有合法权利的人，他们在法律上都具有对利息的索取权，土地所有者对地租的索取权。与奴隶制、农奴制不同，在资本主义市场经济中对剩余劳动的索取权是以交换为中介的。马克思还分析了索取权的特点，他发现，对剩余价值的第一个占有者绝不是剩余价值的最后所有者。既然按照法律规定资本所有者和土地所有者都有索取权，那么在生产过程中执行职能的资本家也应该同他们一道分享剩余价值。因此，在剩余索取权的要求下，剩余价值被分割成为不同的部分，例如分割为利息、企业收入、地租等各个不同的、相互独立的形式，归

---

① 《资本论》（第三卷），人民出版社 1975 年版，第 426 页。

② 《资本论》（第三卷），人民出版社 1975 年版，第 384 页。

不同的人所有。

一般说来，索取权的基础是所有权。在资本主义市场经济中，货币资本家和土地所有者的索取权就是由所有权决定的。利息表现为货币资本家凭借资本所有权取得的对一部分剩余价值的索取权的结果，地租则表现为土地所有者凭借土地所有权对一部分剩余价值的索取权的结果。但是，法律上的所有权并不会为所有者创造任何剩余价值，货币资本家对货币资本的单纯法律上的所有权不会为他创造利息，土地所有者对土地的单纯法律上的所有权也不会为他创造地租。作为所有者，他们必须分别将货币资本和土地在一定时间内的使用权和经营权交给或出租给职能资本家。他们的所有权使他们有权不让别人使用货币资本或土地，直到经济关系能使资本和土地的利用给他们分别提供各自要求的剩余额。职能资本家在使用资本和土地的经济过程中，通过雇佣劳动生产出剩余价值，然后分别用其中的一定份额来满足拥有所有权的货币资本家和土地所有者的索取权。因此，对利息的索取是资本所有权借以实现的经济形式，对地租的索取是土地所有权借以实现的经济形式。值得注意的是，货币资本家和土地所有者的索取权是以所有权为基础的，但职能资本家的索取权的基础则不是所有权。在马克思看来，职能资本家对企业主收入的索取来自他对资本的使用权或支配权，来自他在生产过程中执行的职能。马克思指出："执行职能的资本家不是从他对资本的所有权中，而从资本同它只是作为无所作为的所有权而存在的规定性相对立的职能中，得出他对企业主收入的要求权，从而得出企业主收入本身"①。职能资本家由于取得了资本的使用权或支配权，也就取得了对劳动力的使用权或支配权，从而也就取得了对别人劳动的无偿占有权。同时，马克思还发现，索取权不是绝对不变的，它随着所有权的变化而变化。在一定条件下，当土地所有权由私有转化为国有时，土地所有权从土地所有者手中转移到国家手中，索取权也随之转移到国家手中；当土地私有制消灭时，索取权也随之消灭。

除此之外，马克思还研究了使用权、经营权、索取权、继承权和不可侵犯权等财产权利。

---

① 《马克思恩格斯全集》（第25卷），人民出版社1975年版，第426页。

第三节　马克思的产权结合与分离理论

在马克思看来，所有的产权权能既可以结合在一起，由一个产权主体行使，又可以将其中的一项或几项权能分离出来，由多个产权主体行使，形成不同的产权组合形式。总体上来看，马克思研究了所有权与占有权的结合和分离、劳动力所有权和支配权的结合与分离、土地所有权和经营权的结合与分离、资本所有权的结合与分离等产权结合与分离情况。综合起来说，马克思主要研究了产权结合与分离的三种典型形式。

一　产权结合与分离的形式Ⅰ

第一种形式是在所有权私有的条件下，各项产权权能集中在一起，由一个产权主体去行使，其典型的形式是个体劳动者如独立的农户或小手工业者用自己的土地或生产资料进行生产经营活动。此时，财产所有权、占有权、支配权、管理权、收益权、索取权和继承权等产权权能全部集中在一起，由劳动者自己行使。在资本主义市场经济中，土地所有者兼农业资本家用自己土地经营农场，职能资本家用自己的自有资本进行生产、流通活动并直接进行监督管理，也属于这种类型，这种类型也就是人们常说的个人业主制。对此，马克思写道："资本家之所以是资本家，并不是因为他是工业的领导人，相反，他所以成为工业的司令官，因为他是资本家。工业上的最高权力成了资本的属性"①。

二　产权结合与分离的形式Ⅱ

第二种形式是在所有权私有的前提下，所有权、占有权、管理权、经营权、收益权、索取权、继承权等产权权能中一项或几项产权从所有权中分离出来，属于不同的产权主体拥有，形成独立的产权权能，所有者、占有者、管理者、经营者等成为独立的产权主体。随着市场经济的发展，这种产权组合日益成为普遍的形式。大体上说，马克思主要分析了以下几种具体的产权分离情形：

第一，土地所有权与占有权、使用权、支配权等产权权能相分离，典型的形式是土地所有者出租土地，收取地租，土地经营者是非所有者，

---

① 《资本论》（第一卷），人民出版社 2001 年版，第 386 页。

但实际上占有土地进行经营并向土地所有者交纳地租。马克思说："正如土地的资本主义耕种要以执行职能的资本和土地所有权的分离作为前提一样，这种耕种通常也排除土地所有者自己经营。显然，土地所有者自己经营纯粹是偶然的情况"①。这种土地所有权和占有权的分离，就是"资本和土地的分离、租地农场主和土地所有者的分离"。他还说："在劳动地租、产品地租、货币地租（只是产品地租的转化形式）这一切地租形式上，支付地租的人都被假定是土地的实际耕作者和占有者，他们的无酬剩余劳动直接落入土地所有者手里"②。

第二，资本的所有权和支配权（含管理权）的分离，形成所有者和支配者两个不同的产权主体。借贷资本家为获取利息而把资本贷给职能资本家时，就把资本的支配权这一产权权能让渡给了职能资本家。借贷资本家处在生产过程之外，拥有资本的所有权，是"资本的单纯所有者"；而职能资本家处在生产过程之内，拥有资本支配权，是"资本的使用者"③。在借贷期内，借贷资本家和资本的现实运动本身无关，即资本所有者放弃了对贷出资本的现实支配权这一产权权能，而只保留了凭借所有权所行使的部分收益权或对剩余价值的索取权等产权权能。

第三，资本的所有权与支配权、管理权、监督权的分离，形成了所有者、支配者、管理者三个不同的产权主体。马克思在考察资本职能与管理职能、监督职能的分离时指出："资本主义生产本身已经使那种完全同资本所有权分离的指挥劳动比比皆是。因此，这种指挥劳动就无须资本家亲自担任了"④。也就是说，随着社会化大生产的发展，管理权作为独立的产权权能已经同支配权相分离，它不再从属于支配权。马克思进一步分析说："与信用事业一起发展的股份企业，一般地说也有一种趋势，就是使这种管理劳动作为一种职能越来越同自有资本或借入资本的所有权相分离"⑤。借入资本的所有权是指对借入资本的支配权，支配权的独立意味着它已经和自有资本的所有权相分离。在此前提下，管理劳动的职能即管理权同借入资本的支配权再分离，这样就形成了所有权、

① 《资本论》（第三卷），人民出版社 1975 年版，第 847 页。
② 《资本论》（第三卷），人民出版社 1975 年版，第 904 页。
③ 《资本论》（第三卷），人民出版社 1975 年版，第 421 页。
④ 《资本论》（第三卷），人民出版社 1975 年版，第 435 页。
⑤ 《资本论》（第三卷），人民出版社 1975 年版，第 436 页。

支配权与管理权的分离，所有者、支配者和管理者的分离。

三　产权结合与分离的形式Ⅲ

第三种形式是在公有所有权条件下，产权权能中的一项或几项产权权能从所有权中分离出来，形成不同的产权权能，所有者与管理者、占有者等产权主体的分离。关于这种情形，我们可以从马克思对原始公有所有权前提下的产权结合与分离情况看得更清楚。马克思在研究亚细亚的所有制形式时就研究了所有权与占有权，所有者与占有者之间的分离。在马克思看来，亚细亚的所有制，包含了两种所有权与占有权，所有者与占有者分离的具体形式。一种形式是公社为所有者而拥有所有权，个人是实际的占有者而拥有占有权。马克思写道："在亚细亚的（至少是占优势的）形式中，不存在个人所有，只有个人占有；公社是真正的实际所有者；所以，财产只是作为公共的土地财产而存在"①。另一种形式是由许多公社（小的共同体）组成的总和的统一体（大共同体）是所有者而拥有所有权，作为小共同体的公社只是占有者而拥有占有权。"在大多数亚细亚的基本形式中，凌驾于所有这一小的共同体之上的总和的统一体表现为唯一的所有者，实际的公社却只不过表现为世袭的占有者。因为这种统一体是实际的所有者，并且是公共财产的真正前提"②。除此之外，马克思还对国有制下所有权与其他产权权能的结合与分离，所有者与其他产权主体的结合与分离情况进行了研究（洪名勇，1998b）。

第四节　产权在市场经济中的性质和作用

一　产权是市场经济得以运行的前提

马克思认为，要使市场经济运行中的商品交换得以顺利进行，其中一个重要的前提在于产权的清晰界定，在于各个商品都有明确的产权主体。马克思说："商品不能自己到市场上去，不能自己去交换。因此，我们必须找寻它的监护人，商品占有者"③。马克思接着写道："为了使这些

---

① 《马克思恩格斯全集》（第46卷上），人民出版社1979年版，第481页。

② 《马克思恩格斯全集》（第46卷上），人民出版社1979年版，第471页。

③ 《马克思恩格斯全集》（第44卷），人民出版社2001年版，第103页。

物作为商品彼此发生关系，商品监护人必须作为自己的意志体现在这些物中的人彼此发生关系，因此，一方只有符合另一方的意志，就是说每一方只有通过双方共同一致的意志行为，才能让渡自己的商品，占有别人的商品。可见，他们必须彼此承认对方是私有者"①。马克思的分析说明，产权关系是商品交换关系赖以发生的前提，商品交换的当事人只有彼此承认对方的财产权利，才有可能发生交换行为。不过，这种产权并不是只局限于私有产权，马克思曾经说过："商品交换是在共同体的尽头，在它们与别的共同体或其成员接触的地方开始的"②。再考虑到商品经济在当代发展的现实，因而作为商品交换前提的产权，可以是私有产权，也可以是公有产权。但是，必须是经过清晰界定的产权，并得到商品交换双方的共同承认。商品产权必须清晰，是因为清晰的产权保证了交换双方在交换过程中处于平等的地位，使交换能够按照双方共同一致的意志行为得以完成。马克思在其《1857—1858 年经济学手稿》中指出："在交换之前就存在的商品所有权，即对于那种不是通过流通而占有的商品的所有权"③ 是商品交换得以顺利进行的前提。在马克思看来，"劳动和对自己劳动成果的所有权表现为基本前提，没有这个前提就不可能通过流通而实行第二级的占有。以自己的劳动为基础的所有权，在流通中成为占有他人劳动的基础"④。

二　产权在市场经济中的功能

马克思在许多地方论述了产权在市场经济中的功能。在马克思看来，产权除了是市场经济运行的基础和前提之外，产权在市场经济中具有以下几个方面的功能：

第一，产权的激励功能。任何经济主体有了明确、独立和清晰界定的产权，就会产生其行为的收益预期，形成利益刺激，这就是产权的激励功能。对此，马克思以分析货币资本转化为资本时资本家的行为动机为例进行了说明，他说："这种流通的客观内容——价值增殖——是他的主观目的；只有在越来越多地占有抽象财富成为他的活动的唯一动机时，他才作为资本家或作为人格化的、有意志和意识的资本家执行职能。因

① 《马克思恩格斯全集》（第 44 卷），人民出版社 2001 年版，第 103 页。
② 《马克思恩格斯全集》（第 44 卷），人民出版社 2001 年版，第 107 页。
③ 《马克思恩格斯全集》（第 31 卷），人民出版社 1998 年版，第 347 页。
④ 《马克思恩格斯全集》（第 31 卷），人民出版社 1998 年版，第 348 页。

此，决不能把使用价值看作资本家的直接目的。他的目的也不是取得一次利润，而是谋取利润的无休止的运动”[①]。正是以资本的产权为基础，资本家才作为人格化的资本去执行职能，无休止地追求利润。在产权权能分离之后，只要各产权权能界定是清晰的，不同的产权权能同样对于不同的产权主体具有不同的激励作用。例如，在资本的产权分割为资本所有权和支配权时，其相应的产权主体分解为借贷资本家和职能资本家后，所有权的产权主体借贷资本家和支配权的产权主体职能资本家，分别有利息和企业主收入这样两种不同的收益预期对他们产生激励作用。此时，对于借贷资本家来说，具有监督职能资本家进行有效的生产经营管理，以保证他自己获得应有利息的激励。对于职能资本家来说，具有提高经营绩效以获得相应的企业主收入的激励。

第二，产权的约束功能。任何产权或产权权能的作用空间都有一定的界区，其所预期的收益也是有一定限度的，这决定了任何一个产权主体只能在一定的界区行使自己的产权权能并获得相应的利益，这就是产权的约束功能。马克思指出：“仅仅使用和滥用的权利……就一方面表明了私有制已经完全不依赖于共同体（Gemeinwesen），另一方面表明了一个错觉，仿佛私有制本身仅仅以个人意志即对物的任意支配为基础。实际上，滥用（abuti）对于私有者具有极为明确的经济界限，如果他不希望他的财产从而他滥用的权利转入他人之手的话”[②]。这说明，产权表面上是个人意志对财产或对物的任意支配，但实际上在社会经济活动中，这种任意支配财产的权利有明确的经济边界。产权主体必须把自己的意志行为约束在权利边界以内。如果越权、侵权，就会付出代价，甚至会失去自己的财产。

第三，产权对维护企业内部权威关系的保障功能。在市场经济中，企业对外要以一定的产权为基础进行平等竞争和自主交换，内部则要在一定的权威关系下才能进行正常的生产经营。这种权威关系的建立和形成是以一定的产权为保障的。马克思在分析资本主义企业运行时指出，先有权利平等和劳动力的买卖过程，然后才使工人在生产过程中绝对服从资本家的意志；在分析借贷资本家和职能资本家的关系时认为，先有

---

① 《马克思恩格斯全集》（第 44 卷），人民出版社 2001 年版，第 178—179 页。

② 《马克思恩格斯选集》（第 1 卷），人民出版社 1995 年版，第 133 页。

资本支配权的让渡，然后才是职能资本家获得指挥、管理企业的权威。从马克思的分析中我们可以看出，市场经济中企业正常生产经营需要的权威关系，是以一定的产权为基础的。

第五节　马克思产权分析与西方产权分析的简单比较

马克思产权理论和西方产权理论都是以产权为研究对象的。由于西方产权理论或多或少地受到了马克思理论直接或间接的影响，因此，两者有许多共同的地方。例如，两者都强调产权的重要性，把产权制度视为影响经济增长的重要因素；都把产权关系看作人与人之间的一种经济关系，把利益问题当作产权关系的核心问题；都研究了资本的所有权、土地的所有权、股份公司的所有权以及所有权与支配权的分离等产权现象；都研究了商品所有权之间的等价交易关系，等等。从整体上看，虽然两者有许多共同之处，但两者在不少问题中存在重大差别，研究产权问题的方法、概念和理论逻辑等方面是完全不同的。它们之间的区别主要表现在以下几个方面：研究产权问题的方法是个人主义还是整体主义，是经济关系决定法权关系还是法权关系决定经济关系，产权关系是一种交易关系还是一种生产关系等等。这里我们简要地分析一下两者的区别。

一　个人主义与整体主义

在西方产权经济学中，虽然也有部分经济学家使用整体主义的分析方法，但从其发展趋势来看，西方产权经济学正从产权的整体主义走向个人主义。这一点，在新制度经济学或现代产权经济学的发展中看得更清楚。旧制度经济学之所以无法进入主流经济学的原因就在于其分析中的整体主义。现代产权经济学之所以开始纳入主流经济学的分析视野，一个重要的原因就在于其分析方法与旧制度经济学有重大的区别，即以分析中的整体主义为主逐渐转移为以个人主义为主，以个人主义为主的分析方法是西方新制度经济学或现代产权经济学逐渐被纳入西方主流经济学并成为一种显学的原因。按照个人主义方法论的逻辑，产权关系首先是个人对于财产排他性的占有关系，而排他性的占有在给经济主体带来收益的同时，又会引起一定的交换成本，如事前准备契约的成本、签订契约的成本、契约的执行成本、契约的监督成本等。产权制度的形成和变迁，就是由个人在交易成本的约束下为追求利益最大化而进行的自发交易的产物。这种对产权问题的分析研究完全可以建立在以成本收益分析为核心的新古典经济学理性经济人假设的基础上进行。此时，人们各自追求的多样性被忽略了，取而代之的是无差别的经济人，人们基于各自的成本收益计算的自由交易创造了整个世界。

与西方现代产权经济学的个人主义分析不同，马克思对产权问题的分析是建立在整体主义分析方法基础之上的，是一种整体性的分析方法。在马克思看来，社会不是个人的简单相加，由具有一定结构联系起来的社会整体规定了个人的属性，决定了个人存在发展的空间。因此，对产权问题进行分析的出发点不是抽象的个人，而是现实的处于社会联系中的个人。人是处于特定社会的整体联系中的，是具有包括经济利益等多种追求在内，而并非只进行成本收益计算的个人。马克思的整体主义分析方法表明，一定社会的所有制形式和产权结构不是个人之间自由交易和自由契约的结果，而是社会结构的整体即生产力与生产关系、经济基础与上层建筑矛盾运动的产物；不是理性的个人的自由选择导致了产权制度的形成和变迁，而是社会结构和产权制度的变迁决定着个人的行为方式和选择空间。因此，产权关系不是个人之间的一种交易关系，而是不同阶级或不同社会集团之间的一种生产关系。

马克思对于产权问题的整体性分析在《资本论》中得到了完整的体现。为了揭示资本主义产权关系的实质，马克思首先从资本主义经济的基本现象——商品、货币关系入手，说明了商品、货币到资本的转化，然后进入到资本主义占有权的核心即剩余价值的生产过程分析，而这种分析又是紧密结合生产方式即分工协作方式的发展而展开的。剩余价值的生产过程不仅仅是单个的劳动力产权主体与单个的资本产权主体之间的关系，而是资本家和工人阶级两个利益集团之间的关系，这就是资本所有权和劳动力所有权的实质。但是，资本所有权和劳动力所有权的这种本质关系并不是脱离现实的经济关系而存在的。在《资本论》第 2 卷和第 3 卷中，马克思从对生产过程的分析转入到对流通过程和分配总过程的分析，从对工人阶级和资本家两个利益集团的分析转入到对资产阶级内部各个利益集团的分析。只有在这时，资本主义经济活动中不同的产权主体如工人、货币资本家、土地所有者、企业主、经理人员等不同产权主体之间的交易才完整地呈现在人们的面前，资本主义产权关系的整体图景才完整地再现出来。

二　法权关系与经济关系

马克思的产权理论是在对古典经济学的所有权理论进行批判的基础上建立起来的。而古典经济学对所有权的解释，是以古罗马民法中的法权为基础的，在本质上是一种非历史的法权理论。西方现代产权经济学对产权概念的理解虽然已经从人对物的支配转移到人与人的交易关系上来，但其所谓的“交易”，仍然是建立在脱离历史的个人之间发生权利交易契约基础之上的，而作为这种交易的产权，被看作是由法律规定和实施的，如使用权、收益权等排他性的财产权利。这些权利不是建立在生产力与生产关系基础之上的，而是建立在法律基础之上的，是法律创造了产权。在这里，法律关系与经济关系经常被混在一起，并且两者之间关系与马克思对两者之间关系的认识是完全不同的，是法律关系决定了经济关系。科斯在其著名论文《社会成本问题》中所讨论的产权问题，主要就是围绕产权的法律界定及其产生的成本和收益问题而展开的。在西方新制度经济学家看来，法律对产权具有决定性的意义，即产权首先是一种法权，它是由凌驾于社会经济关系之上的立法者创造的，法权关系决定了经济关系。

与此不同的是，在马克思看来，不是法权决定经济关系，而是经济关系决定法权关系。在《德意志意识形态》中，马克思和恩格斯专门分析了国家、法和所有制的关系，他们指出，“国家只是为了私有制才存在的”，但由于“一切共同的规章都是以国家为中介的，都获得了政治形式。由此便产生了一种错觉，好像法律是以意志为基础的，而且是以脱离其现实基础的意志即自由意志为基础的”①。构成私法重要内容的使用和滥用的权利，“表明了一个错觉，仿佛私有制本身仅仅以个人意志即对物的任意支配为基础。实际上，滥用（abuti）对于私有者具有极为明确的经济界限”，“因为仅仅从私有者的意志方面来考察的物，根本不是物；物只有在交往中并且不以权利为转移时，才成为物，即真正的财产”；因此，“这种把权利归结为纯粹意志的法律上的错觉，在所有制关系进一步发展的情况下，必然会造成这样的现象：某人在法律上可以对某物享有

① 《马克思恩格斯选集》（第1卷），人民出版社1995年版，第132页。

权利，但实际上并不拥有某物”[1]。而事实却是，产权是生产力发展到一定阶段必然的交往形式，“每当工业和商业的发展创造出新的交往形式，例如保险公司等等，法便不得不承认它们都是获得财产的方式”[2]。从马克思的分析中我们不难看出，在马克思这里，不是法权关系决定经济关系，而是相反，是经济关系决定了法权关系。所以马克思在《哲学的贫困》这一著作中有这样的著名论断：“在每个历史时代中所有权是以各种不同的方式、在完全不同的社会关系下面发展起来的。因此，给资产阶级的所有权下定义不外是把资产阶级生产的全部社会关系描述一番”；“要想把所有权作为一种独立的关系、一种特殊的范畴、一种抽象的和永恒的观念来下定义，这只能是形而上学或法学的幻想”[3]。

三 交易关系与生产关系

建立在理性经济和交易成本范围基础之上的西方现代产权经济学的理论逻辑是契约主义。在那里，产权关系被认为是具有独立财产权的理性的个人为实现个人利益最大化而建立的契约关系，而特定契约关系的形成又是比较不同契约安排的交易成本的结果，在产权明晰化的前提下，理性的个人将寻求导致他们利益最大化的契约安排。按照西方现代产权经济学的理论，产权之所以重要，是因为市场交易需要花费成本，不同的产权安排将产生不同的效率，因此，交易成本的大小是人们选择不同的产权制度的主要依据。例如，科斯定理就向人们表明，如果交易成本等于零，那么产权制度的选择就是不重要的；相反，如果交易成本大于零，则产权制度的设计与选择对于资源配置效率来讲就具有极为重要的意义。

马克思不否认交易在市场经济中的作用，对市场交易、对交易成本的研究并不比科斯等西方现代产权经济学家逊色，并且从节约交易成本的角度提出了与科斯定理内容有关的马克思定理。但是在马克思的研究中，产权问题首先是一个生产关系的概念而不是一个交易概念。马克思认为，生产是人类生存和发展的基础。为了进行生产，就必须把生产资料和劳动者结合起来，这种结合包括两个方面的内容，一方面是劳动者

① 《马克思恩格斯选集》（第 1 卷），人民出版社 1995 年版，第 133 页。
② 《马克思恩格斯选集》（第 1 卷），人民出版社 1995 年版，第 134 页。
③ 《马克思恩格斯选集》（第 1 卷），人民出版社 1995 年版，第 177—178 页。

与生产资料结合的技术组织形式，另一方面是劳动者与生产资料结合的社会形式。劳动者与生产资料结合的社会形式，或者说人们在占有生产资料的过程中形成的经济关系，其实质就是不同财产主体与劳动力产权主体结合的产权关系。不同的财产主体之间的不同结合、不同劳动力产权主体与不同的财产主体之间不同的产权结合就形成了不同的产权制度安排。这一点，马克思结合不同历史阶段上不同财产主体之间不同的结合，不同劳动力产权主体与财产主体之间的结合构成的不同产权制度进行了具体说明。

第十三章　交易成本理论

交易、交易成本是制度经济学研究的核心范畴，交易成本理论是制度经济学重要理论。在这一章中，我们重点对交易、交易成本及交易成本理论进行一个简要的介绍。

第一节　交易与交易成本

一　交易范畴的界定

最早使用“交易”概念并对它的功能及其分类加以分析的人可能是古希腊的亚里士多德。他在其《政治学》中把“交易”视为三种“致富技术”（畜牧业、交易和矿冶、木材采伐等）之一。又把“交易”分成三个部门的交易，实际上是分成三种交易：一是商业交易（包括海上贸易、陆上贸易和当地贸易）；二是贷钱取利，即金融交易或货币交易；三是雇佣制度，实际上是劳动力交易。他的意思是人们从事这三种交易活动都可以带来财富或致富。这里的“交易”离现代产权经济学使用的“交易”和“交易成本”范畴含义显然还相距较远，但三个基本点是明确的：第一，已经创立了“交易”概念，并为后来的产权经济学沿用。第二，“交易”与“生产”在内容上是区别开来的，因为亚里士多德是把“交易”与“畜牧业”和“矿冶、木材采伐”这些生产活动并列的，“交易”是指人与人之间的经济活动，而“畜牧业”和“矿冶、采伐等是人与自然之间的经济活动。这与现代产权经济学把“交易”定义为“人与人之间的关系”已相差不远。

把“交易”作为比较严格的经济学范畴建立起来并做了明确界定和分类的是制度经济学家康芒斯，康芒斯认为：第一，“交易”是人类经济活动的基本单位，是制度经济学的最小单位。第二，“交易”是人与人之间的关系，是所有权（它不等于自然形态的物质即财产本身）的转移，是个人与个人之间对物的未来所有权的让与和取得，而不是人类与自然的关系。第三，“交易”这种人类根本或基本的活动单位，是使法律、经济学和伦理学有相互关系的单位，也就是说，康芒斯是从法律、经济学和伦理相互关系的意义上研究“交易”这种人类经济活动的基本单位的。第四，“交易”与古典经济学和新古典经济学的“交换”不同。“交换”是一种移交与接收物品的劳动过程，或者移交与接收一种“主观的交换价值”，是一种物质的供给与需求的平衡或伸缩关系，建立在边际效用理论基础上的新古典经济学就是对这种物质供求平衡关系的描述，而“交易”不以实际物质为对象，是以财产权利为对象，是人与人之间对自然物质权利的让与和取得关系，是依法转移法律上的控制。第五，“交易”作为人类经济活动的基本单位，本身必须含有“冲突、依存和秩序”三项原则，实质上是指人类交易关系的三个基本特征。即人与人间的交易关系是一种利益上既相互冲突又相互依存的关系，而且这种交易既在现在不断地、反复地、连续地发生，又使交易者能可靠地预期将来还会这样发生。换一句话说：交易是不断的、反复的、具有必然性，而且人们能够不断地做出这种预期，类似于天然规则。这就是所谓交易的“秩序”。实际上是指交易的必然性、连续性和反复性。第六，“交易”可以分成三种类型：买卖的交易、管理的交易和限额的交易。买卖的交易即法律上平等的、具有竞争性的市场交易，价格由买卖双方四个当事人（两个买者和两个卖者）竞争决定。正因为是买卖双方都有两个人（这是简化，实际上是买卖双方的多数和非垄断状况）才决定了交易的竞争性。管理的和限额的交易是法律上不平等的上下级之间的不平等交易，交易双方都只有一个“当事人”（包括个人或组织），没有竞争性。不同的是：管理交易里的“上级”是一个人或一种少数个人的特权组织；限额交易里的“上级”是一个集体的上级或者它的正式代表者，例如公司的理事会、政府等。第七，不同的具体的交易合在一起构成经济研究上的较大单位——“运行的机构”或制度，实际上是交易活动的有规则的载体[①]。

---

① 黄少安：《“交易费用”范畴研究》，《学术月刊》1995年第11期。

二 交易成本

（一）微观视角的定义

1. 科斯对交易成本的定义

在《企业的性质》一文中，科斯首次提出交易成本概念。科斯说，“市场的运行是有成本的，通过组成一个组织，并允许某个权威（一个企业家）来支配资源，就能节约某些市场运行的成本”①。这里所说的市场运行的成本就是交易成本。然而，尽管科斯一直认为《企业的性质》对经济学最重要的贡献是“明确地将交易成本概念引入经济分析”，但是在这篇文章里，他没有给交易成本下一个明确的定义。关于交易成本具体包括哪些成本，科斯认为，“通过价格机制‘组织’生产的最明显的成本是所有发现相对价格的工作”②。然后，“市场上发生的每一笔交易的谈判和签约的费用也必须考虑在内”③。再者，“在某些市场中（如农产品交易）可以设计出一种技术使契约的成本最小化，但不可能消除这种成本”④。最后，“利用价格机制也存在着其他不利因素（或成本）”⑤。例如，在签订长期契约时，“由于预测方面的困难，有关物品或劳务供给的契约期越长，实现的可能性就越小，从而买方也不愿意明确规定出要求缔约对方干什么”⑥。

在1960年发表的《社会成本问题》一文中，科斯对交易成本作了一般化的说明，“为了进行市场交易，有必要发现谁希望进行交易，有必要告诉人们交易的愿望和方式，以及通过讨价还价的谈判缔结契约，监督契约条款的严格履行等。这些工作常常是花费成本的，而任何一定比率

---

① 科斯：《企业、市场与法律》，格致出版、上海三联书店、上海人民出版社 2009 年版，第 40 页。

② 科斯：《企业、市场与法律》，格致出版、上海三联书店、上海人民出版社 2009 年版，第 39 页。

③ 科斯：《企业、市场与法律》，格致出版、上海三联书店、上海人民出版社 2009 年版，第 39 页。

④ 科斯：《企业、市场与法律》，格致出版、上海三联书店、上海人民出版社 2009 年版，第 39 页。

⑤ 科斯：《企业、市场与法律》，格致出版、上海三联书店、上海人民出版社 2009 年版，第 39 页。

⑥ 科斯：《企业、市场与法律》，格致出版、上海三联书店、上海人民出版社 2009 年版，第 39 页。

的成本都足以使许多在无须成本的定价机制中可以进行的交易化为泡影”[1]。在1991年的诺贝尔奖演说中，科斯对交易成本是这样界定的，“谈判要进行，契约要签订，监督要实行，解决纠纷的安排要建立，等等，这些费用后来被称为交易成本”[2]。综合起来看，科斯对交易成本的界定是围绕交易过程展开的，交易成本包括与交易有关的一切活动引起的成本，包括为交易进行准备的活动，如收集相关的价格信息、确定潜在的交易对手等；交易过程中的活动，如讨价还价、签订契约等；为保证契约严格实施进行的活动，如督促、监督等[3]。

2. 威廉姆森对交易成本的定义

威廉姆森对交易成本进行的研究是最全面的，具有综合性的。他系统研究了交易成本存在的原因和企业替代市场，即纵向一体化的理由。他运用麦克内尔将交易分为古典型、新古典型和关系型三种类型的理论。认为只有在古典型交易中，交易成本才是可以忽略的。在古典型交易中，交易者数量多，高度分散，交易对象的属性或交易活动具有现实性，信息充分，交易协定条款完备。而新古典交易不同，在这种交易中存在不确定性，人们不可能在订立契约时预见到将来所有的意外；对即使是能预见到的意外，也必须身临其境才能在契约中进行适当的调整；当事人双方出于利益的对立，围绕环境变化时对契约所做的调整会出现纠纷或争端，即机会主义行为，这就使交易成本大大提高。关系性交易活动更加复杂。在关系型交易中，因为契约不完备，存在机会主义倾向，加上资产具有专用性，有关订立契约和修改契约的工作就更为复杂，常常可能导致费时费力的谈判甚至更糟的情况[4]。他还将缔约费用分为事前和事后的。与此相对应，交易成本也就包括签订合同之前的交易成本和签订合同之后的交易成本。“前者是指草拟合同，就合同内容进行谈判以及确保合同得以履行所付出的成本”[5]。“签订合同之后的成本有以下几种：(a) 不适应成本，即当涉及青木昌彦所说的‘合同变更曲线’，即交易行为逐渐偏离了合作方向，造成交易双方互不适应的那种成本；(b) 讨价

① 科斯：《论生产的制度结构》，上海三联书店1994年版，第157页。
② 科斯：《论生产的制度结构》，上海三联书店1994年版，第355页。
③ 宋宪伟、童香英：《交易成本的一个新定义》，《江淮论坛》2011年第1期。
④ 刘东：《交易费用概念的内涵与外延》，《南京社会科学》2001年第3期。
⑤ 奥利弗·E. 威廉姆森：《资本主义经济制度》，商务印书馆2004年版，第33页。

还价成本，即如果交易双方想纠正事后不合作的现象，需要讨价还价造成的成本；（c）建立及运行成本，即为了解决合同纠纷而建立治理结构（往往不是法庭）并保持其运行，也需要付出成本；（d）保证成本，即为了确保合同中各种承诺得以兑现所付出的那种成本”①。根据威廉姆森对交易成本的直接描述，并结合他的整体分析思路，可以看出，他的交易成本包括科斯的交易成本，但是在此基础上包括了新的内容。与科斯相同的是，威廉姆森的交易成本也包括契约签订之前准备的成本，谈判并签订契约的成本，契约签订之后保证契约得以履行的成本，而且威廉姆森区分了事前的保证成本和事后的保证成本②。

3. 哈特对交易成本的定义

哈特对交易成本的内涵也作了新的发展。他认为剩余控制权的配置结构将影响交易双方在事前对这一交易进行投资的积极性。“在一个存在交易成本和不完全合同的世界，事后剩余控制权将十分重要，因为它们通过对资产用途的影响，影响交易关系中事后的谈判力量和事后盈余的分配。这一盈余分配又影响双方投资于这一关系的激励”③。如果因为剩余控制权的不合理分配，导致某些专用于该交易的事前投资没有得到实施，由此造成的损失也属于交易成本。与威廉姆森相反，哈特强调的是资产专用性引起的事前激励。哈特和威廉姆森对交易过程的分析都越过了在市场上进行物品或劳务交易这一活动本身的界限，已经延伸到生产交易物品所需的投资活动。一个向前延伸到专用投资的事前激励，一个向后延伸到已经进行的专用投资的利用问题。

4. 阿尔钦和德姆塞茨的定义

阿尔钦和德姆塞茨对交易成本论的贡献是众人瞩目的，他们侧重研究团队生产中劳动交易的困难。劳动产权的交易涉及偷懒行为的可能性。按照张五常的说法，偷懒只是一种间接的表述方式，问题的实质是劳动贡献的测度问题。劳动有效交易取决于劳动贡献的计量，得到有关劳动的信息是花费成本的，这个成本就是交易成本。由于存在交易成本，团队某些成员的偷懒行为可能产生外部影响。由此他们论证了由监督者监

---

① 奥利弗·E. 威廉姆森：《资本主义经济制度》，商务印书馆 2004 年版，第 35 页。

② 宋宪伟、童香英：《交易成本的一个新定义》，《江淮论坛》2011 年第 1 期。

③ 路易斯·普特曼、兰德尔·克罗次纳：《企业的经济性质》，上海财经大学出版社 2003 年版，第 463 页。

督劳动并获取剩余的企业组织形式代替市场上频繁劳动交换的必要性。阿尔钦和德姆塞茨不赞成科斯关于企业作用在于强制、指挥和命令的看法，认为企业的作用主要在于监督、激励和获得劳动者异质性信息，便于优化劳动组合。但是他们关于依靠市场机制来解决团队生产中偷懒问题会遇到高昂交易成本的观点却是继承了科斯的观点。在各种要素的交易中，特别关注劳动交易的倾向，这与科斯的观点是一致的。尽管科斯后来承认仅仅从劳动的交易来论证交易成本和企业的性质是不全面的。注重劳动交易困难的做法，从一开始就包含了从交易困难入手研究交易成本的思路①。

以上学者对交易成本概念的认识，因各自分析的需要，其所强调的侧重点也有所不同，但他们之间并没有矛盾，是一种互补的关系，他们的观点一起丰富了交易成本的内涵。而且，他们有一个共同之处，都是沿袭科斯的思路，以交易活动为核心，通过对交易过程中不同阶段所可能发生活动的分析来定义交易成本。除了他们之外，其他许多学者也是沿袭这一思路来定义交易成本。比如，达尔曼指出，交易过程存在三个阶段，与此相应，也存在交易成本的三种不同类型：寻求信息费用、讨价还价和决策费用、监督和执行费用②。马修斯的简明定义是，交易成本包括事前准备合同和事后监督及强制合同执行的费用，与生产费用不同，它是履行一个合同的费用③。

（二）整体视角的定义

科斯等对交易成本的定义是从对交易过程中相关活动的分析进行的，这是一条微观角度的思路。张五常对交易成本的定义是从一个新的角度，即从整体的角度进行的。先来看看张五常对交易成本定义的几段文字："在最广泛的意义上，交易成本包括所有那些在鲁滨逊·克鲁索不可能存在的成本，在这种经济中，既没有产权，也没有交易，亦没有任何种类的经济组织上……这样定义之后，就可以把交易成本就可以看作是一系列制度成本，其中包括信息成本、谈判成本、起草和实施合约的成本、界定和实施产权的成本、监督管理的成本和改变制度安排的成本。简言

---

① 刘东：《交易费用概念的内涵与外延》，《南京社会科学》2001 年第 3 期。

② 卢现祥、朱巧灵：《新制度经济学》，北京大学出版社 2007 年版，第 156 页。

③ 卢现祥、朱巧灵《新制度经济学》，北京大学出版社 2007 年版，第 156 页。

之，交易成本包括一切不直接发生在物质生产过程中的成本"[①]。"在最广泛的意义上，所有不是由市场这只'看不见的手'指导的生产和交换活动，都是有组织的活动。这样，任何需要经理、董事，监督者、职员、执行者、律师、法官、经纪，或甚至中间人的安排，都意味着组织的存在。这些职业在鲁滨逊经济中是不存在的，支付给他们的报酬就是交易成本"[②]。

张五常的交易成本概念有两个特点：第一，张五常的交易成本概念不再围绕交易活动展开，而是从整体的角度去把握。以交易活动为核心展开的交易成本概念对于某些特殊的制度分析来说是恰当的，但是交易成本概念要在广义制度分析中仍能作为核心概念，就必须在原来含义的基础上进行扩展，在张五常看来，不少制度费用—交易成本—与明显或直接的交易扯不上关系。张五常的交易成本概念比沿着科斯的交易思路发展的交易成本概念有了本质上的扩展。第二，张五常的交易成本概念力求从制度的根源角度去把握，他认为，"从广义的角度看，制度是因为有交易成本而产生的，所以交易成本应该称为制度费用。这一点，科斯是同意的，但交易成本一词是科斯在 1937 年首先提出的，其后在 1960 年的一篇后来变得家喻户晓的宏文中，他旧词重提，落地生根，要改也改不了了"[③]。一人世界不需要制度，制度是用来协调人与人的关系的，制度只存在于由多人组成的社会中。所以制度成本，从而"交易成本永远是两个人或更多的人之间的关系而产生的"[④]。这样，我们就不难理解为什么张五常把交易成本定义为鲁滨逊的一人世界不可能有的费用[⑤]。

（三）基于交易的交易成本

长期以来，交易成本处于一种非常尴尬的位置。一方面，它在不同的场合被不同的人频繁用来解释各种各样的问题；另一方面，有相当多的人对其提出批评，认为其内容含糊，似是而非，对它的使用已经到了滥用的程度。交易成本要摆脱这种尴尬地位，就必须被赋予恰当的含义，既不能太窄，也不能太宽。

---

① 张五常：《经济解释—张五常经济论文选》，商务印书馆 2000 年版，第 407—408 页。

② 张五常：《经济解释—张五常经济论文选》，商务印书馆 2000 年版，第 408 页。

③ 张五常：《经济解释》，花千树出版有限公司 2001 年版，第 102 页。

④ 张五常：《经济解释》，花千树出版有限公司 2001 年版，第 104 页。

⑤ 宋宪伟、童香英：《交易成本的一个新定义》，《江淮论坛》2011 年第 1 期。

我们知道，制度优化的目的之一就是降低交易成本，交易成本是比较制度分析的核心概念。因此，张五常对交易成本的定义给我们极大启示，定义交易成本应与制度联系起来。如果与交易、与制度无关的成本，我们不能称为交易成本，只能将与制度、与交易相关的成本称为交易成本。根据其是否能够增加一个社会或集体的共同产出（包括产品和服务），人的一切活动可以分为两类：生产活动和交易活动。生产活动是创造性质的，它能够使社会的整体产出变得更多。这类活动主要与社会所掌握的关于自然科学技术和行为组织技术的知识有关。交易活动是非创造性质的，它主要是用来改变社会整体的产出在个人之间的分配关系，并不能使社会的整体产出增加，在很多时候甚至是减少了社会的整体产出。这类活动主要与社会的制度安排有关，制度决定着人们把自己掌握的各种要素用于生产活动还是交易活动。与生产活动有关的成本称为生产成本，与交易活动有关的成本称为交易成本。要与制度对应起来，就必须指向那些由于人与人的利益冲突而引起的成本①。

第二节　交易成本的度量

自科斯开创性地把交易成本引入经济学分析以来，对交易成本的争论就没有停止过。争论的焦点集中在两个方面，一个是交易成本的定义问题，另一个就是交易成本的计量问题。当然这两个问题之间是有关联的，正是由于对交易成本的定义没有形成统一的认识，所以才导致其计量范围和方法上的不一致。从我们前面对交易成本概念的梳理中我们可以发现，对于交易成本的定义主要是从宏观和微观两个层面上进行的，沿着交易成本定义，对交易成本的度量也可以从宏观和微观两个层面去进行思考。一是宏观层面上的计量，二是微观层面上的计量。

一　宏观层面上的交易成本计量②

（一）对经济体交易成本的计量

Wallis 和 North 在其论文《美国经济中交易部门的测量：1870—

① 宋宪伟、童香英：《交易成本的一个新定义》，《江淮论坛》2011 年第 1 期。

② 胡浩志：《交易费用计量研究述评》，《中南财经政法大学学报》2007 年第 4 期。

1970》中，第一次开拓性地对交易成本进行了测量。他们将整个经济部门分为交易部门和转换部门，其中交易部门包括金融保险业、房地产业、咨询业、批发零售业以及公共交易部门①，转换部门即为农林牧渔业、矿业、制造业、餐饮业等。交易成本包括来自交易部门的交易成本和转换部门的交易成本，其中交易部门的交易成本用该部门所利用的资源的总价值表示，转换部门的交易成本以转换部门内从事交易服务的职员人数和薪酬的乘积来计量，两项加总即为整个经济中交易成本的总规模。根据上述方法，Wallis 和 North 计算出美国交易成本占 GNP 的比重由 1870 年的 24. 19%—26. 00%增加到 1970 年的 46. 66%—54. 71%（数字区间表示公共交易部门估算范围的不同），并且他们得出一个一般性的结论，即经济越发达，交易部门的规模也越大，交易成本占 GNP 的比重也越大②。

运用 Wallis 和 North 的测量方法，Dollery 和 Leong 对澳大利亚的交易成本也进行了计量，他们发现澳大利亚的交易成本占 GNP 的比重从 1911 年的 32%上升至 1998 年的 60%，从而证实了 Wallis 和 North 的结论。Dagnino 和 Farina 等在对阿根廷的研究中发现，在 1930—1970 年，交易成本占 GDP 的比例变化不大，由 1930 年的 25%升至 1970 年的 28%，但是到 1980 年却突然上升到 35%，且这个比例一直持续到 1990 年③。张五常将全部第三产业的产值以及第一、二产业的量度和监管费用作为总的交易成本，计算出香港的交易成本占其 GNP 的 80%。

Ghertman 运用 OECD 数据，对美国、日本、德国和法国四个发达国家在 1960—1990 年间交易成本的变动趋势进行了比较研究。他以横轴表示人均交易成本，纵轴表示人均收入，绘出了一条交易成本—收入曲线，并以此为分析工具，分析了影响经济效率的因素。通过研究，他发现四国交易成本占 GDP 的比重不断增加，分别由 1960 年的 55%、40%、38%和 34%增加到 1990 年的 62%、56%、52%和 63%，且交易成本—收入曲

① 公共交易部门与政府有关，它所提供的交易服务主要包括国防、邮政、警察、金融管理、教育、市政服务、社会福利以及农业补贴等。

② Wallis John Joseph, Douglass C. "North. Measuring the Transaction Sector in the American Economy: 1870-1970", Stanley L. Engerman, Robert E. Gallman. In Long-term Factors in American Economic Growth, Chicago: University of Chicago Press, 1986

③ Dagnino Pastore, Jose Maria, Paulo Enrico Farina. "Transaction Costs in Argentina", ISNIE Paper, 1999.

线斜率越大的国家，其交易成本越节约[1]。

（二）制度、交易成本与经济增长

有关制度与经济增长之间的关系文献，涉及另一种计量交易成本的方法。这些文献的目的只有一个，就是要论证制度与经济增长有关。从本质上讲，它们测量的并不是交易成本，而是由于制度的无效率所导致的成本。

有关交易成本与经济增长之间的关系文献，除了前文提及的 Wallis 和 North 等的论文以外，我国学者在这方面也进行了卓有成效的研究。陈志昂和缪仁炳借鉴 Wallis 和 North 的测量方法，并结合我国国民经济核算体系，将我国国民经济核算部门划分为生产、运输和通信以及交易三部门，并假设交易成本与从事交易的人数正相关，因此通过检验从事交易的人数与经济总量之间的关系来间接说明交易成本与经济增长的关系。其研究结论为：1978—1990 年间从事交易的人数与经济总量之间的相关系数为 0. 945，1993—1996 年间该系数为 0. 99，均属高度相关，从而证实了中国交易成本的提高与经济增长具有正的强相关关系；在不考虑农业费用，并将文教科卫部门视为交易部门的条件下，交易成本占我国总费用的 62%[2]。在其后续的研究中，他们对该计量方法做了改进，将我国国民经济体系分为三大部门，即非交易服务产业、交易服务产业和国家服务部门，并将所有从业人员分成两类，一类是提供交易服务的人员，另一类是提供转换服务的人员。通过计算各个部门中提供交易服务人员的数量与其平均工资的乘积之和，即为全国总的交易成本。其结论为：我国交易成本占 GDP 的比重从 1978 年的 28. 4%上升到 2000 年的 43. 2%；交易成本与经济增长（GDP）之间的相关系数为 0. 998，且高度显著[3]。

金玉国借鉴 North 等的做法，将国民经济部门区分为转换部门和交易部门，借助于现有的国民经济核算数据，对我国外在性交易成本（交易部门所产生的交易成本）进行了计量。外在性交易成本等于全部交易部门所消耗的社会资源，其价值表现形式就是所有交易部门的增加值之和。

---

① Ghertman, Michel. "Measuring Macro-economic Transaction Cost: A Comparative Perspective and Possible Policy Implication", ISNIE Paper, 1998.

② 陈志昂、缪仁炳：《中国交易费用与经济增长关系的实证分析》，《商业经济与管理》2000 年第 9 期。

③ 缪仁炳、陈志昂：《中国交易费用测度与经济增长》，《统计研究》2002 年第 8 期。

通过测量发现：按当年价计算的外在性交易成本的绝对数从1991年的4429.7亿元，增加至2002年的20576.10亿元，增加了3.5倍；消除价格变动影响后，增加了1.78倍，说明计算期内交易成本的绝对规模是扩大的。但从相对规模来看，交易成本占GDP的比重似乎没有变化，即该数列是一个平稳的时间数列。在经济规模保持不变的前提下，市场化水平每提高1个百分点，交易成本的比重下降0.10个百分点。如果没有经济体制转型因素，我国相对交易成本平均每年递增0.15%，而实际经济运行中，这一增长趋势被体制转型节约的交易成本所抵消①。

（三）简单评论

通过上述对有关宏观层面上交易成本计量的文献分析，我们发现，宏观层面上交易成本的计量方法，基本上都是借鉴Wallis和North的研究方法，这种方法存在以下局限性：首先，这种计量方法所测量的交易成本实质上是市场上可计价的各种交易部门的价值加总，不包括各种非市场化的资源损失，这样必然严重低估经济中真实的交易成本总额。其次，将社会运行成本划分为交易成本和转换费用，这在理论上有一定的意义，但是在计量上却不具有操作性。因为社会活动在交易活动与转换活动之间的划分并不是泾渭分明的，当某些活动既具有交易功能也具有转换功能时（这种活动在社会中广泛存在），会使交易成本的计量存在很大困难。最后，这种计量方法属于简单的统计测算，没有进行深度分析，尤其缺少动态均衡分析。

二 微观层面上的交易成本计量②

Eirik和Rudolf将微观交易成本分为市场型、管理型和政治型交易成本。市场型交易成本是指在市场上交易所产生的可直接计量的费用；管理型费用是指组织运行的费用，包括不可直接衡量的非市场交易成本；而政策型交易成本主要是指一项政策或制度的实施所产生的各种费用。

（一）市场型交易成本

在金融领域，交易成本一般是指在金融市场上投资的成本，它主要包括经纪人费用和买卖差价。由于在这一领域，人们对交易成本的界定已经达成广泛共识，并且金融数据也比较容易获得，因此对其的研究与

① 金玉国：《体制转型对交易费用节约效应的实证分析：1991—2002》，《上海经济研究》2005年第2期。

② 胡浩志：《交易费用计量研究述评》，《中南财经政法大学学报》2007年第4期。

计量非常之多。Stoll 和 Whaley 用价差加上佣金的方法来测量交易成本，他们发现在纽约证券交易所，交易成本占到了市场价值的 2%，而在小型证券交易所该比例则达到了 9%①。Bhardwaj 和 Brooks 研究发现，交易成本在售价高于 20 美元的公债中占到了 2%，而在售价低于 5 美元的公债中则占到了 12. 5%②。Collins 和 Fabozzi 提出了一个比较复杂的测量方法，具体计算公式如下③：

交易成本=固定成本+变动成本；

固定成本=佣金+手续费+收费；

变动成本=执行成本+机会成本；

执行成本=市场影响成本+市场时机选择成本；

机会成本=预期的收益-实际的收益-执行成本-固定成本。

其中，市场影响成本（market impact costs）是指由于买卖价差和券商的让步所导致的资产价格的变动；市场时机选择成本（market timing costs）是指由于市场其他参入者的影响导致交易时资产价格的变动；执行成本（execution costs）是由于要求合同立即执行所产生的成本，它既反映了对流动性的需求，也反映了对交易活动的需求。

David、Joseph 和 Charles 通过建立一个证券收益模型，提出了一种新的测量交易成本的方法。在他们的模型中，交易成本不仅包括佣金和价差，而且还包括预期的价格影响和机会成本。假定边际交易的事后收益可以观测得到，那么边际交易者所面临的所有成本就都是交易成本。他们只需每日证券收益的时间序列数据，就可以求得任何一个公司的有效交易成本。利用这个模型，他们计算出从 1963—1990 年，大证券交易所和小证券交易所的平均交易成本占其市值的比例分别为 1. 2%和 10. 3%④。

Joel Hasbrouck 将交易成本界定为实际交易价格和隐含的有效交易价格之间的差异，并将证券的交易价格分解为两个部分，一个是随机部分，

---

① Stoll Hans, Robert Whaley. "Transaction Costs and the Small Firm Effect", *Journal of Financial Economics*, 1983 (12): 57-79.

② Bhardwaj Ravinder, Leroy Brooks. "The January Anomaly: Effects of Low Share Price, Transaction Costs and the Bid-ask Bias", *Journal of Finance*, 1992 (47): 553-574.

③ Collins M. Bruce, Frank J. Fabozzi. "A Methodology for Measuring Transaction Costs", *Financial Analysts Journal*, 1991, 47 (2): 27-36.

④ David A. "Lesmond, Joseph P. Ogden, Charles A. Trzcinka. A New Estimate of Transaction Costs", *The Review of Financial Studies*, 1999, 12 (5): 1113-1141.

另一个是固定部分，其中随机部分与有效的交易价格相等，而固定部分反映的就是有效价格与实际交易价格的差异，即交易成本。通过建立模型，他发现纽约证券市场上的交易成本平均占到了股票价格的 0.33%①。

Polski（2001）运用 Wallis 和 North 的研究方法界定和测度了 1934—1998 年间美国商业银行业的交易成本。把商业银行业的交易成本分为两个部分，一个是所有的利息支出，它反映了银行业的资金成本；另一个是非利息支出，它主要包括：①员工工资和报酬；②房屋租赁费；③其他各种费用，比如支付给董事、经理、受托人以及咨询委员会的费用，法律费、广告费、公共关系支出、促销支出、慈善捐款、办公经费、信息加工费、电话费、检查及审计费等。研究表明，美国商业银行业的总交易成本占总收入的比重从 1934 年的 69% 上升到 1989 年的 85%，然后下降到 1998 年的 77%②。

（二）管理型交易成本

威廉姆森将交易成本分为事前和事后两个部分，事前的交易成本包括协议的起草、谈判和确保合同得以履行所付出的成本等费用；事后的交易成本包括交易偏离一致性时产生的不适应成本、矫正事后不一致性所产生的讨价还价成本、与治理结构有关的设立与运行成本以及实现可信承诺的保证费用等。值得注意的是，这两部分是相互依存的，且直接计量它们是很困难的，但是可以通过对制度的比较来对交易成本做出测量。他认为只有通过制度的比较，也就是把一种合同与另一种合同进行比较，才能估计出它们各自的交易成本。也就是说，对威廉姆森来讲，真正重要的不是交易成本的绝对量，而是与其他契约形式相比的相对水平。

威廉姆森在交易成本理论上的最大贡献，是他认识到交易具有三个基本属性，即交易发生的频率、交易的不确定性程度以及资产专用性，并从这三个基本属性与事后机会主义行为、治理结构选择和成本补偿的关系出发，间接地考察了交易属性与交易成本的数量关系。在他看来：①交易发生的频率越高，就越有可能补偿规制的确立和运行的成本，因

---

① Joel Hasbrouck. "Assessing the Quality of a Security Market: A New Approach to Transaction Cost Measurement", *The Review of Financial Studies*, 1993, 6 (1): 191-212.

② Polski M. Margaret. "Measuring Transaction Costs and Institutional Change in the U. S. Commercial Banking Industry", Mimeo: Indiana University Press, 2001.

此在其他条件相同的情况下，交易成本就可能越低；②交易的不确定性越大，造成损失的可能性就越大，因而在其他条件相同的情况下，交易成本越高；③资产的专用性越高，事后发生机会主义行为的可能性就越大，因此在其他条件相同的情况下，交易成本越高；④在不涉及资产专用性时，不管交易频率的高低，与企业组织体制相比，完成相同一次交易，市场组织体制所耗费的交易成本较低；⑤当资产的专用性和交易频率都很高时，与企业组织体制相比，完成相同一次交易，市场组织体制所耗费的交易成本较高。威廉姆森正是从这些可观测到的交易属性出发，以交易作为分析单位，以比较制度分析作为分析方法，比较得出了不同契约（制度）的交易成本大小，从而很好地回避了如何计量交易成本的绝对量这一棘手问题。

Wallis 和 North 的研究方法只衡量了通过市场交易的那一部分交易成本，而现实世界中还存在许多交易成本是无法通过市场交易来衡量的。如果真是这样，De Soto 则开创性地研究了 Wallis 和 North 所忽视的那部分交易成本，即非市场交易成本（non-marketed transaction costs），例如排队等候的时间、获得开办企业许可的支出以及贿赂官员的支出等。这些非市场交易成本在发展中国家和转型经济中大量存在。非市场化的交易成本对于理解经济绩效极其重要，因为这部分交易成本与市场交易成本一样，不仅影响生产的契约安排，而且还影响市场中生产和提供的商品和服务的数量和类型。

在 De Soto 的开创性研究中，他考察了在秘鲁依法开办企业所需的成本。他和他的研究小组试图在不行贿、不利用政治关系的情况下完成所有的法定程序，结果按照正常手续完成所有设立企业的程序总共花了 289 天的时间。但是，当他在佛罗里达重复该试验时仅花了 2 个小时①。在秘鲁花费的时间相当于佛罗里达的 1000 多倍，这反映了发展中国家与发达国家之间普遍存在的交易成本差距。Zylbersztajn 和 Graca 估算了在巴西开办一个服装企业所需要的成本，其中货币成本约为人均 GDP 的 11.3%，另外还得经过 9 道程序，耗时 64 天②。

Gabre-Madhin 对埃塞俄比亚的谷物市场进行了研究，并测算了交易

---

① 刘志铭、申建博：《交易费用的测度：理论的发展及应用》，《财贸经济》2006 年第 10 期。

② Zylbersztajn Decio, Carolina Graca. "Costs of Business Formalization: Measuring Transaction Costs in Brazil", ISNIE Paper, 2002.

双方所面临的交易成本。以每笔交易中寻找交易对象的劳动时间成本以及在寻找交易对象过程中劳动资本的机会成本作为衡量交易成本的基准。研究表明，交易成本占到了总成本的19%①。

Lee Benham 考察了公寓转让的交易成本。在开罗，个人购买一套公寓并对所有权的转让进行注册时，需向第三方额外支付的费用相当于购房价的12%，房地产经纪人的服务可以自由选择，其费用大约是销售价的1.5%。而在美国的密苏里州的圣路易斯，依法转让所有权的费用大约是销售价的1.5%；如果有房地产经纪人的参与，其费用则占到销售价的6%。可见，在国家控制的部门，开罗的费用是圣路易斯的8倍；而在竞争性部门，开罗的费用仅是圣路易斯的1/4。随后，他和 Alexandra 调查了在几个国家拥有一部商务电话的费用。在两星期内安装一部电话的实际价格从马来西亚的130美元到阿根廷的6000美元不等。另外，他还考察了与进口大型掘土机所需的曲轴相关的交易成本的国际差异。与美国相比，在1989年的秘鲁，正式获得这种曲轴所花费的货币价格是前者的4倍，等候所花费的时间是前者的280多倍；在阿根廷，货币价格是美国的2倍，等候时间是30天；在马来西亚，货币价格和等候时间与美国大致相同②。

通过以上对非市场交易成本的分析，可以发现，由于它无法通过市场交易直接衡量，因而对它的计量研究主要是通过比较分析的方法，通过比较完成同一项交易所需的时间成本和货币成本，从而得出交易成本的高低。

（三）政策型交易成本

Colby 在对水资源从农业领域转向其他用途的研究中，提出了“政策诱致型交易成本”（policy-induced transaction cost，PITC）的概念，顾名思义，这种交易成本指的是一项政策的实施所产生的交易成本，它包括律师费、工程和水文研究费、法院诉讼费以及支付给政府机构的费用，但是不包括水资源的使用费。Colby 的研究表明，完成每英亩一英尺（灌溉的水量单位）水的转让平均所需的政策诱致型交易成本为91美元，但

---

① Gabre-Madhin Z. Eleni. “Market Institutions, Transaction Costs and Social Capital in the Ethiopian Grain Market”, *International Food Policy Research Institute Working Paper Series*, 2001，（3）：1-14.

② 刘志铭、申建博：《交易费用的测度：理论的发展及应用》，《财贸经济》2006年第10期。

是每个州之间又有很大的差异：在科罗拉多州完成同样的交易需要政策诱致型交易成本为 187 美元，在犹他州为 66 美元，而在新墨西哥州则仅需 54 美元。另外一种计量政策诱致型交易成本的方法是计算等待政府机构审批所需的时间，在科罗拉多、新墨西哥和犹他州该时间分别为 29 个月、4.3 个月和 5 个月[①]。

McCann 和 Easter 对明尼苏达河的非点污染源（nonpoint pollusion source，NPS）的污染控制项目进行了研究。为减少 NPS 污染，政府采取了四种不同的政策，他们分别估计了这四个不同政策的交易成本的大小。在他们的研究中，交易成本包括：信息收集与分析所花的费用、颁布授权法的成本（主要是指游说成本）、政策的设计与执行成本、有关项目的维护与管理成本、检测成本以及诱导成本等。他们采用与项目建设者们直接面对面交流的方式，调查并估算整个项目的劳动投入量，然后将劳动投入量乘以工资水平，从而换算成货币成本。研究结果显示：向肥料征税的政策的交易成本最低，为 94 万美元，其次是进行管理培训的教育计划，其交易成本为 311 万美元，接着便是保护所有播种耕地的政策，为 785 万美元，最后是对地役权实行永久性保护的扩展计划，为 937 万美元[②]。

McCann、Colby 和 Easter 等以环境政策为例，分析了在政策选择和政策设计中，交易成本对政策的效率和可持续性的影响。在实证研究中，他们将交易成本定义为用于界定、建立、维护和转让产权的资源，并将其分为 7 类：①在界定产权过程中，信息收集、分析与研究的成本；②颁布授权法的成本；③政策的设计和执行成本；④正在进行的项目的维护和管理成本；⑤签订契约的成本；⑥检测成本；⑦解决矛盾的成本。同时，将政策的生命周期分为 5 个阶段：第一阶段为基期，在该阶段，人们开始认识到有必要制定政策，但是还没有提出来；该阶段的交易成本主要是：①类交易成本。第二阶段为发展阶段，在这个阶段，政策已经被提出，并经过了讨论、协商；该阶段的交易成本主要包括①—③类交易成本。第三阶段为早期执行阶段，该阶段的交易成本主要包括①—

① Bonnie Colby. "Transaction Costs and Efficiency in Western Water Allocation", *American Journal of Agricultural Economics*, 1990, (72): 1184-1192.

② Laura McCann, K. William Easter. "Transaction Costs of Policies to Reduce Agricultural Phosphorous Pollution in the Minnesota River", *Land Economics*, 1997, 75 (3): 402-414.

④类交易成本。第四阶段为全面实施阶段，此时政策已经产生了效用，所包括的交易成本为①—⑦类交易成本。最后一个阶段为项目完成阶段，此时政策工具已经很好地确定下来，并得到了全面实施，所涉及的交易成本为除③类交易成本之外的所有交易成本。他们指出，在计量政策的交易成本时，应根据不同类型的交易成本采用不同的方法，有时还要把几种不同的方法结合起来。有些交易成本是显性的，有些是隐性的；有些是事前估计的，有些是事后计量的。比如，在第一个阶段，交易成本主要源于信息的收集与分析研究，此时应采取的计量方法是通过调查或者采访政府部门和利益相关者来获取相关资料。在最后一个阶段，测量源于信息收集与分析研究的交易成本，可以采取的方法有查看政府报告、金融数据和政府预算等①。由此我们可以看出，计量政策型交易成本的方法不是千篇一律的，而是因不同的政策阶段、不同的交易成本类型而有所不同。

三　测量交易费用的难点

第一，没有普遍认可的术语，对交易费用的不同定义引发了对测量问题的争议。如前所述，阿罗将交易费用定义为“经济系统运行的费用”，而巴泽尔则定义为“与转移、获取和保护权利相关的费用”。由于对交易费用的内涵各自表达不同，未能形成被广泛接受的具有可操作性的统一标准，因此导致其测量范围和方法上的不一致。

第二，由于生产和交易费用是被联合决定的，因此会导致对交易费用的单独估计变得相当困难。低交易费用意味着更多的交易、更高的专业化以及产量的提高，同时也会引发生产费用的变化。生产费用的变化同样也对交易成本产生影响。

第三，如果交易成本非常高，许多交易可能根本就不会发生。即使某种特定种类的交易会发生，它也不可能出现在采用货币价格的开放市场中。为了搞清楚为什么某种特殊交易会被某个人采用，这就要求获得关于其他选择的机会成本的知识。而为了理解这些选择的形成，我们有必要对那些并没有发生的交易费用进行估算。这显然是非常困难的。

第四，一价定律（the law of one price）在此并不适用。在一个给定

---

① Laura McCanna, Bonnie Colby, K. William Easter. “Transaction Cost Measurement for Evaluating Environmental Policies”, *Ecological Economics*, 2005, 52 (4): 527-542.

的社会中，个体和团体可能面对非常不同的交易成本，因此许多估算可能是需要的。在其他情况相同的条件下，某个人的政治关系、种族以及其他特点也将影响特殊交易的机会成本，而这些差异对于外部人来说很少是透明的①。

四　交易费用度量：进一步关注的问题②

（一）数据来源和度量问题

威廉姆森致力于使交易费用理论更具有操作性的研究，使交易成本命题的正规统计检验成为可能。但即使这些假设被大大简化了，获得检验所需的数据仍然是一大问题。总体来看，沿袭主流经济学家的兴趣，经济数据仍主要侧重于价格和数量。不同的是，计量交易费用既要求组织形式的数据，又需要有关交易性质的具体信息，包括交易的不确定性程度、产品和工艺的复杂性、资产的专用性、交易的频率等，都是研究特定关系所需的专门信息。在大多数情况下，研究者不得不自己着手建立数据库。

尽管实地调查是交易费用经济学研究最常见的数据来源，或者部分数据可以通过公共信息或档案信息得到，但补充及整理这些数据仍然是一项艰苦的工作。因为只有当数据与反映交易特性的变量相匹配时才是有用的。由此，发现数据来源、设计度量方法，是交易费用统计分析及其假设检验面临的最大挑战。由于资产专用性和复杂性等变量的量化不是轻而易举可以完成的，所以马斯顿认为，利用调查数据进行研究的常见方法是，要求调查对象对样本中的构件或交易进行排序。不过，他强调即使这种方法能使研究者设计出与重要变量直接相关的度量尺度，但依然存在一些明显的缺陷。一方面，使用排序方法往往使研究的范围局限于单个企业，最多也只能扩大到单个行业，从而限制了研究结果的可比性；另一方面，研究结果以信息提供者的个人感觉为基础，研究的可靠性受制于问题回答的质量。此外，许多特性的描述不具备稳定性，其度量尺度可能也是不一致的，比如兰根等基于案例研究发现，不确定性效应很难描述，并与特定情境相关。尽管使用交易费用主观度量方法的各项实证研究，其结果有显著的一致性，但使用更加客观的度量方法将

---

① 罗必良：《交易费用的测量：难点、进展与方向》，《学术研究》2006 年第 9 期。

② 罗必良：《交易费用的测量：难点、进展与方向》，《学术研究》2006 年第 9 期。

有助于提高研究结果的信度和可比性。正因为如此，许多学者致力于各种可替代的度量尺度的研究。比如，乔斯科在对煤炭交易的研究中，用地点间的距离差异、交通工具的选择和煤炭本身的特性，来说明地点和物质资产专用性的变化；约翰和威兹用一位新聘任的、有相关行业经验的销售人员熟悉某一企业产品及顾客所需花费的时间，来度量人力资本投资的专用性。因此，提高交易费用理论的可操作性，必须克服直接度量交易费用的难题。由于交易费用理论特别强调细节，简化形式的估计与检验尽管大大降低了对数据的要求，但这类做法的风险是可能曲解交易费用差别的真正根源。因此，理论检验要求我们能够采集和运用更多更好的数据，而数据的整理与分析的质量又依赖于我们能否开发出对理论解释变量的量化指标，以取代现有文献中使用的定性排序和不精确的替代方法。这些度量指标应能减少计量误差，提高可比性，并能消除解释变量的潜在内生性问题。

（二）描述方面的问题

有关交易费用的研究中，最常见的计量问题是同时性（Simultaneity）和样本选择偏差。

首先，影响组织选择与设计的许多变量往往本身就是内生变量。例如乔斯科在研究合同存续期的决定因素时，用合同数量代表专用资产，而合同数量本身就是一个决策变量。与之相类似，工厂设施的选址、专用设计或设备的使用以及投资规模等，也应被视为内生变量。同样，某特定条款是否被包含在合约内，或该条款的价值，往往受其他同时确定的合同条款的影响[①]。行为信任无法脱离资产专用性而被单独用于操作层面并加以度量，在开发对具体个人信任程度的心理测试工具时，必然涉及产生信任的互动过程，而过程特性需要延续性、强度和风险性等维度的刻画，这三个维度不仅相互关联，而且显然与交易频率、不确定性等问题相交织。

其次，由于样本不具备代表性而产生的样本选择问题。例如，据 N. Capon、J. U. Farley 和 S. Hoenig 对 320 项财务绩效研究的综述，表明有 69 项研究认为纵向一体化对绩效有正面影响，另有 35 项研究认为它有

① K. J. Crocker and S. E. Masten, "Pretia ex Macina? Prices and process in long-term contracts", *Journal of law and economics* 1991 (34): 69-99.

负面影响；有 107 项研究认为横向一体化或多元化有正面影响，另有 174 项认为有负面影响；而在所有者（与经理相对）控制这一问题上，69 项研究认为有正面影响，另有 56 项则认为有负面影响。可见，不同的样本选择并不能给出组织形式的影响方向的一致结论。布瑞克利等关于特许权终止的法律对特许加盟店与公司下属的零售店的相对效率的影响研究，发现时间截面数据只能有限地解释法律如何影响特许授予者与加盟者的财富状况，而且他们选择的研究样本既拥有自己的商店，又拥有特许加盟店，因此他们低估了限制终止特许经营权对单个厂商的成本影响。更为严重的是，由于缺乏可比数据，无法估计特许经营制止法对加盟者的影响，因而无法量化终止条款带来的共同收益。另两个选择偏差的例子是，与同期签订的长期合同相比，短期合同极有可能在某一给定日期终止，现有合同的时间截面样本往往会由期限较长的合同来替代，这一做法不可避免地带来对合同存续期和其他条款的估计偏差。

应该说，现实生活中制度的多样性和复杂性研究大大超过了进行大规模数据观察的范围，即使总体样本足够大，但由于同时性与样本选择问题，使有关交易费用的实证研究的质量和严密性大打折扣。当涉及制度的关系细节时问题就更为严重。对此，案例研究可以通过研究深度来弥补这一不足。一项好的案例研究不仅能考虑所有跨期或不同交易间的变化，而且还能提供制度细节方面的全面解释。但不管怎样，忽略制度选择的目的性和系统性的本质来探究制度与绩效的关系，难以得出令人信服的结论。关注描述方面的问题，必将提高实证研究的质量和严密性。

（三）交易费用的模型化问题

另一类值得关注的问题是，当制度结构给定且不发生变化，如何将交易费用模型化。早期，鲍莫尔和托宾建立了因交易费用而持有现金余额的理论模型。在企业的投资理论中也有过类似的模型。越来越多的文献开始讨论交易费用在一般均衡理论中的作用。对此，大体存在两种一般的分析方法：一是将经济看作是“单一市场时期”（single market date）的情形，所以合约的达成都是面向“未来所有时期”；二是假定“一个时间序列经济”，此时存在一系列市场时期，在这种情形中市场被假定在新的时期重新开始①。在如何将交易费用模型化的问题上，制度经济学家采取了完全不同的方法。其中，一些文献试图通过对新古典微观经济学进行简单的拓展来回答这个问题。比如，佛雷在体制中增加“交易”活动，从而将交易费用纳入标准的完全竞争模型中，尽管这种处理方法与“生产”活动相类似②。根据这种认识，“交易”活动或过程可以由现存的经济单位（消费者和生产企业）或者如批发商、零售商和金融中介这些新的经济单位来完成。沿着这种方法作进一步的拓展，并借助通常的新古典制度表象分析，从而使人们可以理解诸如生产者的产品价格和消费者支付的最终价格的差异（交易差），或者银行贷款利息和存款利息之间的差异（利息差）这类现象。

但是，这类分析并没有对组织细节给予足够的关注，更为重要的是，它没有考虑交易费用和决策者的信息拥有情况之间的关系。没有足够的理由可以认为，交易费用代表了可以简单地加进标准新古典模型中的一组关系或约束。在正的交易费用和某种“有限理性”形式的体制中，决策者所处的位置将会完全不同于传统上一直被作为新古典模型“初始变量”的要素。也就是说，一旦承认正的交易费用，获取信息的费用就变得很高，因为个人在获取和处理信息方面仅具有有限的能力。由此，对体制所能提供的选择，每个人只具有部分的知识，而且每个人的知识禀赋将不同于另外一些人。由这些新条件定义的一般均衡模型，显然完全不同于正统模型。尽管假定“交易”活动代表着“生产”过程的一种类型，可以同样按照传统生产过程的方式来构造模型，但在达尔曼看来，这种方法似乎产生了类似于在一般均衡模型中加入运输费用所得出的结果，他们将交易费用弄得看起来像是交通费用③。因此，如何将交易费用模型化，仍需做出不懈的努力。

---

① Eirik G. Furubotn & Rudolf Richter, “Institutions and economic theory”, Wu-Nan book company, Ltd, 2001.

② D. K. Foley, “Economic equilibrium with costly marketing”, *Journal of economic theory* 1970 (2): 276-291.

③ C. Dahlman, “The problem of externality”, *Journal of law and economies* 1979 (22): 141-162.

第三节　专业化、分工与交易

一　专业化

什么是专业化？专业化来自于每个人生活动范畴的缩小，而且它可以在没有企业的情况下存在。假设每个人可以生产两种产品，他的生产函数为：

$$x^p = x + x^s = l_x^a$$

$$y^p = y + y^s = l_y^a \tag{13-1}$$

其中，x^p 和 y^p 是两种产品的产出水平，x 和 y 是自给的产品数量，x^s 和 y^s 是在市场出售的产品数量，l_i 是一个人用于生产产品 i 的劳动时间的份额，将其定义为个人在生产产品 i 上的专业化水平，a 为代表专业化经济的参数，由于专业化经济不会超过一个人的工作时间限度，因此，每个人的工作时间约束为：

$$l_x + l_y = 1 \tag{13-2}$$

式（13-2）说明一个人能够用来分配的时间的总份额为 1，假设一个人有一单位的劳动时间，则式（13-2）就是个人时间禀赋约束，而 l_i 是分配在产品 i 生产上的时间资源，式（13-1）和式（13-2）被称为一个人的生产系统。可以证明：

$$dx^p/dl_x = al_x^{a-1} > 0 \quad d^2x^p/dl_x^2 = a(a-1)l_x^{a-2} > 0$$

$$dy^p/dl_y = al_y^{a-1} > 0 \quad d^2y^p/dl_y^2 = a(a-1)l_y^{a-2} > 0$$

其中，一种产品的边际劳动生产率 dx^p/dl_x 或者 dy^p/dl_y 随着个人专业水平的提高而提高，也就是说，一种产品的产出对个人生产的专业化水平的二阶导数大于 0，相应地，一种产品的平均劳动生产率 x^p/l_x 或 y^p/l_y 也会随着个人在生产该产品时专业化水平的提高而提高。如果一个生产一种特定产品的边际或者平均劳动生产率随着其生产该产品的专业化水平的提高而提高，则有专业化经济。

二　分工

分工概念与专业概念相关又不相等，分工水平是由生产所有产品的所有人的专业化水平和模式决定的。假设 l_{ij} 是第 i 个人生产产品 j 的专业化水平。一个人的生产模式就由 $(l_{i1},\ l_{i2},\ \cdots,\ l_{im})$ 定义，其中 m 是产品的数目，且 $l_{ij} \in [0, 1]$。为简便起见，假设 $m=M$，其中 M 是人口规模。由所有人的生产模式构成的一个生产结构可以由矩阵 $L=(l_{ij}($ 为定义。全社会的分工水平和模式由矩阵 L 的特征决定。矩阵的特征可以用很多指标来描述，如 l_{ij} 的基尼系数和方差。这样，可以用 $D=\sum_i \sum_j (l_{ij}-\bar{l}_j)^2$ 来表示社会的分工水平，其中 $l_{ij} \in [0, 1]$，$\bar{l}_j=\sum_i l_{ij}/M$。如果 l_{ij} 对于任意 i 和 j 都相等，或者说如果每个人都在每种活动上分配同样的时间资源，则分工水平达到最小值 $D=0$，这个生产结构就是自给自足的经济。如果每个人专业用于生产不同于所有其他人生产的一种产品，则分工水平达到最大值 $D=(M-1)$，这种分工模式被称为完全分工。事实上，在人类经济社会发展的历程中，极端的情况是比较少的，多数情况下分工水平会处于最小值 0 和最大值（$M-1$）之间。

根据邹薇和庄子银的研究，分工是一种生产性制度安排。分工之所以是一种生产性制度安排，其理由在于：

第一，就分工本身而言，分工不仅具有直接产出效应，而且更具有间接制度效应。斯密把国民财富的增长系之于两个因素：一个是分工的深度和广度；另一个是生产性劳动者与非生产性劳动者的比例，即社会分工状况。其中，经常性长期起作用的是第一个因素。曾有许多经济学家试图把这个似乎简单的理论模式表达成数学公式，比如希克斯在《价值与资本》中的表达式为：$g=k \cdot p/w-1$。其中 k 表示生产性劳动与非生产性劳动的比例，并表示了与劳动相应的资本投入，w 为给定工资率，p 代表由分工的扩大带来的生产率提高。这样的公式实际上以劳动生产率替代了分工，充其量只粗略地传达了分工的产出效应，而抽象掉了分工的制度内涵和相应的制度效应。分工作为一种生产性制度安排，其对经济增长的制度效应表现出以下几个方面：一是分工制度规定各投入要素作用的方式和程度。新古典经济学通常关注于既定的稀缺资源条件下所能达到的稳定增长和静态特征，由于各投入要素的收益递减，经济增长的路径是越来越“绷紧的”。而分工制度为改造投入要素的质和量提供了内在积累机制，为不断扩大各投入要素的作用提供了内在组织与激励机制，由此产生收益递增以抵抗收益递减趋势，经济增长的路径可以越来越“拓宽”。因此，分工制度如果是完善的，则经济增长能达到较高水平；反过来，如果一国经济增长达到了较高水平和速度，则其分工制度一定是相当完善的。二是分工制度决定着经济增长所处的状态。大量历史经验表明，经济增长并不是平滑和谐的过程，而是具有高涨、平稳、停滞、衰退等各种状态的波动过程。一国经济增长究竟处于何种状态，这取决于该国基本的政治、法律、社会制度对经济增长所规定的限度，而这个限度又是具体地集中到分工制度上来影响经济增长的。例如，在17世纪，各国在土地、气候、人口、自然资源等方面都没有显著变化，而经济增长状态却出现很大差距。一方面，在英国，由于建立了君主立宪政治制度、陪审制度、贸易开放制度和自由市场制度，表现在分工制度上，是制造业内部分工大为深化，制造业、农业与商业间的分工也达到前所未有的程度，经济增长呈现高涨状态；另一方面，在中国，长期以来形成的封建官僚政治制度、封闭隔绝的贸易制度、官商垄断的市场制度和轻视工商业的文化制度，致使分工制度的局限性日益明显，不仅各行业囿于规模限制不能深化分工，而且始终无法形成独立的工商业阶层，结果使整个经济增长还没有达到自然经济条件所允许的程度，就落入了停滞与衰退状态①。

第二，就分工与交易比较而论，分工制度是更为基本的制度。自从斯密以来，人们一直习惯于把分工与市场交易的发展联系起来，认为正是由于人类天生具有交易倾向，才导致了分工的出现，而且交易能力与市场范围的大小影响着乃至限制着分工程度。现代制度主义者多半也偏向于强调交易成本与市场制度的重要性，而忽视了生产成本与非市场制度的作用。从经济史上看，即使在最原始的部落中就已存在某种按照性别和年龄划分的专业化活动，只是远未形成周密而富有开创性的专业化。国家出现之后，尤其是封建制度与庄园制度下的国家，为了维持其权威和奢华生活，建立了有效率的从中央到地方的官僚制度。社会各阶层划分为农民、士兵、官吏和工匠，政府以税赋为主要工具管理各阶层的经济活动，并且设置官营工场和官营商业。于是，农业与工业（至少是手工业意义上的工业）越来越向着专业化分工方向发展，交易活动也频繁起来。但是在相当长时期都没有专业化商人，市场组织在时间与空间上都受到严格限制，是从属于由习俗和政府指令所控制的非市场组织的。非市场组织不仅先于市场组织，而且它当然地比市场存在得更长久，即

---

① 邹薇、庄子银：《分工、交易与经济增长》，《中国社会科学》1996年第3期。

使在自由放任的全盛时期，非市场组织也不曾完全消失。由此我们认为，人类的专业化分工促成了经济制度前后相继的两个发展阶段，开始是非市场组织的发展，随后作为分工和生产率水平提高的结果（而不是原因），交易增多了，市场兴起了，市场组织逐渐发展并在一定领域内取代或改造了非市场组织。专业化商业与市场组织一旦兴起，就在更大程度上容纳和推动了专业化分工；分工深化又不断地再生产出人们对市场交易的依赖，即再生产出市场组织得以发展的基础。所以，从根本上讲，分工是源，交易是流。不仅如此，分工的深化还不断产生出节省交易成本的市场组织创新。交易是有成本的，而分工的深化为解决交易成本问题提供了持续的机制。一是分工一经完全确立，交易日渐频繁和常规化，这使人们可以接受某种公允的物品作为流通中介，局部范围的交易活动就可以此为基础组织起来。二是随着冶炼和金属加工的专业化和交易范围的扩大，金银适合于充当货币的自然属性得到越来越多的认可，从而不同区域的货币逐步统一，进而交易规则、度量衡与货币单位也日益统一。三是随着社会分工进一步发展，交易规模扩大，需求在地域上集中化，于是有一部分人愿意暂时买进和贮存商品，然后再转售出去，成了兼业或专业的商品经纪人，这是降低交易成本的重要一步。四是商人们建立起或松或紧的组织，使仅仅地域意义上的市场成为制度意义上的市场，并且商人集团会对政府施加影响，要求制定保护财产和契约的法律制度，从而交易得到明确规范，交易制度也达到较为完善的形态①。

三　斯密定理

斯密定理是经济学中的重要定理，对此阿林·杨在其经典论文《收益递增与经济进步》中写道："我认为，在全部经济学文献中，最富有启发、富有成果的一般法则则是斯密定理。"② 亚当·斯密在《国民财富的性质和原因的研究》中写道："分工起因于交换能力，分工的程度，因此总要受交换能力大小的限制，换言之，要受市场广狭的限制。"③ 这段话被后来的经济学家称为斯密教条，又称斯密定理，但是这句简洁的定理却蕴藏着丰富的内容，阿林·杨指出，"在那使现代世界与几百年前相差

---

① 邹薇、庄子银：《分工、交易与经济增长》，《中国社会科学》1996 年第 3 期。

② A. Yong, "Increasing Returns and Economic Progress", *Economic Journal*, 1928, p. 529.

③ 亚当·斯密：《国民财富的性质和原因的研究》，商务印书馆 1972 年版，第 17 页。

如同天壤之别的持续经济演进中，把主要作用归于任何单独要素都是危险的。但是，是否有任何其他因素能比对市场的不断探索更有资格发挥这种作用呢？没有其他假设能把经济史和经济理论结合得如此一致"[①]。

四 杨格定理

杨格定理可以表述为，市场规模引致分工的深化，分工的深化又引致市场规模的扩大，这是一个循环累积、互为因果的演进过程，杨格把它定义为"经济进步"（经济发展），而在经济发展过程中，市场规模已是内生的而不是给定的约束，这时限制经济发展（或劳动分工的演进）速度的，正如杨格指出的，是制度变迁的方向与速度，资本积累程度和产品的需求弹性。杨格定理的核心是劳动分工、报酬递增和经济组织结构（制度安排）演进之间的关系，其重要的思想基础之一是"外部性"的概念。人类社会的经济活动产生了两种类型的外部性：技术上的外部性和金钱上的外部性。技术上的外部性是产权束在"公共领域"所导致的高昂交易费用和收益的不确定性。金钱上的外部性是由分工产生的种类和数量（市场规模）在经济行为者之间交互作用的收益或损失[②]。

五 霍布斯定理

霍布斯定理是后人对霍布斯写于17世纪的《利维坦》一书总结出来的定理，即建立法律以使私人协议失败造成的损害达到最小[③]。换句话说，当阻碍交易的障碍足够大以致交易不能达成时，就应该制定法律以跨越这些障碍，强制进行交易，使由于障碍导致的不合作转变为合作，从而最大化地降低不合作导致的社会损失。在霍布斯看来，人与人之间的关系就像狼和狼之间的关系一样，处于一种"每一个人对每个人的战争"的霍布斯丛林状态。人对人互相防范、敌对、争战不已，所以，在霍布斯看来，法在战争面前是沉默的[④]，分配利益的问题只能通过威胁，而不能通过合作来解决[⑤]。即是说，由于人与人之间具有相互危害的心

---

① 贾根良：《斯密定理与发展中国家的经济发展》，《南开经济研究》1995年第1期。

② 贾根良：《杨格定理与经济发展理论》，《经济社会体制比较》1996年第2期。

③ 罗伯特·考特、托马斯·尤伦：《法和经济学》，上海三联书店、上海人民出版社1994年版，第135—136页。

④ 这里的法指道德、信守协议等自然法。

⑤ 这里的合作指性恶的人们之间的自愿合作。

理，因此，仅通过私人之间订立协议、信守承诺等方式来履行社会契约是无法保障的。由于意见分歧和不能合作对交易双方乃至全社会来说代价都很高，故霍布斯主张运用强有力的国家政权及其法律体系来维护和平，保证社会契约的履行①。因此，霍布斯定理的核心是：由于人们普遍意识到如果大家彼此争斗不已就会两败俱伤，而在保护财产上却可能存在规模经济。因此就需要组建一个用于承认和履行各方产权的政府进行谈判，并达成“社会契约”。如果谈判者的权利明确，他们的合作可能性就大，而谈判者的权利越模糊，其合作的可能就小。在这方面，只有国家才既具有使各方信息公开的权威，又能对各方谈判和协议执行进行有效的监督和控制。简言之，由于用一个机构建立一套保护产权与社会发展的大规模武力系统比建立许多小规模的私人武力系统更有效率，即国家具有规模经济效益。根据这一定理，法律制度的设计应该能阻止强迫性的胁迫，并将意见不一致所造成的损失达到最小。产权法的中心目的就是消除合作谈判的障碍，其中一个重要的原因是因为一个成功的合作性谈判会创造一个合作剩余②。

---

① 黄立君：《从法经济学基本定理看中国的经济增长》，《广东商学院学报》2010 年第 6 期。

② 徐伟功：《论冲突法的研究范式——法经济学范式的确立》，《河南师范大学学报》（哲学社会科学版）2007 年第 5 期。

第十四章　企业边界与经济组织规模

企业作为市场机制的替代物并非意味着企业的规模越大越好，企业也有一个适度边界问题，企业边界及经济组织规模是制度经济学研究的前沿课题之一。

第一节　企业边界

一　企业边界的提出

边界是系统理论研究中的一个基本的概念。系统与环境之间存在边界，子系统与整体系统之间存在边界，一个子系统与其他子系统之间存在边界，不同质的结构、功能或行为的集合之间也存在边界。系统边界在系统与环境之间扮演着一个双重的角色：一方面它将系统的质与环境的质区分开来，两类不同质之间的边缘要素通过类聚过程构成一个分水岭；另一方面它又将系统和环境通过系统的输入输出方式相互联系起来，形成了系统与环境之间的各种各样的相互关系，这种关系决定了系统的结构、功能和行为的变化和发展。所以，现代系统理论的开创者贝塔朗菲（L. V. Bertalanffy）认为，边界作为系统与外界环境相互作用的中介，处于一个复杂的动态变化状态，它是人们对于系统及其与环境间关系的未来演化加以预测和决策的一个重要依据。按照现代系统观，企业也是一种社会系统形式。人们早已在实践经验中感知到企业边界的存在，但这并不是规范经济学分析。直到 1937 年科斯《企业的性质》发表，他首先提出用交易成本概念诠释企业的存在及其边界问题。科斯认为，市场的运行是有成本的，通过形成一个组织，并允许某个权威（一个“企业家”）来支配资源，就能节约某些市场运行成本，在这个组织中，他可以以低于他所替代的市场交易的价格得到生产要素。采用一种替代性的经济组织形式能以低于利用市场时的成本而达到同样的结果，在企业内部，生产要素不同组合中的讨价还价被取消了，行政指令替代了市场交易，只要企业的行政成本低于其所替代的市场交易的成本，企业活动的调整所获的收益多于企业的组织成本，人们就会采用这种方式。科斯视企业是作为市场的替代物而存在的，即通过企业内部“看得见的手”的协调机制来替代市场“看不见的手”协调机制。但是，企业内部层级制协调，存在组织成本。所以，企业的边界取决于企业内部边际组织成本与市场交易的边际交易成本的对比。当企业内部成本高于市场交易的成本时，企业边界将趋于缩小乃至消失，即市场替代企业；反之，企业得以存在或扩充边界，即企业替代市场。在这里，科斯提出了一个经济学中的基础问题——企业边界是否存在边界①。

二　企业边界的性质

在现有有关边界的理论探讨中，企业边界的特性可归纳为三点：动态性、模糊性与渗透性。

第一，企业边界的动态性。随着市场和技术的变化及其节奏的加快，企业生命周期不断缩短，其一次性建立组织的成本不能和以往一样被无限次地进行交易分摊，生命周期内的交易越少，一次性成本的作用就越突出，组织组建边界的成本就越大。确定企业的边界是与确定企业边界的成本一起作为企业决策的前提，企业边界变化是企业效率的一个决策变量。企业边界具有动态性，企业的动态边界就是企业边界变化作为一种短时间尺度的、实现企业目标的决策变量②。

第二，企业边界的模糊性。从动态环境对企业边界的模糊性进行考察，规模（size）、角色清晰（ro1e clarity）、专门化（specialization）和控制（contro1）是20世纪导致企业成功的几个关键因素。企业外部边界越大，规模经济的优势越明显，其效益越好。企业为了使效率最大化，其工作任务被不断细分，专门化程度越来越高。企业内部控制权责边界（垂直边界）十分确定，企业中职能部门的权限边界（水平边界）也十分明确。20世纪组织边界的主要特点是清晰而固定的。然而，随着企业竞争环境的日益动态化，传统的成功因素已失去往日的支配力，动态环境

① 王国顺、王昶：《企业边界分析的基本命题》，《求索》2004年第11期。

② 吴广谋、盛昭瀚：《企业的模糊动态边界与企业集团》，《管理科学学报》2001年第9期。

下导致企业成功的关键因素演变为：速度（speed）、柔性化（flexibility）、整合（integration）和创新（innovation）。它需要企业快速地回应顾客、要求员工不断学习，企业应更多地关注流程而不是专门化的环节。为了有效地应对外部环境的变化，企业组织原有边界必须相应地做出调整与突破，企业间的边界变得越来越模糊。在传统企业中，适应静态环境的要求，企业的边界是明确而固定的；而在动态环境中，企业的边界不可避免地随着企业环境的变化而变化，企业间的内部与外部边界明显呈现出模糊化的趋势①。

第三，企业边界的渗透性。从企业内部垂直边界与水平边界角度对企业内部边界的渗透性进行考察，在动态竞争的条件下，企业内部垂直边界刚性太强将有损组织的竞争力。企业需要在可渗透性和刚性之间寻找平衡，这种渗透性在信息、能力、权力、报酬方式几个层面展开；为有效地降低组织内部水平边界的内耗，必须使组织水平边界具有更多的渗透性，职能部门之间不应是各自为政，而应围绕顾客中心，保持对顾客的关注度，给顾客展示一个简洁、明了的形象，打破水平边界，实施跨职能团队学习打破边界，创造性地回应顾客的需要和愿望②。

三　企业的规模边界和能力边界

企业的边界可以从两方面来考察：一方面是由土地、劳动、资本等有形资源决定的规模边界，另一方面是由知识等无形资源决定的能力边界。两者相互支撑，相互依存；后者决定着前者的界限，而前者外在体现着后者的大小。对企业而言，能力边界最为重要。彭罗斯指出，限制企业成长的瓶颈不是劳动力、资金或设备，而是企业家的管理能力，企业的核心能力决定了它的规模和发展方向。由于知识等无形资源可以共享和无限次重复使用，并满足边际收益递增、边际成本递减的经济规律，因此，企业的能力边界可以表现出与规模边界不相一致的动态变化。

（一）企业的规模边界

企业边界的一种表现形式，是由有形资源如土地、劳动、资本等所确定的规模边界，它体现了一个企业生产什么、生产多少的问题，又可分为纵向边界和横向边界两部分。

---

① Ron Ashkenas，“Creating the Boundaryless Organization. Business Horizons”，September-October 1999：5-10.

② 王国顺、王昶：《企业边界分析的基本命题》，《求索》2004 年第 11 期。

1. 纵向边界

企业的纵向边界是价值链的各个环节在企业内部开展的活动集合。为了将投入转化为产出，企业必须决定哪些活动应该在内部完成、哪些活动又应该从市场中购买或交由市场来完成，这种“制造”还是“购买”的决策行为就决定了企业的纵向边界。如果企业在内部完成这些活动，则会发生两种成本，即生产成本和协调成本。生产成本包括劳动力成本和购买机器、厂房等的投入成本，协调成本则包括内部各部门之间进行沟通协调、达成一致意见的成本。如果企业是交由市场来完成这些活动，也会发生两种成本，即外部生产成本和交易成本。外部生产成本是市场中完成这些活动的生产成本，交易成本包括搜寻成本、谈判成本、监督成本等。一项活动到底是由企业来完成还是由市场来完成取决于分别利用两者的成本比较：哪种机制所花费的成本较少，活动就应该由其来完成。这里，交易成本的多少是决定企业纵向边界的最重要因素，这也正是威廉姆森所说的“节约”的意义。当从市场购买的成本大于内部制造的成本时，企业就会进行纵向一体化以达到内部生产的目的，此时企业的纵向边界趋于扩大；反之，如果外部购买的成本小于内部生产的成本，则企业会放弃内部生产转而从市场中购买，此时企业的边界趋于缩小。

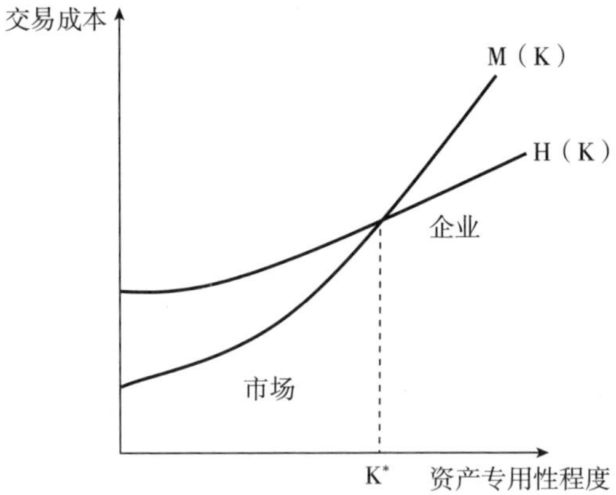

图 14-1　企业最优纵向边界

在通常情况下，市场的外部生产成本要小于企业内部的生产成本，这是由供应商的专业化生产以及规模经济的优势所决定的。市场的交易成本要比企业的协调成本高得多，对于这一点的解释可以从资产专用性上找到答案。当企业从市场购买的投入中包含专用性资产时，交易所发生的费用将会极高。资产的专用性程度越高，其用于其他用途或被其他人使用的价值就越低。专用性资产带来了可占用专用性准租的问题，交易双方会利用资产专用性产生的“捆绑”效应进行“敲竹杠”行为以最大化地攫取准租金。当双方能够事先理性地预期这种行为时，将会减少对交易的专用性资产的投资以防止被对方“套牢”（Lock-in）。而这种做法所产生的直接后果就是交易双方的投资不足从而导致效率的损失以及监督、谈判等费用的大幅上升。因此，当一项活动中含有大量专用性资产时，企业往往在内部开展而不是交由市场来完成。当我们忽略生产成本而仅从交易成本的角度来考虑的话，企业的最优纵向边界应如图 14-1 所示来确定。

从图 14-1 可以看出，当资产专用性程度为 K^* 时，一项活动在企业内部完成和交由市场完成所发生的交易成本相同；当资产专用性程度大于 K^* 时，企业发生的交易成本要小于市场的交易成本，活动往往由企业来完成；而当资产专用性程度小于 K^* 时，企业发生的交易成本要大于市场的交易成本，这时活动则从市场中购买。因此，企业的最优纵向边界在 K^* 这一点上。

2. 横向边界

企业的横向边界是指其所生产的产品的数量和种类。对于这一问题，新古典经济学理论已做了较好的解释。我们可以将企业看成一个生产函数，当企业规模小于市场规模时，企业将以利润最大化为原则，选择最佳产品种类和生产数量。一般来说，如不考虑某些战略性的因素（如为寻求垄断势力而扩大产量和增加品种等），则企业的横向边界取决于效率或单位产出的平均成本。在企业增加产品种类和生产数量的过程中，学习曲线的作用和协同效应可以降低单位平均成本，但工作复杂性和所需员工数量的增加则导致行政成本上升，从而提高单位平均成本。因此，在其他条件不变的情况下，总会存在一个能够使企业的效率最高或平均成本最低的生产数量和产品种类，即所谓的规模经济（Economies of Scale）和范围经济（Economies of Scope），它们决定了企业的最优横向边界（见图 14-2）。

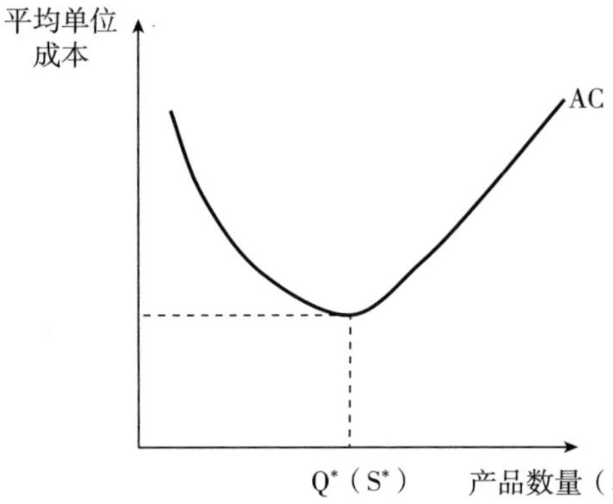

图 14-2　企业的最优横向边界

从图 14-2 看，在产量 Q^* 和产品种类 S^* 的左侧，企业的单位产出平均成本随产量和产品种类的增加而减少；而在产量 Q^* 和产品种类 S^* 的右侧，企业的单位产出平均成本随产量和产品种类的增加而增加；在产量 Q^* 和产品种类 S^* 处，企业的单位平均成本最低，这就是企业的最优横向边界①。

（二）企业的无形边界——能力边界

企业边界是由无形资源如知识特别是隐性知识所确定的能力边界。即是说，企业所能够开展的活动以及可以达到的规模是由其拥有的核心能力决定的。无论是交易费用理论对纵向边界的分析还是新古典经济学理论对横向边界的分析，都有一个共同的前提假设，那就是企业开展的活动没有超越其能力范围。如果这些活动超出了企业的能力边界，那么企业就只能选择外部购买的方式。因此，从本质上说，企业的核心能力决定了企业的生产可能性边界，从而决定了企业的最优规模边界。

企业的核心能力，被普拉哈拉德和哈梅尔定义为"组织中的积累性知识，特别是关于如何协调不同的生产技能和有机结合多种技能的知识"，是由蕴藏在组织和个人中的知识特别是隐性知识所构成的。事实上，企业的核心能力具有知识专有性，形成核心能力的目的是从知识而不是有形资源的专有中获得经济租金。与市场机制相比，企业的优势就在于能够更有效地在组织内共享和传递知识，而企业间的绩效差异也源

① 曾楚宏、林丹明：《论企业边界的两重性》，《中国工业经济》2005 年第 10 期。

于知识的不对称及由此导致的核心能力的差异。由此可知，没有任何一个企业具有实现价值链中每一项活动所需的全部核心能力。这既是因为每一个企业所拥有的知识是有限的，还因为不同的企业具有不同的比较优势，“术业有专攻”，每个企业只会在它最擅长的方面形成核心能力。能力的有限性导致了所有的企业都必须与外部企业建立联系，以获取自己所需的但被其他企业所拥有的能力，以便完成整个价值增值活动。

企业如何确定自身的核心能力，进而确定自身的能力边界？企业的核心能力来自对组织内部知识的整合，复杂的、以团队为基础的生产活动的顺利开展，依赖于组织中的每个员工将其拥有的显性知识和隐性知识进行共享、传递和外化。但是，如何让员工乐于将其拥有的知识进行共享，以及如何将组织内的隐性知识显性化？企业必须为此设计一些进行知识转换的机制，如鼓励员工每天写工作总结的激励机制、实行员工轮岗和跨职能培训的人力资源计划等，这些是需要企业花费成本的。也就是说，企业在进行知识整合的过程中是要花费成本的，我们不妨将这种成本称为“知识整合成本”，它同样发生在市场中其他企业形成核心能力的过程中。因此，企业对一项能力能否成为自身核心能力的决策，取决于自身知识整合成本与市场知识整合成本的比较。当一项能力的内部知识整合成本小于市场知识整合成本时，这项能力就可以作为企业的核心能力在内部培养；当一项能力的内部知识整合成本大于市场知识整合成本时，企业将放弃内部培养的努力，转而从外部获取。企业的能力边界就是所有被企业保留下来在内部培养的能力集合。其确定过程如图 14-3 所示：

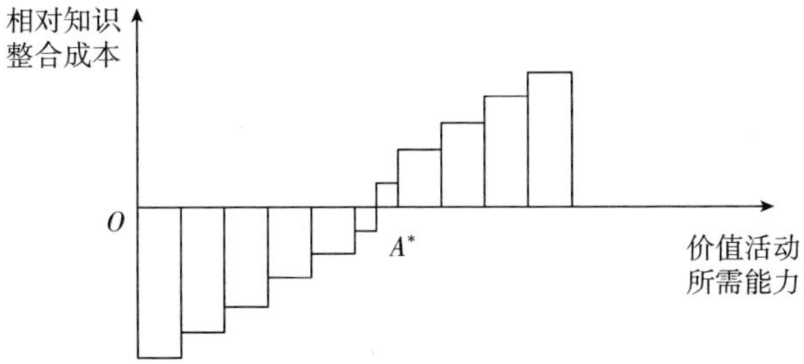

图 14-3　企业最优能力边界

在图 14-3 中，横坐标代表企业开展的价值活动所需的全部能力体系，纵坐标代表的是形成某一项能力企业内部与外部市场的相对知识整合成本（企业的知识整合成本与市场的知识整合成本的差值）。该图假设企业完成价值增值活动共需要 11 项能力（图 14-3 中的矩形个数），它们按照相对知识整合成本由小到大的顺序依次排列，其中相对整合成本小于 0 的能力有 6 项，大于 0 的有 5 项。对于 6 项相对整合成本小于 0 的能力而言，企业在内部培养具有比较优势，可以作为其核心能力而被保留；对于 5 项相对整合成本大于 0 的能力而言，企业从市场上其他企业处获取更具优势，因此，不会被作为核心能力培养。企业的最优能力边界就在点 A^*（最后一项相对知识整合成本小于 0 的能力）处。也就是说，在 A^* 的左边是企业所拥有的核心能力，而在 A^* 的右边是企业将从市场获取的能力体系，OA^* 是企业的能力范围。企业的能力边界存在深度和广度。所谓能力边界的深度，是指企业对某一项核心能力的运用程度和水平，在图 3 中体现为企业能力边界内的任何一项能力的相对知识整合成本的绝对数值，它从纵向方面反映了企业的竞争优势。所谓能力边界的广度，是指企业内部拥有的核心能力的种类，在图 14-3 中体现为线段 OA^*，它从横向方面反映了企业的竞争优势。由此可知，企业可以通过两种方式扩张能力边界：一是增加能力边界的深度；二是拓宽能力边界的广度。前者可以采取专业化的方式来实现，后者则可以采取多元化的方式来达成。现实中，企业正是通过采取有效方式来扩张其能力边界，从而引起其规模的外在变化，最终导致企业边界的多样化变动趋势①。

第二节　企业边界的古典思想

一　亚当·斯密的企业边界思想

企业边界的扩大或者缩小皆是因为企业通过一种新的方式能够提高生产效率，增加产值，最终增加利润。现代经济学的鼻祖亚当·斯密在《国富论》中，运用分工的思想，阐述了企业边界扩大的原因。斯密讲述了一个著名的案例：制针。第一种方法制针是一个人制针，他首先应抽

① 曾楚宏、林丹明：《论企业边界的两重性》，《中国工业经济》2005 年第 10 期。

铁线、拉直、切截，然后削尖线的一端，再磨另一端，最后装上圆头。当然还要涂白色，乃至包装；第二种方法是分工。成立一个工厂，每一道工序都由一个人完成而不是全部由一个人完成，结果是一日能成针十二磅。以每磅中等针有四千枚计，如果十个工人每日就可成针四万八千枚，即一人一日可成针四千八百枚。如果他们各自独立工作，不专习一种特殊业务，那么，他们不论是谁，绝对不能一日制造二十枚针，说不定一天连一枚针也制造不出来。亚当·斯密认为："效率提高的原因有三：第一，劳动者的技巧因专业而日近；第二，由一种工作转到另一种工作，通常须损失不少时间，有了分工就可以免除这种损失；第三，许多简化劳动和缩减劳动的机械发明，使一个人能够做许多人的工作"①。

亚当·斯密在这里告诉我们：劳动分工可以扩大企业的边界。从一个人的企业到十个人的企业，企业规模的扩大都是由于分工的结果。一方面，分工导致工作的熟练，进而节约了工作的时间，提高了效率。另一方面，技术特别是机器的进步导致了分工，规模才得以扩大。同时，斯密又进一步发现，有些地区分工受到限制，使企业不能扩大规模。斯密给出了企业规模扩大受阻的另一个原因：市场规模。他指出，当市场规模很小时，分工会导致分工的工人生产出来的产品无处销售，收益下降，也就是说，企业边界的扩大受到各地区需求的影响。需求上升到由分工带来的收益大于自己单独做一件商品获得收益时，分工就产生了。分工的产生激励发明创造，技术的进步会使分工细化，扩大企业的规模，提高生产效率。当需求小于供给时，即使分工的效率可以提高，企业的边界也不能扩大②。

二　西尼尔企业边界思想

西尼尔在《政治经济学大纲》中，尽管没有直接说明企业的边界是如何形成的，却间接地说明了企业的规模有大有小。西尼尔把农业和制造业进行了比较后认为，增益劳动使制造业按比例的提高效率，使农业按比例地降低效率。以各种生产手段适用于耕种土地的效率和使用于为适应人类需要对农作物进行加工时的效率之间的重大差别，也就是农业的效率和制造业的效率之间的重大差别。这里要研究的农业效率和制造

① 亚当·斯密：《国民财富的性质和原因的研究》，商务印书馆 1972 年版，第 8—10 页。

② 王洋：《企业边界理论的研究》，博士论文，吉林大学，2009 年。

业效率之间的差别是，农业所具有而制造业所不具有的那种从同一材料取得更多产物的力量。我们已经看到，借助于器械和分工，可以大大促进人类的努力，其促进程度，目前已经无法估量，前途显然还可以无限发展。总之，土地所具有的优点是，以增益劳动适用于同一材料可以获得越来越多的产物。它的缺点是，产量增加对劳动增加的比率一般会逐渐降低；制造业的缺点是产量的每一单位增加需要材料作同等的增加，它的优点是，使用的材料数量越大，工作就越是可以获得不断地推进。

西尼尔继承了亚当·斯密的分工理论，承认斯密关于企业为什么存在的理论，但斯密关于企业存在的论述缺乏一般性。斯密的分工理论来源于制造业的兴起，企业存在的理论也来源于制造业，并没有涉及农业，其实，农业类企业的存在也可以依靠分工来解释。西尼尔不经意地用农业和制造业的对比来说明收益递增，说明他的分工理论将斯密的贡献又向前推进了一步。进一步地，企业规模的大小，却不能用分工理论来解释，也就是说，西尼尔进一步暗示了企业边界扩大的另一个原因——规模报酬递增。西尼尔认为，农业企业不能扩大的原因是规模报酬递减，他认为，农业企业的缺点是产量增加对劳动增加的比率一般会逐渐降低。制造业企业扩大的原因是规模报酬递增，即使用的材料数量越大，工作就越是可以获得不断地推进，企业的边界就可以扩大，只是他没有进一步说明，企业大到多大为止，这是科斯后来考虑的问题。但是规模报酬递增的思想却启发了后来的许多人来思考这个问题，只是研究的方向不同而已①。

三　约翰·穆勒的企业边界思想

约翰·穆勒在《政治经济学原理》中对斯密的分工理论做了进一步的阐发。他指出分工法则之外还有更基本的法则——合作，或者称为许多人的联合行动。穆勒把分工建立在合作之上，加深了对分工的理解，也就加深了对企业边界的理解。他将合作分为两种，第一种合作是十几个人从事有利于人们之间互相帮助的统一工作；第二种合作是几个人从事不同的工作时的互相帮助。前者可称为简单合作，后者可称为复杂合作。

在简单合作和复杂合作之间有一个重要的区别。前者表明合作者在

① 王洋：《企业边界理论的研究》，博士论文，吉林大学，2009 年。

合作时总能意识到，后者则只有非常少的人在某种程度上觉察得出来。因为当若干人或若干人群在不同的时间、不同地点干不同的事时，他们之间的合作，虽然也是确定无疑的，却不像前一种情况能那么容易地被觉察出来，要觉察出这种合作，得动脑筋好好地思考。穆勒的合作思想深化了斯密的分工理论，暗示了企业内部的复杂结构。穆勒还认为，从现代制造业的精细分工中获得的（仅次于工人灵巧程度的提高的）最大好处，就是按能力给工人分类，可以更为经济地分配劳动。这是强调管理的作用，强调了企业的出现还有一部分组织成本，并且组织成本比较昂贵，通过管理，能够降低成本、扩大规模。

穆勒认为，要是一家大企业生意兴隆，需要做许许多多事情，这些事情都无法事先确定，不可能将其转化为明确无误的责任，这就是后来的不完全合约的思想。进一步，穆勒认为，股份公司的另一个缺点是不会精打细算，所有大企业在某种程度上都有着缺点。在管理大笔资本和大笔生意时，特别是当经理预期没有多少自身利益时，往往对小笔金额的收益或浪费是毫不在乎的。但是效力能聚沙成塔，小花费也能造成大亏损，对此资本家是很清楚的，也知道建立相应的制度，但即使建立了真正节约的制度，股份公司的经理也很少竭尽全力在企业的每一件小事上坚持不懈地贯彻执行这种制度。穆勒的思想和后来的代理理论中代理成本限制企业的规模，有异曲同工之妙。他认为，在自由竞争的条件下，无论是独资企业还是股份公司生存都是由效率的高低来决定的，因为效率最高、最经济的一方最终能靠降价挤垮另一方。在穆勒看来，企业边界最终是由效率来决定的，市场是企业边界的标尺①。

四 马歇尔企业边界思想

马歇尔作为古典经济学的集大成者，继承了亚当·斯密、西尼尔和约翰·穆勒等的企业边界思想，并做了进一步的发展。

马歇尔用熟能生巧来形容亚当·斯密的分工思想并进而在论述企业内部分工时，进一步地阐发、说明管理的重要性。他认为简单劳动和复杂劳动对企业的重要性有所不同，“市场扩大以及对于同类大量物品——在有些情况下对制造机器精密的东西——的需求有所增加。机械改良的主要结果实施无论如何都会使进一步分工的工作价格更便宜，分工更精

---

① 王洋：《企业边界理论的研究》，博士学位论文，吉林大学，2009年。

密。但是，机械的力量越精细，管理机器的人就越需要有更高的判断力，并且需要更细心”。可见机器的发明和发展扩大了企业的边界，而企业的边界与管理密切相关。马歇尔把有赖于从事工业的个别企业的资源、组织和经营效率的经济称为内部经济，把有赖于从事此工业的总体发展的经济称为外部经济。

除了关注对复杂劳动的管理之外，马歇尔还认为大工厂的优势表现在专门机械的使用和改良、采购与销售、专门技术和企业经营管理工作的进一步分工划分上。既有组织的采购和销售所带来的经济行为，成为在同一工业或行业中许多企业倾向于合并为一个大的联合体的主要原因之一。这种管理思想可以扩大企业的边界，这种观念和以后的企业理论关于纵一体化的思想颇为相似。

马歇尔关于企业的规模不能无限扩大原因的解释颇有新意。首先，他讨论了继承者的问题，在全部的经营都集中于一个人的那种组织形式中。商人之子有很多优势：可以从小就知道父亲经营企业的经营管理所需要的知识和才能，不知不觉地知道他父亲的行业以及与其有买卖关系的行业中的任务和情况，渐渐知道他父亲所思索的各种问题和忧虑的问题的相对重要性，他获得了这个行业的制造方法和机械的专门知识。但是却不能培养起同样成功地经营这个企业所需要的高级才能和特殊的意志及气质，因此企业的规模难以扩大。

其次，他认为从中世纪末到现在，在几种行业中已出现公开的股份公司来代替私人组织。这种变化的结果是使许多没有特殊经营知识的人把他们的资本交给被雇来的人去运作。这样，企业管理上的各部分工作的重新划分就因此产生了，也就是说企业的规模因为组织的形式改变而扩大了。但是，企业的边界到底在哪？是不是无限扩大？马歇尔认为，企业由于承担主要风险的股东对企业也缺乏充分了解，股份公司也有很大的缺点。所以股东对管理者的信任成为阻碍企业规模扩大的一个因素，如果解决这个问题，企业还能扩大。有意思的是马歇尔和科斯一样都看到了美国大企业比欧洲的企业要大得多，他说：最大规模的生产出现在美国。在那里巨大的企业带有垄断色彩，通常被称为“托拉斯”。在马歇尔看来，规模报酬递增的因素是企业规模扩大的一个重要因素[①]。

---

① 王洋：《企业边界理论的研究》，博士学位论文，吉林大学，2009 年。

第三节　科斯的企业边界理论

一　科斯企业边界理论的形成

科斯企业边界理论之所以会形成一种分析的范式，就是因为科斯以前的企业理论在企业边界问题上没有在以下三个问题上形成统一的理论。第一，企业为什么出现（第一个边界）？第二，企业规模为什么扩大？第三，企业规模为什么不能无限扩大（第二个边界）？亚当·斯密提到了企业存在的原因是市场分工，但是他并没有说明市场分工和企业内分工的区别，也没有说明企业出现和企业规模的停止扩大是由统一的理论来解释的；西尼尔回答了第二个问题，没有回答第一个和第三个问题；约翰·穆勒实际认为合作会导致企业的存在，也就是暗示管理导致复杂化的企业的出现和企业规模的扩大，当然企业的过度复杂，管理也难以控制，必定导致企业规模的扩大停止。穆勒也认为市场是企业的标尺，是效率的决定标准，这和科斯的观点很相似。但穆勒的观点比较零散，市场和企业的效率比较也没有一套具体的理论来分析；除了认同上述关于企业边界理论的有关观点外，马歇尔认为技术可以导致企业边界的扩大，而股份制企业面临的风险问题导致企业的规模不能无限扩大。

科斯的企业边界理论却很好地用统一的理论回答了这三个问题。在理论上西方新古典经济学家认为市场是最有效率配置资源的方式，而科斯提出了企业出现的原因是企业和市场是两种配置资源的不同方式。配置一种资源，如果企业内部的管理费用小于市场中的交易费用，企业就出现了。如果管理的改进能降低交易费用，企业的规模就扩大了。而如果企业继续扩大，导致企业内部管理的复杂化，管理费用就会上升，当企业的管理费用小于配置同样资源的交易费用时，企业的边界就形成了。因此，科斯企业理论在于用统一的理论即交易费用和管理费用的比较解释了企业边界理论的三个问题，形成了企业边界理论的内核。

二　科斯企业边界理论的主要内容

（一）《企业的性质》中的企业边界思想

在《企业的性质》一文中，科斯建立了分析企业边界理论的研究框架，即企业边界理论的研究必须回答这四个问题：（1）企业为什么存在

(第一个边界)？(2) 企业的边界为什么会扩大（企业的规模为什么扩大)？(3) 企业边界的扩大为什么会停止？(4) 企业边界的稳定性如何？可能有的文献只能回答其中的一个问题或几个问题，但科斯《企业的性质》一文却对关于企业边界的四个核心问题进行了回答。

企业边界理论的第一个问题：企业为什么存在（第一个边界)。科斯的答案是，当企业内部的管理费用（内部协调成本）小于市场的交易费用时，追求利润最大化的厂商选择建立企业，以降低成本。

企业边界理论的第二个问题：企业的边界为什么扩大（企业的规模为什么扩大)？科斯的答案是“当其他条件相同时，企业在如下情况下将趋于扩大：(1) 组织成本越少，随着被组织交易的增多，成本上升得越慢；(2) 企业家犯错误的可能性越小，随着被组织的交易的增多，失误增加得越少；(3) 企业规模越大，生产要素的供给价格下降得越多（或上升得越小)”[①]。总之，当市场的交易成本不变时，组织的成本越是下降，企业的边界将持续扩大。

企业边界理论的第三个问题：企业的边界扩大为什么会停止？科斯的回答是“企业将倾向于扩张直到在企业内部组织一笔额外交易的成本，等于通过在公开市场上完成同一笔交易的成本或在另一个企业中组织同样交易的成本为止”[②]。

企业边界理论的第四个问题：企业边界的稳定性如何？根据科斯的论述，影响企业边界稳定性的因素有三个：第一，市场的交易费用。如果企业的管理费用不变，市场中交易费用的变化促使企业边界重新确定。第二，企业内部的管理费用。如果市场中的交易费用不变，管理费用的增加和降低，将导致企业边界的缩小和扩大。第三，同行业的其他企业内部的管理成本。如果市场中的交易费用和本企业的管理费用不变，同行业其他企业的管理成本上升还是下降，将决定本企业的企业边界的变化。因此，企业边界的稳定性都是暂时的和相对的，许多因素都对其有影响。没有长期不变的企业，只有不断变化的企业才能应付长期的挑战。

---

① 科斯：《企业、市场和法律》，格致出版社、上海三联书店、上海人民出版社 2009 年版，第 44 页。

② 科斯：《企业、市场和法律》，格致出版社、上海三联书店、上海人民出版社 2009 年版，第 43 页。

（二）科斯定理与企业的边界

《社会成本问题》这篇文献的主要思想被演绎为著名的科斯定理，科斯定理经常被总结为科斯第一定理和科斯第二定理。科斯第一定理的主要内容是：只要财产权是明确的，并且交易成本为零或者很小，则无论在开始时将财产权赋予谁，市场均衡的最终结果都是有效率的。交易成本为零，可以证明企业与市场是没有边界的。但是，科斯第二定理与企业的边界却是有关的。科斯第二定理可以叙述如下：如果市场中的交易费用不为零，财产权赋予谁，将会影响资源配置的最后结果。科斯说："在这种情况下，合法权利的初始界定会对经济制度运行的效率产生影响。权利的一种安排会比任何其他安排产生更多的产值。但除非这是法律制度确认的权利的安排，否则通过转移和合并权利达到同样后果的市场费用如此之高，以至于最佳的权力安排以及由此带来的更高的产值也许永远也不会实现"①。科斯定理的目标是社会总产值最大化，如果初始产权的确定和巨大的交易费用导致交易的流产，这种初始所有权的确立对社会是一种绝对的损失。科斯在《社会成本问题》一文中又提出一种解决此问题的方法，"采用一种替代性的经济组织形式能以低于利用市场时的成本而达到同样的结果，这将使产值增加"。显而易见，科斯说的"替代性经济组织"是指在《企业的性质》中论述的"企业"，但在《社会成本问题》中论述的"企业"与在《企业的性质》中论述的"企业"的内涵有所不同。企业为什么存在？不仅仅是当企业的管理成本小于市场的交易成本时，企业就出现了。科斯加了一个条件：产权明晰。科斯给出了另一种解决交易困局的方式：把这种交易变为企业内部的交易。在企业内部，管理成本替代了交易成本，协调代替了讨价还价，社会产值达到了最大化。但是，企业内部交易的前提是产权明晰。即交易的双方在购买产权时，可以经过计算认为有利可图才能成交。否则，在产权不明晰的市场中，即使满足了这个条件，企业也不一定会成立。

在《企业的性质》中，科斯还进一步说明了其核心思想是，把协调企业内部生产要素活动的成本与通过市场交易或在其他企业内部进行经

① 科斯：《企业、市场和法律》，格致出版社、上海三联书店、上海人民出版社 2009 年版，第 44 页。

营带来同样结果的成本进行比较[1]。因此，在《企业的性质：意义》中，科斯说："企业的规模边界应设定在其运行范围扩展到企业内部组织交易的成本超过通过市场或在其他企业中进行同样交易的成本的那一点"[2]。

第四节　威廉姆森企业边界理论

威廉姆森（Oliver E. Williamson）获得2009年诺贝尔经济学奖，是继科斯和诺斯获得诺贝尔经济学奖之后的另一位新制度经济学大师。瑞典皇家科学院发表声明说，威廉姆森因为"在经济管理方面的分析，特别是对企业边界问题的分析"而获奖。

一　行为假设与基本思路

（一）行为假设

威廉姆森认识到，在研究经济组织问题时，各种研究方法的很多差别都源于其行为假设上的不一致。坚持科斯"对人类行为的研究应该从现实中的人出发"的理念，威廉姆森抛开新古典范式"经济人"假设和最优化模型，将科斯倡导的"现实中的人"理解为"契约人"（contract-man）。"契约人"不具备"经济人"的理性行为，而是表现为有限理性和机会主义。有限理性是关于行为人认知能力的假设，属于排除非理性和无理性以后，不同于强理性（新古典范式收益最大化的假设）和弱理性，即有限理性的中等理性，预示着行为人意图实现完全理性，但有限的认知能力会阻碍这种意图的完全实现。另外，虽然"契约人"和"经济人"都是自利的，但前者的机会主义假设意味着行为人是损人利己获取自身利益。根据拉卡托斯的科学纲领，完全理性是新古典范式的硬核部分，修改这个假设意味着对新古典范式硬核的冲击。由于威廉姆森的假定动摇了新古典范式的硬核，使其不得不抛弃新古典范式惯用的边际替代分析，而改用离散结构分析[3]。

---

① 科斯：《企业的性质：影响》，参见威廉姆森、温特《企业的性质》，商务印书馆2007年版，第76—93页。

② 科斯：《企业的性质：意义》，参见威廉姆森、温特《企业的性质》，商务印书馆2007年版，第59—75页。

③ 崔兵、卢现祥：《威廉姆森企业边界理论评述》，《经济学动态》2009年第1期。

（二）基本思路

威廉姆森企业边界理论的基本逻辑思路为：以交易作为经济分析的基本单位，并将每次交易视为契约。由于人的有限理性，交易者不可能预测到未来交易的所有偶然事件并以第三方能够证实的方式签订契约，因而契约天然是不完全的。在交易者机会主义动机的驱使下，契约签订后可能会出现违约、成本高昂的讨价还价和再谈判等危害契约关系的行为。因此为保证交易的顺利实施，交易者需要根据交易的不同类型确定不同的治理结构以减少交易效率损失。由于治理结构的不同属性决定不同治理结构在应对不同交易属性所决定的不同类型交易时具有比较优势（比较优势具体表现为节约治理成本），因而经济治理的核心问题是研究如何在交易类型和治理结构之间实现有效匹配。企业作为一种科层组织具备的治理结构属性特征，决定其在治理交易频率高的专用性资产交易中具有比较优势。由于企业的这种比较优势会被随着企业内部交易数量的增加产生的激励扭曲和选择性干预的不可能性逐渐削弱，因而企业边界不能无限扩张、存在适度的效率边界。

秉承科斯传统，否定新古典经济学企业“黑箱”论，深入分析企业存在、企业边界和企业内部组织，意味着需要对企业进行较传统微观经济学更加微观化的分析，为此必须寻求适合的经济分析单位。根据作为经济学、法学和伦理学的基本分析单位必须包含“冲突、秩序和依存”三项原则的康芒斯传统，威廉姆森同样选择“交易”作为经济分析的基本单位，并将交易界定为“产品或服务在技术可分界面之间的转移”①。但是，“除非能将影响交易费用的各种因素确定下来，否则仍将难以说明为什么不同交易采取不同组织方式的原因”②。为此，在给定基本的行为假设以后，威廉姆森将交易维度化，分析了交易属性与离散的治理结构之间的关系。基于对“企业”和“市场”两种极端（Polar）的治理结构生产成本和治理成本差异的模型分析，以及不同治理结构属性的考察，威廉姆森阐释了作为一种治理结构的企业（firmasagovernanee）的边界③。

① Williamson, O. E.,“TheEeonomieInstituteofCaPi-talism”, NewYork: FreePress, 1985.

② Williamson, O. E.,“TheEeonomieInstituteofCaPi-talism”, NewYork: FreePress, 1985.

③ 崔兵、卢现祥：《威廉姆森企业边界理论评述》，《经济学动态》2009年第1期。

二 威廉姆森企业边界理论的主要内容

（一）治理结构与交易的匹配

对企业边界的初步认识威廉姆森的交易费用经济学，主要研究的是被新古典经济学所忽视的各类经济组织的问题，包括企业、市场和混合制等。治理结构与交易的匹配理论是威廉姆森在经济组织研究方面的一个基础而又十分重要的理论。威廉姆森认为，不同治理结构应该与不同的交易类型相匹配，才能使交易成本最小化。在威廉姆森的治理结构与交易的匹配理论中，就已经包含了其对企业边界的初步认识。

威廉姆森的治理结构与交易匹配理论秉承了旧制度经济学家康芒斯的传统，把交易作为其分析的基本单位。他把每笔交易视作一种契约，并把交易中的人视作“契约人”。“契约人”的行为特征不同于新古典经济学“经济人”的理性行为，而是表现为有限理性和机会主义。有限理性是在主观上追求理性，但在客观上只能有限地做到。机会主义则是指用欺诈手段来算计的行为，简单地说就是损人利己。威廉姆森认为，有限理性和机会主义的存在，导致了交易活动的复杂性和交易费用的增加。也正因为有限理性和机会主义，严重的合约问题才会产生，从而使治理结构的选择成为必要。为了使交易费用范畴具有可操作性，威廉姆森提出了区分交易的三个维度（或标志），即资产专用性、不确定性和交易频率。资产专用性是指在不牺牲生产价值的条件下，资产可用于不同用途和由不同使用者利用的程度。不确定性是指由人的机会主义导致的行为不确定性。交易频率则是指同类交易重复发生的次数。他假定影响交易的不确定性程度适中，然后根据交易频率不同，将交易分为偶然的交易（包括一次性交易和数次交易）和经常的交易（重复发生的交易）两种。根据资产专用性的不同，他又将交易分为非专用性交易、混合即中等专用性交易以及高度专用性交易。这样，威廉姆森把根据交易频率划分的两种交易和根据资产专用性划分的三种交易进行组合，形成交易的六种类型，即偶然的非专用性交易、经常的非专用性交易、偶然的混合性交易、经常的混合性交易、偶然的特质交易和经常的特质交易。

威廉姆森认为，对以上六种交易类型，每一种都需要配以相应的治理结构，才能做到交易费用最小化。所谓治理结构，就是决定契约关系是否完整的组织结构。治理结构主要有市场治理、三方治理、双方治理和统一治理四种类型，其中，后两种属于专用性治理结构。这四种治理结构分别要和六种不同的交易类型相匹配，才能做到交易费用最小化（见表 14-1）。

表 14-1　　　　　　　　　治理结构与交易的匹配

		投资特点		
		非专用	混合	特质
频率	偶然	市场治理	三方治理（新古典契约）	
	经常		双方治理	统一治理
		古典式契约	关系契约	

威廉姆森认为，对于高度标准化（非专用）的交易来说，无论是偶然进行的交易还是经常进行的交易，市场是最主要的治理结构；对于混合型偶然交易和特质偶然交易，需要三方治理；对于经常进行的混合型资产交易，需要双方治理；对于经常发生的特质交易，即高度专用性资产交易，则需要统一治理。

这里着重解释作为企业边界理论一部分的统一治理的出现。作为对比，先看双方治理。为什么经常发生的混合型资产的交易需要有专用性治理结构的双方治理与之匹配？因为混合型资产的交易具有非标准化特征，交易双方需要维持稳定持久的关系；而且，交易的重复也能保证交易带来的收益可以弥补建立专用性治理结构的成本。另外，混合型资产的交易与双方治理的匹配，能够兼顾交易费用的节约与适用性问题。这是因为，一方面，由于是混合型交易、资产专用性不高，买方从外部购置零件能对持续供货进行成本控制，在保持了一定市场激励的同时又避免了内部的行政扭曲；另一方面，由于内部（自觉）适应是通过行政命令来实现的，而外购只能采取通过市场协调的自发性适应，为了各自的利益，双方不可能顺利地调整契约。通过专用性的双边治理结构，订立双方都信赖的条款，就能够保证契约在一定程度上作出适当调整。

威廉姆森认为，交易越专门化，人们进行交易的意愿越小，因为随着人力和实物资产专用性的加强，它们向其他用途转移的可能性减小。在这种情形下，垂直一体化（统一治理）将被采用，即由一方来买断另一方，完全控制整个交易并承担全部责任。一体化的优势在于，它不再需要商谈和修正交易主体之间的契约，而是用一种连贯的方式随时调整以适应环境的变化，因而联合利润最大化可在一定程度上得到保证。与双方治理相比，纵向一体化的企业能对价格和数量作出更彻底的调整，以实现交易总收益最大化。可以看出，随着资产专用性的加深，市场既让位于双方治理，又让位于一体化。

以上就是威廉姆森治理结构与交易匹配理论对企业出现和企业边界的认识。可以看出，作为治理结构与交易匹配理论一部分的威廉姆森企业边界理论，将资产专用性和交易频率作为决定企业边界的关键变量。只有当资产专用性程度和交易频率都较高时，企业才会代替市场，即出现企业一体化；反之，当资产专用性程度和交易频率有一个不高时，就只会出现并非企业治理的其他治理方式。显然，作为治理结构与交易匹配理论一部分的威廉姆森企业边界理论仍然是初步的。其主要在于：首先，这一理论还只是停留在文字表述的层面；其次，作为影响企业边界的资产专用性和交易频率等还没有完全内生化到其企业边界理论中，我们尚不十分清楚这些关键变量是如何通过对交易费用的影响来影响企业边界的。

（二）市场治理与企业治理的权衡：一个企业边界的启发式模型

威廉姆森的早期观点过于关注由于资产专用性导致的交易费用，而忽略了生产成本。威廉姆森建立了一个关于市场治理与企业治理权衡的启发式模型，综合考察了生产成本和交易费用对治理结构选择的影响。这也是威廉姆森对企业边界理论的第一次形式化和模型化。对治理结构的选择开始于对市场和企业这两种治理形式在激励和应变方面的有区别描述：市场比企业内部组织能更有效地产生强大的激励并限制官僚主义的；市场还能汇集需求，从而实现范围经济和规模经济。因此，市场在生产成本控制方面占有优势。企业内部组织的长处则在于易建立不同的治理手段，因而具有较强的应变能力。这里考虑一个交易是面临内部制造还是市场采购的选择问题。先假设不存在规模经济和范围经济，那么决定选择的关键因素是对生产成本的控制和生产期间调节的自在性。假定 $\beta(k)$ 为内部治理的官僚成本，$M(k)$ 为市场治理成本，其中 k 是资产专用性指数，则有下面两个不等式：$\beta(0)>M(0)$，$M'>\beta'$。前一个条件表示使用通用性资产时，等级制的官僚成本纯属额外支出；后一个条件则表示市场在协调适应方面存在明显不足。令 $\Delta G=\beta(k)-M(k)$，曲线 ΔG 的形状见图 14-4。从图 14-4 可以看出，当 $\Delta G>0$ 时，资产专用性较低，市场激励的好处要大于内部组织，此时采用市场购买模式是最优的。随着资产专用性程度的提高，市场治理结构的优势逐渐丧失，内部组织的优势逐渐加强，当 $\Delta G<0$ 时，内部制造将取代外部购买。而在 k_1 点，选择企业还是选择市场是无差异的。

上述研究由于忽略了规模经济和范围经济，因此治理成本（交易费用）的差异决定了是选择企业还是选择市场。现在考虑规模经济和范围经济，则生产成本的差异也成为影响治理结构选择的一个重要因素。令 ΔC 为企业自行生产与市场采购同样产品的静态成本之差。当资产专用性指数较小时，所进行的交易是标准化的，因此市场中对标准产品的总需求很大，外部供应商可以实现规模经济和范围经济，从而大大节省了生产成本。如果企业自己生产（原材料），生产成本就会过高，ΔC 就会很大。随着各类产品和服务的独特性越来越大（k 值越来越大），外部供应商再也不能靠规模经济和范围经济来节省其总成本了，这时企业自己生产所需的（原材料）产品与通过市场采购同样产品的静态成本之差就会缩小，ΔC 的渐近线也就逐渐趋于零。显然，ΔC 是资产专用性 k 的函数，而且是它的减函数；但无论如何，$\Delta C>0$。这种 ΔC 的关系如图 14-4 所示。图中直线 $\Delta C+\Delta G$ 表示 ΔG 与 ΔC 纵向相加之和。资产专用性指数越大，$\Delta C+\Delta G$ 之和就变得越小。

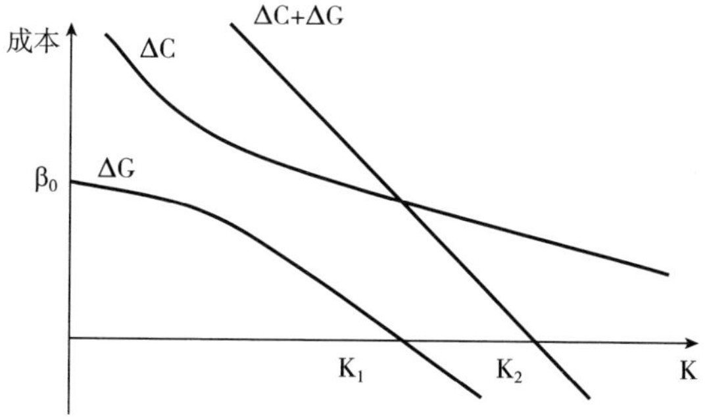

图 14-4 市场治理与企业治理的权衡

一般地，如果用 K_2 代表最佳的资产专用性程度，则由图 14-4 可以推出企业边界和治理结构选择的重要命题：①当资产专用性的最佳水平极低时（$K_2<K_1$），无论从规模经济还是从治理成本上看，都是市场采购更为有利。②当资产专用性的最佳水平极高时（$K_2>K_1$），则内部组织更为有利。这不仅是由于市场未能实现聚集经济，而且当资产具有高度专用性因而形成锁定效应时，市场治理还会带来各种矛盾。③对于呈中间状态的资产专用性来说，这两种成本只有很小的差别。这时很容易出现混合治理，即可以看到某些企业将从市场上采购，其他企业则自行制造，而两者对自己当前的对策都会表示不满意。④由于 ΔC>0 总成立，即与市场相比，企业总存在生产成本方面的劣势，因此纵向一体化形成的原因不是生产成本的差异，而是由于缔约困难等问题所产生的交易成本的不同。⑤如果改变前面产出不变的假定，那么就会看到，随着企业对自己产品的需求相对于市场需求的增加，企业能够实现规模经济。因此，在其他条件相同的情况下，较大企业比较小企业更多地实行一体化。⑥企业内部不同的组织结构可以改变官僚成本的大小，如果多部门化（M 型企业）能够减少单一型企业（U 型企业）中所存在的官僚成本，那么在其他条件相同的情况下，M 型企业会比 U 型企业更多地实行一体化。

（三）组织形式的分立结构分析：对企业边界的进一步解释

前面的分析让我们知道，资产专用性变量在决定企业边界中的关键性作用。这就引出一个问题：伴随资产专用性水平的提高，为什么企业的规模却不能无限扩大？这是威廉姆森企业边界理论必须回答的一个问题。要了解威廉姆森对这一问题的回答，需要对其有关组织形式的分立结构分析（或治理结构的维度化理论）加以介绍。尽管威廉姆森早就注意到了交易的维度化，但对治理结构的维度化却有所忽视。当然，其早期研究还是注意到了使市场制、混合制与等级制区分开来的一个关键维度——契约法。威廉姆森借鉴麦克尼尔的“三分法”，将契约分为古典契约、新古典契约和关系契约。他认为，每种治理模式一般都需要不同形式的契约法支持，其中，支持市场制和混合制的契约法分别是古典契约法和新古典契约法，而支持等级制的契约法则是自制的法则（关系契约）。威廉姆森从激励强度、行政控制、调适 A（自发性调适）、调适 B（协调性调适）及契约法这几个方面，总结了使市场制、混合制和等级制治理结构区别开来的维度特征。进一步地，威廉姆森引入官僚组织，对“市场—混合形式—企业—官僚组织”这四种经济社会中最主要的组织形式，从激励强度、契约法、适应性、行政控制和官僚成本等多个维度进行了更加完整和深入的刻画。从新古典经济学的市场—企业“二分法”，到威廉姆森的市场—混合形式—企业“三分法”，再到市场—混合形式—

企业—官僚组织“四分法”，不同类型的组织形式具有不同的特征，彼此之间不能转换，这就是威廉姆森的“分立结构选择分析法”。依据威廉姆森的上述思想，可以将其“分立结构选择分析法”总结在表 14-2 中①。威廉姆森分立的结构选择分析法的提出，标志着交易费用经济学从单纯的企业理论向组织理论的扩展，同时也使我们对于企业这种治理结构有了更深刻和全面的理解。

表 14-2　　　　组织形成的分立结构分析

特征	市场	混合形式	企业	官僚组织
激励强度	+++	++	+	0
协调性适应	0	+	++	+++
行政控制	0	+	++	+++
契约法	+++	++	+	0
官僚成本	0	+	++	+++
契约不完全程度	0	+	++	+++

注：+++表示很强，++表示中强，+表示弱，0 表示很弱。

利用上面的几个维度，我们可以进一步概括企业这种治理结构的特点：①在激励强度方面，企业采取低能激励机制；②在适应性方面，企业采取协调性适应，而市场采取自发性适应；③在行政控制方面，企业通过权威、科层进行较强的行政控制；④在契约法方面，企业作为内部组织通常适用于“自制契约法”调节，即法庭通常不介入企业内部事务；⑤在官僚成本方面，企业由于采取科层制，因此必然有官僚成本；⑥企业的契约通常是长期的、不完全的契约。

现在来看威廉姆森对“随着资产专用性水平的提高，企业的规模却不能无限扩大”这一问题的回答。威廉姆森认为，企业作为一种经济组织之所以不能无限扩张，主要是由于科层增加所导致的控制性损失。但是威廉姆森后来放弃了这一观点，认为如果允许企业最高层进行选择性干预，那么控制性损失将不是问题。所谓选择性干预，是指委托人让代理人保持独立自主的地位；但是，委托人一旦有特殊需要，代理人必须

① 聂辉华：《交易费用经济学：过去、现在和未来》，《管理世界》2004 年第 12 期。

无条件服从。然而，威廉姆森认为，选择性干预是行不通的。正因为选择性干预会失灵，企业规模也就不可能无限扩大，其根本原因在于企业内部不能像市场那样引入高能激励（见表 14-2）。

所谓高能激励，就是代理人以固定价格向委托人提供产品，代理人获得全部剩余索取权。选择性干预就是给予代理人高能激励。而低能激励则相反，代理人的成本与收益没有直接对应的关系，代理人没有全部剩余索取权。例如，在房地产行业中，开发商以固定价格将楼房建设工程承包给建筑商，这就是高能激励；而建筑商给予工人固定工资，这就是低能激励。威廉姆森认为，在企业内部引入高能激励会造成两方面高额的成本：一是会导致代理人滥用委托人的资产，因为代理人无须为此付出成本，却可以获得由于过度使用资产所节约下来的剩余利润；二是委托人会利用自己的权威盘剥代理人的利润，其主要是通过压低内部转让价格和虚增成本等手法。因此，企业内部只能采取低能激励，而这样做的好处就是适应性比较强。因为通过科层的权威，委托人对代理人在会计、审计和费用分摊方面拥有信息优势，减少了讨价还价成本，这也正是科斯的思想。但是，低能激励会造成官僚成本，其原因主要包括“管理倾向”“宽容”和“互相帮助”等方面。可以看出，在威廉姆森看来，任何治理模式都具有优势和劣势。市场的治理模式还具有较高的激励强度，但容易引起事后的不适应程度；而企业的治理模式能够降低事后的不适应程度，却具有较低的激励强度，并且会造成科层管理成本。当存在各种不同的交易模式时，交易各方必须选择总成本最小的治理模式。显然，企业的最优规模也需要在一体化带来的收益与成本之间进行权衡。这也就充分回答了上述“随着资产专用性水平的提高，企业的规模却不能无限扩大”这一问题①。

第五节 资产专用性、一体化

一 资产专用性与专用性资产

关于资产专用性认识，可以追溯到德国历史学派的创始人李斯特的

① 袁庆明、魏琳：《威廉姆森企业边界理论评析》，《当代财经》2009 年第 12 期。

观点，他认为人的经验、习惯和技术，在失去了本业以后，一般就会大部分不复存在。这可能是资产专用性含义的最早表达。后来，马歇尔、波兰尼、马尔沙克都对此有所研究，但是他们并未认识到这一概念对人们交易行为的重要性。克莱因、克劳福德和阿尔钦之前，经济学家把资产专用性看作是一个绝对的，而不是相对的量值。认为资产专用性就是指一项投资只对特定的使用人有用，而对其他人则一文不值，比如压制特定产品的冲模。但是现在，相对的资产专用性概念更易于被接受，在解释企业的纵向一体化上也更有说服力。克莱因、克劳福德和阿尔钦认为，在交易的一方进行了专用性投资之后，就会产生一种可占用的专用性准租。准租的大小等于承租人最优使用的价值与另一承租人次优使用价值的差额。很明显，资产的专用性程度越大，可占用性准租也就越大。在这一研究成果的影响下，威廉姆森将资产专用性定义为在不牺牲生产价值的条件下，资产可用于不同用途和由不同使用者利用的程度①。杨瑞龙将资产专用性定义为资源在用于特定用途以后，很难再移作他用的性质。具备这种性质的资产称为专用性资产，包括专用性土地如建筑用地、专用性物质资产如为生产某个部件所需的专门冲垫和专用性人力资本如以边干边学方式形成的技能等，与之对应的则是通用性资产。在含通用性资产投资的交易中，交易的任何一方都可以轻而易举地转而寻求其他交易对象，且保证投资创造的价值和双边利益不受损失。而当交易的一方比如卖方作出了专用性投资后，由于这种资产用于其他方面的价值比其原定的特殊用途小得多，卖方就被紧紧地“捆”在这笔交易上了；相应地，买方也会发现再寻找如此满意的货源成本高昂且比较困难，于是也对该交易承担了义务。这种“捆绑”效应的实质是，任何一方的退出都同时给双方造成损失。资产专用性越强，“捆绑”效应就越强，退出损失也就越大。同时，资产专用性给交易双方带来了可占用专用性准租，即某项资产最优使用者超过次优使用者的价值。由于专用性资产很难转作他用，即便付给所有者的价格下降，资产使用者得到的供给也不会减少，这种租金便产生了。在现实中，有关契约当事人都想尽可能地占有可占用准租，很显然，当没有次优使用者加入竞价时，最优使用者只会出次高价来获得某项资产的使用权。在威廉姆森看来，资产专用性的产

① 李元旭：《资产专用性与纵向一体化》，《经济科学》2000 年第 5 期。

生主要是由于沉没成本，也就是一项投资一旦做出之后，若再改作其他用途就可能丧失全部或部分原有的价值，这部价值的丧失是不可弥补的。那么，什么资产具有专用性？威廉姆森认为有三种资本：特殊实物资本、特殊人力资本和有特殊地点的资本①。特殊实物资本指的是只可由一家或几家买主使用的建筑和机器；特殊人力资本指的是产品的生产需要经过特殊培训的工人来进行；特殊地点的资本是处在相邻位置上的生产连续阶段的资本。

专用性资产是为支撑某种交易而进行的耐久性投资，它一旦形成，投资于某一领域，就会锁定在一种特定形态上，如果再作他用，其价值就会贬值。它作为生产性资产的一种存在形态，如一件资本设备或一套专门知识，在这种状态不允许将资产转用于其他用途。一种资产是不是专用性资产，主要看该资产究竟是属于用途可变的资产，还是用途不可变的资产，它与会计上的固定资产和流动资产及其固定成本和变动成本没有太大关系，只有那些用途不可改变的资产才具有专用性质。

针对资产专用性对交易行为的重要性，威廉姆森进一步指出：①资产专用性是资产交易的专用性。不同的交易具有不同的属性，特质交易不仅要求专一性，而且还要求交易专用方面的专一性。从这一点来说，专用性资产是交易专用性的资产，从而也就是关系专用性资产（Relation-ship-Specific Asset）。②资产专用性与沉没成本有关。一般情况下，专用性资产一旦投入，若不能发挥作用，其价值就不可能全部收回。其原因是资产专用性问题起源于契约执行期间的问题，如果契约不能如约履行或者提前终止，其所有者就不可能在毫不牺牲生产价值的条件下改变这种资产的用途。而对于一般性资产来说不会遇到这个难题。③资产专用性的实质是一种套住（lock-in）效应。一旦关系专用性投资做出，在一定程度上就锁定了当事人之间的关系，契约关系就会发生“根本性转变”，事前的竞争就会被事后的垄断所替代，从而导致要挟（hold-up）的机会主义行为发生。也就是说，关系专用性投资提高了对市场交易伙伴的依赖性，资产专用性程度越强，对交易伙伴的依赖性就越大，在没有制度阻拦的条件下，专用性投资较强的一方被交易另一方的

① Williamson, “The Economic institutions of Capitalism: Firms, Markets Relational Contracting.” NewYork: The Free Press, 1985, 52-56.

机会主义行为损害的可能性就越大。④资产专用性只有在契约不完全的背景下才能表现出来。专用性资产交易的契约是一个不完全契约。在契约不完全的情况下，交易双方的利益矛盾和冲突不可能在事前就得到解决，而是被拖到事后，这样交易双方的机会主义行为会使双方的谈判和履约变得困难，从而在一定程度上会使双方相关的专用性投资不能达到最优。因此，为了降低交易费用，替代市场的纵向一体化选择就是必然的[①]。

二　资产专用性与纵向一体化

纵向一体化（纵向兼并）是指在生产工序上处于上下游关系的两个企业的合并，实践中像炼铁厂和炼钢厂的合并，煤矿和发电厂的合并等都是这样的例子。

威廉姆森、克莱因、克劳福德和阿尔钦、格罗斯曼和哈特等认为，纵向一体化产生的原因是资产专用性。

威廉姆森对纵向一体化的研究始于 1971 年的论文《生产的纵向一体化：市场失灵的考察》，他的观点又在其后的《交易费用经济学：契约关系的规则》《资本主义经济制度》《经济组织的逻辑》等论著中得以完善。威廉姆森首先把市场和企业都看作是特定的治理结构（governance structure），一项交易既可以在市场中进行，也可以在企业中进行，但是任何一种治理结构发生作用时都有一定的治理成本，治理成本的大小取决于交易的三个特征：资产专用性、不确定性和交易重复的频率。第一因素即资产专用性有决定性作用，这是因为企业和市场都是有治理成本的。

首先是市场的治理成本。当交易的双方一旦有一方或者双方都进行了某种专用性投资，此时双方的关系就会变成微观经济学中的双边垄断或者在供给垄断条件下的竞争性装配，双方的讨价还价就不可避免了，而“这种讨价还价是共同的（和社会的）非生产性行为”；并且由于另一方可能会采取机会主义行为提前终止交易，这样做出专用性投资的一方就会蒙受损失。所以市场的治理成本包括讨价还价与机会主义行为可能造成的损失两部分，很明显，它是随着资产专用性程度的增加而增加的。采用企业治理也是有成本的。威廉姆森认为企业治理成本的产生主要是由于企业的激励强度弱于市场，而且科层之间的官僚性扭曲行为会降低

---

① 牛德生：《资产专用性理论分析》，《经济经纬》2004 年第 3 期。

生产效率。

市场与企业治理成本的比较如图 14-5 所示，其中，K 为资产专用性的程度指数。假定：G 是企业治理成本和市场的治理成本之差，它是 K 的函数，并且 dG/dK<0；C 为企业自己生产某一物品时的成本与在市场上采购该物品时的成本之差额，因为市场较企业可以更好地实现规模经济和范围经济，所以有理由认为 C>0，且 dC/dK<0。于是，我们可以认为企业的目标是 G+C 的最小化，这样就可得到图中的 G+C 曲线，它与横轴的交点 K^* 构成了交易在市场和企业之间分配的分界点。当资产专用性小于 K^* 时，市场治理占有优势；当资产专用性大于 K^* 时，企业治理占有优势；当资产专用性在 K^* 附近，交易会在何种治理结构中进行是不确定的。克莱因、克劳福德和阿尔钦从资产专用性出发，推导出可占用性准租的概念，在此基础上考察了使用市场体制的一项特殊成本——后契约机会主义行为（post-contractual opportunistic behavior）。克莱因等认为是由于专用性投资产生了可占用性准租，可占用性准租使机会主义行为从可能变为现实。让我们先来看一个例子：印刷商甲方拥有一台印刷机，出版商乙方愿意每天出 5500 美元租用这台机器，出版商丙方愿意每天出 3500 美元来租这台机器，除此之外其他人都不愿意出如此高价。在这种情况下，这台机器就产生了 2000 美元（5500-3500）的可占用性准租，因为即使乙方把租金从 5500 美元压低到 3500 美元，甲方仍然会把印刷机出租给他使用。可见，可占用性准租会由于机会主义行为而有被占有的风险。当然，出版商甲方也有讨价还价的能力，他同样可采取机会主义行为把全部准租据为己有。

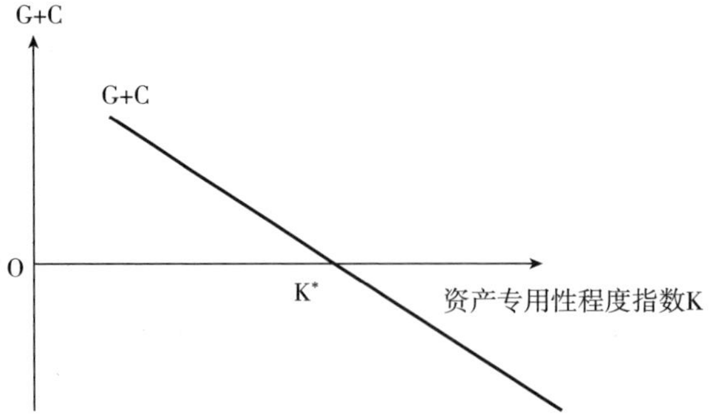

图 14-5　市场治理与企业治理的比较

如何减少或者避免这种风险？克莱因等认为纵向一体化可能是一种比市场契约更有效的办法。因为当事人是有限理性的，所以虽然契约可能会对某种机会主义行为做出惩罚性的规定，但它不可能把所有可能的机会主义行为都罗列出来，即使一方确实违反了契约，但由法庭调查损失和实施契约的诉讼也可能是成本高昂的。如果当事人坚持在市场中进行交易的话，那么保障市场契约能顺利实施的方式之一就是给潜在的机会主义者提供一种未来的贴水，也就是使他占有足够多的准租流，以保证在他实施机会主义行为时获得的短期利益小于未来准租流的贴现值。一般地，资产专用性程度越高，它产生的可占用性准租也越大，从机会主义行为中获得的短期收益也越大，那么这种市场契约得以实施的成本也就越高。格罗斯曼和哈特则用剩余控制权推导出由于所有权结构的不同而导致双方事前的投资激励扭曲，通过比较不同情况下投资激励的扭曲程度，来计算纵向一体化的收益和成本，从而揭示企业选择纵向一体化或者非一体化的原因。所谓剩余控制权就是契约当中没有明确界定的资产控制权，一般归资产所有者掌握。格罗斯曼和哈特认为企业之间的非一体化或者是一体化，其实质就在于剩余控制权的归属问题。他们构造了一个两时期模型，模型假定：有甲、乙两个企业，它们各自的管理者也是企业的所有者，双方在时期 0 签订了一份契约，随后分别进行了关系专用性投资 a_1 和 a_2；在时期 1，进一步采取生产行动 q^1 和 q^2，管理者—所有者从中获得收益。

这里的 q^i（i=1，2）就是指的剩余控制权，因为生产应如何进行在时期 0 是无法确知的，它取决于时期 1 的“自然状态”；而在时期 1，“自然状态”确定之后，事后的生产决策就比较容易确定了，因此 q^i 在事前不能写进契约，这也使事后收益与事前合同的规定相比较会有一个差异，称为剩余收益。剩余收益将按某种比例在甲和乙之间进行分配。

正是因为事后的剩余收益只能部分地为剩余控制权所有者占有，而剩余控制权又是由事前的投资产生的，所以甲和乙的事前投资必然会被部分扭曲，扭曲无论在一体化还是非一体化的情形下都会发生，只是方向不同。他们最后的结论是：所有者 i 同时拥有企业 i 和企业 j 将导致 i 的投资过度和 j 的投资不足。另一方面，非一体化将导致每个企业的投资保持在适度水平上[①]。

三　纵向一体化测度理论[②]

纵向一体化测度理论是对纵向一体化程度的实证分析理论。简单的逻辑是：如果无法测度产业或厂商的纵向一体化程度，也就无法判定厂商的市场行为是否由纵向一体化的状态所引起的，也就无法判断市场和厂商的绩效，也就无法运用相应的政策。许多经济学家试图通过多种方法来解决纵向一体化的测度问题，但测量的困难无疑是纵向一体化缺乏系统研究的原因之一。由于数据的缺乏或理论研究的滞后，目前这一领域国内尚无人涉及。从现有的文献分析，最早具有代表性并被广泛使用的测度方法是由 Adelman 提出的价值增值法（VAS）。VAS 的理由是当厂商前向一体化时，对下游厂商形成需求，而后向一体化对上游厂商形成需求。若把厂商内部的交易放置在厂商之间，则 VAS 值就会增加。VAS 法存在局限性，最明显的是对厂商主产的纵向产业链中各阶段的敏感性不够。若厂商内部越靠近产业链的尾部或最终消费者其一体化的厂商就越少，但所计算的 VAS 值可能有相同的结果。其他主要分析方法是辅助工种中雇佣人数与总的雇佣人数或辅助产品销售额与总销售额的比率。它有两个明显缺陷：一是需要公认的厂商主辅活动的明确定义来分清纵向产业链；二是数据收集相当困难，需要行业专家对非常多的数据进行说明。最近利用投入产出表进行的研究富有进展。Maddigan 利用投入产出表，针对厂商生产是集中在某一产业中，在技术相关程度上构造了给定厂家纵向产业相关指数。然而，这一指数忽视了产业中厂商生产的大小和厂商数量的影响。相类似的指数，如 Caves 和 Bradburd 测量前向一体化，通过某一产业在投入产出表使用系数的权重加总（计算出售到不同用户产业的会计加总的比例），这里集中反映了这一产业中的厂商有多少也在每个用户产业中生产，但也难以明确在用户产业中厂商的生产数量。

Davies 和 Motris 建立了一种新的纵向一体化指数，按照科斯—威廉姆斯范式，认为纵向一体化的基础是通过单个厂商进行内部化的组织变化（在厂商内部）还是外部化的组织变化（在市场中）的决策来实现。在这

① 李元旭：《资产专用性与纵向一体化》，《经济科学》2000 年第 5 期。

② 周勤：《纵向一体化测度理论评介》，《经济学动态》2002 年第 1 期。

种情况下，纵向一体化程度的敏感度应反映产出的内部厂商流动的数量和外部销售的相关关系。这种测量方法是由 Perry 首先提出的，但他指出："在厂商内部和外部交易中获得准确信息总是十分困难"。特别是使用年鉴数据对产业定义时，在纵向一体化程度较高的工厂内部和厂商之间的产业内部流动分析中极为困难。Davies-Morries 指数为避免上述困难采取了理论上粗糙些，但更适用的具体产业分析的定义。即在一个经济体中（或扩展到部门，如制造业），是由 N 个厂商和 R 个产业构成的，在厂商 i 内部的一体化程度可以定义为，它在各产业间的工厂流量与总销售的比值。产业前向一体化是由产业售出，在这一产业的内部厂商流出加总与这些工厂在其他产业之中的比例。产业后向一体化是相似的测量方法，产业支付是由厂商在产业内部厂商的购买与这些厂商在其他产业的产出支付的加总的比例。这个指数的范围就是［0，1］之间，且数值越大则一体化程度越高。根据 Davies-Morries 指数，它不仅能反映产业间的一体化程度，而且能分辨出前向和后向一体化程度。

第十五章　马克思的企业理论

马克思以唯物史观作为基本方法论，对企业的起源、本质、规模、演变、代理、产权结构、股份公司等问题进行了深入探索，形成了完整、科学、系统的企业理论。对此，一些尊重事实的西方经济学家也给予了积极肯定。“斯密之后，在古典经济学中很难有称得上是厂商理论的（李嘉图的厂商就是斯密的屠宰商和面包师等）。马克思总是例外的”①。

第一节　马克思的企业起源、企业本质理论

一　马克思的企业起源理论

马克思在考察资本主义生产方式时，以分工协作—工场手工业—机器—大工业为线索详细地论述了工场手工业和工厂制度的起源，提出了他的企业起源理论。

在《经济学手稿（1861—1863）》和《资本论》等著作中，马克思在扬弃亚当·斯密等分工理论的基础上，将分工划分为工场手工业内部的分工和社会内部分工。在马克思看来，社会内部的分工和工场内部的分工，虽然有许多相似点和联系，但两者不仅有程度上的差别，而且有本质的区别：“社会内部的分工以不同劳动部门的产品的买卖为媒介；工场手工业内部各局部劳动之间的联系，以不同的劳动力出卖给同一个资本家，而这个资本家把它们作为一个结合劳动力来使用为媒介”②。在马克思看来，工场手工业分工以资本家对人的绝对权威为前提，人只是资

① 《新帕尔格雷夫经济学大辞典》（第 2 卷），经济科学出版社 1992 年版，第 382 页。

② 《资本论》（第一卷），人民出版社 1975 年版，第 393 页。

本家所占有的总机构的部分；社会分工则使独立的商品生产者互相独立，“他们不承认任何别的权威，只承认竞争的权威，只承认他们互相利益的压力加在他们身上的强制”①。按照笔者的理解，马克思这种划分分工的方法实质上是揭示了现代意义上的两种资源配置方式：市场和企业。与社会分工相对应的资源配置方式是市场，与工场手工业相对应的资源配置方式是企业。因此，在马克思理论体系中，论述工场手工业、工厂制度的起源实质就是论述企业的起源。

马克思认为，社会分工有两种起源方式：一是以自然资源禀赋的不同而发展起来的地理社会分工体系；二是以生理分工为起点，通过整体生产的各种职能的部分专业化发展而来的社会分工体系。同时，他认为工场手工业也有双重的起源：“一方面，它以不同种的独立手工业的结合为出发点，这些手工业非独立化和片面化到了这种程度，以致它们在同一个商品的生产过程中成为只是互相补充的局部操作。另一方面，工场手工业以同种手工业者的协作为出发点，它把这种个人手工业分成各种不同的特殊操作，使之孤立，并且独立化到这种程度，以致每一种操作成为特殊工人的专门职能”②。因此，一方面工场手工业在生产过程中引进了分工，发展了分工；另一方面，它又把过去分工的手工业结合在一起，即企业取代了市场。

马克思认为，社会分工和工场手工业分工既有区别，又有联系，两者是相互促进、相互转换的，在社会分工和工场手工业分工中，“后一类分工以第一类分工为自己的出发点和基础”③。很清楚：①工场手工业分工以社会分工为前提。由于在商品交换中发展起来的社会劳动的分化，不同的劳动部门才互相分离，使每个特殊部门从事专门劳动，在这种专门劳动内部又可分为几个部分，因此，工场手工业分工以社会分工为其出发点和基础。②社会分工又必须对工场手工业分工产生反作用，扩大工场手工业分工。首先，社会分工与所有其他的生产力的共同之处是会缩短生产某种使用价值所需的劳动，这为一个新的社会劳动部门产生提供了劳动力。其次，社会分工能够通过它的分解过程把一个专业划分为若干部分，结果是同一使用价值的各个组成部分现在可以被当作彼此互

---

① 《资本论》（第一卷），人民出版社 1975 年版，第 394 页。
② 《资本论》（第一卷），人民出版社 1975 年版，第 775 页。
③ 《马克思恩格斯全集》（第 46 卷上），人民出版社 1979 年版，第 303 页。

相独立的不同商品来生产，换句话说，同一使用价值的不同种类，过去属于同一个生产领域，现在由于个别生产领域的分解而属于不同的生产领域。不仅如此，马克思还认为，工场手工业分工的出现有其客观性，有其必然的物质基础和社会基础。它是社会分工发展到一定阶段的产物，是以一定的社会物质基础为前提的，是由一定的利益动力机制和科学技术发展所决定的。这是马克思企业起源理论的实质①。

二　马克思的企业本质理论

马克思的企业理论认为，企业的起源是以生产资料积聚在一个资本家手中为前提的。换言之，资本主义工场手工业，工厂制度的生产实际上是在“同一个资本同时雇用较多的工人，因为劳动过程扩大了自己的规模并提供了大量的产品的时候才开始的”。在这里，“同一个资本”在资本主义生产的起点时等同于同一资本家的资本。“较多的工人在同一时间、同一空间（或者说同一劳动场所），为了生产同种商品，在同一资本家的指挥下工作，这在历史上和逻辑上都是资本主义生产的起点”②。“同一个资本”不仅包括资本家自有资本，也包括资本家借入资本，“同一资本”是一个动态的概念，它随着积累而增长，也可能出现负积累，使其逐渐减少。马克思把资本家分为自有资本、借贷资本和联合的资本家三类，在资本主义股份公司的形态上，“同一资本”已不是指单个资本家了，而是直接联合起来的个人资本。在资本主义生产的起点上，“雇佣”是非常明显的，与生产资料相分离的工人只有受雇于资本家，才能和生产资料相结合，资本主义的生产才能进行。因此，资本主义时代的特点是，对工人本身来说，劳动力是归他们所有的一种商品的形式，他的劳动因而具有雇佣劳动的形式。此外，在资本主义股份公司的形态上，也是资本雇佣劳动，虽然这种雇佣劳动发生了某种程度上的变化，资本所有权主要表现为剩余索取权，但“这种向股份形式的转化本身，还是局限在资本主义界限之内……并没有克服财富作为社会财富的性质和作为私人财富的性质之间的对立，而只是在新的形态上发展了这种对立”③。仅有资本而无雇佣劳动是不能成为企业的，如生息资本和借贷资本。同样如果仅有雇佣劳动，不在同一资本下雇佣，则这些雇佣劳动并不在同

---

① 洪名勇：《马克思的企业理论研究》，《黔西南民族师范高等专科学校学报》2002 年第 1 期。

② 《资本论》（第一卷），人民出版社 1975 年版，第 358 页。

③ 《资本论》（第一卷），人民出版社 1975 年版，第 497 页。

一企业。

"同一个资本"还表现在其不可分性，合伙资本、股份资本、借入资本，这些资本与资本家自有资本的结合，形成企业资本，在企业资本中不能区分出某一部分资本的所有者，尽管各所有者都拥有一定比例的份额。需要说明的是，同一个资本雇佣较多的劳动必须是在同一段时间，否则，协作劳动就不可能进行，企业也就失去了其存在的基础。由此可见，"同一个资本同时雇佣较多的工人"或许是资本主义企业的本质[①]。

第二节 马克思的企业规模理论

一 马克思的企业纵向一体化理论

马克思在工场手工业的产生等论述中，包含着丰富的企业纵向一体化思想。

（一）纵向一体化是提高经济效益的需要

马克思认为，工场手工业的产生方式是二重的，其中的一方面是，"它以不同种的独立手工业的结合为出发点，这些手工业非独立化和片面化到了这种程度，以致它们在同一个商品的生产过程中成为只是互相补充的局部操作"[②]。例如，马车过去是很多独立手工业者，比如马车匠、马具匠、裁缝、钳工、铜匠、施工、饰缘匠、玻璃匠、彩画匠、描金匠等劳动的总产品。马车工场手工业把所有这些不同的手工业者联合在一个工场内，他们在那里协力地同时进行劳动。在马克思的论述中，这既是一种简单的分工与协作，又是一种最原始的纵向一体化。纵向一体化之所以产生，原因在于与单个劳动相比，生产资料由个人使用变成了共同消费，使生产资料得到了节约。因此，它一方面使商品便宜，从而使劳动力的价值下降；另一方面，它改变剩余价值同全部预付资本，也就是用资本的不变组成部分和可变组成部分的价值总额之间的比例。在马克思看来，协作不仅提高了个人生产力，而且还"创造了一种生产力，这种生产力本身必然是集体力"[③]。即使撇开协作创造的生产力不讲，只

① 洪名勇：《马克思的企业理论研究》，《黔西南民族师范高等专科学校学报》2002年第1期。

② 《资本论》（第一卷），人民出版社1975年版，第375页。

③ 《资本论》（第一卷），人民出版社1975年版，第362页。

是“社会接触就会引起竞争和特有的精力振奋，从而提高每个人的个人工作效率”①。

（二）向前的纵向一体化与向后的纵向一体化

马克思认为，正如工场手工业部分由不同手工业结合而成一样，工场手工业又能发展成为不同的工场手工业的结合。这是较不同手工业的结合更高一级的纵向一体化。例如，英国的大玻璃工场自己制造土制锅，因为产品的优劣主要取决于锅的质量。“在这里，制造生产资料的工场手工业同制造产品的工场手工业联合起来”②。这是一种向前的纵向一体化。反过来，“制造产品的工场手工业，也可以同那些又把它的产品与自己的产品结合成一体的工场手工业联合起来”③。例如，制造钻石玻璃的工场手工业同磨玻璃业和铸铜业（为各种玻璃制品镶嵌金属）结合在一起。在这种场合，不同的结合的工场手工业成为一个总工场手工业在空间上多少分离的部门，同时又是各有分工的互不依赖的生产过程，这是一种向后的纵向一体化。

纵向一体化虽然具有不少优点，但它不能在自己的基础上达到真正的技术上的统一，这种统一只有在工场手工业转化为机器生产时才能产生。因此，马克思的纵向一体化的观点是辩证的，他不仅分析了不同种手工业者与工场手工业的结合和不同的工场手工业的结合（纵向一体化），而且还分析了手工业和工场的分化（纵向一体化的对立面）④。

二　马克思的横向一体化理论

（一）企业规模的扩大

马克思从资本的视角分析了企业规模的扩大，马克思认为，资本的动机和目的是尽可能的自行增值，也就尽可能多地生产剩余价值。由于资本雇佣劳动，在资本规模有限的条件下，资本增值，一是通过靠延长工作日，从而增加剩余劳动时间来实现。延长工作日受到劳动者的生理的、道德的界限及工人们的反抗的制约，因此，资本增值更多的是通过相对剩余价值的生产来实现。以此为基础，马克思在《资本论》中论述了企业规模扩大的三种方式。

---

① 《资本论》（第一卷），人民出版社 1975 年版，第 362—363 页。

② 《资本论》（第一卷），人民出版社 1975 年版，第 385 页。

③ 《资本论》（第一卷），人民出版社 1975 年版，第 385—386 页。

④ 洪名勇：《马克思的企业理论研究》，《黔西南民族师范高等专科学校学报》2002 年第 1 期。

第一种企业规模扩大的方式：建立在资本积累基础上的个别企业分工协作引起了企业规模的扩大。“资本主义生产实际上是在同一个资本同时雇佣较多的工人，因而劳动过程扩大了自己的规模并提供了较大量的产品的时候才开始的”①。资本所生产的剩余价值量等于一个工人所提供的剩余价值乘以同时雇佣的工人人数，这正是资本增值的要求。而资本支配更多的劳动从而使企业规模扩大是以个别资本积累为基础的，协作工人的人数或者协作的规模取决于单个资本家能够支付多大资本量来购买劳动力，即取决于每个资本家在多大规模上拥有许多工人用的生产资料。值得注意的是，企业规模的扩张和分工协作，一方面节约了生产成本，另一方面提高了劳动生产率，因此，符合资本增值的内在要求，从而进一步地推进企业规模的扩大。

第二种企业规模扩大的方式：个别资本的集中。马克思在《资本论》第一卷第23章中讨论了企业规模扩大的资本集中形式。企业规模扩大的第一种方式，由于一方面受社会财富增长程度的限制，另一方面使社会资本中固定在每个特殊生产部门的部分，分在许多资本家身上并彼此对立。这样，资本便具有集中的动力和倾向，资本的集中是“个体独立性的消灭，是资本家剥夺资本家，是许多小资本变成少数大资本”，“这是不同于积累和积聚的本来意义的集中”②。企业通过资本集中来扩大生产规模是在竞争和信用这两大杠杆作用下进行的。竞争是资本扩张的外在压力和动力，资本要实现其内在增值要求，必然面临激烈的市场竞争。一方面，生产规模的扩大有利于提高劳动生产率，使商品便宜；另一方面，竞争的结果是许多较小的资本家垮台，他们的资本一部分转入胜利者手中，一部分归于消灭。此外，信用开始“作为积累的小小的助手不声不响地挤了进来”，后来，它很快就成了“竞争斗争中的一个新的可怕的武器；最后，它变成一个实现资本集中的庞大的社会机构”③。

第三种企业规模扩大的方式：股份制。在马克思看来，通过个别资本的集中，如企业吞并等难以扩大企业规模一样，股份制也能使企业规模迅速扩大，并且通过股份制来扩大企业规模，与个别资本的集中形式

① 《资本论》（第一卷），人民出版社1975年版，第358页。

② 《资本论》（第一卷），人民出版社1975年版，第686页。

③ 《资本论》（第一卷），人民出版社1975年版，第667页。

相比，更具有自己的优势。因为，股份制是一种比较平滑的办法，把许多已经形成或正在形成的资本融合起来，它贯彻了自愿联合的经济原则，避免了剧烈的经济震荡，能较为稳妥地集中巨额资本。

（二）横向一体化的边界

企业规模的最大边界是指整个行业或生产部门的产品由一家企业进行生产。“在一个社会里，只有当社会总资本或者合并在唯一的资本家手中，或者合并在唯一的资本家公司手中的时候，集中才算达到极限”[①]。值得注意的是，集中虽然起到了加强和加速积累的作用，但是在现实生活中很少出现在一个生产部门中投入的全部资本已融合为一个单个资本的极端情况。19 世纪以后大量出现的卡特尔（Cartel）组织也并非是一个大企业，卡特尔实际上是一种同盟或协会，整个大生产部门的工厂主组成卡特尔（托拉斯），其目的是调节生产，从而调节价格和利润。总起来看，企业规模的大小至少取决于以下两个方面：其一，集中是有限的，“集中运动的相对广度和强度在一定程度上由资本主义财富已经达到的数量和经济机构的优越性来决定”[②]。其二，马克思的资本有机构成理论和利润平均化理论很好地说明了企业规模的极限。集中在加强和加速积累的同时，又扩大和加速了资本技术构成的变革，即减少资本的可变部分和增加它的不变部分。在集中还未达到一定程度时，资本技术构成的变革将使这种企业的产品个别价值低于社会价值，企业按社会价值或社会生产价格出售商品时，会获得超额利润。随着集中的进一步扩张，企业产品个别价值与社会产品平均价值趋同，超额利润逐渐减少，乃至消失。这样，在市场经济条件下，只要资本和劳动力能够容易地从一个生产部门转移到另一个生产部门，从一个地点转移到另一个地点，该部门的资本就会力图追逐较高的利润率，设法把资本转投到利润较高的部门。于是，一方面集中化了的企业规模会缩小；另一方面，该企业所在部门由于资本大量流出，生产规模缩小和产品供给减少，导致价格上升和利润提高，又有全新的资本和劳动力注入这一部门，追求利润和部门内的超额利润。所以，集中很难达到极限——在同一个生产部门中投入的全部资本融合为一个单个资本的情况。这种运动的平衡状态，也就是企业规

---

① 《资本论》（第一卷），人民出版社 1975 年版，第 688 页。

② 《资本论》（第一卷），人民出版社 1975 年版，第 687 页。

模的均衡状态，即横向一体化程度[①]。

第三节　马克思的企业代理理论

马克思在研究以前思想家如亚里士多德的有关思想时就指出："主人一旦有了足够的财富，他就会把干这种操心的'荣誉'交给一个管家"[②]。这可以说是家庭中的委托—代理关系，在企业内，委托—代理关系也是存在的。当"资本家的资本一达到开始真正的资本主义生产所需要的最低限额时，他便摆脱体力劳动……把直接和经常监督单个工人和工人小组的职能交给了特种的雇佣工人"[③]。这是企业最初的委托—代理关系。随着股份公司的建立，资本的所有权和经营权分离，资本家作为多余的人从生产过程中消失了，这是股份公司形式下的委托—代理关系。合作工场提供了一个实例，证明资本家作为生产上的管理人员已经成为多余的人，就像资本家本人发展到最高阶段，认为大地主是多余的一样。

一　资本家及其代理人

马克思把资本家分为三种类型：一是自有资本经营；二是合股经营，三是完全借贷经营。一些产业资本家合股经营企业，然后他们之间按照合法的契约分配利润；另一些资本家则不是合股而是自己经营自己的企业。一个没有财产但精明强干、稳重可靠、经营有方的人，通过占有无酬劳动这种方式也能成为资本家。这巩固了资本本身的统治，扩大了它的基础，使它能够从社会下层不断得到新的力量来补充自己。一个统治阶级越能把被统治阶级中的最杰出人物吸收进来，它的统治就越巩固。在马克思看来，"资本家之所以是资本家，并不是因为他是工业的领导人，相反，他所以成为工业的司令官，因为他是资本家。工业上的最高权力成了资本的属性，正像在封建时代，战争中和法庭裁判中的最高权力是地产的属性一样"[④]。关于监工、经理等资本的代理人，马克思也有

---

① 洪名勇：《马克思的企业理论研究》，《黔西南民族师范高等专科学校学报》2002年第1期。

② 《资本论》（第三卷），人民出版社1975年版，第433页。

③ 《资本论》（第一卷），人民出版社1975年版，第679页。

④ 《资本论》（第一卷），人民出版社1975年版，第639页。

许多论述。在资本主义协作劳动中，马克思把资本家比作“工业的司令官”，经理比作“军官”，监工比作“军士”。在工场手工业阶段的业主制企业界中，随着许多雇佣工人的协作，资本的指挥发展成为劳动过程本身进行所必要的职能，随着大规模协作的发展，资本家把直接和经常监督单个工人小组的职能交给了特种工人。就像部队需要军官和军士一样，这里也有了工业上的军官（经理）和军士（监工），资本家成了工业上的司令官。在资本的所有权与经营权分离的条件下，资本家不一定是经理，经理不一定是资本家，“这种指挥劳动就无须资本家亲自担任了。一个乐队指挥完全不必就是乐队的所有者”①，工业制度的灵魂不是产业资本家，而是产业经理，这样，管理劳动作为一种职能越来越同自有资本或借入资本的所有权相分离，“留下来的只有管理人员，资本家则作为多余的人从生产过程中消失了”，“实行执行职能的资本家转化为单纯的经理，即别人的资本的管理人，而资本所有者则转化为单纯的所有者，即单纯的货币资本家”②。

二　代理人的收入

马克思对企业的收入分配作了深入的研究。他认为，企业经理的工资是熟练劳动的工资，剩余索取权仍然控制在资本家手中。就企业主收入来说，经营企业的工商业资本家即职能资本家往往要向借贷资本家借入一定数量的资本，为了使用这笔资本，职能资本家就要按期向借贷资本家支付一定量的利息，这些利息是职能资本家从获得的平均利润中支付的。支付利息后，余下那部分利润就是企业主收入。马克思强调，企业主收入是雇佣工人创造的，为职能资本家占有的剩余价值。对于经理的工资而言，经理的工资是一种监督工资，它采用了熟练劳动工资的形式。商业经理和产业经理的工资，在工人的合作工厂和资本主义的股份制企业中，都是完全同企业主收入分开的，是一种监督工资。因为经理的工资只是或者应该只是某种熟练劳动的工资，这种劳动的价格，同任何别种劳动一样，是在劳动市场上调节的③。

---

① 《资本论》（第三卷），人民出版社 1975 年版，第 435 页。

② 《资本论》（第三卷），人民出版社 1975 年版，第 492 页。

③ 洪名勇：《马克思的企业理论研究》，《黔西南民族师范高等专科学校学报》2002 年第 1 期。

第四节　马克思的企业产权理论

一　企业内部的产权关系

马克思是从资本雇佣劳动的角度研究企业问题的，因此，在个别资本内部，马克思首先分析了资本与劳动的产权关系。认为在企业内部，资本家既取得了对生产资料的所有权和支配权，又取得了对劳动者的支配权。资本的财产形式的特征是在劳动力市场通过资本家与劳动者彼此作为法律上平等的所有者发生交换而取得的。而劳动者在资本主义制度下，唯一所有权是对自己的劳动力的所有权，这样，在企业内部这种财产形式下，“所有权对于资本家来说，表现为占有别人无酬劳动或产品的权利，而对于工人来说，则表现为不能占有自己的产品”①。股份公司制度出现后，资本支配劳动的范围发生了变化，在这里，社会资本取代了私人资本。在企业内部，社会资本与一切在生产中实际进行活动的劳动相对，职能已经同资本所有权相分离，劳动完全与生产资料的所有权、剩余劳动的所有权相分离。

二　企业内部资本的产权结构

从工场手工业工厂制度到股份公司制度的发展中，马克思分析了企业内部资本产权结构的变化。

第一，在资本初期，企业产权结构的特征有：一是企业规模小、企业资本所有权结构单一，资本家用自有的资本进行经营活动。资本来源主要是资本家个人的资本，或者是家族内部成员的合伙。二是资本的所有权与经营权是合一的，资本家既是资本所有者，又是资本的管理者，企业内部的权力结构简单。第二，以简单协作为特征的工场手工业和机器大工业时期，资本家管理的专制形式发生了变化，企业内部的所有者与经营者、所有权与经营权发生了一定程度的分离。一部分经营管理工作不完全由资本所有者行使，而由一些以监工、车间领头的身份的工人掌握和具体执行。在马克思看来，企业产权结构的这一变化，主要是因为分工协作和机器大工业为基础的管理已不再是简单的经验管理，而是

① 《资本论》（第一卷），人民出版社 1975 年版，第 640 页。

建立在科学知识、技术为基础上的分工管理。第三，股份制企业出现之后，企业产权结构发生了重大变化。一是企业所有权主体多元化，企业资本由个别资本演化成为社会资本。二是资本的所有权可以分解。三是所有权职能与经营管理职能相分离，所有权与经营权相分离。四是产生了资本的管理人，即经理阶层。五是企业内部治理结构复杂化①。

第五节　马克思的股份公司理论

马克思在《资本论》等经典著作中，对股份制进行了深入考察和研究，形成了系统的理论体系。现将其主要内容概括如下②：

一　马克思研究股份公司的理论前提

马克思在分析资本主义股份公司时，股份公司尚处于发展初期，马克思对有关股份公司制度的一些结论，多是通过理论分析得出，并未经过实践检验，这就意味着这些结论的确立必须依赖若干前提条件，搞清楚这些前提条件，对于我们正确认识马克思的股份公司理论极为重要。一是人力资本零增长假设。马克思所描述的股份公司制度之所以与后来实际发展状况有所偏离，与他抽象掉人力资本有关。马克思的分析，抽象掉了股东和经理的人力资本因素，并假定劳动者的劳动力是静态的，没有考虑教育因素引起的人力资本积累方面的问题。二是完全信息假设。即使假定人力资本零增长，劳动者也有可能索回部分剩余劳动，因为劳动者的人力资本是一项“主动资产”，这意味着劳动力的定价是私人信息。即只有劳动者本人知道自己的技能和知识水平，资本家无法准确判断，也就无法准确定价。同时，劳动的供给是由劳动者本人控制的，在计件工资不适用的场合，资本家可以延长劳动时间，却无法任意提高劳动供给水平。马克思假定劳动力是公共信息，同时他还假定了监督成本为零，资本家能准确判断价值，并获得了对劳动者的完全控制。所有这些假设都是隐含的，一旦放松假设条件，我们便会看到，劳动者利用人力资本的私人信息，确实为自身争取了一些应得的权益。

---

① 洪名勇：《马克思的企业理论研究》，《黔西南民族师范高等专科学校学报》2002年第1期。

② 洪名勇：《马克思的股份制理论研究》，《安庆师范学院学报》（社会科学版）2000年第2期。

二　马克思关于股份制产生的原理

股份制有着悠久的历史，早在两千年前的古希腊、古罗马社会就已开始出现股份制的雏形，然而，现代意义上的股份制则是伴随着资本主义市场经济的产生、发展而产生和发展起来的。马克思对股份制产生的研究，包含着丰富的内容。一是单个资本数量有限与有效生产所需要最低资本额不断提高的矛盾是股份制产生的直接原因。在资本主义的初期，股份企业数量不多，规模不大，组织简单，主要以满足在货币转化为资本过程中所必需的价值额为目的。18世纪产业革命的兴起，推动了生产社会化程度的提高，企业的生产规模不断扩大，创办一个大型企业所需的最低投资额也在不断增加，往往超过了单个资本家的投资能力，单纯依靠资本积聚已远远不能满足扩大再生产追加资本的需要，单个资本的数量有限与创办大型企业所需巨额资本的矛盾日益突出。如何解决这一矛盾，采取发行股票的方式筹集资本，实行资本入股联合经营，创办股份企业是理性的抉择。二是市场经济的发展是股份公司产生的根本条件。在西欧，正是由于16世纪世界贸易和世界市场的形成，给资本主义市场经济的发展以有力的推动，才“揭开了资本的近代生产史”[①]。市场经济的发展为实行股份制提供了必要的运行条件，因为股份公司要求生产要素通过市场机制进行合理流动与优化配置。三是经济主体的独立所有权和利益是股份公司产生的特殊条件。在股份企业中，所有权主体多元化，即每一个股东都拥有企业财产的一部分所有权，即股份，并据此享有一定的权利和利益，承担一定的风险和责任。四是信用制度的发展是股份公司产生的主要基础。马克思指出：“信用制度是资本主义的私人企业逐渐转化为资本主义的股份公司的主要基础，同时，它又是按或大或小的国家规模逐渐扩大合作企业的手段”[②]。五是竞争是股份公司产生的催化剂。股份公司不仅能为较小的资本带来发展的经济空间，而且还使那些贮藏货币等潜在资本通过认购股票实现了价值增值。因此，股份公司的出现既是社会化大生产发展和资本自身增值的要求，同时也是竞争作为一种外在强制力量，迫使企业做出的选择。

三　股份公司的基本特征

在马克思看来，股份公司的基本特征主要有：一是股份公司采取了

---

① 《资本论》（第一卷），人民出版社1975年版，第167页。

② 《资本论》（第三卷），人民出版社1975年版，第498页。

发行股票的集资方式。二是股份公司采取了社会资本的资本形式。三是股份公司具有特定的产权结构。在股份公司中，资本的所有权和经营管理权是分离的，资本的所有者、经营者是分离的，是不同的经济行为主体。四是股份公司的行为不一定是利润的最大化。

四　马克思对股份公司的利弊分析

股份公司对经济发展的作用是双重的，一方面，它对经济的发展具有巨大的促进作用；另一方面，它对经济的发展又具有一定的消极作用。股份公司对经济发展的促进作用主要表现在以下几个方面：一是股份公司可以为经济发展迅速筹集大量资本；二是促进了社会生产力的发展，使“资本以新的形式无代价地合并了在它的形式背后所实现的社会进步”①；三是促进了资本有机构成和劳动生产率的提高；四是股份资本的增加，可以阻挠和抵销平均利润的下降；五是有利于吸收和培养优秀经理人才；六是能分散风险，并控制和操纵社会资本。股份公司对经济发展也具有消极作用。一是股份公司的发展产生了一个食利者阶层；二是助长了经济活动中的投机和欺诈行为；三是股份公司的发展会引起货币市场及相关企业的混乱。

五　马克思关于股份公司的历史地位的思想

马克思科学地揭示了资本主义社会股份制的运行变化规律，以及这种运动、变化规律与整个资本主义经济运行规律的内在联系，准确把握其发展趋势，从而对股份公司的历史地位进行了深刻评价。

股份制是由资本主义生产方式转化为社会主义联合生产方式的一种过渡形式。马克思认为，股份公司的出现是现代最不寻常的经济现象，标志着现代各国经济生活的新时代；它的问世是时代的曙光，其重要意义不亚于欧洲产业革命时期的蒸汽机的问世。股份制是资本主义生产方式转化为社会主义联合生产方式的一种过渡形式，是对私人资本和私人产业的扬弃，它使私人资本取得了社会的性质。随着股份企业这种“社会企业”的发展和“对资本主义的私人产业的扬弃，它越是扩大，越是侵入新的生产部门，它就越会消灭私人产业”②。因此，资本主义的股份公司，“也和合作工厂一样，应当被看作由资本主义生产方式转化为联合

① 《资本论》（第一卷），人民出版社 1975 年版，第 664 页。

② 《资本论》（第三卷），人民出版社 1975 年版，第 496 页。

的生产方式的过渡形式[①]”。不过这种财产不再是各个相互分离的生产者的私有财产，而是联合起来的生产者的资产，即直接的社会财产。这一转变是资本所有权由私人性质向联合生产者性质的转变，是财产所有权性质的转变，由此将引起社会生产方式的变革，为资本主义向社会主义联合生产方式过渡提供了形式上的手段和线索。同时，股份公司没有超越资本主义生产方式，它存在于资本主义生产方式本身的范围内。它在本质上是联合的资本家，而不是对资本家的否定。股份公司是资本主义生产方式范围内的自我扬弃。在股份公司中，资本的私人性质直接表现为社会化的形式，从这个意义上说，股份公司在保存了资本主义生产方式的同时，又否定了资本主义生产方式。

① 《资本论》（第三卷），人民出版社 1975 年版，第 498 页。

第十六章　道德经济学

在新制度经济学的视野中，道德是一种重要的非正式制度安排或者是内在制度安排，道德制度安排对经济增长及其运行具有十分重要的作用。

第一节　道德的内涵及起源

作为人类行为的一种判断标准，道德的含义非常丰富。但无论从哪个角度讨论道德，人们都无法否认内在于道德中的规定性。作为对人类行为的一种规约，道德起源于人们日常行为中形成的、能够被特定区域人群所认可的行为规则。

一　伦理学视野的道德内涵①

什么是道德？对于这个问题的回答显然非常困难。实际上，要从前人富有哲理的思想中理出道德的定义，并不是件容易的事情。从西方的研究史上来看，在西方词源学中，“道德”（morals 或 morality）一词来自拉丁文的 mos，其含义近似于现代英文中的 custom 具体是指 standards of good behaviour、principles of right or wrong。在近代，“道德”一词经由哲学大师康德、黑格尔等伦理学理论化之后，人们在使用 morals 时多指反映个人行为美德或个体道德的规则或准则。

在中国哲学史上道德一词指的是“道”与“德”之间的关系。孔子曾主张“志于道，据于德”，其中“道”是指一种理想的人格或社会图景，“德”是指立身根据与行为准则。老子在《道德经》指出，“道生

---

① 王玉珍：《道德秩序的经济学分析——对利他行为的一个分析视角》，经济科学出版社 2005 年版，第 16-21 页。

之，德畜之，物形之，势成之。是以万物莫不尊道而贵德”。这里的“道”是指事物运动变化所必须遵循的普遍规律或事物的本体。作为一个完整的概念，“道德”一词首次出现在主张人性恶的荀子的论述中，“故学至乎礼而止矣，夫是之谓道德之极”[①]；它是指当人们学到“礼”并按“礼”的要求来为人处世时，也就达到了道德的境界。可以看出，在汉语中，道德除了指个人品德的完善之外，还包含有具体的客观内涵即存在于人类生活世界中的普遍价值或规范准则。

不论是在西文意义还是中文意义上，道德都内含于一定的规则和法则。因此，人们对于道德的分析大多蕴涵一定规则和法则之意。在哲学家康德那里，隐含着规则和法则的道德是一种必然存在，“既然存在一些绝对必然的实践法则，即道德法则，那么，一个自然的结论是……道德法则不仅以一个至高无上的存在为前提，而且由于道德法则本身亦为绝对必然的，我们就有正当理由作如此假设，尽管我们是出于实践的考虑而这样做的”[②]。可以看出来，康德将规约人类行为的道德准则视为至高无上。但是，这种绝对化的道德法则是建立在上帝的存在是绝对必然的基础之上。

“依照较为通行的解释，所谓‘道德’，是指人类生活和行为的一种善的价值意义和价值规范”[③]。毫无疑问，道德可以增进人类福祉。但是，这里如何认识道德与善之间的关系？对于这个问题，无论是中外的道德哲学家还是伦理学家，都从不同的角度提出基本一致的看法：即通过行为的善与恶来判定行为的道德性。

17 至 18 世纪的英国，是道德哲学家们争论最为激烈的时期。当时，对于道德的判定或者说对于人们行为或品格善恶判定的根据是什么，存在两种根本对立的观点。理性主义者判定行为道德性的根据是理性：只要是与理性相符合的行为或品格就是善的，否则就是恶的。“人格性的素质是对道德法则的尊敬能量，把法则本身当作意志的充足动力……所以这样一个意志的特质，得称之为善性”[④]。当然，从真正意义上来讲，要使一件事成为善的，只是合乎道德规律还不够，而必须同时也是为了道

① 荀子：《荀子·劝学》。

② Kant, I., “Critique of Pure Reason, trans. by N. K. Smith”, London: Macmillan, 1933.

③ 万俊人：《现代性伦理话语》，黑龙江人民出版社 2002 年版，第 83 页。

④ 康德：《实践理性批判》，商务印书馆 1960 年版，第 89 页。

德而做出的。

经验主义（情感主义）者则认为，能使人感到快乐情感的行为或品格就是善的，感到痛苦情感的行为或品格则就是恶的。“我们借以认识道德的善恶的那些有区别作用的印象，既然只是一些特殊的痛苦或快乐：那么必然的结果就是，在关于这些道德区别的一切研究中，我们指出，什么一些原则使我们在观察任何品格时感到快乐或不快：这就足以使我们相信，为什么那个品格是可以赞美的或可责备的了。一个行动、一种情感、一个品格是善良的或恶劣的，为什么？那是因为人们一看见它，就引起一种特殊的快乐或不快。因此，只要说明快乐或不快乐的理由，我们就充分地说明了恶和德”①。

诚然，不论人们判定善恶的依据是什么，人类对善恶的判定都是经历了这样一个过程：“人们总是找到多组新的、被认为是善的行为，指出它们中的每一组所包含的规则和规范都满足所有各个分支。若将这样得到的众多的规范彼此进行比较，我们就能按层级对它们进行归类，使每一层级中的各个规范有某些共同之处，因而都从属于更高级、更普遍的规范。……最好是能达到这样的程度，即最终达到最高层级和最普遍的规则，这些规则包括了其余一切具体情形，并且可以直接对应用于人们行为的各种情形。这个最高规范定义为绝对的‘善’，它的普遍本质表达的就是伦理学家称为‘道德原则’的东西”②。这就充分说明，道德原则是从人们确定善的工作中得来，它是一种更普遍的善。但这并不是说所有的善都与道德原则等同。“事实上，‘善’这个词也在非道德的意义上使用，人们不仅用它指称好的人，还指称优秀的骑手，优秀的数学家，一次有收获的狩猎，一台性能良好的机器，等等”③。

总之，如果说道德原则包含着增进人类社会福祉的含义，那么，在“善”中则包含了这样的内容：“所有他们相信其能促进人们的幸福和自我生存的行为方式”④。这就是说，一种行为之所以是善的，仅仅是因为社会认为它是有用的，能促进人类公共福利和幸福的实现。

---

① 大卫·休谟：《人性论》（下册），商务印书馆 1983 年版，第 511 页。
② 莫里茨·石里克：《伦理学问题》，华夏出版社 2001 年版，第 14 页。
③ 莫里茨·石里克：《伦理学问题》，华夏出版社 2001 年版，第 20 页。
④ 莫里茨·石里克：《伦理学问题》，华夏出版社 2001 年版，第 75 页。

二　经济学视野的道德内涵①

道德作为经济的分析对象，可以用经济学的分析方法探究其存在的是非判断，从经济学的视野看，道德的经济内涵包括以下几个方面。

（一）道德的利益内涵

市场经济奉行的是资本增值的盈利原则，而实现这一目的的途径是必须为他人、为消费者、为其他的经济主体提供优质的有效的商品或服务，也只有这种全心全意的服务，才能使产品或服务得到认可，并顺利销售出去。从这个意义上说，市场经济是为他人服务的经济。市场经济客观地要求人们的经济行为必须首先要满足他人的需要，然后才能达到利己的目的，那么与此相适应的道德准则便是人的经济行为的利己心与利他心的统一。

互利主义是市场经济发展的客观要求。在经济活动中，如果完全强调利己心，很可能会导致粗制滥造、偷工减料、以假当真、欺瞒诈骗等道德败坏行为。这些行为在经济活动中并不少见，但这些行为获得的都是短期利益，并使消费者失去信心，进而使经济发展失去动力，最终导致长期利益的消失。

市场经济有效运行需要“经济人”以遵守共同的道德规范为基础。如果大家不遵守一定的道德规范，人人自私，以邻为壑，不是互相信任，而是互相欺骗，势必造成经济活动的无效率或低效率，提高产权保护的成本。根据团队生产理论，在现实经济生活中，主动为顾客服务，为他人着想不仅是商业文明的精髓，而且是一种追求个人利益的必然途径，只有真正为顾客服务，才能赢得消费者的欢迎和信任，才能进入商品交易，才能从中获利。

此时，道德在经济活动中，充当了十分重要的修复作用，道德的存在赋予了经济持久的活力，为社会提供可靠的信誉、优质的产品和一流的服务，使消费者对生产成果充满信心，消费的增加进一步提升了生产的积极性。人们为了实现利己目的，获得最大利益，真诚地发自内心地努力工作，从而使人本身成为经济和道德的主体和主宰者，并在道德准则中获得实现利益的有效保障。

---

① 吴蕾：《论经济学中的道德内涵——从“斯密难题”说起》，《当代经济研究》2006 年第 3 期。

（二）道德的合作内涵

道德不仅是“应该”或“不应该”怎样的个人信念，而且还是一种公用物品。作为舆论导向的道德，如果引导着某个人的行为，那么它将通过有效引导了该个体，而能够更有效地引导他人。舆论不是在发挥作用中耗散的；相反，正是在这个过程中得到了自我增强。当然，道德只有通过个人的内心信念才能实际地起作用，否则就不能解释，为什么在同样的舆论条件下，不同人的道德行为会有很大的差异。道德这一种个人偏好，引起的是一个人与他人甚至众多他人之间的合作的相互行为，并使社会运行得更为顺畅。

市场经济既是一种经济主体之间相互比较、优胜劣汰的竞争经济，又是一种互惠互利、互通有无的合作经济。市场经济中的买卖、借贷、租赁和交换等活动实质上是人与人之间互利、互惠、互助的合作行为，而道德所提倡的真诚合作精神，促进了经济活动的有序开展，从而加速经济主体之间不断地从低级向高级发展。事实证明，一个经济主体强大的市场竞争力，总是同其良好的信誉、良好的企业形象和良好的互助合作精神联系在一起的。

博弈论上的“囚徒困境”说明，市场经济中双方如果缺乏相互的信任与合作，互不遵守伦理规则，其结果只能是形成对双方都不利的局面。虽然诚实和合作并非是一个自私者的最佳选择，但双方诚实与相互合作对整个社会来说比双方欺骗更有效率。自由市场制度的产权安排如果没有经济人的道德基础，其实施成本是比较高的。

（三）道德的契约内涵

现代商业社会是一个契约型社会，人与人之间的交往，往往建立在共同遵守的契约之上。而道德作为全社会的规范行为准则，可以看成是全社会共同遵守的契约。道德本质上具有社会契约性，对人的行为规范虽非硬约束，却不失“软强制力”——背弃者通常要为与社会作对的违约性质付出高昂的代价，这种契约是对人们不符合道德规范行为互相约束、互相克制的协议。

道德契约使交换正义在交易中产生，它按照算术比例的方式，对交易行为予以矫正。由于道德的深入人心并渗透到每个人思想和行动中，其无所不在，因此维持道德的社会成本较低。商业社会是一个契约社会，商业道德的存在，使人与人之间的交往是建立在共同遵守契约的基础之上，违约和欺骗将会增大交易成本，对双方和整个社会福利造成损失。而道德的约束作用，使各种败德行为得到有效控制，这种效用如同一种特殊的契约，使交易各方恪守信用，从而有效地降低了交易费用，使经济行为有效进行。

（四）道德的公平内涵

市场效率的根基就是公平的市场竞争秩序，只有建立公平竞争的市场竞争秩序，市场的优势才能得到充分发挥。基本的商业道德观念，强调了市场交易中的公平和诚实，并被视为信仰的责任，是一种善行，得到提倡。当商人按公平守则交易时，不仅从经济上获利，而且也是一次道德的实践，实现了道德的善，这就将一般的经济行为变成了一种道德实践，将公平交易这一经济原则上升为伦理原则。这种公平以内在和外在两种形式得以实现。外在的公平是通过社会监督的力量来实现的；内在的公平则是社会成员出于对道德的尊崇和自我规范来实现的。外在的形式是他律的，内在的形式则是自律的。外在的、他律的公平观通过内在的、自律的公平意识在社会中发挥巨大的道德整合作用，使公平成为一切经济活动和社会行为的道德尺度和价值取向。

建立在诚信基础上的交换是一种等价交换，这表明了交易双方是平等的，交易行为是公正的，尽管这种平等和公正是形式上、规则上，而不是实质上的，但这种形式上和规则上的平等和公正，正是市场经济的基本前提。现代经济发展源自自由竞争秩序的建立，而道德的引导作用，强化了自由和公平的正面含义，对建立自由经济奠定了深厚的伦理基础。

三　作为稀缺资源的道德

对于人类来说，所追求的终极目标是快乐最大化或幸福。这是一种远远凌驾于生存和物种保持之上的人类需求。实际上，除了物质资源能直接满足人们的快乐感之外，精神资源也同样重要。因此，能从物质和精神上满足人类快乐需求的道德就必然是一种稀缺资源。进一步地，从生活在特定社会中的人类来看，道德同样也是一种稀缺资源。现实生活中美国的安然事件、中国假冒伪劣产品的猖獗等现象，正是说明了道德资源在人类社会的稀缺性。

一般情况下，从经济学的角度来看，当出现资源稀缺性时人们通常采取的方法无非有两种：一是控制人们的需求，二是创造供给。当然，这种做法并不适用于所有的资源；道德资源就是例外，因为对于道德这种具有非正式制度特性的资源稀缺，并不能对人们的需求进行控制，它只能通过创造供给来使需求与供给的不对称在尽可能的程度上实现一种“平衡”。那么，如何创造供给来解决道德资源的稀缺性？如果道德资源的稀缺性只发生在行为个体的身上，问题的解决是比较简单的：可以通过自我教育、自身的修养、自身的行为约束等来人为“创造”出道德，以实现道德均衡。现实中慈善家的慈善行为、发生在身边的见义勇为等事件、行为主体之间互相对信用的遵守等各种利他行为都是单个个体道德资源水平的提高。

但是，当道德资源的稀缺性发生在整个社会中时，因道德资源的微观特征而使人类对道德的供给会比其他任何一种产品都要复杂得多。因为它不仅取决于行为个体自身对道德供给的增加，而且还要取决于其他社会资源供给状况的改善，如各种正式制度的完善、非正式制度的改善等。这里，正因为在现实中存在着制度的稀缺性，所以道德作为一种资源，稀缺性的存在就是必然的①。

四　道德再定义

道德信念或道德自律，是指道德行为具有不同于其他意识形态、观念形态或文化形态的特殊性：行为人需要支付成本，而并不期望由此产生直接收益。有了不能随地吐痰的道德观念，在道路上他需要把痰吐在纸上甚至是自己的手帕上，这是需要他支付私人成本的，而对行为人的当前并不会有物质收益，社会却减少了清洁成本。从这个意义上说，道德行为往往是通过自律行为把公共开支自愿并主动地内部化了。这是道德行为降低制度运行成本的主要源泉。因此有：定义一：道德作为行为规范，能够降低人们行为的决策成本，提高制度运行的绩效。

贝克尔在研究社会相互作用和利他主义的经济模型时指出，“利他主义者减少其自身收入时，他的某些行为能够增加他的效用及其自身消费，这种情形对利己主义者是不会出现的”。他进一步把这一结论推广到“对于使众人受益的利他主义者”。本书与贝克尔所讨论的问题的差别仅在于，一般的利他主义行为主要是减少了自身的消费，而道德行为则主要是增加自身的成本。道德行为者还会由于自己的行为而使原来不选择道

---

① 王玉珍：《道德秩序的经济学分析——对利他行为的一个分析视角》，经济科学出版社2005年版，第57—61页。

德行为者不能不“仿效”，从而降低社会制度的运行成本，最终使自己的物质利益不仅不下降，反而有可能上升，尽管道德行为者自己并未如此算计。基于此，有定义二：道德的行为规范，使一部分制度运行的成本私人化，从而降低了公共的制度运行成本，相应地提高了制度绩效。

综合起来看，道德在经济学中的定义，可陈述为：道德是由社会舆论和个人信念构成的行为规范的总和，它是一种无形的共用物品。它的社会功能是通过道德绩效和道德绩效的机制，降低社会制度的运行成本，提高制度的绩效。

既然道德作为制度安排而成为经济学研究的对象，那么，道德在经济学中的分类就与制度的分类相关。我们可以把道德分为社会公德和职业道德（包括家庭道德）这两大类。前者是对应于宪法制度或基础制度的，后者则对应着一定组织中的制度安排，如企业制度以及民间组织、家庭组织中的制度。以上两种道德，不论是其作用范围，还是变化的规律都有所不同①。

五 道德起源

（一）非经济学视野的道德起源

“如果没有上帝，道德何以可能？”当我们面对道德的时候，我们是不是会问一句：“道德从何而来，我们为何而信？”这个问题也困扰了历史上无数伟大的思想家和哲学家。如果不解决道德起源的问题，不能给所有社会参与者一个令人信服的解释，那么每个人都会有这样的疑问：我为什么要服从道德法则？正如俄国文豪陀思妥耶夫斯基所说“既然灵魂不死是不存在的，那么道德何在？一切事情都可以做，一切行为都可以被允许”。而对于道德起源的解释，自古以来各个学派都有自己的观点。

天意论，所谓天意论，就是把道德视作是高于人类的抽象化的、神圣化的理想对象，比如孔子、董仲舒就提出“道德源于天”，而西方世界的宗教伦理理论则把道德看作是上帝的产物。

天性论，该理论认为道德源于人类与生俱来的天性或者本性，如中国儒家的孟子有言“仁义礼智，非由外铄我也，我固有之，弗思耳矣。”

---

① 李建德、罗来武：《道德行为的经济分析——新兴马克思主义经济学的道德理论》，《经济研究》2004 年第 3 期。

言下之意是说仁义礼智等道德元素都出于我们的内心，是人类所固有的属性。孟子之后两千年的哲学巨匠伊曼努尔·康德也持有类似的观点。他认为，道德是人能称之为人的根本条件，康德口中的“道德律令”和“先验理性”都是告诉我们必须要无条件地服从那先验存在的道德律。

情感论，这种理论认为人类道德起源于我们本来的情感之中。如功利论大家密尔就认为只要能让人们快乐的就是道德的。而经济学之父亚当·斯密则认为人类的道德是由人类自由的同情心发展而来的。人类的先贤们把道德推给了一种抽象的，神圣化的理想对象，比如西方的上帝、东方的“天”、康德口中的“道德律令”。虽然这种宗教化的解释框架事实上避免了人类陷入道德危机，但是其难以实证检验的硬伤却很难让我们真正满意。道德起源的问题仍然还是社会学讨论的焦点问题。

（二）经济学视野中的道德起源

从经济学的视野看，人类道德是自然选择的结果，是效率的产物。效率选择了那些合作的群体，合作的群体得到合作剩余而被自然选择获得遗传优势，这种优势逐渐成为该群体内成员的本能和偏好、道德形成。而要到这一结论，需要两个微观基础的支持，一个是对人类利他性的存在性证明，还有一个是对人类道德内生偏好形成过程的证明。

1. “利己”走向“利他”

从我们现有的道德体系看，无论是东方文明还是西方文明，他们的道德体系中必不可少地出现了利他性的原则。比如诚实待人，帮助困难之中的人，路见不平拔刀相助。而传统经济学理论把利他性行为看作是“非理性行为”而排除出了经济学的分析框架。

英国著名经济学家、道德哲学家亚当·斯密有两部不朽的巨著：《道德情操论》和《国民财富的性质和原因的研究》。在一段相当长的时间内，人们曾把斯密的《道德情操论》与《国富论》中关于人性的基本观念对立起来，使人性本善的道德利他主义社会道义论与人性本恶的经济利己主义个人目的论共生于斯密理论之中，认为斯密在伦理学上所称颂的利他美德变成了经济学上的利己恶行，形成了“利他”和“利己”相互冲突的难题。

“斯密难题”的产生，主要是经济人与道德人的分歧，也是对利益思考本源问题的分歧，即人是绝对的“利己”还是同时包含一颗善于同情的“利他”之心？作为经济人，其本性是利己性，“利己心”是每个经济人从事经济活动的动机；而作为道德人，人也有一种同情别人，从而对自己的行为进行反省和自我节制的能力，这种道德人，其行为动机并不是完全由其个人福利来启动的，而是包含了某些非理性的情感因素。作为斯密本人，他并不同意人们可以在经济活动中为所欲为。在来自人内在理智、道德、原则和良心及外在法律的约束下，个人利益与社会利益能够保持一致。实际上，斯密看到了自利行为只有在一种完全的自由竞争的制度下，才可以排除一切专断的干预，人们的自利愿望才会变成有利于社会的力量，从而增进公共福利。斯密提出，在分工基础上的市场竞争中，如果每个人都能自由地追求自己的最大利益，则会实现社会利益，因为“他受一只看不见的手的指导，去尽力达到一个并非他本意想要达到的目的……他追求自己的利益，往往使他能比在真正出于本意的情况下更有效地促进社会的利益”。斯密将经济人看成是道德上中性的人，并强调人的三种德性：出于明智的谨慎；出于道德的正义和超越于正义之上的仁慈，而尤其强调正义。他将公正理解为一种“状态的平等”，而这种平等，实际上包含着丰富的道德含义，而平等状态，则取决于自由的经济制度。在《道德情操论》中，斯密通过人性中的“同情”来调和自利与利他的统一，在《国富论》中，则通过“看不见的手”这一市场经济的客观规律解决了人性中自利与利他的统一，从而把经济人属性与道德人属性有力地结合在一起。

蒋自强等四位《道德情操论》的译者在译者序言中指出：所谓“斯密难题”是对斯密著作误解而产生的。从斯密的道德理论体系来看，自爱、利己的人性是理论前提，同情心是关键的心理因素，个人只有在如何实现利己时，才会出现一种价值判断，道德才会出现并发挥作用。因此，斯密认为道德生活中应该“利他”，并非否定人的利己动机和行为，而是要非常明确地向人们指出道德的人应当把利他作为目标，实现利己和利他的统一。

人的利己心和同情心、利己和利他之间的矛盾是非对抗性的，经济人和道德人是相通的。人类道德活动的目标和经济活动的目标在根本上是一致的，都是为了实现个人利益和他人利益的互利及共同增进。在道德领域，人类天性存在的同情心使个人从利己走向利他，而在经济领域，个人追求自己的经济利益，依靠市场经济的客观规律，即“看不见的手”，既实现了个人私利又增进了公众利益“利己”最终走向“利他”。

（二）道德起源：个体对合作秩序的内化过程

在600万年前，人类还处在使用工具之前的阶段，按马克思工具创造人的理论来说，此时的“人”还不能称之为人。汪丁丁在《在从猿到人转变过程中的意义》一文中给我们介绍了美国斯坦福大学的克莱因教授和伊利诺斯大学香槟校区的安布鲁斯教授的新发现[①]，最早的人类祖先四足猿在距今600万年前就生活在如今的非洲地区了。当时的非洲地区气候温暖潮湿，植物茂盛，所以四足猿很容易获得食物，各个物种之间的竞争并不激烈，充足的食物可以让那些弱小的物种避免挨饿。大家不需要过多的群体合作就能获得足够养活自己的食物。所以说在这个时代的四足猿很难进化出合作的群体，即使有极个别因为基因突变而具有合作偏好，那也会被其他自利的个体本身所具备的遗传性优势所淘汰。到距今200万年左右的时候，地球进入了冰河时期，气候变得寒冷，植物数量锐减，整个地球生物圈食物也大量减少。对于人类的祖先四足猿来说，面对的是一个食物短缺的生存状况。这也必然导致四足猿内部的竞争将越来越激烈。四足猿进入了霍布斯口中的“丛林均衡”。所谓丛林均衡，就是血腥的竞争和淘汰，物竞天择，弱肉强食。强壮的猿可以获取更多的食物从而把自己的基因遗传下去，而瘦弱的猿就被无情地淘汰，而其他的基因也就消失了。自然的力量对于弱小的四足猿来说无疑太过强大，强大到他们无法抗拒。

然而，也有意外，这个意外就是合作的出现。由于食物匮乏，四足猿从树上爬了下来，从树上下来的四足猿分化成了两个亚种，一个还是保持着原来四足猿的生活习惯，以吃水果为生，并且还是四足行走。而另一类则是两足猿，他们放弃了四足行走而逐渐解放上肢，在大家的观念里，上肢的解放可能会给两足猿带来竞争优势，可是生物学家的研究表明，“直立”给两足猿带来了许多竞争劣势。由于不再负责行走从而变得柔弱。腿部的肌肉也不如四足猿发达，由于直立导致女性盆骨变得非常狭小，这增加了她们分娩时的危险性。那些头部过大的孩子将很难出生了。

看来，双足猿的进化是一个失败的路径，他们似乎要被自然无情地

---

① 汪丁丁：《信誉：在从猿到人转变过程中的意义》，《浙江大学学报》（人文社会科学版）2003年第2期。

淘汰了。但是，事实上，最后双足猿成功地击败了所有的竞争对手，最终进化到了我们今天的人类。双足猿获得了什么法宝呢？答案很简单，就是合作。直立行走的两足猿虽然具有很多劣势，比如四肢力量变弱，女性分娩困难，但是他们却具备一个看似微不足道的优势，即更加平坦的脸。而更加平坦的脸则带来了双足猿语言交流上的优势。对于这个问题，克莱因给出了解释：在食物充沛时期，古猿多以植物果实为食，为了能一次尽量多地保存嚼碎的果实，四足猿进化出了向前很突出的嘴部，并且生长出了很长的“獠牙”。而到了冰河时期后，随着气候变冷，植物果实变得稀少。从树上走来下的两足猿只能开始食肉，而肉类和果实不一样，进食肉类需要更加粗壮的臼齿，这导致了两足猿脸部骨骼开始“直立”，鼻梁也变得挺拔，口腔的形状也发生了巨大的变化。今天的生物学家已经证明，由于脸部变平导致的喉结、舌头、鼻腔等口腔结构的改变直接导致了双足猿语言能力的提高。语言能力的提高和不那么“狰狞”的脸部让双足猿具备合作的优势（生物学家指出，由于面部表情“狰狞”，四足猿的社会交往程度非常低，突前的獠牙也成为雄性间争斗的武器）。就是这一点优势使双足猿能够在残酷的自然进化过程中脱颖而出，成为最后的胜利者。

现在我们再来分析人类道德的起源就更加清晰了。合作的源头就来源气候变化所带来的食物大量减少。相信在那个年代无论四足猿还是双足猿都必须依靠一定的合作才能生存下去，只是双足猿平坦的脸部更加利于合作的实现。随着合作的出现，那些善于合作的群体在物种竞争中会取得优势，并且扩大自己的群体数量。而那些合作所产生的规则慢慢被内化成该群体内部成员的本能，也就是合作的偏好。这其实就是最初的道德。所以说，我们可以推断，人类道德是效率的产物，是人类进化史的副产品，如果人类一直处在一个食物充沛的环境，那么人类很可能不能进化出具有合作属性的道德。所以，我们可以这样说，人类道德的起源是自然以效率的形式对人类进行的选择。

第二节　道德的经济学衡量

尽管从理论上可以推演出道德资源的稀缺性，但是，在现实中道德的稀缺性是无法用绝对量来衡量的。进一步说，对于道德，我们无法像对其他资源如土地、劳动、一般产品那样，用市场价格来表示其稀缺性。对此，德国大诗人但丁曾深刻地指出：道德常常能填补智慧的缺陷，而智慧却永远填补不了道德的缺陷。从直接的角度尽管无法对道德进行定价，但这并不意味着就无从确定道德的稀缺性及其价格①。

一　单个行为主体的道德成本：一种理性选择

不论是对于行为个体还是对于整个社会来说，都存在道德资源的稀缺性。对于道德资源的稀缺性程度，尽管无法从绝对量上对其量化，但这里可以间接地用相对量来进行衡量。

公共选择理论大师詹姆斯·布坎南（J. Buchanan）在 1994 年的一篇文章 *choosing what to choose*（“选择什么是可以选择的”）中，从一个简单的观察出发，提出了一个看似简单的问题：在超市里，在无人监督的情况下，人们一般为什么都不会去“偷”一瓶水（也就是说，为什么并不是人人都会去选择当小偷）呢？对此，布坎南的解释是：因为所偷物品的价值小于人们为“偷”这种行为所支付的道德成本。在这里，尽管我们看不到行为主体对道德资源的价格评价，但是却可以看到他对道德这种稀缺性资源的“节约”。不过，由于不存在道德的市场价格，因而也就无法确定具体的道德成本。

在传统经济学中，行为主体的行为选择总是表现为一定约束条件下的最大化；其中，约束条件是：$P_1x_1+P_2x_2+\cdots+P_nx_n=M$（式子左边可以看作行为的成本）。也就是说，人们的任何理性行为选择都必须使他所消费的物品总价值等于他的总收入 M。这使人们的选择不仅囿于自己的收入约束，而且还会囿于所消费的各种商品价格 P_1，P_2，…，P_n。在最终的最优行为选择中，行为主体会止于边际收益与边际成本相等的行为边界。在这个过程中，虽然无法给出行为个体选择道德行为时道德资源的价格，无法确定出道德成本的大小，但是可以借用一种“影子价格”（如贝克尔曾经论述的那样）来近似地从理论上表示，尽管“影子价格”同样是难以观测或不可观测的。

在绝大多数情况下，人们之所以会采取“不偷”的行为，是因为当

---

① 王玉珍：《道德秩序的经济学分析——对利他行为的一个分析视角》，经济科学出版社 2005 年版，第 63—70 页。

选择“偷”行为时，人们的边际收益与边际成本不相等。“偷”一瓶水行为的收益，是因不支付而节省的收入再加上喝水带来的效用满足；而一般情况下，“偷”行为所支付的道德成本或道德费用会远远高于这瓶水本身的价格（当然，这里对道德成本的评价会因行为主体自身的教育、身份以及生活理念等不同而不同）。当然，特殊情况除外（即对于小偷来说，可能会不一样）。所以，不难理解用实验经济学可以检验的一个例子：在整洁的环境中乱扔杂物的现象远远要少于肮脏的环境。因为在肮脏的环境中扔杂物的道德成本要远低于整洁环境。无怪乎“窃书不为偷也”！

进一步地，对于单个行为主体来说，所追寻的终极目标是快乐最大化。从这个层次看，人类的任何行为都是利己的，都是为了自身快乐最大化。这里的快乐最大化不仅是因物质利益而产生，精神利益同样可以给人带来快乐。但是，不能忽视人类在追寻快乐最大化时会受到不仅来自经济成本而且还包括道德成本的约束。因此，对于现实生活中人们对利他行为的选择，可以解释为在经济成本和道德成本的共同约束下，选择利他行为可以实现快乐最大化。

二　社会中的道德成本：对权利的侵害

其实，从道德产生之初就可以看出，在道德的概念中必然隐含着“社会性”。尽管单个个体的行为可以用道德标准来进行衡量，但道德标准却是单个个体集体行动的“产品”。这样，就不难理解中国在转型经济条件下所发生的行为主体之间信用的缺失、证券市场上的道德丧失、各种职业道德的扭曲、腐败现象的泛滥、人与人之间关系的淡漠等每况愈下的现象。这些现象的存在正说明了道德资源的稀缺性。那么，如何衡量整个社会范围内道德资源的稀缺性？如果说，对制度的稀缺性还可以用“某种可行制度的预期收益与现行制度的结果在经济指标上的差”来衡量①，那么，对于道德资源这种非正式制度的稀缺性衡量并不是件容易的事情。为了衡量整个社会道德资源的稀缺性，这里借用“道德成本”的概念。

道德成本，又称伦理成本，是由美国法学家德沃金首次提出的。德沃金站在法学的角度指出，一项错误的判决往往不仅仅只是带来经济成

① 张宇燕：《经济发展与制度选择》，中国人民大学出版社 1992 年版，第 86 页。

本，而且还会造成一定的道德耗费，这就是道德成本。在德沃金的论述中，道德成本之所以会产生，主要源于对权利的侵犯。撇开法学的理念，不难发现，发生在行为主体之间以及整个社会内的道德成本同样也是源于对权利的侵犯。但是，这并不意味着对于任何权利的侵害都会产生道德成本。

实际上，在很多情况下，一种权利被侵害的同时，总会有另一种权利在得到保护，或者说某个人的某项权利在得到侵害的同时，总会有另一些人的相同权利会得到保护。因此，既可以说道德成本产生于对权利的侵害，也可以说因道德成本的存在而使权利得到侵害：如何理解的关键就在于不同权利主体所站的角度。也就是说，并不是在任何情况下，道德成本的产生都是源于对权利的侵害，它在一些特殊情况下会正好相反；正是因为道德成本的存在才形成了对权利的侵害。这种权利就是人们在社会中的不参与权利。

三　道德成本的衡量

道德是一种资源。但是，在市场交换中却无法确定这种资源的价格。道德资源的价格只能借助于“影子价格”或者机会成本来间接地进行衡量。对于单个的行为主体来说，行为的道德成本不仅取决于自身所特有的道德资源大小（而单个行为主体道德资源的大小除了取决于诸如自身家庭的环境、教育背景、自身的修养等因素之外），更主要地还取决于社会道德资源的大小。对于整个社会来说，毫无疑问，道德成本取决于社会道德资源的大小；而社会道德资源除了取决于每个行为主体的道德素质之外，还与一些具体情况诸如一国或地区的文化传统、政治经济体制构成、经济发展水平、法律化程度、信用制度等密切相关。

这样，当一国或地区的道德资源越丰富，对于单个行为主体来说，采取“不道德”行为的机会成本中的道德成本就会越大；此时，对于整个社会来说，行为主体之间对权利侵害所产生的道德成本也会越大。

第三节　道德行为的经济分析

道德作为一种重要的内在制度安排，应该从经济学角度进行理解，在这一节里，我们先对道德进行经济评价，然后再说明道德决定和道德函数①。

一 道德"应该怎样"

道德一般是以善与恶、正义与非正义、诚实和虚伪等概念来评价人们行为的。但是，每个人对什么是善、什么是恶的取向及其尺度很可能不相同。实证主义者之所以认为规范分析的结果缺乏可靠性，这与其坚持的方法论个体主义高度相关。他们认为只有个体的选择或利益才是真实而可靠的，而各个体的价值尺度不一致，也就难以达成共识。方法论个体主义者即使对道德应是什么做出回答，可能的结论也只是抽象的人性论，或者说是抽象的德行论和义务论。而所谓道德的效益论，从局部的甚至是个体的效益来判断道德，仍然不可避免"公说公有理，婆说婆有理"，也就不具有可证伪性。这不是价值观一般地无从研究，而是不能仅仅依赖方法论个体主义来研究价值观。

道德本身是规则、是制度安排。人性是具体的不是抽象的。在不同的制度结构中人的偏好不同，意味着存在不同的人性。所以，在经济分析中对道德的判断就能与对制度的判断一致起来，并认为需要把道德的善、恶判断，转换为对制度的效率判断，在经济学中这两者应当是等价的。从制度的整体效率的角度来评价道德取向，这一方法不仅是整体的，也是客观的。正确的规范分析方法是与正确的整体分析方法高度相关。当把人作为存在于一定组织中的人，作为整体中的一员，也即作为一定制度下生活的具体的人，就有可能对人们应该具备的价值观做出可证伪的分析。根据道德的经济定义，可以得到如下推论。

推论1：当一种价值取向能够扩大人们之间交往中自觉而主动的合作，从而降低了制度成本或提高了制度绩效时，那么这种观念就是"道德"的。反之，则是"不道德"的。

在一般情况下，孝的道德观能促使子女之间和兄弟之间主动地承担家庭制度的成本，有利于提高家庭制度的绩效。所以，我们称为德行。交易中的诚和信，可以提高市场运作的效率，降低其交易成本，我们说这些是道德的。而机会主义行为则会提高交易成本，降低市场制度的绩效，这是我们认为其不道德的根本原因。我们还可以从另一种方式来表

① 李建德、罗来武《道德行为的经济分析——新兴马克思主义经济学的道德理论》，《经济研究》2004年第3期。

达这同一个含义。

推论2：在其他条件不变时，由于社会道德状况的变化而使制度成本下降或制度绩效上升，那么这种变化是道德的进步。在相反的情景下，那就是道德的退步。

为什么在不同的制度结构条件下有可能出现不同的道德观？这是方法论个体主义尤其难以回答的问题。从整体的分析方法来看，所谓制度结构条件的不同，意味着与道德的投入与产出相关的价格结构出现了明显的变化，因此，原来对制度绩效没有显著意义的价值判断，现在却对降低制度成本、提高制度绩效发生了重大作用。比如，在实行泰罗制管理方式的业主企业中，“顺从”是业主期望员工具备的职业道德；然而在实施以人为本管理方式的现代公司企业中，“顺从”就失去了大部分意义，而“积极参与”倒成了良好职业道德的重要表现。在不同制度中，为什么既会存在共有的道德，又会有特殊的道德？

推论3：在不同的制度环境下，与某种道德相关的价格结构没有发生显著的变化，那么，这一道德在不同的制度环境中就会是共有的。相反，当相关的价格结构发生了显著的变化，那么，某种道德就有可能是该制度环境中的特殊道德。与制度环境变化相适应的道德观念变迁是道德的巨大进步。

在人类数千年的文明史中，人类处于大体相似的生存环境之下，人类生产的根本性质也大体是稳定的，用经济学术语来表达，也就是有基本相近的价格结构。由此，在不同的地域、不同的历史时期和不同的社会制度中可以发现一些相近的道德观。这种同一性的原因，要从社会制度结构的同一性中去寻找，而无法从人的生物属性中去寻找。同样，在社会的发展过程中，各生产要素的稀缺程度会发生相对的变化。当物质生活资料稀缺是社会存在的基本事实时，在一个社会中起支配意义的“序参量”就是该发展阶段中最稀缺的生产要素。要素稀缺程度的市场表象就是要素的价格结构。

二　道德决定和道德函数

从经济选择的一般原理出发，不同个人之间道德水平之所以存在差异，取决于各人对事物的评价。实施任一道德行为都不能不支付一定的成本。在道德行为中支付的成本越高，行为人道德信念的强度与可信度也就越高。这里所说的成本，可以是货币支出，也可以是时间的占用等机会成本，但在我们的定义中不包括精神上的相关主观感受。如果道德行为得到了一定的物质收益，比如奖金，在这里也特把此定义为负成本。我们以 C_{imj} 表示个体 i 在实施道德行为 j 时的成本。个人的道德行为也有收益。显然，这种收益并不是指货币的、时间的等，而是一种精神上的满足、兴奋或快乐。我们把道德行为的精神成本也定义为收益（负收益）：为了实施某道德行为可能使本人的信誉受到暂时的损失，而不实施某一道德行为，则会导致本人信誉的根本性损失，等等。我们用 R_{imj} 表示个体 i 在道德行为 j 中的收益。由此，个人 i 实施道德行为 j 的充分而必要的条件可表达为：

$$R^i_{mj} \geqslant C^i_{mj} \tag{16-1}$$

式（16-1）中右边是个体 i 对行为 j 产生的物质感受的心理评价。而其左边则是个体 i 对行为 j 产生的精神感受的心理评价。

一般地，如果不以事件而以时间来表达个体 i 的道德行为选择，由于在这段时间中个体 i 可能实施了 n 项道德行为，因此就有：

$$R^i_m \geqslant C^i_m \tag{16-2}$$

其中，$R^i_m = \sum R^i_{mj}(j=1,\ 2,\ \cdots,\ n)$

$C^i_m = \sum C^i_{mj}(j=1,\ 2,\ \cdots,\ n)$

式（16-2）式是个体 i 道德行为选择的一般表达。由此，我们可以给个体的道德信念或道德自律能力的定义。个体的道德自律能力是行为人对自我道德行为精神感受的心理评价。当该评价值为零时，行为人无道德自律能力。当其值为正时，行为人才能承受道德行为的物质成本。其评价值越高，行为人所能承受的行为成本越大，其所能实施的道德行为也就越广泛、越经常。

在非零和对策中，对策者之间不合作的纳什均衡不仅往往并非最优，而且，还很可能是最糟的。如果该社会或该组织中的道德信念已定，并且其可信的平均值为 R_m, 那么，只要在支付矩阵中，对策各方的不合作与合作的支付之差都小于 R_m，而取合作解在这个社会或这个组织中正是道德观念的指向，那么，哪怕是在一次性博弈中，每一方都能够低成本地作出如下预期："我们都是有道德责任感的人，因此，我会选择合作；我有理由相信对方也会选择合作。而且，我有理由相信对方有理由相信我也会选择合作。"这时，得到合作的帕累托均衡解不仅是可能的，而且会是经常的。在人人自觉遵守交通规则时，道路通过能力大大提高，就是这种帕累托解。一个社会或组织中各个个体平均的 R_m 值越高，在博弈中得到帕累托解的范围就越广，该社会或该组织整体的制度运行效率就越高。

那么，R_m^i 又取决于什么？

首先，这个评价值取决于 i 的可支配收入 Y_d^i。当 Y_d^i 增加时，货币的边际收入或由此而增加的边际消费是递减的。因此，对同样的物质消费的评价随个人收入的上升而下降，而对 R_m^i 的评价则随个人可支配收入的增加而相对上升。这是对“经济进步会带来道德进步”所做的解释。

其次，取决于个体 i 的受教育程度 E^i。这可以区分为接受一般文化知识教育的程度 E_c^i 以及接受道德教育的程度 E_m^i。具有一定的 E_c^i 是形成科学的世界观和人生观的必要条件，因此，它是形成一定道德信念的必要基础。具有较高的文化教育水平，可能有较多的精神生活，就有可能对精神享受给予较高的评价。因此，R_m^i 与 E_c^i 正相关。但是，文化知识教育毕竟不会自动形成正确的道德观念本身，R_m^i 与 E_c^i 只有较低的相关度，因而，受过较多文化教育的个体，可能由于其他因素的影响而只有较低的道德信念。这是对社会上高学历、低道德水平现象时出现的说明。与个体道德信念高度相关的是他所接受的道德教育 E_m^i。这又可分为两个部分，一是道德知识的学习 E_{mc}^i。这包括了一般道德知识的学习和道德先进事迹的认知，它具有比 E_c^i 更高的投入—产出比，或者说有更明显的正相关效应。一部分是道德行为过程中的边干边学 E_{mh}^i。当某个体实施了道德行为，并因而得到了精神的享受，或者，当实施了不道德的行为后而付出了相应的精神成本时，他（或她）就在学习“什么是道德”。这既发生在未成年人的社会化时期，也发生在成年人的再社会化过程中。这个教育过程往往不是独立的，在社会交往的大部分事件中都同时可以是道德的边干边学过程，只要受教育者能注意到这两个过程之间的关系。因此，这类教育的实施者其物质成本相对较少，重要的是教育者关注受教育者的道德成长，而更有效的则是教育者的以身作则和言传身教。特别值得提示的，这还包括了行为人经历中有利于道德观形成的偶然事件。不少人是由于幼年或少年时期的小事而形成了其终身极强的道德信念。这是道德现象中的“蝴蝶效应”。因此，边干边学的成本最低，甚至是微不足道的，而其效果却最显著。总之，R_m^i 与 E_{mh}^i 之间有最高的相关程度。

最后，取决于道德风貌 Mu。道德风貌由两部分构成：道德风貌是道德水平的一般反映。在其他条件不变时，一般道德水平的上升，使个体原来不认为是不道德的行为，现在可能有了很高的精神成本，从而改变了选择，他（或她）认为那是不道德的而不再过了。反过来，在一般道德水平下降时，行为个体原来认为是不道德的行为，由于精神成本的下降，现在认为是可以选择的行为了。因此，作为道德一般水平的道德风貌显著地影响着个体 i 对道德行为评价的下限。道德风貌的另一方面是道德楷模的分布与出现的频率。在其他条件不变时，众多道德楷模的涌现会激励个体 i 提高道德行为精神感受的心理评价；而当缺乏道德楷模时，则不会有这种激励。所以，道德风貌显著地影响着个体 i 道德行为评价的上限。个体对道德行为的评价 R_m^i 与道德风貌 M_u 正相关。这样，我们就有了关于个体 i 道德信念自律水平的表达式：

$$R_{im}=f(Y_{id},\ E_{ic},\ E_{imc},\ E_{imh},\ M_u) \tag{16-3}$$

这是一个具有正反馈、具有自我增强作用的模型。其反馈环路由变量 E_{mc}^i 与 R_m^i 之间和 M_u 与 R_m^i 之间两组相互关系组成。而且，任何个体既是道德教育和社会道德风貌的接受者，同时也是对他人进行实际道德教育的教育者或是社会道德风貌的参与形成者。因此，个体 i 在不同的条件下既可以在表达式的左边构成 R_m^i，又可能作为构成变量 E_{mc}^i，M_u 的一个因素而反映在关系式的右边。比如，当有一个初始的 Y_d^i 与 E_c^i 的增量，那么，R_m^i 就有相应的增加；由此，当 i 作为道德教育者和道德风貌的形成者时，他（或她）能为接受者提供更好和更有效的示范和教育作用，而且，其增强的反馈环路是双重的。当然，反馈机制是一把“双刃剑”，这些变量之间也可能形成负反馈机制。

推论 4：在社会的经济和文化处于增长和发展过程中时，该社会的道德水平有可能会比收入水平与一般教育水平上升所导致的相应水平有更快的上升。反之，当社会的经济与文化遭到破坏时，社会的道德状况有可能会比人们的收入与教育水平下降所导致的相应水平下降幅度更大。

这个推论导出了物质文明建设和精神文明建设之间的联系。物质文明建设有利于道德水平的提高；而道德水平的提高，可以降低制度成本，有利于物质文明建设。而且，由于反馈环路的存在，道德建设中的重点应该解决好所谓“窗口行业”的职业道德。

关系式（16-3）表达了构成道德行为的内部条件，尽管是其本质要素，但还不是道德行为本身。在个体的道德自律能力已定的情况下，影响道德行为的投入与产出评价的价格结构是十分重要的。由于相对价格的改变，原来可能实施的道德行为，因为成本的上升或收益评价的下降而超过了该个体的自律水平，他（或她）不为了；反之也同样。从社会来看，舆论是道德本身的组成部分，但对个体 i 来说，则是形成他（或她）所面对的价格结构的客观因素。所以，所谓舆论导向已经涵盖在价格中了。我们可以把上述关系表达为：

$$H_m^i = f(R_m^i,\ P_s) \qquad (16-4)$$

其中，H_m^i 表示个体 i 的道德行为，P_s 表示他（或她）所面对的价格结构。关系式（16-4）既是个体道德行为与个体道德自律信念的区别与联系，也是个体道德行为的定义。同时，我们也就有了道德风貌的定义式：

$$M_u = f(H_m^i) \qquad (16-5)$$

在一般情况下，道德风貌是相关组织中全体成员道德行为的函数。由此，我们有了以下表述：个体的道德行为取决于该个体的道德信念及其所面对的价格结构。社会的、一个组织的道德风貌是全体成员个体行为的函数。

虽然个体的道德行为并不是精心算计的结果，但是作为通过学习可以增强的适应性行为，作为众多行为的平均和选择的趋势，这一表达是现实的。

第四节　道德内生的经济增长模型

本节从经济学的角度，构建了一个制度经济的分析框架，对经济增长，道德内生的经济模型、经济增长中的道德均衡、道德生命周期和道德滞后进行了探讨①。

一　经济增长、道德与人类的经济行为

经济增长取决于什么？新古典理论和新经济增长理论的回答是取决

---

① 洪名勇、龚慕霞：《经济增长与以德治国：一个分析框架》，《财经问题研究》2001 年第 10 期。

于资本、劳动、土地及技术知识等各生产要素的数量及组合结构。笔者认为仅此是不够的，因为经济增长取决于人类经济活动的状况，而经济活动又是由具有某种道德素养的人在一定的经济、政治和法制制度中进行的，经济活动的效率以及经济的有效增长不仅受生产的物质技术条件的制约，而且还受到人的道德、伦理、习惯等所构成的非正式制度的影响。因此，诺贝尔经济学奖得主诺斯指出：社会强有力的道德和伦理法则是使经济体制可行的社会稳定的要素，从某种意义上讲，道德对经济增长起着不可或缺的作用。换言之，道德是经济增长的内生变量，而不是外生的既定前提。

道德规则不仅具有比正式制度和宪法、法律法规调整范围广得多的领域，而且对人类经济行为的影响更为深远和持久。道德，作为非正式制度安排的重要构成要素，它对经济增长的作用是通过它对人们的经济活动或经济行为的作用而实现的。有效的道德规则对人类经济活动或经济行为的积极影响主要可以归纳为以下几个方面：

首先，有效的道德规则是使人类经济活动外部性内部化的重要工具。外部性是指一个经济主体的行为对其他经济主体带来的收益或损害，带来的收益称为正的外部性，否则称为负的外部性。外部性是微观经济学研究的热点问题之一，外部性之所以成为经济学家和法学家关注的重要内容，其原因在于外部性使资源配置远离帕累托状况。那么，如何使外部性内部化呢？不管是目前经济学家提出的庇古税或赔偿制度，还是现代产权经济学鼻祖科斯提出的自愿谈判制度、企业制度或政府干预，都有这样或那样的缺陷，因为他们都没有将道德规则纳入研究的视野。特别是在我国目前法制（治）尚不健全，产权界定模糊的情况下更是如此。

其次，有效的道德规则能克服“搭便车”行为。所谓“搭便车”是指某些人或某些团体在不付出任何代价（成本）的情况下从别人或社会那里获得好处（收益）的行为。“搭便车”是经济学家探讨的一个重要问题在现代经济学看来大量“搭便车”现象的产生必然导致社会经济运行效率的下降。随着我国经济体制从计划经济向市场经济体制的转轨经济生活中的“搭便车”行为不断增加不仅部分企业经营者和部分单位领导搭国家的便车而且不少职工也加入了“搭便车”的行业中来。“搭便车”行为的增加虽然与产权界定不清、外部性和公共产品有关，但深入到人的思想意识去分析，则缘于道德规则约束力的下降。因此，强有力的道德规则对于阻止“搭便车”行为起着举足轻重的作用。在经济转轨时期，人们逐步放弃了原有的道德规范，而与市场经济相适应的道德规范又没有建立起来，缺乏道德约束和道德自律是现实经济生活中“搭便车”行为增加的重要原因。

再次，有效的道德规则的运行能够节约交易成本。不可否认，分工与专业化能提高效率，促进经济增长，分工与专业化发展的必然结果是商品交换或商品交易的发展，按主流经济学的说法，交易又是以个人效用或收益最大化为基本前提的个人能否实现其交易收益（效用）的最大化，不仅与市场中信息完善程度有关，而且与交易成本的大小有关。我们撇开经济生活中的信息不对称等情况不说，仅就商品交易的个人来讲，要按照有关成本与收益原则以及个人主义的享乐主义原则来进行交易必然带来高昂的交易成本与时间损失，往往会错失良机。而一套成功有效的道德规则体系就在于它能促进经济生活中的个人不再按简单的成本与收益原则和享乐主义模型来行事，并能使交易费用和现有规则及产权制度的执行费用大量减少。

最后，有效的道德规则能约束人们在经济行为中的机会主义行为。机会主义行为的典型表现是：成本外部化而收益内部化（“好事”都是自己的，而“坏事”都是别人的）、不讲信用、假冒伪劣产品泛滥等。尽管机会主义行为的表现形式多种多样，但它们都有一个共同特征，即收益内部化而将成本外部化。从经济学的常识来讲，过多的机会主义行为既不利于市场经济体制的建立，又会大大降低其社会经济运行的效率，减缓经济增长的速度。因此，抑制机会主义行为是促进经济有效增长的重要手段之一。机会主义行为的存在，既源于经济体制的不合理，更在于道德规则约束的失效，道德规则约束的失效使经济生活中以次充好、伪劣产品得以泛滥。

二　以道德为内生变量的经济增长模型

新古典理论和新经济增长理论的缺陷使我们有必要采取一种包括新古典理论、新经济增长理论、创新理论及制度分析理论在内的综合分析方法来对经济问题进行重新思考，使现有的理论更具有解释能力。如果我们将道德因素纳入经济增长模型之后，其经济增长则取决于资源向量及其组合、知识向量及其组合、除道德以外的制度向量及其组合、道德向量及其组合。用 GDP 表示一个国家或地区的经济增长，用 S 表示其资源向量，用 K 表示其知识向量，用 M 表示其除道德以外的正式制度与非正式制度向量，用 N 表示道德向量，用 F 表示 GDP 与 S、K、M、N 之间的函数关系，则一个国家或地区的经济增长模型便可以用以下公式表示：

$$GDP=F(S,\ K,\ M,\ N) \tag{16-6}$$

需要说明的是，这一经济增长模型与新古典理论和新经济增长理论模型有根本的不同，在新古典理论的经济增长模型中，决定经济增长的只有 S 向量，新经济增长理论则比新古典理论前进了一大步，即在 S 向量的基础上加进了 K 向量。

三　道德规则的生命周期与滞后模型

道德的生命周期与道德的效率是紧密相连的。一般地，一种道德的效率越高，其生命周期也就越长；相反，如果一种道德的效率越低，则其生命周期也就越短。需要说明的是，道德虽然具有一定的生命周期，但这并意味着一种道德在经过一定时期后就会自动消亡，只要它得到一定程度的创新，即一种快要走到生命周期尽头的道德，只要它根据经济和社会环境的变迁而补充进新的道德内容，提高道德的效率，那么，这种经过创新之后的道德还会出现一个新的生命周期，如此循环往复。因此，道德是不断变迁的，即是说，同任何事物的发展过程一样，道德本身也有一个产生、发展和完善的过程以及不断被替代的过程。这一过程我们称为“道德变迁”。道德变迁通常表现为两种形式：道德进化和道德变革。道德进化是指一种道德通过自身的修正和改良逐步走向优化的过程，道德变革是指一种具体的道德形式被另一种具体道德形式所替代，当然道德变革有可能向好的一个方面变化，也有可能向坏的一个方面变化。判断道德变迁优劣的标准是道德的效率，即它能协调人们的社会经济活动和行为，从而使社会经济资源配置处于帕累托状态，推动经济的有效增长。作为经济学中的道德来讲，道德生存的有效空间被限制在道德的均衡点上，道德规则所提供的效率对于当时的社会经济环境而言是最佳的，它使一个特定社会的资源配置处于帕累托状态，这时，任何形式的道德变迁都会损害既有的效率，或者说使资源配置远离帕累托状态。否则说明道德处于非均衡状态，其本身仍有改进的余地或者被更有效的道德形式所替代。正是从这种意义上讲，我们说道德是有“生命”的，有“生”，也有“死”。道德的生命周期可用图 16-1 来进行说明。

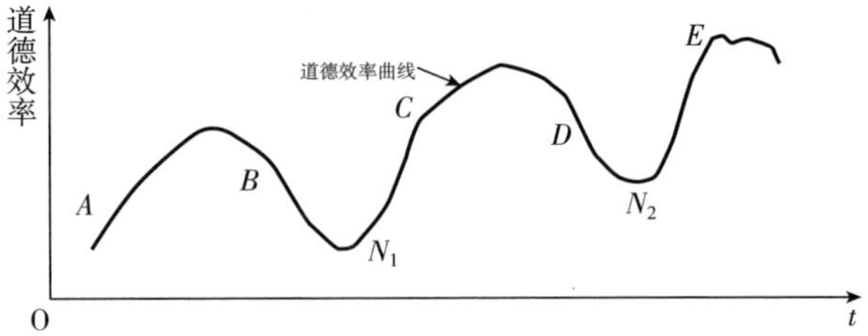

图 16-1　道德的生命周期和道德滞后

从图 16-1 中可以看出，任何一种道德形式都具有自己的生命周期。在一种道德形式占主导地位，而一种新生的道德形式还处于生长发育的初期时，其效率一般是比较低的，随着这种新的道德形式的生长发育和壮大，其效率逐渐上升，如图 16-1 中的 A 段，表现出道德效率递增趋势，最后达到最大值。此时，这种道德形式生长发育完全成熟，成为一定时期社会经济占统治地位的道德形式，但随着时间的推移和环境条件的变迁，这种占统治地位的道德形式的效率出现递减趋势（图 16-1 中的 BN_1 段）。这样一种曾经是有效的道德形式就会逐渐变成无效的道德形式，人们就会表现出对这种道德形式的不满，进而提出了道德创新的需求。这时如果国家和有关主体能够抓住机会，及时进行道德创新，根据变化了的社会经济环境，赋予传统道德以崭新的时代内容，那么这种道德形式的效率在下降到一定程度之后如峰谷 N_1 又会上升，形成新时代条件下崭新的道德形式而具有旺盛的生命力，即图 16-1 中的道德效率 N_1C 段。

纵观道德规则演进的历史，我们可以看出，某些道德形式虽然是无效率的，但它却能在较长的历史时期存在，对此我们如何来认识？笔者认为，这种道德形式的存在在于道德规则变迁的滞后，从而形成道德变迁的滞后模型。按照路径依赖理论的观点，道德的滞后可能在于道德一经形成，就会对现在和今后的道德变迁具有重要影响，用诺斯的话来讲："历史确实是起作用的，我们今天的各种决定、各种选择实际上受到历史因素的影响。"从路径依赖理论看，道德作为一种非正式制度，它的变迁与技术变迁一样，存在报酬递增和自我强化机制。这种机制使道德变迁一旦走上某一条路径，它的既定方向会在以后的发展中得到自我强化，所以，人们过去做出的选择决定了他们现在可能的选择，沿着既定的路径，经济和道德的变迁可能进入良性循环的轨道，快速优化；也可能顺着原来错误路径往下滑，甚至被“锁定”在某种无效率的状态之下而导致停滞。一旦进入锁定状态，要脱身就会变得十分困难。在这种情况下，道德变迁就有可能滞后于社会经济的发展，形成道德滞后，在图 17-1 中表现为一种道德形式可能长期处于 N_1 点或 N_2 点或长期处于峰谷地带。之所以出现道德滞后，在于自我强化机制在起作用。自我强化机制的四种表现是：第一，设计一项道德规则需要大量的初始设置成本，而随着这项道德规则在现实经济生活中的逐步推行，单位成本和追加成本都会下降。第二，学习效应。适应道德规则而产生的组织会抓住道德框架提供的获利机会。道德变迁的速度是学习速度的函数，但变迁的方向却取决于不同知识的预期回报率。行动个体的思维模式形成了其对回报率的预期。第三，协调效应。通过适应道德规则而产生的组织与其他组织缔约，以及具有互利性的组织的产生与对道德的进一步投资，实现协调效应。更为重要的是，一项道德规则的产生，将导致一系列道德规则的产生，以补充和协调这项道德规则发挥作用。第四，适应性预期。随着特定道德为基础的契约盛行，将减少这项道德规则持久下去的不确定性。概括起来讲，道德滞后主要有四种情况：滞后一，认知和组织。这个滞后是指从辨识外部利润到组织初级行动集团所需要的时间。这个滞后的长短主要取决于：一是从一种道德形式创新中得到的潜在利润的多少和获得利润的时间长短，潜在利润越大且获得利润的时间越长，滞后越短。二是交通和通信条件越好，滞后越短。滞后二，发明。“发明”一种道德形式也是需要时间的，与技术发明不同，道德的“发明”者既不能获得专利，其发明的成本又难以完全得到补偿。道德“发明”的滞后主要取决于从新道德规则中能够实现的利润越大越确定，发明滞后的时间就越短。滞后三，启动滞后。启动滞后是指可选择的最佳形式和开始旨在获取外部利润的实际经营之间存在时间间隔。启动滞后的时间长短主要取决于道德主体的不同，道德主体有个人、团体和国家（政府），不同的道德主体因在规模、达成一致意见的时间上存在差异，就必然导致启动滞后。

道德生命周期理论和道德滞后模型启示我们，要维持道德规则的高效率，我们必须深入研究道德的生命周期的滞后情况，以便根据变化了的社会经济环境，及时进行道德创新，实施持续的道德创新战略，建立适应社会主义市场经济体制的道德规则和道德体系，最终推动经济的持续增长和社会的协调发展。

第十七章　集体行动的逻辑

在现实经济生活中，我们不仅要理解个人行为，更应该理解集体行为，只有搞清楚集体行动的逻辑，我们才能真正理解诸多现实经济现象。

第一节　个人选择与集体选择

在一定的意义上，人类历史就是选择的历史。在经济学研究领域，个人选择与集体选择就是经济学家讨论的重要话题。正因为这样，米塞斯才认为，广义的经济学就是研究人类理性选择行为的学问。人类理性选择行为可以分为对于私人物品的个人选择和对于公共物品的集体选择。

一　个人选择

个人选择是指个人在法律不禁止的范围内按自己的意志自由从事政治、经济、文化、宗教、科技、体育活动以及其他活动的可能性和现实性。理性选择理论，从方法论的角度来说是个人主义，是比较适合研究个人的选择行为的。但是，从亚当·斯密开始确立理性选择的原则开始，利益最大化就是其根本的行为准则。所以，理性选择理论从开始对个人行为进行分析之初，就是经济学的产物。亚当·斯密认为人在进行选择行为的时候，会以自身利益最大化为最高目标，通过理性的计算和分析，在利益最大化原则的指引下，做出对个人利益最大化的交易选择行为。在现实生活中，这种完全理性的选择模式并不适用，因为人们所处在一个复杂的、不确定的世界，信息以及交易状况并不是能够被人们完全把握的，更重要的是，人的理解计算能力和认知能力是有限的。因此，在个人的选择行为过程中是没有办法做到理论上所设计的完全理性化的，因而人的选择行为也就偏离了理性选择理论的实质。

西蒙在认识到完全理性选择的偏差之后，在更接近现实的基础上提出了有限理性原则和满意原则。西蒙指出："广义来说，当前面临的任务是将经济人的全部理性替换为另一种理性行为"①，西蒙承认经济人的理性认知和理性计算能力都是有限的，并且在外在环境中所接受到的有限信息中进行的并不是依据利益最大化原则的最优选择，而仅仅是满意选择。可以说，西蒙通过有限理性和满意原则而对完全理性进行了限制，并使其在理解个人选择行为时更贴近现实生活。

从完全理性选择到有限理性选择，从以利益最大化为基础的最优选择到以个人感受为基础的满意选择，理性选择理论对个人选择行为的理解变得更加符合实际。但是，在这种变化中，理性选择理论本质性的内容是没有变化的，那就是前提中还是认为人的行为是理性的，只不过是受到部分限制而已。人类的行为究竟本质上是否是理性的，从诺斯的人类行为模型到帕累托的"非逻辑行为"以及韦伯社会行动分类，我们可以发现，理性选择行为仅仅是其中的少部分而已。韦伯的工具理性行动、价值理性行动、情感行动以及传统行动是一种刻意的划分，其实，现实生活中的个人行动是相互融合，理性因素不会如此清晰地呈现出来的。现实生活中的选择行为是比理性选择更加复杂的过程。承认个人行为，尤其是选择行为的非理性方面，是理性选择理论必须面对的现实。事实上，行为的主体不是纯粹的"经济人"，而是一个具有主观感受的"社会人"。个人的选择行为过程不仅仅包括理性头脑的计算比较以及利益最大化的选择，而且还包括社会人的心理——即个人主体性和主体意识的表现。抛开抽象的主体意识，这里论述的是选择行为个人内心微观世界的心理体验等。心理的体验以及心理的偏好、感受、习惯、价值认同等因素对个人的选择行为本身是一种实际存在的影响因素。

2002 年诺贝尔经济学奖获得者卡尼曼和史密斯从个人心理视角研究了个人选择行为过程，他们用心理认知和实验的方法对人的行为尤其是经济行为进行了研究，解释了个人在不确定条件下如何进行选择行为。卡尼曼等基于个人认知心理的分析，对于从个人心理的角度对选择行为的发生和本质理解具有重要意义。他主要是从决定的风险和影响角度对

---

① 赫伯特·西蒙：《西蒙选集》，首都经济贸易大学出版社 2002 年版，第 206 页。

利益最大化原则进行了批判，从认知心理学的角度超越了对传统理性选择标准假设的意义理解，在把对个人选择行为和行为决策的过程置于个人微观心理感受的验证之下，从而在一定程度上把个人选择行为从纯粹的经济理性选择标准中解脱了出来。在传统理性选择理论认识中，人们是对收集到的信息进行理性计算比较，然后采取对自身利益最大化的选择行为。卡尼曼认为实际生活中，许多选择行为的发生是与此不相符的。比如，人们会为了省 5 元钱而花 6 元钱的汽油费到更远的超市去买不值几个钱的小商品。这是因为，在人们做出选择行为的时候，更多的是对理性原则的偏离，尤其是在不确定条件下进行决策和判断的时候。卡尼曼认为，在不确定条件下，人们的偏好主要是由财富增长量而非总量决定的，这就使个人的风险意识和传统的经济学不一致。

传统经济学认为，人们在做出选择行为的时候，主要是基于“自利”和“理性”而做出符合自身物质利益的判断。但是，卡尼曼认为，从认知心理学的角度来看，这个选择行为开始的过程还应该包括直觉、感情、态度以及记忆等更多更复杂的因素。这些因素都是基于个人的主观心理而产生的，是和个人的主观感受、生活经历、情感特质等密切相关的。比如，卡尼曼就通过价值效用函数的修正论述了相关的思想。他认为人们对价值收益和损失的判断在函数表示上是不一样的。通用数量的财富的增加和减少，在人们的心理感受上是具有不同比例的价值意义的，这是人们在心理上所具有的特质之一。类似这样的规律发现是和传统理性选择原则偏差甚远的。同时，人们在进行决策和判断时，总是会设立自己的判断标准和参考视角，从而使人们的选择行为时时刻刻都难以满足理性选择的客观性，偏离经济学理性的标准假设。这种基于每个人的特质而产生的偏离，是和其爱好、口味等心理感受相关联的，并且，这些偏离所产生出来的“偏差”，在每个人选择行为的加总过程中并不总是抵消掉的。换言之，这些对理性选择标准的偏离是具有一定系统性的。

基于上述的认识，卡尼曼在认知心理学的视野中，从风险选择、个人偏好、背景因素以及决策机制等方面对理性选择原则的核心观点，即个人行为是以利益最大化为行为目标的标准假设进行了研究。卡尼曼认为，人们选择行为的认知心理学的研究基本可以否定理性选择理论认为的个人选择行为的利益最大化结果的永恒存在。他认为这种利益最大化的判断标准是难以具有客观统一性的。在个人做出选择行为的时候，个人本身的心理层面的思考是难以避免的，但这种思考不是传统理性选择理论意义上物质利益的比较计算等，而是具有更深刻意义内涵的。

感性选择作为个人选择行为研究中的新思路，作为理解并解释个人选择行为过程和结果更符合现实生活实际的方法，已经开始进入研究者的视野。人们选择行为的复杂性是不言自明的，在心理的、社会的、结构的、主观的、客观的等诸多因素的影响下，个人的选择行为偏离理性选择理论的设计预测已经是不争的事实了。特别地，在大量的社会日常生活中，理性选择并不是我们头脑必然的反应，而是一个逻辑思维的后期计算比较。在意识的反应中，更多、更直接的人的感性意识。感性意识支配下的选择行为，或者说个人选择行为的感性意识研究，直接点说就是个人选择行为中的感性选择，长期以来一直被忽视、被理性选择贬抑和排斥。但是，在现实生活中，在占据中国人口大多数的基层民众中，感性选择具有重要的研究意义，是个人选择行为研究中的一个日益重要和凸显的方向①。

二　集体选择

所谓集体选择，就是所有的参加者依据一定的规则通过相互协商来确定集体行动方案的过程。公共选择理论特别注重研究那些与政府行为有关的集体选择问题。其中集体选择的规则包括一致同意规则、多数规则、加权规则和否决规则。

曼瑟·奥尔森在《集体行动逻辑》中指出："既然集体行动的好处施于其中的每一个个体，不管他是否分担了集体行动的成本；除非群体规模较小或满足较特殊的条件，集体产品将不会通过市场机制，或以直接的方式，或处于自愿的安排而得到满足。"进一步，他假定："在两个相同个体构成的组织中，他们之间进行非合作博弈，任何一个个体单方面致力于创造集体产品的行为，都将给他自身带来集体产品的一半好处。当然他要承担全部的费用。'外部性'也刚好是一半。但如果有三个完全一样的个体，而每一个个体同样承受他在创造集体产品时产生的全部费用，而他只得到全部利益的三分之一。这样一来，在其他情况相同的情况下，有三个等同个体的群体中的单边促进群体利益的行为必然要比两

① 王文杉：《社会资本情境与个人选择行为——社会资本匮乏条件下的感性选择》，博士学位论文，吉林大学，2006年。

个的进一步减少。”最后他得出结论：“当群体成员数量变得非常大时，个体从为群体利益的行动中所获得的收益份额将变得微不足道，创造集体产品的行为就会终止。因此，集体规模是决定集体行动的主要因素，集体规模越大，提供集体产品数量或可能性越小。”

为了进一步说明问题，可以假定有 n 个人构成一个组织团体，其中第 i 个人有提供集体产品的行为，其他人虽有提供集体产品的动机，但最后选择了“搭便车”。假定集体产品为合作组织带来总收益为 y，整个组织为提供集体产品带来的总成本为 c，根据曼瑟·奥尔森的理论，第 i 个人获得 y/n 的收益，却承担所有成本 c。其他成员各获得纯收益 $1/n$，因此，集体产品能否形成和产生就取决于第 i 个人的行为。当 $y/n>c$ 时，集体产品将会形成。反之，集体产品将难以形成。这一点正好印证了萨缪尔森在团体提供公共产品的博弈模型中的结论：团体规模越大，提供集体产品数量越小。

奥尔森《集体行动逻辑》的理论中实际上还隐含着一个推论：一个即使可以提供集体产品的合作组织，它的规模也一定是受到限制的，这一合作组织根本没有进一步扩展规模的动力。

三　智猪博弈

奥尔森的集体行动逻辑理论指出了影响集体产品的提供因素，暗示了合作组织中不同成员对于提供集体产品的动机存在差异，大经营户倾向于提供集体产品并承担大部分责任和费用，小经营户倾向于“搭便车”。实际上，组织中大经营户与小经营户之间的博弈是典型的“智猪博弈”。

猪圈里有两头猪，一头大猪，一头小猪。猪圈的一头有一个猪食槽，另一头安装一个按钮，控制猪食的供应。如果按一下按钮会有 10 个单位的猪食进槽，但谁按按钮谁就支付 2 个单位成本。若大猪先到，大猪吃 9 个单位，小猪吃 1 个单位；若同时到，大猪吃 7 个单位，小猪吃 3 个单位；若小猪先到；大猪吃 6 个单位；小猪吃 4 个单位。图 17-1 表示智猪博弈中不同战略组合的支付水平。显然在一模型中；“等待”是小猪的占优选择，大猪的最优选择还是“按”，纳什均衡就是：大猪按，小猪等待。

		小猪			
		按		不按	
大猪	按	5	1	4	4
	不按	9	−1	0	0

图 17−1　智猪博弈

四　集体选择的三要素

参与者、选择方式和选择标准是集体选择的三个关键要素。

（一）参与者

对于集体选择的一个简化看法是，一个集团的每个成员都聚在一起决定他们共同关心的事。使参与者具有集体感、归属感和责任感，同时，是否参与集体选择还是系统自我激励的结果。集体选择的参与者不只限于选民、参议员、人大代表或者政府工作人员等自然人，而且还包括工商企业、工会、非营利组织以及其他利益集团。集体选择可以有很多参与者，他们可以被选举、任命或雇用参与，他们可以自愿参与，在集体选择过程中，每个参与者对于如何解决一个问题可以有不同的看法和发表不同的意见①。

（二）选择方式

集体选择的第二个要素是选择方式。在集体选择过程中，选择方式是多种多样的。在以宗教、传统或军事力量作为权威基础的一个高度集权化社会，独裁者可以做出所有重要决策。这种决策没有众人参与，只是个人选择替代了众人参与的集体选择。虽然这种方式倡导民主、自由的环境下会遭到较多的批判，但并非没有自己的优势，例如能够节约资源。与独裁者进行的决策不一样，在市场经济条件下，个人不仅可以自由决定自己买什么或者卖什么，而且还可以自己选择在什么地方生活或者工作，这种方式称为以市场为基础的分散选择。第三种选择方式主要依赖于才能和专业知识，一般会在技术或科学方面的专业人才那里获得相应的决策或选择知识。第四种选择方式是一致同意。以这种方式进行

---

① 史蒂文斯：《集体选择经济学》，上海三联书店、上海人民出版社 1999 年版，第 2—3 页。

决策或选择时，一个群体即使在某些细节上有不同意见，但在基本问题上只有当所有成员都达到成一致时，才能做出相应的集体决策和选择。第五种方式是通过代表，即通过挑选如校务委员会、人民代表大会的代表进行集体选择或者决策，事实上，在现实生活中，不少集体选择或决策是通过这种方式进行的。

（三）标准

集体选择的第三个关键因素涉及选择一种而不选择另一种方案的标准（理由）问题。在现实生活中，我们经常遇到一些简单的标准，如孩子上幼儿园或者上小学的年龄，退休的年龄，等等。在经济学领域，经济学家一般用两种标准进行判断：一是经济效率或经济馅饼，二是公平或经济馅饼如何在社会成员之间进行分配。在集体选择中，一般需要在公平标准和效率标准之间进行权衡或取舍，因为有效率的可能不公平，公平的可能就缺乏效率。

第二节　集体选择的规则

一　一致同意规则

任何集体决策的制定，必须依据一定的规则，但现实中总存在这样的一种情况：集体成员无法对规则进行讨论和选择。这时是否有无规则可依？回答是：即便在这种情况下，仍需要规则。否则，社会就无法实现正常运行了。这种情况下的集体决策所依据的便是“公共性一致同意”规则。这一规则不是被选择出来的，而只是因需要而生成的。我们知道，在集体决策所依据的规则无法由集体中的所有成员一起讨论并选择，同时也没有人能成为替代规则的化身时，集体中的每一成员实际上对每一项集体决策仍具有选择的权利。因此，一致同意规则作为集体决策得以通过的依据就有了逻辑上的起点。之所以对这一规则冠以“公共性”，主要是为了区别于“制度性”。制度性选择与公共性选择的根本区别在于，前者的立足点是为随后进行的每一项具体的集体决策提供一个得到认定的框架，个人在这一选择层次对自己在随后进行的集体决策中可能处的位置是不确定的。但人们可以就规则的选择达成一致，这样，集体理性最终也就有了保障。而公共性选择则是在共同成员所认定的框架下就每一项具体的决策进行讨价还价，而且个人对于自己在具体的集体决策中所可能发生的成本与收益是清楚的、确定的。当公共性选择连一个共同成员所认定的框架也没有时，集体决策只有两种前途，要么落入“一致同意的陷阱”，要么以“帕累托改进”的形式产生。

布坎南把个人选择分为三个不同的阶段或层次。首先是个人在市场中的私人选择，这种结构的理想概念就是在有效竞争的市场制度中各个买者和卖者的交易模式，没有涉及集体资源的运用；其次是个人在给定的制度下对资源的集体运用进行选择；最后就是集体选择制度。需指出的是，布坎南关于个人选择的层次分析都是以个人具有完全的选择权利作为其前提的，个人可以对制度进行选择，也就可以对制度进行修正，于是集体理性可以按人类的理性产生，并有最后的保证。

实际上，当制度规则的选择缺失的时候，选择就直接进入了公共性的层次。如果此时独裁规则（比如政府的强行干预就是一种典型的独裁规则）不能形成，公共性一致同意就作为一种规则成为集体决策得以形成的依据。所以，公共性一致同意存在的首要前提是制度层次选择的缺失。但这并不意味着在制度性选择条件下，一致同意规则就不存在了。在制度性选择条件下，一致同意规则仍是若干规则中的一种，一般不会被人们采纳。人们知道依据一致同意规则进行集体决策，其成本是非常高的，而且集体决策在这一规则下往往无法形成。在制度选择条件下，一致同意规则更多的是作为衡量决策效率的标准而存在的。但在制度性条件缺失时，公共性一致同意实际上就成了唯一起作用的规则①。

二　多数投票规则

简单多数规则（Simple Majority）是实践中经常使用的一种投票规则。按简单多数规则，一项集体抉择只有在得到超过半数以上的赞成票时才能通过。该规则的优点在于：

第一，简单多数能够节省决策成本。决策时的成本包括决策成本和外在成本。决策成本包括解释待通过的议案、讨价还价、修改议案、协商、议案表决等花费的资源和时间成本。这种成本随着通过决议案所需人数的增加而递增。外在成本是指集体决策在实施过程中对那些少数投反对票的人产生的不利影响或效用损失。外在成本有强制性，它处于个

---

① 胡启生：《公共性一致同意规则》，《天津社会科学》1999 年第 6 期。

人的控制能力之外。这种成本随着决策所需赞成人数的增加而递减，总成本的大小与决策所需票数密切相关，在个人独裁的情况下，决策成本最小而外在成本最大。若使用一致同意规则，那么此时的决策成本最大外在成本最小。

第二，简单多数规则的决策效率高。按简单多数规则，只要参与表决的人不是偶数，如果只有一项议案要决定，就一定能够有结果：通过或是否决。利用简单多数票规则决定群体决策结果虽然看起来比较合理，能代表大多数人的意见，但在实行过程中却可能遇到许多其他问题：一是简单多数忽略了投票人的偏好强度。由于把多数人的偏好等同于最强烈的偏好，简单多数忽略一个关键的问题：如果少数人对一个方案的偏好强度远远超过多数人的另一个相反的方案时，多数原则还有意义吗？“多数原则是按人头论多少，于是它把不平等的强度平等化了”。因此多数原则是建立在一种虚构上，即十分软弱和不现实的约定的，简单多数规则不能反映投票人的偏好强度，投票的结果不能达到最优。二是“投票悖论”，也被称为孔多塞悖论现象，即在运用简单多数票规则进行集体决策时，容易出现投票结果随投票次序不同而变化，大部分甚至全部备选方案都有机会被选中的循环现象。

第三，“波德效应”。在运用简单多数票规则进行集体决策时，在特定的情况下会出现波德效应，即人们有可能投票选择大多数人不喜欢的方案。

第四，策略性投票行为。在群体决策中，把这种群体成员出于个人利益或小团体利益的需要，为使决策结果发生有利于自己的变化而采取的谎报偏好等博弈行为称为“策略投票”。策略选择其实是一个在完全信息情况下的多方博弈过程，如果大家都使用策略投票，则可能使群体的选择成为多种因素影响的组合结果，在多个可供选择的方案中，就可能有一个或一组方案成为平衡的选择结果，这也就成为多人对局中的解。如何求得策略投票的平衡点，有以下两种方法，一是法克哈森提出的 N 人对局经典解法。就是依次从每一个对局者的观点考察整个对局并清除被优超的策略。另外一种方法是通过多阶段决策分析来求解，把整个对局分解成许多很容易解决的小对局，可列出博弈树模型，用逆推归纳法进行求解。也就是说，要从动态博弈的最后一个阶段或者最后一个子博弈开始，逐步向前倒推以求解动态博弈。

第五，多数集权。简单多数原则还会导致多数集权，所谓多数集权即当过半数的投票人对某个方案偏好一致时，可能形成一个自然联盟以压制联盟外的少数成员，牺牲后者的利益。也有人称多数集权为“多数的暴政”，多数人通过歧视、压制把他们的意志强加给少数人。在逻辑上，微弱多数与过多数是等值的，结果就会出现像布坎南所说的“51 个彼得压迫 49 个保罗”的现象。由于压制了少数，多数的决定可能得出反民主的结果，这种暴政在一致同意条件下是不可能出现的。

第六，不道德投票行为。简单多数规则下会产生两类不道德投票行为。一是买卖选票，即投票者在得到足够的补偿之后投票赞成于己不利的议案，或者接受贿赂投票赞成对自己无关紧要的议案。二是互投赞成票，即投票者在投票赞成自己强烈偏好的议案同时，也赞成对自己不太重要甚至略有损害，而对另一投票者至为重要的议案，以换取他对自己强烈偏好议案的支持。互投赞成票的危害在于双方通过投票交易损害第三方的利益①。

三　加权多数规则

鉴于简单多数票规则的弊端，人们提出了许多改进措施，其中最重要的是加权多数投票规则。简单的一人一票的投票规则，强调的是各参与者之间的平等权利，然而它在某些情况下，特别是存在利益差别的情况下显得不够合理。加权多数投票规则对一人一票制进行了适当修改，以适应各种利益差别情形。其基本方法是，首先根据利益差别将参与者按重要程度进行分类，然后依据这种分类来分配票数，相对重要者拥有的票数较多，否则就较少。最后按照各个候选方案实际得到的票数多少，而非实际赞成人数的多少来选择方案。实际上，加权多数投票规则只不过是对简单多数票规则的一种改进，它以承认各参与者之间的利益差别为基础，再运用多数票规则来选择方案。由此可见，加权多数规则可以解决投票人偏好强度的问题，但对于像孔多塞悖论、波德效应、策略行为等其他问题仍然是无能为力的②。

---

① 王华锋、赵勇、李生校：《群体决策中的投票规则研究述评》，《技术经济与管理研究》2005 年第 6 期。

② 王华锋、赵勇、李生校：《群体决策中的投票规则研究述评》，《技术经济与管理研究》2005 年第 6 期。

第三节　集体行动的困境

在集体行动和公共物品生产中，由于理性利己，集团中的每个成员都试图坐享别人努力的成果，选择成为一个理性的“搭便车”者，当人人都成为“搭便车”者，就意味着没有人愿意承担集团集体物品的生产成本，公共物品也就无从生产出来。公共物品对每个人都是必需品，每个人却无从获得它。个人选择“搭便车”是符合个体理性的最佳选择，而这种选择却导致了集体非理性的结果，个体理性与集体理性之间出现了难以逾越的鸿沟。

一　个体理性与市场失灵

对个体理性内涵赋予四个方面的内容：第一，自利，即追求自己的而不是别人的利益。对个体理性的这一理解在学术界存在争议。第二，追求成本收益分析基础上的净收益的最大化或追求某个目标效用函数的最大化。这是马歇尔之后，数学化的经济学的基本分析单元和工具。第三，期望最大化。这是在冯·诺依曼博弈论中的基本假设。它是在精确的净收益最大化不可能成为现实决策时的理性表现，它建立在估计和概率推算基础之上。第四，最省原则。这一理解既包含在西蒙有限理性思想中，也包含在演化经济学所假设的演进理性的基本含义中。精确的最大化计算存在难以承受的计算成本和信息成本而变得几乎是不可能实现的，现实中的理性人遵循模糊的最大化或尽可能花费（时间、金钱或精力）最低的最省原则。

奥尔森认为，无论在什么情况下，理性个体是基于自己行动的有效性而行动。理性个体能够充分认识自己的行动产生功效的大小，因此是信息完备的人。假如他认为他的付出不会对别人产生任何影响，即便有着利他动机，他也不会做出任何付出，因为这种付出是无效率的。“即使一个大集团的成员完全不顾自己的利益，他也不会理性地为提供集体或公共物品作贡献，因为他的贡献是无足轻重的。一个把别的农民的利益置于自己利益之上的农民不一定会限制自己的产量以提高农产品的价格，因为他知道他的牺牲不会给任何人带来多大的好处。这样一个理性的农民，不管有多么无私，也不会作出这种徒劳无益的牺牲，……不能带来明显效应的无私行为有时候甚至被认为是不值得称赞的”[①]。这种一个人的付出对于集体结果的改变无足轻重的例子比比皆是，一个想用一只铁桶挡住洪水的人被认为是一个怪人而不是一个圣人，愚公移山被众人讥笑为愚昧之举的原因也正是如此，后人对其行为取得成功结果的描述和对其行为所发出的赞誉是出于大胆想象和形式逻辑的推论而已，并不符合理性和事实。奥尔森运用理性的这一含义解释现代社会选举投票率不断降低的原因，“一个公民决定到底要花多少时间研究他所在国家的政策或领导人这样的问题。该公民对这些事情所花的研究时间越多，那么投票支持有效的政策以及政治领导人的可能性就越大。然而，该公民这么做只能从有效的政策与领导上获得很小份额的收益：总的来说，该国的其他公民会得到几乎所有的收益，因此，单个的公民不大会愿意去花时间发现和思考什么对其国家是最好的这样的问题”[②]。这种理性的不关心导致了西方各国选举中不断创造着投票率新的低纪录。“由于单个人投票改变结果的可能性非常之小，一个普通的公民……通常对公共事物存在理性的无知”[③]。一个公民对投票的冷淡的原因：第一方面，是出于自利的考虑，自己花费成本研究出好的投票对象，但是只有其好处微乎其微的部分才归自己所有。第二方面，出于自己行动的功效的考虑，自己花费成本研究出好的投票对象，自己的这一票对选举结果几乎没有作用。个人在选举中表现出“理性的无知”，基于理性放弃花费时间与精力去获悉和研究好的政策和政治领导人。由此可见，奥尔森赋予理性两层含义，一是自利，一是功效。

斯密指出，在私人物品市场，“看不见的手”是维系着个体理性与集体理性的桥梁，可以发挥个人利益与社会利益共容的黏合剂作用。在公共物品市场，“看不见的手”便失灵了，它不会使符合个体理性的行为产生符合集体理性的结果。在公共物品市场，个体理性的有害性凸显，符合个人理性的行为导致了集体或公共物品生产的困境，即集体行动困境。对于这种差异，通过我们生活中的经历可以看出。比如，在白菜、萝卜、家具、电脑等私人物品的生产中，谁生产谁完全受益，这种产品的享用具有排他性，不生产者不享用，因此，任何人不存在坐享其成的机会，

---

① 曼瑟·奥尔森：《集体行动的逻辑》上海人民出版社 1995 年版，第 73 页。
② 曼瑟·奥尔森：《权力与繁荣》上海人民出版社 2005 年版，第 73—74 页。
③ 曼瑟·奥尔森：《权力与繁荣》上海人民出版社 2005 年版，第 74 页。

“看不见的手”可以激励理性个人努力工作，获得丰收，同时促进了私人物品市场的繁荣。在桥梁、环保、治安、民主等公共物品的生产中，由于这种物品效用的不可分性，对其享用具有非排他性，无法做到谁生产谁完全受益，不生产者照样可以享用，因此，任何人都具有坐享其成的激励，“看不见的手”无法激励理性个人努力工作，事实相反，公共物品的这种特性却激励着理性个人采取坐享其成的“搭便车”策略。人们普遍地采取机会主义的“搭便车”策略，让别人承担集体物品的生产成本，自己坐享其成，其结果导致人数众多的潜在集团无一例外地出现集体行动困境。个体理性与集体理性出现冲突，集体物品无法生产出来，个体理性行为导致了集体非理性的结果。

二 “搭便车”：集体行动困境的中心问题

“搭便车”理论是由奥尔森首先正式提出来的。“搭便车”是集体行动困境的中心问题，“搭便车”和集体行动的困境几乎是同一事物的不同称谓。个体理性在集体物品供给中的反应必然导致“搭便车”现象的出现。简言之，个体理性加公共物品等于“搭便车”。

现实生活中的“搭便车”现象非常之多，如一个化肥厂对周围居民生活造成污染，居民需要联合起来同这家化肥厂进行交涉、抗议并要求适度的健康补偿，但某一个或某些居民认识到自己不参加这个交涉和抗议活动，仍能够在别人交涉后双方达成的协议中获得同样的健康补偿，于是采取“搭便车”态度。人人都试图“搭便车”，使这样的集体抗议活动往往难以出现，而是任由化肥厂造成的污染继续侵害自己的健康。“搭便车”是集体行动的天敌，“三个和尚没水喝”的现象比比皆是，它是人人采取“搭便车”而导致了集体行动失败的形象写照。

造成“搭便车”的因素有两个：一个是外部性问题，一个是公共物品问题。外部性问题是由马歇尔首先提出来的。他在1890年出版的力作《经济学原理》中首创了“外部经济”与“内部经济”这一对概念。马歇尔认为，所谓“外部经济”是指一个厂商的产量扩展决定于一个部门的一般发展状况和部门环境的一般进步状况；换言之，“外部经济”是指部门内厂商之间经济活动上相互产生的一种积极的刺激和影响，这种积极的影响在生产成本中反映不出来。马歇尔没有谈到“外部不经济”的情况。1977年诺贝尔经济学奖得主詹姆斯·E. 米德给出的外部性定义是：“外部经济（或不经济）是这样一种事件，即它给某位或某些人带来好处（造成损害），而这位或这些人却又不是作出直接或间接导致此事件之决策的完全赞同的一方”[①]。通俗地说，外部性就是某人或某厂商的行为影响了别人或别的厂商的利益，给他们造成了损害或创造了收益，而行为人没有承担相应的成本或获得相应的报酬。公共物品是每个人对这种物品的消费不会造成任何其他人对该物品消费的减少物品。这说明，外部性和公共物品的共同问题是产权无法界定的，从而导致市场失灵。由于这两种情形都存在非排他性和非竞争性导致的“搭便车”问题，在这两种情形中，市场机制都无法发挥作用，使社会资源配置无法达到帕累托最优。

第四节　选择性激励：走出集体行动困境的路径选择

集团规模与集体行动难易程度具有明显的关联。集团规模或小或大是相对意义的概念，集团规模越小，集团越容易采取集体行动。大集团存在集体行动的绊脚石——理性个体的“搭便车”行为。如何搬走这个绊脚石？奥尔森认为，一种可行的路径是选择性激励。

一　选择性激励与集体理性的实现

奥尔森本人没有对选择性激励做出明确的界定，而是用描述性语言对选择性激励进行了解释和分类。奥尔森根据性质和作用的不同把“选择性激励”分为“正面（positive）激励”和“负面（negative）激励”，即社会奖励和社会制裁。奥尔森指出，“社会制裁和社会奖励是‘选择性激励’；即它们属于可以用来动员一个潜在集团的激励：不服从的个人受到排斥，合作的个人被邀请参加特权小集团”[②]。选择性激励本质上是一种有区别的对待，正如美国华裔社会学家赵鼎新所言，“所谓选择性激励，就是如果你不参加某一集体行动就不能得到或将失去的东西”[③]。

奥利弗在奥尔森的描述性定义基础上，对选择性激励进行了多视角的界定，“某物品被用作选择性激励需要具有这样的特点：第一，它必须

---

① 罗必良：《新制度经济学》山西经济出版社 2005 年版，第 271 页。

② 曼瑟·奥尔森：《集体行动的逻辑》上海人民出版社 1995 年版，第 71 页。

③ 赵鼎新：《社会与政治运动讲义》，社会科学文献出版社 2006 年版，第 159 页。

是私人物品，即具有排他性；第二，它必须能被兑现，在行为者参与或不参与集体行动后能够被用于实施激励；第三，物品的价值需要大于行为者搭便车的好处；第四，物品必须被实施选择性激励方所控制并符合实施者的利益；第五，选择性激励实施者必须确信，实施选择性激励的预期收益大于放弃实施选择性激励的预期收益，否则，实施选择性激励是不理性的"①。奥利弗对选择性激励的界定比奥尔森的界定要完备、明确，他既从选择性激励的性质、功能，又从其实施的主客观条件进行了十分严谨和全面的界定。

由上可见，"选择性激励"（selective incentive）就是负责集体行动的组织根据集团中成员在集体行动中的表现，即成员在承担集体物品供给中的作用的有无和大小，有区别地给予一定的奖励或一定的惩罚，旨在激励集团中成员积极参与到集体行动中去，一起承担集体物品供给成本。选择性激励是奥尔森开出的诊治集体行动困境的药方，是实现个人利益和集团共同利益相结合的黏合剂。对于实施选择性激励的形式，奥尔森认为经济激励是选择性激励的主要而非唯一的形式，声望、尊敬和友谊等社会激励也是重要的选择性激励形式，此外，选择性激励还表现在性爱激励、心理激励、道德激励等。对于货币激励之外的其他类型的激励对集体行动中的作用，被视为与货币激励的作用相同，即通过提供针对某个人或某些人的具体的好处来激励其对集团集体物品供给的支持。

选择性激励如何实施？赵鼎新提出了三种方案：其一为"小组织原理"。当一个组织或社会网络的成员较少时，其中某一成员是否加入对集体行动的成败会有很大的影响。由于信息获得和相互监督很容易实现，不参加者得不到奖励，甚至会在组织中被边缘化。其二为"组织结构原理"。一个组织如果很大，那就必须分层，就像党组织一样从中央到地方，从党委到总支再到支部，一层层地分，到最后的支部一级，成员数就很有限了。这样就可以采用"小组织原理"。其三为"不平等原理"②。就是组织内部在权力、利益、贡献和分配上都不能搞平均主义。比如，一个人在组织中获得的权力和荣誉有可能成为促使他/她为组织多做贡献的选择性激励。一个人如果能够独立为某组织取得某一公共物品提供一

① Pamela E. Oliver. "Selective Incentive in an Apex Game: An Experiment in Coalition Formation", *The Journal of Conflict Resolution*, Vol, No. 1, 1980, p. 117.

② 赵鼎新：《社会与政治运动讲义》，社会科学文献出版社 2006 年版，第 159 页。

笔关键资金并从中获取荣誉，那么这个人就有可能独自为某一事业做出贡献。赵鼎新从组织行为学视角分解奥尔森的选择性激励的实施机制，将选择性激励在实践层面具体化为可操作的规则。

二　选择性激励的保障：组织权力

选择性激励是一副联结个体利益与集体利益的黏合剂，但是大集团的集体行动需要数额巨大的激励成本，实施选择性激励本身面临集体行动的困境。谁为选择性激励买单？对于作为负面激励的社会惩罚，如何保证公正、有效地实施？实施选择性激励离不开资源支持和强制力保障，因此，组织成了不可或缺的制度条件。因为组织权力是一种强制力，能够保障“选择性激励”的提供和实施。

第十八章　国家理论

理解经济变化及制度变迁，必须以国家的理解和国家理论为基础。在这一章中，我们对国家及国家理论进行介绍。

第一节　国家的内涵与性质

一　汉语中的国家概念

在汉语中，“国家”一词最早见于《周易》《尚书》，“君子安而不忘危，存而不忘亡，治而不忘乱，是以身安而国家可保也”①。“继自今立政，其以检人，其惟吉士，用劢相我国家”②。“国家”最初由“国”与“家”两个概念所合成，先秦时期，天子所治曰“天下”，诸侯所治曰“国”或“邦”，卿大夫所治曰“家”，“天子建国，诸侯立家”③，这里的“国家”显然偏重于疆域及其民众，还不完全是一个政治概念。在春秋时期，这个词已经合用，孟子说：“人有恒言，皆曰‘天下国家’。天下之本在国，国之本在家，家之本在身”④。即“天下国家”已经成为人们的常用语，天下的根本在国，国的根本在家，家的根本则在于个人。后来，家的概念演化为家庭，“国家”一词被沿用下来，用来表征一种地域民族单位和社会政治单位。

二　西方国家概念

在西方文明史中，国家概念的历史演进更显复杂。古希腊，人们用类似于国家的政治单位是城邦。在亚里士多德看来，城邦是公民的集合

---

① 《周易·系辞下》

② 《尚书·立政》

③ 《左传·桓公二年》

④ 《孟子·离娄上》

体，城邦是一种社会组织，若干公民集合在一个政治团体以内，就成为一个城邦，城邦在历史中的形成要晚于家庭和村落，但从道德上说，城邦却是最高的共同体，“人类自然是趋向于城邦生活的动物（人类在本性上，也正是一个政治动物）”①。“凡隔离而自外于城邦的人……他如果不是一只野兽，那就是一位神祇”②。亚氏所说的城邦含义广泛，它既指城邦的地域和人口，又指城邦中公民共同的政治生活，但他认为具有决定性意义的，是城邦的政治体制，“决定城邦同异的，主要应当是政制的同异”③。罗马人在军事征服的基础上建立了庞大的帝国，他们称为 res publica（共和国）。西塞罗认为，国家是人民的事业，但国家不是人民随意聚合的集合体，“而是根据一致同意的正义原则结成的大量的人的集合体，是以公益为目的的合作关系”④。值得特别指出的是，在西塞罗看来，国家之所以为国家，首先在于其统治的正义性，一旦国家失去其存在的目的——正义和公益，那它也就不再是国家，这就不自觉地提出了国家的合法性问题。

在中世纪的基督教神学中，国家被视为世俗的城邦，与其相对的是上帝的城邦。二者的区别是善与恶的区别，上帝的城邦以神律为基础，体现了真正的善，即基督教的善，它是基督的追随者和真正的上帝的崇拜者的共同体。世俗的城邦被自恋所引导，人们以享乐为最高追求，他们追求智慧的动机是自爱而不是真理。这种城邦的祖先是顽固不化、不可救药的该隐，世俗的城邦钟爱完全的独立和自足，它是对上帝的背叛⑤。

文艺复兴时期，独立的民族国家日益取代教会势力成为支配社会的力量，公民的概念逐步取代臣民的概念，自由契约的观念逐步取代传统依附关系的观念。从神学世界观中摆脱出来的思想家将国家看作人的创造物而不再是神的作品，正如马克思所说，他们“已经用人的眼光来观

---

① 亚里士多德：《政治学》，商务印书馆 1965 年版，第 7 页。

② 亚里士多德：《政治学》，商务印书馆 1965 年版，第 9 页。

③ 亚里士多德：《政治学》，商务印书馆 1965 年版，第 9 页。

④ 列奥·施特劳斯、〔美〕约瑟夫·克罗波西：《政治哲学史》（上册），河北人民出版社 1993 年版，第 173 页。

⑤ 施特劳斯、约瑟夫·克罗波西：《政治哲学史》（上册），河北人民出版社 1993 年版，第 208—209 页。

察国家了，他们是从理性和经验中而不是从神学中引申出国家的自然规律"[①]。马基雅维里第一次在现代政治学意义上使用"国家"这个术语，他在《君主论》一开篇就写道："从古至今，统治人类的一切国家，一切政权，不是共和国就是君主国"[②]。马基雅维里用 stato（拉丁文为 status）一词来指称他所说的一切国家，并作为不加区别地概括一切政体的总体名词。他使国家具有了一种独立的价值，"他将国家视为追求特殊道德即'国家理由'的自治、世俗的王国"[③]。

16 世纪末，伴随着民族统一国家的出现和中央集权的君主制的诞生，开始形成明确的国家主权观念。博丹强调国家的主权属性，"即一种包含制定、适用和保证法律之能力的绝对而无上的权力"[④]。他认为，没有这种权力，国家也就不复存在。博丹的主权理论是对政治权威进行系统分析的一个重大贡献，它对推动政治统一和民族国家形成具有极其重要的意义，它为通过国际法而互相联系的由主权实体组成的现代国家体系奠定了基石。17 世纪，国家的起源、政治合法性的基础等重大问题成为焦点，社会契约论占据了思想舞台的中心。霍布斯、斯宾诺莎、洛克、卢梭等都对契约论的发展有过重大贡献，尽管他们在许多问题上的观点存在分歧，如订立契约前是一个和谐安宁的自然状态，还是一个"一切人反对一切人"的残酷斗争的自然状态，人们让渡给国家的权利是所有权利还是除基本权利以外的权利等，但他们都认为国家是人们自愿订立契约的产物，只有经过人们同意，国家才具有合法性；公共权力源于个人权利，人们通过让渡权利而产生公共权力组织——国家来保护个人的生命、自由和财产，并获得某些公共服务。

随着近代政治哲学的发展，"国家"概念逐渐形成较为确定的内涵，即在一定的领土范围内对其全体国民进行控制并拥有最高主权的一种特殊的社会组织形式，这也就是众所周知的国家三要素的理论表述。国家确切地指称一种政治机构（组织）和政治制度。在这个意义上，马克思

---

① 《马克思恩格斯全集》（第 1 卷），人民出版社 1956 年版，第 128 页。

② 马基雅维里：《君主论》，商务印书馆 1985 年版，第 3 页。

③ 米勒、波格丹诺：《布莱克维尔政治学百科全书》，中国政法大学出版社 2002 年版，第 791 页。

④ 米勒、波格丹诺：《布莱克维尔政治学百科全书》，中国政法大学出版社 2002 年版，第 791 页。

主义强调“国家是经济上占支配地位的阶级维护其统治的暴力工具”是十分精辟的。列宁曾明确指出，“国家是一个阶级压迫另一个阶级的机器，是迫使一切从属的阶级服从于一个阶级的机器”①。

在当代西方政治学界，马克斯·韦伯把国家定义为建立在专业官员制度和理性的法律基础之上的，作为垄断合法暴力和强制机构的统治团体②。在韦伯看来，国家是一个具有自主性的独立组织，他所强调的是国家对社会的作用而不是社会对国家的作用。回归国家学派继承了韦伯这一传统，认为国家这种自主的结构具有自身的逻辑和利益，其利益并不一定与社会支配阶级或政体中全部成员的利益相同或融为一体。“国家可以看作是拥有对领土和居民的控制权的组织，它可以系统地表达和推进自身的目标，而不仅是简单地反映集团、阶级或社会的需求与利益”③。新制度经济学为国家理论研究提供了一个新视角，它认为国家也是“经济人”，国家也是旨在实现自身利益最大化的组织，国家的行为由成本—收益的比较来决定。国家的性质与市场、企业等竞争性组织相似，其特殊之处在于它给社会提供的是最基本的制度框架和博弈规则。这些制度、规则的变迁和创新形成了历史发展的过程，反过来也决定着国家的兴衰。新制度主义掀开了国家的神秘面纱，揭示了国家的某些基本属性，但它同时又回避了国家的阶级统治职能。

一般说来，人们主要在如下几层含义上使用“国家”概念：其一，作为地域概念的国家（country），是指特定地域之内的自然和人文的统称单位。人民（population）、领土（territory）和主权（sovereignty）是构成国家的三要素。其二，作为人口和民族概念的国家（nation），是指以人口和民族为基础所形成的社会共同体。其三，作为政治概念的国家（state），是指在一定疆域之内建立主权并通过一系列制度实施权威公共权力的机构。本书主要采用第三种含义，审视国家的历史演变和当代形态④。

---

① 列宁：《论国家》，《列宁选集》（第 4 卷），人民出版社 1995 年版，第 33 页。

② 韦伯：《经济与社会下卷》，商务印书馆 1997 年版，第 730 页。

③ Da Skocpol. “Bring the State Bacl in ; Strategies of Analysis in Current Research”, Cambridge University Press, 1985. 9.

④ 伍俊斌：《国家与社会：内涵、分化及其范式转换分析》，《理论与现代化》2011 年第 4 期。

第二节 国家的起源理论

一 霍布斯的国家起源理论

国家起源问题是契约论思想家构建理论大厦的逻辑基础，作为契约论思想家的重要代表，霍布斯的国家起源理论在西方思想史上占有重要地位。

霍布斯从抽象的人性出发论证国家的起源，他认为人的本性是利己的，趋利避害是支配人类行为的根本原则。在国家产生以前，人类生活于自然状态中，人与人不仅是平等的，也是自由的。由于自然状态中没有道德法律的约束，这种自由是很随意的，每个人都按照自我保存的原则行使自己的权利。出于自利的目的，人们的欲望“得其一思其二，死而后已，永无止休”。造成这种情况的原因不是人们得陇望蜀，希望获得比现在取得的快乐还要更大的快乐，也不是他满足于一般的权势，而是因为他不甚多求就会连现有的权势以及美好的生活也保不住[①]。在这种情况下一个人欲取得安全生活最佳途径就在于“让整个世界都惧怕他，服从他”。也就是说“对整个世界享有绝对支配权”[②]。但是由于在自然状态中人又是平等的，每个人都是裁决者。当没有一个强大有力的权威来充当公平的“和事佬”时，自然状态下的人于是就处于一种“人与人的战争状态”[③]。人人都生活在死亡的恐惧中，为了摆脱这种战争状态，确保安全，人们便在理性的指导下，共同缔造契约，“其方式就好像是人人都向每一个其他人说：我承认这个人或这个集体，并放弃我管理自己的权利，把它授予这个人或这个集体，但条件是你也把自己的权利拿出来授予他并以同样的方式承认他的一切行为。这一点办到之后，像这样同意在一个人格之中的一群人就称为国家，在拉丁文中称为城邦。这就是伟大的利维坦的诞生”。可见，霍布斯的国家是基于安全的需要。霍布斯的时代是个体逐步从土地、教会的束缚下走出来的时代，跨地区、跨国界的流动在增加，霍布斯从人的原子化趋势中感到了一种恐惧，认为结

① 霍布斯：《利维坦》，商务印书馆 1997 年版，第 72 页。

② 斯特劳斯：《霍布斯的政治哲学》，译林出版社 2001 年版，第 12 页。

③ 霍布斯：《利维坦》，商务印书馆 1997 年版，第 94 页。

束这种自然状态的方法就是在自然法的指导下，通过社会契约构造一个强大的国家。这样，以个人权利开始到以国家权力结束，以个体开始得到一个强大的利维坦的逻辑思路是清晰的①。

到这里为止，霍布斯利用社会契约论的方法巧妙地论证了国家的产生。国家既不是上帝的旨意，也不是社会最大利益者的集合，而是原子式的个人让渡权利签订契约的结果。参与缔结契约是人民的一种自由行为，契约的合法性在于所有参加者的一致同意。人自身的每一个行动都旨在为自己得到某些利益，因而没有任何一个契约，包括社会契约，应当被理解为用作剥夺一个人为自身获取利益的条件而剥夺他的生命以及保证安全的手段②。国家应具有权威，人民的赞同是国家权威的合法性基础。国家也应拥有权力，而一切国家权力都来自人民。诚然国家必须通过统治和强权来维护自己的存在和执行法律，而且统治和强权的对象总是民众，但是除非得到了民众的赞同，否则其统治和强权都是不合法的、都是不正义的。霍布斯之后的几位契约论者都继承和发扬了霍布斯的理论，虽然在具体的自然状态上、逻辑推演上和最终结果上都不尽相同，但基本的思路却是从霍布斯开始奠定的③。

二 巴泽尔的国家起源理论

巴泽尔和霍布斯一样，认为在国家出现之前人类处于“自然状态”。自然状态中的人都是“经济人”，每个人对他的资产具有经济权利，个体追求“个人最大化”，即“不论何时个人觉察到某种行动能增加他们权利的价值，他们就会采取这种行动”④，追求更多的经济权利价值。因此，每个人会利用自己的技能和实力保护自己，攫取他人财富把成本强加给他人获取资产更多的价值，当他们认为从相互合作中能获得资产收益时，他们就会进行相互合作。

巴泽尔认为与攫取他人财富一样，合作也需要把成本强加给他人。与他人合作，签订合作协议就是将成本强加给合作的各方，但实施合作

---

① 周佳峰：《浅析霍布斯的国家起源理论》，《长春理工大学学报》（社会科学版）2010 年第 5 期。

② 斯特劳斯：《政治哲学史》（上），河北人民出版社 1998 年版，第 44 页。

③ 周佳峰：《浅析霍布斯的国家起源理论》，《长春理工大学学报》（社会科学版）2010 年第 5 期。

④ 巴泽尔：《产权的经济分析》，上海三联书店、上海人民出版社 1997 年版，第 9 页。

协议的方法是不同的。根据协议的实施方式人类行为可以分为两类："一是完全不涉及交换的行为（修理自己的汽车，种植自己的蔬菜）、那些涉及自我实施交换的行为以及那些使用非暴力手段来进行第三方实施的行为（教会资助的行为）；二是使用暴力的第三方所实施的行为（由合约规定的交换）"①。这第二类行为是国家产生的源泉，国家就是一个第三方协议实施者，它依赖暴力来实施协议，它拥有专业化的暴力，可以带来专业化的收益，降低协议实施的边际成本，在协议实施中具有比较优势。但人们并不是看到国家具有专业化的优势就会选择这个第三方实施，国家专业化的暴力同样带来了没收人们财产的威胁，要在暴力实施第三方承诺不没收人们的财产时，或者是人们已经建立了集体行动机制来控制暴力实施者没收他们的财产时，人们才会从这种实施中获益，才会选择这个使用暴力的第三方实施，国家才会产生。因此，国家起源于人们通过合作交换获取资产收益过程中实施协议、降低合作交易成本的需要，它是一个依赖暴力实施协议的终极的第三方。

三　马克思的国家起源理论

马克思摘录吸收摩尔根《古代社会》中的合理思想，认为该著作为验证没有国家的"氏族社会"的长期存在"提供了前所未有的事实根据"，从中可以找到国家起源的物质动因和演化过程；批判梅恩《古代法制史讲演录》和拉伯克的《文明的起源和人类的原始状态》中的错误观念，认为国家不是先验存在的而是社会身上的"赘瘤"，并从物质和精神两个层面积极探寻国家从社会中起源的奥秘。马克思逝世后，恩格斯在《家庭、私有制和国家的起源》中对国家起源问题进行了系统化、理论化的阐述。

1877 年，美国学者摩尔根的《古代社会》一书发表，在人类思想和社会科学领域产生了划时代的影响。它不仅探寻了史前社会内部结构的奥秘，而且还揭示了从史前社会到文明社会进化的过程和规律。马克思对摩尔根的这一科学贡献十分重视，他详细摘录了摩尔根《古代社会》一书中所有科学价值的篇章，剔除了书中错误观点和不正确的说法，经过去粗取精、去伪存真，集中了摩尔根著作的精华，并将原书的结构由

① Yoram barzel. "A Theory of the State: Economic Rights, Legal Rights, and the Scope of the State", ambridge: Cambridge University Press, 2002: 21.

生产技术的发展——政治观念的发展——家庭形式的变化和私有制的产生改造为生产技术的发展和家庭形式的变化——私有制和国家的产生，从而以彻底的唯物主义阐明了国家起源于社会内部矛盾运动的观点。

第一，摩尔根的著作为验证没有国家的“氏族社会”的长期存在“提供了前所未有的事实根据”。摩尔根通过史前史的资料证明，史前社会的组织基础是建立在血缘关系之上的氏族，所以他将史前时期的社会形态表征为“氏族社会”。

第二，从摩尔根的著作中可以找到国家从社会内部产生的物质动因。马克思看到摩尔根的《古代社会》一书中对古希腊和古罗马国家的形成过程的考察揭示了从无国家的氏族社会到国家产生的物质动因。这个物质动因便是私有制的产生和对财富的保护的需要。

第三，摩尔根的著作中揭示了氏族管理机构向国家机构的演化过程。氏族社会没有国家和国家机构，但是不等于没有秩序。这一秩序正是依靠由民主选举并可以罢免的酋长和氏族会议等组成简单的管理机构来维持的。马克思从摩尔根的著作中看到，在野蛮时代低级阶段，就产生了掌握民政的部落联盟的酋长会议和与之平列的掌握军务的最高军事酋帅，而后，随着部落联盟的产生，第一次出现了最高军事首长。这是由于出现了几个部落联合作战的情况，所以，开始感到必须有一位指挥联合部队行动的总司令。在马克思看来，这个最初“由于社会在军事上的需要”而设立的最高军事首长职位却成了“人类历史上一个不可避免的不幸的大事”。

马克思对摩尔根《古代社会》一书的摘要和批语，写出了著名的《家庭、私有制和国家的起源》一书。恩格斯在这部著作中用唯物史观系统论述了人类早期社会发展的历史，对摩尔根关于从氏族到国家更替的材料补充以经济内容，科学地证明了国家产生的原因和阶级本质。

第一，明确提出国家的产生是社会内部两种生产发展的结果。马克思在创立唯物史的书稿《德意志意识形态》和批判资本主义的著作《资本论》中都对人类自身生产和物质资料生产有所涉及，但由于客观材料的限制，他更多地关注了物质资料生产，而对人类自身生产也是从物质资料再生产的需要来考察的。恩格斯根据马克思留下的笔记对国家的产生根源于社会两种生产的观点作了明确阐述，他在《家庭、私有制和国家的起源》的第一版序言中指出，“根据唯物主义观点，历史中的决定性因素，归根结底是直接生活的生产和再生产。但生产本身又有两种。一方面是生活资料即食物、衣服、住房以及为此所需的工具的生产；另一方面是人类自身的生产，即种的繁衍。一定历史时代和一定地区内的人们生活于其下的社会制度，受着两种生产的制约：一方面受劳动的发展阶段的制约；另一方面受家庭的发展阶段的制约。劳动越不发展，劳动产品的数量，从而社会的财富越受限制，社会制度就越在较大程度上受血族关系的支配”。也就是说，在人类社会发展的早期阶段，社会生产力水平极端低下，血缘关系对于社会制度具有决定作用，然而随着生产力的发展，私有制、交换、财产差别以及阶级等新的社会成分应运而生，当它们“在几个时代中竭力使旧的社会制度适应新的条件，直到两者的不相容性最后导致一个彻底的变革”时，“以血族团体为基础的旧社会，由于新形成的各阶级的冲突而被炸毁；代之而起的是组成为国家的新社会，而国家的基层单位已经不是血族团体，而是地区团体了”①。恩格斯关于人类社会发展始于两种生产并受两种生产制约的论述旨在说明国家并不是从外部强加给社会的一种力量，国家的产生是社会内部两种生产发展的结果。

第二，精辟论述了国家是阶级矛盾不可调和的产物观点。马克思在对摩尔根的《古代社会》摘录的笔记中就注意到了国家是基于财产差别和阶级分化的材料。在《家庭、私有制和国家的起源》一书中，恩格斯根据马克思所作的大量的古代社会史笔记，系统考察了国家起源的阶级基础。他认为，氏族社会的共同利益，使人类能够在没有国家公共权力的条件下也能维持一定的秩序和稳定，从而维持人类的生存和发展。然而，随着社会分工的发展和氏族社会内部私有制、商品、货币等新经济生活条件的出现，社会“必然分裂为自由民和奴隶、进行剥削的富人和被剥削的穷人”，逐渐分化为两大利益相互冲突与对立的阶级——剥削阶级与被剥削阶级。由于这两大阶级的利益是根本对立和直接对抗的，因而它们之间的对立和冲突一直威胁着社会秩序和稳定，而此时的氏族社会“不仅再也不能调和这种对立，反而必然使这种对立尖锐化”，为了防止这些阶级相互间连续不断的公开斗争使社会秩序陷入混乱而让整个人类陷入生存的困境，就需要出现“第三种力量”的统治，“这第三种力量似乎站在相互斗争着的各阶级之上，压制它们的公开的冲突，顶多容许

① 《马克思恩格斯选集》（第4卷），人民出版社1995年版，第2页。

阶级斗争在经济领域内以所谓合法形式决出结果来。”这意味着，“氏族制度已经过时了。它被分工及其后果即社会分裂为阶级所炸毁。它被国家代替了”①。紧接着，恩格斯精辟地论述道：“国家绝不是从外部强加于社会的一种力量。国家也不像黑格尔所断言的是‘伦理观念的现实’，‘理性的形象和现实’。确切地说，国家是社会在一定发展阶段上的产物；国家是承认：这个社会陷入了不可解决的自我矛盾，分裂为不可调和的对立面而又无力摆脱这些对立面。而为了使这些对立面，这些经济利益互相冲突的阶级，不致在无谓的斗争中把自己和社会消灭，就需要有一种表面上凌驾于社会之上的力量，这种力量应当缓和冲突，把冲突保持在‘秩序’的范围以内；这种从社会中产生但又自居于社会之上并且日益同社会相异化的力量，就是国家”②。

第三，国家的产生是氏族机关蜕化为社会的异化物的结果。恩格斯以雅典国家这一“最纯粹、最典型的形式”为研究对象，考察了氏族机关从自己保卫自己的真正的武装的人民蜕变为用来反对人民的、武装的“公共权力”的过程。在他看来，随着世袭王权和世袭贵族的基础奠定下来，“氏族制度的机关就逐渐脱离了自己在民族中，在氏族、胞族和部落中的根子，而整个氏族制度就转化为自己的对立物：它从一个自由处理自己事务的部落组织转变为掠夺和压迫邻近部落的组织，而它的各机关也相应地从人民意志的工具转变为旨在反对自己人民的一个独立的统治和压迫机关了”③。国家作为一种特殊的公共权力，其特殊性就在于它“已经不再直接就是自己组织为武装力量”，而是“贵族的、用来对付奴隶的公共权力”。因此，“构成这种权力的，不仅有武装的人”，如军队、宪兵和警察，“而且还有物质的附属物，如监狱和各种强制措施”，而“这些东西都是以前的氏族社会所没有的”④。紧接着，恩格斯从公众与官员的关系中分析了国家与社会的异化关系。在他看来，为了维持国家这种公共权力，公民需要缴纳“氏族社会完全没有”的捐税和认购公债，而掌握公共权力和征税权的官吏“就作为社会机关而凌驾于社会之上”。这样，“从前人们对于氏族制度的机关的那种自由的、自愿的尊重，即使

① 《马克思恩格斯选集》（第4卷），人民出版社1995年版，第169页。
② 《马克思恩格斯选集》（第4卷），人民出版社1995年版，第170页。
③ 《恩格斯选集》（第4卷），人民出版社1995年版，第165页。
④ 《恩格斯选集》（第4卷），人民出版社1995年版，第171页。

他们能够获得，也不能使他们满足了；他们作为同社会相异化的力量的代表，必须用特别的法律来取得尊敬，凭借这种法律，他们享有了特殊神圣和不可侵犯的地位”。国家的这种社会异化性首先表现在它是“最强大的、在经济上占统治地位的阶级”镇压和剥削被压迫阶级的手段，它假借“公共”的名义为统治阶级谋取利益。更有甚者，当“互相斗争的各阶级达到了这样势均力敌的地步，以致国家权力作为表面上的调停人而暂时获得了对于两个阶级的某种独立性”，国家就利用这种对抗性的均衡为自己谋取私利，如法兰西第一帝国特别是第二帝国的波拿巴主义“唆使无产阶级去反对资产阶级，又唆使资产阶级来反对无产阶级”，俾斯麦民族的新德意志帝国让“资本家和工人彼此保持平衡，并为了衰落的普鲁士土容克的利益而遭受同等的欺骗”①。也就是说，这时的国家既不代表被统治阶级的利益，也不代表统治阶级的利益了，而只是成为掌握国家权力的权贵谋取私利的工具罢了，从而使国家与社会的异化达到了登峰造极的程度②。

四 诺斯的国家起源理论

虽然有各种各样的国家起源理论，但在诺斯看来，主要有两种：一是契约论，二是掠夺论（或剥削论）。契约论认为，国家是公民达成契约的结果，它要为公民服务。近年来，由于新古典经济学家在逻辑上拓展了交换定理，认为国家在其中起着使社会福利最大化的作用，因而使这一理论得以复兴。掠夺论或剥削论则认为，国家是掠夺或剥削的产物，是统治者掠夺或剥削被统治者的工具。“这一观点认为国家是某一集团或阶级的代理者，它的作用是代表该集团或阶级的利益向其他集团或阶级的成员榨取收入。掠夺性国家将界定一套产权，使权力集团的收益最大化而无视它对社会整体福利的影响”③。显然，上述两种理论所说的国家都能在历史与现实中找到佐证，但它们均不能涵盖历史和现实中的所有国家形式，因而不具有一般性、普遍性。诺斯指出，契约论可以解释为什么国家提供一个经济的使用资源的框架，从而促进福利的增加。然而，

---

① 《恩格斯选集》（第4卷），人民出版社1995年版，第172页。

② 郭强：《马克思恩格斯晚年国家起源思想的发展理路——从〈摩尔根《古代社会》一书摘要〉到〈家庭、私有制和国家的起源〉》，《燕山大学学报》（哲学社会科学版）2011年第3期。

③ 道格拉斯·C. 诺斯：《经济史中的结构与变迁》，上海三联书店、上海人民出版社1994年版，第22页。

国家作为每一个契约的第三者，又是强制力的最终来源，它成为控制其决策权而争斗的战场。各方都希望能按有利于自己集团的方式再分配福利和收入。因此，“尽管契约论解释了最初签订契约的得利，但未说明不同利益成员其后的最大化行为，而掠夺论忽略了契约最初签订的得利而着眼于掌握国家控制权的人从其选民中榨取租金。”所以这“两种理论都是不全面的”①。从理论推演的角度看，国家带有契约和掠夺的双重属性。因而，诺斯倡导国家起源的“暴力潜能”分配论。“正是‘暴力潜能’分配论使两者（契约论和掠夺论）统一起来”②。若暴力潜能在公民之间进行平等分配，便产生契约性国家；若这样的分配是不平等的，便产生了掠夺性（或剥削性）国家，由此出现统治者和被统治者，即掠夺者（或剥削者）和被掠夺者（或被剥削者）。

在“暴力潜能”分配论的导引下，诺斯认为国家可视为在暴力方面具有比较优势的组织。在这样一个组织中，统治者也是一个具有福利或效用最大化行为的经济人。他们既面临着生存和发展的问题，也面临着潜在竞争对手，他们与选民是一种交换关系。这样一个具有福利或者效用最大化的统治者的国家具有三个基本特征：①国家为获取收入以一组服务—保护与公正—作交换。由于提供这些服务存在着规模经济，因而作为一个专门从事这些服务的组织，它的社会总收入要高于每一个社会个体自己保护自己拥有的产权的收入。②国家试图像一个带有歧视性的垄断者那样活动，为使国家收入最大化，它将选民分为各个集团，并为每个集团设计产权。③由于总是存在提供同样服务的潜在竞争对手，国家受制于其选民的机会成本。它的对手是其他国家，以及现存政治—经济单位中可能成为潜在统治者的个人，因而，统治者垄断权力的程度是各个不同选民集团替代度的函数。这三个基本特征构成了新制度经济学分析国家行为及其变迁的基础，并在此基础上解释了无效率产权的产生。

---

① 道格拉斯·C. 诺斯：《经济史中的结构与变迁》，上海三联书店、上海人民出版社 1994 年版，第 22 页。

② 道格拉斯·C. 诺斯：《经济史中的结构与变迁》，上海三联书店、上海人民出版社 1994 年版，第 22 页。

第三节　国家与制度变迁理论

一　国家模型

一般地，微观经济主体都希望提供可以促进经济增长和充分利用先进技术的各种特定可利用的资产，这种愿望直接依赖于社会各种规则结构，例如获得相对廉洁且公正的第三方仲裁，而往往只有国家才能提供此种服务。因此，国家的存在是经济增长的关键。另外，国家并不一定能提供促使经济接近于技术生产边界的服务（适宜的产权结构），在这种情况下，国家的存在又是导致经济衰退的根源。诺斯的国家理论对国家的这种作用进行了解释，思拉恩·埃拉特森归纳了这一理论的规范模型。

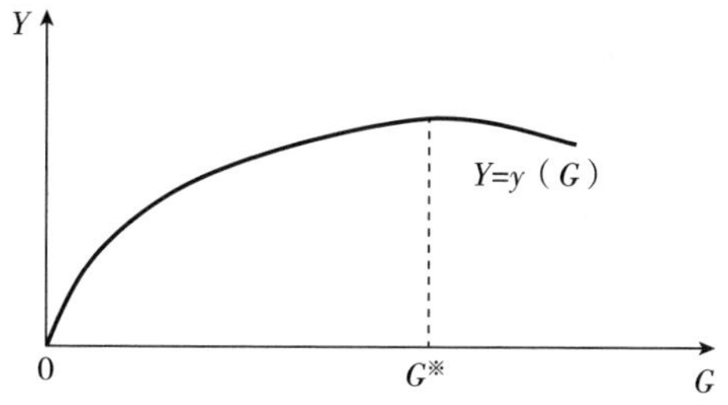

图 18-1　国民收入是公共部门就业水平的函数

假设在某种经济中生产一种复合产品 Y，它由私人企业提供。劳动力 L 和固定资本存量 K 是仅有的投入。投入产出关系是传统的生产函数 $f(L, K)$。产出 Y 可以被第三个投入要素所提高，这一投入即为公共秩序 PL 由产权体系所提供的服务了。只有国家能有效地提供公共秩序，并且政府工作人员正是唯一被使用的投入品（公共秩序的生产函数为 PLG），一个社会由国家提供公共秩序，其总生产函数可表述为：

$$Y=f(L, K)P(G) \tag{18-1}$$

假设同质劳动力的供给为 H，H 是一个常量，且人们只在公共部门或私人部门工作，这样有：

$$H=L+G \tag{18-2}$$

因为劳动力供给是一个常量 H，具有 $G=H-L$，所以式（18-2）式可改写为：

$$Y=y(G) \tag{18-3}$$

图 18-1 描绘了 Y 与 G 之间的关系。该图显示公共部门的扩张在最初使 Y 增加，然后又下降。当公共部门就业水平为 G^* 时，即公共部门和私人部门劳动的边际收益相等时，产出 Y 最大。

在图 18-1 中，G 的水平将由一个公共目标来决定，假定该目标包括在社会共有收入最大化这一目标之内。完成这一目标要求 $G=G^*$。但国家必须征税用以去付公共部门工作人员（G^* 工作小时）的工费（该部门的产出是公共产品，不可市场化）。假定国家对一切收入征收一个比例税 t，则政府税收为 tee。这样，最优化要求既要寻找 G^*，又要寻找相应的税率 t^*，该税率 t^* 恰好能使政府偿付其工资账单。假设劳动力市场是竞争的，它使公共部门和私人部门的工资相等，即 $W_G=W_L$。图 18-2 表明，在 $t=t^*$ 时一个契约型国家的税收函数和财政支出函数。

作为国家，它既垄断暴力又垄断公共服务的供给，并且充当一个具有歧视性的垄断者角色。国家与公民之间有长期契约关系，它规定公共服务与税收之间的交换条件。国家给这种服务定价的能力受其垄断权力大小的限制，国家提高垄断利润的能力被三个因素所制约：一是来自国内国外的潜在竞争对手，即取决于统治者被替代的可能程度。二是国家代理人的投机倾向，而国家又不得不雇用他们来提供公共服务和收税。三是涉及各种变量成本，特别是变量税基的成本。在上述三个约束条件下，国家使自己的福利最大化，在谋求自身利益最大化时要受到生存问题、代理问题及变量成本的约束，因而它们采用的征税方法和建立起来的产权体系就有可能使经济远离它的技术生产边界。

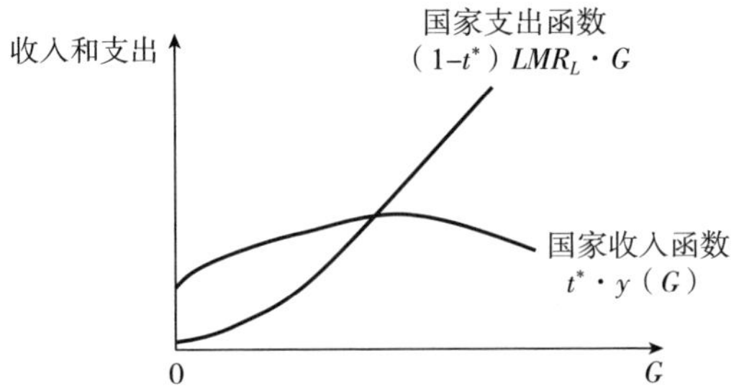

图 18-2　契约国家均衡的公共就业

假定国家有征税权但不能控制税率，t 作为外生变量被置为 t_0，t 固定于 t_0 意味着公共部门的就业人数是国家唯一能控制的变量，在图 18-3 中，国家寻求其福利最大化是通过选择一个公共部门总就业水平 G_R 来实现的，而 G_R 使收益超过支出，即政府所得剩余最大化。这里的"支出"是指公共部门的净工资。在图 18-3 中剩余最大化即寻找一个 G_R 以便使税收函数和支出函数之间的垂直距离最大。从前面的分析并结合图 18-3 可知：

第一，G_R 一般在 G^* 的左侧，而 G^* 对应于国家和收入最大化的产出 y^*，即 r_{ye} 总是小于 y^*。

第二，较高的 t_0 提高收益函数值，降低支出函数值；相反，较低的 t_0 值降低了收益函数值而提高了支出函数值；但国家的公共部门的最优规模 G_R 将永远不会与使国民收入最大化的 G^* 一致。

第三，国家向经济提供公共服务不足。从 G_R 向 G^* 的移动会趋向帕累托改进。国民收入最大化可以通过改变税收规则来实现，例如，国家的收入不是来自征收剩余税，而是征收定额税和收入比例税，这一变化既能增加国家税收，同时又能提高居民的税后收入。但是，这种调整常常会因变量成本、契约成本和强权政治等原因而不能进行。

第四，如果国家不能充分控制它的代理人—公共部门的工作人员。那么，政府雇员扩充失控会耗掉全部税收，在图 18-3 中，这一定是 G_B，此时，国家向社会提供过多的公共服务。从而使 $b_y<y^*$。

从我们的分析中可以看出，国家模型具有以下三个特征：

第一，国家为取得收入，以一组被称为"保护"与"公正"的服务作为交换。由于提供这些服务存在规模经济，因此作为一个专门俗语中这些服务的国家，它的社会总收入要高于每一个社会个体自己保护自己拥有的产权的收入。换言之，国家为选民提供"保护"与"公正"，选民交纳税收维持国家正常运转。

第二，国家为使收入最大化而为每一个不同的集团设定了不同的产权。在这里，国家实际上是一个"带有歧视性的垄断者"。

第三，面临其他国家或潜在统治者的竞争。在这里，国家不能"高枕无忧"，因为它面临着强有力的外在竞争压力。

二　诺斯悖论

国家提供的公共服务是博弈的基本规则，其基本目标有两个：一是界定形成产权结构的竞争与合作的基本规则，使自己的税收或租金最大

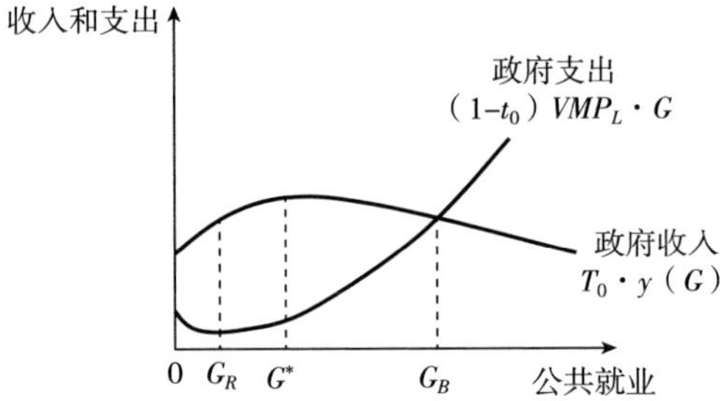

图 18−3　当税率为外生时，不能确定使国民收入最大化

化；二是在前一个目标的框架中降低交易成本以使社会产出最大化从而增加税收。进一步讲，没有国家权力及其代理人的介入，财产权利就无法得到有效界定、保护和实施，因此，国家权力就构成了有效产权安排和经济发展的一个必要条件。由此看来，没有国家就没有产权。没有国家就办不成事正是从这个意义上说的。国家的存在是经济增长的关键。另一方面，国家权力介入产权安排和产权交易，又是对个人财产权利的限制和侵害。因为国家权力不仅是有扩张的性质，而且其扩张总是依靠侵蚀个人权利实现的，在国家的侵权面前，个人是无能为力的，这必然导致产权残缺，形成无效的产权，致使经济衰落，因此，有了国家又会有很多麻烦。国家是人为经济衰退的根源。这便是有名的诺斯悖论。

第四节　地方政府与制度变迁

地方政府在制度变迁中究竟起什么样的作用？对地方政府在制度变迁中的作用，从新中国制度变迁的实践来讲，人们提出并验证了哪些假说，要对这些问题有一个清楚的认识，我们必须清楚国家究竟在制度变迁中起了哪些作用？

一　主体角色转换假说

制度变迁主体角色转换假说是黄少安最先提出的①，在简介主体转换

① 黄少安：《制度变迁主体角色转换假说及其对中国制度变革的解释》，《经济研究》1999年第1期。

之前，我们必须搞清楚角色定位的含义，这里的角色定位包括以下几层含义：一是不同主体持哪些不同态度（指内心的真实的态度）；二是采取哪些不同行为：三是所处地位有哪些不同；四是作用方向，大小有什么不同；五是不同主体之间相互关系的定位：是同盟或协作，领导或跟随，还是对抗等。在现实生活中，针对特定制度改革，在特时点上或时期内，因为以上五个方面的不同，社会成员可能分为以下几个部分：赞成并参与者；赞成却不参与者，即观望者；不赞成、不反对也不参与者，即中立者；反对、阻挠者。

如果我们动态地观察制度变迁和制度变迁主体，就会发现不同主体的角色是变化的或可转换的。角色转换就是指相关主体对制度变迁的态度以及在变迁中的作用、地位、行为等方面，在原有基础上发生了变化，或者变迁主体的改变。包括一些主体的消亡和新主体的产生。主体角色转换包括以下几层含义：一是特定主体针对特定制度变迁的不同阶段，态度发生改变；二是行为发生改变；三是地位发生改变；四是作用方向和大小改变；五是不同主体相互间的关系定位，随着改革进程的变化，在不同阶段有所变化；六是随着改革进程的变化，一些主体消亡，另一些主体产生。如果制度变迁的时期越长，实施范围越大，不同主体角色转换的可能性越大，一些主体的态度、行为等，可以从一个极端走上另一个极端。

影响制度变迁主体角色转换的根本因素是制度因素，利益决定了不同主体“需要做什么，想做什么”。需要说明的是，利益虽然是决定不同主体角色的重要因素，但并非唯一因素。一个主体实际扮演的角色并不完全取决于“想和需要”，还取决于“可能”。在利益一定的前提下，影响制度变迁中角色转换的因素主要有不同主体的实力、身份、影响专用性等。这里的“影响专用性”是指特定主体的影响力的特殊性——特殊的作用空间、特殊的作用方式、特殊的效用。例如，某个主体特别适合于在变革的某一方面或某一场合发挥作用，则其影响一定有专用性。

既然影响制度变迁主体角色转换的主要因素是利益，那么又是什么因素决定了制度变迁对于不同主体的利益？是制度变迁的对象、目标、内容、深度、广度、和方式。动态地看，上述影响因素都不是静止的、不变的。而是动态地变化着的，变量的对象、目标、内容、深度、广度，从而对不同主体的利益形成不同的影响。同时，不同主体的实力、身份、影响专用性，以及意识形态或观念等，都是不断变化的，这些因素的变化必然决定着不同主体的角色转换。

对于特定的制度变迁而言，新制度经济学家把那些既赞成，又在行动上积极参与且担任“主角”的主体，其对制度变迁的“支持程度”或“在变迁过程中的重要程度”定义为最高。坚决反对并在阻挠中充当“主角”的主体，其“支持程度”定义为最低，是负值中的最大者。其他主体介于二者之间，这样，主体角色的转换就转变为“支持程度”的变化。如果用 s 代表支持程度，a 代表制度变迁对主体的损益值，即效用，b 代表制度变迁主体的实力，c 代表制度变迁主体的身份，d 代表制度变迁主体的影响专用性，则有：

$$s=f(a,\ b,\ c,\ d) \qquad (18-4)$$

在式（18-4）中，a 是内生变量，是决定不同主体“支持程度”的主要因素。b、c、d 是外生变量，对支持程度有重要影响。

如果用 e 表示制度变迁的对象，f 表示制度变迁的目标，g 表示制度变迁的任务，h 表示制度变迁的广度，I 表示制度变迁的深度，它们与制度变迁主体利益（损益值）的关系可简化为：

$$u=f(e,\ f,\ g,\ h,\ i)=f(a) \qquad (18-5)$$

式（18-5）表明，制度变迁的对象、目标、任务、广度、深度对于“支持程度” s 来讲是外生的，是通过对制度变迁主体的效用的影响来间接地实现的。

二　制度变迁的三阶段假说

强制性制度变迁与诱致性制度变迁理论并不完全与中国制度变迁的实践相符，因为在前一种制度变迁中遇到一个难以克服障碍的是诺斯悖论，而后者又需要是有相当数量的。具有契约意识和谈判技巧的微观经济主体，而这一点在改革之初或者在改革的一定阶段还是相当缺乏的。值得注意的是我国的市场化改革并不因此停止，而是在一步一步地深入推进，但是，如何理解我国的制度变迁实践？杨瑞龙对此进行了研究，并提出了制度变迁的三阶段假说[①][②]。为了分析问题的方便，在简介制度变迁的三个阶段扩散假说前先作如下规定：第一，用 I 表示制度变迁过程

---

① 杨瑞龙：《我国制度变迁方式转换的三阶段论——兼论地方政府制度创新行为》，《经济研究》1998 年第 1 期。

② 杨瑞龙、杨其静：《阶梯式的渐进制度变迁模型》，《经济研究》2000 年第 3 期。

中第Ⅰ阶段市场经济化水平。在0到1的开区间上取值，$\lambda=0$ 和 $\lambda=1$ 分别表示计划经济和市场经济，这样，制度变迁就可以描述为 λ 从0到1的过程。第二，微观主体、地方政府和中央政府都是风险中性者；第三，微观主体知识，市场的好处，并假设地方政府和官员相对于中央政府的治国者来说具有对市场制度绩效方面的知识优势。

在杨瑞龙等看来，制度变迁的第一阶段是中央政府供给主导性制度变迁，这类似于林毅夫所讲的强制性制度变迁。在这一阶段，中央政府是整个改革方案的设计者和实施者，扮演着制度创新第一行动集团功能，微观主体只是新制度的接受者，地方政府仅仅在创新中起到上通下达的作用。在改革进入 λ_1 阶段后，虽然 λ_1 使中央治国者的效用水平有所提高，但这并非是理性化的中央治国者的最优解。为了提高自己的效用水平，又不降低因不确性带来的风险，此时，供给主导性制度变迁的可取方式就是试点改革。所谓试点改革，是指中央政府授权个别地方政府或部门进行市场化改革的试验、试点。在授权改革过程中，地方政府其官员的好处在于：一是消除了市场化改革的政治风险：二是独享市场化改革带来的本地区制度性经济增长的好处。但是地方政府的市场化改革又受到中央政府的“授权约束”，不过，为了获得自身利益的最大化，地方政府及其官员必然将中央政府授权的制度创新空间用到极限。在以授权试点改革为特征的主导型制度变迁方式下，中央政府是制度创新的第一行动集团，地方政府及官员是推动制度变迁的第二行动集团。该种供给主导型制度变迁的优点是市场化改革的风险小，成本低，但形式单一，领域狭窄，地方政府和微观主体的制度创新能力受到约束，难以完成向市场经济体制的过渡。

制度变迁的第二个阶段是中间扩散型制度变迁。对于众多的地方政府来讲，供给主导型制度变迁并不能满足其对最大化目标的追逐。因为供给主导性制度变迁使各个地方事实上处于不公平竞争状态，改革试点的获得取决于各地方政府与中央政治的博弈力量（如谈判能力、技巧等），这使决策过程不透明、不民主，事前的试点进入权的竞争结果具有不确定性，其是使没有获得试点权的地方政府及官员在政治竞争中处于不利地位。另外，制度创新的费用、时机等由中央政府决定，试点地方政府依赖于中央政府，缺乏充分的自主权，因此，不少试点地方政府有意突破授权改革的约束。

大家知道，中央政府先后实行了“分灶吃饭”和“家税地税分离”的财税体制改革，使地方政府的事权和财权不再是一个很小的数。同时，地方经济实力的增强也使地方政府有能力承担制度创新的成本，具备了发动自主制度创新的内在动机和物质基础。但是地方政府的制度创新还受到中央政府的追认约束。随着改革的深入，I 值的增大，中央政府意识到改革的政治风险不断下降，地方政府预期自主进行制度创新将被中央政府追认的概率会不断上升。此时，只要 I 足够大，地方政府就会逐步摆脱授权试点改革的约束，竞相展开多种多样的制度创新，且在效用最大化的驱动下会把制度创新的空间用到极限。同时，中央政府发现追认地方政府自主的制度创新不仅没有降低自己的效用水平，而且增加了自己的效用。这样，中央政府在制度变迁中的角色就由主要是制度供给转变为对地方政府进行的自主制度创新所进行的“事后追认”。在制度变迁的中间扩散型阶段，地方政府不再是一个上通下达的执行者，而是具有不同于中央政府的相对独立的目标，并认识到地方政府的效用最大化只能通过本地区经济发展来体现。而在市场化改革过程中能否不失时机地进行市场化改革是实现本地区经济增长的关键。当地方政府积极进行制度创新，提高本地区经济实力，并实现效用最大化时，地方政府的官员实际上就成了“政治企业家”，政治企业家阶层的兴起并成为制度变迁的第一行动集团，标志着制度变迁由供给主导型进入中间扩散型。

制度变迁的第三个阶段是需求诱致型制度变迁，从前面的分析中可以看出，地方政府在制度变迁中起到了中间扩散新制度的功能，这将产生双重效应：一是由优先进入权带来的垄断租金将诱发地方政府的寻租活动；二是制度随着排他性产权的确定，地方政府和微观主体分享的剩余同时增加。一方面，一旦企业获得了较多的产权，就不再希望政府干预自己的经营活动。另一方面，虽然地方政府是有控制企业的动机，但随着排他性产权的确定，政府控制企业的成本不断上升。此时，对于地方政府来讲，采取“无为而治”的策略既能增强企业活力，又能使自己从中得到更多的收益。这样从效用最大化原则出发，地方政府会约束自己不合理的行政干预，从而使微观主体成为制度创新的主体。当微观主体成为制度变迁的“第一行为集团”时，制度变迁就由中间扩散型向需求诱致型转化，即“个人或一群人在给定的约束下，为确定预期能导致自身利益最大化的制度安排和权利界定而自发组织实施制度创新”①。

三　政府以行政手段推进市场化进程假说

所谓政府以行政手段推进市场化进程，是指政府以非市场的行政力量培育与发展市场放弃对社会经济的全面管制，逐步扩大市场自主决策的比例，推动整个社会向市场经济体制前进。以行政手段推进市场化进程，将比市场经济的自然形成成本更低、时间更短、收益更大。从整个社会制度变迁的角度看，在一定限度内政府的行政力量推动市场化进程也是有效率的，因为它确实能提高制度改革的规模效益，节省改革成本，缩短改革进程。政府以非市场化手段推动市场化进程之所以成为必要，其原因在于：一是转轨国家在计划体制下形成了国家对经济的深度干预，各级政府手中掌握着大量的管理和直接运行经济的权力和能力；二是从计划经济向市场的过渡是一个基础性的制度变迁，这个过程需要国家的参与；三是能够以行政力量对抗行政力量对市场化进程的阻挠；四是在我国及儒家文化圈中具有推崇国家力量的传统。政府以行政手段推动市场化进程，不仅是有必要性，而且具有内在的合理性：一是政府的行政力量并不天然是市场化的阻碍力量；二是与其他社会主体相比，转轨国家的政府拥有相对较多的资源和力量；三是市场化改革能满足政府的目标函数，二者是有一致性的。政府在政治上的目标函数是社会支持最大化，在经济上则是财政收入的最大化。这两个目标既相互支持又相互冲突，通过发展经济，政府既可以获得社会支持最大化，又可以实现财政收入最大化②。

---

① 杨瑞龙：《我国制度变迁方式转换的三阶段论——兼论地方政府制度创新行为》，《经济研究》1998 年第 1 期。

② 黄少安：《关于制度变迁的三个假说及其验证》，《中国社会科学》2000 年第 4 期。

第十九章　契约选择[①]

市场经济中是一种以交易为核心的经济，作为交易，任何交易都必须以某种契约为媒介进行，虽然这种契约可能是公开的，也可能是隐性的。因此，从某种程度上讲，市场经济就是契约经济。

第一节　契约的内涵、特征及作用

契约是一个涉及多学科、多领域的概念，我们力图从多学科的视角对契约的内涵进行梳理，对契约的特征、演化及作用进行探讨，为后续研究奠定基础。

一　契约的内涵

（一）法律视域的契约

不仅不同学科对契约内涵的理解不一样，即使在法律视域，对契约的理解也是不一样的，归纳起来，主要是从协议、承诺（允诺）、交易三个方面对契约进行理解。不同学者在进行具体的理解和定义时又有较大差别，但综合起来看，主要有规定性的契约定义、和描述性的契约定义和记述性的契约定义。规定性的契约定义是指按照作者的运用目的或者意图，来确定其契约定义中的每个专有名词或者概念的含义；对于描述性的契约定义而言，更多的是致力于描述其他人的定义方式，展现契约概念本身的基本结构；记述性的契约定义，更多的是在描述某一特定词语或者概念在特定时期、特定地点、被特定的人所使用的具体含义。

第一，协议视角下的契约定义。契约又称为合同、合约或者协议。

---

① 洪名勇：《农地流转契约选择及口头契约自我履约机制研究》，中国财政经济出版社2017年版。

英文为 contract、compact or covenant。在《牛津法律大辞典》中，契约是指两人或者多人之间为在相互间设定合法义务而达成的具有法律强制力的协议[①]。《拿破仑法典》第三章第一节《通则》中，将契约定义为一种合意，依此合意，一人或数人对于其他人或数人负担给付、作为或不作为的债务；当签约双方是相互负有债务时，这种契约为双务契约；如果不是双方互有债务，而只是其中一方对另一方负有债务时，这种契约称为单务契约[②]。

按照《现代汉语词典》的解释，契约是依照法律订立的正式的证明，“出卖、抵押、租赁等关系的文书”[③]。1932 年美国律师学会在《合同法重述》中所下的定义是：契约是“一个诺言或一系列诺言，法律对违反这种诺言给予救济，或者在某种情况下，认为履行这种诺言乃是一种义务”。从法理上看，契约是指个人可以通过自由订立协议而为自己创设权利、义务和社会地位的一种社会协议形式。契约的观念早在古罗马时期就已经产生，罗马法最早概括和反映了契约自由的原则。

第二，承诺（允诺）视角下的契约定义。弗里德在《契约即允诺》这本书中认为契约的生命就是允诺原则，允诺原则“是指之前没有任何义务存在的前提下人们可以为自己设定义务的原则”[④]。那么，允诺是什么？“允诺是一种沟通”[⑤]；一般地，这种沟通可能是口头的。允诺未被信守和撒谎都会给对方造成伤害，这两种情况都滥用了信任，但两者又有所区别，对于撒谎者而言，在谎言出口的时候就意味着会给对方造成了伤害；作出允诺，则是保证一个将来的行为会按照充诺去做。而允诺之后，没有按照诺言实现允诺，可能不是故意的。因此，两是有较大区别的。

《法律重述》（第二版）说：“所谓契约，就是一个或一组承诺……法律对于契约的不履行给予救济，或者在一定的意义上承认契约的履行为一种义务”，这个定义不是事实上的契约定义，而是法律上的契约定

① David M. Walker，“The Oxford Companion to Law”，Oxford University Prees. 1980.

② 《拿破仑法典》，商务印书馆 1996 年版，第 148 页。

③ 中国社会科学研究院语言研究所词典编辑室：《现代汉语词典》（修订本），商务印书馆 2000 年版，第 1005 页。

④ 弗里德：《契约即允诺》，北京大学出版社 2006 年版，第 1 页。

⑤ 弗里德：《契约即允诺》，北京大学出版社 2006 年版，第 1 页。

义。根据这个定义，任何关系，不论包含了怎样多的交换，只要不具有法律给予救济或被法律承认为义务的可能性，就不是契约。事实上，在现实生活中，可能还存在许多交换关系，但这些交换关系并不一定存在救济，尤其是市场经济条件的很多交换可能都没有救济。可见，这种定义是需要我们认真思考的，也是有问题的。以法律为取向的契约的定义把一些特定的关系排斥在外，而且这种定义产生另一个重要后果是使人们产生有偏见的认知，认为除在法律领域之外是没有契约的。事实上，法律可能是契约的重要内容，但契约所包含的内容远远超过了法律，而是要比法律广泛得多。另外，仅将契约理解为一个承诺也是有问题的。《法律重述》将它界定为“以某种特定的方式作为或不作为的意思表示，通过这种表示，使受诺人相信已作出了一项允诺”①。承诺的观念意味着确信人类的意志力能影响未来，确信一个人现在能够影响未来。在麦克尼尔看来，交易中的承诺包括五个方面的内容：一是承诺人的意志，二是受诺人的意志，三是为限制未来的选择采取的现时行为，四是交流，五是可度量的互惠性。

虽然从承诺这一视角来理解契约有一定意义，但还是存在许多问题。其中一个重要原因在于，“承诺总是不完整的”②，承诺之所以是不完整的，其原因在于：一是人的大脑在同一时间里只能集中在有限的几件事情上，事实上，从效率上考虑，一个人实际注意的事比他能够注意的还要少，这样，承诺就只能是全部情况中的一部分。这就是西蒙所讲的有限理性的约束，个人对于未来的信息量总是不全面的，所以承诺无论多么完满，都只有根据它的背景才能理解。二是承诺转换是有成本的，这使承诺只能是契约的一个片段。承诺要能够实施，首先需要转换成交流的信号，这种转换需要付出努力，努力就是一种代价。或者说，承诺转换是有成本的，这样，使并非所有能够转换成承诺的事实际上都成了承诺。正是基于此，麦克尼尔才说：“承诺不可避免的只是契约关系的片

---

① 麦克尼尔：《新社会契约论——关于现代契约关系的探讨》，中国政法大学出版社 1994 年版，第 5 页。

② 麦克尼尔：《新社会契约论——关于现代契约关系的探讨》，中国政法大学出版社 1994 年版，第 8 页。

断，甚至只是交易的片断”[①]。另外，发出承诺者与接受承诺者的承诺不能很好契合，使从承诺视角来理解契约受到一定限制，或者说使承诺不能发挥应有的作用。既然是承诺，说意味着存在承诺的发出者与接受者。这个承诺要能够真正发挥作用，其前提是承诺的发出者与接受者对承诺的理解完全一致。但由于承诺转换的成本以及个人理解之间的差异，使发出的承诺与接受的承诺是不可能完全一致的。这样，使每一个承诺都是两个承诺，即发出者的承诺和接受者的承诺。这使承诺的发出者和承诺的接受者在对承诺理解上总会存在或大或小的差别，这种理解上的差异，使承诺的顺利实施存在一定障碍。

第三，交易视角下的契约定义。所谓契约，不过是有关规划将来交换的过程的当事人之间的各种关系。一种选择意识以及对未来的认识，通常促使人们为未来进行活动制订计划。当这些行动和计划关系到交换时，这种交换就被规划到以后了。这就是说，某些交换的因素，不是立即发生，而是要到将来才发生。这种规划，或更确切地说，这种规划发生时人们之间的关系，就是我所指的契约[②]。根据麦克尼尔的观点，契约是规划未来交易的一种机制。持续的契约关系的存在造成了这样一种期待：未来的交换将会发生，并通过现存关系的动力以部分可预见的模式发生[③]。在市场经济条件下，每个人都有自己的目标，这种目标可能是利益目标，或者是非利益目标。由于专业化与分工的存在，个人要达到自己的目标，就需要与其他人进行合作。而合作的有效途径之一就是交易，对此，弗里德在《契约即允诺》中写道：“你想达到 A 目的而我想达到 B 目的。没有合作，我们都不可能成功。所以，我想要约束我自己去帮你达到 A 目的，这样你也会约束你自己帮我达到 B 目的”[④]。如果交易双方可以通过实时交易达到的目标或者完成的行动，就不需要契约来约束双方的行为。问题在于，交易双方实现自己的目标是有时间差的，而且在不少场合，交易中的每一方实现自己的目标也是需要较长时间的。这样，

---

① 麦克尼尔：《新社会契约论——关于现代契约关系的探讨》，中国政法大学出版社 1994 年版，第 8 页。

② 麦克尼尔：《新社会契约论——关于现代契约关系的探讨》，中国政法大学出版社 1994 年版，第 4 页。

③ 麦克尼尔：《新社会契约论——关于现代契约关系的探讨》，中国政法大学出版社 1994 年版，第 7 页。

④ 弗里德：《契约即允诺》，北京大学出版社 2006 版。

由于交易双方与其自身追求目标之间的时间差异，就需要一种契约来对双方的行为进行规范和约束。这样，契约成为一种交易双方可能都选择的一种有效的制度安排。这意味着，在未来一定时期内，如果交易中的甲方需要乙方帮助时，乙方会帮助甲方完成其目标，而在乙需要帮助时，甲方也帮助乙方完成自己的目标。也就是说，甲方的允诺现在就把甲方未来的行动交付在乙方手中，如同乙的答允把乙方未来的行动交付在甲方手中一样。这样，未来的交易就转化为现在的交易。为了完成这个交易，只需要甲、乙双方签订一个契约，用于规范和约束甲、乙双方在未来一定时期的行为。因此，在契约经济学家看来，任何交易都需要由某种形式的契约为媒介，不管这种契约是公开的还是默契的①。交易有多种形式，如货币与诺言的交易、诺言与诺言的交易、商品与诺言的交易、服务与诺言的交易。交易形式虽然是多种式样的，但不管是哪种形式的交易，其交易过程中的共同点是，一方放弃某物以引诱另一放也放弃某物；一边是立约人立下诺言，另一边是受约人通过对价给予回报②。

（二）经济学视域的契约

经济学视域的契约与法律视域的契约概念虽然有一定联系，但由于学科的差别，使这两个学科之间对契约的理解是不一样的。现代契约经济学中的概念，比法律所使用的契约概念更为广泛，内涵要宽泛得多。不仅包括具有法律效力的契约，也包括一些默认契约。现代经济学中的契约概念，实际上是将所有的市场交易（无论是长期的还是短期的、显性的还是隐性的）都看作一种契约关系，并将此作为经济分析的基本要素③。H. 培顿·扬在《个人策略与社会结构——制度的演化》中认为，所谓契约，指的是决策人们相互之间关系的各种条款，契约可以是书面的或者非书面的、显性的或者隐性的④。综合起来看，我们可以将契约定义为契约是交易各方为优化自己的资源配置，实现资源配置的最优化和效应的最大化，为规范交易双方行为而订立的一种协议。这一契约定义

① 伊特韦尔、米尔盖特、纽曼：《新帕尔格雷夫经济学大辞典》（第二卷），经济科学出版社 1996 年版，第 811 页。

② 考特和尤伦：《法和经济学》，上海三联书店、上海人民出版社 1999 年版，第 298 页。

③ 科斯、斯蒂格利茨：《契约经济学》，经济科学出版社 1999 年版，第 3 页。

④ H. 培顿·扬：《个人策略与社会结构——制度的演化》，格致出版社、上海三联书店、上海人民出版社 2004 年版，第 167 页。

包括以下几个方面的含义。

第一，契约存在的前提是交易。交易、契约是制度经济学研究的核心概念之一，对此，康芒斯在《制度经济学》这一著作中指出：我用‘交易’作为经济研究的基本单位。”“交易，不是实际‘交货’那种意义的‘物品交换’。它们是个人与个人之间对物质东西的未来所有权的让与和取得……交易是所有权的转移①。在康芒斯将交易作为经济学的研究对象之后，不少经济学家沿着康芒斯研究路径，一方面不断拓展“交易”的应用范围，另一方面不断深化对“交易”范畴的研究，使交易成为经济学研究的重要对象，而且成为制度经济学的核心概念。科斯在其经典论文《社会成本问题》中认为交易不是物与物的交易，而一种产权或者称为权利的交易。回顾一下经济学家对交易的研究，除新制度经济学家将交易对象定义为权利之外，早于新制度经济学家科斯的马克思也表达了相同的思想，马克思在研究商品交易时，虽然是从“商品”这个细胞切入去分析问题，但马克思显然注意到商品交易的背后还有一个更为重要的商品的权利人，即产权交易。

第二，契约是交易当事人自由选择的结果。交易过程中，不论是从需求主体的视角看，还是从供给主体的视角看，交易对象可能都不少于一个或者说多个，选择什么样的交易对象进行交易，完全是双方自由选择的结果。从契约的视角来看，不仅是交易对象是自由选择的结果，而且契约形式的选择也是自由的，例如，选择书面契约或者口头契约均是双方自由选择的结果，不论是契约内容还是契约条款都是双方自由选择的。

第三，契约是建立交易双方意见一致基础上的。契约的形式是双方经过反复商协的结果，在协商过程中，每一方充分表达了自己的意见，让对方充分理解。只有双方都充分理解对方的意见，并且达成共识，才会形成契约。因此，契约一定是建立在交易双方意见一致的基础之上，如果双方意见不一致就不可能达成契约。

第四，契约主体之间的地位是平等的。契约不是行政命令，不以服从为特征，契约涉及的交易主体之间是平等的。由于交易是自由选择的结果，这决定了契约涉及的交易主体的地位是平等的，没有高低贵贱之

① 康芒斯：《制度经济学》，商务印书馆 1997 年版，第 74 页。

分。因为，如果没有地位上的平等，就不可能有自由交易，就不可能有交易双方意见的自由表达，也就没有自由选择的空间。

第五，契约是一种承诺。契约涉及双方的权利与利益，同时也会涉及自己的责任与义务。从责任与义务的视角来看，契约是签约双方向对方的一种承诺，同时也是自己承担责任的一种表示。这种承诺或者表示可以是明确的，也可能是隐含的；契约以承诺为构成要件，它体现了对对方意见的尊重。值得注意的是，契约中的承诺不是单向的，而是双向的、是相互的。承诺意味着当事人自己未来应该干什么样的事，并且要对自己的行为进行约束，不要损害对方利益。这样，承诺就成为一种约束机制，规范当事人的行为。因此，如果没有承诺这种约束机制，交易要能够获得成功是比较困难的。

二 契约的根源

为什么会存在契约？麦克尼尔认为，契约之所存在，其根源在于：第一，社会，契约的第一个根源“就是社会。社会自始至终都是源头”①。在麦克尼尔看来，要在搞清楚什么是契约，我们必须从社会开始。要理解契约，首先必须理解社会。麦克尼尔认为，没有社会创造的共同需求和爱好，契约是不可想象的；脱离了社会，在完全孤立、追求功利最大化的个人之间的契约不是契约，而是战争；如果没有社会交往过程中的语言，契约是不可能的；没有社会的结构和稳定，仅从字面上看，契约也是不可思议的，这就像远离社会的人不可思议一样。因此，“契约的基本根源，它的基础，是社会。没有社会，契约过去不会出现，将来也不会出现”②。

第二，劳动的专业化和交换。一方面，专业化和分工提高了生产效率，促进了经济发展。另一方面，专业化和分工另一种结果又促进交换的发展。专业化要能够提高效率，必须以满足有关主体对商品多样化的需求，而专业化使某一特定的个人仅有某种技能、某企业仅仅生产某种产品，而人的需求又是多种多样的，即使是企业的生产需求也是多样的。这样，专业化就要求通过交换满足个人和企业需要的商品，从而实现个

---

① 麦克尼尔：《新社会契约论——关于现代契约关系的探讨》，中国政法大学出版社 1994 年版，第 1 页。

② 麦克尼尔：《新社会契约论——关于现代契约关系的探讨》，中国政法大学出版社 1994 年版，第 2 页。

人劳动力的再生产和企业的再生产，而将交换双方联系在一起的制度安排就是契约。因此，麦克尼尔将劳动的专业化和交换作为契约的第二种起源。

第三，一种选择性。选择性意味着我们可以在一系列行为中进行某种自由挑选，没有选择，即使有了劳动的专业化和交换，对最简单的契约也没有意义①。如果从契约的概念中去掉了选择，那么也就没有契约。按照笔者的理解，麦克尼尔的意思可能是：与专业化相伴的是交换，但如果交换的对象是唯一的，即交换没有选择性。这时，交换对象、交换内容等就是既定的，不管你愿意还是不愿意。在这种场合，也就需要交换双方签订契约，即使存在分工、专业化的交换，如果交换对象没有选择的余地，契约是不需要的。

第四，未来意识。麦克尼尔认为，在一个社会中，有了专业化、交换和选择性，这仅仅有了契约的雏形。“只有加上第四个根源，自觉的未来意识，契约才真正成熟”②。一旦人类有了这种意识，随之对自己是一个选择性的动物的认识越来越强，契约充分发展的可能性才能变成现实。

三　契约分类

不同学科、不同学者从不同视角对契约进行了分类，这里，我们主要就经济学者对契约的分类进行归纳和整理。

（一）个别性契约和关系性契约

麦克尼尔在《新社会契约论——关于现代契约关系的探讨》这一著作中将契约分为个别性契约和关系性契约。

个别性契约。“个别性契约是这样一种契约，当事人之间除了单纯的物品交换外不存在任何关系。它的范式就是新古典微观经济学的交易”③。这种契约类似于现代契约经济学如威廉姆森所讲的新古典契约。

关系契约。事实上，在交易过程中，除了物品交易之外，还涉及关系。因此，我们说，从某种意义上讲，规范交易双方的契约，实质上是

---

① 麦克尼尔：《新社会契约论——关于现代契约关系的探讨》，中国政法大学出版社 1994 年版，第 3 页。

② 麦克尼尔：《新社会契约论——关于现代契约关系的探讨》，中国政法大学出版社 1994 年版，第 3 页。

③ 麦克尼尔：《新社会契约论——关于现代契约关系的探讨》，中国政法大学出版社 1994 年版，第 10 页。

关系契约。对此，麦克尼尔写道："每一个契约，即使是这种理论上的交易，除了物品的交换外，都交涉关系"①。而关系又可以分为两大类：一类是原始社会共同体中的关系，另一种是现代市场经济中的关系。与此相适应，关系契约可以分为原始社会的关系契约和现代市场经济社会的关系契约，从现代契约经济学的视角来看，前一种关系契约类似古典契约，后一种契约类似于现代关系契约。

在麦克尼尔看来，三种契约既有区别，又有联系。两种关系契约就像两把解剖刀，一把解剖刀主要对原始社会的交易进行解剖，另一把解剖刀则对现代市场经济的运行进行解剖。同时，两把解剖刀都从个别性交易出发对交易进行解剖，从而使三种契约紧密联系在一起。

（二）完全契约与不完全契约

完全契约。完全契约意味着准确而完备地描述了与交易有关的所有未来可能出现的状态；详细列明了每一状况下契约各方的权利和责任，以及风险的分配；明确规定了契约履行方式和违约后的处理程序②，萨拉尼耶认为，完全契约是指在协商、签订契约时，把整个契约期内所有影响契约关系的变量都考虑在内③。在阿罗—德布鲁范式中，每一份契约都是市场供求关系的一个均衡点。由于新古典经济学把交易视作没有人格特征的匿名交易，当事人之间的私人关系无关紧要。"无形之手"使每一份契约都能严格地履行和实施。因此，契约总是完全的。

完全契约的存在依赖于以下假设前提：一是契约当事人必须具有完全的理性；二是当事人必须具有充分的合作精神，即没有机会主义行为的倾向；三是契约条款的影响和作用不存在外部性，即当事人之间的契约不对契约外的第三者构成利益上的损益；四是契约当事人均拥有对其选择的对象及其结果的完全信息，并且不存在信息上的不对称。

不完全契约。由于个人的有限理性，外部环境的复杂性、不确定性，信息的不对称性和不完全性，契约当事人或者契约的仲裁者无法证实或者观察一切，从而使契约不完全。相对于完全契约而言，不完全契约意味着，契约不可能对签约双方现在或者今后可能出现的各种情况进行预

---

① 麦克尼尔：《新社会契约论——关于现代契约关系的探讨》，中国政法大学出版社 1994 年版，第 10 页。

② 陈国富：《契约的演进与制度变迁》，经济科学出版社 2002 年版，第 73 页。

③ 萨拉尼耶：《合同经济学》，上海财经大学出版社 2008 年版，第 96 页。

见到，不可能对有关事项进行约定。因此，契约是不完全的，这就需要设计不同的机制以应对契约条款的不完全性，并处理由不确定性事件引发的有关契约条款带来的问题。哈特把注意力集中在契约的不完全上。他指出，在现实中，契约是不完全的，并且无时不在进行修改和重新协商。第一，在复杂的、不可预测的世界中，人们很难想得很远，也很难对可能发生的各种情况都作出计划。第二，即使能够作出计划，缔约各方也很难就这些计划达成协议，因为他们很难找到一种共同的语言来描述各种情况和行为；对于这些，过去的经验也提供不了帮助。第三，即使各方可以对将来进行计划和协商，他们也很难明确这些计划是什么意思，更重要的还在于，这些计划很难强制性地加以执行。换句话说，双方必须既能够相互交流，而且还能够与对签约各方运作环境一无所知的局外人进行交流。

艾伦·施瓦茨认为，不完全契约之所以存在，主要有以下几个方面的原因：第一，描述契约内容的语言不清晰。虽然契约签订各方在协商契约内容时，各方"意思"表述是清楚的，既可以意会，也可以言传。但将有些内容写入契约时，由于语言表述上的模棱两可或不清晰，这时契约就是不完全的。第二，"由于契约方的疏忽未就有关事宜订立契约，而使一个契约是不完全的"①。第三，契约方订立一契约条款以解决一个特定问题时，由于订立契约的成本、新契约的实施成本过高使新契约的订立成为不可能。第四，由于信息不对称引起的弱或强不可缔约性。当契约方知道信息但第三方获得信息的成本超出其收益时，信息是"不可获得的"；相反，信息既是"可获得的"，又是"可确认的"。如果契约条款的签订以不可确认的信息为基础时，这种契约就是不完全契约，即与契约相关的信息是不可证实，艾伦·施瓦茨将这种由于信息不可确认时签订契约称为"弱不可缔约性"；如果与契约相关的信息既是不可获得又是不可确认的，一个契约事宜被称为"强的不可契约性"，当弱的或者强的不可契约性存在的时候，一个契约"注定是不完全的"。第五，喜欢合作的倾向。由于交易过程中不同主体是有差别的，同时不同主体的合作偏好又是不一样的，当交易主体存在异质性时，契约是不完全的。这

① 艾伦·施瓦茨：《法律契约与不完全契约》，参见科斯、斯蒂格利茨《契约经济学》，经济科学出版社 1999 年版，第 102 页。

样，一个完全交易契约的签订必须要满足：一是信息的完全性，二是合作者的偏好类型。如果缔约方不能筛选信息和合作者类型，即不知情方不了解类型分布或者知情方不能令人信服地披露另一个合作者的类型时，契约就是不完全的①。

（三）显性契约与隐性契约

隐性契约。隐性契约最早是用以阐述雇主和雇员之间各种心照不宣的复杂协议，是一种雇主与雇员之间心理上的约定，即心理契约。对心理契约的研究最早可以追溯到 C. 阿奇利斯（Chris Argyris），他在《理解组织行为》这一著作中探讨了工头与工人之间一种隐性及非正式的理解与默契关系，并将这种关系称为“心理工作契约”。莱文森、普莱斯在充分肯定阿奇利斯的发现后，把心理契约视作雇主与雇员之间的相互期待，认为心理契约很大程度上是无形的，并且是不断变化的。施恩在阿奇利斯、莱文森、普莱斯等研究的基础上，进一步明确了心理契约对于行为动机方面的重要意义，并将心理契约定义为：在组织中，每个成员和不同的管理者，以及其他人之间，在任何时候都存在的没有明文规定的一整套期望②。D. M. 鲁索（Denise M. Rousseau）在《组织心理与隐含契约》一文中认为，心理契约实质上是当事者（主要是雇员）的主观信念，是一个在实践中逐步建构的过程。并认为心理契约是个体关于在他/她与第三方之间进行互惠交换，建立联系的主观信念，而这种信念以双方在交往中所做出的或暗示的承诺为基础③。Baily、Gordon 和 Azariadis 以完全信息和风险偏好不对称（工人厌恶风险、企业风险中性）为假设前提，指出厌恶风险的工人为了避免收入不确定而与风险中性的企业达成一种默契的、非明文规定的长期保险契约，即隐性契约④。隐性契约是交易双方就商品产权转移的默契合意，它以商品产权分割为存在前提，契约主要依靠交易双方在综合利益机制约束下的自动实施。

---

① 艾伦·施瓦茨：《法律契约与不完全契约》，参见科斯、斯蒂格利茨《契约经济学》，经济科学出版社 1999 年版，第 96—134 页。

② 彭正龙、沈建华、朱晨海：《心理契约：概念、理论模型以及最新发展研究》，《心理科学》2004 年第 2 期。

③ Rousseau, D. M. “Psychological and Implied Contracts in Organizations”, *Employee Responsiblities and Rights Journal*, 1989, 2 (2): 121-139.

④ 李敬湘、张衔：《国有企业高管激励中的契约选择：隐性契约与显性契约》，《云南社会科学》2009 年第 4 期。

与隐性契约相对应的是显性契约。显性契约即成文契约或者称为正式契约。显性契约是交易双方关于商品产权完全转移的明示合意，契约主要依靠第三方强制实施。显性契约与隐性契约都是交易主体在契约成本约束下为追求交易效率所进行的契约安排，是交易双方承诺的动态调整。

一般地，显性契约与隐性契约两者是相辅相成的。在显性契约出现之前，隐性契约是最为主要的契约。在显性契约产生之后，尤其是在现代市场经济之中，显性契约是规范交易双方行为的重要契约。在这种情况之下，隐性契约的存在是以显性契约的存在为基础了，隐性契约是显性契约的衍生物。但是，显性契约与隐性契约又是不一样的，两者是有区别的。一是显性契约的内容是法律认可或明文规定的明示条款，隐性契约的内容是交易双方共同预期的默示条款，不以文字的存在为前提。显性契约的存在具有普遍性，隐性契约则以商品产权分割为存在前提。显性契约的履约以国家法院等国家机器为基础，以法律运行机制为保障，隐性契约的实施以利益机制、竞争机制与伦理机制为保障。显性契约强调满足主体现实利益需求，隐性契约侧重于满足利益主体的潜在利益需求。显性契约具有静态性、离散性，忽视了交易主体缔约能力的动态变化；隐性契约具有动态性、连续性，认为交易主体谈判能力随着环境与自身条件的变化而变化。显性契约对于制度环境差异的反映缺乏敏感性，隐性契约对于制度环境差异的反映具有较强敏感性①，显性契约与隐性契约的比较如表 19-1 所示。

表 19-1　　　　显性契约与隐性契约比较

	显性契约	隐性契约
存在前提	普遍存在	商品产权分割
契约内容	明确	模糊
效力根源	现实利益	潜在利益
机会主义行为	可能性小	可能性大
法律约束	直接作用、强制性	间接作用、非强制性
契约成本	高	低

① 程宏伟：《隐性契约与企业财务政策研究》，博士论文，西南财经大学，2005 年。

续表

	显性契约	隐性契约
违约惩罚	第三方惩罚	未来合作机会丧失
制度环境	弱	强

（四）简单契约与复杂契约

在不少契约经济学家的研究视野里，简单契约就是完全契约。对简单契约范畴的界定，在契约理论里似乎矛盾而又混乱。道格拉斯·伯恩姆和马歇尔·温斯顿认为：简单契约只涉及两方的契约，契约规定了双方的行动集，契约当且仅当法庭能够辨认契约的一方是否选择了行动集的一个行为时，才能强制施行①。从他们的界定中可以看出，简单契约设计了双方的行动集并给予界定，还强调了这些行为是法庭可以识别的。简单契约更多地带有完全契约的特征，他们不仅强调了事前契约条款的可明确性，而且强调了事后法庭可以识别性。而更多的经济学家则认为，简单契约不能取得理想的结果，只有复杂契约或重新谈判才可以实现。

（五）短期契约与长期契约

契约规定的是未来的交易，由于经济人的有限理性和机会主义倾向，那么交易便有风险。各契约人出自对风险的应对，根据交易条件，对契约的有效期做出相应的设计或规划。威廉姆森认为，资产专用性交易条件适合用长期契约或垂直兼并来解决契约双方的机会主义倾向。但长期契约毕竟是由一个个短期契约组成的，如何处理契约交易关系中的短期契约与长期契约的关系成为契约经济学讨论的热点。克劳福德提出用短期契约治理长期契约，即有威廉姆森意义上的专用性投资的存在，并解释了契约的持续期如何影响沉没成本投资②。

（六）口头契约与书面契约

在法学领域，口头契约是指交易双方以一定的语言，以产生法定债权为目的的契约，书面契约以某种书据为法定原因的契约。从经济学的视角来看，我们可以将口头契约定义为交易双方或者交易当事人仅以一

① Douglas, B. & M. D. Whinston, "Contracts and Strategic Ambiguity", *The American Economic Review*, 1998 (4): 902-933.

② 张东辉、王杰：《契约经济学发展的若干前沿问题》，《经济学动态》2005 年第 11 期。

定语言来商议的协议，而书面契约则是交易双方或者交易当事人以书面形式签订的协议。

（七）自我实施契约与第三参与实施契约

在诺斯、巴泽尔等著名制度经济学家从契约实施主体的视角，将契约分为自我实施契约与第三方参与实施的契约。那么，在什么条件下，契约是自我实施的，在什么条件下，契约需要第三方参与才能实施？诺斯认为，当合约双方的支付额与应付额相等时，合约将是自我实施性的，即是说，在衡量与实施合约没有成本时，从合约中获得的收益将超过成本；在交换双方相互具有关于对方的大量知识以及交易中包含重复交易时，合约是自我实施的①。随着交换在时间和空间上越复杂，为实现合作结果需要的契约安排就越复杂，成本也就越高。这时，只有建立由第三方的实施或降低另一方的信息费用的契约安排，才能使十分复杂的交换得以实现②。

四　契约思想的演化

契约思想的演化经历了古典契约理论的自由观、新古典契约理论的完全观、现代契约理论的关系观三个阶段。

（一）古典契约

麦克尼尔在《新社会契约论——关于现代契约关系的探讨》这一著作中将契约分为古典契约、新古典契约和现代关系契约，威廉姆森在《资本主义经济制度》一书中，沿着麦克尼尔的分类对三类契约进行了研究。

古典契约。以霍布斯、洛克、鲁索、孟德斯鸠为代表的古典契约思想。在完全自由竞争的古典市场中，交易者自由选择交易对象，各交易者像一个个原子可以相互替代，他们交易同质的产品，契约条款全面且有充分的约束力。契约对所有与商品或劳务有关的未来事项加以描述并进行“贴现”，契约不需要修正和调整。古典契约具有以下特征：一是契约是个别的、不连续的。在古典契约中，没有持久性地通过契约建立起来的合作关系。二是契约的实时性。由于个别性的契约，对交易当事人

---

① 诺斯：《制度、制度变迁与经济绩效》，格致出版社、上海三联书店、上海人民出版社2014年版，第75页。

② 诺斯：《制度、制度变迁与经济绩效》，格致出版社、上海三联书店、上海人民出版社2014年版，第79页。.

的权利、责任、义务作了明确的规定，协议条款是明确的，不需要对未来的事件做出规划，因此，契约的谈判、签订、履行都现时化了。三是契约是具有自由意志的交易当事人自主选择的结果，他们所签订的契约不受任何外来力量的干涉。古典契约中没有第三方的介入。它强调的是“法律规则”、正式文件和自我清算的交易。在古典契约下进行的交易，是那些交易条件事先已经规定的交易。在实现生活中，我们经常看到的房地产买卖契约就是古典契约。古典契约除交易内容之外，一般对不履行契约造成另一方损失规定了详细的赔偿条款，交易的一方如果没有履行契约，需要对交易中的另一方进行按照事先的约定进行补偿。这种事先对不履行契约规定明确条件和惩罚办法的契约，就是典型的古典契约。

（二）新古典契约

古典契约并非能令人满意地适用于所有的交易。对于在不确定性条件下实施的长期契约来说，完全的明晰性是很难做到的，或者即使有可能做到，其代价也是极其昂贵的。在这种情况下，会出现这样几个问题：一是不是所有的未来事件一开始就能预见到的；二是除非情况明朗，否则对于许多事件来说，正确的治理事项很难通过契约在事先就准备规定好；三是除自然状态的变化不明朗以外，自主的各部门之间的契约，也有可能引起各部门的意见分歧。在一个充斥着机会主义的世界里，应该相信谁的意见？因此，重新设计一种契约，这种契约不仅能够使交易继续，而且还能够有一种有效的治理结构。这种契约就是新古典契约。

新古典契约是一种考虑了不确定性的长期契约。它有以下基本特征：一是契约筹划时留有余地，契约筹划者所使用的技术和程序本身可变范围很大，因此，契约具有一定的灵活性。二是第三方介入契约充当仲裁者，从而为契约创造出弹性并执行裁决。三是契约的长期性。新古典契约关系是一种长期的契约关系，当事人关心契约关系的持续，并且初步地认识到契约的不完全性和事后调整的必要。四是契约的抽象性。这种契约已经剔除了古典契约中的伦理道德因素，变成了市场自然秩序的结果。五是契约的完全性。新古典的契约是在有秩序、不混乱、没有外来干扰的情况下顺利进行并完成的。

（三）现代关系契约

现代关系契约。契约期限的延长和不确定性的增加使新古典调整程序最终被在管理方面更为特殊的交易调整程序所取代。与新古典契约不同，关系契约是一个过程，初始协议不再是不可突破的参照点。关系契约的签署者知道契约不可能完全，也就不追求完全，而只对双方的关系作一个大体的框定。随着事件的展开，当事人不断地调整契约内容。

现代关系契约具有以下特征：一是现代契约充满了可度量性和精确性。但是，任何现代关系也都涉及许多不可度量或不加度量的交换。二是现代契约关系中存在契约性团结或共同意识，这种契约性团结能够通过一系列非正式规则来确保当事人之间关系的稳定性。三是现代契约关系中通过正式或非正式的规则来处理未来的事件和变化。四是契约当事人可以共同参与契约的制定，也可能被迫接受既定的契约。这意味着现代契约关系中的契约自由要比新古典契约小。五是现代契约关系中出现了阻碍契约自由的权力、等级和命令。六是责权利的分担和共有。七是时间的持续性和纠纷解决的多样性。现代契约关系既包括实时交易，又使这种交易关系持续到未来。

关系契约的核心思想是从社会网络结构出发，将契约嵌入社会之中，从契约网的角度理解契约，每个签约主体都是社会网络中的一个结点，通过契约与其他结点进行交易，交易半径取决于签约主体之间的交易路径成本与收益的比较，履约能力决定了签约主体的交易范围。

威廉姆森认为，如果没有机会主义和有限理性，契约问题便不复存在。从古典契约到新古典契约再到关系契约，契约的形态逐步从静止走向动态，契约的结构逐步从封闭走向开放。契约的演进就是契约对有限理性和机会主义组合条件的反应[①]。

五　契约的作用

（一）契约是理解和研究经济组织的关键

在科斯对企业组织进行研究之前，何为企业组织？一般将企业理解为利润最大化的“装置”，至于什么是“装置”？没有人知道，似乎人们也不想知道，即企业内容是一个“黑箱”。对于企业是利润最大化的装置，我们好像将之视为理所当然或者是众多研究人员的一种“公理”，没有打于这个“装置”或者“黑箱”去看一看。直到科斯 1937 年《企业的性质》才开启打开企业这一“黑箱”，才开始去解开企业这一“装置”的研究工作。在科斯看来，市场是资源配置的一种机制，而企业同样也

① 陈国富：《契约的演进与制度变迁》，经济科学出版社 2002 年版，第 4 页。

是一种资源机制。在经济运行过程中，资源是通过市场机制来配置，还是通过企业机制来配置，取决于两种配置机制运行的成本，这种成本对于市场而言就是交易成本，对于企业而言就是组织运行的成本。

对于一种资源的配置机制而言，是通过企业来配置还是通过市场机制进行配置，主要取决于交易成本与企业运行的组织成本的比较。张五常在《关于新制度经济学》这篇论文中认为，科斯关于企业替代市场的观点并不是完全正确的①。事实上，科斯在《企业的性质》这篇论文中已经认识到企业具有契约性质。在该文中，科斯写道："当存在企业时，契约不会被取消，但却大大减少了。某一生产要素（或它的所有者）不必与企业内部同他合作的一些生产要素签订一系列的契约。当然，如果这种合作是价格机制起作用的一个直接结果，一系列的契约就是必需的。一系列的契约被一个契约替代了。在此阶段，重要的是注意契约的特性，即注意企业中被雇佣的生产要素是如何进入的。通过契约，生产要素为获得一定的报酬（它可以是固定的也可以是浮动的）同意在一定限度内服从企业家的指挥"②。从笔者的理解，生产要素的所有者之间的合作机制有两种：一种是市场机制，另一种是企业。对于前者是通过"一系列的契约"来实现合作的，后者不是通过"一系列"契约而是通过一个"契约"来实现的。例如，劳动力的所在者通过与企业签订"雇佣"契约，一方面是劳动力的所在者获得不定期的报酬，另一方面是企业获得对所雇佣的劳动力在一定限度内的支配权，从而实现对劳动力资源的配置，实现劳动力与企业的合作。在科斯看，市场机制中的"一系列契约"常常是短期契约，而劳动力所在者与企业所签订的契约是长期契约。之所以如此，一方面，为降低市场风险，人们"可能宁愿签订长期契约而不是短期契约"，另一方面，劳动力所在者与企业之间选择长期契约而不是短期契约可以节省交易成本，对此，科斯写道："如果签订一个较长期的契约以替代若干个较短期的契约，那么，签订每一个契约的部分费用就将被节省下来"③。正因为这样，张五常认为，科斯在《企业的性质》中提出的企业替代市场的观点是不完全正确的，与其说是企业替代市场，

① 张五常：《关于新制度经济学》，参见科斯、斯蒂格利茨《契约经济学》，经济科学出版社 1999 年版，第 61—90 页。

② 科斯等：《企业、市场与法律》，生活·读书·新知三联书店 1990 年版，第 6 页。

③ 科斯等：《企业、市场与法律》，生活·读书·新知三联书店 1990 年版，第 6 页。

还不如说是要素市场替代了产品市场。正确的观点是一种类型的契约替代另一种类型的契约①。

张五常的意思是说，市场是一种契约，而企业是另一种契约，科斯关于企业替代市场的实质是一种企业契约替代了市场契约。从张五常的观点再到科斯《企业的性质》一文，科斯的意思是市场是一系列的短期契约，而企业则是由长期契约组织的。从契约的视角看，企业是契约的集合。如果要素产权为私人产权，对于第一个要素产权所有者而言，其行为有三种选择：一是自己生产和出售产品；二是出售自己的全部生产要素；三是引入契约安排，将生产要素的使用权委托给代理人进行经营，以获得一定的收入。而企业的起源与生产要素所有者的第三种选择相关，正是通过契约安排，生产要素的所有者将要素的使用权委托给企业家，企业家通过对委托方的生产要素的使用而出售商品②。这样，生产要素所有者与企业家之间就通过契约而联系在一起。科斯在《企业的性质》中所讲的雇佣关系，其实质就是劳动力的所在者通过与企业签订契约这种方式，将自己的劳动力使用权让渡给企业家指挥，从而实现企业契约替代市场契约。推而广之，其他生产要素的所有者也通过契约将其要素使用权让渡给企业家进行经营，企业通过契约获得生产要素的使用权，而要素所有者则通过契约获得生产要素的收益。此时，生产要素所有者与企业之间就通过契约联系在一起，从企业内部看，企业是通过契约而与外部发生关系的，企业就是一系列契约人集合。正因为这样，张五常写道："在履约成本限制的条件下，成文和不成文的契约条款支配了生产和交易活动如何组织和经营。这里需要解释的是规定可观察的契约或制度安排。这就是什么是重要的：在我们的生活中，生产和交易活动通过契约组织起来，在没有考虑到契约安排的情况下，总的来说，这些活动在我们的分析中被忽视了。当契约或制度安排被忽视，经济分析的预测力就会下降"③。

（二）契约促进了交易与合作

我们知道，市场对资源的配置主要是通过交易进行的。亚里士多德

---

① 张五常：《关于新制度经济学》，参见科斯、斯蒂格利茨《契约经济学》，经济科学出版社 1999 年版，第 61—90 页。

② 张五常：《企业的契约性质》，载陈郁《企业制度与市场组织》，上海三联书店、上海人民出版社 1996 年版，第 240—269 页。

③ 张五常：《关于新制度经济学》，载科斯、斯蒂格利茨《契约经济学》，经济科学出版社 1999 年版，第 61—90 页。

是较早使用“交易”概念的古希腊思想家。他在其《政治学》中将“交易”视为三种“致富技术”（畜牧业、交易和矿冶、木材采伐）之一。他认为，“交易”又可以分为三种：商业交易、贷款取利、雇佣制度或劳动力交易。我们今天去分析亚里士多德的“交易”概念发现，亚里士多德的“交易”概念与现代经济学使用的“交易”概念显然有较大差距，但亚里士多德对交易认识有一点是可以肯定，即他分析的交易不是人与自然的关系，而是人与人的关系，这一点与现代经济学的分析是相通的。在古典经济学家那里，“交易”概念的使用是十分广泛的，但其含义相对狭窄。他们大都将“交易”简单地等同于“交换”，即物品或劳务的双边转移。在《国富论》这一经济学名著中，亚当·斯密对“交易”这一概念进行界定。“人总是需要他的同胞的帮助，单凭人们的善意，他是无法得到这种帮助的。如果他能诉诸他们的自利心，向他们表明，他要求他们所做的事情是对他们自己有好处的，那他就更有可能如愿以偿。任何一个想同他人做交易的人，都是这样提议的。给我那个想要的东西，你就能得到这个你想要的东西，这就是每一项交易的意义”①。在亚当·斯密之后，康芒斯对交易进行了界定。康芒斯把交易定义为产权的转移，以区别于商品实际移交的“交换”，同时他还将交易“作为经济研究的基本单位”②，可以说，将交易作为经济学研究的基本单位是康芒斯对制度经济学做出的一大贡献。从现实经济运行来看，每天发生关于知识、服务以及商品的交易，从直观视角看是商品或者服务的货物转移的“交换”，但从康芒斯关于交易的定义来看，实际上是产权的转移。康芒斯从自己交易概念出发，将交易区分为“买卖的交易”“管理的交易”和“限额的交易”③。把交易现象提到经济学中心位置的还有路德维希·冯·米塞斯。米塞斯指出，当人们认识到市场现象符合规律时，他们才开始

---

① 亚当·斯密：《国富论》，华夏出版社 2012 年版，第 13—14 页。

② 康芒斯：《制度经济学》，商务印书馆 1997 年版，第 74 页。

③ 买卖的交易就是一般商业交易，通过法律上平等的人们转让财富的所有权，其一般原则是稀缺，计量单位是“元”。康芒斯把管理的交易定义为以生产为目的的交易，用法律上的上级命令创造财富，其一般原则是效率，计量单位是“工时”。康芒斯所谓的“限额的交易”用他的一些例子更能说明其含义，“或阻止分派一项合营事业未来的负担和利益”；“公司董事会编制下一年度的预算”；“立法机关的委员会分摊捐税或者同意保护一种税则”；雇主联合会和工人联合会的集体谈判；买方和卖方的贸易协议；旨在控制产量的垄断联合组织；经济纠纷中的司法判决，把财富从一人手中转移至另一人手中……在这些例子中，都不是平等的当事人主体一致同意下的财富所有权的转移，而是在公道、集体利益等名义下的伴有强制性特征的财富所有权的转移。

发展出“交易学”与交换理论，这构成了经济学的核心。在精心建立分工理论以后，李嘉图的“协作规律”才使人可以把握它的性质和意义，从而把握社会形成的性质和意义①。

以科斯为代表的新制度经济学家，从资源配置效率角度来认识交易本身的内涵，并以经济学的方法分析交易及其规制。科斯在《企业的性质》这一经典论文中提出了自己的交易思想，1998 年，他在谈到《企业的性质》一文的由来时认为，该文选择“交易”作为研究单位，并突出地强调了交易关系作为法律上产权转让在制度上的意义。科斯的这一分析显然是对康芒斯的继承。但科斯的“交易”的意蕴及其研究的思想又与康芒斯有较大差异。科斯的“交易”在大多数场合是指狭义的市场交换，科斯所讲的“交易”一般是以“市场交易”这一术语出现的。但科斯认为，交易是稀缺性的、可计量的，交易有成本，也有收益，交易的成本和收益可以量化、可以比较，从而可以将交易纳入新古典经济学方法的分析框架进行研究。康芒斯虽然准确地定义了“交易”的概念，认识到了交易是产权在人与人之间转让的实质，遗憾的是他却没有将它与资源配置联系起来②。

从亚当·斯密等经济学家对交易的界定，我们可看出，交易从形式上看是交易双方对于物品的买卖，从实质上看是交易双方基于利己心的合作③，这种合作是通过一种互利互惠交易实现。在这里，斯密看到了交易的背后实际是人们之间的合作，斯密关于交易的这一深刻洞见是非常有价值的。通过交易，不同天资才能和不同分工的人们被联合成一种共同才智资源而被群体中的成员共享，这就是斯密的“共同资源”说④。

明确解释和系统阐述交易活动合作本质的是制度经济学家柯武刚和史曼飞，在《制度经济学：社会秩序和公共政策》中，从协调活动这一视角重新定义交易概念，认为交易是一种协调活动。他们认为，在现代经济运行中，协调成本不断上升，并且协调成本已经成为现代经济的组

---

① 刘业进：《分工、交易和经济秩序》，首都经济贸易大学出版社 2009 年版，第 129—130 页。

② 胡乐明：《“交易”范畴的演化》，《山东财政学院学报》2001 年第 1 期。

③ 汪和建：《迈向中国的新经济社会学——交易秩序的结构研究》，中央编译出版社 1999 年版，第 30 页。

④ 刘业进：《分工、交易和经济秩序》，首都经济贸易大学出版社 2009 年版，第 123 页。

成部分。“在多数当代社会中，人的合作已经到了完全令人震惊的程度。个人之间的经济交往已经变得极其复杂。众多个人协调他们的获得，结果他们被激励去满足他人欲望的事情。当买方和卖方以一种特殊的专业化方式并通过购买和销售与他人交往时，都必须牺牲其他机会（协调的机会成本）”[①]。即是说，现代经济中的交易表面上看是一种与他人交往的形式，实质是交易双方之间的一种合作形式，只不过这种合作形式不被当事人所明确地直接感知。柯武刚和史曼飞认为，企业中有大部分人从事协调和控制活动。这部分人包括在企业中的人和在市场中交往的人，前者相当于康芒斯的“管理的交易”，后者是所谓“买卖的交易”。

交易一方面促进了合作，创造一个自行调节的自然经济秩序；另一方面，交易双方之间通过契约联系在一起，通过契约这一制度安排去引导交易双方的行为。正如布伦南和布坎南所言：“市场交换就是一个达成契约的过程，我们都参与这一过程”[②]。可以说，契约是交易双方进行合作的制度装置。对此，巴泽尔指出：“交易者都在一个合同下运作，或者，至少是在一个隐含的合同下运作”[③]。巴泽尔的研究推进经济学对交易、合作问题的研究，亚当·斯密、康芒斯等经济学家虽然研究了交易与合作，并且提示了交易的实质是合作。通过交易将有关主体联合起来，形成一个共同体，例如，斯密揭示了交易倾向如何把人们结成了一个共同体，它们的才能和知识互补，从而分工生产出来的物品也是互补的，两者相互增进。通过交易，人类获得了大大超越其他动物以长于早期独立和通过本能获得求生技能的能力[④]，从而使人类能够在与其他动物的竞争中胜出。但他们并没有探讨是什么将交易双方联合在一起成为一个共同体的。巴泽尔的研究让我们看到了是契约将交易双方形成一个合作共同体。

另外，前面的分析已经指出，契约就是一种允诺。因此，建立在允诺基础之上的契约当然是便于交易的顺利实现。因为签约者能够根据自身的情况做出交易与否的判断，因此交易的自主权已经有允诺人所掌握。

---

① 柯武刚、史曼飞：《制度经济学：社会秩序和公共政策》，商务印书馆 2000 年版，第 152 页。

② 布伦南、布坎南：《宪政经济学》，中国社会科学出版社 2004 年版，第 26 页。

③ 巴泽尔：《产权的经济分析》，上海三联书店，2002 年版，第 94 页。

④ 刘业进：《分工、交易和经济秩序》，首都经济贸易大学出版社 2009 年版，第 124 页。

弗里德在《在契约即允诺》这一专著中写道："如果我对你作出一个允诺，我就应该依允诺而行；如果我没能遵守诺言，要求我交付与履行允诺价值相当的东西就是公平合理的"①。从弗里德的论述中可以看出，在交易过程中，以允诺为基础的契约实际上为交易的顺利实施提供了保障机制。如果交易一方违约，就会损害另一的利益，就要以违约损害进行赔偿。

（三）商品属性测度、契约安排与交易成本的节约

科斯定理提示：如果交易成本为零，那么资源配置的效率与初始的产权安排无关，不同的产权主体通过交易可以实现资源配置最优。如果没有交易费用，不同契约效率是没有差异的。相反，如果交易成本大于零，则初始的产权安排就会影响资源配置的效率，相应的契约安排就显得非常重要。在现实生活中，交易成本是无所不在的，不同契约在节约交易成本方面作用不一样。在不同的制度环境中，我们之所以选择不同的契约安排，其中一个重要原因就是基于交易成本的节约，从而实现效用最大化。

张五常认为，交易成本就是指鲁滨逊一人经济以外能够想象的所有成本。但诺斯指出，交易成本是契约运行的成本，它包括测定交易对象的价值属性的度量成本和实施契约的成本。在经济学研究中，不少经济学家假设，市场交易是单向的商品或服务的瞬间交换。与标准的理论不一样，但现实经济运行是"商品和服务具有我们从中得到效用的多重价值属性，并且在交换中，测量每个属性的费用是极为巨大的"②，以购买柑橘以获得橘汁为例，我们真正想买的是具有酸味和确定数量维生素 C 的橘汁，橘汁的数量、酸味和维生素 C 是所有价值的属性，但要单独对这些属性进行测定，其成本是非常高的。如果我们购买更为复杂的商品，例如汽车或者医疗设备时，有价值的属性的范围更大，这些属性不仅不能精确测定，而且对这些属性进行测定的成本是非常高的。巴泽尔也注意到商品属性的多样性以及对这些属性进行度量的困难性。在巴泽尔看来，每一资产（商品）都是一系列属性的组合，在对资产（商品）的属性进行测量交易时，有一些测量值很容易获得，有一些测量值则很难获

① 弗里德：《契约即允诺》，北京大学出版社 2006 年版，第 19 页。
② 道格拉斯·C. 诺斯：《交易成本、制度和经济史》，《经济译文》1994 年第 2 期。

得。例如，我们能以很低的成本准确地测量一个橙子的重量，但由于橙子的果肉被橙皮所覆盖，对果肉的味道以及果汁含量等属性的直接测量是非常困难的。“由于商品属性很复杂，测度每种属性都要付出成本”①，而对资产属性的测度成本涉及并影响着所有的经济交易活动。如果测度失误将会带来巨大的交易成本和浪费，“测度成本是交易的参与者为完成交易付出的对于所交易资产属性判断与测度的资源代价，所以交易各方通过签订实施契约来降低这种资源代价”②。从诺斯、巴泽尔等新制度经济学家的论述中可以看出，人们之所以购买某一种商品，注重的是商品所具有的一种或者多种属性，商品属性不一样，其价值、交易价格就不一样。因此，进行商品交易，其前提在于对商品属性进行测度，在对商品属性进行测度时，不仅观察这些属性是困难的，而且对这些属性进行测度也是要花比较高成本的。这些成本，按照新制度经济学的分类，可以将之归入交易成本之范畴。诺斯、巴泽尔等新制度经济学家不仅对商品交易过程中的测度成本，而且还找到了节约这种测度成本的工具，这种工具就是契约。用巴泽尔的话来讲就是“交易各方通过签订实施契约来降低这种资源代价”③。问题在于契约的签订、实施也是有成本的，从巴泽尔、诺斯的研究来看，契约成本至少包括度量契约成本的实施契约的成本。从逻辑上，如果交易双方能够对商品属性精确的测定和度量、能够清晰地规定契约的内容，那么，将能够判断契约何时被执行。如果一方不履行契约，对另一方造成的损害能够被准确地测定，那么契约第三方实施机构促进契约履约或者对受损给予相应的赔偿。进一步，如果契约实施和执行是充分的，则契约履约过程中的机会主义将无容身之地。但是，契约实施本身是不充分的，这不仅因为测定交易商品或者服务的属性以及构成契约的内容代价是巨大的，而且第三方实施主体本身也是代理人，因而他们本身也没有充分受到约束。第三方实施中的主体对契约的判定和决策，深受他们契约公正性观念的左右。随着交易商品属性的多样性和复杂程度的加深，测定成本和实施成本将越来越大，越来越

① 巴泽尔：《产权的经济分析》，上海三联书店 1997 年版，第 159 页。

② Yoram. Barzel. “Measurement Cost and the Organization of Markets” . *Journal of Law & Economics*, 1982: 27-28.

③ Yoram. Barzel. “Measurement Cost and the Organization of Markets” . *Journal of Law & Economics*, 1982: 27-28.

多的资源被用于契约的说明和实施。正是在这种压力下，我们不仅发明了不同契约，使人们在不同环境条件下选择交易成本最小的契约，而且还促使契约沿着节约交易成本的方向演进。不同的契约安排之所以具有不同的测定成本和实施成本，原因在于不同的契约，其度量机制和履行机制存在绩效上的差异。“错误的合约协议与监督合约的困难，会导致惊人的浪费”，“为了避免庞大的交易费用，那些在协议上及监督上大有困难的租赁合约就绝少出现了”[①]。为了减少交易成本，人们设计出多种适应各种不同情况下的契约[②]。这样，有关主体在进行交易时，就会根据自己的实际情况从现有的契约中进行选择，从而实现交易成本最小化。

（四）契约设定了制度

契约不仅是一种重要的制度安排，而且大多数制度是由契约设定的。从某种程度上说，契约设定了制度。在前文的分析中告诉我们，交易与契约之间、制度与契约之间关系是非常紧密的。有学者则认为，契约以交易为基础，“契约”更多地被理解为一种过程和一种关系框架，“制度”被理解为一种既定的规则，是契约的结晶。交易是契约的内容，协议是契约的形式，合意是契约的本质，制度是契约的产物[③]。

在演化经济学看来，制度不仅是不断演化的，而且是制度本质内生的。而契约则提供了理解制度内涵的基本框架。在这一框架下，交易双方可以显示各自的偏好，交流彼此的信息，促成知识的互补，实现自己的利益。利益大小、利益边界以及与利益相关的责任、义务等通过他们的谈判来决定。正是从这个意义上讲，制度本质是内生的。

德国经济学家沃尔特·尤肯（Walter. Eucken）认为，契约不仅是从事市场交换的方式，而且可以被用于创造其他形式的权力结构[④]。正是从这种意义上讲，契约的本性是一种“私自创法”的装置。签约有关各方通过协商一致的一系列规则来调整、约束他们未来的关系，这些规则同时又是契约的各种文字条款。这样一种“私自创法”的装置在市场交易活动中是必不可少的。因此，这种“私自创法”是商法的来源，正是大量市场交易，交易当事人之间运用契约这一制度装置，不仅创造了大量

---

① 张五常：《再论中国》，香港信报出版有限公司 1987 年版，第 75—79 页。

② 陈国富：《契约的演进与制度变迁》，经济科学出版社 2002 年版，第 46—47 页。

③ 陈国富：《契约的演进与制度变迁》，经济科学出版社 2002 年版，第 46—47 页。

④ 奥斯特罗姆：《制度分析与发展的反思》，商务印书馆 1996 年版，第 344—345 页。

的契约安排，而且这些契约安排恰恰是整个社会的制度创新的重要来源。

第一，契约设定产权制度。契约关系的核心内容是当事各方彼此承认是对方权利的拥有者，他们都承认对方对于他手中的东西有权转让。契约的主体必须是拥有权利的人以及承认对方财产权利的另一个人。由于大量契约界定了有关参与者或者交易者的财产权利，这使整个社会的财产权利制度得以形成。因此，契约设定了产权制度，或者说财产权利制度即产权制度是契约关系的产物。一般地，人们常常强调产权制度对契约关系的基础性作用，但很少有人注意到契约决定了产权制度，产权制度是契约关系的产物。有关产权基础的一个流行观点是约翰·洛克的解释，他把产权看成是一种自然和技术的产物。他假定如果有人从丛林中的地上捡起一枚坚果，那么，应如何界定这枚坚果的产权？洛克认为，由于捡物者消耗了相应的劳动，因此应将坚果的产权界定给捡起者。产权或者财产就这样被定义为已经物化厂的劳动。对此，约翰·F. A 泰勒一针见血地指出："这是一种误解。因为可以就这样认为，如果另外有人强行从他手中夺走了坚果，那么根据同样的合法理由，夺取者就占有坚果了。与此相反，除非得到别人承认，否则任何人都不能对任何东西拥有财产权。我对一样东西拥有财产权不是我对它付出劳动的结果．而是由于您愿意认可这一点，由于您愿意认可我的劳动是我提出要求的根据；因此，如果你不愿意，那么尽管我全心全意地去劳动，我也没有财产权"①。诚然，财产产权与劳动有关，但仅有劳动是不够的，它还必须与其他主体有关，是人们相互间的约定。财产权利作为产权一个重要组成部分，是一种社会选择，个人劳动虽然与产权有关，但劳动不是产权界定的充分条件而只能是必要条件。对此，泰勒接着写道："权利只有在道德共同体的要求得到认可时才会出现。A 离开 B 是否有权利这类问题是没有意义的。A 离开 B 既没有权利也不需要权利。唯一重要的问题是，在什么情况下 B 会承认 A 的权利？对此有个直接而简单的回答：作为回报，A 也承认 B 的权利。所有权利都是以这种互惠关系为依据的，人们为了保证自身权利的安全就得同时承认自己应承担的责任。因此，如果

① 约翰·F. A 泰勒：《市场的伦理基础》，参见奥斯特罗姆《制度分析与发展的反思》，商务印书馆 1996 年版，第 290 页。

想了解共同体的范围，就需看在实践中共同体所遵守的权利。哪儿有被承认的权利，哪儿也就肯定有人，哪儿有人，这些人就在契约之中”①。

就现代多数人而言，很少想到财产权利是由契约界定的，认为财产的产权仅由法律规则界定。实际上，法律只是国家用以维护财产权利的一种手段，法律不仅不能理解为财产权利的来源，而且法律作为一种制度安排，它本身也有一个起源问题。在许多时候，法律并不能解决所有问题，正如美国经济学家爱伦·斯密德所言：“警察并不是在任何场合下都是有效的。当许多人都不约束自己的时候，警察常常会无能为力”②。波斯纳说：“在社会中，存在着没有正式法律实施机制的契约和国家间认可其主权的非法律约束的契约③”。并认为，这种契约的约束效力有时比有法律效力的契约更有效。“当人们注重颁布法律或法令时，契约作为建立人类组织的过程经常受到忽略”④。事实上，通过契约界定财产的产权非常有价值和意义，奥斯特罗姆在《制度分析与发展》一文中说：“一旦我们考察人类关系，懂得了人们是如何表明自己的意图，保证彼此间共同理解，并且相互允诺以某种方式行事，我们就开始理解了法定秩序关系是如何呈现的了”⑤。所以，产权或者财产既不是自然和技术的产物，也不仅仅是法律界定的结果，产权或者财产制度的真正基础是人们之间通过互惠而形成的契约。

第二，契约促进非正式制度安排的形成。如果说产权制度常常被赋予法律的权威从而容易蒙蔽一些人的心灵。那么，非强制性的一系列习惯和惯例则明显地表现为契约的结果。在凡勃伦的分析视野里，制度实际上就是指那些约束人的行为的习俗。事实上，人的行为惯例通常被理解为一种典型的依常规而行的做法；而习惯是一种产生于该重复行为的一般规则。因此，可以有惯例而无习惯，但却不可以有习惯而无惯例。由契约而成惯例，在市场交易中尤为突出。一些习惯做法在同类契约中的被交易双方反复采用，这些习惯渐渐地被“结晶化”（crystallized）。比如，在雇佣契约中，工会与雇主之间达成的协议通常也会适用于单个工

---

① 奥斯特罗姆：《制度分析与发展的反思》，商务印书馆 1996 年版，第 291 页。

② 斯密德：《财产、权力和公共选择》，上海三联书店、上海人民出版 1999 年版，第 37 页。

③ 波斯纳：《法律的经济分析》，中国大百科全书出版社 1996 年版，第 117 页。

④ 奥斯特罗姆：《制度分析与发展的反思》，商务印书馆 1996 年版，第 345 页。

⑤ 奥斯特罗姆：《制度分析与发展的反思》，商务印书馆 1996 年版，第 344 页。

人与雇主之间的契约，这就是采用了“结晶化的习惯”的契约类型。在许多场合，某种惯例一旦形成就很难改变，因为遵守惯例不仅是众人的选择，而且没有一个人能够从违背惯例中获益。如果两辆汽车相对行驶，在没有交通规则的条件下，A 司机给 B 司机让路？或者 B 司机给 A 司机让路？这就需要 A 司机与 B 司机坐下来谈判，谈判的结果，不管是 A 给 B 让路还是 B 给 A 让路，每次谈判就是一个避免两车相撞单独的“契约”。类似于 A 与 B 谈判如果足够多，司机就会逐渐协商出效法先例的制度安排。例如，司机 A 与 B 靠右行驶，可能涉及在开车时是向靠左行驶？或者是靠右行驶？如果第一次两名司机的谈判结果是靠右行驶，后来如果其他两车相遇时，两名司机进行谈判时也会采取前两名司机的结果。这种结果还会在其他两车相遇时所采用。这样，靠右行驶或者靠左行驶就会得到更多的司机认可，从而成为习俗。为了节约谈判成本，越来越多的司机会认同这一做法，而不再进行谈判。一旦遵守靠左行驶或者靠右行驶习俗的司机达到一定的数量，对于不遵守这一习俗的司机就会进行惩罚。他们就会假定其他人也会遵守这一习俗，因此，当两车相遇时就不再停车或减速来核实其他司机是否愿意遵守这一习俗。正是从这种意义上，安东尼·德·雅赛才说：“契约是习俗之父”①。结果，遵守靠右行驶或者靠左行驶的习俗就成为所有司机的最佳选择，并自发演化司机开车的惯例。在安东尼·德·雅赛看来，“对于像优先行使权这样文明惯例产生的原因所进行的推论同样也适用于理解习惯法产生的基本原因……先例方便了谈判和协商，甚至干脆使谈判和协商成为多余的；习俗省却了契约”②。

第三，契约是道德、伦理规范的重要来源。在西方思想史上，认为道德规范来自契约和法律的大部分是由契约设定的观点占据着相当重要的地位。在契约促进交易主体合作过程中，契约关系交易主体之间的约束在相当程度上是一种自我约束。从伦理道德的视角看，这种契约主体之间自我约束活动也是一种道德实践活动。在完全竞争市场中，个人的效用获得了最大的实现，并且这样的实现是建立在互利的基础之上的，其中个人是完全自由的，不存在对个人行为进行道德约束的空间，这是

---

① 安东尼·德·雅赛：《重申自由主义》，中国社会科学出版社 1997 年版，第 105 页。

② 安东尼·德·雅赛：《重申自由主义》，中国社会科学出版社 1997 年版，第 105—106 页。

一个“道德自由区”。在这里，契约是完备的，交易主体之间的约束是充分的、道德是多余的。所以，如果契约是完备的，契约就不可能成为道德的来源。但在现实经济运行中，由于竞争是不完全的，一个人的效用目标往往与另一个人的相冲突，如果每个人都不对自己的行为进行约束，就会陷入无休止的争斗的“霍布斯丛林”中。前面的分析已经说明，交易是互利的，但冲突、争斗是对交易的破坏、是对互惠的破坏。“那些凭借武力获得成功的人违反了社会关系的契约性，并因此经常发现他们是自己创造的新极权主义国家的牺牲品”①。人类的理性会帮助人们发现与他人交易、合作所带来的利益，为了避免无休止的争斗，又能获得与他人交易和合作所带来的利益，人们选择以交易代替掠夺，以契约替代战争。在契约实践活动过程中，从长期来看，人们认识到对自身行为的适当约束不仅有利于对方目标的实现，而且也有利于自己效用目标的实现。这样，交易双方或者合作双方都对自己的行为进行一定程度的约束，这种约束很大程度上就是对自身最大化行为施以道德约束。这个过程就是一个契约实践的过程。人类的理性是有限的，但契约实践有助于人们认清人们之间利益上的相互依赖性，这是道德观念得以生成的重要渠道②。

第二节　契约选择

人们都生活在契约的世界里，随时随地会面临契约和契约选择，那么什么是契约？当我们面临多种契约时，又如何进行选择？契约选择的机制是什么？有什么规律可以遵循？这些是本节拟探讨的内容。

一　市场契约与企业契约选择理论

在科斯的分析框架，企业是一种契约，市场是另一种契约。从市场上人们购买物品或者对资源进行配置而言，市场契约是一种短期契约，而企业契约是一种长期契约。不管是市场契约还是企业契约，其契约的签订、履约都是要花费成本的，市场契约要花交易成本，而企业契约则要花组织成本。因此，对于资源配置而言，人们是选择市场这种契约，

① 奥斯特罗姆：《制度分析与发展的反思》，商务印书馆 1996 年版，第 346 页。
② 陈国富：《契约的演进与制度变迁》，经济科学出版社 2002 年版，第 114—115 页。

还是企业这种契约。主要是看市场契约运行与企业契约运行边际成本的比较，契约选择的均衡点位于市场交易的边际成本恰好等于企业运行的边际组织成本。

关于这一点，可以通过资源的配置来进行说明，对于资源配置而言，既可以通过市场契约来配置，又可以通过企业契约来配置，那么，这种资源是通过市场契约配置，还是通过企业契约来进行配置更好？例如，现有某种资源 I，假设通过市场进行配置时，其市场交易成本为 q'_i；如果该资源通过企业进行配置，企业组织的运行成本 C_i^f，则对于资源 I 人们是选择市场契约进行配置，还是选择企业契约进行配置，就看 dc_i^m 与 dc_i^f 的大小，如果 $dc_i^m > dc_i^f$，则选择企业契约；反之，当 $dc_i^m < dc_i^f$ 时，则选择市场契约；当 $dc_i^m = dc_i^f$，达到契约选择的均衡点，即资源配置既可以通过市场契约来进行，又可以通过企业契约来进行。

二　定额契约、工资契约与分成契约选择理论

在社会经济生活中，契约是多种多样的。对此，张五常指出："在同样的竞争约束条件之下存在着各种合约安排，提出了人们是如何选择这些合约的问题"①。这说明，选择契约确实是一件十分重要的社会经济行为。人们之所以对契约进行选择，其前提在于存在多种不同的契约。那么，为什么会存在不同的契约？张五常认为，之所以存在多种契约安排，原因主要有以下两个方面：首先，存在自然风险，自然风险是指自然或现实世界的状况对产品价值的方差（或标准差）所起的作用。对于农业生产而言，这意味着只要存在自然风险，农业生产的产出或者契约当事人的收入就一定存在一个不为零的方差，这样，不同的契约安排便允许在不同的契约当事人之间有不同的收入方差分布。假设人们是风险厌恶者，在允许契约选择的条件下，人们会选择风险较小的契约而放弃风险较大的契约。如果人们规避风险的成本低于从所规避的风险中获得的收益，那么当事人就会进行风险规避。规避风险的办法有多种：收集有关未来的信息、进行投资时选择风险较少的期权交易、在不同契约安排之间进行选择。这样，契约选择者就会选择风险较低的契约。其次，存在交易成本不为零。每一种契约都有交易成本，而且不同契约的交易成本不一样。交易成本之所以不同，是因为"投入与产出的物理属性不同，

① 张五常：《经济解释》，商务印书馆 2000 年版，第 54 页。

是因为制度安排不同，是因为不同的合约条款要求在合约的执行与合约的谈判中付出不同的努力”①。

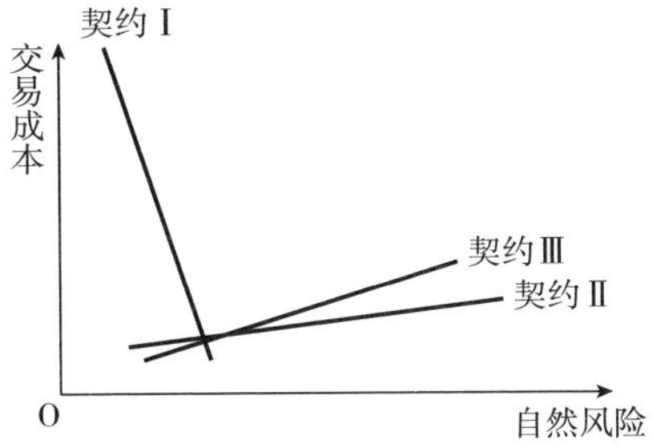

图 19-1　基于交易成本与自然风险的契约选择

那么，存在不同契约安排条件下，人们是如何选择契约的？人们选择不同契约安排背后的经济逻辑又是什么？张五常的假设是“人们选择不同的合约安排，是为了在交易成本的约束条件下，从分散风险中获得最大收益”②。在《经济解释》这一著作中，张五常分析了农业中的三种主要契约，即定额地租契约（用现金或谷物规定每英亩土地的地租）、分成契约和工资契约。张五常不仅沿着科斯的分析路径对契约选择进行分析，而且认为在选择契约时，仅从交易成本这一视角进行研究是不够的，还应该加入风险这一因素。在以上三种契约安排中，交易成本不仅包括谈判成本，而且还包括实施契约的成本。由于分成契约的谈判与实施比定额契约或工资契约要复杂得多，其交易成本也要高得多。如果仅从交易成本这一视角来对契约选择进行解释，那么，人们绝不会选择分成契约。但在实际契约选择过程，人们还是选择了分成契约。这意味着，科斯的解释可能是不全面的，人们在选择契约时，除交易成本之外，可能还有其他因素也影响契约选择。

在张五常的分析框架中，契约选择除考虑科斯所讲的交易成本因素之外，自然风险也是人们在进行契约选择时考虑的重要因素。从本质上讲，农业是人类利用生物机体的生命力，把外界环境中的物质和能量转

① 张五常：《经济解释》，商务印书馆 2000 年版，第 55 页。

② 张五常：《经济解释》，商务印书馆 2000 年版，第 55 页。

化为生物产品，以满足社会需要的一种生产经济活动①。这说明，农业生产不仅是一个经济生产过程，更为重要的还是一个自然生产过程。在农业生产过程中，农作物不仅以土地为基础，而且降雨的时空分布、是否具有水旱灾害、是否会发生病虫害等对农业的产出均有较大影响，而且都是一些难以预测的因素，也就是说农业生产存在较大的自然风险。在定额契约的情况下，佃农要承担这种风险的大部分；在工资契约的情况下，土地所有者要承担这种风险的大部分；在分成契约情况下，佃农与地主共同承担风险，即分成契约是一种分担风险的合约机制。也就是说，产出的变化可以在契约当事人之间进行分配。如果仅从规避风险的视角来对农业中的契约选择进行分析，地主与佃农都愿意选择分成契约。但问题在于，任何租佃制中都不同程度地存在风险。那么，人们为什么会选择定额契约和工资契约②？在张五常看来，仅从交易成本或者仅从自然风险均不能解释经济生活中的契约选择问题，要能够有效地解释农业生产中的契约选择，应该将交易成本与自然风险两个因素结合起来。图 19-1 是一个从交易成本和自然风险两个维度解释契约选择的理论模型。对于契约Ⅱ和契约Ⅲ而言，契约Ⅰ的交易成本较高，而自然风险低，契约Ⅰ类似于张五常所讲的分成契约；相反，相对于契约Ⅰ而言，契约Ⅱ和契约Ⅲ而言的自然风险较高，但其交易成本较低，契约Ⅱ和契约Ⅲ类似于张五常所讲的定额契约或者工资契约。三种契约之间没有谁优谁劣的问题，每一种契约都有自己的优势，同时，也都有自己的不足。在经济生活中，我们选择哪一种契约，不仅要对每一种契约的交易成本、自然风险进行比较，而且还取决于我们的偏好，尤其是对风险的厌恶程度。

三　古典契约、新古典契约和关系契约选择理论

诺贝尔经济奖得主威廉姆森循着康芒斯的理论传统和科斯的理论逻辑，对交易这一概念进行了重新界定，并从多个维度分析了交易的特性，使交易的经济分析更具有可操作性。在对交易进行深入分析和研究的基础上，威廉姆森提出了自己的契约选择理论。

（一）交易刻画：资产专用性、不确定性与交易频率

威廉姆森认为，交易和契约选择是由它的维度来限定的，这些维度

① 朱道华：《农业经济学》，中国农业出版社 2001 年版，第 1 页。

② 张五常：《经济解释》，商务印书馆 2000 年版，第 58 页。

主要有资产专用性、不确定性和交易频率，其中资产专用性是最为重要的，他说："交易之所以称为交易，最关键的条件就在于资产具有专用性"[①]。资产专用性是指"为支撑某种具体交易而进行的耐久性投资；一旦最初达成的交易没有到期就提前结束，这种资产改用于最佳其他用途或由其他人使用，那么发生在这种投资上的投机成本要低得多"[②]。威廉姆森的意思是资产专用性意味着一项资产可调配用于其他用途的程度，或由其他人使用而不损失生产价值的程度。一旦存在资产专用性，那么选择适合的交易契约来对交易进行治理就是非常关键的。在《资本主义经济制度》这著作中威廉姆森将资产专用性分为：一是地点的专用性，二是专用实物资产，三是专用人力资产，四是特定用途的资产。

交易的不确定性与有限理性密不可分，交易过程的人们之间不是完全理性的，而只能表明为限理性，其中一个重要原因就在于不确定性。这里的不确定性是广义的，包括能够预料到的偶然事件的不确定性，但预测它们或在签订契约时通过一定的契约条款解决不确定性的代价很高。交易不确定性还包括事前只能大致（甚至不能）推测的偶然事件的不确定性和一方拥有另一方缺少的信息这样的不确定性。

库普曼认为经济组织要解决的核心问题是不确定性，并将不确定性分为原发的和继发的（primary and secondary）。原发的不确定性就是那种随机发生的问题，是自然无序行为和无法预测的消费者偏好的变化造成的，而继发的不确定性则产生于缺乏信息沟通，也就是说，一个人进行决策时，无从了解其他人同时也在作那些决策和计划。威廉姆森认为，对不确定性进行这样划分是存在不足的，其缺陷在于忽略了信息的策略性保密、隐瞒和扭曲。基于此，威廉姆森补充第三种不确定性，即行为不确定性。一般地，人们认为行为不确定性类似于路德维希·冯·米塞斯所说的案件概率，案件概率是解决人类行为问题所独有的一个特点。但威廉姆森认为，这种认识是有问题的，行为不确定性之所以存在，根本原因在于当事人的投机行为。对此，他说："甚至明知你正在与某一投机分子、而不是其他投机分子打交道，因此可能一眼就看出其庐山真面目，你还是说不清楚这种交易中到底包含哪些不确定性"[③]，因此，"关于

① 威廉姆森：《资本主义经济制度》，商务印书馆 2002 年版，第 48 页。
② 威廉姆森：《资本主义经济制度》，商务印书馆 2002 年版，第 83 页。
③ 威廉姆森：《资本主义经济制度》，商务印书馆 2002 年版，第 87 页。

概率的任何提法都是不合适的”[①]，行为不确定性与不完全合约、资产专用性联系在一起[②]。

交易的频率虽然不影响交易成本的绝对值，但它影响进行交易的各种方式的相对成本。当双方间的交易经常发生时，他们可为交易构造一个专门的治理结构（即使成本很高），因为后者的成本可分摊于许多交易。但是，如果交易是一次性的或不经常发生时，为这种特殊交易建立专门治理机构的成本就非常之高，而使用“一般用途”的治理结构成本相对较低[③]。

（二）古典契约、新古典契约和关系契约

在现代市场交易过程中，存在多种多样的契约，而契约的“多样性是造成诸多困惑的根源，而要研究资本主义经济制度，就需要对这些困惑进行回答”[④]。威廉姆森认为，在市场经济中，任何交易都是通过契约关系进行和完成的，这些契约或者合同可以是书面的，也可以是口头的，还可以是默契的[⑤]。不同的契约适用于不同的交易，不同的交易需要不同的契约。威廉姆森在其《资本主义经济制度》这本经典著作中，首先在对麦克尼尔的契约进行介绍的基础上，从交易成本经济学的视角对三种契约进行了解释。这三种契约是古典契约、新古典契约和关系契约。

交易过程中，在对人们之间之所以选择一种契约而放弃其他契约解释，首先要对交易进行深入分析。在威廉姆森看来，资产专用性、不确定性和交易频率是刻画交易的三个主要尺度。为便于研究，威廉姆森首先假定不确定性的程度已知，并要求交易者作出一系列适当而又连贯的决策。这样，他就可以集中分析资产的专用性和交易频率对交易的影响。按不同的交易频率，他把交易分为一次性交易契约、偶尔进行的交易契约和经常性（重复发生）的交易契约。同时，从资产专用性的角度将交易分为非专用的、混合式的（中等专用性）和即高度专用性（特定）三

---

① 威廉姆森：《资本主义经济制度》，商务印书馆 2002 年版，第 86 页。

② 费方域：《契约人假定和交易成本的决定因素——威康姆森交易成本经济学述评之一》，《外国经济与管理》，1996 年第 5 期。

③ 费方域：《契约人假定和交易成本的决定因素——威康姆森交易成本经济学述评之一》，《外国经济与管理》1996 年第 5 期。

④ 威廉姆森：《资本主义经济制度》，商务印书馆 2002 年版，第 99 页。

⑤ 费方域：《交易、合同关系的治理和企业——威康姆森交易成本经济学述评之二》，《外国经济与管理》1996 年第 6 期。

种类型。同时，他进一步假设：一是供货商和购买者都有长久合作的愿意；二是能满足一定条件的潜在供货商有无数家，即假设不存在专用性资源产权的事前垄断；三是严格按照市场中买方的行为计算交易频率；四是根据供应方的投资特点来计算投资程度。

威廉姆森根据两种交易频率类型和三种资产专用性程度，提出了六种交易（见表19-2），即偶然进行的非专用性交易、经常进行的非专用性交易、偶然进行的混合性交易、经常进行的混合性交易、偶然进行的特定交易和经常进行的特定交易。在威廉姆森的分析逻辑中，提出这六种交易并不是最终目标，而只是研究问题的起点。问题的关键在于每一种交易"都需要配以相应的治理结构"，即每一种交易都需要相应的契约进行治理，从而使交易成本最小化。

表19-2　　威廉姆森对交易的解释①

		投资特点		
		非专用	混合式	独特
交易频率	偶然	购买标准设备	购买定做设备	建厂
	经常	购买标准原材料	购买定做原材料	中间产品是要经过各不相同的车间

在对交易进行以上分析之后，威廉姆森认为：第一，对于非常标准化的交易，不需要专门的治理结构；第二，只有经常（重复）进行的交易才需要采用专用性的治理结构；第三，虽然那种非标准化的、偶然进行的交易不需要一个交易专用性治理结构，但需要对这种交易给予特别的关注。就麦克耐尔的分类而言，古典契约适用于所有的标准化交易（无论交易频率高低），关系合同适用于经常进行的、非标准化的交易，而新古典契约则适用于偶然进行的、非标准化的交易。换个角度讲，古典契约宜采用市场治理，新古典契约涉及三边治理，关系契约则适用于双边或一体化的治理结构②。图19-2对交易频率、资产专用性及契约安排及相应的治理结构的关系进行了刻画，纵轴表示交易频率，横轴表示

① 威廉姆森：《资本主义经济制度》，商务印书馆2002年版，第105页。
② 威廉姆森：《资本主义经济制度》，商务印书馆2002年版，第113页。

资产专用性，OA 范围为通用性资产或者非专用性资产，AB 之间的资产为混合性资产，B 向右的资产为专用性资产。

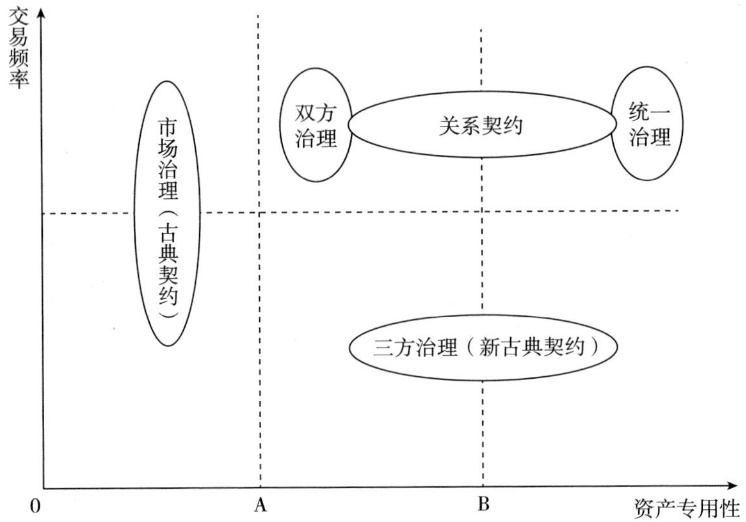

图 19-2　交易频率、资产专用性与契约选择

在威廉姆森看来，现实市场运行中的交易，不可能在新古典经济学所假设的完全竞争环境中进行，资产专用性、不确定性及交易频率三个影响交易及交易契约的因素，会独立地或组合地影响交易行为及契约选择。为使交易成本最小化，在不同的交易背景下，应选择不同的交易契约及治理结构。从图 19-2 来看，如果资产的专用性程度较低，即如果是通用性资产，无论交易频率的高低，我们应选择古典契约，最适宜的治理结构应为市场治理。正如他本人所说："对于非专用的交易，包括偶然的合同与经常性的合同，主要应使用市场治理结构"①。如果交易频率低，资产是混合性或是专用性的，这时应选择新古典契约，适宜的治理方式应为三方治理。在这种交易背景下，市场治理不能令人满意，而建立一个交易专用的治理结构成本过高，并且其成果不可能通过偶尔进行的交易得到补偿。这样，一方面由于选择古典契约来维持这种交易有其局限

① 威廉姆森：《资本主义经济制度》，商务印书馆 2002 年版，第 106 页。

性，另一方面又由于专用性资产交易（双边）治理的成本极高，所以，需要有一种中间的制度安排。新古典契约符合这种要求，它不是直接求助于法律诉讼，而是在解决冲突和评价绩效上采用第三者“帮助”（仲裁）。利用建筑师作为一个相当独立的专家确定建筑契约的内容就是一个例子①。如果交易频率较高，交易经常、重复发生，并且资产专用性强，即资产是非通用性时，应选择关系契约；在关系契约安排下，治理方式有两种：一是双边治理，这适宜于资产专用程度中间状态，即资产为混合性资产，之所以需要双边治理，其原因在于“为了实现规模经济，就要从企业外部购入这些要素”。二是一体化治理，即纵向一体化，这适宜于资产专用性程度较高的情形，因为在资产专用性非常强时，“即使在企业内部进行交易，也得不到明显的规模经济的效果”②。高度专用性交易的特征是交易者不变，而价格与数量上则具有广泛的适应性。随着资产专用性的提高，市场契约让位于双边签订的契约，双边签约又为一体化签约（内部组织）所取代③。

四 契约选择理论：巴泽尔的注释

（一）契约是产权研究的核心

在现代产权经济学家中，巴泽尔不仅以自己对产权的深邃洞见而开创自己独特的产权理论，而且还沿着新制度经济学的分析路径，将产权分析与契约分析结合起来，研究了契约选择与实施。并且认为，契约是产权理论的核心。正如他自己所说：“对合同的研究是产权研究的核心。合同无论是正式的还是非正式的，都是签约方之间的权利的重新分配；佃农与地主之间的租佃合同——即劳动力所有者与地主之间的租佃合同——相对简单一些，所以把它作为合同研究的开始是合适的”④。

（二）独占契约、固定工资契约、固定租金契约与分成契约

巴泽尔在《产权的经济分析》这一著作中，以土地所有者与佃农之间的关系为例，分析了四类契约，即独占产权契约、分成契约、固定工

① 威廉姆森：《资本主义经济制度》，商务印书馆 2002 年版，第 107—108 页。

② 威廉姆森：《资本主义经济制度》，商务印书馆 2002 年版，第 107—109 页。

③ 费方域：《交易、合同关系的治理和企业——威廉姆森交易成本经济学述评之二》，《外国经济与管理》1996 年第 6 期。

④ 巴泽尔：《产权的经济分析》，格致出版社、上海三联书店、上海人民出版社 1997 年版，第 38 页。

资契约、固定租金契约。面对四类契约我们如何选择？巴泽尔沿着科斯等的交易成本分析路径，并同时结合土地、劳动属性，对不同契约的优劣进行了分析。

独占产权契约是一种比较特殊的契约，是指土地所有者与劳动者均为同一主体的契约，不存在土地和劳动不被同一个人所有时产生，如监督成本、土地属性不同租赁期限土地所有者或者劳动者的策略性问题。因此，这种契约不是巴泽尔研究的重点，巴泽尔将研究的重点放在后三类契约上。

在巴泽尔看来，交易成本如监督成本仍然是影响契约选择的重要因素。在三种契约中，工资契约的监督成本是最高的，分成契约次之，租佃契约是最低的。在工资契约安排下，由于工人可以通过偷懒而获取契约之外的收益。因此，对工人的监督以减少偷懒就成为地主应用策略。但是对工人进行监督是有成本的，地主不可能对工人劳动的所有环节、过程、质量及努力程度进行符合契约约定的程度。对此，巴泽尔说："工资合同需要成本很高的监督，而且劳动的使用率也低于工人自我雇用时的水平"①，这样，在监督成本较高又要节约成本的条件下，工人偷懒就不可能得到充分的惩罚，偷懒就是工人的理性选择。在分成契约的场合，虽然工人的"偷懒激励不如在工资合同下强烈，但仍然也会由相同的因素引发"②。而在固定租金契约的场合，由于土地是不变的，佃农是除付给地主租金后的剩余索取者，因此，佃农的收益或者报酬只能是"他们自身努力的函数"③。在这里，由于佃农的报酬随自己努力程度的变化而变化，不需要地主监督也会努力劳动。所有租佃契约的监督成本是最低的。

以上契约选择均是以土地和劳动是同质为前提的，但是，"土地和劳动都不会是均质的"，这样三种契约都存在效率问题。要分析不同契约之效率，就必须深入分析土地和劳动的属性。在这里，我们以土地属性进行分析。巴泽尔认为，分析土地的属性和变化对契约的影响是非常有益

---

① 巴泽尔：《产权的经济分析》，格致出版社、上海三联书店、上海人民出版社 1997 年版，第 44 页。

② 巴泽尔：《产权的经济分析》，格致出版社、上海三联书店、上海人民出版社，1997 年版，第 44 页。

③ 巴泽尔：《产权的经济分析》，格致出版社、上海三联书店、上海人民出版社，1997 年版，第 44 页。

的。土地属性是多样的，具体到一块土地，即使与它相邻的土地，其属性也不一样。例如，土地里石块的多少、坡度的大小、土壤的侵蚀程度、土壤有机质的含量、土壤中 N、K、P 的含量以及风吹日晒的程度、土地的排灌系统、土地的区位及道路情况等，即使这些要素相同，同时，不同要素的可利用程度、利用难度也可能不一样。对于农业生产而言，土壤的这些属性对于产出有较大影响。对于地主和佃农而言，如果要使自己在交易中不吃亏，就必须搞清楚这些属性为前提。但对这些属性进行观察、测量不仅是困难的，而且成本非常高。对此，巴泽尔指出："准确而全面地度量成本是高得令人却步的，因此，度量既不能准确也不能全面。实际上，有些特征根本就无法度量"①。在巴泽尔看来，对于土地属性，如果佃农能够改变它而地主又不能收费，这些属性就会成为佃农的属性而被过度利用。同理，如果土地属性被地主控制而地主又不进行投资，佃农就不会投资而导致供给不足。

表 19-3　　　　　　　　不同契约的损失来源②

	监督劳动	监督土地	监督产出	专业化程度低
高损失	FW	FR	SC	SO
中等损失	SC	SC	FW，FR	SC
低损失或者无损失	FR，SO	FW，SO	SO	FW，FR

注：SO 表示土地和劳动的独占契约，SC 表示分成契约，FW 表示固定工资契约，FR 表示固定租金契约。

当引入土地属性之后，使我们看到，契约是一个非常复杂的问题。那么，作为土地契约又如何控制每一种属性？一般地，多数土地固定契约可能只是简单地规定契约期限和租金，即使租赁双方意愿，对土地属性订立更为详细，但是并不是所有属性都能够写入契约并加以监督。这样，没有规定、变化的属性就成为无偿属性进入公共领域。对于地主来讲，这些没有写入契约的土地属性可能被过度利用，即使有办法对佃农

① 巴泽尔：《产权的经济分析》，格致出版社、上海三联书店、上海人民出版社，1997 年版，第 46 页。

② 巴泽尔：《产权的经济分析》，格致出版社、上海三联书店、上海人民出版社，1997 年版，第 56 页。

的过度利用进行抑制，但也不能完全消除。此时，是否需要利用另一种契约来替代固定租金契约？巴泽尔认为，“任何合同都存在非最佳利用问题，因此没有一个单独的合同在所有的情况下都会是最佳的”[①]，那么，如何进行契约选择？巴泽尔认为，总的原则是计算不同契约的收益和成本，比较不同契约的净收益或者边际收益。但经济学家不具备直接比较不同契约的条件，但能够说明在什么条件下可能发生一种契约向另一种契约的转变。基于此，巴泽尔给出了不同契约的损失（见表 19-2）。换言之，在不同条件下，我们应选择不同契约安排，以实现监督成本的最小化。

① 巴泽尔：《产权的经济分析》，格致出版社、上海三联书店、上海人民出版社 1997 年版，第 49 页。

第二十章　契约履约机制[①]

对于我们的经济生活来讲，选择契约仅仅是开始而非目的。签订契约之后，关键就是将契约付诸实施，从而促进交易主体或者当事人之间的合作。新制度经济学家诺斯看来，离开了实施机制，任何制度尤其是正式规则就形同虚设。“有法不依”比“无法可依”更坏。例如，一些国家之所以在历史发展中落伍，其中一个重要的原因就在于制度实施机制的不完善。正因为这样，契约是如何履约的？契约履约有什么样的规律就成为契约理论研究的核心命题。如果从契约主体的视角来对履约机制进行分类，契约履约机制可以分为自我履约机制和第三方参与的履约机制。

第一节　契约履约机制的选择

对于已签订的契约来讲，在付诸实施时，是通过自我履约来实施还是通过第三参与下的履约来实施，这不仅是经济学研究一个重大课题，而且也是契约当事人必须面对一个现实课题。

一　至关重要的履约机制

在新制度经济学的分析中，制度是至关重要的。正如诺斯所言：“制度构造了人们在政治、社会或者经济方面发生交换的激励结构……它是理解历史变迁的关键”[②]。不管是通过相关主体相互协商的制度或者是第三方人为设定的制度，除了制度规则之外，更为重要的还在于这种制度

① 洪名勇：《农地流转契约选择及口头契约自我履约机制研究》，中国财政经济出版社2017年版。

② 诺斯：《制度、制度变迁与经济绩效》，格致出版社、上海三联书店、上海人民出版社1994年版，第1页。

要能够得到有效实施，因为，“在一个制度能很好地发挥作用的社会里，个人会进行一些复杂而且期限较长的交易”①。但在多数制度经济学文献或者交易成本经济学文献中，制度实施被作为一种前提而存在，因此，多数文献均将研究重点放在制度起源、制度演化及制度设计等方面，而忽视了对制度实施的探讨。对此，诺斯曾一针见地指出：“关于交易费用的大量文献都视实施为给定的，它们或者假定它为完全的，或者为永远不完全的。事实上，实施很少如此”②。或许因为这样，诺斯在制度进行研究时，除了将制度分为正式制度与非正式制度之外，还将制度实施纳入其分析视野。在诺斯看来，实施机制是制度的第三个构成部分，一个国家或者地区的制度是否有效，除看这个国家或者地区的正式规则和非正式规则是否完善之外，更主要的是看这个国家或者地区的制度实施机制是否健全。对此，诺斯写道：“实施方式确实是历史上的停滞和当代第三世界的发展不足的主要原因”③。在新制度经济学看来，离开了实施机制，任何制度尤其是正式规则就形同虚设。“有法不依”比“无法可依”更坏。例如，一些国家之所以在历史中发展落伍，其中一个重要的原因就在于制度实施机制的不完善。因此，制度实施或者契约的履约“已经成为研究交易成功或失败问题”的核心，但遗憾的是，较少有文献对那些使社会在制度实施或者契约履约时“成功或者失败的原因进行比较”和深入研究，不同国家和地区在制度执行程序时存在正式或者非正式的重要差异，当对有相同的“正式制度的国家进行比较时，这些差异甚至更令人惊讶”④，在拉丁美洲，虽然有些国家正式的法律制度和政治制度都是从西欧和美国引进的，但在不同国家，其制度的运行是完全不同于原产地的，其效果也完全不一样。世界银行发布的《2011年世界发展报告》基于制度经济学对制度实施、契约履约重要性的认识，将制度脆弱、制度能力、制度实现能力等提到了相应的高度，认为制度要能够发挥作用，必须提高制度实现能力。如果“制度实现能力不高，进一步降低了

---

① 克拉夫、基伏等：《制度与经济绩效：产权与契约的执行》，载克里斯托夫．克拉格《制度与经济发展》，法律出版社2006年版，第83页。

② 诺斯：《制度、制度变迁与经济绩效》，格致出版社、上海三联书店、上海人民出版社1994年版，第74页。

③ 诺斯：《制度、制度变迁与经济绩效》，格致出版社、上海三联书店、上海人民出版社1994年版，第75页。

④ 科斯、诺斯、威廉姆森等：《制度、契约与组织》，经济科学出版社2003年版，第296页。

人们的信任程度"[①]，对现有制度改革的诉求会进一步上升，使现有制度更加不稳定。

在前面的分析中，我们已经说明，契约是一种重要的制度安排，契约或者契约订立过程"是当代制度经济学的一个研究核心"[②]，在制度经济学看来，契约之所以重要，是"因为产权通过合同进行让渡，交易允许权利'束'的交换，权利束的获得者有权处置购买到的动产或不动产。这里，合同至关重要，因为他是交换权利束的有效方式"[③]。不管是进行商品或者服务交易，还是其他的社会经济活动，有关主体签订契约、选择契约只是开始，契约签订之后，"执行成为一个关键的问题"。要通过契约促进合作，其履约是关键。因此，履约机制就成为契约经济学研究的一个非常复杂的课题，正如乔斯·艾伯托·卡里巴尔迪—弗尔南德兹所说："契约的制度嵌入（the institutional embeddedness of contracts）成为中心问题"[④]。契约履约机制的建立之所以重要，其原因在于：一是交易的复杂性。交易越复杂，履约机制的建立越重要。二是人的有限理性以及机会主义行为动机。三是交易或者合作双方的信息不对称，容易导致对契约的偏离。判断一个国家契约实施机制是否有效的主要标准是违约成本的高低，强有力的契约履约机制将使违约成本极高，从而使违约人发现违约的成本高于违约的收益，进而保证有关契约的顺利实施[⑤]。

二　履约机制的选择：一个诺斯的注释

在新制度经济学家看来，对于已经达成的契约而言，履行契约的方式不是单一的，而是多样的。签约双方或者多方当事人可以选择自我履约，这是一种成本最低的履约方式。但由于机会主义行为的存在，可能有当事人不履约或者没有完全按照达成的约定履约，只是部分履约。这时就可能存在第三方参与下的履约问题，这时第三方参与下的履约就成为促进经济社会顺利运行的关键机制。

契约一经达成之后，契约是自我履约还是在第三方参与下履约？换

① 世界银行：《2011个世界发展报告》，清华大学出版社2012年版，第100页。

② 菲吕博顿、瑞切夫：《制度经济学》，上海财经大学出版社1998年版，第16页。

③ 菲吕博顿、瑞切夫：《制度经济学》，上海财经大学出版社1998年版，第17页。

④ 乔斯·艾伯托·卡里巴尔迪：《透视之镜：观念对制度执行的影响》，转引自科斯、诺斯、威廉姆森《制度、契约与组织》，经济科学出版社2003年版，第298页。

⑤ 洪名勇：《制度经济学》，中国经济出版社2012年版，第102页。

言之，在什么情况下契约是自我履约的？在什么情况下契约会采取第三方参与时才会履约？诺斯认为，契约在以下情况下更倾向于采取自我履约：第一，在一个财富最大化的世界中，当契约双方的支付额与应付额相等时，契约双方当事将会自我履约。也就是说，在衡量与实施合约没有成本时，从契约履行中获得的收益将大于成本。第二，交易双方信息对称并且为重复交易时，契约是自我实施的。正如诺斯所说："在交换双方相互具有关于对方的大量知识以及交易中包含重复交易时，合约是自我实施的"①。在人格化的世界中，由于交易的自然空间受到一定限制，并且人与人之间存在非常紧密的关系，欺骗、偷懒、机会主义相对较少，自我履约的可能性比较大。第三，抵押品的交换，交易时由于抵押的存在，增加了不履约的成本。第四，对违约商人的排斥，威胁着违约者未来持续收益，提高了双方按合约行事的激励。第五，亲缘联结，通过共同信仰组织起来的小团体，提供了一个按合约行事是值得的框架。第六，在不同时期和不同地方由意识形态赋予的团结和诚实也促进了契约的自我履约。如果达成交易契约的双方或当事人不自我履约，那么契约的履约或者实施就只有借助于第三方的参与。尤其是在法律制度的保障下，由"政治团体来充当第三方并使用强制办法来实施合约，这在监察与实施合约时会具有巨大的规模经济"②。

三　履约机制选择：巴泽尔的分析

在《国家理论》这一名著中，巴泽尔对契约履约机制的选择进行了研究，并将契约履约机制分为自我履约机制与第三方参与的履约契约。在巴泽尔看来，有多种因素影响人们对契约履约机制的选择，这些因素是：一是契约带给各方的收益时间路径，二是执行和实施契约所需要的信息，三是维系长期关系的能力，另外惩罚成本对契约履约机制的选择也有影响。

第一，收益的时间路径。就两种契约收益的时间路径而言，自我履约机制只支持那些在契约整个存续期中各净值为正的协议。如果在契约生命期的某一个时点上有一方认为契约不再有利于自己时，就可能选择

---

① 诺斯：《制度、制度变迁与经济绩效》，格致出版社、上海三联书店、上海人民出版社1994年版，第75页。

② 诺斯：《制度、制度变迁与经济绩效》，格致出版社、上海三联书店、上海人民出版社1994年版，第79页。

不执行契约而是选择退出契约。就第三方而言，其充分条件就是契约制定时各方在项目中的份额净收益为正数。图 20-1 对收益的时间路径与契约履约的选择进行了刻画，对于自我履约机制而言，按照巴泽尔的观点，其收益一直为正，即自我履约收益流曲线总是位于横轴上方；但对于第三方参与的履约来讲，其契约的收益流曲线在不同时间点可能不一样，有时可能是正的，有时可能是负的。

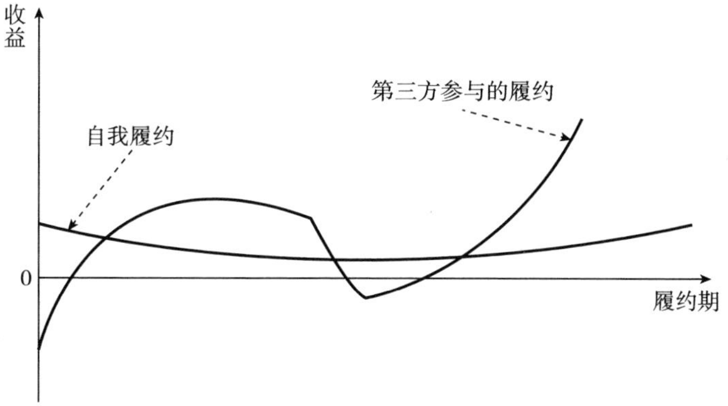

图 20-1 收益的时间路径与履约机制选择

第二，信息条件。信息是影响契约选择的一个重要因素，信息影响契约选择时包括信息量的多少和了解对方行动而必须承担的成本两个方面。对此，巴泽尔指出，在自我履约和第三参与的履约进行选择时，“主要的决定因素与协议方对其他人的信息数量有关，信息量是其他参与者数量的函数”①。如果契约仅涉及两个参与者，参与者获取信息的途径是作为不可缺少的条款写入契约的，每一方都知道自己要拿出什么东西，都知道自己的生活函数，每一方都知道对方做什么，例如，在契约双方的相互作用过程中，另一方是否伤害了自己。这样，每一方都可以以较低的成本获取自己所需要的信息。但这里存在的另一个问题是，受伤害者不能向第三方证明这种伤害，或者不能以较低的成本来证明这种伤害是谁造成的。对此，巴泽尔举例说，一个人知道自己丢了一件没有标志

① 巴泽尔：《国家理论——经济权利、法律权利与国家范围》，商务印书馆 2006 年版，第 87 页。

的工具，没过几天他看自己的邻居开始使用这件工具。如果他想通过正式渠道如通过第三方要回自己的工具，就必须向第三方证明这件工具是自己的。但这种证明不仅是困难的，而且成本可能非常高。另一个例子就是家庭暴力，受害者不能轻易证明发生过暴力，尤其是冷暴力的情况更是如此。在这种情况下，如何解决有关问题？我们常常选择自我履约而不是第三方参与的履约。

第三，长期关系。自我履约机制要求重复的相互作用，这种相互作用是以合作对双方都有利为前提的，如果相互作用的条件不再有利时，第三方参与的履约机制就可能会替代自我履约机制。

第二节　自我履约机制

在新制度经济学家诺斯等看来，就多数的制度安排而言，其实施主要是自我实施的。就契约而言，多数契约是自我履约的，这一点不仅在过去传统社会中是这样，即使是发达的市场经济中也是如此。因此，研究契约的自我履约机制是非常重要的。

一　契约的自我履约及重要性

在制度经济学的分析中，契约的自我履约相当于制度的自我实施。“自我实施”概念是对市场制度运行特征的总结。最初提出“自我实施”这一概念的是特尔泽。根据他的严格定义，在一个“自我实施”的契约中，是由契约相关各方来判断契约是否被违背，而承诺则是通过终止契约的威胁来实现的。一方对另一方违反契约条款的唯一办法是终止契约①。克莱因在《不完全契约在自我执行交易中的作用》一文中指出，契约经济学家在认识到契约不完全之后，沿着两条主线对契约进行研究，其中一条主线强调，自我履约对于契约履约的重要性，在这方面，斯图亚特·麦卡里（Stuart Macaulay）对此进行了开拓性研究，他的文献说明，在绝大多数业务关系中，契约的履约是依靠终止业务关系的制裁而并不是依靠法院的强制力的威慑得以进行的，在此基础上，该分支对一些自我执行的模型进行了进一步发展，使终止契约的制裁措施足以使当

---

① Telser, L, A. “Theory of Self-Enforcing Agreements”, *Journal of Business*, 53, pp. 27-44.

事人履行义务[①]。自我履约是无限重复博弈下无名氏定理的体现，这里没有第三方的参与，不需要政府的干预，即市场机制是自动运行的。

在巴泽尔看来，虽然通过暴力威胁或者暴力使用来实施契约是国家的一个基本特征，但暴力并不总是契约实施的最有效手段，因此，国家并不是唯一的契约实施者。使用非暴力的第三方也具有比较优势，例如，各种服务和知识产权提供的契约，以及不同国家居民之间的契约。“当第三方用以实施合约的信息具有主观色彩时，自我实施就具有优势了”[②]。在诺斯看来，社会经济中的多数制度安排不仅是非正式的，而且也是自我实施的。对此，巴泽尔也持类似观点，巴泽尔写道：“在人类之间的相互作用开始时的早期社会，所有的协议肯定都是自我实施的，因为不存在外部组织以提供第三方实施。当然，任何形式的协议最终都必须是自我实施。第三方实施（包括国家实施），都在自我实施的协议之中”[③]。在巴泽尔看来，第三方参与的契约履约需要契约引导，即委托人和想要成为第三方的实施者之间的契约。这些契约必须被自我履约，在他们的相互关系中，第三方和委托人必须分别或者共同察觉到：继续保持他们的关系比现在违背契约更为有利。

综合起来看，自我履约机制是一种十分重要的履约机制。在制度经济学家诺斯、巴泽尔及克莱因等看来，在现实经济生活中，大多数契约都是自我履约，只有少数契约是依靠法院等第三方参与下来强制履约的。例如，克莱因就写道：“大多数现实世界的商业关系大部分是依赖这种私人的履约而不是法院的强制执行”[④]。以巴泽尔看来，在契约的两种履约机制中，虽然第三方参与的履约机制是重要的，但由于“第三方实施的成本很高，因此，不能适于所有情况”[⑤]，契约的自我履约就非常必要。其实，在经济社会运行中，就契约的履约而言，自我履约多于第三方参

---

① 本杰明·克莱因：《不完全契约在自我执行交易中的作用》，转引自埃里克·布鲁索《契约经济学》，中国人民大学出版社 2011 年版，第 48-57 页。

② 巴泽尔：《国家理论——经济权利、法律权利与国家范围》，商务印书馆 2006 年版，第 5 页。

③ 巴泽尔：《国家理论——经济权利、法律权利与国家范围》，商务印书馆 2006 年版，第 51 页。

④ 本杰明·克莱因：《契约与激励：契约条款在确保履约中的作用》，转引自科斯、斯蒂格利茨《契约经济学》，经济科学出版社 1999 年版，第 199 页。

⑤ 洪名勇：《制度经济学》，中国经济出版社 2012 年版，第 102 页。

与下的履约。

二 资产专用性、“敲竹杠”与契约自我履约范围

（一）资产专用性

资产专用性这一概念的提出者威廉姆森认为，如果资产没有专用性，交易成本经济学就没有了说服力。因此，资产专用性在制度经济学中具有非常重要的地位。资产专用性的思想可追溯至李斯特，他认为人的经验、习惯和技术，在失去了本业以后，大部分不复存在，这说明个人在生活中积累起来的人力资本具有专用性。后来，马歇尔以房租和水力轧钢厂为例进行分析，说明如果水力和土地的产权主体不同，不同主体对组合准租金的分割是十分困难的，甚至终止项目。这说明，马歇尔的研究实质是以专用性投资为基础的。在威廉姆森看来，资产专用性是维持投资生产价值的条件，由于资产可用于不同用途，资产在不同用途和由不同使用者利用的程度。资产专用性是在为支撑某种特定用途或交易而进行了耐久性投资后形成的，目的是降低经营成本而获得超额利润。

（二）资产专用性与“敲竹杠”

资产专用性与沉没成本有关，一旦形成投资于某一领域，就会产生一种锁定效应，如果转换用途，不仅比较困难，而且还会贬值①。这意味着专用性投资使交易双方都被对方所“锁定”，即如果交易双方进行投资或者交易的资产具有专用性，不仅自己“锁定”了对方，而且自己也被对方所“锁定”，即资产专用性给交易双方实施“锁定”，具有锁定效应。如果交易具有锁定效应，则任何一方的退出都会对对方形成一种“威胁”。同时，锁定效应随着资产专用性程度的增加而增强，退出“威胁”给对方带来的潜在损失也就增加。交易双方在交易之前对契约的理解并明确规定有关违约条款的成本非常高，如果对方违约之后将之诉讼至法院，使之履约、保护自己权益的不仅成本高，而且困难重重。所以，如果交易中存在进行专用性投资，由于契约的不完全，交易一方可以在事后对另一方的收益进行掠夺，使“敲竹杠”行为得以发生。

资产专用性使“敲竹杠”成为可能，而契约可能是化解“敲竹杠”的制度安排。正是从这种意义上，本杰明·克莱因对契约进行了自己的

① 刘凤芹、王姚瑶：《资产专用性、敲竹杠及其治理安排：一个前沿综述》，《产业组织评论》2012 年第 4 期。

解读，他认为，契约通常被主观解释为通过允许合作双方从事可信赖的联合生产的努力，以减少在一个长期的商业关系中出现的行为风险或者“敲竹杠”风险的设计装置。“敲竹杠”风险来自这样一种可能性，交易者通过从交易合伙人所进行的专用投资中寻找准租金，可能会违背他们的契约规定[①]。“敲竹杠”行为是指“一方利用交易伙伴已经做出了专用性投资并且治理交易关系的契约是不完全的这一事实，来侵占来自关系专用性投资的准租金”[②]。但是，由于契约的不完全，任何契约都隐藏“敲竹杠”的可能。在契约经济学的分析框架中，“敲竹杠”是不完全契约理论的核心内容之一。

（四）声誉机制与契约的自我履约

在现实经济生活中，随着经济组织的不断演化和发展，不仅专用投资不断增多，而且与资产专用性有关的契约也大量增加，“敲竹杠”不仅成为我们司空见惯的经济行为，而且也越来越受到学术界的关注。如何治理“敲竹杠”成为契约经济研究的一个重要课题。在对“敲竹杠”的治理理论中，声誉机制、担保机制、激励机制、参照点合约等引起了学术界的研究与探索，其中声誉机制无论在提出时间，还是文献数量上都占有重要地位，被认为是关系性合约自我履行的基础。

Klein 在其自我履约或者自我实施的分析模型中，将违约者损失的预期收益贴现值[③]这一私人惩罚称为交易者的声誉资本。由此，将声誉机制引入到契约履约的分析模型之中。

在一份具有资产专用性的契约中，契约当事人 A 从违约中可获得的短期收益为 E_a，但违约也可能使自己失去合作伙伴和继续合作取得相应的收益，因违约而失去的未来收益流贴现值为 PV。PV 称为缔约者的私人履约成本，即对违约者进行私人惩罚的基础。它由两部分具体损失构成：一是与交易终止有关的直接未来损失，二是交易者市场声誉贬值所带来的声誉损失。

---

① 本杰明·克莱因：《契约与激励：契约条款在确保履约中的作用》，转引自科斯、斯蒂格利茨《契约经济学》，经济科学出版社 1999 年版，第 184-211 页。

② Klein Benjamin. “Fisher-General Motors and the Nature of the Firm”, *Journal of Law and Economics*, 2000, 43 (1): 105-141.

③ 它具体表现为对不履约的交易者实施终止合约关系的制裁时，该交易者所可能失去的预期未来利润。

第一，直接损失。这种损失来源于两个方面：一是资产专用性套牢机制所导致的沉没成本，资产专用性导致的沉没成本等于已经投入专用性资产的贴现值 PV_1。

$$PV_1 = \sum_{i=1}^{n} \frac{PV_i}{(1+r)^i} \tag{20-1}$$

在式（20-1）中，PV_1 为契约不再履约后违约者未来专用资产价值损失，r 为贴现率，n 为契约继续履约存在的履约期数。在关系契约安排下，契约双方关系不仅是一种法律上的契约关系，而且还会嵌入社会关系，使不履约方付出的资本代价。在关系契约中，由于专用性投资巨大，交易环境复杂，合约方通常会搁置部分未详细说明的条款而依靠大量的非正式规则。为了达到对对方的控制，加强彼此间关系和权利的相互渗透，交易者除要对固定的专用资产进行投资外，还要对特许的购销渠道、双方建立的人际关系维护进行必要的投入，此外还有大量具体明确的保护性措施，如抵押、保证金，等等。当交易一方发生违约时，他不仅要付出专用性资产投资的沉没成本，还要考虑各种默认性措施强加其上的代价。与专用资产类似，用 PV_2 来表示默认性保护措施引起的价值损失的贴现值。

$$PV_2 = \sum_{t=0}^{n} \frac{p_{1t}}{(1+r)^t} + \sum_{t=0}^{n} \frac{p_{2t}}{(1+r)^t} + \sum_{t=0}^{n} \frac{p_{3t}}{(1+r)^t} + \cdots + \sum_{t=0}^{n} \frac{p_{it}}{(1+r)^t} \tag{20-2}$$

在式（20-2）中，p_{it} 为不同措施带来的未来各期预期价值损失，有多少种默认措施就会产生多少种贴现价值的流失。

第二，声誉损失。一个被施加过私人惩罚的交易者在未来交易市场中处理合约关系时会被考虑曾经有过的违约“前科”，使其潜在和正在进行的交易伙伴在将来不愿意依赖该交易者的口头承诺，而要求更为有利或更为明确的契约条款，从而导致其在未来交易中的成本增加。

$$RC = \sum_{t=0}^{n} \frac{\pi_t}{(1+r)^t} \tag{20-3}$$

在式（20-3）中，RC 表示声誉贬值损失的贴现额，对式（20-1）、式（20-2）和式（20-3）进行分析发现，由合约关系终止所引起的未来价值损失可完整表示为：

$$PV=PV_1+PV_2+RC=\sum_{t=0}^{n}\frac{k_t}{(1+r)^r}+\sum_{t=0}^{n}\frac{p_{1t}}{(1+r)^t}+\sum_{t=0}^{n}\frac{p_{2t}}{(1+r)^t}$$

$$+\cdots+\sum_{t=0}^{n}\frac{p_{it}}{(1+r)^t}+\sum_{t=0}^{n}\frac{\pi_t}{(1+r)^t} \qquad (20\text{-}4)$$

对应于声誉成本，称 PV_1+PV_2 为物质成本，这样交易者的私人履约成本包括声誉成本和物质成本两个部分。为使交易双方顺利履约，“敲竹杠”，需要保证 $E_a<PV$，想要实现这一条件，可以从两方面入手：

第一种方法是减少 PV。将契约条款写得更加明晰，通过契约减少“敲竹杠”的概率。在契约中尽量规定清楚产品数量、交易价格等第三方可强制执行的契约条款，以第三方参与的强制约束控制减少交易对方可以从自己这里获取的准租金，减少被他人“敲竹杠”的可能性。契约中需要明确说明的条款以反向的关系影响着私人的履约成本，如果契约内容非常具体、条款多，履约成本较低；如果契约内容比较粗、条款较少，例如口头契约，这时履约成本就非常高。这样契约条款不再只是机制设计理论中作为代理人创造最优激励的一种装置，而是作为默认措施的一部分，对自我执行机制进行补充，减少可被挤占的准租数量，促进合约履行。

第二种方法是增加 PV。即扩大自我履约范围，通过转移未来租金的方式改变缔约者的私人履约成本。具体来说，就是通过规定一个与未来履约有关的奖赏或惩罚，以实现私人履约成本在不平衡缔约主体之间进行转移。契约一方可以通过设置的奖惩措施促使另一方自我履约。如果对方采取了自我履约的行为，将一部分租金转移给他；如果对方没有自我履约，则终止这种租金转移，从而使违约方的违约成本增加。

由于声誉机制的作用，契约的自我履约，会减少违约的短期收益 E_a，增加私人的履约成本 PV，使契约处于自我履约的范围内。在这一范围内，交易契约是任何一方敲竹杠的潜在收益违约成本，从而降低了潜在违约者选择机会主义行为的动机。默认契约和声誉机制都可以预防敲竹杠行为的发生，促进契约的顺利履约①。同时，声誉机制仅能通过增加私人成本 PV 来扩大自我履约范围，而默认契约可以通过增加 PV 和明晰契约条款减少 E_a 两方面发挥作用，声誉机制与默认契约的共同作用，减少了

① 刘凤芹、王姚瑶：《声誉机制与默认合约：一个“敲竹杠”治理方案的实证比较，《社会科学战线》2013 年第 11 期。

"敲竹杠"行为，提升了契约自我履约的概率。

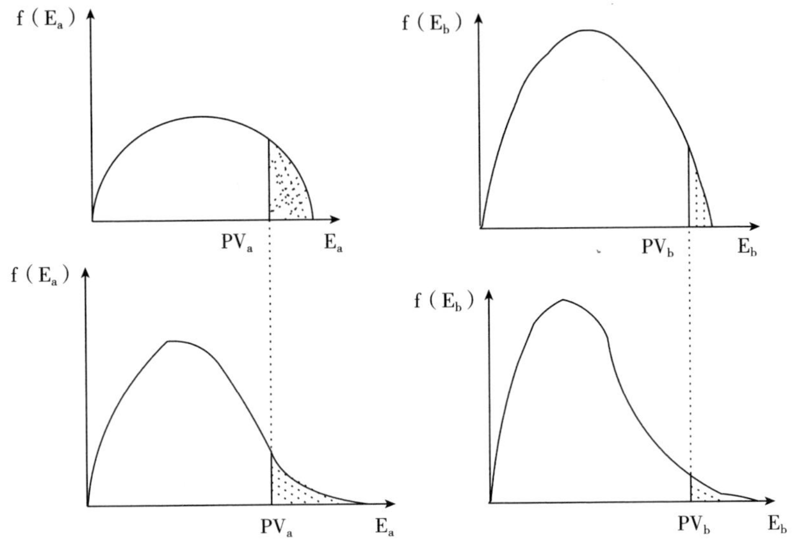

图 20-3 契约关系减少"敲竹杠"的可能性

以上对契约自我履约的分析模型可以说是一个有用的分析框架，在这个分析框架中，通过法院强制履约的契约条款是"自我履约范围"的私人履约的一种补充。这可以用图 20-3 来进行说明，图 20-3 提供了交易者 A 和交易者 B 潜在的"敲竹杠"的概率分布，而"敲竹杠"的潜在可能性是由交易者"敲竹杠"的概率分布的区域来描述的，这种分布大于私人履约成本的分布。在图 20-3 的左边，在交易者 B 进行了专用性投资之后，交易者 A"敲诈"交易者 B 的潜在区域就产生了，交易者 B 将试图使预期的"敲竹杠"的概率的价值最小化，或者在大于每一个交易者个人可履约成本以外的"敲竹杠"可能发生的部分中，使两者"敲竹杠"的概率分布的尾部阴影部分的面积最小化。为使阴影部分面积最小化，有两种方式：一是直接运用契约条款减少"敲竹杠"的概率。通过在契约中明确界定法院可以强制执行的契约条款，例如交易的产品数量、质量和价格等，在图 20-3 的右边，阴影部分的面积明显减少。二是改变交易者之间的私人履约成本，即交易者利用契约条款改变自我履约区域的位置，使"敲竹杠"不会发生。在这方面，一个有用的案例就是特许经营。在特许经营契约下，代理人存在搭委托人声誉便车的可能，为阻止这种行为发生，委托人可以划定一个区域，执行一个最小的再转让售价，作为代理人可能欺骗委托人的代价。

假设从一个交易者到另一个交易者的私人可履约成本的转变是“以牙还牙”，那么，每一个交易者将试图使两个交易者“敲竹杠”总的潜在预期价值最小化。如果用 c 表示改变私人可履约成本，则特许经营意味着两者阴影部分的概率分布有关的预期“敲竹杠”价值是最小的，即：

$H_a \cdot f_a(PV_a+x)-H_b \cdot f_b(PV_b-x)$，或者：$H_a \cdot f_a(PV_a+x)=H_b \cdot f_b(PV_b-x)$　　(20-5)

在图 20-4 中，最优的契约均衡将出现在对两个交易者都完全一样的预期“敲竹杠”分布的较高的区域。

三　自约履约机制：基于委托代理视角的分析

对于已经签订的契约来讲，在什么样的条件，这一契约将不需要第三方参与而自我履约？诺斯认为，在一个财富最大化的世界，当契约“双方的支付额与应付额相等时”①，签订契约的双方将会自我履约，即契约将是自我实施性的。也就是说，在衡量与实施契约没有成本时，自我履约获得的收益将超过成本。迪克西特在《法律缺失与经济学：可供选择的经济治理方式》这一著作中，建立了契约自我履约的计量模型②。

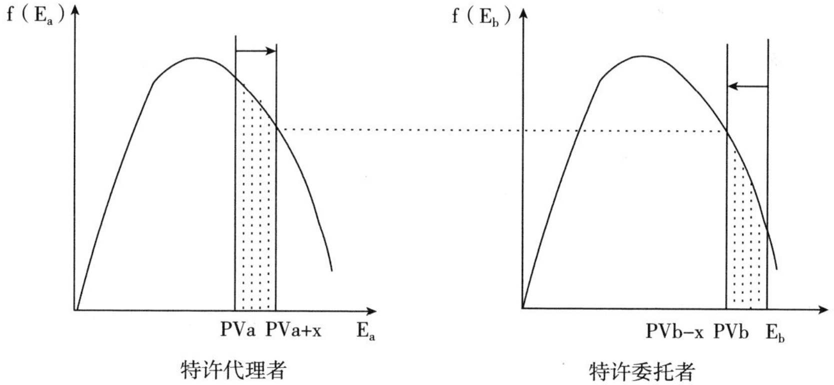

图 20-4　契约改变私人可履约成本的契约变动

① 诺斯：《制度、制度变迁与经济绩效》，格致出版社、上海三联书店、上海人民出版社 1994 年版，第 49 页。

② 迪克西特：《法律缺失与经济学：可供选择的经济治理方式》，中国人民大学出版社 2007 年版，第 35—42 页。

如果代理人在委托契约之外的效用 U 表示，代理人的行动带给委托人的结果为 y，y 的含义是边际产量，代理行为的绩效为 x，x 的含义是代理行为对绩效的边际产量，代理人的收益由三部分构成。

一是工资 s，由委托人无条件支付，必要时可借助法律手段执行。二是如果 $x=1$，客观上由委托人支付的红利 ξ，必要时也能借助法律来执行。三是如果 $y=1$，根据委托人主观评价支付的红利 η，这在委托人和代理人之间的重复博弈中是自我实施的，在重复博弈中的贴现率为 r。如果把 x 和 y 视为 n 维欧氏空间里的单位向量，则 K 是它们之间角的余值。

代理人的最大化效用为：$U=s+\frac{1}{2}(\xi^2+2K\xi\eta+\mu^2)$ （20-6）

委托人的预期收益为：$\Pi(\xi,\ \eta)=(K\xi+\eta)-\frac{1}{2}(\xi^2+2K\xi\eta+\eta^2)$ （20-7）

在最优时，委托人欺骗的直接收益是 1，随后每期的利益损失为式（20-8）：

$$\left(\frac{1}{2}-\mu_0\right)-\left(\frac{1}{2}K^2-\mu_0\right)=\frac{1}{2}(1-K^2) \tag{20-8}$$

因此，委托人遵守关系契约的条件是，1 要小于这些随后损失的资本价值，即 $1\leqslant(1-K^2)/2r$，或者 $(1-K^2)\geqslant 2r$。

图 20-5 中横轴是贴现率 r，纵轴是 $1-K^2$，它度量了外部评价 x 的弹性的不准确性。在图中，纵轴变数的上限为 $1-2\mu_0$，反映了外部契约比合作破裂更好的假设。OF 线的斜率为 2，位于这条线西北方向即 FB 区域中的所有点上时，最优情况都能够自我实施，在这一区域，K^2（绩效外部评价准确性）不断增加，虚线垂直向下移动，最终导致最优情况不可能达到。这是因为委托人转向正式契约的收益在不断增加，而放弃关系契约的动机不断增强。

如果我们对 $(\xi,\ \eta)$ 进行全面分析，委托人从违背关系契约的红利支付承诺中获得的收益是 η，未来每一期的损失是 $\Pi(\xi,\ \eta)-\Pi^{Ext}$，因此，不欺骗的条件为：$\eta\leqslant[\Pi(\xi,\ \eta)-\Pi^{Ext}]/r$，或者 $\Pi(\xi,\ \eta)-r\eta-\Pi^{Ext}\geqslant 0$，委托选择 $(\xi,\ \eta)$ 便得 $\Pi(\xi,\ \eta)$ 在这一约束条件下达到最优化，这就产生了有关代理行为的次优的关系契约。在图 20-6 的 FB 区域，$(1-K^2)/r$ 的比率大于 2，外部评价相对不准确，未来相对重要（贴现率相对低），在一个以准确的绩效内部评价的纯关系契约中，并且这一纯关系契约能够得到自我实施，使自我实施达到最优，这时社会的剩余为 1/2。在 *SB* 区域，（$1-K^2$）/r 的比率在 1 至 2，在线 *OF* 和 *OS* 之间，在这一区域，最可行的关系契约是一个次优选择，采取正式契约与支付红利的关系契约的混合形式，绩效的外部评价的准确性增强对委托人不欺骗的约束，减少了对内部证明的依赖，总剩余下降。在 *FRML* 区域，（$1-K^2$）/r 的比率小于 1，这是 *OS* 线与横轴之间的区域，这里贴现率比较高，外部评价较强，这些增强对委托人的激励约束，使支付红利的关系契约不再被采用，仅仅采取外部契约，社会的剩余是 $K^2/2$，它随着外部评价准确性增加而增加，离横轴越近，K^2 越接近于 1，结果越优化。进一步讲，当交易双方高度重视未来，并且在外部绩效评价质量比较低时，关系契约是最有效的契约，当激励约束很强时，关系契约产生一个次优契约时，对外部评价的改进将会恶化关系契约的结果。

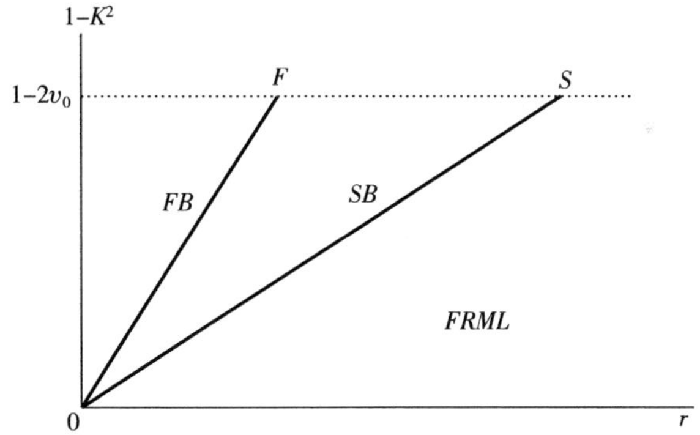

图 20-5　外部绩效评价的准确性和关系契约的成功

最可能的和确实的实证观察表明，在交换双方相互具有关于对方的大量知识以及交易中包含重复交易时，契约是自我实施的。诺斯认为，在原始部落、原始社会以及一个小区里，由于一个紧密的社会相互作用系统，交易的度量成本非常低。欺骗、偷懒、机会主义所有这些现代市场经济中存在的诸如机会主义等问题，都是非常有限或者不存在的，基本上不存在由第三方参与或者由一套正规的规范来推进契约的履约问题。

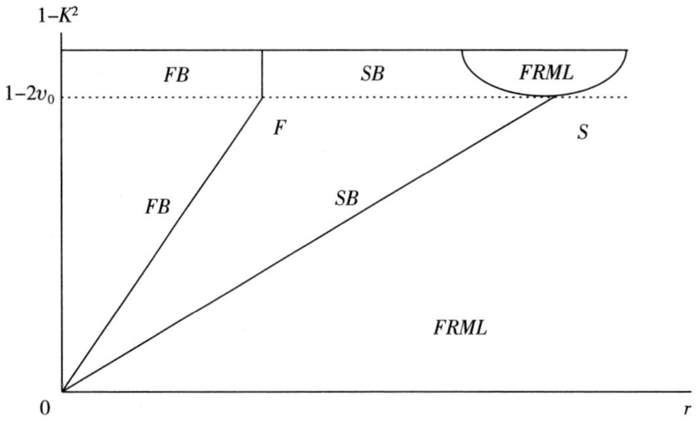

图 20-6　最优正式契约和关系契约

四　基于市场的契约自我实施机制

在克莱因和莱弗勒看来，虽然第三方参与的契约实施机制是重要的，但在市场经济中，在没有第三方参与的条件下，契约不需要政府或者其他第三方参与，“交易者通过中断商业关系的威胁来执行契约性承诺”。这种机制对于契约的自我实施不仅有价值，而且是一种极为重要的契约实施方式。

（一）价格贴水与商品质量契约的自我实施

在市场经济中，企业供给一定质量的商品，而消费者按照一定价格支付企业。对于每一次商品交易而言，假设交易是一次完成的，即消费者支付一定货币后获得一定数量和质量的商品所有权。在这一场合，商品供给者与消费可以签订书面契约，也可以仅仅是口头契约。不管是什么样的契约，在这种契约安排中，对于商品数量，进行计量是比较简单的，这里的核心问题是在于商品质量，在购买时消费者不仅不能准确观察和测度，而且测度成本也是非常高的。因此，如让企业按照商品说明书或者交易时契约的质量供给相应的商品就成为一个难题。假设消费者能无成本地知道所有市场价格和生产技术，但不知道商品质量。假设商品属性可以通过一个客观的质量标准进行考核，以 Q 表示，这里的质量是指包含在商品中的某属性合乎消费者需求的程度。例如衣服的不起皱或不褪色性。假设消费者每一时期考虑在购买一种产品 X，这一时期的长短由产品 X 的寿命确定（再购买时期）；不同的消费之间可以无成本地相互交流质量信息。这样，如果企业把低于契约规定质量的商品卖给一消费者，那么下一期购买之前所有消费者知道相关信息。并且假设，企业按照契约要求低质量供给消费商品不会随时间的变化而变化。假定所有的企业采用一样的生产技术、生产工艺，这一假设意味着，生产相同产品的企业具有相同的总成本函数，$C=c(x, g)+F(q)$，这里 F 表示固定（相对于速率）成本。总成本随着质量和产量的变化而变化，$Fq>0$，$Cq>0$，$Cx>0$，假设边际成本是质量的函数，即边际成本随着质量的提高而增加，$Cxq>0$。假设固定成本为每一期开始时的明显支出，而不包括分摊在当期中的资本成本。这样，当期意义上的“固定”成本与“沉入”（非残值性）的资本成本是不一样的。因此，我们将明确区分在这里所采用的不变（相对于产出）的当期成本意义，如果所有不动产和金融资产如机器设备或者机器如期租赁契约，可以通过无成本地再出售得到完全补偿，那么就不会有任何资本成本。只有任何长期承诺的不可偿部分才被视为当期沉入资本成本。

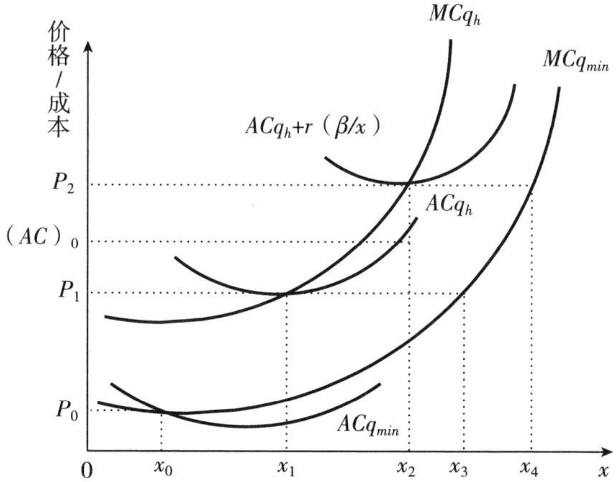

图 20-7　不同质量水平下的定价和生产

在图 20-7 中，纵轴不仅表明商品的价格或者成本，而且价格还用来衡量商品质量，例如，两种不同商品的质量 q_h 和 q_{min} 就是用价格 p_1 和 p_2 来度量的。假设购买前的检查只能说明其质量是否低于某一最低水平 q_{min}，而且购买前成本也阻止人们判定质量是否高于 q_{min}。只要消费者对已确定的高质量愿意支付的市场价格超过生产最低质量产生的成本，企业就可以通过生产最低质量商品，并以高质量商品出售来增加超过交易契约规定的利润。

在没有第三方参与实施契约的情况下，如果某一企业没有生产低质量商品而欺骗性地获得超过交易契约规定的利润，而是生产符合交易契约的商品，那么是否存在一种机制对企业进行正向激励？对于这类企业，如果一个消费者购买了其商品，那么相关信息将会在同类消费者之间进行传播，不仅自己下一期还会购买该企业商品，而且其他消费者也会购买商品。相反，不履行契约的企业，同一消费者不仅下一个购买期不再购买其商品，而且所有消费者都不会再购买“骗人”企业的商品。

在图 20-7 中，在高质量产出的完全竞争价格 P_l 时，价格等于高质量生产的平均成本，准租为零。如果企业准备欺骗性地生产最低质量产品，那么，作为价格接受者，它将把其生产扩大至 X_3，这时 $P_1=MC_{qmin}$，这样企业就可以获得一个时期的准租金，其现值等于：

$$SW_1=\frac{1}{1+r}\{(P_1-P_0)x_3-\int_{x_0}^{x_3}[MCq_{\min}(x)-P_0]dx\} \qquad (20-9)$$

当任何质量的完全竞争价格高于 q_{min} 时，企业总将欺骗消费者，并供给质量为 q_{min} 的商品。在这种情况下，消费者认识到，不管企业如何承诺，自己不可能得到交易契约规定质量的商品。这样，消费者将只愿意为他们在购买前可以检验其质量的最低质量产品支付（无成本信息）价格，即 P_0。由于理性消费者的这种预期，企业就不能欺骗消费者，但也不会供给满意的高质量产品。

但是，还可能存在高于高质量产品的完全竞争的价格 P_1，如果 P_1 是市场均衡价格，那么就可以，一是促进守信用的高质量产品的生产，二是不完全浪费掉来自高质量产品购买的消费者剩余。在图 20-7 中的价格 P_2，生产高质量商品的企业将把其生产扩至 X_2。把价格贴水 $\widetilde{P}$ 定义为高于高质量产品生产最低平均成本的价格增加，它使企业能供给高质量产品并持续获得准租金收入，其现值（假定成本和需求条件并不随时间而变化）等于：

$$SW_2=\frac{1}{r}\left\{(\widetilde{P}x_2-\int_{x_1}^{x_2}[MC_h(x)-P_1]dx\right\} \qquad (20-10)$$

价格贴水同时增加了不履行交易契约，即以高价格供给低质量产品企业的收益。选择欺骗手段的企业现在将扩大其产出，图 3-7 中将生产规模扩大至 X_4，并获得额外的报酬，其获得准租金的资本价值是：

$$SW_3=\frac{1}{1+r}\left\{[(\widetilde{P}+(P_1-P_0)]x_4-\int_{x_0}^{x_4}[MCq_{\min}(x)-P_0]dx\right\} \quad (20-11)$$

只要企业的非欺骗策略和欺骗策略的资本价值之差 SW_2-SW_3 大于零，企业就会自动实施质量契约。考虑不履行契约企业（欺骗企业）和履约企业（非欺骗企业）两者的准租金流量，即我们的表达式（20-10）和式（20-11）中大括号内部分。QR_2 等于 rW_2，QR_3 等于（$1+r$）W_3，当且仅当 $\frac{QR_3}{QR_2}\leqslant\frac{1+r}{r}$ 时，企业选择自动履约。因此，只要 $\lim\limits_{\widetilde{P}\to\infty}\left(\frac{QR_3}{QR_2}\right)\leqslant\frac{1+r}{r}$，就会存在促使企业自动履约，即存在让企业生产高质量商品的价格贴水①。

假设质量保证价格是存在的。给定成本和需求的条件，质量保证的最低价格将取决于所考虑的质量水平，用 $P^*=P^*$（q，$q_{\min}$，r）表示。如果质量提高、最低质量下降和利率增加时，质量保证价格将上升。这些条件与这样一种相类似的认识一致：给定某一质量水平，质量欺骗就会减轻，在购买前可查明的质量水平会更高，再购买期限则更短。这意味着价格贴水是诱导高质量供给所必需的。这样，如果价格能保证质量，那么生产质量高于 q_{min} 的企业似乎可以赚得正的经济利润。当价格高到足以保证某一高质量水平时，在利益机制的引导下就会有更多的企业进行这一行业，导致生产过剩和价格下降。所有供给某种允诺的质量 g 高于最低水平的价格接受企业在 $P^*=P^*$（q）时都面临一条水平的需求曲线，这一情况具有非同寻常的性质，即价格高于或低于 P^* 时就导致零销售。这样，消费者不会以低于 P^* 的价格购买做出承诺这一质量的商品。

企业之间的竞争，使企业专用性资本投资采取资产的形式，专用性投资代表了品牌（或者销售）的资本投资，从而塑造了企业或者品牌。这样，专用性投资向消费者提供最大价值的直接服务，使消费者购买质量保证的物品的“有效”价格最小化。在图 20-7 中，用以抵押以阻止欺骗的零利润的专用性资本或者品牌资本（资产）为：

$$\beta=\frac{[p_2-(AC)_0]x_2}{r} \quad (20-12)$$

---

① 本杰明·克莱因，基思·莱弗勒：《市场力量在确保契约绩效中的作用》，转引自陈郁《企业制度与市场组织——交易费用经济学文选》，上海三联书店、上海人民出版社 1996 年版，第 169-205 页。

在这里，$P^*(q_h)=P_2$，即企业的品牌投资的市场价值等于企业的专用性投资的总值，而企业的专用性投资又来自高质量产出的预期贴现流量的现值。假设生产没有资本（从而没有“沉入”）成本，在图 20-7 中，平均“总”成本等于价格 P_2，即

$$P_2=ACq_h+r(\beta/x) \tag{20-13}$$

式（20-13）中，ACq_h 表示平均生产成本，$r(\beta/x)$ 表示平均品牌成本。

式（20-12）和式（20-13）意味着，企业的专用性投资或者品牌投资只有通过未来销售的预期准租金进行回报，那么，如果企业供给低于预期质量的产品，它就失去这些担保品，并且在市场均衡时，价格贴现流量仅对相当于抵押担保品的专用性投资提供正常的收益率，从而促使企业履行契约，向消费者提供相应质量的商品。

五 声誉、信任与自我履约机制

如果从契约经济学的分析方法来对契约的自我履约机制进行研究，契约之所以能够自我履约，其内在机制有：一是声誉机制。二是信任机制。

20 世纪 80 年代，Kreps、Roberts 和 Wilson 等将声誉纳入经济学模型，学者才正式开始研究声誉对经济主体行为决策的影响问题①。Kreps、Milgrom、Roberts 和 Wiison 将不对称信息引入重复博弈，研究了在不完全信息重复博弈中经济主体之间履约行为的可信性问题，即不完全信息条件下有限次重复博弈中的合作均衡生成机制问题，这就是在信息经济学、博弈论等领域非常有影响的“KMRW 声誉模型”②。从经济学的视角看，对于处于市场经济运行中的主体来讲，声誉是一种非常重要的资产，这种资产不仅是有价值的，而且声誉资产的建立是要花费成本的。如果自己不履约契约，就会丧失声誉资产或者声誉使自己的声誉资产的价值大大下降，而且要恢复或者重建立自己的声誉资产所花的时间可能是比较长的、成本也是非常高的。所以，声誉机制促使契约得以自我履约。

对于契约的自我履行来讲，除了声誉机制之外，另一种重要的因素在于人们之间的信任和信任机制的运行。信任与信任机制是经济学、社

---

① 洪名勇、钱龙：《信任、声誉及其内在逻辑》，《贵州大学学报》（社会科学版）2014 年第 1 期。

② 洪名勇、钱龙：《声誉机制、契约选择与农地流转口头契约自我履约研究》，《吉林大学学报》（社会科学版）2015 年第 1 期。

会学和管理学研究的一个前沿领域。根据 Zucker 的分类，信任建立机制有三类，即基于过程、基于特征和基于制度[①]。也就是说，信任既可能来源于过程，也可能来源于特征，还可能来源于制度，当然也可能来源于三者的不同组合。在研究中，学者基本上采用信任方与被信任方这类对偶关系作为研究对象，并将信任视为在特定制度框架下的双边关系的一种指标。由此便形成了三种典型的信任建立机制模型，即基于被信任方的感知可信度模型和基于信任方的信任倾向模型、基于制度规范的新制度模型。正是出于对交易对方的信任，在签订交易契约之后，自己才会自觉履行契约规定的义务。

第三节　第三方履约机制

对于契约的履约来讲，第三方参与的履约机制具有非常重要的作用，虽然"市场交换的经济范式隐含着一个假设，就是政府界定产权和实施契约，建立经济模型的法哲学传统的一个重要因素就是，如果没有某个第三方执行者制裁盗窃的违法行为，市场交换将是不可能的"[②]。这种认识可能存在某些偏颇，但说明第三方参与的履约机制在契约履中的重要地位。而巴泽尔则认为，第三方参与的履约通常"可以实施得更好，因为第三方能向委托人提供一组激励措施，使其从中获得净收益超出他们在自我实施条件下所能获得的净收益"[③]。

一　从自我履约走向第三方履约

从契约履约演化的视角来看，契约履约的演化是从自我履约走向第三方履约，形成自我履约与第三方履约并存的格局。

（一）交换（交易）与契约履约机制

哈伊姆·奥菲克在《第二天性》这一著作中给出了三种交换方式，第一种交换为共生交换。共生是资源和服务跨越物种的互惠和互利的转让，

---

① 洪名勇、钱龙：《多学科视角下的信任及信任机制研究》，《江西社会科学》2013 年第 1 期。

② 陈郁：《企业制度与市场组织——交易费用经济学文选》，格致出版社、上海三联书店、上海人民出版社 1996 年版，第 170 页。

③ 巴泽尔：《国家理论——经济权利、法律权利与国家范围》，商务印书馆 2006 年版，第 49 页。

或称“交换”。有些经济学家认为，它最接近非人类行为者参与的正式交易。在农业领域，人类与经过自己驯化的植物和动物的关系即共生关系[①]。

非人类共生的最常见例证是动植物的关系（如无花果和黄蜂之间的关系）。动植物最佳地满足共生的两个条件为：一是各方不为同一资源而竞争，二是各方都有互相弥补缺陷的倾向。植物经常提供的是食物和庇护所，而得到的回报是授粉、散布、施肥和病虫害控制等。又如，在动物与绿色植物之间，通过在大气层内进行的氧气和二氧化碳的交换，这时动物与绿色植物之间的关系即为共生关系。

不管是人类与自然界之间的共生交换还是动物与绿色植物之间的共生交换，都不存在契约及履约问题。笔者这里要探讨的是人类内部不同人之间的交换，在人类社会的早期，整个经济是自然经济，没有分工、没有交换，不存在交易。从理论上讲，在各种条件下，应该没有交易契约。为协作生产，有可能存在生产领域的协作契约。虽然这种契约不可能是书面契约，但以口头契约或者心理契约的形式存在。

血缘和亲属间的交换是一种重要的交换形式。亲属间的交换具有三种功能。一是再分配。再分配可使以各种方式获得的资源得到更有效的利用。许多动物依靠与其他动物分享食物为生，这种情况明显见于食肉动物和食腐肉动物之间的关系，人类和大多数灵长动物都不例外。考古学的发现，前现代人可能定期为食物分享举行仪式。再晚一些，人类学更直接的观察进一步表明，食物分享仪式不仅是在一定的场合举行的仪式，而且还是人类活动中的核心组织原则。在以狩猎为生的部落社会，食物分享功能与依靠正规交易的社会中的金融市场的功能十分接近。对于除人类以外的其他某些物种，食物分享的重要性也许超越了正常谋生的界限。因此，对于吸血蝠来说，通过食物分享进行的再分配几乎就是保护生命的措施[②]。二是分工，分工通过功能的区分和专门化促进了获取资源和处理资源的效率，根据性别和社会等级，劳动被分为生儿育女、保卫、觅食、食物运输和筑巢，这在照料自己晚辈的生物体中相当普遍。群居动物更依赖分工，在它们更为精细的任务中，有领导、被领导、承

---

① 哈伊姆·奥菲克：《第二天性——人类进化的经济起源》，中国社会科学出版社 2004 年版，第 12 页。

② 哈伊姆·奥菲克：《第二天性——人类进化的经济起源》，中国社会科学出版社 2004 年版，第 15 页。

担风险和转移风险的不同职责，这在裸滨鼠挖掘时形成的挖掘链就是一个明显的例证，它说明了任务（和团队）取向的分工。三是合作，合作意味着可以通过集体行动放大了个体所做的努力。

在哈伊姆·奥菲克看来，交换是一种机制，“通过这种机制，在群体层面上获得的优越性可以被个体成员内化，因此，似乎有一种选择压力时常以不同的程度（在进化论意义上）建立适应性行为模式，这种模式适合再分配、分工，还有合作。这种模式非常明显地见于无脊椎动物中的社会性昆虫的行为，也见于脊椎动物中的某些咽乳动物（包括人类）的行为”①。非洲野狗群体成员中的食物分享制度非常类似于一种交换形式，这不仅是因为捐助者和接受者的角色频繁地转换，而且首先是因为它有利于一种易腐烂资源的高效运输和再分配的系统。在非洲野狗中，交换的特权延伸至有伙伴关系的群体成员：即它们的近亲和处在繁育阶段的、可以生产和照料幼弱的个体。陌生者没有这种特权。这种亲属之间的交换模式在其他的哺乳动物和鸟类（通常以较低的程度）中反复出现，而在昆虫和无脊椎动物中（则以高得多的程度）反复出现。

动物间交换的关键是生殖和亲属关系，是否进行交易完全取决于交易各方的身份，或取决于它们群居时相互作用的功能。有时，被交换的实体完全丧失了意义。交易变成了一种礼仪。例如，求偶暇食是一种交换形式，广泛地存在于求偶鸟类，但通常并不发生真正的食物传递。

血缘和亲属间的交换不仅存在于动物，而且人类也存在血缘和亲属间的交换。例如，送礼就是一个典型的血缘和亲属间，送礼这种“物品交换不仅是一种机制性制度，而且是一种道德性交易，它在个体和群体之间产生并保持一种人性的关系（即它的含义超越了物品交换，就如同人们所期望的在重视亲属的环境中发生的情况一样）。显然，血缘内的交换（包括赠送礼品）不仅局限于与世隔绝的社会，而且也与市场社会中的正规交易一同进行”②。

从以上分析中可以看出，血缘和亲属间的交换不仅存在动物之间，而且还存在于人类社会，是人类社会与动物界的共有行为。但人类不仅

---

① 哈伊姆·奥菲克：《第二天性——人类进化的经济起源》，中国社会科学出版社 2004 年版，第 16 页。

② 哈伊姆·奥菲克：《第二天性——人类进化的经济起源》，中国社会科学出版社 2004 年版，第 20 页。

有血缘和亲属间的交换，而且还有更为复杂的交换，即商业交换。

商业交换是现代社会最为普遍的交换。1834 年 3 月 1 日，英国皇家军舰“比格尔”号在火地岛海岸抛锚厂，用达尔文的话说，就是：“停泊在一个美丽的小港湾，船尾腔离山地不足 100 码。”有一件趣事记录在他的日记中，这件事发生在船员和当地居民之间：“双方互相嘲笑，感到对方很奇怪，并感到了相互之间的差距；我们觉得他们可怜，因为他们给我们的是上好的鱼和蟹，而得到的却是一些碎布料之类的东西；而他们也觉得发现了一批愚蠢的人，用如此擦亮的装饰品换取一顿晚餐。有些火地岛人明确地表现出他们有易货贸易的清楚概念。我给了一个人一根大钉子（非常宝贵的礼品），没有做出任何索取回报的表示，但他立即把两条鱼插在鱼叉上，递了过来”。

达尔文与火地岛渔民相遇是商业交换纯粹而又明白的例证。与亲属间交换不同，商业交换（或交易）完全取决于被交换商品的价值。与亲属间交换的专一模式不同，商业交换是包罗万象的。商业交换不受血缘网络和生育偶然性的限制，而是对同物种所有成员开放，对陌生者广为开放（就像达尔文在火地岛的见闻一样），甚至对匿名交易者开放。也许人类是从事这种类型交换的唯一生命形式，当然也是其成员以一种系统和完全自发的方式从事这种交换的唯一生命形式。“当代人类社会简直就是存也交换，亡也交换”①。

这些交换或者交易可是实时完成的，也可能是需要一定期限才能完成的。在进行交换或者交易时可能以口头契约的形式进行，也可能是以书面契约的形式进行。不管是什么契约或者以什么时期完成的交易，只有两者之间不产生纠纷，那么，这种交易契约就是自我履约。如果一个社会的契约都是有自我履约的，那么这个社会从理论上讲是一个低成本运行的社会。例如，在原始社会的氏族社会就是这样一种社会制度。对此，恩格斯在对洛易洛魁人的氏族进行考察后写道：在这里“没有军队、宪兵和警察，没有贵族、国王、总督、地方官和法官，没有监狱，没有诉从而一切都是有条有理的。一切争端和纠纷，都由当事人的全体即氏族或部落来解决，或者由各个氏族相互解决，血族复仇仅仅当作一种极

① 哈伊姆·奥菲克：《第二天性——人类进化的经济起源》，中国社会科学出版社 2004 年版，第 24 页。

端的、很少应用的手段”①，正因为如此，恩格斯赞叹道：“而这种十分单纯质朴的氏族制度是一种多么美妙的制度呵！”②

（二）从自我履约到第三方参与下的履约

从专业化与分工的演进来看，在氏族社会，分工已经产生，人们所从事的生产已经开始专业化，而将不同专业化，不同分工的人们进行合作的契约已经存在。这些契约是如何履约的。在恩格斯看来，“一切问题，都由当事人自己解决，在大多数情况下，历来的习俗就把一切调整好了”③。换言之，在这里契约是自我履约，第三方履约是不存在的。用演化生物学的语言来讲，全部群体采用了自我履约策略，这个策略是一个稳定策略，而其中有一个体采取了不同策略，并且这个变异个体采取不同策略即违约后比群体采取自我履约获得的收益多，那么这个变异的策略就能侵入这个群体。如果一个策略不能被其他策略侵入，这个策略是集体稳定的。在进化生物学看来，只有集体稳定的策略才能在长期的均衡中使自己持续地作为大家都采取的策略。随着私有产权的产生，人们在私有财产的激励下，当人有不履约获益而损害对方权益时，即如果有一个“变异的”个体采取一种试错方式，采取损害他人利益的策略。那么，这个策略是否具有适应性？通过自己履约的合作是否会受到损害？对此，演化生物学为我们提供了理解这个问题的有用思路。在演化生物学的研究成果中，普瑞斯方程可以说明履约者与不履约者，即合作者与背叛者之间的适应性问题。一个定期分散的 n 个群体的动物种群，这个种群中一些个体拥有某种特征，该类个体在每个群体中的频数在开始时为 P_i，组 i 初始规模为 q_i，个体之间的互动及其结果将影响其相对适应性并且体现在下一代。在这一过程中，群体的规模为 q'_i，基因频数变为 p'_i。如果该基因对群体有正面作用而对行为者个体有负面作用(利他的)，那么 $q'_i>p_i$，并且 $p'_i<p_i$；所有的群体都会扩大规模，并且在所有的群体中，拥有该特征的个体的频数都会下降，但是它在整个种群中所占的比

① 恩格斯：《家庭、私有制和国家的起源》，参见《马克思恩格斯选集》，人民出版社 1954 年版，第 94 页。

② 恩格斯：《家庭、私有制和国家的起源》，参见《马克思恩格斯选集》，人民出版社，1995 年版第 95 页。

③ 恩格斯：《家庭、私有制和国家的起源》，参见《马克思恩格斯选集》，人民出版社 1954 年版，第 94 页。

例可能会增加。为什么会出现这种情况？初始情况下总体基因 p 的频数等于每个群体 p 的平均频数加上一个反映较大的群体也会拥有较高的频数的协方差。如果每个群体频数的平均值为：$p=(\sum_{i=1}^{n} p_i)/n$，群体平均规模为：$q=(\sum_{i=1}^{n} q_i)/n$，p_i 和 q_i 之间的协方差为：$\mathrm{cov}(p_i, q_i)=\frac{1}{n}\sum_{i=1}^{n}(p_i-q)(q_i-q)$，那么整个种群的基因频数为：$p=p+cov(p_i, q_i)/q$，总体的基因频数等于各个群体的平均基因频数 p 加上群体规模和基因频数的协方差除以群体规模的平均值。如果群体规模和基因频数的协方差为 0，则初始的总体基因频数等于各种群体的平均基因频数 p。现在个体在群体内部开始支互动，不同类型的个体进化适应性不同，这反映在它们的后代个数上，一代之后，新总体频数为：

$$p'=p'+\mathrm{cov}(p'_i, q'_i)/q' \quad (20-14)$$

用 s_i 来度量群体的受益，那么成长因子为：$s_i=q'_i/q_i$，该基因在总体频数上的变化可以分解为两个式子，第一个式子反映了群体内部选择的影响，第二个式子反映了群体之间选择的影响。

$$\Delta p=p'-p=\sum_{i=1}^{n}(p'_i-p_i)(q'_i/\sum_{i=1}^{n}q'_i)+\mathrm{cov}(s_i, p_i)/s \quad (20-15)$$

第一个表达式是群体内部基因频数的变化量（p'_i-p_i）的加权平均值乘以变化过后的规模在总规模中所占的比例（$q'_i/\sum q'_i$）。在假设该特征是对群体有益而对个体行为者有害的情况下，这一项肯定是负数。第二个表达式反映了群体间的选择，可能是正的。在这项表达式里，表示群体平均增长系数，（$q_i/\sum q_i$）反映了群体的初始规模。

$$s=\sum_{i=1}^{n}s_i(q_i/\sum_{i=1}^{n}q_i) \quad (20-16)$$

cov（s_i，p_i）是建立在群体初始规模上的协方差。以上分解把群体内部选择（第一项）和群体间选择（第二项）清楚地分开。普瑞斯方程是对所有情况下进化的完整地描述。如果该基因是利他的，第一项为负数，因为在任何一个群体内，新的基因频数 p'_i 都不会超过起初的频数 p_i，如果群体增长系数和群体内初始基因频数 p_i 的协方差足够大，那么尽管在每个群体中的频数都在下降，该基因是整体范围内的频数 p 仍然可能增加①。

我们假设，对于那些可以追溯到频数依赖选择的行为倾向，在每个群体内部都存在一个特定的 θ，$0<\theta<1$，满足 $p_i>\theta$，$p_i>p'_i$。这是对基因复制的动态描述，表明一旦在群体内部利他倾向的频数大于 θ，这种行为倾向就不再是真正的利他的，而是频数依赖选择的结果，即使是在群体内部，具有这种特征的频数也会持续增长或者保持稳定。假设这样一种情况，总的种群数量很大，并且个体之间随机组成一对进行单次囚徒困境博弈，每个局中人的适应性博弈结果如表 20-1 所示：

表 20-1　　生物中合作与背叛博弈

		甲	
		履约	不履约
乙	履约	3，3	0，5
	不履约	5，0	1，1

考虑频数依赖选择地的履约者和不履约者的影响，令 p = 履约的频数：

不履约者的适应性：$W_d=1(1-p)+5(p)$

履约者的适应性：$W_c=0(1-p)+3(p)$

履约者和不履约者的适应性都会随着履约者的频数增加而增加，但不履约者的适应性在任何频数下都比合作者大（见图 20-8），结果，履约者没有立足之地，而不履约者将占优势。

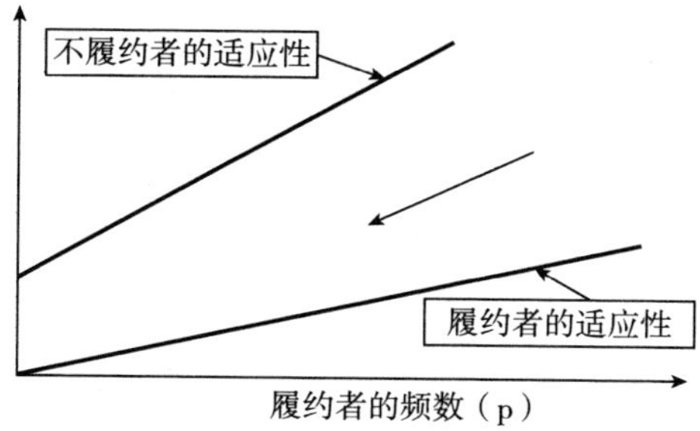

图 20-8　履约者与不履约者的适应性 I

① 亚历山大 · J. 菲尔德：《利他主义倾向——行为科学、进化理论与互惠的起源》，长春出版社 2005 年版，第 84—86 页。

假设履约者执行一个与上述策略有轻微判别的策略，除了在任何的配对博弈中采取合作策略之外，他们还谋生并且惩罚任何被他们发现的不履约者和那些没有惩罚不履约者的合作者。惩罚方式之一就是给这些人一个小的烦恼（同时也给自己带来很低小的适应性减少），总体惩罚成本和效果随着履约者的频数增加而增加。以下方程假设被惩罚者所受的惩罚三倍于惩罚者付出的代价，令 p=履约者的频数，代表不履约者的适应性，现在开始受到惩罚：

不履约者的适应性：$W_{d*}=1(1-p)+5(p)-3p$

履约者的适应性：$W_{c*}=0(1-p)+3(p)-1(1-p)$

履约者在频数很低而不履约者的频数很高的时候，惩罚将给履约者带来附加成本，同时仅仅给不履约者带来很小的烦恼，但过了 $W_{d*}=W_{c*}$ 这个转折点之后，履约者的适应性会超过不履约者，并且在任何超过 θ 的频数上，履约将会通过进化而固定下来，且对不履约者的入侵有抗性（见图 20-9）。低于 θ，个体选择会使履约者逐渐绝迹，但如果群体选择使履约者* 的频数超过 θ，履约者的适应性将会提高①。

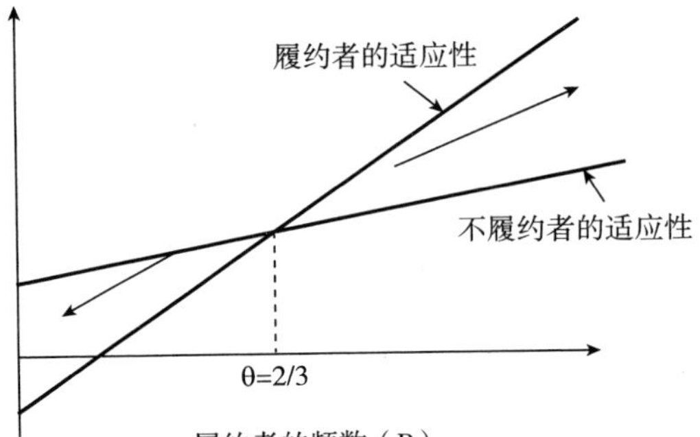

图 20-9　履约者与不履约者的适应性Ⅱ

以上分析表明，在通过契约进行合作的双方之间以及社会经济生活中。履约者惩罚不履约者和那些没有惩罚不履约者的合作者是有成本的，这样，使履约者存在一定的适应性，有一定的生存空间；同时，不履约

① 亚历山大 · J. 菲尔德：《利他主义倾向——行为科学、进化理论与互惠的起源》，长春出版社 2005 年版，第 95—97 页。

者也有一定的适应性，也存在一定的生存空间。此时，契约又如何履约？当对方违约并损害自己的利益时，自己如何办？在对方不能够有效维护自己的利益时，引入第三方参与，让违约方对自己补偿就成为受损者一种现实需求。从理论讲，第三方参与的履约机制的运行虽然对受损者来说是需要的，但对整个社会来讲并不一定是经济的或者是有效率的。因第三方参与的履约是有成本的，如果履约成本高于履约收益，则这种契约机制是不可能自动产生或者有效运行的。问题在于，第三方参与下的履约已经成为社会经济运行中一种重要的履约机制。那么，这种履约机制是如何产生的？从演化经济学的视角看，只有当社会中存在大量的违约者，在第三方参与履约能够节约社会成本时，在第三方参与下履约机制就产生了。

二 第三方参与下的履约机制

第三方参与下的履约之所以存在，除具有一定的成果优势之外，还在于第三方能够以一种不同的方式诱使各方履约：通过给当事人提供另外的交易方式，使他们可以比没有被迫履约时得到更多的财富①。在这方面，一个典型的例子是将自我雇佣转变为工资雇佣，尤其是一个专家的产出是另一个专家的投入时，这种情况就更为明显。如果两个专家独立操作，为使交易顺利进行，两个专家之间为会产品质量方面的测度而消耗大量资源，但如果两个专家被同一个企业家所雇佣，企业家给两个专家工资以回报。此时，企业家对于两个专家而言就成为第三方，专家之间的交易契约由于企业家的参与而转变了履约方式。在这里，中间产出质量的测量与要素的投入测量成本越高，第三方参与的契约履约即雇佣关系越有吸引力。

第三方有各种形式，例如有各种各样独立的个体如部落首领，也有各种组织。这些组织包括国家、企业或者公司、医院、学校、天主教会、世界贸易组织、协会等。在促进契约履约时，不同的第三方组织都有自己的优势和适应性。一般地，一般组织与国家在促进契约履约时是有区别的。因国家是通过暴力来促进契约履约，而其他第三方不一定通过暴力来促进契约履约。使用暴力方法与其他方法促进契约履约至少有以下

---

① 约哈姆·巴泽尔：《国家与第三强制实施者的多样性》，参见科斯、诺斯、威廉姆森《制度、契约与组织》，经济科学出版社2003年版，第246—295页。

三个方面的区别：它更便宜、没收更有威胁力、在实施契约交易时更具有优势①。虽然不同第三方参与下的履约有所不同，但它们之间还是具有共同之处，即第三方参与的履约具有强制性，实施者具有一定的惩罚能力。用巴泽尔的话来讲，“强制实施力的精髓在于惩罚能力”②，即施加成本的能力。一方可以通过干涉、调高音响的音量来施加成本，可以通过使用某种物质权力、拒绝与某人打交道、逐出教会、使他人名誉受损的方式。物质权力是强制实施方法之一，使用暴力的制度实施者主要通过物质权力来实施。在巴泽尔看来，第三方参与下的履约，除依靠物质权力进行强制履约之外，还可以依靠长期关系来实现。例如，部落里的长老作为第三方促进了契约的顺利履约，由于长老不是军事领袖，缺乏让他人强制履约的物质权力，其让部落成员履约的只能是他们具有使不履约者名誉受损的权力。一般地，部落成员依靠长老解决契约纠纷，同时送一定礼物给长老作为促进契约履约的回报。对于长老而言，作为第三方促进契约履约的成本是花时间对契约纠纷双方进行调解，让不履约者继续履约，或者对调解不成，让不履约者的名誉或者声誉下降；其收益则是获得一定的礼物。对于部落成员而言，他们意识到，如果自己不遵守长老的决定，自己的声誉将会受损，使自己在未来一定时期内签订新契约的能力下降。在这种情况下，由于长老的参与，对于契约的履约起到积极有效的作用。从长老的视角来看，长老也可能存在一些问题，例如，长老可能接受贿赂、进行敲诈勒索。由于长老受贿或者敲诈并不是公开进行而是私下进行的交易，因此，这种私下交易并不是每一次都会被他人发现。虽然不是每一次都会被他人发现，但如果这种私下交易越多，其被发现的概率就越大。如果长老与存在契约纠纷一方这种私下交易被他人发现，那么长老的声誉将大幅度下降，并最终失去自己的客户，并由此失去其从第三方强制实施契约获得的预期收益。因此，从某种程度下讲，长老也会对自己的行为进行约束，从而促进契约的公正履约。

在巴泽尔看来，施加成本能力的大小限制了第三方强制履约的范围，在各方达成一项受制于第三方强制履约的契约后，只有在强制履约者能

---

① 约哈姆·巴泽尔：《国家理论——经济权利、法律权利与国家范围》，上海财经大学出版社 2006 年版，第 54 页。

② 约哈姆·巴泽尔：《国家与第三强制实施者的多样性》，参见科斯、诺斯、威廉姆森《制度、契约与组织》，经济科学出版社 2003 年版，第 246—295 页。

够并且看起来可能施加某种与契约规定的转移同样大小的成本时，他们才会履约。第三方对不履约者的惩罚是有成本的，这些成本包括积累权力时的努力和对不履约者进行惩罚时所消耗的资源。在实现生活中，个人对第三方强制履约服务的需求，既依赖于有争议权利界定上的清晰性和非偏听偏信偏见性特征，又依赖于对第三方决定的服从率。在第三方参与契约履约之后，如果第三方对契约权利的界定越清晰，预期未来的争议越少，市场对第三方参与契约履约的需求越大；相反，如果第三方对契约权利的界定越模糊，未来对契约的争议越大，那么，个人对第三方参与契约的需求就会越低。在这里，"偏见"反映了以资源为成本进行的转移，而且会被各方认为有负的影响，如果第三方对契约权利的界定越没有偏见，则市场对第三方参与的履约需求越大；相反，如果第三方对契约权利的界定偏见越大，人们对第三方参与的履约需求越低①。

① 约哈姆·巴泽尔：《国家与第三强制实施者的多样性》，参见科斯、诺斯、威廉姆森《制度、契约与组织》，经济科学出版社 2003 年版，第 246—295 页。

参考文献

阿夫纳·格雷夫:《大裂变——中世纪贸易制度比较和西方的兴起》,中信出版社2008年版。

埃尔文·K. 青格勒:《凡勃伦和康芒斯:一个比较评价》,载科斯等《财产权利与制度变迁——产权学派与新制度学派译文集》,上海三联书店2004年版。

埃里克·弗鲁博顿、鲁道夫·丙切特:《新制度经济学——一个交易费用分析范式》,上海人民出版社2006年版。

科斯、斯蒂格利茨:《契约经济学》,经济科学出版社1999年版,第96—134页。

爱尔维修:《十八世纪的法国哲学》,商务印书馆1963年版。

安东尼·德·雅赛:《重申自由主义》,中国社会科学出版社1997年版。

奥尔森:《权力与繁荣》,上海世纪出版集团2005年版。

奥利弗·E. 威廉姆森:《资本主义经济制度》,商务印书馆2004年版。

奥斯特罗姆:《制度分析与发展的反思》,商务印书馆1996年版。

巴泽尔:《产权的经济分析》,上海三联书店、上海人民出版社1997年版。

巴泽尔:《国家理论——经济权利、法律权利与国家范围》,商务印书馆2006年版。

林岗、刘元春:《诺斯与马克思:关于制度的起源和本质的两种解释的比较》,《经济研究》2000年第6期。

洪名勇、施国庆:《制度结构与经济增长论》,《重庆社会科学》2006年第8期。

周瑞华:《制度功能析》,《湖北师范学院学报》(哲学社会科学)

1999年第1期。

本杰明·克莱因：《不完全契约在自我执行交易中的作用》，参见埃里克·布鲁索《契约经济学》，中国人民大学出版社2011年版，第48—57页。

陈郁：《企业制度与市场组织——交易费用经济学文选》，上海三联书店、上海人民出版社1996年版，第169—205页。

本杰明·克莱因：《契约与激励：契约条款在确保履约中的作用》，参见科斯、斯蒂格利茨《契约经济学》，经济科学出版社1999年版，第184—211页。

科斯、斯蒂格利茨：《契约经济学》，经济科学出版社1999年版。

波普尔：《科学发现的逻辑》，沈阳出版社1999年版。

波斯纳：《法律的经济分析》，中国大百科全书出版社1996年版。

布坎南：《自由市场和国家》，北京经济学院出版社1989年版。

布劳格：《批判的经济学方法论》，北京大学出版社1990年版。

布伦南、布坎南：《宪政经济学》，中国社会科学出版社2004年版。

布罗姆利：《经济利益与经济制度——公共政策的理论基础》，上海三联书店、上海人民出版社1996年版。

布罗姆利：《经济利益与经济制度》，上海三联书店，上海人民出版社2006年版。

曾康霖：《关注当代经济学研究的风景线》，《河南金融管理干部学院学报》2001年第1期。

李怀：《制度生命周期与制度效率递减——一个从制度经济学文献中读出来的故事》，《管理世界》1999年第3期。

鲁志国：《制度变迁的绩效传导与绩效曲线》，《深圳大学学报》（人文社会科学版）2003年第5期。

魏建：《论制度经济学派的学术影响》，《学习与探索》2000年第6期。

徐传谌、孟繁颖：《制度变迁内部动力机制分析》，《税务与经济》2006年第6期。

张林：《两种新制度经济学：语义区分与理论渊源》，《经济学家》2001年第5期。

曾楚宏、林丹明：《论企业边界的两重性》，《中国工业经济》2005

年第 10 期。

查尔默斯：《科学究竟是什么》，商务印书馆 2007 年版。

陈伯庚：《产权结构理论及其应用》，《学术月刊》1996 年第 12 期。

陈春光、郭琳：《新制度经济学的前提假定对新古典传统的拓展与修正》，《齐鲁学刊》1996 年第 5 期。

陈国富：《契约的演进与制度变迁》，经济科学出版社 2002 年版。

陈郁：《企业制度与市场组织——交易费用经济学文选》，上海三联书店、上海人民出版社 1996 年版。

陈志昂、缪仁炳：《中国交易费用与经济增长关系的实证分析》，《商业经济与管理》2000 年第 9 期。

成素梅、孙林叶：《如何理解基础研究和应用研究》，《自然辩证法通讯》2004 年第 4 期。

程承坪：《所有权、财产权及产权概念辨析》，《西部商学评论》2008 年第 1 期。

程宏伟：《隐性契约与企业财务政策研究》，博士论文，西南财经大学，2005 年。

程虹、窦梅：《制度变迁阶段的周期理论》，《武汉大学学报》（哲学社会科学版）1999 年第 1 期。

程虹：《制度变迁的周期——一个一般理论及其对中国改革的研究》，人民出版社 2000 年版。

崔兵、卢现祥：《威廉姆森企业边界理论评述》，《经济学动态》2009 年第 1 期。

大卫·休谟：《人性论》（下册），商务印书馆 1983 年版。

戴维·菲尼：《制度安排的需求与供给》，载奥斯特罗姆、D. 菲尼、H. 皮希特《制度分析与发展的反思——问题与抉择》，商务印书馆 1992 年版。

戴维斯、诺斯：《制度变迁的理论：概念与原因》，载科斯等《财产权利与制度变迁——产权学派与新制度学派译文集》，上海三联书店 2004 年版。

戴维斯、诺斯：《制度创新的理论：描述、类推与说明》，转引自科斯《财产权利与制度变迁》，上海三联书店、上海人民出版社 1994 年版。

道格拉斯·C. 诺斯：《交易成本、制度和经济史》，《经济译文》

1994 年第 2 期。

道格拉斯 · C. 诺斯：《经济史中的结构与变迁》，上海三联书店、上海人民出版社 1994 年版。

道格拉斯 · C. 诺斯：《理解经济变迁过程》，中国人民大学出版社 2008 年版。

道格拉斯 · C. 诺斯：《制度、制度变迁与经济绩效》，格致出版社、上海三联书店、上海人民出版社 2000 年版。

道格拉斯 · C. 诺斯：《理解经济变迁过程》，中国人民大学出版社 2008 年版，第 24 页。

道格拉斯 · 诺斯：《经济史中的结构和变迁》，上海三联书店 1994 年版。

德姆塞茨：《关于产权的理论》，参见科斯、阿尔钦、诺斯等《财产权利与制度变迁——产权学派与新制度学派译文集》，上海人民出版社 1994 年版。

德姆塞茨：《所有权、控制与企业——论经济经济活动的组织》（第一卷），经济科学出版社 1999 年版。

迪克西特：《法律缺失与经济学：可供选择的经济治理方式》，中国人民大学出版社 2007 年版，第 35—42 页。

恩格斯：《家庭、私有制和国家的起源》，参见《马克思恩格斯选集》，人民出版社 1954 年版。

凡勃伦：《经济学为什么不是一门演化（进化）科学?》，《政治经济学评论》2004 年第 2 期。

菲立普：《社会科学中的整体论思想》，宁夏人民出版社 1988 年第 2 期。

菲吕博顿、瑞切夫：《制度经济学》，上海财经大学出版社 1998 年版。

费方域：《交易、合同关系的治理和企业——威廉姆森交易成本经济学述评之二》，《外国经济与管理》1996 年第 6 期。

费方域：《契约人假定和交易成本的决定因素——威康姆森交易成本经济学述评之一》，《外国经济与管理》，1996 年第 5 期。

奉公：《论公共产品类科研资金投入的拟成果购买制》，《科学学研究》2003 年第 3 期。

弗里德里希·A. 哈耶克著:《哈耶克论文集》，邓正来译，首都经济贸易大学出版社 2001 年版。

弗里德:《契约即允诺》，北京大学出版社 2006 年版。

弗鲁博顿、S. 配杰威齐:《产权与经济理论：近期文献的一个综述》，参见科斯、阿尔钦、诺斯《财产权利与制度变迁—产权学派与新制度学派译文集》，上海人民出版社 1994 年版，第 201—248 页。

郭强:《马克思恩格斯晚年国家起源思想的发展理路》，《燕山大学学报》（哲学社会科学版）2011 年第 3 期。

哈耶克:《个人主义与经济秩序》，北京经济学院出版社 1989 年版。

哈耶克:《通向奴役的道路》，商务印书馆 1962 年版。

哈伊姆·奥菲克:《第二天性——人类进化的经济起源》，中国社会科学出版社 2004 年版。

韩毅:《经验归纳方法、历史主义传统与制度经济史研究》，《中国经济史研究》2007 年第 2 期。

何增科文:《新制度主义：从经济学到政治学》，《公共论丛——市场社会与公共秩序》，生活·读书·新知三联书店 1996 年版。

贺卫、伍山林:《制度经济学》，机械工业出版社 2003 年版，第 8—9 页。

赫伯特·西蒙:《西蒙选集》，首都经济贸易大学出版社 2002 年版。

洪名勇、龚慕霞:《经济增长与以德治国：一个分析框架》，《财经问题研究》2001 年第 10 期。

洪名勇:《路径依赖与农地产权制度创新》，《河北经贸大学学报》1999 年第 2 期。

洪名勇:《论马克思定理和科斯定理》，《河北经贸大学学报》1997 年第 4 期。

洪名勇:《马克思的股份制理论研究》，《安庆师范学院学报》（社会科学版）2000 年第 2 期。

洪名勇:《马克思的企业理论研究》，《黔西南民族师范高等专科学校学报》2002 年第 1 期。

洪名勇:《马克思土地产权制度及其变迁理论》，《贵州财经学院学报》1996 年第 4 期。

洪名勇:《农地流转契约选择及口头契约自我履约机制研究》，中国财政经济出版社 2017 年版。

洪名勇、钱龙：《多学科视角下的信任及信任机制研究》，《江西社会科学》2013 年第 1 期。

洪名勇、钱龙：《声誉机制、契约选择与农地流转口头契约自我履约研究》，《吉林大学学报》（社会科学版），2015 年第 1 期。

洪名勇、钱龙：《信任、声誉及其内在逻辑》，《贵州大学学报》（社会科学版）2014 年第 1 期。

洪名勇、施国庆：《习俗元制度的演化机制：一个演化经济学的视角》，《财经科学》2006 年第 9 期。

洪名勇：《制度经济学》，中国经济出版社 2012 年版。

胡浩志：《交易费用计量研究述评》，《中南财经政法大学学报》2007 年第 4 期。

胡钧、刘凤义：《论制度分析的整体主义方法与唯物辩证法》，《教学与研究》2003 年第 2 期。

胡乐明：《"交易"范畴的演化》，《山东财政学院学报》2001 年第 1 期。

胡乐明：《真实世界的经济学》，当代中国出版社 2002 年版。

胡启生：《公共性一致同意规则》，《天津社会科学》1999 年第 6 期。

黄凯南：《演化博弈与演化经济学》，《经济研究》2009 年第 2 期。

黄凯南：《演化经济学的发展历史、现状和未来展望》，《光明日报》2010 年 1 月 12 日第 10 版。

黄立君：《从法经济学基本定理看中国的经济增长》，《广东商学院学报》2010 年第 6 期。

黄少安：《产权经济学导论》，山东人民出版社 1995 年版。

黄少安：《关于制度变迁的三个假说及其验证》，《中国社会科学》2000 年第 4 期。

黄少安：《"交易费用"范畴研究》，《学术月刊》1995 年第 11 期。

黄少安：《经济学为什么和怎样研究制度——关于制度经济学研究对象、目的和一般理论框架的梳理》，《学术月刊》2009 年第 5 期。

黄少安、张卫国：《新、老制度经济学的基本方法论及其比较》，《江海学刊》2007 年第 4 期。

黄少安：《制度变迁主体角色转换假说及其对中国制度变革的解释》，

《经济研究》1999年第1期。

霍布斯：《利维坦》，商务印书馆1997年版。

冀县卿：《经济制度、产权结构与经济绩效：一般框架》，《江苏社会科学》2010年第1期。

加尔布雷斯：《经济学和公共目标》，商务印书1983年版。

贾根良：《斯密定理与发展中国家的经济发展》，《南开经济研究》1995年第1期。

贾根良：《杨格定理与经济发展理论》，《经济社会体制比较》1996年第2期。

贾根良：《重新认识旧制度学派的理论价值》，《天津社会科学》1999年第4期。

金玉国：《体制转型对交易费用节约效应的实证分析：1991—2002》，《上海经济研究》2005年第2期。

景天魁、杨音莱：《社会学方法论与马克思》，人民出版社1993年版。

康德：《实践理性批判》，商务印书馆1960年版。

康芒斯：《制度经济学》，商务印书馆1997年版。

康芒斯：《制度经济学（上）》，商务印书馆1962年版。

考特和尤伦：《法和经济学》，上海三联书店、上海人民出版社1999年版。

柯武刚、史曼飞：《制度经济学：社会秩序和公共政策》，商务印书馆2000年版。

柯武刚、史漫飞：《制度经济学》，商务印书馆2002年版，第39—40页。

柯武刚、史漫飞：《制度经济学》，商务印书馆，2002年版。

科尼尔森：《微观经济学》，中国人民大学出版社1992年版。

科斯、A. 阿尔钦、D. 诺斯：《产权利与制度变迁——产权学派与新制度学派译文集》，上海人民出版1994年版，第3—58页。

科斯等：《财产权利与制度变迁》，上海三联书店、上海人民出版社1994年版。

科斯等：《企业、市场与法律》，生活·读书·新知三联书店1990年版。

科斯：《论经济学和经济学家》，格致出版社、上海三联书店、上海人民出版社 2010 年版。

科斯：《论生产的制度结构》，上海三联书店 1994 年版。

科斯、诺斯、威廉姆森等：《制度、契约与组织》，经济科学出版社 2003 年版。

科斯：《企业的性质：意义》，参见威廉姆森、温特《企业的性质》，商务印书馆 2007 年版。

科斯：《企业、市场和法律》，格致出版社、上海三联书店、上海人民出版社 2009 年版。

科斯、斯蒂格利茨：《契约经济学》，经济科学出版社 1999 年版。

克拉夫、基伏等：《制度与经济绩效：产权与契约的执行》，载克里斯托夫．克拉格《制度与经济发展》，法律出版社 2006 年版。

拉坦：《诱致性制度变迁理论》，载科斯等《财产权利与制度变迁——产权学派与新制度学派译文集》，上海三联书店 2004 年版。

劳伦斯·博兰德：《经济学方法论基础——一种普波尔主义视角》，长春出版社 2008 年版。

劳伦斯·博兰：《批判的经济学方法论》，经济科学出版社 2000 年版。

李怀：《制度生命周期与制度效率递减——一个从制度经济学文献中读出来的故事》，《管理世界》1999 年第 3 期。

李建德、罗来武：《道德行为的经济分析——新兴马克思主义经济学的道德理论》，《经济研究》2004 年第 3 期。

李建军：《科学“形相”：在功利性和非功利性之间》，《自然辩证法通讯》2005 年第 1 期。

李敬湘、张衔：《国有企业高管激励中的契约选择：隐性契约与显性契约》，《云南社会科学》2009 年第 4 期。

李元旭：《资产专用性与纵向一体化》，《经济科学》2000 年第 5 期。

列宁：《论国家》，《列宁选集》（第 4 卷），人民出版社 1995 年版。

林岗、刘元春：《制度整体主义与制度个体主义——马克思与新制度经济学的制度分析方法比较》，《中国人民大学学报》2001 年第 2 期。

林毅夫：《关于制度变迁的经济学理论》，载科斯《财产权利与制度变迁》，上海三联书店、上海人民出版社 1994 年版。

刘东：《交易费用概念的内涵与外延》，《南京社会科学》2001 年第

3 期。

刘芳：《刍议经济类稿件中数学方法应用的泛化与模式固化倾向——兼评新古典经济学数学形式主义的流弊》，《现代财经》2007 年第 8 期。

刘凤芹、王姚瑶：《声誉机制与默认合约：一个“敲竹杠”治理方案的实证比较，《社会科学战线》2013 年第 11 期。

刘凤芹、王姚瑶：《资产专用性、敲竹杠及其治理安排：一个前沿综述》，《产业组织评论》2012 年第 4 期。

刘凤义、杨菊：《论制度分析的个人主义方法论》，《石家庄经济学院学报》2007 年第 2 期。

刘宏颀：《对司托克斯“象限”理论的学术思考》，《中华医学科研管理杂志》2005 年第 4 期。

刘业进：《分工、交易和经济秩序》，首都经济贸易大学出版社 2009 年版。

刘易斯 · A. 科瑟：《社会学思想名家》，中国社会科学出版社 1990 年版。

刘志铭、申建博：《交易费用的测度：理论的发展及应用》，《财贸经济》2006 年第 10 期。

卢克斯：《个人主义》，江苏人民出版社 2001 年版。

卢瑟福：《经济学中的制度》，中国社会科学出版社 1999 年版。

卢现祥、朱巧灵：《新制度经济学》，北京大学出版社 2007 年版。

卢现样：《新制度经济学》，武汉大学出版社 2004 年版。

鲁志国：《制度变迁的绩效传导与绩效曲线》，《深圳大学学报》（人文社会科学版）2003 年第 5 期。

路易斯 · 普特曼、兰德尔 · 克罗次纳：《企业的经济性质》，上海财经大学出版社 2003 年版。

罗必良：《交易费用的测量：难点、进展与方向》，《学术研究》2006 年第 9 期。

罗必良：《新制度经济学》山西经济出版社 2005 年版。

罗伯特 · 考特、托马斯 · 尤伦：《法和经济学》，上海三联书店、上海人民出版社 1994 年版，第 135—136 页。

罗小芳、卢现祥：《制度演化的层次及其设计分析》，《江汉论坛》2007 年第 9 期。

罗雪尔：《历史方法的国民经济学讲义大纲》，商务印书馆2008年版。

马尔科姆·卢瑟福：《经济学中的制度》，中国社会科学出版社1999年版，第33—34页。

马基雅维里：《君主论》，商务印书馆1985年版。

马可·布劳格：《经济学方法论》，北京大学出版社1990年版。

马克思：《资本论》（第三卷），人民出版社1975年版。

马耀鹏：《制度与路径依赖》，博士学位论文，华中师范大学，2009年。

麦克尼尔：《新社会契约论——关于现代契约关系的探讨》，中国政法大学出版社1994年版。

曼瑟·奥尔森：《集体行动的逻辑》，上海人民出版社1995年版。

曼瑟·奥尔森：《权力与繁荣》，上海人民出版社2005年版，第73—74页。

茅于轼：《中国人的道德前景》，暨南大学出版社1997年版。

列奥·施特劳斯、约瑟夫·克罗波西：《政治哲学史》（上册），河北人民出版社1993年版。

米勒、波格丹诺：《布莱克维尔政治学百科全书》（修订版），中国政法大学出版社2002年版。

米歇尔·沃尔德罗普：《复杂：诞生于秩序与混沌边缘的科学》，生活·读书·新知三联书店1997年版。

缪仁炳、陈志昂：《中国交易费用测度与经济增长》，《统计研究》2002年第8期。

莫里茨·石里克：《伦理学问题》，华夏出版社2001年版。

聂辉华：《交易费用经济学：过去、现在和未来》，《管理世界》2004年第12期。

牛德生：《资产专用性理论分析》，《经济经纬》2004年第3期。

诺斯：《经济史中的结构与变迁》，上海三联书店、上海人民出版社1994年版。

诺斯：《制度、制度变迁与经济绩效》，上海三联书店1994年版。

欧阳日辉、徐光东：《新制度经济学：发展历程、方法论和研究纲领》，《南开经济研究》2004年第6期。

培顿·扬在：《个人策略与社会结构——制度的演化》，上海三联书店、上海人民出版社 2004 年版。

彭正龙、沈建华、朱晨海：《心理契约：概念、理论模型以及最新发展研究》，《心理科学》2004 年第 2 期。

平乔维奇：《产权经济学》，经济科学出版社 1999 年版。

科斯、诺斯、威廉姆森：《制度、契约与组织》，经济科学出版社 2003 年版。

青木昌彦、奥野正宽：《经济体制的比较制度分析》，中国发展出版社 1999 年版。

荣兆梓：《"科斯定理"与两种经济制度》，《经济研究》1991 年第 9 期。

萨拉尼耶：《合同经济学》，上海财经大学出版社 2008 年版。

桑本谦：《私人之间的监控与惩罚》，山东人民出版社 2005 年版。

施特劳斯、约瑟夫·克罗波西：《政治哲学史》（上册），河北人民出版社 1993 年版，第 208—209 页。

史蒂文斯：《集体选择经济学》，上海三联书店、上海人民出版社 1999 年版，第 2—3 页。

世界银行：《2011 个世界发展报告》，清华大学出版社 2012 年版。

科斯等：《财产权利与制度变迁——产权学派与新制度学派译文集》，上海三联书店 2004 年版。

司托克斯：《基础研究与技术创新》，周春彦、谷春立译，科学出版社 1999 年版，第 60—64 页。

斯密德：《财产、权力和公共选择》，上海三联书店、上海人民出版 1999 年版。

斯特劳斯：《霍布斯的政治哲学》，译林出版社 2001 年版。

斯特劳斯：《政治哲学史》（上），河北人民出版社 1998 年版。

宋宪伟、童香英：《交易成本的一个新定义》，《江淮论坛》2011 年第 1 期。

宋学峰、杨列勋、曹庆仁：《复杂性科学研究进展》，科学出版社 2004 年版。

孙鳌、陈雪梅：《新古典经济学的假设与演变》，《江苏社会科学》2005 年第 5 期。

田国强：《现代经济学的基本分析框架与研究方法》，《经济研究》2005 年第 2 期。

托马斯·库恩：《科学革命的结构》，北京大学出版社 2003 年版。

万俊人：《现代性伦理话语》，黑龙江人民出版社 2002 年版。

汪丁丁：《信誉：在从猿到人转变过程中的意义》，《浙江大学学报》（人文社会科学版）2003 年第 2 期。

汪丁丁：《制度分析基础——一个面向宽带网时代的讲义》，社会科学文献出版社 2002 年版，第 200—201 页。

汪浩瀚：《经济学方法论的个人主义与整体主义之争》，《经济科学》2002 年第 2 期。

汪和建：《迈向中国的新经济社会学——交易秩序的结构研究》，中央编译出版社 1999 年版。

王国顺、王昶：《企业边界分析的基本命题》，《求索》2004 年第 11 期。

王华锋、赵勇、李生校：《群体决策中的投票规则研究述评》，《技术经济与管理研究》2005 年第 6 期。

王蓉：《理解制度的演化》，博士学位论文，辽宁大学，2009 年。

王覃刚：《制度演化——政府强互惠模型》，博士学位论文，华中师范大学，2007 年。

王文杉：《社会资本情境与个人选择行为——社会资本匮乏条件下的感性选择》，博士学位论文，吉林大学，2006 年。

王文省、陈理平：《数学思想方法在经济学中的应用》，《聊城大学学报》2004 年第 6 期。

王洋：《企业边界理论的研究》，博士学位论文，吉林大学，2009 年。

王仪祥、张文：《新制度经济学的发展、范式和启示》，《福建农林大学学报》（哲学社会科学版）2002 年第 2 期。

王玉珍：《道德秩序的经济学分析——对利他行为的一个分析视角》，经济科学出版社 2005 年版，第 16—21 页。

威廉姆森：《资本主义经济制度》，商务印书馆 2002 年版。

韦伯：《经济与社会下卷》，商务印书馆 1997 年版。

韦艳艳、叶明：《从库恩对科学研究的分类探讨什么是真正的科学研究工作者》，《广西大学学报》（哲学社会科学版）2007 年增订版。

魏杰、徐有轲:《关于财产关系、产权及国有企业改革的几个理论问题》,《管理世界》1996 年第 5 期。

邬焜:《信息哲学》,商务印书馆 2005 年版。

吴广谋、盛昭瀚:《企业的模糊动态边界与企业集团》,《管理科学学报》2001 年第 9 期。

吴国盛:《科学的历程》,北京大学出版社 2002 年版,第 390—394 页。

吴蕾:《论经济学中的道德内涵——从"斯密难题"说起》,《当代经济研究》2006 年第 3 期。

吴思:《隐蔽的秩序——拆解历史奕局》,海南出版社 2004 年版。

伍俊斌:《国家与社会:内涵、分化及其范式转换分析》,《理论与现代化》2011 年第 4 期。

宪辰、黄凯南:《基于生物学基础的行为假设与共同知识演化分析》,《制度经济学研究》2004 年第 4 期。

肖本华:《论我国农村非正规金融的合法化与正规化问题——基于诺斯的制度起源理论》,《经济体制改革》2008 年第 4 期。

《新帕尔格雷夫经济学大辞典》(第 2 卷),经济科学出版社 1992 年版。

熊彼特:《经济分析史》,商务印书馆 1996 年版,第 85—86 页。

徐传谌、张万成:《"经济人"假设的发展》,《当代经济研究》2004 年第 2 期。

徐桂华、魏倩:《制度经济学三大流派的比较与评析》,《经济经纬》2004 年第 6 期。

徐伟功:《论冲突法的研究范式——法经济学范式的确立》,《河南师范大学学报》(哲学社会科学版)2007 年第 5 期。

亚当·斯密:《国民财富的性质和原因的研究》,商务印书馆 1972 年版。

亚里士多德:《政治学》,商务印书馆 1965 年版。

亚历山大·J. 菲尔德:《利他主义倾向——行为科学、进化理论与互惠的起源》,长春出版社 2005 年版,第 84—86 页。

杨国军、彭光华、奉公:《科学研究分类及其对政府科技政策的影响》,《科技导报》2006 年第 2 期。

杨宏力：《解读演化经济学的兴起》，《经济学家》2008 年第 1 期。

杨瑞龙：《我国制度变迁方式转换的三阶段论——兼论地方政府制度创新行为》，《经济研究》1998 年第 1 期。

杨瑞龙、杨其静：《阶梯式的渐进制度变迁模型》，《经济研究》2000 年第 3 期。

叶远胜、王良圣：《新制度经济学理论初探》，《中央财政金融学院学报》1995 年第 3 期。

伊特韦尔、米尔盖特、纽曼：《新帕尔格雷夫经济学大辞典》（第二卷），经济科学出版社 1996 年版。

苏国勋：《理性化及其限制——韦伯思想引论》，上海人民出版社 1988 年版。

袁庆明、魏琳：《威廉姆森企业边界理论评析》，《当代财经》2009 年第 12 期。

袁艺、茅宁：《从经济理性到有限理性：经济学研究理性假设的演变》，《经济学家》2007 年第 2 期。

约哈姆·巴泽尔：《国家理论——经济权利、法律权利与国家范围》，上海财经大学出版社 2006 年版。

约哈姆·巴泽尔：《国家与第三强制实施者的多样性》，参见科斯、诺斯、威廉姆森《制度、契约与组织》，经济科学出版社 2003 年版，第 246—295 页。

约翰·F. A 泰勒：《市场的伦理基础》，参见奥斯特罗姆《制度分析与发展的反思》，商务印书馆 1996 年版。

约翰·福斯特、J·斯坦利·梅特卡夫：《演化经济学前沿》，贾根良等译，高等教育出版社 2005 年版。

约翰·霍兰德：《隐秩序：适应性造就复杂性》，周晓牧等译，上海科技教育出版社 2000 年版。

约翰·伊特韦尔、默里·米尔盖特：《新帕尔格雷夫经济学大辞典》（第三卷），经济科学出版社 1996 年版，第 986—988 页。

张彬彬、黄少安：《新老制度经济学的思想起源及方法论比较》，《山东经济》2005 年第 3 期。

张东辉、王杰：《契约经济学发展的若干前沿问题》，《经济学动态》2005 年第 11 期。

张军：《现代产权经济学》，上海三联书店、上海人民出版社 1991 年版。

张林：《两种新制度经济学：语义区分与理论渊源》，《经济学家》2001 年第 5 期。

张明龙：《论所有权与产权的区别》，《经济评论》2002 年第 3 期。

张曙光：《论制度均衡和制度变革》，《经济研究》1992 年第 6 期。

张伟强：《奥尔森的国家起源理论》，《北方法学》2009 年第 2 期。

张五常：《关于新制度经济学》，载科斯、斯蒂格利茨《契约经济学》，经济科学出版社 1999 年版，第 61—90 页。

张五常：《经济解释》，商务印书馆 2000 年版。

张五常：《企业的契约性质》，载陈郁《企业制度与市场组织》，上海三联书店、上海人民出版社 1996 年版，第 240—269 页。

张旭昆：《制度演化分析需要方法论个人主义与方法论制度主义的综合》，《制度经济学研究》2005 年第 4 期。

张宇燕：《经济发展与制度选择》，中国人民大学出版社 1992 年版。

赵鼎新：《社会与政治运动讲义》，社会科学文献出版社 2006 年版。

哲塞·托波尔斯基：《经济史中理论和计量法之作用》，华夏出版社 1988 年版，第 31—33 页。

周佳峰：《浅析霍布斯的国家起源理论》，《长春理工大学学报》（社会科学版）2010 年第 5 期。

周立群：《古典产权结构与现代产权结构》，《学术研究》1993 年第 4 期。

周勤：《纵向一体化测度理论评介》，《经济学动态》2002 年第 1 期。

周瑞华：《制度功能析》，《湖北师范学院学报》（哲学社会科学）1999 年第 1 期。

周业安、杨枯忻、毕新华：《嵌入性与制度演化——个关于制度演化理论的读书笔记》，《中国人民大学学报》2001 年第 6 期。

周业安：《制度演化理论的新发展》，《教学与研究》2004 年第 4 期。

朱道华：《农业经济学》，中国农业出版社 2001 年版。

张曙光：《制度、主体、行为——传统社会主义经济学反思》，中国财政经济出版社 1999 年版。

周光辉：《论宪政的基本精神及其思想蕴涵》，《社会科学战线》1994

年第6期。

邹薇、庄子银：《分工、交易与经济增长》，《中国社会科学》1996年第3期。

Allen. P. , "Evolution, Innovation and economics", in G. Dosi et al. , Technical Change and Economic Theory, London: Pinter, 1988.

Allen. P. M. , "Evolution: President Ignorance from continual Learning", in (ed.), Nonlinear Dynamics & Evolutionary Economics, Oxford: Oxford University Press, 1993.

Anderson, P. w. , K. L. Arrow, and D. Pines (eds), "The Economy as an Evolving Complex System," Redwood City: Addison-Wesley, 1988.

Arthur, B. , Y. Ermoliev and Y. Kaniovski, "Path-Dependent Processes and The Emergence of Macrostructures", *European Journal of Operation Research*, 1987, 30.

A. Yong, "Increasing Returns and Economic Progress", *Economic Journal*, Vol. XXXVIII (1928), p. 529.

Baumol, w. and J. Benhabib, "Chaos: Significance Mechanism and Economic Application", *Journal of Economic Perspectives*, 1989.

Becker, Crarys, "The economy approach to human behavior", Chicago: University of Chicago Press, 1976. 16.

Bhardwaj Ravinder, Leroy Brooks. "The January Anomaly: Effects of Low Share Price, Transaction Costs and the Bid-ask Bias", *Journal of Finance*, 1992 (47): 553-574.

Bonnie Colby. "Transaction Costs and Efficiency in Western Water Allocation", *American Journal of Agricultural Economics*, 1990, (72): 1184-1192.

Buchanan, J. , and V. Vanberg, "The Market as a Creative Process", *Economics and Philosophy*, 1991, 7.

Bush V: "Science: the endless frontier", Washington: NationalScience Foundation, 1990: 15.

Collins M. Bruce, Frank J. Fabozzi. "A Methodology for Measuring Transaction Costs", *Financial Analysts Journal*, 1991, 47 (2): 27-36.

C. Dahlman, "The problem of externality", *Journal of law and economies*1979 (22): 141-162.

Dagnino Pastore, Jose Maria, Paulo Enrico Farina. "Transaction Costs in Argentina", ISNIE Paper, 1999.

Da Skocpol. "Bring the State Bacl in: Strategies of Analysis in Current Research", Cambridge University Press, 1985. 9.

David A. "Lesmond, Joseph P. Ogden, Charles A. Trzcinka. A New Estimate of Transaction Costs", *The Review of Financial Studies*, 1999, 12 (5): 1113-1141.

David M. Walker, "The Oxford Companion to Law", Oxford University Prees. 1980.

Douglas, B. &M. D. Whinston, "Contracts and Strategic Ambiguity", *The American Economic Review*, 1998 (4): 902-933.

D. K. Foley, "Economic equilibrium with costly marketing", *Journal of economic theory*1970 (2): 276-291.

Eirik G. Furubotn & Rudolf Richter, "Institutions and economic theory", Wu-Nan book company, Ltd, 2001.

Gabre-Madhin Z. Eleni. "Market Institutions, Transaction Costs and Social Capital in the Ethiopian Grain Market", *International Food Policy Research Institute Working Paper Series*, 2001, (3): 1-14.

Ghertman, Michel. "Measuring Macro-economic Transaction Cost: A Comparative Perspective and Possible Policy Implication", ISNIE Paper, 1998.

Gowdy, J., "Limited Wants, Unlimited Means: A Reader on Hunter-Gatherer Economics and the Environment", Washington, DC: Island Press, 1998.

Greif, Avner: "Economic History and Game Theory: a Survey", *Working Paper*, *Stanford University*, 1997, p. 3.

Greif, Avner: "Genoa and theMaghribi traders: Historical and comparative institutional analysis" . *Cambridge*: *Cambridge University Press*, 1998 (forthcoming) . p. 1.

Greif, Avner. "Historical and Comparative InstitutionalAnalysis", *American Economic Review*, May 1998, p. 2.

Hayek, "Law, Legislation and Liberty: Rules and Order," The University of Chicago Press, 1973.

Hayek, "The Constitution of Liberty," London and Chicago, 1960.

Hutchison, T. W. , "Institutional Economics Old and New", *Journal of Institutional and Theoretical Economics*, 1984, 140 (3): 20-29.

JackHirshleifer, " TheDark Side ofTheForce ", 32Economic Inquiry2 (1994) .

Joel Hasbrouck. "Assessing the Quality of a Security Market: A New Approach to Transaction Cost Measurement", *The Review of Financial Studies*, 1993, 6 (1): 191-212.

Kant, I. , "Critique of Pure Reason, trans. by N. K. Smith", London: Macmillan, 1933.

Klein Benjamin. "Fisher-General Motors and the Nature of the Firm", *Journal of Law and Economics*, 2000, 43 (1): 105-141.

K. J. Crocker and S. E. Masten, "Pretia ex Macina? Prices and process in long-term contracts", *Journal of law and economics*1991 (34): 69-99.

Laura McCanna, Bonnie Colby, K. William Easter. "Transaction Cost Measurement for Evaluating Environmental Policies", *Ecological Economics*, 2005, 52 (4): 527-542.

Laura McCann, K. William Easter. "Transaction Costs of Policies to Reduce Agricultural Phosphorous Pollution in the Minnesota River", *Land Economics*, 1997, 75 (3): 402-414.

MancurOlson, Dictatorship, Democracy, andDevelopment, 3TheAmerican PoliticalScience Review568 (1993): 22.

MancurOlson, Dictatorship, Democracy, andDevelopment, 3TheAmerican PoliticalScience Review568 (1993) .

MancurOlson, "PowerandProsperity: Outgrowing Communistand CapitalistDictatorships", Basic Books, 2000, pp. 10-11.

MancurOlson, "PowerandProsperity: Outgrowing Communistand CapitalistDictatorships", Basic Books, 2000, p. 13.

MancurOlson, "PowerandProsperity: Outgrowing Communistand CapitalistDictatorships", Basic Books, 2000, p. 3.

Nooteboom, Bart, "Learning and Innovation in Organizations and Industries," Oxford and New York: Oxford University Press, 2000.

North. D·, R. P. Thomas, "The Rise ofWestWorld: A New EconomicH-istory", Cambridge: CambridgeUniversity Press, 1973: 5.

Pamela E. Oliver. "Selective Incentive in an Apex Game: An Experiment in Coalition Formation", *The Journal of Conflict Resolution*, Vol, No. 1, 1980. p117.

Polski M. Margaret. "Measuring Transaction Costs and Institutional Change in the U. S. Commercial Banking Industry", Mimeo: Indiana University Press, 2001.

Ron Ashkenas, "Creating the Boundaryless Organization. Business Hori-zons", September-October 1999: 5-10.

Rousseau, D. M. "Psychological and Implied Contracts in Organizations", *Employee Responsiblities and Rights Journal*, 1989, 2 (2): 121-139.

Simon, Herbert A., "Models of man: social and rational; Mathematical essays on rational human behavior in asocial setting", New York: Wiley, 1957.

Snow C P., "The two culture: and a second look: an expanded version of the Two Cultures and the Scientific Revolution", Cambridge: Cambridge U-niversity Press, 1964: 32.

Stoll Hans, Robert Whaley. "Transaction Costs and the Small Firm Effect", *Journal of Financial Economics*, 1983 (12): 57-79.

Telser, L, A. "Theory of Self-Enforcing Agreements", *Journal of Busi-ness*, 53, pp. 27-44.

Wallis John Joseph, Douglass C. "North. Measuring the Transaction Sec-tor in the American Economy: 1870-1970", Stanley L. Engerman, Robert E-. Gallman. In Long-term Factors in American Economic Growth, Chicago: U-niversity of Chicago Press, 1986

Waterman A T., "The changing environment of science", *Sci-ence*, 1965, 147: 15.

Williamson, O. E., "TheEeonomieInstituteofCaPi-talism", NewYork: FreePress, 1985.

Williamson, "The Economic institutions of Capitalism: Firms, Markets Relational Contracting." NewYork: The Free Press, 1985, 52-56.

Yoram barzel. “A Theory of the State: Economic Rights, Legal Rights, and the Scope of the State”, ambridge: Cambridge University Press, 2002: 21.

Yoram. Barzel. “Measurement Cost and the Organization of Markets” . *Journal of Law & Economics*, 1982: 27-28.

Zylbersztajn Decio, Carolina Graca. “Costs of Business Formalization: Measuring Transaction Costs in Brazil”, ISNIE Paper, 2002.